Verborgene Geschichte

1. Auflage Dezember 2014
2. Auflage Juli 2017 als Sonderausgabe
3. Auflage April 2019 als Sonderausgabe
4. Auflage Oktober 2020 als Sonderausgabe
5. Auflage Februar 2022 als Sonderausgabe
6. Auflage Dezember 2023 als Sonderausgabe

First published as *Hidden History* by *Mainstream Publishing*

Umschlaggestaltung: Nicole Lechner
Übersetzung: Matthias Schulz, Hamburg
Lektorat: Helmut Kunkel, Jestetten
Satz und Layout: Helmut Kunkel, Jestetten

ISBN: 978-3-86445-496-7

Gerne senden wir Ihnen unser Verlagsverzeichnis
Kopp Verlag
Bertha-Benz-Straße 10
D-72108 Rottenburg
E-Mail: info@kopp-verlag.de
Tel.: (0 74 72) 98 06-10
Fax: (0 74 72) 98 06-11

Unser Buchprogramm finden Sie auch im Internet unter:
www.kopp-verlag.de

Gerry Docherty / Jim Macgregor

Verborgene Geschichte

Wie eine geheime Elite die Menschheit in den Ersten Weltkrieg stürzte

KOPP VERLAG

Gewidmet den Opfern eines unsagbar Bösen

Inhalt

Danksagung 7
Einleitung 9

1 Die Geheimgesellschaft 17

2 Südafrika – Die Schreihälse ignorieren 33

3 Der wahre Edward – erste Schritte und Neuanfänge 63

4 Marokko als erster Versuch 83

5 Der Bär wird gezähmt 93

6 Wachwechsel 109

7 1906 – Erdrutsch in die Kontinuität 123

8 Alexander Iswolski – Held und Schurke 135

9 Betrügereien und Skandale 145

10 Panikmache 159

11 Das Empire wird eingestimmt – Alfred Milner und die »Tafelrunde« 169

12 Der aufsteigende Stern 179

13 Marokkanische Märchen – Fes und Agadir 191

14 Churchill und Haldane – Spiel auf Zeit 207

15 Die »Roberts-Akademie« 217

16 Poincaré – der Mann, der sich kaufen ließ 227

17 Das ganz besondere Verhältnis zu Amerika 235

18 1912/13 – Pulverfass Balkan 251

19 Von Balmoral zum Balkan 259

20 Sarajewo – das Netz der Schuld 271

21 Juli 1914 – Täuschung, Manipulation und verdrehte Wahrheiten 283

22 Juli 1914 – Europa am Rand des Abgrunds 297

23 Juli 1914 – Die Mobilmachungen beginnen 313

24 Juli 1914 – Spiel auf Zeit 321

25 Irland – der Plan B 339

26 August 1914 – Von Neutralität und der gerechten Sache 359

27 Die Rede, die Millionen Menschenleben forderte 373

28 Fazit: Lügen, Märchen und geraubte Geschichte 389

Anhang
Verbindungen und Machtbereiche der Geheimen Elite 1891-1914 406
Personenregister 407
Endnoten 415
Quellenverzeichnis 461
Stichwortverzeichnis 475
Über die Autoren 495

Danksagung

AN ALLERERSTER STELLE gilt unser Dank jenen Autoren und Historikern, die nach dem Ersten Weltkrieg die offizielle Geschichtsschreibung und die angeblichen Gründe für den Ausbruch des Kriegs anzweifelten. Auch wenn ihre entschlossene Bemühung, die offiziellen Berichte zu hinterfragen, vom Establishment größtenteils ignoriert wurde, haben sie eine klare Spur glaubwürdiger Beweise hinterlassen, die uns durch das Dickicht aus Halbwahrheiten und Lügen führt, die heute noch als historische Fakten präsentiert werden. Ohne ihre Bemühungen und ohne die wichtigen Enthüllungen von Professor Carroll Quigley wäre es uns niemals gelungen, das Netz aus Täuschungen zu zerreißen, hinter dem die wahren Gründe für den Krieg verborgen waren.

Unser besonderer Dank gilt all jenen, die uns im Laufe der Jahre bei unserer Forschungsarbeit unterstützt haben, die wertvolle Vorschläge beigesteuert und uns extrem nützliche Quellen erschlossen haben. Will Podmore hat unsere ersten Kapitel gelesen und hilfreich kommentiert. Günter Jaschke war uns in vielerlei Hinsicht von unschätzbarem Wert, nicht zuletzt dadurch, dass er politische und militärische Dokumente aus Österreich-Ungarn und Deutschland ins Englische übersetzt hat. Der amerikanische Fotojournalist Tom Cahill, ein dynamischer Aktivist der Bewegung *Veterans Against War*, hat uns laufend unterstützt, ebenso der irischstämmige US-Autor und Politologe Richard K. Moore. Wertvolle Hilfe lieferten auch Barbara Gunn in Irland, Dr. John O'Dowd in Glasgow und Brian Ovens.

Bedanken müssen wir uns ebenfalls bei den stets hilfreichen Bibliothekaren und Forschern der schottischen Nationalbibliothek in Edinburgh, sowohl in den öffentlichen Leseräumen als auch in der Abteilung für Sonderdokumente. Für seine Geduld bedanken wir uns beim Personal des Nationalarchivs in Kew und bei der *Bodleian Library* in Oxford, ganz besonders in der Abteilung für Sondersammlungen. Entschuldigen müssen wir uns bei allen in Oxford und Kew Gardens, die wir bedrängt und gelöchert haben, weil Dokumente, Schriftstücke und Unterlagen fehlten. Zu Recht wurden wir daran erinnert, dass die Bibliothekare und Archivare nur Zugang zu dem Material gewähren können, das das Außenministerium oder andere Behörden der Bücherei übergeben haben. Wenn etwas entfernt, zurückgezogen, gekürzt oder sonst wie zerstört wurde, geschah dies vor vielen Jahren durch diejenigen, die die Macht dazu hatten.

Die guten Ratschläge unseres Agenten David Fletcher und den Enthusiasmus unserer hervorragenden Lektorin Ailsa Bathgate wissen wir aufrichtig zu schätzen, auch wenn wir dies damals vielleicht nicht immer so zum Ausdruck gebracht haben. Danke auch an die anderen Mitglieder des wunderbaren Teams bei *Mainstream* um Graeme Blaikie, das uns mit bewundernswerter Geduld durch die fotografischen Inhalte geführt hat. Vor allem danken wir Bill Campbell, der sehr viel Begeisterung für das Projekt zeigte.

Und schließlich gebührt gewaltiger Dank Maureen, Joan und unseren Familien, die uns all die langen Jahre der Forschung und des Schreibens geduldig unterstützt haben. Wir haben oft gefehlt, aber sie waren stets für uns da.

– Juli 2013

Einleitung

DIE GESCHICHTE DES Ersten Weltkriegs ist eine vorsätzliche Lüge. Nicht die Opfer, nicht der Heldenmut, nicht die schreckliche Verschwendung von Menschenleben oder das folgende Leid. Nein, all das war sehr real. Doch seit bald einem Jahrhundert wird erfolgreich vertuscht, wie alles begann und warum der Krieg unnötig und vorsätzlich über das Jahr 1915 hinaus verlängert wurde. Sorgfältig wurde die Geschichte verzerrt, um die Tatsache zu verschleiern, dass Großbritannien und nicht Deutschland für den Krieg verantwortlich war. Wäre diese Wahrheit nach 1918 publik geworden, wären die Folgen für das britische Establishment vermutlich verheerend gewesen.

Doch so schoben nach Kriegsende Großbritannien, Frankreich und die Vereinigten Staaten die komplette Kriegsschuld Deutschland zu. Um ein derartiges Urteil zu rechtfertigen, wurden Dokumente und Berichte vernichtet, unterschlagen oder gefälscht. 1919 verkündeten die Sieger in Versailles, dass Deutschland ganz allein für die globale Katastrophe verantwortlich sei. Deutschland habe den Krieg vorsätzlich geplant und alle Vorschläge für Versöhnung und eine friedliche Lösung zurückgewiesen. Vehement beteuerte Deutschland seine Unschuld. Für Berlin war der Krieg ein Verteidigungskrieg gegen die Aggressoren aus Russland und Frankreich gewesen.

Aber es sind die Sieger, die die Geschichtsbücher schreiben, und es war ihre Interpretation, die sofort in die offizielle Geschichtsschreibung einfloss. Es wurde Allgemeinlehre, dass es beim Ersten Weltkrieg um deutschen Militarismus ging, um deutsches Expansionsstreben, um das bombastische Wesen und die hochtrabenden Ziele des Kaisers und um den deutschen Einfall im unschuldigen, neutralen Belgien. Das System geheimer Allianzen, das Marinewettrüsten, der Wirtschaftsimperialismus und die Theorie von einem »unvermeidbaren Krieg« schwächten die Vorwürfe gegen Deutschland später ab, doch im Hintergrund hielt sich weiter die falsche Vorstellung, Deutschland allein habe den Krieg gewollt.

In den 1920er Jahren stellten sehr renommierte Geschichtsprofessoren aus den USA und Kanada wie Sidney B. Fay, Harry Elmer Barnes und John S. Ewart das Urteil von Versailles und die »Beweise«, aufgrund derer Deutschland die Kriegsschuld zugewiesen wurde, ernsthaft infrage. Sie revidierten die Versailler Ergebnisse und wurden daraufhin von Historikern attackiert, die auf der Lesart bestanden, Deutschland, und nur Deutschland, trage die Verantwortung.

Heute geben führende britische Kriegshistoriker weiterhin Deutschland die Schuld, allerdings räumen die meisten ein, dass auch »andere Faktoren« eine Rolle spielten. Professor Niall Ferguson schreibt über die Strategie des Kaisers für einen globalen Krieg.[1] Professor Hew Strachan vertritt die These, dass es bei dem Krieg darum ging, dass liberal gesinnte Länder ihre Freiheit (gegen die deutsche Aggression) verteidigten,[2] während Professor Norman Stone es als größten Fehler des 20. Jahrhunderts bezeichnete, dass Deutschland eine Marine aufbaute, die für einen Angriff auf Großbritannien geeignet war.[3] Ganz klar äußert sich Professor David Stevenson. Er schreibt: »Letztlich müssen wir in Berlin nach dem Schlüssel für die Zerstörung des Friedens suchen.«[4] Es war Deutschlands Schuld. Ende der Geschichte.

Mehrere aktuellere Untersuchungen zu den Ursachen des Krieges kommen zu abweichenden Einschätzungen. Christopher Clark beispielsweise schreibt in seinem Buch über die Ereignisse im Vorfeld des August 1914, eine ahnungslose Welt sei in diese Tragödie »geschlafwandelt«.[5] Wir decken auf, dass die ahnungslose Welt keineswegs schlafwandlerisch in diese Tragödie gestolpert ist – vielmehr haben Kriegstreiber in London die Welt mit einer geheimen Intrige in den Krieg gestoßen. In *Verborgene Geschichte – Wie eine geheime Elite die Menschheit in den Ersten Weltkrieg stürzte* widerlegen wir die These, dass Deutschland die Schuld trägt an diesem furchtbaren Verbrechen an der Menschheit. Wir zeigen, dass Belgien keineswegs das unschuldige und neutrale Land war, das vom deutschen Militarismus überrascht wurde. Wir belegen ganz deutlich, dass der deutsche Einmarsch in Belgien nicht ein Akt gedankenloser und wahlloser Aggression war, sondern dass Deutschland angesichts der unmittelbar bevorstehenden Vernichtung keine andere Wahl blieb. Der Schlieffen-Plan[6] war von Beginn an eine Verteidigungsstrategie und der letzte verzweifelte Weg, der Deutschland noch offenstand, wollte man sich nicht gleichzeitig von Osten und von Westen her überrennen lassen von den riesigen Heeren, die Russland und Frankreich an den deutschen Grenzen aufmarschieren ließen.

Dieses Buch belegt, dass skrupellose Männer, deren Wurzeln und Ursprünge in Großbritannien lagen, einen Krieg anstrebten, der Deutschland zu Boden werfen sollte. Um dieses Ziel zu erreichen, manipulierten sie die Ereignisse. Gemeinhin gilt 1914 als Ausgangspunkt für die folgenden Katastrophen, aber die zentralen Entscheidungen, die zum Krieg führten, waren bereits viele Jahre zuvor getroffen worden.

1891 wurde in London ein Geheimbund gegründet, eine Organisation reicher und mächtiger Männer, die das Ziel anstrebte, langfristig die Weltherrschaft zu übernehmen. Diese Personen, wir nennen sie die »Geheime Elite«, heizten vorsätzlich den Burenkrieg von 1899 bis 1902 an, um sich die Kontrolle über die Goldminen von Transvaal zu sichern. Nach diesem Muster sollten sie später noch öfters vorgehen. Sie stellten ihren Ehrgeiz über die Menschheit, und die Folgen ihres Handelns wurden in der offiziellen Geschichtsschreibung minimiert, ignoriert oder dementiert. 20000 Kinder starben in den britischen Konzentrationslagern in Südafrika, aber dieses Ausmaß an Brutalität wird unter den Teppich gekehrt. Eine ganze Generation starb in einem Weltkrieg, den diese

Männer verursacht hatten, aber die furchtbaren Verluste wurden als »Opfer für Freiheit und Zivilisation« verherrlicht. Dieses Buch befasst sich damit, wie eine Bande internationaler Bankiers und Industrieller sowie deren politische Handlanger zunächst die Burenrepubliken und dann Deutschland zerstörten, dafür aber niemals zur Rechenschaft gezogen wurden.

Geschichtsfälschung? Ein Geheimbund, der die Weltherrschaft anstrebt? Großbritannien schuld am Ersten Weltkrieg? 20 000 tote Kinder in britischen KZs? Londoner Intriganten, die auf die Zerstörung Deutschlands hinarbeiten? Man könnte meinen, dass es sich hier um hanebüchene Verschwörungstheorien handelt, aber wer das glaubt, sollte sich unter anderem die Arbeiten von Carroll Quigley ansehen, einem der renommiertesten Historiker des 20. Jahrhunderts.

Entscheidend beigetragen zu unserem Verständnis der modernen Geschichte hat Professor Quigley mit seinen Büchern *The Anglo-American Establishment* (nicht auf Deutsch erschienen) und *Katastrophe und Hoffnung* (Perseus, 2006). Das erste Werk wurde 1949 geschrieben, aber erst 1981 nach Quigleys Tod veröffentlicht – zu groß wäre zu Lebzeiten die Gefahr gewesen, dass sich das Establishment für die Enthüllungen rächt. 1974 warnte Quigley in einem Radiointerview seinen Fragesteller, Rudy Maxa von der *Washington Post*: »Sie sollten sich besser zurückhalten. Sie müssen meine Zukunft ebenso wie Ihre schützen.«[7]

The Anglo-American Establishment enthüllt anhand explosiver Einzelheiten, wie sich in Großbritannien und den USA eine Geheimgesellschaft aus internationalen Finanziers und anderen einflussreichen, nicht gewählten Männern an den Schalthebeln der Macht und der Kapitalströme breitgemacht hat, und zwar bereits über das gesamte 20. Jahrhundert hinweg. Quigleys Beweise gelten als höchst glaubwürdig. Er bewegte sich in den allerhöchsten Kreisen, hielt Vorlesungen an den besten Universitäten der USA, unter anderem in *Harvard, Princeton* und *Georgetown*, war beim Establishment als Ratgeber geschätzt und fungierte als Berater für das amerikanische Verteidigungsministerium. Quigley hatte Zugang zu Beweisen von Menschen, die direkt mit der Geheimgesellschaft zu tun hatten – Beweisen, die kein Außenstehender je zuvor gesehen hatte. Einige der Fakten wurden ihm aus Quellen zugespielt, die anonym bleiben mussten, aber er beschränkte sich auf Tatsachen, die er anhand öffentlich zugänglicher Dokumente beweisen konnte.[8]

Quigley registrierte eine sehr enge Verbindung zwischen den höchsten Machtkreisen innerhalb der britischen Regierung und der *Oxford University*, speziell den Colleges *All Souls* und *Balliol*. Von Personen aus dem Umfeld der »Gruppe«, wie er sie nannte, erhielt er ein gewisses Maß an Hilfe »persönlicher Natur«, aber »aus offensichtlichen Gründen« konnte er die Namen der Personen nicht nennen.[9] Quigley hatte zwar Geheimhaltung geschworen, enthüllte jedoch in dem Radiointerview, dass Professor Alfred Zimmern, ein britischer

Historiker und Politwissenschaftler, ihm die Namen der zentralen Akteure innerhalb der »Gruppe« bestätigt hatte. Es steht außer Frage, dass Zimmern selbst ein enger Verbündeter derjenigen war, die wirklich in Großbritannien die Macht innehatten. Die meisten zentralen Akteure kannte er persönlich, und bevor er 1923 angewidert aus dem Geheimbund ausschied, war er zehn Jahre lang Mitglied gewesen.

Der »Gruppe« seien die Folgen ihres Handelns offenbar genauso egal wie die Meinungen anderer, stellte Quigley fest. Machtbefugnisse und Einfluss würden nicht nach Verdienst verteilt, sondern eher aufgrund von Freundschaften. Viele seiner Werte seien durch den Geheimbund »an den Rand der Katastrophe gebracht worden«. Der Nachwelt gibt Professor Quigley mit der Widersprüchlichkeit seiner Aussagen ein Rätsel auf: Er verabscheute die Methoden des Geheimbundes, stimmte aber mit dessen Zielen und Absichten überein.[10] Sagte er das nur aus Gründen des Selbsterhalts? Man sollte nicht vergessen, wie warnend er sich noch 1974 gegenüber Rudy Maxa äußerte. Ganz offensichtlich hatte Quigley das Gefühl, dass diese Enthüllungen ihn in Gefahr brachten.

Dank Quigleys Untersuchungen wissen wir, dass der südafrikanische Diamantenmillionär Cecil Rhodes den Londoner Geheimbund Ende des 19. Jahrhunderts gründete. Zu seinen Zielen gehörte es, an einem erneut engen Verhältnis zwischen Großbritannien und den Vereinigten Staaten zu arbeiten und die guten Wertvorstellungen und Traditionen der englischen Oberschicht in die Welt zu tragen. Letztlich wollten sie alle bewohnbaren Bereiche der Welt unter ihre Kontrolle und ihren Einfluss bringen. Sie alle waren von einer gemeinsamen Furcht erfüllt, der tiefen und bitteren Furcht, dass ihre Macht und ihr Einfluss schwinden würden, wenn nicht etwas Radikales geschähe. Ihr Stern würde sinken, während der von Ausländern aufsteigen würde, von ausländischen Interessen, ausländischen Unternehmen, ausländischen Gebräuchen und ausländischen Gesetzen. Der weiße angelsächsische Mann stand ihrer Sicht zufolge absolut zu Recht ganz oben in der Rassenhierarchie – einer Hierarchie, die auf der Oberhoheit in Handel und Industrie sowie auf der Ausbeutung anderer Rassen beruhte. Sie sahen sich vor eine drastische Wahl gestellt: entweder mit entschlossenen Schritten das britische Empire zu stärken und weiter auszubauen oder zu akzeptieren, dass Länder wie Deutschland Großbritannien auf der Weltbühne den Rang abliefen.

Es schmerzte die Mitglieder der Geheimen mitanzusehen, wie Deutschland dabei war, rasch an Großbritannien vorbeizuziehen, wenn es um Technik, Forschung, Industrie und Handel ging. Deutschland war aus ihrer Sicht der Kuckuck im afrikanischen Nest des Empire, und der wachsende Einfluss, den Berlin in der Türkei, auf dem Balkan und im Nahen Osten genoss, bereitete ihnen Sorgen. Nun sollte dieser Kuckuck aus seinem Nest geworfen werden. Beeinflusst wurde die Geheime Elite von der Ideologie des Oxford-Professors John Ruskin aus dem 19. Jahrhundert. Sein Konzept beruhte auf der Überzeugung, die englische Oberschicht sei überlegen und müsse deshalb im besten Interesse der sozial niedriger gestellten Schichten handeln. Was die Elite vorhatte, war ihrer Ansicht nach gut für die Menschheit und für die Zivilisation – eine Zivilisation, die sie kontrollieren, bestimmen, leiten und profitabel machen würden. Für dieses Ziel würde sie alles tun, was nötig sei. Im Namen der Zivilisation würde sie Krieg führen, im Namen der Zivilisation würde sie Millionen Menschen abschlachten. Unter dem hehren Banner der Zivilisation entstand eine Geheimgesellschaft, wie sie die Welt noch nicht gesehen hatte. Ihr standen nicht nur Vorrechte und Wohlstand zur Verfügung, sie schützte sich durch das Gewand der Uneigennützigkeit auch vor Kritik. Sie würde die Weltherrschaft übernehmen, ja, aber doch nur zum Wohle der Menschheit. Sie würde die Welt vor sich selbst retten.

Ganz besonders zwei Organe der britischen Regierung wurden von der Geheimgesellschaft infiltriert – zum einen das Außenministerium, zum anderen das Kolonialamt. Dort installierte der Bund Beamte in ranghohen Positionen, von wo aus sie ihre Fachabteilungen dominierten. Parallel dazu erlangten sie die Kontrolle über die Abteilungen und Ausschüsse, die ihren Zielen förderlich waren – das Kriegsministerium, das *Committee of Imperial Defence* und die höchsten Ebenen der Streitkräfte. Die Parteizugehörigkeit spielte keine Rolle, viel wichtiger war Ergebenheit der Sache gegenüber.

Der lange Arm der Gesellschaft reichte bis nach Russland und Frankreich, bis auf den Balkan und nach Südafrika. Ihre Ziele waren Personen in den höchsten Ämtern ausländischer Regierungen. Man kaufte sie und hielt sie für künftige Aufgaben bereit. Ein anderes Thema war Amerika. Anfangs wurde über die Möglichkeit gesprochen, die Vereinigten Staaten zu einem Teil eines erweiterten Empire zu machen, aber das Wirtschaftswachstum und das künftige Potenzial der USA ließen diese Idee rasch unmöglich erscheinen. Stattdessen wurde die Machtbasis dahingehend erweitert, dass man anglophile Amerikaner in den Geheimbund aufnahm, Männer, die später über Kreditinstitute und finanziell von ihnen abhängige Regierungen die Welt beherrschen sollten.

Doch damit nicht genug: Sie hatten auch die Macht, die Geschichte zu kontrollieren und Aufklärung in Täuschung umzukehren. Die Geheime Elite bestimmte die Geschichtsschreibung und die Geschichtslehre, von der kleinsten Dorfschule bis hinauf zu den Elfenbeintürmen der akademischen Welt. Sorgfältig prüfte sie offizielle Regierungsunterlagen und entschied, welche Dokumente in die offizielle Version der Geschichte des Ersten Weltkriegs einfließen sollten. Wenn etwas auf die Existenz des Geheimbundes hätte hinweisen können, wurde der Zugang verwehrt. Potenziell belastende Unterlagen wurden verbrannt, aus den offiziellen Registern getilgt, vernichtet, gefälscht oder umgeschrieben. Den Forschern und Historikern blieben damit nur noch sorgfältig ausgewählte Materialien. Auch Carroll Quigleys Geschichtsbücher sind Opfer der Unterdrückung geworden. Unbekannte entfernten *Katastrophe und Hoffnung* aus Buchläden in Amerika, und schon kurz nach der Veröffentlichung nahm der Verlag das Buch ohne Angabe von Gründen wieder aus dem Handel. Quigleys Verleger, die *Macmillan Company*, hat aus unerklärlichen Gründen die Originaldruckplatten vernichtet. Sechs Jahre lang habe *Macmillan* ihn »belogen, belogen, belogen« und ihm vorsätzlich weisgemacht, das Buch werde neu aufgelegt, schreibt Quigley.[11] Warum? Welchem Druck muss ein großes Verlagshaus ausgesetzt sein, bevor es zu so drastischen Maßnahmen greift? Quigley behauptete, einflussreiche Personen würden die Veröffentlichung des Buches unterdrücken, weil es Dinge aufdecke, die den Mächtigen missfielen.

Wissenschaftler haben bis heute keinen Zugang zu diversen Dokumenten aus dem Ersten Weltkrieg, weil die Geheime Elite zu viel von der Wahrheit zu befürchten hat, und dasselbe gilt für die Nachfolger der Elite. Sie sorgen dafür, dass wir nur diejenigen »Fakten« lernen, die ihre Sicht der Dinge stützen. Das ist schlimmer als Täuschung. Die Geheime Elite war entschlossen, sämtliche Spuren zu verwischen, die auf sie verweisen würden. Sie hat alles in ihrer Macht Stehende getan, um dafür zu sorgen, dass man ihren Verbrechen nur unter allergrößten Schwierigkeiten auf die Spur kommen könnte. Doch genau das haben wir vor.

Um hinter die geheimen Gründe für den Ersten Weltkrieg zu kommen, haben wir die wissenschaftlichen Arbeiten von Professor Quigley analysiert. Aber das war nur einer von vielen Bausteinen. Wir gehen weit über seine ursprünglichen Enthüllungen hinaus. Quigley schrieb, Beweise für den Geheimbund seien nicht schwer zu finden, wenn man »weiß, wonach man zu suchen hat«.[12] Wir haben genau das getan. Wir haben mit den zentralen Charakteren begonnen, die er identifiziert hat (und die der Insider Alfred Zimmern bestätigte), und sind den Taten dieser Personen nachgegangen, ihren miteinander verflochtenen Laufbahnen, ihrem Aufstieg zu Macht und Einfluss. Und letztlich enthüllen wir, wie sie sich dazu verschworen haben, den Ersten Weltkrieg anzuzetteln. Quigley räumte ein, wie schwierig es gewesen sei zu sagen, wer wann innerhalb der Gruppe aktiv war. Im Rahmen unserer eigenen Forschungsarbeit haben wir die Liste um Personen ergänzt, deren Handeln sie als angeschlossene Mitglieder oder Verbündete ausweist. Natürlich tun Geheimbünde viel dafür, ihre Anonymität zu wahren, aber was wir an Beweisen aufgedeckt haben, bringt uns zu dem Schluss, dass im Vorfeld des Ersten Weltkriegs die Geheime Elite mehr Mitglieder hatte, als Quigley ursprünglich aufzeigte.

Bei diesem Buch handelt es sich nicht um eine fiktive Geschichte, die wir uns aus Jux und Tollerei zusammenreimen. Die Geheime Elite hat sich verzweifelt bemüht, sämtliche ihrer Spuren zu verwischen, doch die Beweise, die wir in den folgenden Kapiteln vorlegen, belegen, wie die Gesellschaft durch Fehlinformationen, Betrug, Geheimabsprachen und Lügen die Welt zerstörte und bankrott zurückließ. Dies sind Fakten einer Verschwörung, keine Verschwörungstheorie.

Im Laufe dieser Geschichte tauchen sehr viele Namen auf, deshalb haben wir im Anhang ein Personenregister beigefügt. Vor Ihnen, werter Leser, liegt eine immens schwierige Aufgabe. Diese unglaublich reichen und mächtigen Männer, von denen hier die Rede sein wird, agierten hinter den Kulissen und unter dem Schutz des innersten Zirkels des Establishments, unter dem Schutz handzahmer Medien und dem Deckmantel einer sorgfältig zurechtgebogenen Geschichtsschreibung. In den folgenden Kapiteln zeigen wir, dass letztere seit einem Jahrhundert schwere Fehler enthält und von Lügen und Halbwahrheiten durchsetzt ist. So tief haben sich die Lügen in der Psyche festgesetzt, dass der Leser Beweise zunächst möglicherweise abtun wird. Das ist nicht das, was er in der Schule oder auf der Uni gelernt hat, es stellt alles infrage. Noch immer wollen die Geheime Elite und ihre Agenten unser Verständnis der damaligen Ereignisse und unser Wissen um die Gründe kontrollieren. Wir wollen Sie nur bitten, sich auf unsere Argumentation einzulassen und möglichst objektiv die Beweise zu prüfen, die wir Ihnen vorlegen. Lassen Sie Ihre Unvoreingenommenheit entscheiden.

1

Die Geheimgesellschaft

London, ein winterkalter Februarnachmittag des Jahres 1891. Drei Männer sind in ein ernstes Gespräch vertieft. Was an diesem Tag besprochen wird, wird das British Empire und in der Folge die gesamte Welt radikal verändern.

DIESE EINLEITENDE PASSAGE von Professor Carroll Quigleys Buch *The Anglo-American Establishment* mag an einen Agententhriller von John le Carré erinnern, ist aber alles andere als Fiktion. Bei den drei überzeugten Imperialisten, die an diesem Tag zusammenkamen, handelt es sich um Cecil Rhodes, William Stead und Lord Esher, und sie entwickelten einen Plan für einen Geheimbund, der zunächst in Großbritannien und später in den USA die Kontrolle über die Außenpolitik erringen sollte. Der Bund sollte das alte angelsächsische Band zwischen Großbritannien und den Vereinigten Staaten neu schmieden.[1] Er sollte der Welt all das bringen, was nach Meinung dieser Männer gut war an den Traditionen der herrschenden englischen Klasse. Und er sollte den Einfluss des British Empire in eine Welt hinaustragen, die zu beherrschen diese Männer als ihr Schicksal ansahen.

Die damalige Zeit war bestimmt von Jack the Ripper und Königin Victoria. Die Königin hatte ihre antisemitischen Vorurteile überwunden und eine persönliche Freundschaft mit einem Mitglied aus der Bankendynastie der Rothschilds begonnen,[2] eine Verbindung, die bei den folgenden Ereignissen eine zentrale Rolle spielen sollte. Jack the Ripper dagegen hatte in den nebligen Slums von Whitechapel gerade mit Mary Kelly sein fünftes und möglicherweise letztes Opfer ermordet.[3] Die beiden Ereignisse hängen nur zeitlich zusammen, aber sie zeigen, welche extremen Unterschiede damals herrschten: Einige wenige Menschen genossen absoluten Luxus, während die breite Masse in bitterer Armut vor sich hin vegetierte. Die sozialen Zustände waren erschütternd, dennoch war das viktorianische England von Stolz erfüllt: Keine Nation konnte dem großen Empire das Wasser reichen. Doch wie lange würde dieser Zustand anhalten? Diese Frage wurde viel und ernsthaft in den von Zigarrenrauch geschwängerten

Sälen der Macht diskutiert. Mit ihrem Plan gaben die drei Männer eine Antwort auf die Debatten: Es musste etwas geschehen, damit Großbritannien auch in Zukunft seine dominante Position behalten konnte.

Bei den Verschwörern handelte es sich um wohlbekannte öffentliche Persönlichkeiten, jede von ihnen mit enormem Wohlstand und gewaltiger Macht im Rücken. Ihr Vorhaben war vergleichsweise simpel: Sie wollten einen Geheimbund gründen, den eine kleine, eng miteinander verwobene Clique leiten sollte. Anführer sollte Cecil Rhodes sein, die weitere Struktur war in Form konzentrischer Kreise angelegt. Im innersten Kreis sollte die »Gesellschaft der Auserwählten« thronen, und niemand dort würde daran zweifeln, dass er Teil eines exklusiven Geheimbundes war, der nach weltweiter Macht strebte.[4] Den nächsten Kreis stellte der »Verband der Helfer«. Dieser sollte mehr Mitglieder umfassen und weniger streng abgegrenzt sein. Auf dieser Ebene würden nicht alle wissen, dass sie zentraler Teil eines Geheimbundes waren; manche würden auch schlicht manipuliert, damit sie die Ziele der Organisation erfüllten. Idealisten, ehrliche Politiker und viele andere, die sich am äußeren Rand der Gruppe befanden, haben möglicherweise nie erfahren, dass sie in Wahrheit von einer gewissenlosen Clique gesteuert wurden, von deren Existenz sie keine Ahnung hatten.[5]

Der Geheimbund habe seine Existenz »recht erfolgreich verheimlichen können«, schreibt Professor Quigley. »Vielen einflussreichen Mitgliedern war es wichtiger, über wahre Macht zu verfügen, als den Anschein von Macht zu erwecken. Deshalb sind sie nicht einmal Studenten der britischen Geschichte ein Begriff.«[6] Alles stand und fiel mit der Geheimhaltung. Bis auf einige wenige Eingeweihte wusste niemand von der Existenz des Bundes, denn die Mitglieder hatten begriffen: Es ist viel wichtiger, tatsächlich Macht zu besitzen, als nur nach außen mächtig zu wirken. Das wussten sie, weil sie allesamt einer privilegierten Klasse entstammten, in der es keine Zweifel daran gab, wer Entscheidungen fällte, wie man Regierungen kontrollierte und wie man Politik finanzierte. In Reden und Büchern wird diese Klasse gern verschwommen als »der Geldadel« bezeichnet, als »die versteckte Macht« oder »die heimlichen Drahtzieher«. All diese Namen treffen zu, aber wir haben sie unter dem Sammelbegriff »Geheime Elite« zusammengefasst.

Das Treffen vom Februar 1891 war kein Zufall. Rhodes arbeitete seit Jahren an diesem Vorhaben, Stead und Esher hatten sich ihm seit einiger Zeit angeschlossen. Ein Jahr zuvor, am 15. Februar 1890, war Rhodes von Südafrika nach Großbritannien gereist und hatte Lord Rothschild auf dessen Landsitz besucht, um den Plan vorzustellen. Neben Nathaniel Rothschild waren auch Lord Esher und einige andere sehr ranghohe Mitglieder des britischen Establishments anwesend. Esher schrieb damals: »Rhodes ist ein vorzüglicher Enthusiast, aber er sieht Menschen als Maschinen … er hat gewaltige Ideen … und geht vermutlich bei der Wahl seiner Mittel eher skrupellos vor.«[7] Dabei handelte es sich hierbei genau um die Qualitäten, die benötigt werden, um ein Imperium aufzubauen – keine Skrupel, kein Mitgefühl, dafür aber jede Menge Ehrgeiz.

Schon lange hatte Cecil Rhodes davon gesprochen, eine Geheimgesellschaft nach dem Vorbild der Jesuiten aufzubauen. Ihr Ziel sollte es sein, mit allen Mitteln die Macht des Empire zu schützen und zu fördern. Er wollte »die gesamte unzivilisierte Welt unter britische Herrschaft bringen, die Vereinigten Staaten zurück ins Empire holen und die gesamte angelsächsische Rasse in einem Empire vereinen«.[8] Im Grunde war das schon der ganze Plan. So wie die Jesuiten ins Leben gerufen worden waren, um den Papst zu schützen und den Einfluss der katholischen Kirche auszuweiten, und so wie die Jesuiten nur ihrem eigenen Ordensgeneral unterstehen, so sollte auch die Geheimgesellschaft das Empire schützen und ausweiten und dabei nur ihrem eigenen Anführer unterstehen. Heiliger Gral war in diesem Fall nicht die Kontrolle über das Reich Gottes auf Erden im Namen des Allmächtigen, sondern die Kontrolle über die erforschte Welt im Namen des mächtigen Empire. Beide Gesellschaften strebten die Weltherrschaft an, in unterschiedlicher Ausprägung zwar, aber beide mit derselben Rücksichtslosigkeit.

Im Februar 1891 war die Zeit gekommen: Den Worten sollten Taten folgen. Man einigte sich auf die Gründung der Geheimgesellschaft. Es gab erste geheime Treffen, aber ohne Gewänder, geheime Handzeichen oder Parolen, schließlich kannten sich alle Mitglieder sehr gut.[9] Von den drei ursprünglichen Gründern brachte jeder spezielle Eigenschaften und Verbindungen mit. Rhodes war Premierminister der Kapkolonie, er war Herr und Gebieter über ein riesiges Territorium im südlichen Afrika, für das gerade der Name Rhodesien aufkam. Er galt als Staatsmann und war durch seinen Posten rein formal dem Kolonialamt unterstellt, doch in Wahrheit war er ein Opportunist, der sich auf unlautere Weise Land aneignete. Sein Vermögen beruhte auf den Kimberly-Diamantminen. Er hatte es aufgebaut, indem er die Eingeborenen brutal unterdrückte[10] und immer die Bergbauinteressen des Hauses Rothschild im Blick behielt.[11]

In den 1870er Jahren war Rhodes an der *Oxford University* gewesen, wo er von der Denkweise John Ruskins inspiriert wurde, des frisch gekürten Professors der schönen Künste. Ruskin war dafür, all das Gute am Dienst an der Öffentlichkeit in die Welt hinauszutragen und den englischsprachigen Massen Bildung, Anstand, Pflichtgefühl und Selbstdisziplin einzuimpfen. Doch hinter den wohlgewählten Worten stand eine geistige Haltung, die Frauenrechte vehement ablehnte, in der Demokratie keinen Platz hatte und die »gerechte« Kriege rechtfertigte.[12] Die Kontrolle des Staates solle auf eine kleine herrschende Klasse beschränkt bleiben, so Ruskin. Die soziale Ordnung solle sich gemäß der Autorität der Obrigkeit ausrichten, von den unteren Schichten wurde absoluter Gehorsam gefordert, der nichts infrage stellte. Der Wegfall der Klassengrenzen, die Gleichheit der Menschen, der Zerfall der »rechtmäßigen« Autorität der herrschenden Klassen – all das, was Ruskin als logische Schlussfolgerungen des Liberalismus ansah, stieß ihn ab.[13] Während Esher und Rhodes ihm zuhörten, mussten sie geglaubt haben, sie hätten philosophisch einen Freifahrtschein erhalten, die Weltherrschaft zu übernehmen. Von dieser Quelle hat Cecil Rhodes reichlich getrunken und aus dem Gelernten seinen Traum entwickelt, die gesamte unzivilisierte Welt unter britische Herrschaft zu bringen.[14]

Um seine persönlichen Ziele voranzutreiben, ging Rhodes in die südafrikanische Politik – natürlich aufseiten der hochrentablen Bergbauindustrie. Er mag Ruskins philosophischen Vorlesungen aufmerksam gelauscht haben, aber seine Handlungen zeugen doch eher von einem praktisch veranlagten, rücksichtslosen Wesen. Im Umgang mit den Eingeborenen kannte er keine Gnade. 1890 wies er das Parlament in Kapstadt an: »Der Eingeborene ist wie ein Kind zu behandeln, das Wahlrecht ist ihm zu verweigern. Was unser Verhältnis zu den Barbaren Südafrikas anbelangt, so müssen wir ein System des Despotismus übernehmen, wie es so gut in Indien funktioniert.«[15] In Oxford hatte er sich ein Gefühl der Überlegenheit angeeignet, das hier durch die Plünderung von Bodenschätzen Ausdruck fand. Riesige Stammesgebiete wurden für den Gold- und Diamantenabbau geräumt und Politik und Geschäftswelt so manipuliert, dass es ihm und seinen Unterstützern den größten Nutzen brachte. Sein gesamtes Leben umgab er sich mit Menschen, deren einziges Motiv Habsucht war, aber sein ausdrückliches Ziel war es, diesen unlauter erworbenen Wohlstand dazu zu nutzen, seinen großen Traum voranzutreiben – das Empire sollte die gesamte Welt kontrollieren.[16]

Rhodes starb im Alter von 48 Jahren an Herzversagen. Da ihm zu Lebzeiten sehr wohl bewusst war, dass seine Zeit auf Erden begrenzt war, schrieb er mehrere Testamente, die er um diverse Nachträge ergänzte. 1902 wurden als Verwalter seines Testaments Lord Nathaniel Rothschild, Lord Rosebery, Earl Grey, Alfred Beit, Leander Starr Jameson und Alfred Milner genannt – allesamt zentrale Akteure des Geheimbundes, wie wir sehen werden. Ohne die Unterstützung der »angelsächsischen Völker jenseits der europäischen Gewässer« sei die Inselnation England, so Rhodes, »schwer zu halten oder auch nur zu verteidigen«.[17] In den kommenden Jahren würde man das Inselproblem lösen und die Verbindungen zu Amerika stärken müssen. Rhodes' Plan sah unter anderem vor, Oxford zum führenden Bildungszentrum der englischsprachigen Welt zu machen. Elitestudenten, speziell solche aus amerikanischen Staaten, sollten ausreichend finanzielle Mittel erhalten, sodass sie »mit jeder Person und jeder Klasse absolut gleichgestellt Kontakt pflegen« könnten. Treuhänder würden die glücklichen Empfänger eines Rhodes-Stipendiums auswählen. In Oxford sollten die Studenten dann vor allem eines lernen: »… von welchem Vorteil für die Kolonien und das Vereinigte Königreich es ist, die Einheit des Empire zu bewahren.«[18] Zu späteren Rhodes-Stipendiaten gehörten übrigens der australische Premier Bob Hawke ebenso wie US-Präsident Bill Clinton.

Doch dieser Baumeister des Imperiums war viel mehr als ein Wohltäter der Hochschulen. Direkt nach Rhodes' Tod sagte sein Freund William (»W. T.«) Stead: »Er war der Erste einer neuen Dynastie von Geldkönigen, die sich in diesen Zeiten als die echten Herrscher der modernen Welt erwiesen haben.«[19] Schon oft haben große Finanziers ihr Vermögen dazu genutzt, über Fragen von Krieg und Frieden zu entscheiden und die Politik in eine für sie profitable Richtung zu lenken. Rhodes war in dieser Hinsicht völlig anders und stellte die Dinge auf den Kopf. Ihm ging es darum, in seinem Geheimbund möglichst viel Kapital zu sammeln, damit er seine politischen Ziele realisieren konnte. Er wollte sich Regierungen und Politiker kaufen, er wollte sich die öffentliche Meinung kaufen und er wollte über die Werkzeuge verfügen, die nötig sind, um Einfluss auf die Öffentlichkeit zu nehmen. Die Geheime Elite sollte ihren Wohlstand dazu nutzen, im Verborgenen ihre Kontrolle über die Welt zu erweitern.

Rhodes' enger Verbündeter William Stead stand für eine neue Macht auf der politischen Bühne – preisgünstige Tageszeitungen, die ihre Ansichten immer stärker unter das Volk brachten. Stead war der bekannteste Journalist seiner Zeit. 1885 hatte er die viktorianische Gesellschaft aufgerüttelt, als er in einem unverblümten Artikel in der *Pall Mall Gazette* die Kinderprostitution anprangerte.

Schockiert verfolgte die viktorianische Gesellschaft Steads grafische Schilderungen, wie Kinder in Londoner Freudenhäusern missbraucht wurden. Entführungen zu kriminellen Zwecken, das Provozieren strafbarer Handlungen und der »Verkauf« junger Mädchen aus unteren Schichten wurden in einer Reihe »infernalischer Erzählungen« abgehandelt, wie Stead selbst sie nannte. Seine Geschichten malten ein furchtbares Bild von schalldichten Zellen, in denen Pädophile, die der Oberschicht entstammten, ungestraft ihre übelsten Träume an Kindern ausleben konnten.[20] Die Gesellschaft der Hauptstadt verfiel in moralische Panik, was die Regierung zwang, den *Criminal Law Amendment Act* zu verabschieden, ein Gesetz zum besseren Schutz von Frauen und Mädchen. Die Methoden, mit denen sie bei ihren Ermittlungen arbeiteten, führten dazu, dass Stead und weitere seiner aufgeklärten Gefährten, darunter Bramwell Booth von der Heilsarmee, wegen Entführung angeklagt wurden. Booth wurde freigesprochen, Stead musste eine dreimonatige Gefängnisstrafe verbüßen.[21]

Auf diese Weise verdiente sich Stead seinen Platz in Rhodes' Elitekreisen. Stead war jemand, der Einfluss auf die Öffentlichkeit hatte. Er hatte die Regierung so sehr bloßgestellt, dass diese nur mit einer sofortigen Gesetzesänderung reagieren konnte. Anschließend trat Stead für Dinge ein, die ihm am Herzen lagen, für eine Bildungs- und eine Landreform. In späteren Jahren gehörte er zu denjenigen, die am lautesten mehr Geld für die Kriegsmarine forderten. Stead wollte dazu beitragen, dass sich das Verhältnis der englischsprachigen Nationen zueinander verbesserte, und er wollte die britische Kolonialpolitik reformieren.[22] Er gehörte zu den ersten Enthüllungsjournalisten und baute sich ein beeindruckendes Netzwerk junger Journalisten auf, die ihrerseits wiederum die Prinzipien der Geheimen Elite in das Empire hinaustrugen.[23]

Bei dem dritten Teilnehmer des Gründungstreffens der Geheimgesellschaft handelte es sich um Reginald Balliol Brett, besser bekannt als Lord Esher, einen engen Berater von drei Herrschern. Esher genoss immensen Einfluss in den höchsten Gesellschaftsschichten. Er vertrat die Interessen des Königshauses in den letzten Regierungsjahren von Königin Victoria, dann während der überschäumenden Exzesse von König Edward VII. bis hin zum ruhigeren und fügsameren König George V. Esher war die »graue Eminenz, die mit der einen Hand England steuerte, während die andere Hand jungen Knaben nachstellte«.[24] Während der achtjährigen Herrschaft von König Edward VII. gab ihm Esher nahezu täglich schriftliche Ratschläge[25], und durch ihn war der König stets auf dem Laufenden, was die Angelegenheiten der Geheimen Elite anbelangte. Selbst Eshers Zeitgenossen taten sich schwer damit, genau zu sagen, welche Rolle er in der britischen Politik spielte. Er hatte den Vorsitz über wichtige Geheimausschüsse, war für Berufungen in das Kabinett und für die Vergabe hoher diplomatischer und behördlicher Posten verantwortlich. Er brachte sich leidenschaftlich ein, wenn es um die Besetzung von Führungspositionen in der Armee ging, und übte eine Macht aus, die weit über das hinausging, was ihm gemäß Verfassung zugestanden hätte. Esher war der mächtigste Trumpf der Geheimen Elite.

Zwei weitere Personen rückten sehr rasch in den innersten Zirkel des Geheimbundes auf: der internationale Bankier Lord Nathaniel Rothschild und Alfred Milner, ein vergleichsweise unbekannter Kolonialverwalter, der die verworrene finanzielle Lage in Ägypten bereinigt hatte. Die beiden Männer standen für unterschiedliche Aspekte von Macht und Einfluss. Die Rothschilds waren wie niemand sonst Sinnbild des »Geldadels«. Milner dagegen war ein Selfmademan, ein begnadeter Akademiker, der seine Laufbahn als Anwalt begann, sich dann dem Journalismus zuwandte und sich schließlich zu einem extrem mächtigen und erfolgreichen politischen Akteur entwickelte. Er war es, der »die Männer hinter dem Vorhang« letztlich führen sollte.

Die Dynastie der Rothschilds besaß in Großbritannien und in der Bankenwelt gewaltige Macht und sah sich auf Augenhöhe mit den Königshäusern[26] – nicht umsonst hieß der Londoner Stammsitz »New Court«, »neuer Hof«. Genauso wie die britische Königsfamilie hatten auch die Rothschilds ihre Wurzeln in Deutschland. Was Dynastien anging, so war diejenige, die Mayer Amschel Rothschild begründet hatte, möglicherweise authentischer als alle anderen. Damit die Reichtümer in der Familie blieben, wurde Endogamie betrieben: Es wurde nicht nur innerhalb der eigenen Religion geheiratet, sondern auch innerhalb der nächsten Familie. 21 Mal heirateten Mayer Amschels Nachkommen, in 15 Fällen traten Cousin und Cousine vor den Rabbi.

Reichtum gebiert Reichtum. Das gilt umso mehr für Kapital, das Regierungen den Geldhahn nach Belieben sperren kann und die globalen Finanzmärkte beherrscht. Die Rothschilds waren hierbei führend. Sie manipulierten Politiker, machten sich Könige,

Kaiser und einflussreiche Adlige zu Freunden und entwickelten ihre ganz eigene Vorgehensweise. Ihr Einfluss war so groß, dass die Londoner Polizei dafür sorgte, dass die Rothschild-Kutschen auf den Straßen der Hauptstadt stets Vorfahrt hatten.[27] In fast jedem Land der Welt standen einflussreiche Personen und Staatsvertreter auf den Gehaltsrollen der Rothschilds,[28] sehr schnell hatten sie Zugang zu fast allen Prinzen und Herrschern Europas.[29] Die Rothschilds waren praktisch unberührbar:

> *Die Rothschild-Dynastie war viel, viel mächtiger als jedes andere Finanzimperium vor ihr. Sie verfügten über enormes Vermögen, sie agierten international, sie waren unabhängig. Monarchien zitterten vor den Rothschilds, denn sie konnten das Haus nicht kontrollieren. Volksbewegungen hassten die Rothschilds, weil sie sich über das Volk stellten. Und Verfassungsfreunde hassten die Rothschilds, weil diese ihren Einfluss hinter den Kulissen ausübten – geheim.*[30]

Finanziell und handelspolitisch reichte der Arm der Rothschilds bis Asien, sowohl in den Nahen Osten hinein als auch bis nach Fernost und bis in die nördlichen und südlichen Nationen Amerikas. Sie waren die Meister des Investments und spielten eine zentrale Rolle bei der Industrialisierung. Die Rothschilds wussten, wie sie ihr Vermögen einzusetzen hatten, um von der nächsten guten Marktgelegenheit zu profitieren, unabhängig davon, wo diese auftauchen mochte. Sie verfügten dank ihrer engen Familienbande über unbegrenzte Ressourcen und konnten überall und jederzeit auf ein Netzwerk von Agenten zurückgreifen. Eine Generation vor allen Wettbewerbern hatten sie begriffen, wie wichtig es ist, Dinge im Voraus zu wissen. Die Rothschilds kommunizierten regelmäßig miteinander, manchmal mehrmals am Tag, und griffen dabei auf Geheimcodes und vertrauenswürdige, gut bezahlte Agenten zurück. Vor allem in Europa hatten sie ständig den Finger am Puls des Geschehens. Das rasche Kommunikationsnetz der Rothschilds, ihr Netzwerk aus Kurieren, Agenten und Familienpartnern, wurde von Regierungen und gekrönten Häuptern sehr geschätzt. Sie nutzten dieses Netzwerk gern als Expresspost – was der Familie wiederum noch mehr Informationen über geheime Machenschaften bescherte.[31] Im 19. Jahrhundert gab es niemanden, keine Regierung, keinen Wettbewerber und keine Zeitung, der früher über wichtige Ereignisse und Entwicklungen Bescheid wusste als die Rothschilds.

Was die Rothschilds im Laufe des 19. Jahrhundert an Bankengeschäften, Investitionen und Handelsabschlüssen tätigten, liest sich wie eine Auflistung der zentralen Faktoren der Wirtschaftsentwicklung jener Zeit. Mit Rothschild-Anleihen wurden ganze Eisenbahnnetze in Europa und Amerika finanziert, das Bankenimperium stellte die Mittel für Erzgeschäfte, Rohstoffdeals, Gold- und Diamantenabbau, für die Suche nach Rubinen und für Ölbohrungen, sei es in

Mexiko, Burma, Baku oder Rumänien. Führende Rüstungsbetriebe wie *Maxim-Nordenfeldt* und *Vickers* deckten sich bei den Rothschilds mit Kapital ein.[32] Die Hauptzentralen der Rothschild-Familie in London, Paris, Frankfurt, Neapel und Wien waren durch eine einzigartige Partnerschaft verbunden. Durch ihre Kooperation konnten Kosten geteilt und Risiken gemindert werden – was die Gewinne aller beteiligten Filialen steigen ließ.

Die Rothschilds legten viel Wert auf Anonymität und agierten deshalb bis auf wenige Ausnahmen stets hinter den Kulissen. So gelang es ihnen all die Jahre, ihre Angelegenheiten geschickt aus dem Licht der Öffentlichkeit zu halten.[33] Nicht nur in Europa, sondern überall auf der Welt, auch in New York und Sankt Petersburg, griffen sie auf Agenten und Partnerbanken zurück.[34] Ihr traditionelles System der halbautonomen Agenten ist bis heute unerreicht.[35] Die Rothschilds griffen ein, um strauchelnde Banken zu stützen oder Konzerne mit üppigen Kapitalspritzen am Leben zu erhalten. Sie übernahmen dann die Kontrolle und nutzten diese Unternehmen als Tarnung. So retteten sie beispielsweise die kleine Hamburger Privatbank *M. M. Warburg* und bauten sie zu einer der größten Banken Deutschlands aus – einer Bank, die dann bei der Finanzierung der deutschen Kriegsanstrengungen während des Ersten Weltkriegs eine wichtige Rolle spielen sollte. Es war ein Musterbeispiel dafür, wie effektiv die Rothschilds vorgingen: Nach außen hin eine Seite unterstützen, gleichzeitig die andere Seite zum Handeln ermutigen.

Anfang des 19. Jahrhunderts waren die Rothschilds als Juden noch gesellschaftliche Außenseiter, aber bis zum Ende des Jahrhunderts öffnete ihnen ihr gewaltiger Reichtum sämtliche Türen, die ihnen zuvor wegen ihres Glaubens versperrt geblieben waren. Der englische Ableger *N. M. Rothschild & Co.* entwickelte sich unter der Leitung von Lionel Rothschild zum wichtigsten Standbein der gesamten Dynastie. Lionel förderte die Familieninteressen enorm, indem er sich Prinz Albert, den Gemahl von Königin Victoria, zum Freund machte. Allzu schwer war das nicht, denn Albert war chronisch knapp bei Kasse. Über einen Mittelsmann kauften die Rothschilds Aktien für den Prinzen, und 1850 »lieh« Lionel der Königin und ihrem Mann genug Geld, damit sie sich Balmoral Castle und die umliegenden 4000 Hektar Land kaufen konnten.[36] Lionels Nachfolger war sein Sohn Nathaniel, »Natty«, der als Chef der Londoner Rothschild-Filiale zum mit Abstand reichsten Mann der Welt aufstieg.

Aber nicht nur Personen, auch ganze Regierungen erlagen den Verlockungen des Rothschildschen Kapitals. Es war Baron Lionel, der 1875 der konservativen Regierung von Benjamin Disraeli vier Millionen Pfund vorstreckte, damit diese dem zahlungsunfähigen ägyptischen Vizekönig den Sueskanal abkaufen konnte. Vier Millionen Pfund damals entsprachen einem heutigen Wert von rund 310 Millionen Pfund![37] Jubilierend schrieb Disraeli an Königin Victoria: »Er gehört Ihnen, Madam … nur eine einzige Firma hätte das schaffen können:

die Rothschilds. Sie haben sich vorzüglich aufgeführt, streckten das Geld zu niedrigem Zins vor; das komplette Aktienpaket des Khedive (des Vizekönigs) gehört nun Euch.«[38] Die britische Regierung beglich das Darlehen innerhalb von drei Monaten vollständig. Es war ein Geschäft zur beiderseitigen Zufriedenheit.

Der Durchmarsch der Londoner Rothschilds an die Spitze der britischen Gesellschaft war unaufhaltsam. 1885 wurde Natty in den Adelsstand erhoben. Zum damaligen Zeitpunkt waren er und die gesamte Familie aus dem Gefolge des Prinzen von Wales nicht mehr wegzudenken. Natty und seine Brüder Alfred und Leo setzten die Familientradition fort, dem Königshaus Darlehen zu »geben«, die nie wieder eingetrieben wurden. Diese »Großzügigkeit« der Rothschilds ermutigte den Prinzen dazu, weit über seine Verhältnisse zu leben. Ab Mitte der 1870er Jahre kamen sie für die gewaltigen Spielschulden des Thronfolgers auf und achteten darauf, dass er ein Leben im Luxus genießen konnte, wie es ihm sein Vermögen niemals ermöglicht hätte. Dass sie ihm die 160 000 Pfund (was einem heutigen Wert von etwa 11,8 Millionen Pfund entspricht) schwere Hypothek auf Sandringham schenkten, wurde »diskret vertuscht«.[39] Beide Anwesen, Balmoral und Sandringham, werden heutzutage eng mit der königlichen Familie verbunden. Beide kamen erst dadurch in den Besitz der Royals, dass die Familie Rothschild das Geschäft großzügigerweise ermöglichte oder gleich ganz für die Kosten aufkam.

Eine Ausnahme war das keineswegs. Am 1. Januar 1886 genehmigte der damalige britische Staatssekretär für Indien, Winston Churchills Vater Randolph, die Annektierung Burmas. Das erlaubte es den Rothschilds, sich ein immens profitables Aktienpaket an den Rubinminen Burmas aufzubauen. Churchill forderte, dass Indiens Vizekönig Lord Dufferin Burma als Neujahrsgeschenk für die Königin von England erobere, aber finanziell lohnte sich die ganze Angelegenheit vor allem für das Haus Rothschild. Nicht frei von Sarkasmus schrieb Esher, dass Churchill und Rothschild offenbar gemeinsam die Belange des Empire steuerten. Die »übermäßige Vertrautheit«[40] Churchills zu den Rothschilds zog einige bissige Kommentare nach sich, aber niemand ging der Sache auf den Grund. Nachdem Randolph Churchill der Syphilis erlegen war, wurde bekannt, dass er den Rothschilds erstaunliche 66 902 Pfund schuldete – eine Summe, die nach heutigen Maßstäben stolzen 5,5 Millionen Pfund entspricht.

Vom Wesen und seiner Erziehung her war Natty Rothschild politisch ein Konservativer, dennoch vertrat er die Ansicht, dass sämtliche politischen Lager in Finanz- und Diplomatiefragen auf die Rothschilds hören sollten. Zu seinem Freundes- und Bekanntenkreis zählten viele bedeutende Männer, die auf dem Papier politische Widersacher waren. In der eng verwobenen Welt der Politik übten die Rothschilds bei Liberalen wie Konservativen gleichermaßen enormen Einfluss aus. Die Parteispitzen kamen zum Mittagessen nach New Court, man dinierte zusammen in exklusiven Klubs und lud die Entscheidungsträger auf die

Familienanwesen ein, wo Politiker und Adlige gleichermaßen fürstlich bewirtet wurden. Die Rothschilds besaßen Villen in Piccadilly, Anwesen in Gunnersby Park und Acton, Aylesbury und Tring sowie das Waddesdon Manor und die Mentmore Towers (die in den Besitz von Lord Rosebery übergingen, als er Hannah de Rothschild heiratete). Wenn Edward VII. zu einem Streifzug durch die Pariser Bordelle in die französische Hauptstadt kam, war er stets ein gern gesehener Wochenendgast im üppigen Château der Rothschilds in Ferrières oder dem riesigen Stadthaus von Alfred de Rothschild. In diesem exklusiven, absolut privaten Umfeld besprach die Geheime Elite ihre Pläne und Ziele für die Welt. Der Rothschild-Biograf Niall Ferguson schreibt: »In diesem Milieu wurden viele der wichtigsten politischen Entscheidungen dieser Zeit getroffen.«[41]

So groß war der Wohlstand, den die Rothschilds angehäuft hatten, dass es nichts und niemanden gab, den sie sich nicht kaufen konnten. Sie finanzierten große politische Ziele und große wirtschaftliche Unternehmungen. Und wenn etwas schiefging, wurden sie nicht öffentlich zur Verantwortung gezogen, denn sie hielten sich die ganze Zeit über im Hintergrund. Von dort aus nahmen sie Einfluss auf Personalentscheidungen für hohe Ämter, von dort aus kommunizierten sie praktisch täglich mit den wichtigsten Drahtziehern ihrer Zeit.[42] Dorothy Pinto, die in die Dynastie einheiratete, lässt uns einen faszinierenden Blick darauf erhaschen, wie vertraut die Rothschilds mit den Zentren der Macht waren. Sie schreibt: »Als Kind dachte ich, Lord Rothschild würde im Außenministerium leben, denn von meinem Klassenzimmer aus sah ich seine Kutsche dort jeden Nachmittag stehen – während er sich natürlich in einer Privataudienz mit Arthur Balfour befand.«[43] Außenminister Balfour zählte zum innersten Zirkel des Geheimbundes und war auf dem besten Weg, Premierminister zu werden.

Vor seinem Tod im Jahr 1915 befahl Natty, dass seine Privatkorrespondenz nach seinem Ableben verbrannt werden sollte. Dem Rothschild-Archiv entging dadurch umfangreiches Material, sodass »der Historiker sich fragt, wie viel von der politischen Rolle des Hauses Rothschild unwiederbringlich für die Nachwelt verloren ist«.[44] Was hätten diese Unterlagen enthüllt, diese Briefe an Premierminister, Außenminister, Vizekönige, liberale Parteivorsitzende wie Rosebery, Asquith und Haldane? An den allmächtigen Alfred Milner oder konservative Spitzenpolitiker wie Salisbury, Balfour und Esher, den Augen und Ohren des Königs innerhalb des Geheimbundes? Was hätte in deren Antwortschreiben gestanden? Es existieren noch jede Menge Beweise dafür, dass all diese Personen in den Anwesen der Rothschilds ein und aus gingen,[45] also was stand in dieser umfangreichen Korrespondenz? Praktisch unbegrenzt war die Menge an wertvollen Informationen, die die Rothschild-Agenten ihren Herren in New Court zukommen ließen, von wo aus *Foreign Office* und *Downing Street* in Kenntnis gesetzt wurden. Die Mitglieder der Geheimen Elite verwischten sämtliche Spuren, die sie mit Rothschild in Verbindung brachten, und genauso ging Natty

Rothschild vor. Auch er tat alles, um ihr Handeln vor künftigen Generationen verborgen zu halten.

Und was ist mit der fünften Person, der grauen Eminenz, dem Mann im Schatten? Alfred Milner spielte innerhalb der Geheimen Elite eine Schlüsselrolle. Am Gründungstreffen nahm er nicht teil, weil er sich gerade von Ägypten, wo er stationiert war, auf dem Weg in den Heimaturlaub befand. Das machte aber auch nichts, denn Milner wusste sehr genau, was Rhodes plante. Nach seiner Rückkehr nach London wurde Milner unverzüglich in die Gesellschaft der Auserwählten aufgenommen. Milner hatte genau wie Rhodes in Oxford Ruskins Vorlesungen angehört und war dessen leidenschaftlicher Anhänger.[46] Keinem Jesuitengeneral wäre mit mehr Loyalität und Respekt begegnet worden als Milner.

Der 1854 in Deutschland geborene Milner war ein begabter Akademiker. Er sprach fließend Französisch und Deutsch, sein Oxford-Studium finanzierte er mit Stipendien, denn er besaß kein eigenes Vermögen. In Oxford freundete er sich mit dem späteren Premierminister Herbert Asquith an und stand sein Leben lang mit ihm in engem Kontakt. Milner war klug und berechnend, aber kein großer Redner. Als junger Anwalt verdiente er sich mit Artikeln für das *Fortnightly Review* und die *Pall Mall Gazette* etwas dazu. Dort arbeitete er auch mit William Stead zusammen, dessen journalistische Kreuzzüge ihm gefielen. Steads Kampagnen für mehr Zusammenhalt zwischen den englischsprachigen Nationen weckten bei Milner starkes Interesse an Südafrika.

Seine Begeisterung für das Empire und die künftige Ausrichtung des britischen Einflussbereichs verschaffte Milner Zugang zu einem ausgesprochen exklusiven Zirkel liberaler Politiker um Lord Rosebery. 1885 wurde Milner das erste Mal nach Mentmore auf Roseberys Anwesen eingeladen. Kein Jahr später war Rosebery Außenminister, und Milners Karriere im öffentlichen Dienst nahm Fahrt auf, da der Lord seine schützende Hand über ihn hielt. Als Privatsekretär von Schatzkanzler George Goschen war Milner für weite Teile des Staatshaushalts von 1887 zuständig. Er wurde bewundert und respektiert. Man bot ihm den Posten des Generaldirektors für Finanzen in Kairo an – zu einem Zeitpunkt, als der britischen Regierung die strategische Bedeutung von Ägypten und dem Sueskanal immer deutlicher bewusst wurde. Die Rothschilds in London verwalteten die Finanzbelange Ägyptens, und als Milner im April 1891 das erste Mal auf Heimaturlaub war, traf er sich mit Lord Rothschild und anderen sehr einflussreichen Mitgliedern der Geheimen Elite zum Abendessen.[47] Zu dieser Zeit unternahm der Geheimbund seine ersten Schritte hin zu weltweitem Einfluss, und schon damals war laut Professor Quigley ersichtlich, dass Milner die Geheime Elite voranbringen würde:

> *Rhodes wollte einen weltweiten Geheimbund schmieden, der den englischen Idealen und dem Empire als Verkörperung dieser Ideale*

> *diente. Eine derartige Gruppe gründeten in der Phase nach 1890 Rhodes, Stead und vor allem Milner.*[48]

Es war immer Milner. Mit seiner dynamischen Persönlichkeit scharte Alfred Milner ähnlich denkende, ehrgeizige Männer um sich. In der Zeit von 1892 bis 1896 leitete er die Finanzverwaltung, damals die größte Regierungsabteilung, und baute dabei seine beeindruckenden organisatorischen Fähigkeiten noch aus. Regelmäßig verbrachte Milner die Wochenenden auf den herrschaftlichen Anwesen von Lord Rothschild, Lord Salisbury oder Lord Rosebery. 1895 wurde er für seine Dienste zum Ritter geschlagen, ein Jahr später empfahl Lord Esher ihn dem König für das Amt des Hochkommissars für Südafrika.

Am späteren Viscount Milner fasziniert, dass außer in Verbindung mit der Geschichte des Burenkriegs nur sehr wenige Menschen überhaupt von ihm gehört haben, und das, obwohl er von etwa 1902 bis 1925 zur zentralen Figur innerhalb der Geheimen Elite avancierte. Warum ist so wenig über diesen Mann bekannt? Warum wurde sein Name aus der offiziellen Geschichtsschreibung getilgt? Carroll Quigley schrieb 1949, alle biografischen Texte über Milner seien von Mitgliedern der Geheimen Elite geschrieben worden und würden mehr verbergen als enthüllen.[49] Dass eine der wichtigsten Personen des 20. Jahrhundert dermaßen totgeschwiegen wurde, war laut Quigley Absicht und Teil der Geheimhaltungspolitik.[50]

Alfred Milner war ein Selfmademan und ein erstaunlich erfolgreicher Staatsdiener, und er verfügte seit seiner Studienzeit in Oxford über allerbeste Verbindungen. Im Umfeld dieser höchst privilegierten Personen stieg er zu beispielloser Macht auf. Mit Rhodes war Milner durch die Ereignisse in Südafrika aufs Engste verbunden. Cecil Rhodes schalt William Stead dafür, dass dieser gesagt hatte, er werde Milner bei allem, was er tat, unterstützen, ausgenommen bei einem Krieg. Rhodes war in der Hinsicht nicht so zimperlich. Er erkannte in Alfred Milner die Art Mann, die nötig war, um den Traum von der Weltherrschaft verfolgen zu können: »Ich stehe hinter Milner, voll und ganz, ohne jede Einschränkung. Wenn er Frieden sagt, sage ich Frieden. Wenn er Krieg sagt, sage ich Krieg. Was auch passiert, ich werde Milner ›dito‹ sagen.«[51] Im Laufe der Zeit entwickelte sich Milner zum Fähigsten der gesamten Gruppe, zu einem Mann, an den sich die anderen um Führung und Vorgabe wandten. Wenn diese Geschichte eine Hauptperson hat, dann ist es Alfred Milner.

Fünf zentrale Akteure gibt es: Rhodes, Stead, Esher, Rothschild und Milner. Zusammen standen sie für eine neue Kraft, die innerhalb der britischen Politiklandschaft heranwuchs. Aber es waren auch mächtige, alteingesessene aristokratische Häuser beteiligt, die lange Westminster beherrscht hatten und dabei häufig mit dem jeweiligen Herrscher unter einer Decke steckten. Von diesen Traditionsfamilien war keine stärker involviert als die der Cecils.

Ende des 19. Jahrhunderts führte Robert Arthur Talbot Gascoyne-Cecil, der dritte Marquis von Salisbury, die Konservative Partei. Zwischen 1885 und 1902 war er dreimal Premierminister, insgesamt 14 Jahre lang, und damit länger als alle Premiers der jüngeren Geschichte. Im Juli 1902 übergab er sein Amt an seinen Neffen Arthur Balfour, überzeugt davon, dass der Sohn seiner Schwester seine Politik fortführen würde. Lord Salisbury hatte vier Geschwister, fünf Söhne und drei Töchter, und alle waren durch Hochzeiten mit anderen Personen aus der obersten Gesellschaftsschicht verbunden. Wichtige Regierungsposten wurden entsprechend an Verwandte, Freunde und wohlhabende Anhänger verteilt, die ihre Dankbarkeit dadurch beweisen konnten, dass sie Salisburys Ansichten in der Regierung, im öffentlichen Dienst und in diplomatischen Kreisen verbreiteten. Dieser »Cecil-Block« war in der ersten Hälfte des 20. Jahrhunderts eng mit der Gesellschaft der Auserwählten und den Zielen der Geheimen Elite verknüpft.[52]

Die Liberale Partei wiederum wurde auf ähnliche Weise von der Rosebery-Dynastie dominiert. Archibald Primrose, der fünfte Earl von Rosebery, war 1894 und 1895 zweimal Staatssekretär im Außenministerium und Premierminister. Wie so viele andere Mitglieder der herrschenden Klasse waren auch Salisbury und Rosebery Absolventen von *Eton* und *Oxford*. Politisch mochten sie sich als Gegner gegenübergestanden haben, aber das hinderte sie nicht daran, hinter den Kulissen im Sinne der Geheimen Elite an einem Strang zu ziehen.

Doch damit nicht genug: Rosebery hatte durch die Heirat mit Hannah de Rothschild, der vielleicht begehrtesten Erbin dieser Zeit, noch mehr an Einfluss gewonnen. Diese Eheschließung öffnete ihm die Türen zur wichtigsten – und reichsten – Bankiersfamilie der Welt. Laut Professor Quigley war Rosebery in der Gesellschaft der Auserwählten nicht übermäßig aktiv, kooperierte aber voll und ganz mit ihren Mitgliedern. Zu vielen von ihnen pflegte er sehr enge persönliche Beziehungen; Esher beispielsweise war einer seiner besten Freunde. Rosebery mochte und bewunderte Cecil Rhodes, der häufig sein Gast war. Er berief Rhodes in den Kronrat, Rhodes machte ihn im Gegenzug zu einem seiner Testamentsverwalter.[53]

Fürsprecher, blaues Blut, exklusive Bildung, Vermögen – das waren die Qualifikationen, die es brauchte, um es in der Geheimen Elite zu etwas zu bringen, ganz besonders in der Anfangsphase des Bundes. Geheimtreffen fanden in privaten Stadthäusern oder auf Anwesen statt, beispielsweise als Wochenendausflug oder als Diner in einem Privatklub. Beliebt waren die Rothschild-Residenzen in Tring Park und Piccadilly, das Rosebery-Anwesen in Mentmore oder das Marlborough House, als es noch die Privatresidenz des Prinzen von Wales (und späteren Königs Edward VII.) war. Zum Essen traf man sich an exklusiven Orten wie dem *Grillion's*, und selbst der noch ältere *The Club* in London diente als Treffpunkt für Diskussionen und zum Ränkeschmieden.

Dies also waren die Architekten, die das Fundament legten, in dem die Geheimgesellschaft Wurzeln schlagen, expandieren und zur Geheimen Elite heranwachsen sollte. Rhodes brachte sie alle zusammen und überarbeitete regelmäßig sein Testament so, dass der Bund im Falle seines Todes finanziell abgesichert war. Stead kümmerte sich um die öffentliche Meinung, Esher war das Sprachrohr des Königs. Salisbury und Rosebery lieferten die politischen Kontakte, Rothschild repräsentierte das internationale Kapital. Milner war der meisterhafte Manipulator, der Intellektuelle, der eisernen Willen an den Tag legte und damit einen entscheidenden Faktor beisteuerte – eine starke Führungspersönlichkeit. Es war eine kleine Clique, die sich da aufmachte, die Welt zu beherrschen, aber sie wusste internationale Finanzmacht, Großmeister der Politik und Entscheidungsträger in wichtigen Regierungsämtern an ihrer Seite.

Vielleicht hätte die Öffentlichkeit niemals erfahren, was diese privilegierte Clique beabsichtigte, wenn Professor Carroll Quigley den Geheimbund nicht als größten Einflussfaktor auf die britische Politik des 20. Jahrhunderts enttarnt hätte. Diese Männer waren entschlossen, die ganze bewohnte Welt unter ihre Kontrolle zu bringen. Bei allem, was sie taten, ging es um Kontrolle – um die Kontrolle über Menschen und deren Gedanken, um Kontrolle über politische Parteien. Ihnen war egal, wer offiziell regierte, sie hatten die wichtigsten und mächtigsten Köpfe der Finanz- und der Geschäftswelt eng in ihre geheime Welt eingebunden. Und sie hatten die Kontrolle über die Geschichte – über die Geschichtsschreibung und darüber, wer Zugang zu Informationen bekommen würde. All das musste im Geheimen erfolgen, inoffiziell, mit möglichst wenigen schriftlichen Beweisen. Wie wir sehen werden, ist das der Grund dafür, warum so viele offizielle Dokumente vernichtet oder entfernt wurden und nicht einmal zu Zeiten der »Informationsfreiheit« der Öffentlichkeit zugänglich sind.

Zusammenfassung von Kapitel 1: Die Geheime Gesellschaft

- 1891 gründeten in London Mitglieder der englischen Herrscherklasse eine Geheimgesellschaft. Ihr Ziel: die Weltherrschaft.
- Die Welt hätte vielleicht niemals von der Existenz dieser Organisation erfahren, wenn ihr nicht der renommierte amerikanische Gelehrte Carroll Quigley auf die Spur gekommen wäre. Quigley konnte die Verschwörung aufdecken und zeigen, wie der Geheimbund zentrale Ereignisse des 20. Jahrhunderts steuerte.
- Im innersten Kreis des von Cecil Rhodes gegründeten und finanzierten Geheimbundes stand eine handverlesene Gruppe von Männern, die heimlich die britische Kolonial- und Außenpolitik kontrollierte. Andere Verbündete wurden

von Zeit zu Zeit hinzugezogen, und es ist unklar, ob sie wussten, woran sie beteiligt waren.

- Geheimhaltung war ein ebenso zentraler Bestandteil ihres Vorgehens wie die Erkenntnis, dass wahre Macht viel wichtiger sei als der bloße Anschein von Macht.
- Die Geheimgesellschaft nutzte den großen Einfluss, den die Familien Salisbury und Rosebery seit Langem in der britischen Politik hatten, aber auch die dem britischen Establishment sehr nahestehende internationale Bankiersfamilie der Rothschilds wurde eingebunden.
- In den ersten Jahren waren Cecil Rhodes, William Stead, Lord Esher, Alfred Milner und Lord Nathaniel Rothschild die zentralen Figuren des Bundes.
- Ein wichtiges Anliegen der Geheimen Elite war es, die engen Verbindungen zwischen Großbritannien und den Vereinigten Staaten zu erneuern und weiter auszubauen.
- Ab Mitte des 19. Jahrhunderts dominierte das Haus Rothschild von seinen Stützpunkten in London, Paris, Frankfurt und Wien aus die europäische Finanzwelt.
- Die Rothschilds investierten weltweit in Wachstumsbranchen wie Stahl, Eisenbahn und Öl. Auch die Diamanten- und Goldfirmen von Cecil Rhodes wurden von den Rothschilds finanziell unterstützt.
- Die Rothschilds verbargen ihre Investitionen gern hinter Tarnfirmen, sodass nur wenige Menschen genau sagen konnten, was und wie viel die Familie tatsächlich kontrollierte.
- Die Rothschilds suchten sich stark verschuldete Adlige und finanzierten sie, darunter auch Mitglieder der britischen Königsfamilie. Sie kauften für Disraeli Aktienbeteiligungen am Sueskanal, und wenn ihnen Politiker zusagten, unterstützten die Rothschilds sie großzügig. Ihre Generosität und ihre Schirmherrschaft trugen in Großbritannien dazu bei, dass viele der bis dahin existierenden antisemitischen Hürden fielen.
- Nathaniel Rothschild war von Beginn an eng mit Cecil Rhodes und dessen Geheimgesellschaft verbandelt. Das mächtige Bündnis aus Geldadel, grauen Eminenzen und Alfred Milner als wirkungsvoller Führungspersönlichkeit brachte die Geheime Elite in eine Ausgangsposition, die hervorragend geeignet war, Rhodes' Traum wahr werden zu lassen.

2

Südafrika – Die Schreihälse ignorieren

IM ALTER VON 17 JAHREN verließ Cecil Rhodes, der Sohn eines englischen Vikars, 1870 sein Zuhause und schloss sich seinem Bruder Herbert an, der auf einer Farm in Südafrika Baumwolle pflanzte. Nach einer Missernte fanden die Brüder Arbeit auf den kürzlich eröffneten Diamantminen von Kimberley.[1] Rhodes weckte das Interesse des Rothschild-Agenten Albert Gansi, der dort die Investitionsaussichten für Diamanten abschätzte. Mit Rothschild als Finanzier im Rücken kaufte Cecil Rhodes viele kleine Bergbaufirmen auf und errichtete so rasch ein Monopol. Das war der Beginn einer sehr engen Verbindung zum mächtigen Haus Rothschild.[2] Rhodes gilt als Hauptverantwortlicher dafür, *De Beers Consolidated Mines* zum weltgrößten Diamantenlieferanten gemacht zu haben, aber das gelang letztlich nur dank der finanziellen Unterstützung von Lord Natty Rothschild, der ein größeres Aktienpaket am Unternehmen hielt als Rhodes selbst.[3] Rothschild stand Rhodes nicht nur im Bergbau zur Seite, sondern auch, wenn es um die Überlegenheit der britischen Rasse und darum ging, den Aufstieg des Empire voranzutreiben. Um die Dominanz der Briten in Afrika auszuweiten, zögerten beide nicht, Gewalt gegen die Eingeborenen anzuwenden – ein Kurs, der früher oder später zum Krieg mit den Buren in Transvaal führen musste.

1877 war Cecil Rhodes 24 Jahre alt und ein sehr reicher junger Mann, doch sein schlechter Gesundheitszustand ließ vermuten, dass er nicht sehr alt werden würde. Sieben Testamente sollte er im Laufe der Jahre verfassen, und im ersten hieß es über die Verwendung seines Vermögens:

> *Zur Gründung, Förderung und Entwicklung einer Geheimgesellschaft, deren wahres Ziel und Ansinnen die Ausdehnung der britischen Herrschaft in aller Welt sein soll, die Perfektionierung eines Emigrationssystems aus dem Vereinigten Königreich und die Besetzung sämtlicher Territorien, in denen das Überleben durch Energie, Arbeit und Unternehmertum möglich ist, durch britische Siedler, insbesondere die Besetzung des gesamten afrikanischen Kontinents*

> *... von ganz Südamerika ... den gesamten Vereinigten Staaten als wesentlichem Bestandteil des britischen Empire, und letztlich die Schaffung einer so großen Macht, dass Kriege unmöglich werden, sowie die Förderung der besten Interessen der Menschheit.*[4]

Was die selbstlosen Absichten anging, war Rhodes' Testament reine Verstellung. Sein ganzes Leben lang umgab er sich mit Geschäftsleuten, die von Gier getrieben wurden,[5] und er scheute nicht davor zurück, seine Ziele durch Bestechung zu erreichen oder mit Gewalt durchzusetzen, wenn er diese Mittel für effektiv hielt.[6] Dass ihm etwas an der Förderung »der besten Interessen der Menschheit« lag, zeigte sich weder in seiner Lebensweise noch in seinem Geschäftsgebaren. Zu Rhodes' Beratern und Unterstützern zählten die mächtigen Rothschilds und andere Freunde aus dem innersten Kreis der Geheimen Elite, beispielsweise die Rand-Millionäre Alfred Beit und Sir Abe Bailey,[7] die ebenfalls mit Gold und Diamanten zu Wohlstand gekommen waren. Um ihre Interessen zu fördern, sorgte Rhodes dafür, dass die Investitionen dieser Männer in Südafrika den Vorzugsstatus einer Handelskompanie erhielten.

Und so entstand 1889 per Royal Charter die *British South Africa Company*. Die Handelskompanie hatte die Erlaubnis, Banken zu gründen, sie durfte Land besitzen, verwalten und zuteilen. Sie konnte eine private Polizeitruppe aufstellen (die *British South Africa Police*), die ihr unterstand und von ihr bezahlt wurde. Im Gegenzug für diese Privilegien sagte die Handelskompanie zu, das von ihr kontrollierte Land zu erschließen, bestehende afrikanische Gesetze zu achten, Freihandel in ihrem Territorium zu erlauben und alle Religionen zu achten. Schöne Worte fürwahr. Die Praxis sah jedoch anders aus: Um besseren Zugang zu Schürfrechten und Landkäufen von den afrikanischen Stämmen zu bekommen, ließ Rhodes Gesetze verabschieden, die auf die Stammesgepflogenheiten wenig oder gar keine Rücksicht nahmen. Einen ähnlichen Weg hatte die britische *East India Company* ein Jahrhundert zuvor in Indien gewählt. Privatarmeen, Privatpolizei, die Autorität der Krone im Rücken und freie Hand durch die Investoren – der Boden war bereitet für gewaltige Gewinne und eine Ausweitung des Empire. Rhodes und seine Nachfolger versuchten dabei stets den Eindruck zu erwecken, sie täten nur das, was nötig sei, und zwar nicht für sich, sondern für die Zukunft der »Menschheit«. Imperialismus unter falscher Flagge.

Die Handelskompanie stellte ihre eigene Armee auf. Die Leitung übernahm Leander Starr Jameson, einer der engsten Freunde von Cecil Rhodes. Sie zog gegen die Stämme der Matabele in den Krieg und vertrieb sie von deren Land – Land, das später den Namen Rhodesien erhalten sollte und das nun wegen der Profitsucht der Bankiers blutgetränkt war. In diesem Krieg setzten die Briten erstmals das Maxim-Maschinengewehr im Kampf ein und schlachteten damit mehr als 3000 Stammeskrieger ab.[8]

Leander Starr Jameson stammte aus dem schottischen Stranraer. Er ließ sich in London zum Arzt ausbilden, bevor er nach Südafrika auswanderte. Dort wurde er Rhodes' Hausarzt und bester Freund. Wie kein anderer war Jameson dafür verantwortlich, dass Rhodesien britischen Siedlern geöffnet wurde. Seinen Platz in den schandvollen Annalen der Geschichte sicherte er sich nicht nur mit den Tausenden Matabele, die er abschlachten ließ, sondern auch durch seinen misslungenen Versuch, in Transvaal Burengebiete zu erobern.

1892: Rhodes als Koloss mit einer Telegrafenverbindung vom Kap bis nach Kairo. (Abdruck mit freundlicher Genehmigung von Punch Ltd, www.punch.co.uk*)*

Um seine großen Pläne besser vorantreiben zu können, hatte sich Rhodes in die gesetzgebende Versammlung der Kapkolonie wählen lassen. Dann begann er, das britische Einflussgebiet nach Norden auszuweiten. Bescheiden waren seine Absichten dabei nicht – so träumte er von einer Eisenbahn, die von Kapstadt nach Kairo führte und damit im Grunde den gesamten Kontinent unter britische Kontrolle brächte. Eine Eisenbahn würde die gewaltigen britischen Kolonien miteinander verbinden, von den Gold- und Diamantenminen Südafrikas bis zum Sueskanal – und von dort weiter durch den Nahen Osten bis nach Indien. Gleichzeitig entstünden so schnelle Verbindungen aus dem südlichen Afrika bis zum Mittelmeer, zum Balkan und nach Russland und via Gibraltar nach Großbritannien. Jedes Glied dieser Kette würde den Fortbestand des Empire sichern. Wer auch immer hier die Kontrolle hatte, würde die strategisch wichtigsten Bodenschätze von Gold bis Petroleum kontrollieren.[9]

1890 wurde Rhodes Ministerpräsident der Kapkolonie, und seine aggressive Politik entfachte alte Konflikte mit der unabhängigen Burenrepublik Transvaal und dem Oranjefreistaat neu. Die Buren waren Nachfahren der Siedler aus Nordeuropa, vor allem aus Holland und Deutschland. Zahlreiche der auch »Afrikaander« genannten Farmer blieben in der Kapkolonie unter britischer Verwaltung, aber in den 1830er und 1840er Jahren hatten viele den Großen Treck angetreten und waren ins Landesinnere gezogen – mit ihrem Vieh, ihren Planwagen und ihren Bibeln auf der Suche nach geeignetem Farmland, das nicht unter britischer Herrschaft stand. Einige siedelten sich auf der Nordseite des Oranje-Flusses an und gründeten den Oranjefreistaat. Andere zogen weiter, über den Vaal-Fluss hinaus, und gründeten Transvaal. Weiter nördlich, auf der anderen Seite der Flüsse Limpopo und Sambesi, lagen die Königreiche der Matabele.

Ebenso wie die britischen Siedler waren auch viele der calvinistischen Buren Rassisten. Doch trotz aller Fehler muss man ihnen eines lassen: Sie waren hervorragend im Aufbauen von Kolonien, und ihr Moralkodex war viel besser als der Kodex der »geldgierigen, goldsuchenden imperialistischen Vielredner, die sich als Freunde von Cecil Rhodes bezeichneten«.[10] Die britische Regierung hatte versprochen, die Burenrepubliken sich selbst verwalten zu lassen, aber dieses Versprechen war Makulatur, als 1886 in Transvaal riesige Goldvorkommen entdeckt wurden. Die Aussicht auf gewaltigen Reichtum änderte den Einsatz und führte zu einem Goldrausch, der jede Menge Glücksritter aus Großbritannien in die Region strömen ließ.[11]

In den 1890er-Jahren wuchsen sich die Burenrepubliken für Rhodes zu einem echten Problem aus. In die Pläne der Geheimen Elite für Südafrika passten sie ebenso wenig wie zu seinem Traum einer transafrikanischen Eisenbahnstrecke. Dass in Transvaal plötzlich gewaltiger Reichtum auftauchte, veränderte die Bedeutung des Gebiets schlagartig. Die politische Kontrolle lag bei den ländlichen, altmodischen, bibeltreuen Buren, die wirtschaftliche Macht dagegen hatten die britischen Einwanderer inne, die der Goldrausch ins Innere des Kontinents lockte. Diese »Uitlanders«, wie die Buren sie nannten, hatten jede Menge Geld, aber politisch nichts zu sagen. Auch wenn die Zahl der Uitlanders rasch die doppelte Größe der Burenbevölkerung erreichte, wurden ihnen doch die vollen Bürgerrechte verwehrt. Erst müssten sie mindestens 14 Jahre im Land leben, bestimmte Burenpräsident Paul Krüger.

Krügers Familie hatte die Kapkolonie in Richtung Norden verlassen, als Paul zehn Jahre alt war. Seinen Hass und seinen Argwohn gegenüber den Briten legte er nie ab.[12] Unter seiner Regierung wurden Bergbaufirmen hoch besteuert, und den Nicht-Buren war es nahezu unmöglich, die Bürgerrechte zu erhalten – zwei willkommene Gründe für die Briten, Anstoß am Verhalten der Buren zu nehmen.

Beim Konflikt zwischen Briten und Buren ging es allein um das Gold in Transvaal. Die Geheime Elite wollte das Gold und beschloss, sich die Bodenschätze gewaltsam zu sichern. Im Dezember 1895 planten sie, einen Aufstand der Uitlanders in Johannesburg anzuzetteln und dies dann als Vorwand dafür zu nehmen, die Republik zu erobern. In seiner Funktion als Kommandeur der Truppen der *British South Africa Company* sollte Cecil Rhodes' guter Freund Jameson gleichzeitig einen bewaffneten Überfall über die Grenze hinweg durchführen, um den Aufstand zu unterstützen. Es war eine hirnverbrannte Idee, die Rhodes und britische Geschäftsleute aus Johannesburg da mit Unterstützung Londons ausheckten.[13]

Als es darum ging, den Angriff auf Transvaal zu planen, zu finanzieren und Waffen bereitzustellen, spielten Alfred Beit und andere Mitglieder der Geheimen Elite eine zentrale Rolle. Monate vor dem Angriff sprach Rhodes mit Flora Shaw über seine Pläne. Shaw, Südafrika-Korrespondentin der *Times*, war nicht nur eine bahnbrechende Journalistin, sondern auch Rhodes' enge Freundin und ebenfalls Mitglied der Geheimen Elite.[14] Sie hatte bei der *Pall Mall Gazette* eng mit Stead gearbeitet und war eine persönliche Freundin von John Ruskin, der sie zum Schreiben ermutigt hatte.[15] Nach ihrem Gespräch mit Rhodes schrieb sie für ihre Londoner Zeitung uitlanderfreundliche und burenfeindliche Texte, um die öffentliche Meinung in England auf einen Krieg einzustimmen.[16] Lord Albert Grey, Vorstandsmitglied der *British South Africa Company* und ein weiteres Mitglied des inneren Zirkels, wandte sich mit der Bitte um offizielle Unterstützung für den Aufstand an Kolonialminister Joseph Chamberlain in London.[17] Auch Lord Rosebery, Parteivorsitzender der Liberalen, setzte Chamberlain über den bevorstehenden Überfall in Kenntnis.[18] Doch aus dem Aufstand wurde nichts, denn die Uitlanders waren weder so unglücklich noch so unterdrückt, wie es Flora Shaw in der *Times* darstellte. Die Kunde vom bevorstehenden Truppeneinfall hatte in Johannesburg die Runde gemacht, und die Einheiten von Präsident Krüger standen bereit. Jameson und seine Männer wurden umzingelt und gefangen genommen.

Welch ein Fiasko! Rhodes musste als Premier der Kapkolonie zurücktreten und sich in London vor einem Parlamentsausschuss verantworten. Er stand im Zentrum eines internationalen Skandals. Das hätte leicht das Ende der Geheimen Elite sein können, entsprechend panisch flogen dringende Botschaften zwischen den Verschwörern hin und her. Rhodes' Schiff hatte kaum in Southampton angelegt, als er auch schon von Natty Rothschild aufgesucht wurde, der eine vertrauliche

Nachricht von Joseph Chamberlain überbrachte. Chamberlain hatte insgeheim den Überfall abgesegnet und hätte nun ebenfalls zum Rücktritt gezwungen werden können, aber damit wäre die Geheime Elite noch verwundbarer geworden. Rhodes besaß offizielle Telegramme Chamberlains, die die Mitwisserschaft des Ministers belegten. Also setzte man sich an den Verhandlungstisch – mit dem Resultat, dass die Beweise dem Ausschuss nicht vorgelegt wurden. Dafür ließ die Regierung im Gegenzug die Macht von Rothschilds und Rhodes' *British South Africa Company* unangetastet.[19] Schadensbegrenzung auf beiden Seiten.

In London kamen Rothschild, Esher, Stead und Milner zu einer dringenden Sitzung zusammen, um die Verteidigungsstrategie der Geheimen Elite festzulegen.[20] Blanke Lügen wurden als Wahrheiten präsentiert. Chamberlain besuchte Jameson heimlich im Gefängnis, und der gute Doktor Jameson stimmte zu, sein Wissen für sich zu behalten.[21] Er wusste, die Geheime Elite würde ihn beschützen. Nun fehlte noch ein Sündenbock. Dafür bot sich nach einiger Überzeugungsarbeit Sir Graham Bower vom Kolonialamt an. Bower hatte persönlich die Verhandlungen zwischen London und Südafrika geleitet. Nun stimmte er zu, vor dem Ausschuss zu lügen: Nein, Chamberlain habe von Jamesons Plänen nichts gewusst. Weniger Erfolg hatte der Geheimbund bei Edward Fairfield, einem anderen Kolonialbeamten, der für London an den Verhandlungen beteiligt gewesen war. Er wollte es nicht Bower gleichtun und weigerte sich, eine Falschaussage abzugeben. Doch welch glückliche Fügung für Chamberlain, Rhodes und die Geheime Elite – Fairfield starb plötzlich an einem »Schlaganfall«.[22]

Es sollte im Laufe der Jahre zur Gewohnheit werden: Jeder wichtige Zeuge, der vor dem Ausschuss aussagte, gab einen Meineid ab. Premierminister Salisbury, Mitglied des innersten Kreises, bestand darauf, dass Chamberlain selbst im Ausschuss mitarbeiten sollte. Und so wurde bei Zeugen, die Dokumente nicht vorlegten oder Fragen nicht beantworteten, nicht nachgehakt. Ganze Themenbereiche wurden von den Ermittlungen ausgenommen.[23] So konnte die Geheime Elite alle Teilnehmer reinwaschen – bis auf Leander Starr Jameson, der sich in einer unmöglichen Lage befand, denn schließlich war er in flagranti erwischt worden. Er nahm die gesamte Verantwortung auf sich und musste im Gegenzug einige Wochen im Gefängnis verbringen.

Für Rhodes persönlich war der fehlgeschlagene Überfall ein Rückschlag, denn von dem Respekt und der Unterstützung, die ihm viele Buren bis dahin entgegengebracht hatten, war nun nicht mehr viel übrig. Während der Sturm langsam vorüberzog, sortierten sich Rhodes und seine reichen Freunde neu, aber das Thema Transvaal-Gold war noch nicht vom Tisch. Schon bald schrieben gefügige Journalisten wieder zahlreiche Propagandaberichte über das angebliche Leid der Uitlanders.[24]

Der »Jameson Raid«, als der der Überfall in die Geschichte einging, machte Präsident Paul Krüger in Transvaal zur Legende. Er fing an, seine kleine Armee

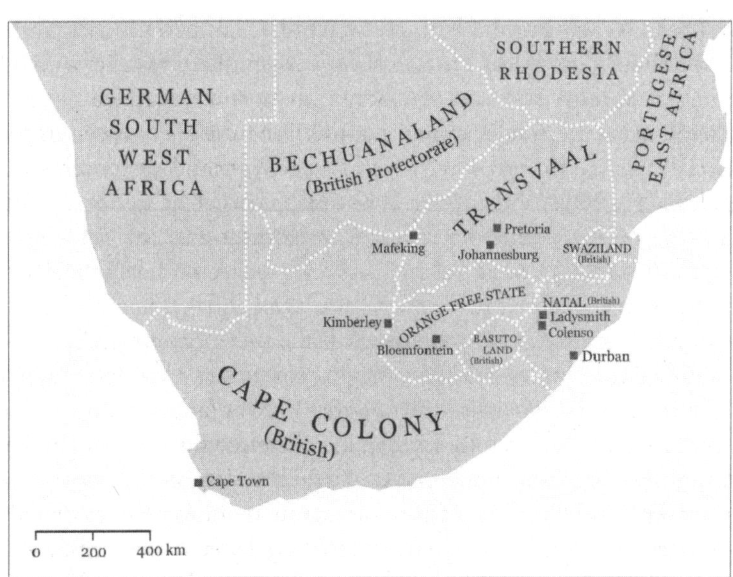

Das südliche Afrika im Jahr 1900

zu einer schlagkräftigen Truppe von 25 000 Mann auszubauen und sie mit den modernsten Waffen und Gewehren auszustatten. Gemeinsam mit den Streitkräften des Oranjefreistaats konnten die Buren im Ernstfall 40 000 Mann ins Feld schicken. Krüger wurde für eine vierte Amtszeit zum Präsidenten von Transvaal gewählt, und seine Beliebtheit bei den Afrikaandern in Transvaal und in der Kapkolonie war nie größer.[25]

Die Kapkolonie wurde von London regiert, aber die Bevölkerungsmehrheit waren Afrikaander. Der Jameson Raid und Krügers wachsende Beliebtheit hatten natürlich negative Folgen für die britische Herrschaft. Rhodes hatte für sein geliebtes Empire das Überleben dieses wichtigen Bausteins des britischen Reiches in höchste Gefahr gebracht. Es entbehrt nicht einer gewissen Ironie, dass der Lockruf des Goldes ihn zu hochriskanten Dummheiten verleitete.

Noch ironischer jedoch war, dass Rhodes und Jameson nur deshalb ewigem Spott entgingen, weil ausgerechnet der Kaiser sie rettete – der Mann, der später einen so hohen Preis dafür bezahlen sollte, dass er angeblich das Empire bedrohte. Am 3. Januar 1896 sandte Wilhelm II. Paul Krüger eine Depesche, in der er ihm dazu gratulierte, »dass es Ihnen, ohne an die Hilfe befreundeter Mächte zu appellieren, mit Ihrem Volk gelungen ist, (…) die Unabhängigkeit des Landes gegen Angriffe von außen zu wahren«.[26] In Großbritannien wurde die Depesche des Kaisers als versteckte Drohung aufgefasst: Deutschland sei bereit, die Buren bei Auseinandersetzungen mit dem Empire zu unterstützen. In der hurrapatriotischen britischen Presse brach ein Sturm antideutscher Schmähungen los. Die *Times* verdrehte das

Telegramm des Kaisers zu einem Beispiel schamloser deutscher Einmischung. Die Zeitung verkündete: »England wird sich Drohungen nicht beugen und vor Beleidigungen nicht niedersinken.« In London wurden deutschen Ladenbesitzern die Scheiben eingeworfen, deutsche Matrosen wurden auf den Straßen angegriffen. Ganz anders die deutsche Reaktion, wo man einen versöhnlichen Ton anschlug. Englands überraschender Ausbruch brachte Wilhelm II. dazu, an seine Großmutter, Königin Victoria, zu schreiben: »Niemals war das Telegramm als Schritt gegen England oder Eure Regierung gedacht …«[27]

Doch die öffentliche Meinung war umgeschwenkt und ließ nicht erkennen, dass sie in naher Zukunft zu einem neuerlichen Richtungswechsel bereit sein könnte. »Schäbiger Hurrapatriotismus erfüllte die Luft« und Cecil Rhodes und Doktor Jameson begegnete man mit neuem Respekt.[28] Die Propagandamaschinerie der Geheimen Elite stellte Jamesons Gewalttat als heldenhaften Akt hin und verwandelte den chaotischen, potenziell sehr schädlichen Vorfall in etwas Gutes. Jameson, der Schlächter der Matabele, wurde mit einem Vorstandsposten in der *British South Africa Company* belohnt, später wurde er sogar Premier der Kapkolonie.[29]

Cecil Rhodes blieben dank seiner Geheimbundfreunde Spott und öffentliche Demütigung erspart, aber seine Führungsposition war beschädigt. Er blieb ein absolut mitleidloser Diener des Empire, aber sein unbesonnener Versuch, die Burenregierung zu stürzen, zeigte fehlende politische Abgebrühtheit. Und was noch schlimmer war: Die Liste der Personen, die durch Rhodes' Aktion hätten in Mitleidenschaft gezogen werden können, reichte bis ins Londoner Kolonialamt. Selbst seine Kollegen sahen ihn nun als Belastung an – Rhodes war passé. Die Geheime Elite brauchte als Anführer jemanden mit Intellekt, Intelligenz und politischem Scharfsinn. Dieser Jemand sollte die Scherben auflesen und die britische Oberhoheit wiederherstellen, nachdem Rhodes in Südafrika so ein Schlamassel angerichtet hatte. Es gab nur einen, auf den diese Beschreibung perfekt zutraf: Alfred Milner.

Der Geheimen Elite gelang ein echter Coup: Milner wurde zum Hochkommissar für Südafrika berufen. Er hatte sich für dieses Amt entschieden, lange bevor man es ihm überhaupt anbot. Um die gefährlichen politischen Spannungen aus der Welt zu schaffen, war eine klare Lösung gefragt – eine Aufgabe, die man nicht einem Mann mit weniger Entschlusskraft überlassen durfte. Milner war bereit, dem Empire die benötigte Führung zu geben, die Kontrolle über die südafrikanische Regierung zu übernehmen und den Buren entgegenzutreten. William Waldergrave Palmer, der zweite Earl of Selborne, ein Freund Milners und Mitstreiter aus der Gesellschaft der Auserwählten, empfahl Milner dem Kolonialminister aufs Wärmste. Parallel dazu leitete Lord Esher bei der Queen einen ähnlichen Vorstoß in die Wege. Das zeigt, welchen Einfluss die Geheime Elite innerhalb der britischen Regierung ausüben konnte. Milners Freunde plädierten dafür, dass Milner einen Neuanfang machen könne, sich seine eigene Mannschaft zusammenstellen dürfe und in seinen Entscheidungen frei sei.[30] Wir wissen nicht, wie Chamberlains erstes Treffen mit dem Kandidaten verlief, aber auch wenn sie unterschiedlicher Ansicht in der Frage waren, wie weit man von einem Krieg entfernt sei, stellte sich später heraus, dass beiden klar war, dass ein Krieg die einzige Lösung sei. Chamberlain bestand auf Geduld, denn die Folgen des Jameson Raid waren nicht spurlos an ihm vorbeigegangen. Er musste erst wieder die Öffentlichkeit hinter sich wissen. Milner dagegen bewarb ein völlig anderes Vorgehen zur Eskalation einer Krise.[31] Er nutzte alle ihm zur Verfügung stehenden Kontakte, um zur Eile zu drängen – selbst wenn das bedeutete, seinem eigenen Chef in den Rücken zu fallen.

Sein Einsatz für sein Land hatte Milner 1895 bereits den Ritterschlag eingebracht, dennoch war seine Beförderung auf diesen hohen Posten in Südafrika spektakulär. Beim Abschiedsessen, das die Geheime Elite ihm zu Ehren abhielt, wurde Milner mit Lob überschüttet. Stead bezeichnete ihn als »Imperialisten reinsten Wassers«. Man könne sich darauf verlassen, dass er »alles in seiner Macht Stehende tun werde, um Südafrika vom Tafelberg bis zum Tanganjikasee Britannien gegenüber so loyal zu machen, wie es Kent oder Middlesex sind«.[32] Veranstalter des Essens war Lord Curzon, den Vorsitz hatte der spätere Premierminister Herbert Asquith. Zu den Gästen zählten Lord Rosebery, Sir William Harcourt, Lord Goschen, Arthur Balfour und Richard Haldane. All diese wichtigen britischen Politiker hatten sich versammelt, um Sir Alfred Milner zu würdigen, einen der Ihren. Milner beendete seine Rede mit den Worten, er sei ein »ziviler Soldat des Empire«.[33] Wie angemessen! Hier war der Mann, der im Namen der britischen Rasse, der er sich mit Leib und Seele verschworen hatte, zu den Waffen greifen würde.

Am 14. April 1897 machte sich Milner auf den Weg nach Südafrika – auf zu einem persönlichen Kreuzzug mit dem Ziel, Südafrika zu einem Gebiet zu machen, das der Krone so treu ergeben war wie jede beliebige englische Grafschaft. Acht Jahre würde er dort bleiben, seine Führungsstärke ausbauen und brillante Jünger um sich scharen, die in den kommenden 30 Jahren die Ziele der Geheimen Elite vorantreiben würden. Sein Auftrag war eindeutig: Südafrika regieren, und zwar ganz Südafrika. Sollte es vonseiten der Buren Hindernisse auf dem Weg zu britischer Dominanz geben, waren diese zu entfernen. Und das Transvaal-Gold sollte gesichert werden. Milner wusste, das würde einen ausgewachsenen Krieg bedeuten. Und er wusste auch, dass es nur einen Weg geben würde, wie man dem Kabinett und der britischen Öffentlichkeit einen derartigen Konflikt schmackhaft machen konnte: Krügers Buren mussten als diejenigen verkauft werden, von denen die Aggression ausging.

Während seiner Zeit in Südafrika pflegte Alfred Milner wenig Umgang mit Cecil Rhodes, hielt aber ständigen Kontakt über Edmund Garrett, Zeitungsmann und Mitglied in der Gesellschaft der Auserwählten.[34] Aus politischen Gründen solle man die Beziehung geheim halten, fand Milner, denn Rhodes' Ruf war stark angeschlagen, und in vielen Burengemeinden war der ehemalige Premier zum Hassobjekt geworden. In seinem ersten Jahr am Kap bereiste Milner die Gegend, um sich einen Überblick zu verschaffen und Alternativen abzuwägen. Dass er so kurz nach dem fehlgeschlagenen Überfall ernannt worden war, hatte die Buren beunruhigt, denn Milner war als unerschütterlicher Loyalist bekannt. Und sie hatten guten Grund, seine verdeckten Absichten zu fürchten. In Privatschreiben an den Kolonialminister sprach er ganz offen: »Die politischen Schwierigkeiten in Südafrika lassen sich nur durch Reformen in Transvaal lösen oder durch Krieg. Und zum jetzigen Zeitpunkt stehen die Aussichten auf eine Reform in Transvaal schlechter denn je.«[35] Chamberlain erinnerte ihn daran, dass man sich darauf geeinigt habe abzuwarten, doch genau das wollte Milner nicht tun. Er wusste Chamberlains Untersekretär Selborne hinter sich, der ihm geheime und vertrauliche Briefe nach Südafrika schrieb. Selborne hielt Milner über Chamberlains Meinung auf dem Laufenden und beharrte darauf, Milner müsse »freie Hand bekommen und künftig durch dick und dünn unterstützt werden«.[36]

1898 kehrte Alfred Milner nach England zurück, um für eine »Politik des aktiven und entschlossenen Handelns«[37] zu werben. Er reiste hin und her zwischen London und den üblichen Aufenthaltsorten der Geheimen Elite, wo er Mitglieder wie Lord Curzon, Lord Rosebery und Lord Rothschild auf dem Laufenden hielt. Er suchte Arthur Balfour auf, den Fraktionsführer der Konservativen im Unterhaus, und seinen ehemaligen *Balliol*-Klassenkameraden Saint John Brodrick, der nur wenige Monate später Kriegsminister werden sollte.[38]

Hier lässt sich erstmals präzise erkennen, wie die Geheime Elite arbeitete. Der Kolonialminister hielt an seiner Auffassung fest, dass Milner sich zurückhalten solle, bis die öffentliche Meinung und die Stimmung im Parlament für Krieg sprachen. Milner zerrte an der Leine, denn er wusste, je länger das Empire wartete, desto schwächer würde es erscheinen. Also ließ er sein Netzwerk aktiv werden. Joseph Chamberlain wurde von seinem offiziellen Vertreter in Südafrika übergangen, aber selbst wenn er davon gewusst hätte, wo hätte er sich beschweren sollen?

Der Hochkommissar wurde von Königin Victoria nach Windsor eingeladen, natürlich auf Empfehlung von Lord Esher. Anschließend reiste er weiter nach Sandringham, wo ein sehr umgänglicher künftiger König Edward VII. dringend Milners Rates bedurfte. Milner wies alle zentralen Akteure der Geheimen Elite an, dass es Krieg geben müsse, egal ob Joseph Chamberlain, auf dem Papier sein Vorgesetzter, dies nun wünsche oder nicht. All die mächtigen Personen wussten Milners Botschaft sehr wohl zu deuten: Krieg in Südafrika war beschlossene Sache, und sie mussten sich darauf vorbereiten, Milner in diesen schweren Zeiten zur Seite zu stehen.

Dieses Thema hatte Milner meisterhaft abgearbeitet, nun wandte er sich einem Feld zu, auf dem er über ebenso beeindruckende Kontakte verfügte: der Presse. Das britische Heer würde in den Krieg ziehen, und die Presse musste einen Hurrapatriotismus an den Tag legen, der sämtliche öffentliche Kritik ersticken würde. Die Reaktion auf die Krüger-Depesche des Kaisers hatte hinreichend belegt, wie bereit die Öffentlichkeit für Fremdenhass war, aber Milner musste auch die südafrikanische Presse auf seine Seite ziehen. Er gewann William Flavelle Monypenny von der *Times* als Chefredakteur des *Rand Star.* Edmund Garrett, der Herausgeber des *Fortnightly Review,* war ohnehin ein loyaler Freund, und Edward Tyas Cook von der *Daily News* bedankte sich dafür, dass Milner ihn gefördert hatte, indem er Milner lauthals lobte und seine Entscheidungen pries. In Großbritannien wusste Milner bei seinen Kriegsplänen Harmsworths *Daily Mail* mit ihrer Auflage von über 500 000 Stück hinter sich. Soweit es die britische Öffentlichkeit anging, hatte die Krise überhaupt nichts mit den Goldfunden in Transvaal zu tun. Grund waren vielmehr die eingeschränkten Rechte der Uitlanders und ihre schlechte Behandlung durch die Buren. Wie groß das Interesse der Geheimen Elite an den britischen Plänen für Südafrika war, liegt auf der Hand. Rhodes, Alfred Beit, Abe Bailey und Lord Grey waren direkt an der *British South Africa Company* beteiligt und hielten wie das Haus Rothschild große finanzielle und wirtschaftliche Beteiligungen, die es zu schützen galt. Der kommende Krieg drehte sich einzig um die Goldminen, wurde aber als Zusammenprall der unterprivilegierten britischen Wanderarbeiter mit ihren burischen Unterdrückern verkauft.[39]

Ein Journalist beklatschte nicht länger alles blind, was Milner tat und sagte – eine wichtige Stimme, ein ehemaliger ergebener Anhänger und einer der drei ursprünglichen Verschwörer: William Stead. Stead hatte 1898 an der Friedenskonferenz in Den Haag teilgenommen und war daraufhin vom Glauben abgefallen. Er propagierte nun internationale Schlichtungsverfahren.[40] Öffentlich ging er Milner an, da dieser seiner Meinung nach Großbritannien in einen völlig unnötigen Krieg steuerte. Die lange Freundschaft der beiden (und Steads Rolle im Geheimbund) fand ein bitteres Ende.

Milner war voll und ganz von der brutalen Logik seiner Analyse überzeugt und geriet deshalb nie ins Wanken: Es war wichtig, dass Großbritannien Transvaal kontrollierte, auch wenn das nur durch Krieg zu erreichen war.[41] Blieb nur noch die Frage, wie man Paul Krüger dazu bringen konnte, den ersten Schritt zu unternehmen.

Wie stand es zum damaligen Zeitpunkt um Krügers Transvaal? Die Buren wurden immer stärker zur Minderheit. Natürlich waren viele britische Arbeiter unter den Uitlanders, aber es gab auch jede Menge Afrikaander aus der Kapregion, Deutsche, Franzosen und sogar Amerikaner – allesamt Weiße und allesamt gut verdienend.[42] Dass sie entrechtet waren, war für die dauerhaften Siedler ein echtes Ärgernis, aber was für einen Unterschied machte es für die Wanderarbeiter? Welches Motiv sollten sie dafür haben, die Regierung Krüger zu stürzen? Keines. Ein Leben unter dem Union Jack hätte für die Scharen von Goldgräbern und Minenarbeitern keinen großen Unterschied gemacht. Sie träumten ohnehin nur davon, rasch ein Vermögen anzuhäufen und dann als gemachte Männer heimzukehren. Der Jameson Raid war größtenteils auch daran gescheitert, dass Rhodes die Gefühlslage der Uitlanders völlig falsch eingeschätzt hatte. Milner überließ in dieser Hinsicht nichts dem Zufall.

Er benötigte einen echten Aufstand, zornige und frustrierte Bürger, die sich mit der Bitte um Hilfe an die britische Regierung wenden konnten. Unter den Uitlanders musste Dissens gesät werden. Zu diesem Zweck wollte Alfred Beit seinen Johannesburger Agenten Percy FitzPatrick als Aufwiegler von der Leine lassen. Doch da gab es ein großes Hindernis: FitzPatrick war während des Jameson Raid verhaftet und ins Gefängnis geworfen worden. Seine Begnadigung war an die Auflage gekoppelt, dass er nicht mehr politisch aktiv werde und die Regierung Krüger nicht kritisiere. Es ist unglaublich, aber er wurde gegen diese Auflage vom Staatsanwalt in Transvaal freigelassen – nur um postwendend die Uitlanders aufzuhetzen, nachdem einer von ihnen in seinem eigenen Heim von einem übereifrigen burischen Polizisten erschossen worden war. 5000 Demonstranten gingen auf die Straße, mehrere Uitlanders wurden verhaftet. Die Stimmung kochte noch weiter hoch, als bekannt wurde, dass ihre Kaution fünfmal so hoch war wie die des Polizisten. Die Leute, die auf dem Market Square in Johannesburg verhaftet wurden, hätten nur dem britischen Vizekonsul eine Petition überreichen wollen, sagte FitzPatrick. Verhaftet wurden sie jedoch wegen des Verstoßes gegen das Versammlungsverbot. Heftige Anschuldigungen und Gegenanschuldigungen flogen hin und her. »Für den Tod eines britischen Bürgers reichten 200 Pfund Kaution, aber für das Verbrechen, dagegen Einwände vorzubringen, wird eine Kaution von 1000 Pfund festgelegt«, monierte FitzPatrick.[43] Nun rückten Verstöße gegen die Bürgerrechte in den Mittelpunkt der Diskussionen.

FitzPatrick ermutigte zu weiteren Protestveranstaltungen in Johannesburg, in einer Petition wurde die britische Regierung aufgefordert, für Wiedergutmachung zu sorgen. Das war genau das, was Milner brauchte – ein populäres Anliegen. Ende März 1899 traf sich Milner heimlich mit FitzPatrick in Kapstadt. Er wies den Agitator an, weiter für Unruhe zu sorgen und die britische Presse mit negativen Geschichten über Krüger zu füttern.[44] FitzPatrick wurde nach London entsandt, wo er die britische Öffentlichkeit über die Uitlanders informierte. Sein Buch *The Transvaal from Within* wurde – auch dank der Unterstützung durch die Geheime Elite –[45] sofort zum Verkaufsschlager.[46]

Eine interessante Person in diesem Zusammenhang ist Jan Smuts, der Staatsanwalt in Transvaal, der FitzPatrick auf freien Fuß setzte. Vor dem Jameson Raid war Smuts ein enger Freund und Vertrauter von Cecil Rhodes gewesen und dessen persönlicher Agent in Kimberley.[47] Der damals 27-jährige Anwalt hatte in

Cambridge studiert und trat leidenschaftlich für ein vereinigtes Südafrika unter britischer Herrschaft ein, ein Südafrika, in dem Briten und Niederländer ihre Meinungsverschiedenheiten beilegen und zu einer einzigen weißen Nation verschmelzen.[48] Für Smuts gab es niemanden, der besser als Rhodes dafür geeignet war, dieses Ideal zu erreichen – doch dann änderte er schlagartig die Richtung. Der fehlgeschlagene Versuch, Transvaal gewaltsam zu erobern, enttäuschte ihn offenbar so sehr, dass er seine politischen Grundsätze über Bord warf, seinen guten Freund Rhodes anprangerte und sich völlig neu erfand. Es war eine Kehrtwende von anglophil zu anglophob, ein wahres Damaskuserlebnis. Smuts gerierte sich nun als Rhodes' schärfster Kritiker und erzielte mit heftiger antibritischer Agitation und bedingungsloser Unterstützung Krügers rasch Erfolge. Smuts war jung und unerfahren, trotzdem machte Krüger ihn zum Staatsanwalt der Burenrepublik und zu seinem zentralen politischen Berater.[49]

Mit antienglischer Rhetorik und einigen drakonischen Maßnahmen brachte Smuts die Uitlanders schnell gegen sich auf. Sie beklagten sich darüber, dass ihnen das Wahlrecht verwehrt wurde, dass die Steuern zu hoch seien, dass der Staat seine Hand auf die Vorräte für den Bergbau halte – kurzum, das gesamte System sei ganz offensichtlich darauf ausgelegt, Johannesburg das Geld abzusaugen und es zu den Buren nach Pretoria zu schleusen.[50] Ständig provozierte Smuts die Uitlanders, was in seltsamem Widerspruch zum Vorgehen seines Präsidenten stand, denn Krüger war bemüht, die hochkochende Stimmung zu beruhigen. So machte er beim Wahlrecht ein großes Zugeständnis: Statt 14 Jahren reichten nun fünf Jahre im Land, um wählen zu dürfen. Er war sogar bereit, Vorzugsrechte im Bergbau zu gewähren und die Steuern zu senken.[51] Mit diesem erstaunlichen Maßnahmenpaket hätte Krüger es schaffen können, die Opposition zum Schweigen zu bringen und das Vertrauen in seine Regierungsarbeit wiederherzustellen.

Doch während der Präsident Zugeständnisse machte und versuchte, der Agitation der burenfeindlichen Presse die Spitze zu nehmen, hintertrieb Smuts Krügers Bemühungen. Zeitungsredakteure, die sich für die Sache der Uitlanders ausgesprochen hatten, ließ er verhaften. Smuts wollte um jeden Preis den Zorn der Uitlanders überkochen lassen. Schon komisch, dass jemand, der eben noch ein enger Freund und Verbündeter von Rhodes war, plötzlich alles in seiner Macht Stehende tat, um dafür zu sorgen, dass Milner und Rhodes genau das bekamen, was sie so verzweifelt wollten – Krieg.

Die politischen Reihen waren keineswegs geschlossen, also sandte Smuts im September 1899 ein Memorandum an Regierung und Verwaltung von Transvaal. Man müsse nun die notwendigen Schritte ergreifen, um »eines der großen Imperien der Welt zu werden … eine Afrikaander-Republik in Südafrika, die sich von der Tafelbucht bis zum Sambesi erstreckt«.[52] Das war die Sprache der Geheimen Elite und hätte genauso von Rhodes kommen können. Das Memorandum war so formuliert, dass es die Uitlanders empören sollte, trotzdem baten die Kap-Afrikaander Smuts, einen Krieg zu vermeiden, auf die Forderungen der Uitlanders einzugehen und die britische Regierung zu beruhigen. Davon wollte Smuts nichts hören. Seine Antwort: Wenn es Krieg geben sollte, dann lieber früher als später. »Unser Volk in ganz Südafrika muss mit Blut und Feuer getauft werden.«[53] Es gab zwei große Befürworter eines Krieges – Milner und Smuts, zumindest auf dem Papier unversöhnliche Feinde. Mit jeder Woche nahmen die Spannungen zu. Truppenbewegungen der Briten ließen Krüger nervös werden. Ihm war klar, dass Transvaal eine Invasion drohte.

Im Oktober 1899 wurde eine große Zahl britischer Truppen an die Grenze zu Transvaal entsandt, eine gezielte Provokation. Krüger forderte den Abzug der Truppen, aber Milner reagierte darauf, indem er noch mehr Truppen in Marsch setzte.

Milner bekam seinen Krieg. Die Briten wiesen die Bedingungen der Buren zurück und die Buren die Bedingungen der Briten. Zu Milners Freude segnete Krüger ein von Smuts entworfenes Ultimatum ab, in dem Großbritannien vorgeworfen wurde, gegen den Londoner Vertrag von 1884 verstoßen zu haben. Dieser Vertrag war nach dem ersten Burenkrieg 1880/81 entworfen worden. In London begegnete man dem Ultimatum der Buren mit Freude, Hohn und Spott. Beim *Daily Telegraph* wusste man nicht, ob man lachen oder weinen sollte. Die Kommentatoren jubelten: »Krüger hat um Krieg gebeten, also soll er Krieg bekommen.«[54] Spätestens zum Fünfuhrtee würde die ganze Angelegenheit vorüber sein.

Am 12. Oktober 1899 griffen Einheiten der Buren auf dem Territorium der Kapkolonie einen Panzerzug an, der Mafeking mit Vorräten versorgen sollte. Dies war der Beginn des Burenkriegs – exakt so wie von Milner geplant. In seiner Verzweiflung machte Krüger den ersten Schritt, bevor die Briten weitere Truppen nach Südafrika verlegen konnten – und machte sich damit für alle Zeiten zum Aggressor. Dabei war er in Wahrheit nur ausmanövriert worden. In einem Schreiben an Lord Roberts, den Oberkommandierenden der Truppen in Südafrika, hatte Milner den Anstand einzuräumen:

> *Ich habe die Krise, die unvermeidbar war, vorhergesehen, bevor es zu spät war. Es ist nicht sonderlich angenehm und mag vielen auch nicht als Ruhmestat erscheinen, beim Herbeiführen eines großen Krieges eine zentrale Rolle gespielt zu haben.*[55]

Das war keine unbescheidene Prahlerei und auch kein hemmungsloses Übertreiben. Ganz nüchtern erklärte Milner die Lage der Dinge und legte damit die kühle Objektivität an den Tag, die die Sache der Geheimen Elite voranbrachte. Krieg war ein Ärgernis, aber notwendig. Es ging halt nicht anders. Ein Jahr zuvor hatte Milner in einem Privatschreiben an seinen Freund Lord Selborne die Lage sehr eindeutig erklärt: Man dürfe nicht zulassen, dass die rückständigen, nahezu mittelalterlichen Buren die Zukunft Südafrikas bestimmen. »Die

Rassenoligarchie [der Buren] muss verschwinden, und ich kann keine Anzeichen dafür erkennen, dass sie sich selbst abschafft.«[56] Die Lösung war ganz einfach: Wenn sie nicht von sich aus gehen, müssen sie entfernt werden. Milners Marionetten Percy FitzPatrick und Jan Smuts hatten die ihnen zugedachten Rollen hervorragend umgesetzt, indem sie ihm zu dieser »unvermeidbaren« Krise verhalfen.

Nun rechneten die Briten mit einem leichten Sieg. Sie verfügten über nahezu eine halbe Million Soldaten – mehr als doppelt so viele Männer, wie Buren in Transvaal lebten. Die Buren selbst konnten geschätzt 40000 Mann ins Feld führen. Doch leicht sollte es beim besten Willen nicht werden für die Briten. Das oberste Prinzip der Buren war Mobilität. Die britische Armee war deutlich größer, hatte jedoch Probleme, den Feind überhaupt zu stellen. Die Buren setzten auf Guerillataktiken und waren damit frustrierend erfolgreich gegen ein Militär, das noch den Traditionen Wellingtons folgte. Fast drei Jahre sollte der Krieg dauern und die blutigste, kostspieligste und längste militärische Auseinandersetzung werden, auf die sich die Briten seit fast einem Jahrhundert einließen.

Der britischen Öffentlichkeit lieferte der Burenkrieg kaum oder gar keine Jubelmeldungen, doch ein Bericht machte landesweit Schlagzeilen und beflügelte die Fantasie. Ein junger, von gewaltigem Ehrgeiz getriebener Mann rückte als Held ins Licht der Öffentlichkeit, aber für seinen Bericht, der wie ein »Indiana Jones«-Abenteuer klingt, gibt es keine unabhängigen Belege.

Die Rede ist von Winston Churchill, den die konservative *Morning Post* 1899 als Kriegskorrespondenten nach Südafrika entsandt hatte und der in einem burischen Kriegsgefangenenlager gelandet war. Die Geschichte – und größtenteils ist es seine – stammt aus Churchills Autobiografie.[57] So wie er es schildert, schloss er sich am 15. November 1899 einer Aufklärungsmission an Bord eines Panzerzugs an. Die Buren griffen den Zug an und nahmen Churchill sowie rund 60 britische Offiziere und Soldaten gefangen. Die Gefangenen wurden nach Pretoria gebracht und in einer alten Schule festgehalten, die von einem drei Meter hohen Wellblechzaun umgeben war. Churchill berichtete anderen Journalisten, wie der Zug zum Entgleisen gebracht wurde und wie er, Churchill, eine »kühne Flucht« beging. Der *Daily Telegraph* druckte einen *Reuters*-Bericht mit der Schlagzeile ab: »Die Tapferkeit und Nervenstärke von Churchill wird als großartig beschrieben.« Und so erschuf ein Held sich selbst. In dem Bericht stand allerdings nicht, dass Churchill nach seiner Inhaftierung darauf bestand, als Nichtkombattant eingestuft zu werden, da er ja Journalist sei. Er ließ seine Verbindungen spielen und schrieb am 24. November einen Brief an Alfred Milner, in dem er ihn anflehte, er möge auf die Liste der zu entlassenden Gefangenen gesetzt werden. Er habe seine Mutter gebeten, ihm Briefe via Milner zu schreiben, so Churchill.[58] Auch am 26. November und 8. Dezember stellte er Antrag auf Freilassung.[59] Er versprach: »Im Falle meiner

Freilassung werde ich jede geforderte Auflage erfüllen, auf dass ich nicht gegen die republikanischen Truppen ins Feld ziehe.«[60] Am 12. Dezember stimmte der burische Oberbefehlshaber der Entlassung Churchills zu; kurz darauf wurde er zum letzten Mal im Lager gesehen.

Als Churchill in der portugiesischen Hafenstadt Lourenço Marques eintraf, hatte er ein fantastisches Abenteuer im Gepäck. Er habe sich vor den Augen der burischen Wärter einen Weg durch den Zaun geschnitten und dann eine beschwerliche Flucht in die Freiheit hinter sich gebracht. Seine »kühne Flucht« wurde zur Legende. Ganz allein und ohne Kenntnisse des Afrikaans oder einer Eingeborenensprache, dafür aber mit der überraschend hohen Summe von 75 Pfund am Leib (nach heutigem Wert über 6000 Pfund) schlug er sich die 400 Kilometer nach Lourenço Marques durch, wo er in Sicherheit war. Es war eine Odyssee, wie sie kein Held der griechischen Tragödien besser durchlebt hat. Er durchquerte gefährliches Terrain, immer einen Schritt schneller als die schwer bewaffneten Buren auf seinen Fersen. Schließlich erreichte er Eisenbahngleise und sprang auf einen vorbeidonnernden Zug auf – was sich nicht ganz einfach gestaltet haben dürfte, hatte er sich doch zuvor die Schulter ausgekugelt.[61]

In einem anderen lobhudelnden Bericht heißt es, Churchill habe sich auf einen Güterwaggon geworfen, und nach qualvollem Kampf sei es ihm gelungen, »sich auf der Kupplung zwischen zwei Waggons hockend zu halten«.[62] Doch schon bald zwang ihn quälender Durst, wieder abzuspringen. Auf dem Bauch kriechend, schleppte er sich durch Sumpfgelände, bevor er zur Burenstadt Witbank gelangte. Und was hatte er doch für ein unglaubliches Glück – er klopfte an die Tür »der einzigen Familie im Umkreis von 20 Meilen, die ihn nicht ausliefern würde«.[63] Drei Tage lang versteckte er sich, angeblich in einem rattenverseuchten Bergwerksschacht, dann sprang er auf einen anderen Zug auf und versteckte sich unter einer Ladung Wollballen. Der Zug war unterwegs in die Delagoa-Bucht, in die Freiheit und in »den Glanz des Triumphs«.[64] So hat es sich Churchill zufolge zugetragen.

Seine Geschichte wurde sehr kontrovers diskutiert. Churchill wurde vorgeworfen, er habe sich selbstsüchtig und falsch verhalten, indem er die Seinen im Stich ließ und derart egoistisch das Licht der Öffentlichkeit suchte. Gegen Kritiker ging er sehr entschlossen vor, notfalls auch mithilfe seiner Anwälte. Britische Mitgefangene wie Hauptmann Haldane, Feldwebel Brockie und die Leutnants le Mesurier und Frankland meinten, Churchill habe ihnen mit seiner Flucht die Chance genommen, freizukommen. Als Churchill 1912 gegen das *Blackwood's Magazine* wegen Verleumdung klagte, weigerte sich Haldane, vor Gericht für Churchill auszusagen. Doch aller Kritik zum Trotz verwandelte die »kühne Flucht« Churchill in einen öffentlichen Helden. Wenige Monate später sollte sich dies bezahlt machen – Churchill gewann bei den Parlamentswahlen für die Konservative Partei im Bezirk Oldham.

Großbritanniens Zuversicht hatte mit der Realität wenig zu tun, denn der Burenkrieg ließ keine Zweifel daran, dass das Heer nicht einsatzbereit war. Der

Krieg entzog Milner die direkte Kontrolle über Südafrikas Angelegenheiten, denn die militärischen Operationen lagen außerhalb seiner Zuständigkeit. Vielleicht war er darüber auch ganz dankbar, denn so konnte man ihm nicht die Schuld an den vielen peinlichen Fehlern geben, die das Militär sich leisten sollte. Für Alfred Milner war der Krieg ein Anfang, kein Selbstzweck. Wichtig war für ihn nur, dass der Krieg gewonnen wurde, man die Kontrolle über die Goldminen erlangte und das neue Südafrika wieder eng in die Belange des Empire eingebunden wurde.

Es war ein schmutziger Krieg, den letztlich die Taktik von General Kitchener und die Obszönität der britischen Konzentrationslager dominierten. Dennoch lernte Milner vieles, das der Geheimen Elite im Krieg von 1914 bis 1918 von Nutzen sein würde. Bevor Kitchener Stabschef von Lord Roberts wurde, herrschte beim Militär eine erschreckende Inkompetenz. Kitchener dagegen war ein schwieriger Fall, alles andere als ein Teamplayer. Das Kriegsministerium hatte ihn als Problemlöser geholt, damit er bürokratische Hürden überwand, als Organisator, der selten einmal die zweite Geige spielte und immun gegen politischen Druck war.[65] Für Kitchener war Krieg der Verantwortungsbereich der Streitkräfte, nicht der Zivilisten. Erfüllt von seiner eigenen Bedeutung, ignorierte er andere Meinungen. Mitten im Krieg setzte er sich über die Warnungen vieler hinweg, die das südafrikanische Terrain kannten, und änderte das Transportsystem der Armee. Die Versorgungsoffiziere prophezeiten eine Katastrophe, und so kam es auch. Kitchener, der »Lord of Khartoum«, wurde zu »Kitchener of Chaos«.[66]

Wenn es etwas gab, das Alfred Milner befürchtete, dann war es nicht die Aussicht auf einen lange andauernden Krieg und all das Leid, das damit einhergehen würde – nein, es war die Aussicht, dass Kitchener den Buren Friedensverhandlungen anbieten könnte. Und in der Tat gelangte Kitchener 1901 zu der Einschätzung, dass ein Frieden sowohl praktisch als auch erstrebenswert sei. Milner war anderer Meinung. Er hatte doch nicht mühsam diesen Krieg in die Wege geleitet, damit man dann durch Friedensverhandlungen zu einem Kompromiss gelangte! Gegenüber seiner späteren Gemahlin Violet Cecil gestand Milner ein: »Meine einzige Furcht besteht darin, dass er [Kitchener], um die anderen zur Aufgabe zu bewegen, Versprechungen macht, deren Einlösung sich später als beschämend herausstellt.«[67] Für seine Vision eines künftigen Südafrika benötigte Milner einen glatten Sieg und die totale Unterwerfung der Buren durch das Empire. Ihm graute vor einer verpfuschten Lösung, einem »Kaffern-Handel«, wie er es nannte.[68] Es ging dabei nicht allein ums Gold; ein früher Frieden würde der Burenführung helfen, ihr Gesicht zu wahren, und sie als politische Kraft im Spiel lassen.

Für Milner war das ein Albtraumszenario. Im Januar 1901 schrieb er an den liberalen Parlamentsabgeordneten Richard Haldane, dem er in höchstem Maße vertraute, dass es in Südafrika keinen Platz für Kompromisse gebe: Großbritannien müsse der absolute Sieger sein. Anders als Kitchener kannte Milner den großen Plan. Den Krieg zu gewinnen war nötig, aber den Frieden zu gewinnen war absolut notwendig für Milner. Um Friedensgespräche zu hintertreiben, ließ er die Geheime Elite direkt beim konservativen Kabinett in London Überzeugungsarbeit betreiben. »Keine Amnestie«, gab er als Devise aus.[69] Dass Kitchener keine Ahnung von Politik hatte, zeigte sich, als er sich beim Kriegsminister Saint John Brodrick bitter darüber beschwerte, dass Milners Politik absurd und falsch sei: »Milners Ansichten mögen streng genommen gerecht sein, aber für meinen Geschmack sind sie rachsüchtig. Mir ist aus der Geschichte kein einziger Fall bekannt, bei dem unter ähnlichen Umständen keine Amnestie gewährt wurde.«[70] Brodrick war nicht nur Milners enger persönlicher Freund aus dem *Balliol College*, sondern auch an allem beteiligt, wofür Milner sich nach Südafrika aufgemacht hatte. Kitchener erreichte also nichts weiter, als seine eigene Position zu schwächen.

Im Mai 1901 kehrte Sir Alfred Milner nach London zurück, um seine Position zu stärken und eventuelle Zweifler wieder auf Kurs zu bringen. An der Waterloo Station wartete ein Empfangskomitee der Geheimen Elite, dem auch Regierungsmitglieder angehörten. Am Bahnhof eingefunden hatten sich unter anderem Premierminister Lord Salisbury und sein Neffe Arthur Balfour, Speaker des Unterhauses, Außenminister Lord Lansdowne und Kolonialminister Joseph Chamberlain. Durch die jubelnden Mengen hindurch wurde Alfred Milner zum Marlborough House geleitet, wo sein Freund, der neu gekrönte König Edward VII., ihm den Bathorden verlieh, ihn in den Kronrat berief und aus Sir Alfred Baron Milner machte. Dem Anführer der Geheimen Elite wurde in aller Öffentlichkeit Ehre zuteil.

Nur wenige Wochen später hatte das Kabinett Milners Südafrika-Politik übernommen. Kitchener war ins Abseits manövriert worden, und Lord Milner bereitete alles für das Erreichen seiner Ziele vor: Fortsetzung des Kriegs, Wiedereröffnung der Minen und finanzieller Profit für seine Unterstützer. Außerdem wollte Milner die größten Talente Großbritanniens zu sich in die Verwaltung locken.

Noch mächtiger und noch unumstrittener als zuvor kehrte Milner nach Südafrika zurück, wo der brutale Krieg noch ein ganzes Jahr andauern sollte. Militärisch hatte der Burenkrieg schlecht für die Briten begonnen, und auch wenn die Presse kleine Erfolge noch so sehr aufblähte, ließ die Unterstützung für den Krieg nach. Das hatte mit zwei Themen zu tun, die die liberale Opposition ausschlachtete. Für das eine Thema war Milner höchstpersönlich verantwortlich, denn er hatte einen seiner seltenen Fehler begangen.

Die britische Menschenrechtsaktivistin Emily Hobhouse hatte sich von Milner die Erlaubnis erbeten, die sogenannten Flüchtlingslager besuchen zu dürfen. Da

Hobhouse Empfehlungsschreiben liberaler Abgeordneter vorweisen konnte, denen Milner vertraute, gab er die Erlaubnis. Doch was Hobhouse in den Lagern zu sehen bekam, weckte ihre moralische Entrüstung – und zwar völlig zu Recht. Die Konzentrationslager, die Kitchener hatte errichten lassen, waren schrecklich. Um den Guerillataktiken der Buren etwas entgegenzustellen, setzte die britische Armee ab November 1900 auf eine neue Vorgehensweise. Mit jagdausflugähnlichen Vorstößen trieb Kitchener die Guerillas aus ihren Verstecken. Der Erfolg richtete sich nach der wöchentlichen Zahl der »Trophäen« – der Getöteten, Gefangenen und Verwundeten. Systematisch wurde das Land leergefegt und alles, bis hin zu Frauen und Kindern, eingesammelt, was den Guerillas hätte weiterhelfen können. Rund 30 000 Höfe der Buren wurden niedergebrannt, das Vieh der Bauern wurde geschlachtet. Es war praktisch eine ethnische Säuberung, die Entwurzelung einer ganzen Nation. Diese Vertreibung von Zivilisten dominierte die öffentliche Wahrnehmung des letzten Kriegsabschnitts.[71]

Insgesamt 45 Lager wurden für gefangene Buren und 64 Lager für gebürtige Afrikaner gebaut. Die Briten nahmen 28 000 männliche Buren als Kriegsgefangene, und fast alle wurden ins Ausland verschifft. In den Lagern lebten vor allem Frauen und Kinder in unzureichenden und überfüllten Unterkünften, schlecht ernährt und unter katastrophalen hygienischen Zuständen. Das führte zu Unterernährung und Epidemien von Masern, Typhus und Ruhr. Mangelnde medizinische Versorgung führte dazu, dass in den britischen Konzentrationslagern über 26 000 Frauen und Kinder starben.

1902 veröffentlichte Emily Hobhouse *The Brunt of the War, and Where it Fell*, und ihr nüchtern gehaltener Bericht über die Lage war politisch mehr als eine Bombe:[72] Hobhouse zerrte die hässliche Wahrheit darüber ans Tageslicht, wie Großbritannien Krieg gegen Frauen und Kinder führte. Sie berichtete von zehnköpfigen Familien, deren Kinder alle im Lager gestorben waren. Ferner führte sie aus, wie niederländischen Wohlfahrtsorganisationen verweigert wurde, die dringend benötigte – und in Pretoria problemlos verfügbare – Kondensmilch in die Lager zu liefern, und wie infolgedessen »Kinder wie die Fliegen starben«. Frauen und Kinder der Männer, die für die Buren kämpften, wurden bestraft, indem man ihre ohnehin kümmerlichen Rationen noch einmal halbierte. Fleisch bekamen sie gar nicht.[73] Die Beweise überwältigten W. T. Stead. Er schrieb:

> *Jedes Kind, das gestorben ist, weil ihm die Ration halbiert wurde, um seine Familie auf dem Schlachtfeld noch weiter unter Druck zu setzen, wurde vorsätzlich ermordet. Das System der halben Rationen steht klar und deutlich da als kaltblütiger Akt staatlichen Handelns, getätigt in der Absicht, Männer zur Aufgabe zu treiben, die wir im Felde nicht besiegen konnten.*[74]

All dies geschah auf ausdrückliche Anweisung der britischen Behörden. Zwar gab es konzertierte Bemühungen, Hobhouses Enthüllungen als versuchten Rufmord an britischen Truppen abzutun, aber ihr Bericht entfachte den Zorn der liberalen Führung. Campbell-Bannerman prangerte die »barbarischen Methoden«[75] an, die gegen die Buren zum Einsatz kamen. Wieder und wieder brachte er diesen Vorwurf gegen die konservative Regierung vor. Die nächste Attacke gegen die Regierung lancierte der leidenschaftliche Kriegsgegner Lloyd George am 17. Juni 1901. Voller Empörung schleuderte er seinen politischen Widersachern entgegen: »Warum Krieg führen gegen Frauen und Kinder?« Mit schneidendem Spott wies er darauf hin, dass »die Sterblichkeitsrate unter Kindern höher ist als die derjenigen Soldaten, die sich allen Risiken des Kampfes gestellt haben«.[76] Als im folgenden Monat die statistischen Angaben aus den Lagern im Kriegsamt eintrafen, war klar: Hobhouses schlimmste Befürchtungen hatten sich bestätigt. 93 940 Weiße und 24 457 Schwarze lebten in »Flüchtlingslagern«, und die Krise wuchs sich zur Katastrophe aus, denn die Sterblichkeitsraten stiegen immer schneller.[77] Ob 118 000 Zivilisten der Buren und Afrikaner starben oder nicht, hatte für Milner offenbar nachrangige Priorität. Für Freunde wie Richard Haldane war die Tragödie, die sich in den Konzentrationslagern abspielte, »ein großes Durcheinander, das die Militärbehörden da angerichtet haben«,[78] aber niemand sollte vergessen, dass in moralischer Hinsicht Milner die Verantwortung für die Lager trug: Er war der Hochkommissar.

Zehn Monate nachdem das Thema erstmals im Parlament zur Sprache kam, hatten sich die Sticheleien von Lloyd George und die schneidende Kritik von Campbell-Bannerman aufs Allerschlimmste bewahrheitet: Mindestens 20 000 Buren und 12 000 Afrikaner waren in der Zwischenzeit gestorben.[79] Geringere Männer hätte man vermutlich aus dem Amt gejagt, aber Lord Alfred Milner war kein geringerer Mann.

Etwa zweieinhalb Millionen Pfund kostete der Krieg die britische Regierung jeden Monat, und wie Kriegsminister St. John Brodrick Kitchener mitteilte, würde man die Früchte der Siege erst dann einstreichen können, »wenn die Räder der Goldminen sich wieder zu drehen beginnen«.[80] Auch Milner war sehr daran interessiert, die Produktion wieder anzukurbeln. Seine Millionärskollegen aus der Geheimen Elite bedrängten ihn, er solle bei Kitchener eine Wiedereröffnung erwirken. So geschah es dann auch.

Der Burenkrieg drehte sich zweifelsfrei um Schürfrechte und den Besitz des Transvaal-Goldes. Der Krieg hatte jedoch dazu geführt, dass der Goldstrom abrupt zum Erliegen kam. In den großen Minen wie Robinson Deep und Ferreiran wurden die Kessel abgeschaltet, die großen Stampfer stillgelegt und die Produktion auf null gefahren. Wer eben noch Uitlander-Arbeiter gewesen war, war nun ein von Panik erfüllter Flüchtling, der das Chaos und die Furcht in Johannesburg nur noch verschärfte. Einige Minen ließ man fluten, damit das

Gold nicht in die Hände der Buren fiel, aber im November 1901 begann man im kleinen Rahmen wieder damit, das Wasser abzupumpen, so dringend wollte man die Gewinne wieder zum Fließen bringen.[81]

Wenn es nach Milner ging, bestand die Aufgabe des Oberkommandeurs darin, den Krieg zu gewinnen und die bedingungslose Kapitulation des Gegners entgegenzunehmen – und nicht darin, die Bedingungen einer Kapitulation oder für einen Friedensvertrag auszuhandeln. Entsprechend sträubten sich dann auch Milner die Nackenhaare, als die Buren im März 1902 zustimmten, sich mit Kitchener – und nicht mit ihm, Milner – zu treffen und über einen Frieden zu sprechen. Eine dringende Geheimdepesche ging an den Kolonialminister in London ab: Kitcheners Beteiligung könne die Pläne für die künftige Verwaltung Südafrikas gefährden. Milner wusste, wie viel Kitchener daran lag, den Krieg zu beenden und nach Indien zurückzukehren. Kitchener hatte zudem kein Verständnis dafür, welche Folgen »gefährliche« Zugeständnisse haben könnten.[82] In dem Punkt waren sich Chamberlain und Milner einig – die Buren mussten eine völlige Niederlage zu schmecken bekommen.

Wenige Tage vor Beginn der Friedensverhandlungen endete eine Ära: Cecil Rhodes starb in seinem Haus bei Kapstadt. Milners Führungsrolle in der Geheimen Gesellschaft wurde, wie es Rhodes' Wunsch war, durch apostolische Sukzession gefestigt, auch wenn Milner in der Praxis dieses Amt bereits nach dem Jameson Raid übernommen hatte.

Als die britische Delegation den Buren darlegte, wie die bedingungslose Kapitulation zu verlaufen habe, war es Jan Smuts, der die sofortige Annahme der Bedingungen entwarf. Smuts hatte damals das Ultimatum an die Briten formuliert, nun formulierte er die Kapitulation. So schnell, wie er damals in den Krieg ziehen wollte, wollte er nun wieder heraus.

War er noch einmal vom Saulus zum Paulus geworden, oder war er von vornherein nur ein Handlanger der Geheimen Elite gewesen? Am 31. Mai 1902 wurde der Frieden von Vereeniging unterzeichnet, der zur Folge hatte, dass die Burenrepubliken Teil des Empire wurden. Dem Sieger fiel alles zu; so war und ist es seit jeher. Endlich hatte die Geheime Elite das Transvaal-Gold in den Händen. Den Preis dafür bezahlten 32 000 Menschen in den Konzentrationslagern mit dem Leben, darunter über 20 000 Kinder.

Beim Zweiten Burenkrieg wurden 22 000 britische Soldaten getötet, weitere 23 000 verwundet. Die Zahl der Opfer aufseiten der Buren betrug 34 000, bei den Afrikanern waren es noch einmal 14 000.[83] Im Burenkrieg starben mehr britische Soldaten durch feindlichen Beschuss als bei sämtlichen Kolonialkriegen, die Großbritannien zwischen 1750 und 1913 in Asien und Schwarzafrika führten. Die Briten mobilisierten fast eine halbe Million Soldaten, 450 000 davon kamen direkt aus der Heimat.[84] Milners Krieg forderte einen hohen Preis an Menschenleben, aber er hatte die Goldminen zurück.

Ein dankbarer Edward VII. machte Lord Milner am 1. Juli 1902 zum Viscount. Wochen später legte Milner den Amtseid als Gouverneur von Transvaal und der Oranjefluss-Kolonie ab. Gesetze, die Nichtweiße diskriminierten, blieben unverändert, die Politik der weißen Vorherrschaft wurde fortgesetzt. Angesichts schlechter wirtschaftlicher Aussichten entschieden sich viele der Soldaten für eine Rückkehr in die Heimat. Milner ärgerte das, er hatte auf einen Bevölkerungsgewinn für Südafrika gehofft. Die Zukunft des Empire sollte unbedingt an den möglichen Reichtum Südafrikas gekoppelt sein, also drängte Milner Chamberlain, ihm mit Blick auf den Wiederaufbau Südafrikas bei der Zuwanderungspolitik zu helfen. Milners Traum war es, Südafrika ein hohes Maß an britischem Patriotismus einzuimpfen, viel stärker als in Kanada oder Australien. Milner war bereit, für dieses Ziel in Südafrika zu bleiben und dafür zu kämpfen.

Im September 1902 nahm Arthur Balfour die Schlüssel zu 10 Downing Street von seinem Onkel entgegen. Der neue Premier bat Milner, nach Hause zu kommen und das Amt des Kolonialministers zu übernehmen. Das Angebot verdeutlichte den Ruf, den Milner genoss, doch Milner lehnte ab. Selbst als der König erklärte, dass Milner die Wahl der Krone sei, blieb Milner in Südafrika, um seine Aufgabe zu Ende zu führen. Mit Alfred Lyttelton schlug er ein weiteres Mitglied aus dem inneren Kreis des Geheimbundes[85] als Minister vor, und dieser wurde es dann auch.

Ein kleines Beispiel nur, aber es zeigt sehr schön, wie die wahre Macht innerhalb der Geheimen Elite funktionierte. Milner hatte das Sagen, und weder Premierminister noch König stellten sich ihm in den Weg. Wer sonst im Empire hätte es gewagt, sich über derartige Autoritäten hinwegzusetzen? Natürlich hätten sie darauf bestehen können, dass Milner tat, wie ihm geheißen, aber sowohl der Regierungschef als auch das Staatsoberhaupt beugten sich seinem Wunsch und respektierten Milners Einschätzung, es sei wichtiger, dass er die Aufgabe in Südafrika zu Ende bringe.

Viscount Milner wandte sich nun der praktischen Aufgabe zu, das Land in ein Vorzeigemodell britischer Kolonien zu verwandeln. Er verwaltete Transvaal und die Oranjefluss-Kolonie als besetzte Gebiete und holte sich, vor allem aus seinem geliebten Oxford, eine Bande junger Männer für die oberen Verwaltungsebenen. »Milner's Kindergarten«, wie die Gruppe genannt wurde, löste Regierung und Verwaltung der beiden ehemaligen Republiken ab und stürzte sich in die Aufgabe, das zerbrochene Land neu aufzubauen.[86]

Der »Kindergarten« bestand aus jungen, gut ausgebildeten Männern mit einem hohen Maß an Pflichtgefühl und Loyalität gegenüber dem Empire, fähig, die nächste Generation der Geheimen Elite zu stellen.[87] Besonders wichtig bei der Suche nach geeigneten Kandidaten waren Milners Verbindungen zu den Colleges *All Souls* und *Balliol*. Die Männer standen vor einer gewaltigen Aufgabe. Milner rechnete mit einer kurzen Phase nach Kriegsende, in der sich die britische Bevölkerung in Südafrika durch Zuwanderung steigern ließe.

Sobald die Goldminen den Betrieb wiederaufnahmen und die Hunderttausenden Kriegsgefangenen, Zivilisten aus den Konzentrationslagern und einheimische Arbeitskräfte wieder umgesiedelt waren, würde auch der Wohlstand zurückkehren. Es galt, 30 000 niedergebrannte Höfe, die zerschlagenen Eisenbahnstrecken und ein am Boden liegendes Kommunikationsnetz neu aufzubauen. Wenn das gelänge, würde eine vereinte, sich selbst verwaltende weiße Gemeinschaft, unterstützt von schwarzer Arbeitskraft, die Vorteile einer Zugehörigkeit zum Empire erkennen. Südafrika würde ein wichtiger und dauerhafter Teil des Empire sein.[88]

Für den Wiederaufbau Südafrikas brauchte Milner gute Männer, und er war fest entschlossen, die allerbesten Köpfe mit dem höchsten Maß an Energie für diese Aufgabe zu gewinnen.[89] Freundschaften aus Oxford, Kontakte ins Kolonialamt und persönliche Bekanntschaften Milners – all das waren gute Anfangspunkte, aber die alles entscheidende Qualifikation bestand darin, genauso leidenschaftlich für das Empire zu empfinden wie Milner.

1902 waren diese Männer nichts als eine kleine Gruppe unbedeutender Kolonialbeamter. Umso erstaunlicher ist es, wenn man sich ansieht, wie sich ihre Laufbahnen unter der Schirmherrschaft von Alfred Milner und der Geheimen Elite entwickelten. 18 Männer berief Milner in den »Kindergarten«, neun vom Oxforder *New College*, vier vom *Balliol* und fünf vom *All Souls College*,[90] und jeder Einzelne war ein »Milner-Loyalist«. Sie kamen alle aus wohlhabenden, gut vernetzten Familien, verfügten über eine gute Ausbildung und waren versiert darin, Kontakte zu knüpfen.[91] Da Milner die Hand über sie hielt und sie Mitglieder in der Geheimen Elite waren, schafften sie alle es in hohe Ämter in der Regierung und der internationalen Finanz. Die kommenden 40 Jahre sollten sie die britische Empire- und Außenpolitik dominieren.[92]

Es ist beispiellos, was die Männer aus »Milner's Kindergarten« in der Politik, der akademischen Welt und der Medienwelt erreichten. Wie groß ist die Wahrscheinlichkeit, dass eine beliebige zufällige Gruppe von Hochschulabsolventen im Lauf der Geschichte ähnlich erfolgreich abschneidet? Wir finden in dieser Gruppe Vizekönige, Innenminister, Ministerialräte, Generalgouverneure, Botschafter, Ritter, Geschäftsführer, Finanziers, Industrielle, Parlamentsabgeordnete, Mitglieder des Oberhauses, Herausgeber großer Zeitungen, Geschichtsprofessoren, Kriegskabinettsmitglieder, Autoren und Hüter des großen imperialen Traums. Alfred Milner rekrutierte diese Männer, er formte sie und vertraute ihnen. Und sie erwiesen sich als fähig. Sie wurden zur kaiserlichen Garde der Geheimen Elite, indem sie Politik, Medien und Bildungswesen durchdrangen. Milners völlige Hingabe für die Sache beflügelte sie, und Südafrika war ihre Spielwiese. Man mag von Milner halten, was man will, aber er stellte hervorragende Teams zusammen und formte sie. So stand ihm ein beispielloses Netzwerk von Talenten zur Verfügung, auf das er sein Leben lang zurückgreifen konnte.

Die Wiederaufbauarbeit, die der »Kindergarten« nach dem Krieg in Südafrika leistete, löste einen allgemeinen Boom im ganzen Land aus – und brachte der Geheimen Elite dadurch weitere gewaltige Profite. Für die afrikanischen Arbeiter bestand nun wenig Grund, zu ihren alten Jobs in den Bergwerken zurückzukehren, denn es gab reichlich besser bezahlte Arbeit. Zudem war der Bergbau ein sehr gefährlicher Arbeitsort, an dem kaum ein Gedanke an die Sicherheit der Belegschaft verschwendet wurde. Im Jahr 1903 kamen in den Minen auf 1000 Arbeiter durchschnittlich 73 Todesfälle pro Monat, im Juli des Jahres starb sogar mehr als jeder zehnte Bergarbeiter. »Menschenleben wurden nach einem Fegefeuer der Plackerei und der Qual für einen Lohn von 50 US-Cent pro Tag geopfert.«[93] Die Anleger dagegen hatten weniger Grund zur Klage. So verzweifelt bemühten sich Milner und die Minenbesitzer darum, ausreichend Arbeiter zu stellen, dass man sich auf drastische Maßnahmen verständigte: China verfügte über einen großen Überschuss an billigen Arbeitskräften.

Mit falschen Versprechungen und glatten Lügen wurden die Chinesen in die Bergwerke Südafrikas gelockt: Sie würden in hübschen Gartenstädten leben und könnten ihre Familien nachholen, sagte man ihnen. Es wurden kräftige und gesunde Bewerber ausgesucht, die bis zum Einschiffen in Hütten festgehalten wurden. Unter den Augen bewaffneter Wachen gingen die chinesischen Bergarbeiter dann an Bord.[94] Als Erstes stach am 30. Juni 1904 das 3400-Tonnen-Schiff *Ikbal* von China aus in See. Es war wie bei einem klassischen Sklavenschiff des 18. Jahrhunderts – in die Frachträume hatte man über 2000 Chinesen gepfercht. Es war mitten im Sommer, die Temperatur betrug an die 40 Grad Celsius im Schatten. 26 Tage dampfte die *Ikbal* durch die Tropen, dann erreichte sie Durban. 51 Mann waren gestorben und über Bord geworfen worden. Bei den Organisatoren dürfte sich die Trauer aber in Grenzen gehalten haben, denn sie hatten jeden Mann mit 125 Dollar versichert und machten nun mit den Toten sogar noch einen hübschen kleinen Profit.[95]

Nach ihrer Ankunft wurden die Männer wie Vieh markiert und in Frachtwaggons gequetscht. Es folgte eine 30-stündige Bahnfahrt nach Transvaal, wo von Gartenstädten natürlich keine Spur zu sehen war. Stattdessen lebten die chinesischen Bergarbeiter direkt neben den Minen in großen Anlagen mit kleinen Hütten, die sich jeweils 20 Männer miteinander teilen mussten. Ohne Sondergenehmigung durften sie die Anlage nicht verlassen, für jeden kleinsten Regelverstoß wurden sie mit einem Bußgeld belegt. Die Männer arbeiteten zehn Stunden pro Tag und erhielten dafür 25 US-Cent Lohn. Zusätzlich mussten sie mindestens sechs Monate lang zu reduzierten Bezügen arbeiten, weil die Kosten für die Überfahrt aus China zu begleichen waren. Wer seinen Aufgaben nicht nachkam, wurde auch schon mal ausgepeitscht und mit einem hohen Bußgeld belegt. Das verstieß zwar gegen das Gesetz, aber Milner hieß das als notwendige Sanktion gut, und die konservative Regierung stand hinter ihm.[96] Hier war der gute alte Imperialismus am Werk. Viele, die mit der kräftezehrenden Plackerei nicht mehr hinterherkamen, gerieten bis zum Hals in die Schuld der Minen. Und wer nach drei Jahren noch am Leben war, wurde wie beschädigte Ware zurück nach China verschifft. »Diese Chinesen wurden in der Blüte ihres Lebens geholt, um binnen drei Jahren auf das Rad gespannt und gebrochen zu werden, damit die gierigen Monster, denen sie gehörten, immer größere Profite einstreichen konnten.«[97]

Doch Milner unterschätzte, wie die Vorwürfe der Sklaverei und Berichte über brutale Auspeitschungen bei seinen getreuen liberalen Freunden wie Asquith ankamen. Milner war bisweilen derart getrieben, dass er schlichtweg nicht registrierte, wie groß der Widerstand war, der sich gegen ihn formierte. Seinen Freund Richard Haldane warnte er: »Wenn wir in Südafrika irgendetwas erreichen wollen, müssen wir die Schreihälse ignorieren, und zwar absolut ignorieren.«[98]

Es bedarf schon eines sehr starken Mannes, um die Schreihälse zu ignorieren, um die moralische Empörung zu ignorieren und die Sache über humanitäre Bedenken zu stellen. Manchen Politikern an vorderster Front ist es völlig unmöglich, sich über die öffentliche Empörung hinwegzusetzen, aber wer hinter den Kulissen auf den geheimen Korridoren der Macht wirkt, hat weniger Probleme damit, derartige »Sentimentalitäten« einfach links liegen zu lassen. Behalten Sie diese Worte im Hinterkopf, denn ihr Echo wird sich in diesem Buch immer wieder finden lassen – »die Schreihälse absolut ignorieren«.

1905 war die öffentliche Meinung in Großbritannien ganz klar zuungunsten Milners gekippt. Da Wahlen anstanden, sah er es als den besten Weg an, sich aus Südafrika zu verabschieden. Seine Gesundheit habe unter der monumentalen Aufgabe gelitten, das Land wieder aufzubauen, hieß es offiziell. Er sei ausgebrannt.[99] Doch Milner hatte immer alles unter Kontrolle, so auch hier. Für die Geheime Elite war es wichtig, dass ein Regierungswechsel keinen Kurswechsel der Politik des Empire nach sich ziehen würde. Hinter verschlossenen Türen wurde in London geheim verhandelt, es waren Gespräche, deren Folgen die britische Außenpolitik lange spüren würde. Milner wurde dort gebraucht. Die Aufgabe in Afrika konnte er guten Gewissens seinem »Kindergarten« überlassen, und so schlug er den Earl of Selborne, einen guten Freund aus der Geheimen Elite, zu seinem Nachfolger vor. Selborne war wenig begeistert von der Aussicht, nach Südafrika gehen zu müssen, aber er gehorchte Milner. Dieser schrieb direkt an Premierminister Balfour, um ihm zu sagen, dass Selbornes Berufung ihn mit der »größtmöglichen Erleichterung erfülle«.[100] Und wieder einmal hatte der Anführer der Geheimen Elite seinen eigenen Vertrauten ins Amt gehievt, damit dieser den Kampf in Südafrika fortsetze – auch wenn dieser nicht sonderlich scharf auf den Posten gewesen war.

Die unermüdliche Arbeit, mit der Viscount Milner dafür gesorgt hatte, dass für seine Bankiers- und Industriellenfreunde wieder die Gewinne sprudelten, blieb nicht unbelohnt. Er war kein Jahr zurück in England, da saß er bereits im Aufsichtsrat der *London Joint Stock Bank* (der späteren *Midland Bank*), war Direktor und später Chairman von Rothschilds Unternehmen *Rio Tinto*, Direktor der *Mortgage Company of Egypt* und der *Bank of British West Africa*. So zahlreich wurden ihm lukrative Posten angetragen, dass er unter anderem gezwungen war, einen Direktoriumsposten bei der *Times* und einen beim Rüstungskonzern *Armstrongs* auszuschlagen.[101]

Milners politische Vision für eine Südafrikanische Union sah einen großen Zustrom britischer Einwanderer vor, die auf magische Weise die Sprache und die Kultur des Landes verändern würden. Doch 1903 und 1904 verwüstete eine schwere Dürre einen Großteil des Agrarlands, und sein Traum wurde nie verwirklicht. Immerhin war Milners Krieg nicht völlig vergebens gewesen. Nachdem die chinesischen Bergarbeiter erst einmal da waren und die Minen wieder unter Volldampf liefen, füllten sich auch wieder die Taschen der internationalen Bankiers. Daran konnte auch der Umstand nichts ändern, dass politischer Druck aus London und aus anderen Teilen des Empire dazu führte, dass den ehemaligen Burenrepubliken wieder viel Autonomie eingeräumt wurde und man davon ausging, dass die Liberalen nach einem Wahlsieg diesen Kurs fortsetzen würden.

Milner hinterließ einen beeindruckenden Apparat fähiger Verwaltungsbeamter, die ergeben am Wiederaufbau der Kolonien arbeiteten. Und über ganz Südafrika waren Agenten der Geheimen Elite verteilt. Den nachdrücklichsten Beweis dafür, dass Jan Smuts einer dieser Agenten war, liefern seine Aktivitäten nach dem Burenkrieg. Professor Quigley enthüllte, dass Smuts zum inneren Kreis des Geheimbundes gehörte und »vor allem deshalb zu internationalem Ruhm gelangte, weil er Mitglied war«.[102] Smuts machte da weiter, wo er aufgehört hatte, als er vermeintlich zu den Buren überlief – er setzte sich unermüdlich für eine Südafrikanische Union unter britischer Flagge ein. General Louis Botha mochte Premierminister von Transvaal sein, aber die dominante politische Persönlichkeit war Jan Smuts. Als 1910 das erste Kabinett der neuen Südafrikanischen Union gebildet wurde, bestand es zu großen Teilen aus Buren. Louis Botha war Ministerpräsident, doch die wahre Macht lag bei Jan Smuts, der drei der neun wichtigen Ministerposten auf sich vereinte und Botha völlig dominierte.[103] Einige Jahre später veranstaltete die Geheime Elite zu Ehren Smuts' ein Bankett im Parlament. Bei der Veranstaltung saß Milner rechts von Smuts.[104] Smuts war immer einer der Ihren gewesen.

Und Jameson, der Schlächter der Matabele und Anführer des misslungenen Überfalls? Ohne die geringste Scham machte Milner ihn zum Premierminister der Kapkolonie, eine angemessene Belohnung für seine treuen Dienste und sein Stillschweigen.

1906 unternahmen liberale Parlamentsabgeordnete den Versuch, Viscount Milner öffentlich anzuprangern. Er sollte bloßgestellt werden, weil er zugelassen hatte, dass chinesische Arbeiter in Transvaal ausgepeitscht wurden. Der Antrag war als schwerer Tadel des Unterhauses gedacht, wurde aber auf subtile Weise von Winston Churchill überarbeitet, der sich zu diesem Zeitpunkt als Abgeordneter der Liberalen neu erfunden hatte. Vorsätzlich erweckte Churchill den Eindruck, Milner sei ausreichend bestraft worden. Es handle sich um einen Mann ohne Einkommen, der keinen Einfluss mehr auf nichts und niemanden habe. Dem Parlament erklärte Churchill:

> *Lord Milner hat Südafrika verlassen, vielleicht für immer. Im öffentlichen Dienst kennt man ihn nicht länger. Früher einmal hatte er viele Machtbefugnisse, heute keine mehr. Früher hatte er ein hohes Amt inne, heute ist er unbeschäftigt. Nachdem er einst Angelegenheiten erledigte, die den Kurs der Geschichte veränderten, kann er heutzutage nicht einmal geringfügig auf die Tagespolitik einwirken. Viele Jahre oder wenigstens viele Monate lang lenkte er die Schicksale von Männern mit unvorstellbarem Wohlstand, heutzutage ist er arm, und zwar, wie ich hinzufügen möchte, ehrenhaft arm. Nach 20 anstrengenden Jahren im Dienst der Krone ist er heute ein Staatsdiener im Ruhestand, ohne jedwede Pension oder Gratifikation.*[105]

Churchill mochte noch so oft beteuern, dass sich Milner für den Rest seiner Jahre dauerhaft in irgendein mysteriöses Armenhaus zurückgezogen habe. Das war natürlich ein gewaltiger Betrug. Milner würde in den Staatsdienst zurückkehren, wann immer es ihm genehm war. Arm war er nicht und würde es niemals sein, dafür sorgten schon die Männer »mit unvorstellbarem Wohlstand«, wie Churchill es formuliert hatte. Doch von allen falschen Behauptungen, die Churchill zum Schutz Alfred Milners vor dem Parlament aufstellte, war die lächerlichste diejenige, dass er nicht länger Einfluss auf die Tagespolitik habe. Hinter ebendieser Fassade konnte der Meister der Manipulation weiter auf das Ziel hinarbeiten, das er sich gesteckt hatte: das Empire in den »notwendigen Krieg« zu führen. Was bedeutete es also, was das Parlament von ihm hielt?

Eine gewählte demokratische Regierung ist keine Alternative zu der Art »Herrschaft der Höhergestellten«, die Milners Mentor Ruskin in Oxford propagiert hatte. Davon war die Geheime Elite felsenfest überzeugt, auch wenn das für den Leser schwer nachvollziehbar erscheint. So wie Ruskin tief sitzende Zweifel an der Demokratie hegte und seiner Meinung nach sozialer Fortschritt einzig vom guten Willen und der Intelligenz der oberen Schichten ausgehen konnte,[106] so hatte Milner nichts als Verachtung für das britische Parlamentssystem übrig. Das machte er in einem Brief deutlich, den er im Mai 1902 schrieb:

> *Unsere politische Organisation ist durch und durch verdorben und praktisch nicht existent. Noch nie gab es eine derart absurde Verschwendung von Macht, eine derart lächerliche Inkonsequenz der Politik, und zwar nicht, weil es an geeigneten Männern fehlte, sondern weil es an einer effektiven zentralen Autorität oder einer beherrschenden Idee mangelt, die sie zur Zusammenarbeit bewegt.*[107]

Der Burenkrieg lehrte jenen selbst ernannten britischen Rassenpatrioten Milner vieles, was in die künftigen Handlungen der Geheimen Elite einfloss. Dass es dem britischen Kabinett an Rückgrat fehlte, um sich gegen diejenigen zu wehren, die ein Ende des Krieges forderten, verärgerte Milner zutiefst. Dass man Kitchener so viel Macht übertragen hatte und die Art und Weise, mit der der Kommandeur den Buren voreilige Zugeständnisse machte, brachte Milner auf, weil es seine Langzeitziele für das Land gefährdete. Bevorstehende Wahlen, die öffentliche Meinung, Zeitungskampagnen und der politische Opportunismus liberaler Politiker wie Campbell-Bannerman und Lloyd George – bei alledem drehte sich ihm der Magen um. Den Erfolg der britischen Rasse durfte man doch nicht den Launen der politischen Parteien oder der sich ständig ändernden Regierungspolitik überlassen! Jemand musste doch so weit von seiner Meinung überzeugt sein, dass er auch die schwierigen Entscheidungen treffen konnte, sich den »Schreihälsen« entgegenstellte und sie mit Missachtung strafte! Dieser Jemand war Milner, und die Mitglieder des Geheimbundes standen ohne Wenn und Aber hinter ihm. Er gab die Strategie der Geheimen Elite vor und lenkte von seinem Platz hinter den Kulissen aus die politischen Entscheidungen in Großbritannien. Er würde den Lauf der Geschichte mit einer Entschlossenheit beeinflussen, die kein Nein akzeptierte, denn sie wurde angetrieben von der Überzeugung des »Rassenpatrioten«.[108]

Zusammenfassung von Kapitel 2: Südafrika – die Schreihälse ignorieren

- Mithilfe der massiven Investitionen der Familie Rothschild gelang es Cecil Rhodes, mit Gold und Diamanten in Südafrika ein enormes Vermögen anzuhäufen.
- Die Krone erlaubte Rhodes per Royal Charter, die *British South Africa Company* zu gründen. Diese konnte eine Privatpolizei und eine Privatarmee aufstellen, mit deren Hilfe den Eingeborenen auf brutale Weise mehr und mehr Land abgenommen wurde.
- Die Burenrepubliken waren im Grunde sehr ländliche Gemeinschaften, bis Goldfunde in Transvaal den Wert des Landes explodieren ließen.
- Rhodes und seine Kumpane waren entschlossen, sich das Transvaal-Gold zu

sichern. Sie entwickelten einen unausgegorenen Plan für eine Invasion, die dann auf peinliche Weise scheiterte. Die Geheime Elite drohte aufzufliegen.

- Die folgende parlamentarische Ermittlung wusch die Verschwörer frei von allen Vorwürfen, aber Rhodes' Führungsposition hatte irreparablen Schaden genommen. Alfred Milner nahm die Zügel in die Hand und ließ sich zum Hochkommissar der Kapkolonie ernennen.
- Milners Ziel war es, einen Krieg zu provozieren – auch wenn Kolonialminister Joseph Chamberlain dagegen war. Durch sein Geheimbund-Netzwerk konnte Milner Chamberlain kaltstellen. Milner gab die Parole aus, dass ein Krieg unbedingt erforderlich sei.
- Nach dem Fiasko des Jameson Raid setzte Milner politische Agitatoren darauf an, in Transvaal die Stimmung anzuheizen.
- Einer von Rhodes' engsten Freunden und Vertrauten, Jan Smuts, lief angeblich zu den Buren über. Schnell machte er dort Karriere und wurde Berater von Burenpräsident Paul Krüger. Interessanterweise strebten Smuts und Milner dasselbe Ziel an – Krieg.
- Während Winston Churchill mit Räuberpistolen über seine glorreiche Flucht aus einem burischen Kriegsgefangenenlager von sich reden machte, verlief der Krieg für die Briten zunächst sehr schlecht. Das britische Heer brauchte nicht lange, um eindrucksvoll zu beweisen, dass es für den Krieg in Südafrika nicht geeignet war.
- Die Regierung schickte Lord Kitchener nach Südafrika, damit er den Krieg gewinne und die Buren beruhige. Aber Kitchener war kein Teamplayer und verfolgte andere Ziele als Milner. Kitchener wollte, dass die Buren sich ergeben und man dann an der Versöhnung arbeiten könne. Milner wollte die Buren zu Staub zermahlen und den Wiederaufbau unter britischer Flagge beginnen.
- Milner sammelte sich seine Verwaltungsbeamten vor allem in Oxford zusammen. Sie alle teilten seine Vision von einem Empire, das die Welt dominiert.
- Zwei größere »Probleme« schädigten Milners Ruf. Zum einen hatte er die Konzentrationslager abgesegnet, in denen 32 000 Frauen und Kinder starben. Zum anderen holte er nach dem Krieg chinesische Bergarbeitern nach Südafrika, um die Goldminen wieder auf Volllast zu bringen. Dass die Chinesen ausgepeitscht wurden, empörte die britische Öffentlichkeit.
- 1905 kehrte Milner nach Großbritannien zurück, nachdem er Südafrika in die Hände seiner Getreuen übergeben hatte. In Europa verschoben sich die Bündnisse, weshalb seine Anwesenheit in London erforderlich wurde. Doch der Krieg in Südafrika hatte Milner und der Geheimen Elite viele nützliche Erkenntnisse gebracht.

3

Der wahre Edward –
erste Schritte und Neuanfänge

DER BURENKRIEG WAR erfolgreich beendet, Südafrikas Gold und Diamanten gehörten der Geheimen Elite. Doch der Preis dafür ging über die Verluste an Menschenleben hinaus. Großbritannien hatte weniger Freunde denn je. Die *Splendid Isolation*, die Abkehr von allen Bündnissen, galt lange Zeit nicht als Last, denn keine andere Macht konnte die britische Überlegenheit infrage stellen. Doch als das 20. Jahrhundert aufzog, gewann ein europäisches Land an Einfluss und gefährdete diese Dominanz. Finanziell war Großbritannien immer noch die absolute Weltmacht, und auch auf den Meeren führte kein Weg an der britischen *Navy* und der Handelsmarine vorbei, aber was die industrielle Führung anbelangte, hatte Deutschland den Briten den Rang abgelaufen – und zwar in einer Geschwindigkeit, die einigen Kopfschmerzen bereitete.

Nach dem Deutsch-Französischen Krieg von 1870/71 waren das Königreich Preußen und die angrenzenden Herrscherhäuser zum Deutschen Reich verschmolzen. Dass die tapferen Preußen die Franzosen in die Knie gezwungen hatten, kam bei vielen in Großbritannien gut an, auch bei Königin Victoria, die zur Hälfte deutscher Abstammung war: Endlich hatte jemand diese Emporkömmlinge aus Frankreich, diese Erzfeinde Englands, auf ihren rechtmäßigen Platz verwiesen.[1] Doch für die »ehrlichen Teutonen« war damit nicht Schluss. Das vereinte Deutschland machte rasch wissenschaftliche und industrielle Fortschritte – eine bedeutende Entwicklung, die wichtigste in dem halben Jahrhundert vor Ausbruch des Ersten Weltkriegs.[2] Die Vereinigung brachte Deutschland eine neue Machtposition in Europa ein, und ab 1890 stand außer Frage, dass Deutschland Großbritannien und Frankreich hinter sich lassen würde.[3]

Immer mehr britische Industriezweige fielen hinter der deutschen Konkurrenz zurück, was Ausstoß, Kapazität und Erfindungsreichtum anbelangte. Modernste Maschinen, beste technische Fähigkeiten, das Übertragen wissenschaftlicher Durchbrüche auf Produktionsmethoden und die Bereitschaft, sich den Wünschen des Kunden anzupassen, waren nur einige Gründe für Deutschlands Aufstieg.

Zwischen 1871 und 1906 vervierfachte sich die Kohleförderung, die Roheisenproduktion verfünffachte sich, und die Stahlproduktion, die 1871 noch eine halbe Million Tonnen betragen hatte, durchbrach 1907 die Marke von zwölf Millionen Tonnen.[4] Deutschland war vorher ein dankbarer Abnehmer britischer Produkte gewesen, doch nun stand man sehr gut auf eigenen Beinen. Und nachdem der Binnenmarkt in deutsche Hand übergegangen war, richteten die deutschen Unternehmen begehrliche Blicke ins Ausland. Im britischen Außenministerium mehrten sich die Berichte, dass deutscher Stahl und deutsches Eisen Abnehmer in Regionen fanden, die traditionell von britischen Firmen dominiert worden waren, auch in Australien, Südamerika und China. Sogar in Großbritannien selbst fanden die deutschen Firmen Kunden. Hatte die deutsche Handelsflotte 1871 lediglich aus ein paar Seglern bestanden, die in der Ostsee herumschipperten, bot sich 1900 ein völlig anderes Bild. Über 4000 Schiffe trugen deutsche Güter in alle Welt hinaus, die Hamburg-Amerika Linie (HAPAG) stieg zur weltgrößten Reederei auf.

Diesen Wettkampf in der Schifffahrt nahm man im *Foreign Office* deutlich ernster als die Rivalitäten im Handel, denn Großbritannien hatte nun einmal die Meere zu beherrschen, das gebot allein schon die Ehre. Zudem hatte die Handelsmarine immer auch als Ort gegolten, an dem sich Seeleute ihre Sporen verdienen konnten, bevor sie zur Kriegsmarine gingen. Das rasche Hochrüsten der deutschen Handelsmarine sorgte für Unruhe bei der Geheimen Elite. Reichskanzler Theobald von Bethmann Hollweg sagte, die Briten sähen ein weiter wachsendes Deutschland als unerwünschten und störenden Eindringling an, der die Unantastbarkeit der britischen Oberhoheit über den Handel und die Weltmeere infrage stelle.[5] Man musste sich diesen störenden Eindringling einmal vorknöpfen.

In britischen Industriellenkreisen war es ein offenes Geheimnis, dass Deutschland beispielsweise im Bereich der organischen Chemie oder bei elektronischen Gütern deutlich bessere Produkte ablieferte. Erbost prangerte die britische Presse an, mit welch »unfairen« Methoden deutsche Vertreter vorgingen: Sie kopierten einfach britisches Handelsgebaren, gingen auf die Wünsche ausländischer Kunden ein und verführten sie sogar zum Kauf, indem sie, Himmel hilf, Broschüren in andere Sprachen übersetzen ließen. Zur Jahrhundertwende wurde der deutsche Erfolg mit schriller Stimme und maßlos übertrieben beschimpft, aber das änderte nichts an den Tatsachen: Bei Deutschlands industrieller Expansion waren einige wichtige Industriezweige Großbritanniens abgehängt worden.

Nun rächte sich, dass Großbritanniens industrielle Revolution deutlich früher begonnen hatte: Die Technologie war in Teilen veraltet, es mangelte an neuen Investitionen. Von den Gewinnen wurde ein beträchtlicher Teil in hochrentablen Aktienportfolios und ausländischen Wertpapieren geparkt und nicht in die Modernisierung des eigenen Industrieparks gesteckt. Der Reichskanzler hatte recht: Die Unantastbarkeit der britischen Überlegenheit im industriellen Sektor war infrage gestellt. Doch das lag nicht nur am deutschen Wachstum, sondern auch an der britischen Selbstgefälligkeit, die dazu führte, dass man einen Vorsprung nicht nutzte, Gelegenheiten verstreichen ließ und Märkte aus der Hand gab. Qualitativ bessere Waren zu niedrigeren Preisen kamen nun aus Amerika und Japan auf den Markt, aber vor allem aus Deutschland.[6]

Dass Deutschlands wirtschaftlicher und industrieller Erfolg der Lohn dafür sein könnte, dass die Deutschen in mehr Bildung und neue Technologien investiert hatten, wollte man bei der Geheimen Elite nicht akzeptieren. Die Konjunktur des Kaiserreichs boomte, die nagelneue Handelsmarine sprach für eine expansive Kolonialpolitik, und nun begann Deutschland auch noch, in Rumänien und Galizien in die Ölproduktion zu investieren![7] Das war besonders alarmierend, denn die Geheime Elite wusste sehr wohl, von welch hoher strategischer Bedeutung Öl künftig für die wirtschaftliche Entwicklung und die Kriegsführung sein würde. Die deutsche Bedrohung musste aus der Welt geschaffen werden. Das ließ sich nur durch einen Krieg erreichen.

Zimperlichkeit und Zurückhaltung waren Fremdwörter für die Geheime Elite, was Kriegsfragen anbelangte. Seit Königin Victoria 1837 den Thron bestiegen hatte, hatte Großbritannien nicht ein einziges Jahr des Friedens erlebt, in über 100 Konflikten waren britische Truppen in allen Ecken des Empire im Einsatz gewesen.[8] Wie unmenschlich der britische Imperialismus war, zeigen die Grausamkeiten, die in Südafrika an afrikanischen Ureinwohnern, Burenfrauen und -kindern und chinesischen Sklavenarbeitern begangen wurden. Weltweit wetterten viele über Sir Alfred Milner und General Kitchener als Hauptverantwortliche für diese Gräueltaten, doch nicht so König Edward – er erhob sie in den Adelsstand. Zivilisiertere Nationen waren entsetzt. In Indien, Burma, Afghanistan, Ägypten, Nigeria, Rhodesien, im Sudan, auf kleinen Inseln und auf großen Kontinenten waren bei Siegen der britischen Imperialisten Hunderttausende Menschen abgeschlachtet oder dem Hungertod überlassen worden. Und wozu riet Alfred Milner? »Die Schreihälse zu ignorieren.« Es entbehrte nicht einer gewissen Ironie, dass auf den Landkarten, die in den Schulen aufgehängt wurden, um voller Stolz die Größe des Empire in all seinem Glanz zu zeigen, die eroberten Gebiete in blutigem Rot dargestellt wurden.

Die Geheime Elite träumte den großen Traum der Weltherrschaft. Um das zu erreichen, musste im ersten Schritt die teutonische Bedrohung ausgeschaltet, die wirtschaftliche Leistungsfähigkeit Deutschlands zunichtegemacht und die Oberhoheit des Empire wiederhergestellt werden. Strategisch war das ein sehr anspruchsvolles Vorhaben. Aufgrund seiner *Splendid Isolation* hatte Großbritannien keine Freunde mehr, aber auf sich gestellt würde man Deutschland niemals vernichten können. Es fehlte ja schon der Stützpunkt auf dem Festland, zudem lag Großbritanniens militärische Stärke in erster Linie bei der mächtigen *Navy*, nicht beim Heer. Also war Diplomatie gefragt, und man musste bei den alten Feinden Russland und Frankreich vorfühlen. Freundschaften und Bündnisse zu etablieren war keine leichte Aufgabe, denn Feindseligkeiten zwischen England und Frankreich waren in der Welt der Diplomatie das zentrale Thema des vergangenen Jahrzehnts gewesen, und noch 1895 wäre es wegen des Sueskanals beinahe zum Krieg zwischen Franzosen und Briten gekommen.[9]

Und Russland? Russland hegte seine eigenen imperialen Träume. 1896 hatten sowohl Sankt Petersburg als auch London darüber nachgedacht, sich mithilfe ihrer Flotte die Kontrolle über den Bosporus und Konstantinopel zu sichern. Auch hier schwang im Hintergrund ein nicht realisierter Krieg mit, diesmal zwischen Empire und Zarenreich.[10] Historische Feindseligkeiten werden nicht so schnell vergessen, aber der Geheimen Elite ging es auch nicht darum, echte Freundschaften aufzubauen. Sie brauchte die riesigen Heere Frankreichs und Russlands für die gewaltige Aufgabe, Deutschland auszuschalten. Kurz gesagt brauchte die Geheime Elite jemanden, der die Drecksarbeit für sie erledigte – und ein Krieg gegen Deutschland würde garantiert eine schmutzige Angelegenheit werden.

Dreißig Jahre lang hatte sich Großbritannien außen vor gehalten, während die Länder Kontinentaleuropas Bündnisse schmiedeten und brachen, Geheimverträge abschlossen und aufkündigten sowie wackelige Partnerschaften eingingen. Doch die Geheime Elite durchbrach diese Tradition, indem sie den Außenminister zu einem überraschenden Schritt ermutigte. Ein Schritt, der viel giftige Kritik von Parlamentariern nach sich ziehen sollte, die befürchteten, gegen den eigenen Willen durch Bündnisse in einen Krieg gezogen zu werden. Trotzdem: 1902 verkündete die konservative Regierung einen in jeder Hinsicht ungewöhnlichen Pakt – das erste Bündnis überhaupt, das eine europäische Großmacht und ein fernöstliches Land eingingen, in diesem Fall mit Japan. Ein meisterhafter Schachzug. Beide begründeten ihre förmliche Allianz mit ihrem Interesse daran, den Status quo in China wahren zu wollen. Als Oppositionsführer Campbell-Bannerman andeutete, es gebe für den Vertrag über die offiziell genannten Gründe hinaus noch versteckte Motive,[11] zog er sich den Zorn von Premierminister Arthur Balfour zu. Dabei gab es diese Motive natürlich. Sowohl Deutschland als auch Russland schielten nach dem China-Handel, und Russland hatte extra sein Schienennetz nach Asien ausgebaut, um seinen Einfluss dort zu stärken. Aber das *Foreign Office* war wie stets einen Schritt schneller.

Anfang des Jahrhunderts hatten die britischen Werften enorme Mengen an Tonnage für Japan gebaut, darunter auch Schlachtschiffe.[12] Auf einen Schlag hatte die Geheime Elite damit einen Verbündeten aus dem Ärmel gezaubert, der sowohl den russischen als auch den deutschen Ambitionen in Fernost einen Riegel vorschieben konnte. Die Anglo-Japanische Allianz wanderte in die außenpolitische Ablage und lag dort offenbar arglos und keinesfalls bedrohlich herum. Doch Großbritannien hatte damit ein Zeichen gesetzt und die Isolation durchbrochen, an der so viele Briten instinktiv festhielten. Nun mag es auf den ersten Blick taktisch seltsam wirken, sich vorsätzlich mit einem Land zu überwerfen, das man auf lange Sicht als Verbündeten benötigen würde, aber Russland musste erst einmal im Osten Einhalt geboten werden. Erst dann konnte man das Land auf einen Kurs bringen, der der Geheimen Elite genehm war.

Im Gegensatz zu den Briten war Deutschland kein Neuling, was internationale Bündnisse anbelangte. 1879 leitete Reichskanzler Otto von Bismarck Verhandlungen ein, die zu einem Bündnis mit Österreich-Ungarn führten. 1887 war er federführend beim geheimen Rücksicherungsvertrag mit Russland. Strategisch war Bismarck mit allen Wassern gewaschen: Deutschland war von möglichen Feinden umgeben, und mit seinem Bündnissystem verschaffte Bismarck der jungen Nation Zeit und Raum, heranzuwachsen und stark zu werden.

Dann bestieg Wilhelm II. den Thron. Der junge Kaiser war von sich selbst sehr überzeugt. Er entließ Bismarck und beschloss, das wichtige Abkommen mit Russland nicht zu verlängern und somit einfach die wichtige Partnerschaft mit dem Zaren aufzugeben. Frankreich, immer noch angeschlagen von der schweren Niederlage im Krieg 1870/71, erkannte sofort die Gunst der Stunde und schloss im Dezember 1893 einen Pakt mit Russland. Auf den ersten Blick war es ein Zweckbündnis der ungewöhnlichen Art, denn die beiden Staaten waren in vielerlei Hinsicht das genaue Gegenteil: Die französische Republik war wohl Europas demokratischster Staat jener Tage, während Russland als eine der letzten verbliebenen absoluten Monarchien am entgegengesetzten Ende des politischen Spektrums stand. Doch strategisch und wirtschaftlich war eine Partnerschaft zwischen Sankt Petersburg und Paris absolut sinnvoll, denn sie hatten gemeinsame Feinde: Deutschland und Großbritannien.[13]

So taten sich Frankreich und Russland zum »Zweiverband« zusammen, während das Deutsche Reich, Österreich-Ungarn und Italien den »Dreibund« bildeten. Vor dem Burenkrieg hatte Großbritannien freundschaftliche Beziehungen zu Deutschland unterhalten, aber nun änderte sich die Großwetterlage. Die politischen Entscheidungsträger der Geheimen Elite mussten die Lage völlig neu bewerten. Es galt, Deutschland vom Sockel zu stoßen, seinen Ehrgeiz zu bremsen und den Kaiser zu erniedrigen. Jahrhundertelang waren es die verhassten Franzosen gewesen, die den hartnäckigsten und wichtigsten britischen Rivalen gaben, aber nun stellten sie keine Bedrohung mehr für das Empire dar.[14] Der Kurswechsel zeigt sich 1896 in dem politischen Sturm, der vorsätzlich nach der Krüger-Depesche des Kaisers angezettelt wurde, denn dass auch die französische Öffentlichkeit Großbritannien während des Burenkriegs offen anfeindete, blieb quasi unerwähnt. Bei einem Europa-Besuch wurde Präsident Krüger in Frankreich mit demonstrativer Herzlichkeit begrüßt.[15] Auf derselben Reise hatte Krüger explizit um eine Audienz beim Kaiser gebeten, doch der wollte britische

Gefühle nicht verletzen, deshalb gab es kein Treffen. Wilhelms Rücksichtnahme beeindruckte die britische Presse herzlich wenig.[16] Viel Aufhebens wurde um das Telegramm des Kaisers gemacht, aber in Wahrheit war es doch der deutsche Wirtschaftsboom, der den Briten schwer im Magen lag.[17] Deshalb wurde das Telegramm zur Waffe im wachsenden deutschlandfeindlichen Arsenal der britischen Propagandamaschinerie. Frankreich dagegen wurde für die bevorstehenden Aufgaben noch benötigt, deshalb sah man über die kritischen Kommentare aus Paris ebenso hinweg wie darüber, dass Frankreich Großbritanniens Feinden einen herzlichen Empfang bereitete.

Ein neues Bündnis musste mit Frankreich und Russland geschmiedet werden, aber bevor man gegen Deutschland ins Feld ziehen konnte, mussten vier Vorbedingungen erfüllt sein, von denen jede gründliche und langfristige Planung erforderte. Nichts durfte dem Zufall überlassen werden. Und egal, welche Partei gerade die Regierung stellte, die Geheime Elite brauchte eine beständige Außenpolitik, die ein klares Ziel verfolgte: einen Krieg, an dessen Ende Deutschland am Boden liegen und das Problem aus der Welt sein würde. Damit das gelingen konnte, mussten als Erstes die beiden großen politischen Parteien unter der Kontrolle der Geheimen Elite stehen, egal wie unterschiedlich die innenpolitische Ausrichtung auch sein mochte. Zweitens mussten die Streitkräfte neu geordnet und in eine effektive und schlagkräftige Truppe verwandelt werden, da sie sich trotz drückender Überlegenheit von den Buren an der Nase hatten herumführen lassen. Der dritte Punkt war einfacher zu erreichen: Die *Navy* musste die Oberhoheit auf den Meeren behalten. Das war ohnehin selbstverständlich, aber für dieses Ziel waren Modernisierungen und weitere Investitionen notwendig. Und schließlich musste noch ein Sinneswandel einsetzen, denn Männer zogen nicht einfach mal so in den Krieg. Mit massiver und dauerhafter Propaganda musste eine deutsche »Bedrohung« heraufbeschworen werden; den Briten musste Hass auf Deutschland und auf Kaiser Wilhelm II. eingeimpft werden.

Als die deutschlandfeindliche Presse in Großbritannien nach dem Burenkrieg nicht abebbte, war die deutsche Führung zunächst noch nicht weiter besorgt. Auch die Avancen, die Großbritannien den Franzosen machten, hinterließen keinen bleibenden Eindruck. Westminster würde doch ein derartiges Bündnis niemals absegnen, so die Meinung in Berlin. Deutschland war völlig überzeugt: »Großbritannien würde sich niemals dem Erzfeind Frankreich annähern und noch weniger seinem erbitterten Rivalen Russland.«[18] Ein schwerer Fehler. Wie alle anderen erlag auch die deutsche Führung dem naiven Glauben, in Großbritannien gedeihe die parlamentarische Monarchie. Die wachsende Macht und der zunehmende Einfluss derer hinter den Kulissen blieben ihnen verborgen.

Nur langsam begriffen die Deutschen, was vor ihren Augen geschah. Andere waren da schneller. Der belgische Botschafter in London, der Comte de Lalaing, schrieb am 7. Februar 1905 an den belgischen Außenminister:

> *Die Feindseligkeit der englischen Öffentlichkeit gegenüber Deutschland beruht offenbar auf Eifersucht und Furcht – Eifersucht angesichts der wirtschaftlichen und kommerziellen Pläne Deutschlands, Furcht davor, dass die deutsche Flotte ihnen eines Tages die Oberhoheit auf den Meeren streitig machen könnte … Diese geistige Haltung wird von der englischen Presse angefacht, ungeachtet jedweder internationaler Komplikationen … ein unkontrollierter Hurrapatriotismus verbreitet sich im englischen Volk, und die Zeitungen vergiften Schritt um Schritt die öffentliche Meinung.*[19]

Wie recht er doch hatte! Aber auch ihm war nicht klar, wie sehr diese »geistige Haltung« gesteuert wurde. Die deutschlandfeindliche Propaganda wurde auf Treffen in ausgesuchten Privatklubs und bei Wochenendversammlungen auf Anwesen wie Tring und Mentmore abgestimmt und verabschiedet. Für die Geheime Elite war Deutschland die größte Hürde auf dem Weg zur Weltherrschaft, also machten sie das Deutsche Reich zum Schreckgespenst, dem sie all die Verfehlungen zuschrieben, die sie selbst begingen. Kübelweise schütteten Zeitungen, Magazine und Romane ihre Propaganda aus, Woche um Woche und Monat um Monat. Und leider saugte der »Mann von der Straße« diese Propaganda begierig auf.

Die Welt veränderte sich rasch – Sozialismus, Frauenrechte, Gewerkschaften, Parlamentsreform, Landreform und viele weitere Themen waren akut. Daher brauchte die Geheime Elite eine sehr starke politische Führung und dauerhafte Unterstützung. Zumindest Letzteres konnte die Geheime Elite garantieren, indem sie dafür sorgte, dass ihre treuen Gefolgsleute und Agenten Schlüsselpositionen in Regierung, Verwaltung, Armee, Marine und Auswärtigem Dienst besetzten, und zwar unabhängig davon, wer gerade die Regierung stellte. Alfred Milner war ein Meister der Organisation, und sein Netzwerk behielt trotz politischer Wirren und Ablenkungen an der Heimatfront immer das Hauptziel im Blick.

Der Krieg in Südafrika war erst vor wenigen Wochen mit einem glanzlosen Sieg zu Ende gegangen, als in Großbritannien wichtige Veränderungen stattfanden. Lord Salisbury trat als Premier der Konservativen zurück. In einem krassen Fall von schamlosem Nepotismus ließ er seinen Neffen Arthur Balfour zu seinem Nachfolger küren. Damit rückte ein weiteres Mitglied der Geheimen Elite in das höchste politische Amt, das im Empire zu besetzen war.[20] Seit der Gründung des Geheimbundes im Februar 1891 hatte Balfour zum inneren Kreis gehört, und mit seinem familiären Hintergrund und seinem politischen Instinkt verfügte er über alles, um es in Politik und Gesellschaft zu etwas zu bringen. Seine Mutter gehörte der unermesslich reichen und mächtigen Dynastie der Cecils an, die seit Jahrhunderten ein Machtfaktor in der britischen Politik gewesen war. Sein Pate war der Duke of Wellington. Balfours politische

Laufbahn begann so ähnlich wie bei vielen anderen aus seiner Schicht – ohne klares Ziel, aber mühelos und mit dem Gefühl, sich nur das zu holen, was einem ohnehin zustehe. Balfour repräsentierte die herrschende Klasse in Vollendung, aber mehr noch: Er gehörte zu dieser extrem mächtigen und entschlossenen Gruppe wohlhabender und einflussreicher Imperialisten, deren geheime Pläne er nun in seiner neuen konservativen Regierung in die Tat umsetzen konnte. Der Premierminister mochte ein anderer sein, doch die politische Stoßrichtung hatte sich nicht geändert.

Entscheidender war eine Veränderung im Leben der absoluten Geheimwaffe der Geheimen Elite – Edward, Prinz der Diplomaten, König/Kaiser und Mitverschwörer aus dem innersten Zirkel. Am 22. Januar 1901 um 18:30 Uhr starb die 81-jährige Königin Victoria im Osborne House auf der Isle of Wight. Überraschend kam ihr Tod nicht, denn ihr Gesundheitszustand hatte sich bereits seit Längerem verschlechtert. Dennoch war es ein Schock für die Nation. 63 Jahre lang hatte Victoria sie regiert, viele Bürger hatten nie einen anderen Monarchen erlebt. Bezeichnenderweise war es ihr liebster Enkel, Kaiser Wilhelm II., der sie in den Armen hielt, als sie starb.[21] Ihre Untertanen mögen das Ableben Victorias betrauert haben, aber für die Geheime Elite war die Thronbesteigung König Edwards VII. von höchster Wichtigkeit.

Die britische Königsfamilie entstammte dem Haus Sachsen-Coburg und Gotha und war mit deutschem Blut durchsetzt. Mit der alten Herrscherin auf dem Thron wäre ein Krieg gegen Deutschland undenkbar gewesen. Edward VII. dagegen hasste Deutschland im selben Maße, wie seine Mutter es gemocht hatte. König Edward und Kaiser Wilhelm trafen sich regelmäßig zur alljährlichen Regatta von Cowes, aber Onkel Edward hatte wenig Zeit für seinen Neffen. Das hing auch mit Edwards Frau zusammen, Prinzessin Alexandra von Dänemark. Nachdem Dänemark 1864 Schleswig-Holstein an Deutschland hatte abtreten müssen, entwickelte sie einen geradezu paranoiden Hass auf Deutschland.

Als Prince of Wales hatte Edward wiederholt den Gastgeber für den Kaiser gespielt, aber er erhielt dabei wenig Unterstützung durch seine Frau, die »alle Deutschen im Allgemeinen und Wilhelm im Speziellen hasste«.[22] Wiederholt schrieb sie ihrer Schwester, der russischen Zarin, wie unzuverlässig Wilhelm doch sei, und auch ihren Kindern gegenüber äußerte sie sich ähnlich. Edwards Handlungen verdeutlichten, dass er den besessenen und tiefen Hass seiner Frau auf Deutschland teilte.

Ein Krieg mit Deutschland wäre ohne die rückhaltlose Unterstützung der königlichen Familie völlig unmöglich gewesen. Dass sie selbst deutsches Blut in sich trugen, war dabei kein Hinderungsgrund. Das Königshaus galt als Hort des Englischen. Es war der Mittelpunkt des größten Imperiums auf Erden, und Edward war der Monarch, mit dem die Geheime Elite und ihre Entourage sich fraternisierten oder mit dem sie ins Bett stiegen.

Ob Edward VII. seine Mutter nun letztlich hasste oder nicht, ist irrelevant, aber Grund genug hätte er gehabt. Sie verabscheute seine Lebensweise, seine Freunde und seinen Mangel an königlicher Zurückhaltung. Und das ließ sie ihn auch wissen, denn Victoria hatte kein Problem damit, ihre Meinung deutlich zu machen. Edward enttäuschte sie, er konnte ihre Erwartungen niemals erfüllen, und sie war überzeugt, dass er zu nicht allzu viel taugte. Sie gab ihm die Schuld am Tod von Prinz Albert. Ihrer ältesten (und bevorzugten) Tochter Victoria, kurzfristig deutsche Kaiserin, schrieb sie: »Ich kann ihn nie ansehen und werde es auch nicht können, ohne dass es mich schaudert.«[23]

Victoria versuchte, Edward möglichst von Staatsangelegenheiten fernzuhalten, was ihn frustrierte, denn seine Mutter vertraute ihm weniger offizielle Dokumente an als Staatssekretären und Ministern.[24] Als Premier William Gladstone vorschlug, den Prince of Wales in den Verteiler für Kabinettsunterlagen aufzunehmen, wollte Victoria nichts davon hören – man solle keine Geheimnisse mit jemandem teilen, der zu viel rede, bemerkte sie abfällig.[25] Doch wie beobachtete die *Times* später mit erstaunlicher Weitsicht: »Die Einladungen ins Marlborough House und nach Sandringham beschränkten sich beileibe nicht auf Anhänger des Dolce Vita.«[26]

Der künftige König Edward VII. war nicht einfach ein Salonheld, und sein Freundeskreis bestand nicht nur aus Trinkern und Lüstlingen. Auch war er nicht der glücklose Taugenichts, für den ihn seine Mutter hielt. Er verfügte über beträchtliche Fähigkeiten und sprach unter anderem fließend Französisch und Deutsch. Er war ein aufmerksamer Zuhörer und ein erstklassiger Redner, der selbst aus dem Stegreif sein Publikum mit einer dem Augenblick angemessenen Rede in den Bann schlagen konnte. Edward benutzte nur sehr selten Notizen und war ein Meister der Konversation, der seine Gesprächspartner einbinden konnte. Er war der personifizierte Charme, mit wachem Geist und scharfem Verstand gesegnet – das völlige Gegenteil der Spottfigur, als die er gern hingestellt wurde.

Ab 1886 ließ ihm Lord Rosebery ohne das Wissen der Queen die Depeschen des Auswärtigen Amtes zustellen. Künftig stand ihm jede wichtige außenpolitische Depesche zur Verfügung, ab 1892 folgten Berichte und Protokolle aus dem Kabinett.[27] Ohne dass es die Öffentlichkeit registrierte, bewegte sich Edward unter Politikern und Adligen, Kabinettsministern und Hoffnungsträgern, Diplomaten, Admiralen, Feldmarschällen – Wissen in sich aufnehmend, verarbeitend und über die künftige Politik diskutierend. Zu seinen engsten Freunden zählten Lord Esher und Lord Nathaniel Rothschild. Er ließ sich von Alfred Milner beraten, war Lord Rosebery dankbar für dessen Vertrauen und teilte die Auffassung der Geheimen Elite, dass die angelsächsische Rasse die Welt beherrschen sollte. Kein Wunder, schließlich war es ja sein Empire, das die Geheime Elite in die Welt hinaustragen wollte. Albert Edward, Prince of Wales, bestieg am 22. Januar 1901 als König Edward VII. den britischen Thron. Als König agierte er im Herzen des innersten Zirkels der Geheimen Elite.

Sein größter Beitrag lag im Bereich der Außenbeziehungen. Dort sorgte Edward für die dringend benötigte Neuausrichtung, half, potenzielle Rivalitäten zu entschärfen, frühere Schwierigkeiten vergessen zu machen und auf Deutschlands Isolation hinzuwirken, wie es für die Geheime Elite zwingend erforderlich war. Die Verantwortung für die britische Außenpolitik oblag traditionell dem *Foreign Office* und nicht dem Herrscher, aber es war König Edward VII., der innerhalb von gerade einmal sechs Jahren sowohl Frankreich als auch Russland zu einem Geheimbund mit Großbritannien bewegen konnte. Er war quasi der Außenminister. Viele Historiker sprechen ihm diese Botschafterrolle ab und bewerten seine Auslandsreisen als »rein zeremonielle Veranstaltungen oder Lustreisen«.[28] Was für ein Unfug! Die Außenpolitik von Premierminister Balfour entwickelte sich genau so, wie es die Pläne der Geheimen Elite vorsahen. Außenminister Lansdowne ebnete den Weg, aber es war König Edward, der sich als treibende Kraft erwies. Sein Beitrag war entscheidend und die Zustimmung des Königshauses der Garant für eine positive öffentliche Meinung im In- und Ausland. Frankreich und Russland wurden für neue Aufgaben benötigt – als Freunde und Verbündete Großbritanniens. Darauf hatte sich die Geheime Elite verständigt, ohne dass das Kabinett davon wusste oder dies absegnete. Derartige Bündnisse wären für die meisten Parlamentarier und die Öffentlichkeit eigentlich undenkbar gewesen, doch ein einziger Grund machte sie vertretbar: Deutschland musste aufgehalten werden. Es gab keine echte Opposition gegen das Vorgehen, weil die echte Opposition schlichtweg nichts davon wusste.

Die Annäherung an Frankreich war vergleichsweise simpel zu bewerkstelligen. Napoleon III. hatte zwar eingeräumt, schuld am Deutsch-Französischen Krieg von 1870/71 zu sein, aber viele Franzosen begegneten Deutschland dennoch mit großer und tief sitzender Verbitterung. Auch 30 Jahre später schmerzten die Schmach der Niederlage und der Umstand, dass die deutsche Armee Paris belagert hatte, noch sehr. Dagegen war Bismarcks Leistung, Deutschland von einer Vereinigung zu überzeugen, in Großbritannien seinerzeit als wünschenswerte und sogar prächtige Leistung gefeiert worden. Allerdings ging die Vereinigung Deutschlands mit einem Thema einher, das den Franzosen stets ein Dorn im Auge war – die Annexion von Elsass-Lothringen. Für Frankreich war es die »brutale Zerstückelung einer Nation«.[29] Die Menschen in Elsass-Lothringen selbst waren gespalten, ihre Meinung war abhängig von ihrer historischen Herkunft. Um die Jahrhundertwende sprachen die meisten von ihnen Deutsch als erste Sprache. Zur Verteidigung Bismarcks führten einige an, er habe nur Gebiete »befreit«, die zuvor Ludwig XIV. dem Deutschen Reich abgenommen hatte, als es schwach und in sich zerstritten war.[30] Unabhängig davon, wer nun recht hatte – im französischen Militär gab es kleine, unerschütterlich republikanische Kreise, die auf Rache sannen. Die Revanchisten[31] hatten geschworen, nicht zu ruhen, bis die »verlorenen Provinzen« wieder zu Frankreich gehörten. Dieses Gefühl des Verlustes und diese stark nationalistisch gefärbte Stimmung fachte die Geheime Elite noch an und nutzte sie, um Frankreich für den Krieg gegen Deutschland einzuspannen. Den Revanchisten war eine Verständigung mit den Briten, ein förmliches Abkommen, höchst willkommen, denn auch sie brauchten Verbündete.

Seit die Franzosen das Verhalten der Briten im Burenkrieg kritisiert hatten, waren die politischen Beziehungen abgekühlt, aber König Edward trug viel dazu bei, die Wogen zu glätten und den Boden für eine Allianz zu bereiten. Seine Thronbesteigung hatte die Spielregeln grundlegend verändert. Hier war ein Mann, der alles Französische liebte![32] Als Prinzregent hatte Edward die Welt wie kaum jemand sonst bereist, aber sein Lieblingsziel war stets Frankreich gewesen. Während des Deutsch-Französischen Krieges lagen seine Sympathien auf der französischen Seite, in den Monaten unmittelbar nach dem Krieg bereiste er die Schlachtfelder bei Sedan und Metz. Seit seiner Jugend hatte Frankreich ihn fasziniert, und diese Faszination hatte sich zu einer ausgewachsenen Frankophilie gesteigert. In Paris war er ausgesprochen beliebt.

Bei seinen häufigen Privatvisiten in Paris war der Prince of Wales ein gern gesehener Gast in Theater- und Künstlerkreisen. Es heißt, weil er »alle offizielle Etikette abstreifte«, habe er das Leben in Paris so gründlich kennengelernt, dass er »dem Pariser Publikum genauso vertraut war wie dem Londoner«.[33] Königin Victoria war darüber nicht gerade erfreut. Sie beklagte sich über ihren »sehr schwachen und schrecklich frivolen« ältesten Sohn bei ihrer Tochter Victoria in Deutschland:

> *Oh! Was soll nur aus diesem armen Land werden, wenn ich nicht mehr bin! Falls B[ertie] die Nachfolge antritt, sehe ich nichts als Kummer – denn er denkt nie nach oder hört auch nur einen Augenblick zu. Er würde sein Leben, so wie er es jetzt schon tut, in einem einzigen Rausch der Zerstreuung verbringen. Das macht mich sehr traurig und wütend.*[34]

Victoria bezeichnete ihren eigensinnigen Sohn stets als »Bertie«, denn er war auf den Namen Albert Edward getauft worden. Um ihn auf den Pfad der Tugend zu zwingen, beschränkte die Queen Berties Apanage auf das Minimum, aber die Rothschilds und andere Mitglieder seiner Entourage wie Sir Ernest Cassel finanzierten stillschweigend die fragwürdigen Angewohnheiten des Prinzen. Zweifelsohne lernte er einige sehr interessante Personen kennen, aber hinter dem Image des »Playboy-Prinzen«, das seine Mutter so sehr beunruhigte, steckte ein Mann, der in den politischen und gesellschaftlichen Kreisen verkehrte, die die Geheime Elite zu beeinflussen suchte.

Für Edward war ein Frankreich-Besuch das, was für andere ein Bordellbesuch sein mochte – ein reines Privatvergnügen, inkognito durchgeführt und einzig dem Lustgewinn dienend. Tatsächlich besuchte er das vornehmste Freudenhaus der französischen Hauptstadt, Le Chabanais, so häufig, dass über einem der Betten sein persönliches Wappen hing. Der stark übergewichtige Bertie hatte sich sogar einen speziellen »Liebessitz« bauen lassen, der es ihm ermöglichte, mit mehreren der »Damen« gleichzeitig zu verkehren.[35] Er liebte Paris, und die Belle-Époque-Ungezogenheit empfand er als sehr stimulierend. Er pflegte Umgang mit vielen der berühmten Prostituierten dieser Zeit, und die Karikaturen von ihm ähnelten doch sehr einem Bild von Toulouse-Lautrec.[36]

Auch wenn Frankreich ihm immer sehr am Herzen lag, am Empire kam es nicht vorbei und auch nicht an den hochtrabenden Zielen der Geheimen Elite. Das Playboy-Image verkörperte er bereitwillig, denn so kam die Öffentlichkeit seinen politischen Machenschaften nicht auf die Schliche. Als die Liebesbekundungen der Geheimen Elite in Richtung Frankreich ihren Höhepunkt erreichten, war wenig überraschend König Edward das Sprachrohr dieser Charmeoffensive. Sein Appell war persönlich und auf den Punkt gebracht. Er war es, der die Franzosen überzeugte, und nicht Außenminister Lansdowne. Dieser kümmerte sich um den offiziellen Teil der diplomatischen Bemühungen, wohingegen Edward persönlichen Einsatz zeigte. Er war der wichtigste Botschafter der Geheimen Elite und verwirklichte die Pläne, die in England in den großen Landhäusern und den Klubs entwickelt worden waren. Edward stellte sich in den Dienst der Sache.

Mit seinem mageren Einkommen hätte er seine Spielschulden und seine Rechnungen in den Bordellen, die extravaganten Reisen, die Feiern und Bälle, die Pferde und Mätressen niemals finanzieren können. Er war an ein Leben gewöhnt, das andere bezahlten – andere, die entweder der Geheimen Elite angehörten oder ihr nahestanden.

Seine Rolle im Mittelpunkt der Geheimen Elite nahm Edward als König sehr ernst. Er war das Instrument, durch das Freundschaften mit den Königs- und Kaiserhäusern in Spanien, Portugal, Russland, Italien, Schweden, Persien und Japan ebenso geknüpft wurden wie mit seinen Verwandten in Deutschland. Allein 1902 ernannte Edward Spaniens König Alfons XIII., Großherzog Michail von Russland, Prinz Emanuel Philibert, einen Cousin von Italiens König Viktor Emanuel III., den Kronprinzen von Portugal und den unglückseligen Erzherzog Franz Ferdinand zu Rittern des Hosenbandordens. Wer Edwards Verhalten am Hof als Zirkusnummer abtut und ihn fern jeglicher diplomatischer Winkelzüge wähnt, könnte falscher nicht liegen. Oder will so falsch liegen. Die Auslandsreisen von König Edward dienten dazu, Beziehungen zu vertiefen, Großbritanniens

Außenpolitik als wohlwollende Freundschaft zu präsentieren und die Bündnisse anderer mit Deutschland und ihr Pflichtgefühl gegenüber Berlin zu untergraben.

Im Deutschen Reich wurden Edwards Aktivitäten mit offensichtlicher Sorge verfolgt, aber niemand dort ahnte, dass ein Geheimbund ein europaweites Netz der Intrigen spann. Ein Land nach dem anderen zog König Edward VII. mit seinem Werben ins britische Lager. Dass er ganz öffentlich beharrlich um Freundschaft warb, machte seine Bemühungen so wirkungsvoll. Zeitgenossen sprachen den königlichen Visiten jegliche politische Bedeutsamkeit ab, denn mal reiste er mit Kabinettsmitgliedern oder Diplomaten an seiner Seite, mal nicht.

Aber man sollte seine Leistungen in dieser Phase neuer britischer »Offenheit« und dem notwendigen Ende der *Splendid Isolation* nicht unterschätzen. Ganz besonders viel Interesse schenkte Edward König Alfons von Spanien, der 1902 mit 16 volljährig geworden war und nun seine Herrschaft begann. Am Vorabend seines Geburtstags machte Edward ihn zum Ritter des Hosenbandordens. Edward war wie ein Onkel für den jungen Monarchen und verkuppelte ihn sogar mit seiner Nichte, der Prinzessin Victoria Eugénie. Reine Freundlichkeit? Oder vielleicht doch die Erwägung, wie nützlich es wäre, enge verwandtschaftliche Bande zu einem Königshaus vorweisen zu können, das gleichermaßen Zugang zu Atlantik und Mittelmeer hat? Nur eine Handvoll turbulenter Jahre später konnte Großbritannien auf diese Beziehungen zurückgreifen, um Deutschland die Kontrolle über Marokko streitig zu machen.

Genauso wichtig waren die Verbindungen Edwards VII. zum italienischen Königshaus. Italien war mit dem Deutschen Reich verbündet, aber mit regelmäßigen persönlichen Besuchen, bei denen einflussreiche Personen mit Auszeichnungen und Statusbekundungen bedacht wurden, wurde auch hier an einem Umdenken gearbeitet. Für das Jahr 1903 wurde eine königliche Visite in Rom und Neapel arrangiert, bei der Edward der Verschwörer sowohl mit Viktor Emanuel als auch mit dem alternden Papst Leo XIII. zusammentraf. Seine Stegreifansprachen waren ein durchschlagender Erfolg.[37] Edward nutzte die Gelegenheit und überschüttete Mitglieder des italienischen Königshauses mit hohen Ehren und adelte zahlreiche Diplomaten, Admiräle und Kapitäne der italienischen Marine.[38] Allein 1903 war Edward in Rom, Lissabon, Paris und Wien. Deutsche Journalisten – und später deutsche Historiker – sprachen von einer »Einkreisungspolitik«. Den Deutschen galt Edward als Machiavelli unter den Königen, während englische Historiker wie Grant und Temperley seine Reisen als »rein zeremonieller Natur« abtaten.[39] Wie passt sein offensichtlicher Beitrag zur internationalen Politik zu der Behauptung, er sei nur aus gesellschaftlichen oder zeremoniellen Gründen unterwegs gewesen? Einige Historiker gehen sogar so weit, König Edward völlig aus der Geschichte über den Ursprung des Ersten Weltkriegs zu tilgen. Unglaublich.

Allen Reisen zum Trotz: Seine erste Duftmarke setzte Edward 1903 in Frankreich. Es war ein Beispiel für sein Taktgefühl und seine Fähigkeit, politische Gräben zu überwinden und ein breites Publikum anzusprechen. Seine öffentlichen Ansprachen richteten sich an das französische Selbstwertgefühl und sollten ein neues Zeitalter der internationalen Zusammenarbeit einläuten. Deshalb kündigte er den französischen Medien gegenüber an:

> *Ich bin überzeugt davon, dass die Tage der Feindseligkeit zwischen unseren beiden Ländern endlich vorüber sind. Mir sind keine anderen Länder bekannt, deren Wohlstand so sehr voneinander abhängt. Es mag in der Vergangenheit Missverständnisse und Differenzen gegeben haben, aber das ist gottlob vorüber und vergessen. Meine Gedanken kreisen ständig um die Freundschaft unserer beiden Länder.*[40]

Anschließend wurde der König zu einem Bankett in den Élysée-Palast geladen, danach ging es zum Pferderennen nach Longchamps. Dieser extravagante Lebemann und Frauenheld, schmerbäuchig, mit Zylinder bewehrt, Zigarre rauchend, vom Brandy aufgedunsen, war für die Diplomatie und Staatsaffären deutlich wichtiger, als ihm je zugestanden wurde. Aber was war mit all den Freudenmädchen? Lenkten die ihn nicht ständig ab? Und wenn schon, Edward kam damit klar.

Im Sommer 1903, zwei Monate nach dem Besuch des Königs in Paris, erfolgte der Gegenbesuch des französischen Präsidenten Émile Loubet, in seiner Begleitung der Revanchist Théophile Delcassé, den Edward bei einem früheren Besuch kennengelernt und mit dem er sich angefreundet hatte. Delcassé war einer der wichtigsten Kriegstreiber und machte sich nun mit Außenminister Lansdowne daran, die Bedingungen für ein Abkommen zwischen Frankreich und Großbritannien auszuarbeiten. Alte »Schwierigkeiten« wurden ausgeklammert, Zugeständnisse gemacht und eine für beide Seiten verträgliche Lösung gefunden, was die Kontrolle der Briten über Ägypten und den Einfluss der Franzosen in Marokko anbelangte. Acht Monate später, am 8. April 1904, wurde die *Entente cordiale* unterzeichnet. Nach nahezu 1000 Jahren der Auseinandersetzungen war nun ein Ende gefunden, die Isolation des Vereinigten Königreichs vom Rest Europas war offiziell vorüber. Oberflächlich betrachtet rückten die beiden Länder durch die *Entente cordiale* näher zueinander, ohne dass ein Militärbündnis damit einherging. Offiziell ging es um Frieden und Wohlstand, aber ebenfalls am 8. April wurden Geheimklauseln unterschrieben, die ganz andere Folgen hatten.

Einige betrachteten dies als Edwards großen autokratischen Plan – als ob er ganz allein der Freundschaft zu Frankreich einen förmlicheren Rahmen geben wollte, als ob es das persönliche Geschenk des Königs an die beiden Nationen sei. Sir Edward Grey, lange Jahre getreuer Agent der Geheimen Elite, wird in seinen gründlich gefilterten Memoiren geradezu lyrisch, wenn er an diesen Augenblick zurückdenkt: »Wahren Grund zur Zufriedenheit gab die Tatsache, dass die ärgerlichen Reibereien mit Frankreich ihr Ende finden sollten und dass die Gefahr eines Krieges mit Frankreich vergangen war. Die Wolken der Trübsal waren weggeblasen, der Himmel riss auf, und die Sonne schien warm herab.«[41]

Auch wenn wir Greys heuchlerisches und selbstsüchtiges Bild außen vor lassen: Die *Entente cordiale* war in der Tat ein diplomatischer Triumph. Und es besteht kein Zweifel, dass König Edward für diesen Triumph im Namen der Geheimen Elite verantwortlich war. Doch der Sonnenschein sollte nur von kurzer Dauer sein. Der wahre Zweck des Abkommens war Krieg mit Deutschland. Warum sonst wurden die anderen Klauseln vom 8. April 1904 vor dem Parlament, der Öffentlichkeit und anderen Regierungen geheim gehalten?

Die Ereignisse brachten Baron Greindl, Belgiens Botschafter in Berlin, zu der Schlussfolgerung: »Die Außenpolitik des Vereinigten Königreichs wird vom König persönlich gelenkt.«[42] Angesichts der ihm vorliegenden Fakten war diese Einschätzung absolut richtig, aber Baron Greindl wusste wie so viele andere nichts von den Mächten, die hinter dem Thron in Absprache mit dem Monarchen agierten. Der belgische Botschafter in London, Emile de Cartier, merkte an: »Die Engländer gewöhnen sich immer stärker an, internationale Probleme fast ausschließlich als Zuständigkeitsbereich König Edwards anzusehen.«[43] Der belgische Diplomat berücksichtigte allerdings nicht, dass der König kein Vertreter der gewählten Regierung war. Er unterstand nicht Premier Balfour oder Außenminister Lansdowne, aber beide hatten keinerlei Bedenken, was den Einfluss des Königs in außenpolitischen Belangen anging. Wie Seine Majestät gehörten auch sie zum inneren Kreis des Geheimbundes, der die Außenpolitik vorgab – der Geheimen Elite.

Die Rolle, die König Edward im inneren Kreis der Geheimen Elite und bei den Plänen für die Vernichtung Deutschlands spielte, wurde durch Edwards rechte Hand noch gestärkt – durch Reginald Balliol Brett, Lord Esher. Er hatte 1891 eng mit Cecil Rhodes und Lord Rothschild an der Gründung des Geheimbundes mitgewirkt und gehörte zum Kreis der Auserwählten von Lord Milner. Für jemanden, der nicht gewählt war, einen vermeintlich unparteiischen Geist, der keiner Parteilinie folgen musste, legte Esher ein erstaunliches Auftreten an den Tag. Viele Spitzenpositionen in der Regierung und im ganzen Empire wurden ihm angetragen, alle lehnte er mit der Begründung ab, er wolle lieber »hinter den Kulissen wirken als im Lichte der Öffentlichkeit«. So bedeutsam und so einflussreich war seine Geheimarbeit, dass »jedes öffentliche Amt eine Beschneidung seiner Macht bedeutet hätte«.[44] Und so war er wichtiger als jeder

Kabinettsminister, jeder Vizekönig von Indien oder Generalgouverneur von Kanada. Bereitwillig öffneten sich Esher in ganz Großbritannien die Türen zu jedem Adelsgut, jedem Herrschaftshaus und jedem Anwesen von Rang und Namen. Wer auf seiner Seite stand, genoss auch das Wohlwollen des Königs. Er wählte Chefredakteure von Zeitungen aus, saß in offiziellen Kommissionen, Ausschüssen und Ermittlungsgremien. Öffentlich wurde er selten kritisiert, wiewohl seine sexuellen Vorlieben ihn anfällig für Skandale machten.[45] Lord Esher war im innersten Hof des Geheimbundes aktiv, war im Kriegsministerium zu finden, im Außenministerium oder im Kolonialministerium. Er nahm an Besprechungen teil, die so geheim waren, dass Kabinettsministern der Zugang verwehrt wurde, aber seine Präsenz wurde so wenig hinterfragt wie seine Anwesenheit in den königlichen Haushalten.

Als 1902 eine Kommission ins Leben gerufen wurde, die die katastrophalen Leistungen der Armee im Burenkrieg untersuchen sollte, bestand das Gremium aus nur drei Mitgliedern, eines davon war Esher. Warum? Er war kein Soldat, hatte keinen militärisch bedeutungsvollen Hintergrund, und seine Erfahrung als Ministerialrat im Oberhofbauamt reichte bestenfalls aus, Windsor Castle zu verwalten.

Die Geheime Elite wollte die Arbeit der Kommission dazu nutzen, die Streitkräfte völlig neu zu organisieren, deshalb konnte der König diesem Ausschuss nicht angehören. Seine rechte Hand allerdings sehr wohl. Esher hielt Edward mit täglichen Berichten über die Aussage jedes einzelnen Experten auf dem Laufenden. Er erklärte dem König, der Verteidigungszustand des Königreichs sei so katastrophal schlecht, dass es »nahezu ein Verbrechen gewesen wäre, eine Politik einzuschlagen, die die Nation auf Kriegskurs gebracht hätte«.[46] Ein erschütterndes Eingeständnis und zugleich eines, das die zentralen Ängste der Geheimen Elite berührte. Die britischen Streitkräfte mussten umorganisiert und modernisiert werden, das stand außer Frage. Eine gewaltige Aufgabe, die sorgfältig vorbereitet sein wollte und politische Entschlossenheit voraussetzte. Es gab noch sehr viel zu tun, bevor man es mit Deutschland aufnehmen konnte.

Lord Eshers Beitrag war von unschätzbarem Wert. Als Mitglied des Ausschusses zum Burenkrieg befragte Esher alle führenden liberalen und konservativen Politiker und klopfte sie im Rahmen seiner Aufgabe auf ihre Meinung und ihr Engagement hin ab. Diese Erkenntnisse besprach er privat mit dem König und seinen Kollegen von der Geheimen Elite. Stand ein Regierungswechsel an, konnten sie Einfluss auf die Besetzung wichtiger Positionen nehmen und dafür sorgen, dass die ihnen genehmen Männer das Amt bekamen.

Die Modernisierung der Streitkräfte beispielsweise musste jemandem übertragen werden, dem man vertrauen konnte. Esher kam die Aufgabe zu, dafür zu sorgen, dass das Kriegsministerium eine derartige Person auswählte. Während der gesamten Regierungszeit von Edward VII. wirkte Esher auf die Entwicklung und Umsetzung der britischen Militärpolitik und die Besetzung zentraler Ämter ein. Sein Vorgehen war nicht im Geringsten durch die Verfassung gedeckt, aber dank seiner Mitgliedschaft in der Geheimen Elite und weil der König die Hand über ihn hielt, konnte niemand etwas dagegen unternehmen.

Unerlässlich für die Kriegspläne der Geheimen Elite war es, die Außenpolitik fest unter Kontrolle zu haben. Kriegsministerium, Admiralität und vor allem *Foreign Office* – allen Mitarbeitern dort musste der Wunsch nach Krieg eingeimpft werden. Regierungen mochten kommen und gehen, aber bei aller Tagespolitik durfte niemand das Ziel aus den Augen verlieren. Um das zu gewährleisten, begründete Arthur Balfour das *Committee of Imperial Defence* (CID). Dieser Verteidigungsrat, eine sehr geheimniskrämerische und exklusive Gruppe, kam erstmals 1902 zusammen, um den Premier in Fragen der nationalen Verteidigung zu beraten, wurde 1904 allerdings neu aufgestellt. Neben Balfour gab es nur ein weiteres dauerhaftes Mitglied aus dem ursprünglichen Ausschuss: Lord Roberts, Oberbefehlshaber der Streitkräfte und langjähriger Freund von Alfred Milner.

Esher erkannte die strategische Bedeutung des CID und die Notwendigkeit, dass seine Arbeit auf jeden Fall weiter im Verborgenen und unter der ständigen Aufsicht der Geheimen Elite stattfinden müsse. Als die Furcht aufkam, nach einem Regierungswechsel würde ein Radikaler der Liberalen Partei die Macht im CID übernehmen, bearbeitete Esher den Premier: Vertrauenswürdige Größen wie Milner, Feldmarschall Lord Roberts und dessen aufstrebender Protegé Sir John French sollten zu ständigen Mitgliedern des Komitees ernannt werden. Balfour lenkte zum Teil ein: Esher und French wurden dauerhaft ins CID berufen.[47] Auf einen Schlag war das Kabinett praktisch von allen Debatten in Fragen der Verteidigung ausgesperrt worden. Wieder war es von allerhöchster Bedeutung, dass Esher berufen worden war. So war gewährleistet, dass Edward VII. und später dessen Nachfolger George V. regelmäßig Geheimberichte über alle Angelegenheiten des CID erhielten. Noch wichtiger war, dass Esher dafür sorgte, dass die Pläne der Geheimen Elite umgesetzt wurden – alles schön verdeckt und aus Sicht des Kabinetts absolut verfassungswidrig.

In einer Einfachheit, die dramatisch war, krempelte die Geheime Elite das Königreich Edwards um – aus der strengen Isolationspolitik Victorias führte sie die Nation zu neuen »Freundschaften« und »Bündnissen«, die zu ihren Plänen für das 20. Jahrhundert passten. Das Deutsche Reich wurde ohne Wenn und Aber als Feind vor den Toren ausgemacht, und dem Geheimbund war von vornherein klar, dass man auf sich gestellt Deutschland nicht den Rang einer Kontinentalmacht würde nehmen können. König Edward VII. erwies sich als hervorragender Botschafter. In scheinbarer Unschuld reiste er kreuz und quer über den Kontinent und knüpfte dabei persönliche Verbindungen zu anderen Königshäusern, gab sich großzügig mit Ehrenbezeugungen und warb für Großbritannien. Deutschland sollte eingekreist sein von Ländern, die Edwards Schirmherrschaft genossen. Gleichzeitig begannen die Briten damit, die Streitkräfte neu aufzustellen und zu strukturieren. Die Truppen sollten viel besser auf einen Krieg vorbereitet sein. In diesem Bereich wurde Lord Esher federführend für die Geheime Elite. Sein Einfluss auf die Armee und auf Personalfragen stand in keinerlei Verhältnis zu den Befugnissen, die ihm laut Verfassung eigentlich zugestanden hätten. Aber wie sollte das eine subversive Bande aufhalten, die mit dem Segen des Königs fernab der öffentlichen Wahrnehmung agierte? Schon in dieser frühen Phase war den Verschwörern klar, dass sie die Außenpolitik kontrollieren und die Kriegsvorbereitungen steuern mussten. Zu diesem Zweck ließen sie ihren inoffiziellen Vertreter Lord Esher zu einem festen Mitglied im *Committee of Imperial Defence* ernennen. Der Wiederaufbau war im Gange.

Zusammenfassung von Kapitel 3: Der wahre Edward – erste Schritte und Neuanfänge

- Deutschlands wirtschaftlichen, industriellen und kommerziellen Aufstieg wertete die Geheime Elite als direkte Bedrohung für ihre Pläne der Weltherrschaft. Ein Krieg musste her, nur so würde sich Deutschland ihrer Meinung nach stoppen lassen.
- Allein würde Großbritannien mit dem Deutschen Reich nicht fertigwerden. Man benötigte Verbündete für den Waffengang.
- Vier Lektionen zog die Geheime Elite aus dem Burenkrieg: Der außenpolitische Kurs musste beibehalten werden, unabhängig davon, wer gerade regierte; die Armee musste generalüberholt werden, damit sie ihre Aufgabe erfüllen konnte; die *Royal Navy* durfte ihren historischen Vorsprung nicht einbüßen; die Öffentlichkeit musste auf deutschlandfeindlichen Kurs gebracht werden.
- Die Anglo-Japanische Allianz von 1902 beendete Großbritanniens Phase der *Splendid Isolation.*
- Die Geheime Elite sah langfristig Großbritanniens alte Widersacher Frankreich und Russland als potenzielle Bündnispartner. König Edward VII. erwies sich als Meister der Diplomatie im Sinne des Geheimbundes.
- Edward war von Natur aus frankophil. Sein Image als Playboy half vertuschen, dass er sich im Widerspruch zur Verfassung in außenpolitische Belange einmischte.
- Der König reiste quer durch Europa, um für die Absichten der Geheimen Elite zu werben. Er war der Architekt der *Entente cordiale* von 1904.
- Belgische Diplomaten erkannten und meldeten, dass der König als verkappter Außenminister die Stellung des Deutschen Reiches untergrub. Was sie nicht wussten: Edward war im Auftrag der Geheimen Elite unterwegs.

- Lord Esher wurde in die Kommission zum Burenkrieg berufen. Er sollte herausfinden, warum die Armee so katastrophal gekämpft hatte. Von diesem Posten aus – und dank seiner engen Beziehungen zu König Edward VII. – wurde er zum Dreh- und Angelpunkt der Bemühungen, die Armee zu modernisieren.
- Esher war gleichzeitig Mitglied im geheimnisvollen *Committee of Imperial Defence*, einem Gremium, das den Premier in Fragen der Verteidigungs- und Außenpolitik beriet.
- Um die Kontrolle über diesen exklusiven Ausschuss zu wahren, ließ sich Esher zu einem ständigen Mitglied ernennen. So dominierte die Geheime Elite zu Beginn des 20. Jahrhunderts die Neuordnung und Neuausrichtung von Armee und Außenpolitik.

4

Marokko als erster Versuch

DIE ÖFFENTLICHKEIT NAHM die *Entente cordiale* positiv auf. Sie sei Beleg dafür, dass ein neues Zeitalter des britisch-französischen Verständnisses und der Freundschaft angebrochen sei, hieß es. Endlich würden die uralten Gegensätze zwischen beiden Seiten begraben. Das stimmte auch, aber das war niemals die zentrale Aufgabe des Abkommens. Bei allem, was die Geheime Elite tat, stand das Streben nach Weltherrschaft im Mittelpunkt, und die Bündnisse mit Frankreich und einige Jahre später mit Russland waren zuallererst strategischer Natur. Großbritannien benötigte die großen Armeen dieser Länder, um Deutschland zerstören zu können. Die Geheimklauseln der Bündnisverträge waren zudem darauf ausgelegt, Macht und Einfluss der Feinde Deutschlands zu steigern und Berlin in Richtung eines Krieges zu drängen.

Die *Entente cordiale* besiegelte das Ende des Streits zwischen London und Paris um Nordafrika. Beide erklärten, man habe keinesfalls die Absicht, am politischen Status von Ägypten und Marokko etwas zu ändern – ein klares Signal, dass sie genau das Gegenteil beabsichtigten.[1] Die *Times*, das zentrale Propagandaorgan der Geheimen Elite,[2] begrüßte das Abkommen als »sicherstes Versprechen für umfassenden Frieden« und lobte König Edward dafür, das Verhältnis zwischen Großbritannien und Frankreich auf eine neue Ebene gebracht zu haben.[3] Forderungen und Gegenforderungen sollten ad acta gelegt werden, und Frankreichs Präsident Loubet und sein Außenminister Delcassé wurden als angesehene Staatsmänner hingestellt, denen der Dank aller Franzosen gebührte.[4]

Dabei war die *Entente cordiale* nicht das, wonach sie aussah. Gleichzeitig mit den veröffentlichten Artikeln wurden am 8. April 1904 auch streng geheime Nachträge unterzeichnet, die das doppelte Spiel verbargen, auf dem die Allianz beruhte. In den Geheimklauseln wurde den Briten die Kontrolle über Ägypten garantiert, während Frankreich Marokko überlassen wurde. Eigentlich hatte Großbritannien versprochen, sich aus Ägypten zurückzuziehen, sobald die Finanzen des Landes wieder geregelt seien, aber so eine an kein Datum gebundene Zusage war wertlos. Die großen Londoner Finanzhäuser Rothschild und Barings hatten sich mit der Sanierung des ägyptischen Haushalts gewaltige Pfründe gesichert.[5] Sie waren dort wirtschaftlich sehr stark involviert. Die absolute Kontrolle über Ägypten zu haben war der reinste Goldesel für die britischen Bankiers. Die britische Regierung konnte sich bei den Rothschilds dafür bedanken, dass sie die Aktienmehrheit am Sueskanal besaß. Durch den Kanal hatte sie strategisch und wirtschaftlich das Sagen, was den Zugang zur Golfregion, zum Nahen Osten und zu Indien anging. Mit Gibraltar kontrollierten die Briten den Eingang zum Mittelmeer, mit dem Sueskanal den Ausgang. Es war kein Zufall, dass London sich die Möglichkeit gesichert hatte, das Mittelmeer abzuriegeln.

Fernab der Aufmerksamkeit von Parlament und Volk stimmte die britische Regierung zu, dass die Franzosen sich Marokko unter den Nagel rissen, sobald sie es geschafft hatten, den Sultan zu stürzen. Kurz gesagt: Die Beute wurde aufgeteilt. Der Weg war frei für eine Annektierung Marokkos durch die Franzosen. Großbritannien würde diplomatische Unterstützung liefern.[6] Auch andere Nationen – Länder, die König Edward kurz zuvor mit Auszeichnungen überschüttet hatte – wurden in den Mahlstrom Mittelmeer hineingezogen, indem London ihnen kurzerhand Territorien zum Geschenk machte, die ihnen nicht gehörten.

Italiens Wohlwollen sicherte sich Großbritannien durch Tripolis. Auf Drängen der Briten stimmte Rom einer Besetzung Marokkos durch die Franzosen zu, im Gegenzug wurde der italienische Anspruch auf nordlibysche Gebiete um Tripolis und Kyrenaika anerkannt. Italien versprach zudem Neutralität für den Fall, dass Frankreich von Deutschland oder Österreich-Ungarn angegriffen werden sollte.[7] Die Franzosen gaben eine ähnliche Zusage für den Fall eines Angriffs auf Italien ab. Dieser Pakt der strikten und gegenseitigen Neutralität konterkarierte im Grunde Italiens Verpflichtungen im Rahmen des Dreibundes.[8]

Großbritannien und Italien hatten seit jeher ein freundschaftliches Verhältnis zueinander, und sogar im Rahmen des Dreibundes hatte Italien auf einer Klausel bestanden, dass Rom auf keinen Fall gegen England in den Krieg ziehen würde. Gegen den Willen der Briten hätte Italien niemals in Tripolis einmarschieren können, denn in Ägypten stand Kitchener mit seiner Armee. Den Agenten der Geheimen Elite im *Foreign Office* galten die italienischen Adligen und Minister, die König Edward so gründlich umworben hatte, als wohlgesinnte Verbündete. Edwards Vorsatz, die Italiener vom Dreibund fortzulocken, hatte nun ernsthaft begonnen.

Auch das Spanien von König Alfons XIII. sah man im Außenministerium auf der Seite Großbritanniens und Frankreichs. Das Werben Edwards um das spanische Königshaus schien Früchte zu tragen, und nach Absprache zwischen London und Paris wurde Spanien ein hübsches Stück marokkanischer Mittelmeerküste zugesichert. Im Rahmen des Abkommens hatten die Briten eigene Ansprüche aufgegeben, deshalb wählte die Geheime Elite Spanien als den perfekten Ersatz. Sir Arthur Nicolson, der erfahrenste Diplomat des Geheimbundes, wechselte 1904 von Tanger nach Madrid. Seine Anwesenheit dort war die Garantie dafür, dass die Geheime Elite an allen künftigen Entwicklungen beteiligt sein würde.

Die hinter all den öffentlichen Ankündigungen versteckten Geheimklauseln waren der erste Schachzug der Geheimen Elite in ihrem Bestreben, das Deutsche Reich systematisch zu provozieren. Der Geheimbund war bereit, bei kleineren Themen Zugeständnisse zu machen, etwa bei Neufundland, Siam und Westafrika, aber die Geheimklauseln drehten sich um die Kontrolle und die Rechte der Briten in Ägypten und Frankreichs eigene imperiale Pläne für Marokko. Ziel war es, Deutschland vor den Kopf zu stoßen und aufzustacheln, denn Berlins Rechte und Pflichten in Marokko waren genauso groß oder klein wie die von London oder Paris. Die im Jahr 1880 unterzeichnete Madrider Konvention, ein für alle beteiligten Länder vorteilhaftes Abkommen, besagte, dass die Unabhängigkeit Marokkos »geschützt« werden solle. Gemeinsam hatten Großbritannien, Frankreich und Deutschland versprochen, den Freihandel mit dem Land nicht anzutasten. Dahinter stand nicht etwa Altruismus, vielmehr teilten ausländische Ausbeuter eine schwächere Nation unter sich auf. Also würde Deutschland nicht tatenlos zusehen, wenn die Geheimklauseln der *Entente cordiale* Wirkung zeigten, da das Reich einen Vertrag mit Marokko hatte, diplomatisch in Tanger vertreten war und über beträchtliche wirtschaftliche Interessen im Land verfügte. Bei früheren Bemühungen Frankreichs, sich Privilegien in Marokko herauszunehmen, hatte Berlin dies in enger Abstimmung mit London stets durchkreuzt.[9] Deutschland hatte nicht die Absicht, sich von Frankreich und Großbritannien aus dem Mittelmeerraum drängen zu lassen, schon gar nicht von einer diplomatischen Vereinbarung, an der man selbst nicht beteiligt war.

Mit welcher Reaktion Deutschlands rechnete der Geheimbund? Die Geheime Elite kontrollierte die weltbesten Spionagenetzwerke auf diplomatischer Ebene wie auch für Industriespionage. Sie war sich sehr wohl bewusst, welche Folgen ihre Entscheidungen haben würden. Im Bereich der britischen Außenpolitik war niemand so gut informiert und so aktiv wie der auswärtige Dienst, und dort war klar, dass Deutschland von den Geheimklauseln erfahren würde. Deutschland wurde vorsätzlich auf die Probe gestellt.

Im Deutschen Reich wurden die Nachrichten über die *Entente cordiale* zunächst mit gemäßigter Zustimmung aufgenommen. Am 12. April wurde Reichskanzler Bernhard von Bülow im Reichstag zu dem Abkommen befragt. Ohne von den Geheimklauseln zu wissen, sprach er darüber, wie positiv die Vereinbarung für den Weltfrieden sein würde. Sinngemäß sagte er:

> *Unsere dortigen Interessen sind kommerzieller Natur, und unser besonderes Anliegen ist es, dass in Marokko Ruhe und Ordnung herrschen. Wir müssen unsere kommerziellen Interessen dort schützen,*

haben aber keinerlei Anlass zu befürchten, dass sie durch irgendeine ausländische Macht ignoriert oder verletzt werden.[10]

Presse und Politik in Deutschland vertraten die Auffassung, ganz Europa werde von einem freundschaftlichen Miteinander zwischen Großbritannien und Frankreich profitieren. Die Beziehungen zwischen Großbritannien und Deutschland waren doch offensichtlich harmonischer Natur, welchen Anlass zur Sorge hätte man also haben sollen?

Mit Londons Zustimmung im Rücken begannen die Franzosen sich aufzuführen, als hätten sie in Marokko Sonderrechte. Im Oktober 1904 verkündeten Frankreich und Spanien gemeinsam, sie würden »an der Unversehrtheit des marokkanischen Reiches unter der Souveränität des Sultans streng festhalten« – auf den ersten Blick eine Bekundung guter Absichten. Doch es war nichts als eine Lüge, einstudierte Heuchelei, denn in einem weiteren Nachtrag beschlossen Franzosen und Spanier unverfroren die Aufteilung Marokkos.[11] Das Ganze sollte mit der uneingeschränkten Zustimmung Londons erfolgen. Am 6. Oktober wandte sich der französische Botschafter in London, Paul Cambon, an den britischen Außenminister: »Delcassé bittet Sie, so freundlich zu sein, das Abkommen streng geheim zu halten.« Lansdowne machte deutlich, dass der »vertrauliche Inhalt« selbstverständlich »mit dem gebührenden Respekt« behandelt werden würde.[12] Delcassé stand dem inneren Zirkel der Geheimen Elite nahe, der seiner Vereinbarung zustimmte, Marokko mit Spanien aufzuteilen. Überall zeigen sich hier die Fingerabdrücke der Geheimen Elite, aber warum die Geheimhaltung? Wer durfte nicht von diesen Handlungen wissen?

Die britische und die französische Öffentlichkeit durften nichts davon erfahren, denn man wusste sehr wohl um deren Aversion in puncto Geheimabkommen. Dass Deutschland davon erfahren würde, war unausweichlich. Es saßen zu viele indiskrete Diplomaten in Madrid und Sankt Petersburg, als dass die Deutschen nicht innerhalb kürzester Zeit Wind von der Vereinbarung bekommen würden.[13] Diplomatische Geheimnisse hatten eine kurze Halbwertszeit, und die Geheime Elite wusste – und hoffte –, dass Deutschland sehr aufgebracht reagieren würde. Diese Reaktion konnte man dann als deutsche Propaganda abschmettern, als Versuch, die *Entente cordiale* zu untergraben.

Frankreich hatte bereits Algerien besetzt, aber nun, mit der *Entente cordiale* und dem britischen Wohlwollen im Gepäck, gab es kein Halten mehr, jetzt musste der koloniale Würgegriff um Nordafrika erweitert werden.[14] Am 11. Januar 1905 wurde der französische Botschafter in Tanger instruiert, dem Sultan einen – völlig inakzeptablen – Reformkatalog vorzulegen. Der Herrscher weigerte sich, auf die Forderung einzugehen. Aus der Not heraus wandte er sich an Deutschland und bat um Rat und Unterstützung.[15] Das Deutsche Reich hatte natürlich nicht die Absicht, Marokkos Unabhängigkeit von Dritten schwächen zu lassen. Auf Geheiß des Reichskanzlers besuchte Kaiser Wilhelm II., der sich aus gesundheitlichen Gründen auf Kreuzfahrt im Mittelmeer befand, am 31. März 1905 widerwillig Tanger und sprach dem Sultan seine Unterstützung aus.[16] Die *New York Times* schrieb, Tanger sei »mit Blumengirlanden überzogen« und es sei so viel Geld für Flaggen und Fähnchen ausgegeben worden, dass »niemand anzweifeln konnte, dass es sich um mehr als ein höfliches Willkommen handelte«.[17]

Gerade einmal zwei Stunden verbrachte Wilhelm in Tanger, aber das politische Echo seines Besuchs hallte noch lange nach. Zwei deutliche Aussagen hatte der Kaiser gemacht: Zum einen bekräftigte er Deutschlands kommerzielle Interessen in Marokko, zum anderen pochte er darauf, dass die Souveränität des Sultans und die Integrität Marokkos erhalten blieben. Die Unabhängigkeit Marokkos war genauso wenig infrage gestellt worden wie die Persiens, Russlands oder der Vereinigten Staaten von Amerika.[18] Daran konnte auch kein sonst wie geartetes Abkommen zwischen Großbritannien und Frankreich etwas ändern.

Als der Kaiser Tanger besuchte, wusste er von den Geheimzusätzen der *Entente cordiale* und dem »geheimen« Vertrag zwischen Franzosen und Spaniern. Er wusste, dass die Absprachen vorsätzlich nicht publik gemacht worden waren, und ihm war klar, dass die »Reformen«, die dem Sultan aufgezwungen werden sollten, absolut nicht im Einklang mit der Unabhängigkeit Marokkos standen.[19] Berlin erklärte, kein einzelnes Land solle versuchen, die Kontrolle über Marokko an sich zu reißen. Mit dem gebührenden diplomatischen Anstand rief der Kaiser dazu auf, eventuelle Streitfragen im Rahmen einer internationalen Konferenz beizulegen. Von Bülow warnte die Völkergemeinschaft, dass Frankreich offenbar versuche, Marokko zu seinem Protektorat zu machen und – genau wie in Tunis – andere kommerzielle Mitstreiter aus dem Land zu drängen.[20] Der Sultan stimmte dem durchdachten Vorgehen des Kaisers zu und lud alle interessierten Parteien zu einer Konferenz in Tanger.

In der französischen und britischen Presse brachen alle Dämme, das Deutsche Reich und der Kaiser wurden verspottet und verteufelt. Die Geheime Elite ließ ihre Presselakaien mit aller Gewalt auf den Kaiser einprügeln.[21] Wilhelm wolle die *Entente cordiale* vorsätzlich in Trümmer schlagen, denn eigentlich plane er ja einen Krieg gegen Frankreich, hieß es. Wildeste Anschuldigungen über Absichten der teuflischen Deutschen kursierten zuhauf. Wer zur Vernunft aufrief, wurde »als Verräter oder Feigling angegangen«.[22]

Die Geheime Elite hatte mit der von ihr selbst erschaffenen Marokko-Krise erfolgreich für Angst gesorgt und aus dem Nichts eine Bedrohung entstehen lassen. In Großbritannien standen Wahlen an, ein Regierungswechsel hin zu den Liberalen schien gewiss. Eine neue liberale Regierung, die ihr Amt in einem friedlich-ruhigen Europa antrat, war das Letzte, was die Geheime Elite wollte, denn das hätte sich leicht zur Katastrophe auswachsen können. Die Öffentlichkeit forderte von den radikalen Liberalen, sofort den Rotstift anzusetzen und die Ausgaben für Marine und Heer zu kürzen, um das Geld in Sozialreformen zu stecken. Die Ziele der Geheimen Elite wären durch eine neue liberale Regierung möglicherweise in Gefahr geraten, deshalb war bereits einiges getan worden, um die eigene Sache zu schützen (mehr dazu später). Der Zeitpunkt der Marokko-Krise war perfekt. Der Wahlkampf für die Wahlen im Januar 1906 begann, und die internationale Krise löste Besorgnis und ein Klima der Angst aus – und bekanntermaßen ist nichts so gut für den Rüstungshaushalt wie ein Klima der Angst.

Aber was war nun eigentlich geschehen? Großbritannien, Frankreich und Spanien waren ohne irgendeine Form internationaler Rückendeckung eigenmächtig vorgeprescht.[23] Das Völkerrecht gab keine Präzedenzfälle her, die ihre Intervention in Marokko hätten rechtfertigen können. Frankreichs Außenminister Delcassé war davon unbeeindruckt. Eine Konferenz lehnte er glatt heraus ab, den vernünftigen Vorschlag des Kaisers wies er als Versuch zurück, die *Entente cordiale* zu untergraben. Seine Verbündeten in der britischen und französischen Presse griffen die Behauptung auf und stellten die deutsche Position völlig falsch da.

Von Krieg war die Rede, und es war nicht nur Gerede. Außenminister Lansdowne segnete erste, streng vertrauliche Besprechungen zwischen den Militärs in London und Paris über Kriegsvorbereitungen gegen Deutschland ab. Auch das belgische Militär wurde hinzugezogen – ein Punkt, den man im Hinterkopf behalten sollte: Ein Jahrzehnt bevor es zum Opfer der deutschen Aggression wurde, war das ach so arme, unschuldige Belgien an geheimen Beratungen zu einem Krieg gegen ein argloses Deutsches Reich beteiligt!

»Sollte es notwendig werden«, werde Großbritannien auf der Seite Frankreichs intervenieren, soll König Edward angeblich gegenüber französischen Ministern erklärt haben.[24] Es klingt unrealistisch, dass Großbritannien in den Krieg gezogen wäre? Hierzu ist der Standpunkt des amerikanischen Präsidenten bemerkenswert. Theodore Roosevelt traf sich im Mai 1905 privat mit dem britischen Botschafter und schrieb danach, die britische Regierung scheine »begierig, Deutschland erniedrigt zu sehen«, und »durchaus bereit, sich der Möglichkeit eines Krieges zu stellen«.[25] Einen Monat später schrieb Roosevelt dem deutschen Botschafter in Washington:

> *Sollte ein Krieg ausbrechen, würde England – ganz egal, was mit Frankreich geschieht – vermutlich gewaltig profitieren, während Deutschland seine Kolonien und vielleicht auch seine Flotte einbüßen würde. Angesichts dieser Umstände hatte ich nicht das Gefühl, irgendetwas sagen zu können, das in England besonderen Einfluss hätte.*[26]

Delcassé war zweifelsohne überzeugt: Bei einem Krieg mit dem Kaiserreich würde er auf die Briten zählen können.[27] Doch der französische Außenminister ging zu weit. Die Privataudienzen bei König Edward hatten Ministerpräsident Maurice Rouvier schon sehr beeindruckt, aber einen Krieg zu führen, weil der König nicht an einer Konferenz teilnehmen wollte? Das ging ihm dann doch zu weit. Als klar wurde, dass der Kaiser nur eine internationale Konferenz anstrebte und dass dies eine Mehrheit im französischen Parlament guthieß, legte die Presse der Geheimen Elite noch einmal nach: Der Aufschrei wurde doppelt so laut, die Empörung doppelt so groß, die Unterstützung für Delcassé doppelt so stark. Wie der liberale Parlamentarier E. D. Morel schrieb: »Die okkulten Mächte, die hinter den Kulissen agieren und die öffentliche Meinung formen, taten alles in ihren Kräften Stehende, um den gemäßigteren Fraktionen der französischen Öffentlichkeit entgegenzuwirken.«[28]

Allein es reichte nicht aus, was die »okkulten Mächte« auf die Beine stellten. Die Geheimabsprachen zwischen Briten, Franzosen und Spaniern waren ein schwerer Vertrauensbruch gegenüber dem Volk und dem Parlament, deren Repräsentanten die Diplomaten angeblich waren, daran ließ sich nichts rütteln. Deutschland dagegen strebte Transparenz an, keine geheimen Vertragsklauseln. Das Kaiserreich war im Recht.

Théophile Delcassé ließ sich von seinem Hass auf Deutschland hinreißen und warf seinen gesunden Menschenverstand und jegliche Vernunft über Bord. Er war unaufhaltsam, er wusste einflussreiche Mächte in Großbritannien hinter sich! In der Tat stand er seiner Meinung nach dem König deutlich näher als seinen französischen Kollegen, merkte ein Beobachter an: Delcassé führe sich auf, »als sei er ein Minister König Edwards«.[29]

Eine Konferenz, auf der die Marokko-Frage geklärt würde, kam für Delcassé dementsprechend auch überhaupt nicht infrage. Es wäre für ihn »unerträglich«, sich dem deutschen Druck beugen zu müssen.[30] Im Juni 1905 wurde nüchternen Köpfen innerhalb der französischen Regierung klar, wie groß die Gefahr für den Frieden in Europa tatsächlich war. Sie strebten eine vernünftige Lösung mit Deutschland an. Leidenschaftlich verteidigte Delcassé seine Position, dass man »nicht kapitulieren« werde, aber als ihn das komplette Kabinett überstimmte, trat er zurück.[31] Für die Geheime Elite war das ein schwerer Rückschlag. Dass König Edward den in Ungnade gefallenen Delcassé öffentlich zum Frühstück lud, sorgte bei vielen Parisern für Überraschung und Besorgnis. Ebenso beim belgischen Botschafter in Paris:

> *Es hat zu vielen Kommentaren geführt, dass Monsieur Delcassé in einem solchen Augenblick eine derartige Ehrerbietung zukommt … Bei den Franzosen macht sich das Gefühl breit, sie würden gegen ihren Willen in den Strudel der englischen Politik gezogen, einer Po-*

> *litik, deren Konsequenzen sie fürchten und die sie mit dem Sturz von Monsieur Delcassé grundsätzlich verdammt haben ... Die Menschen tragen Sorge, dies könne ein Signal dafür sein, dass England die Situation so zu vergiften trachtet, dass ein Krieg unausweichlich wird.*[32]

Was für eine Situation! Frankreichs Kabinett hatte Delcassé hinausgedrängt, aber Edward machte öffentlich gemeinsame Sache mit den Revanchisten. Er hätte sich jederzeit mit einem »alten Freund« privat treffen können, aber stattdessen beschloss er, seine ungebrochene Rückendeckung für Delcassé publik zu machen. Seine ungebrochene Popularität in Frankreich missbrauchte er, um öffentlich einem bekannten Kriegshetzer seine Unterstützung auszusprechen. Ein weiteres Beispiel dafür, wie sich der König in die Politik einmischte. Wiederholt setzte er sich über die Konvention hinweg, der zufolge Monarchen sich nicht in die Politik einmischen sollten. Dafür konnte es nur einen Grund geben: Die Geheime Elite wusste, dass man, um die Franzosen in den Krieg mit Deutschland zu treiben, auf die emotionale Karte würde setzen müssen – die Rückholung der »verlorenen Provinzen«. Und König Edward war das Mittel zum Zweck; durch ihn konnten sie signalisieren, dass sie weiterhin hinter Delcassé und den Revanchisten standen.

Für die Deutschen war der Rücktritt von Delcassé ein diplomatischer Triumph: Die Architekten der verschlagenen Geheimartikel waren der Stimme der Vernunft unterlegen! Der Kaiser war davon überzeugt, dass mit dem Abgang Delcassés das heikle Thema Elsass-Lothringen endlich beigelegt werden konnte.[33] Welche psychologischen Folgen die diplomatische Erniedrigung des Außenministers langfristig haben könnten, übersah er dabei. Der Rücktritt von Delcassé wurde nämlich umgehend von der britischen Presse aufgegriffen. Die Medien machten aus dem französisch-deutschen Streit der Marokko-Krise eine britisch-deutsche Angelegenheit. Die Geheime Elite ließ es so hinstellen, als sei die ganze Geschichte ein handfester Beleg für das aggressive Wesen des Deutschen Reiches und für die Schwäche Frankreichs.[34] Um zu zeigen, wie sehr er Frankreich unterstützte, mied König Edward im Herbst 1905 den Kaiser, sodass das Verhältnis der beiden einen neuen Tiefstand erreichte. Argwöhnisch verfolgte Wilhelm II., was sein »unruhestiftender« Onkel da trieb, und äußerte die Einschätzung, einige sehr einflussreiche Personen in England seien wohl auf Krieg aus.[35] Ohne zu wissen, dass er gerade mit einer dieser »sehr einflussreichen Personen« sprach, führte der Kaiser ein Interview mit Alfred Beit. Darin wiederholte er die Anschuldigung, Edward und Lord Lansdowne hätten mit einer Invasion in Schleswig-Holstein gedroht,[36] und beklagte sich, dass die britische Presse ihn stets derart brutal auf persönlicher Ebene attackierte.[37] Natürlich gingen seine Äußerungen direkt von Beit zu Lord Esher und König Edward.

Ein Jahr lang war vorsätzlich für Streit zwischen den Nationen gesorgt worden, ein Jahr lang wurde gepoltert und Deutschland mit falschen Vorwürfen überschüttet. Dann siegte endlich die Vernunft, was nicht zuletzt mit der Intervention durch Präsident Roosevelt zusammenhing, der eine Vermittlerrolle übernahm. Vom 15. Januar bis zum 7. April 1906 fand in Algeciras, dem spanischen Hafen in der Bucht von Gibraltar, eine Konferenz statt. Dreizehn Nationen, darunter Marokko, die Niederlande, Belgien, Österreich-Ungarn, Portugal und Schweden, machten sich an die schwierige Aufgabe, »den französischen Anspruch auf Vorherrschaft mit der Forderung nach Gerechtigkeit für alle zu vereinbaren«.[38] Nach drei Monaten hatte man eine zufriedenstellende Lösung gefunden. Bei der Konferenz wurde Marokkos politische Integrität wiederhergestellt, und die Teilnehmer verständigten sich darauf, allen Mächten die gleichen wirtschaftlichen und kommerziellen Rechte zu gewähren, ganz so, wie es von Deutschland als recht und billig gefordert worden war.

Das Endergebnis war natürlich ein Kompromiss, doch die Konferenz zeigte, wie eng die Briten Frankreich politisch und diplomatisch zur Seite standen. Die *Entente cordiale* war keineswegs geschwächt, ganz im Gegenteil. Noch vor Beginn der Verhandlungen hatte König Edward dem französischen Botschafter versichert: »Sagen Sie uns zu jedem Punkt, was Sie wollen, und wir werden Sie ohne Einschränkung und Rückhalt unterstützen.«[39] Die »Briten sind französischer als die Franzosen«, klagte der deutsche Gesandte und deutete an, ein Scheitern der Verhandlungen könne einzig und allein dem britischen Gesandten Sir Arthur Nicolson zur Last gelegt werden. Das war sehr gut beobachtet, denn Nicolson war von der Geheimen Elite für größere Aufgaben im Außenministerium vorgesehen. Er sorgte dafür, dass sich die vom Geheimbund vorgegebene Marschrichtung in der Behörde durchsetzte.

Falls sich die Franzosen gesorgt hatten, die liberale Regierung, die 1905 in Großbritannien an die Macht gekommen war, würde weniger offen für Frankreichs Wünsche sein, so wurden diese Bedenken in Algeciras aus der Welt geschafft. Auch andere Vereinbarungen, zu denen wir später kommen werden, wurden zu diesem Zeitpunkt getroffen. Was die britische Außenpolitik anbelangte, war es egal, welche Partei gerade in Westminster das Sagen hatte – die Geheime Elite hatte in jedem Fall die Dinge fest im Griff. Wären die Briten 1905 tatsächlich für Marokko in den Krieg gezogen, so wie es Präsident Roosevelt angedeutet hat? Oder wollten sie nur die Stimmung testen und sehen, wie sehr man das Kaiserreich herumschubsen konnte? Der Streit um Marokko war heilsam für die Geheime Elite und ersparte ihr später massive Peinlichkeiten. Der wichtigste Punkt: Man war noch längst nicht so weit, dass man es in Europa mit der deutschen Armee aufnehmen konnte. Darüber hinaus hatte man die Stärke des Revanchismus in Frankreich überschätzt. Die deutschlandfeindliche Stimmung in Frankreich war bei Weitem nicht ausgeprägt genug. Delcassé erwies sich eher als Rufer in der Wüste denn als Sammelstelle für eine mächtige politische Strömung.

Was die Stärke der *Entente cordiale* anbelangte, hatte sich die französische Regierung von ihrer eigenen Unsicherheit anstecken lassen. Sie benötigte Beteuerungen, die langfristige Wirkung entfalten würden. Die Geheimunterredungen, die London und Paris auf politischer und militärischer Ebene führten, wurden intensiviert und Ausschüsse beauftragt, dafür zu sorgen, dass kein Sandsturm in Marokko und keine politische Umwälzung dazu führen würden, dass man das Ziel Krieg aus den Augen verlöre. Es lagen Jahre des Wandels vor Großbritannien und Frankreich. Die Geheime Elite führte ihre Kräfte ganz offensichtlich mit vollkommener Perfektion durch die neue Zeit, denn bei jedem einzelnen größeren Zwischenfall, der noch folgen sollte, sind die Fingerabdrücke des Geheimbundes zu erkennen.

Zusammenfassung von Kapitel 4: Marokko als erster Versuch

- In der 1904 von London und Paris unterzeichneten *Entente cordiale* wurden die britische Kontrolle über Ägypten und das Interesse Frankreichs an Marokko bekräftigt.
- Die deutsche Regierung nahm das britisch-französische Bündnis bis Januar 1905 hin. Dann erfuhr Berlin von einem Abkommen zwischen Frankreich und Spanien und von Geheimklauseln in der *Entente cordiale,* die Marokko in die Hand Frankreichs gaben.
- Der Geheimen Elite war von jeher klar gewesen, dass das Deutsche Reich vom Inhalt der Klauseln erfahren würde und seine legitimen Interessen in Marokko würde schützen wollen. Der neue Verbündete Frankreich wurde ermutigt, ein internationales Abkommen zu Marokko zu brechen und Deutschland dadurch zum Krieg aufzustacheln.
- Es sei »inakzeptabel«, Marokkos Unabhängigkeit untergraben zu wollen, verlautbarte das Kaiserreich. Aber anstatt durch eine übermäßig aggressive Reaktion einen Krieg zu riskieren, schlug der Kaiser vor, das Thema auf einer Konferenz mit internationaler Beteiligung zu klären.
- In Großbritannien und Frankreich wurden der Vorschlag und ein Besuch des Kaisers in Tanger vorsätzlich falsch verstanden. Deutschland sei darauf aus, das neue Bündnis zu sprengen, hieß es.
- Im Sommer 1905 dachten die Geheime Elite in London und die Revanchisten-Clique in Paris offen über einen Krieg nach.
- Frankreichs Außenminister Théophile Delcassé genoss die volle Rückendeckung durch König Edward VII. und die Geheime Elite. Doch das französische Parlament lehnte seine Kriegstreiberei ab und zwang ihn zum Rücktritt.
- Wie die Geheime Elite erkannte, musste Frankreichs Regierung erst gründlich korrumpiert werden, ehe die Zeit für einen Krieg gegen Deutschland reif war.

5

Der Bär wird gezähmt

ZWEIFELLOS WAR DIE *Entente cordiale* ein dramatischer Kurswechsel in der britischen Außenpolitik, aber weder handelte es sich um ein förmliches Bündnis noch um den ersten Schritt hinaus aus der *Splendid Isolation.* Die *Entente cordiale* war vielmehr eine praktische Freundschaftsbekundung, die die beiden Länder zu einem Zeitpunkt näher zusammenrücken ließ, an dem ihre anderen Verpflichtungen ansonsten zur Entfremdung hätten führen können. Frankreich war mit Russland verbündet, Großbritannien mit Japan. Ohne die *Entente cordiale* hätte ein Russisch-Japanischer Krieg einen herben Rückschlag für die Geheime Elite bedeutet. Langfristig spielte Russland im Netz der europäischen Bündnisse eine wichtige Rolle, aber noch nicht 1904. Da gab es noch offene Themen in Fernost, die geklärt werden mussten, bevor die Geheime Elite anfangen konnte, das Verhältnis zu Russland in eine für sie vorteilhafte Richtung zu steuern.

Klagen und Gegenklagen – seit über 20 Jahren stritten sich Briten und Russen um Persien, Afghanistan und China. Die Russen wollten letztlich ihrem ohnehin schon übergroßen Reich noch Indien einverleiben, fürchteten die Briten. Wiederholt sprachen Politiker von der »russischen Bedrohung« für Indien.[1] Indien war heilig, das »hellste Juwel in der Krone«, wie Disraeli die Kolonie genannt hatte. Wieder und wieder wurde im Parlament darüber gesprochen, welch logistischen und finanziellen Aufwand die Verteidigung dieses Juwels bedeuten würde. Wie viele Truppen würden nötig sein, um die Grenzen zu sichern? 1902 beliefen sich die Schätzungen auf ungefähr 140 000 Mann, und im Parlament wurde gefragt: »Woher sollen zu den dort bereits stationierten 70 000 britischen Soldaten weitere 70 000 kommen, ohne dass man dem Vereinigten Königreich die Streitkräfte entzieht, die notwendig sind, um unsere Interessen in anderen Teilen des Empire zu wahren?«[2] Die Geheime Elite fand eine erstaunliche Antwort auf diese Frage – Japan. Über seine Kontakte in Diplomatie, Industrie, Handel und Banken wusste der Geheimbund, dass Russlands Vorstöße in Fernost bei Japan auf genauso große Besorgnis stießen.

Im Chinesisch-Japanischen Krieg von 1894/95 hatten sich die Japaner zur Regionalmacht aufgeschwungen, als sie in China einmarschierten und zum allgemeinen Erstaunen den deutlich größeren Nachbarn mühelos bezwangen. Prompt besetzte Japan auch noch Korea, Formosa und die Liaodong-Halbinsel mit dem strategisch wichtigen Hafen Port Arthur, dem heutigen Lüshunkou in China. Diese Impertinenz einer »minderwertigen« Nation empörte Russland, Frankreich und Deutschland. In einem gemeinsamen Ultimatum forderten die drei Länder Tokio auf, sofort seine Truppen von der Halbinsel und seine Kriegsschiffe aus Port Arthur abzuziehen. Vor allem die deutsche Forderung war ausgesprochen unhöflich und diplomatisch ungeschickt. Deutschland drohte damit, »alle Gefahren für den Frieden in Fernost« zu beseitigen,[3] und machte sich damit völlig unnötig ein Land zum Feind, das großen Wert auf Höflichkeit legte und nichts so sehr verabscheute wie einen Gesichtsverlust. Widerwillig lenkte Japan ein, aber als Russland Truppen auf die Halbinsel verlegte und seine Kriegsmarine in Port Arthur ankern ließ, machte das die Sache nur noch schlimmer. Endlich hatte Russland einen Hafen, der auch in den langen russischen Wintern eisfrei blieb!

Seit bald einem Jahrhundert hatte sich das Zarenreich »südwärts auf der Suche nach einem Warmwasserhafen vorgetastet«[4], war dabei aber an der Meerenge zum Schwarzen Meer und am Persischen Golf immer wieder am Widerstand der Briten gescheitert. Daran hatte sich nichts geändert, aber nun offenbarte sich, dass Russland sein großes Reich nach Osten hin ausdehnen wollte. Port Arthur war für diese Belange perfekt. Das jedoch konnte die Geheime Elite nicht zulassen. Von dem Hafen aus konnte das Zarenreich den britischen Fernosthandel gefährden und war einen Schritt näher an Indien herangerückt.

Für die internationale Hochfinanz barg das Zarenreich keine Geheimnisse – zu oft hatte sich Russland gewaltige Summen leihen müssen – und ebenso wenig für die Investoren, die rund um Baku die Ölfelder erschlossen. Handel und Finanzen Russlands passten wenig zur hochtrabenden Außenpolitik, und die Schatzkammer des Zaren barg keine Reserven.[5] Vor allem die Pariser Rothschilds stellten gewaltige Summen bereit, die in den Ausbau des russischen Eisenbahnnetzes und kleiner, aber aufstrebender Industriezweige flossen. 1894 sammelte ein Syndikat unter Führung der Rothschilds ein Darlehen über 400 Millionen Francs für Russland ein, wofür Alphonse de Rothschild vom Zaren das Großkreuz verliehen wurde.[6] Dank der Transsibirischen Eisenbahn würde Russland seine Truppen leichter von einem Ende des Landes ans andere verlegen können, das wusste auch die Geheime Elite. Die 10000 Kilometer lange einspurige Strecke stellte zudem eine hervorragende Möglichkeit dar, den Handel zwischen Moskau und Fernost anzukurbeln und damit in direkte Konkurrenz zu den Interessen Japans und Großbritanniens zu treten.[7] Da die Geheime Elite wusste, dass die Eisenbahnstrecke 1905 abgeschlossen sein sollte, blieb ihr nur ein kurzer Zeitraum, um selbst aktiv zu werden, bevor der Zar seine Streitkräfte in China, Korea und der Mandschurei einmarschieren lassen konnte.

Aber wie sollte man ihn daran hindern? Weder die britische Armee noch die Marine hätte wirksam eingreifen können. Es war ein Geniestreich, der das vertrackte Problem löste: Japan! Japan hatte die Chinesen auf beeindruckende Weise geschlagen und war standhaft in seiner Antipathie gegenüber Russland, also bewarb die Geheime Elite Japan als das England des Fernen Ostens.[8] Und so gaben die Japaner fast ihr letztes Hemd für den Aufbau eines großen Heeres und einer starken Flotte – größtenteils mit Darlehen von Banken aus London.[9] Ab Mitte der 1890er Jahre bauten britische Werften Kriegsschiffe für die Kaiserlich Japanische Marine. 1897 lief bei *Thames Ironworks* in Blackwall die *Fuji* vom Stapel, das erste Einheitslinienschiff, das Schwesterschiff *Yashima* wurde von *Armstrong Whitworth* in Newcastle gebaut. 1899 folgte die *Asahi* bei *John Brown* in Clydebank, das bis dahin größte Kriegsschiff, das am Clyde gebaut worden war.[10] Im Rahmen eines Zehnjahresplans orderte Japan in Großbritannien unter anderem sechs Linienschiffe und sechs Panzerkreuzer, was für viel Arbeit an Clyde, Tyne und Themse sorgte. Als letztes dieser Schiffe wurde Ende 1898 bei der *Vickers*-Werft in Barrow-in-Furness die *Mikasa* bestellt. Die Auslieferung sollte 1902 erfolgen. Die Bauzeit betrug drei Jahre, die Kosten waren mit 880 000 Pfund (74,5 Millionen Pfund nach heutigem Wert) enorm.[11] Die japanischen Schiffe waren etwas kleiner ausgelegt als die britischen, dafür aber auch etwas schneller. Still und ohne großes Getöse bauten die Briten Japan die modernste Flotte, sorgten dafür, dass auf den eigenen Werften das Geschäft brummte, dass die Eigner und Aktionäre anständige Gewinne einfuhren und dass Japan imstande war, die Gewässer in Fernost zu patrouillieren.

Was sich in China und der Mandschurei in den Jahren 1900 und 1901 abspielte, beunruhigte beide Länder nur noch mehr. Den Boxeraufstand, bei dem sich Chinesen gegen die verhassten Ausländer erhoben, die das Land praktisch aller Bodenschätze beraubt hatten, schlug ein internationales Bündnis mit aller Gewalt nieder. Truppen aus Deutschland, Russland, Frankreich, Großbritannien, den USA, Japan, Österreich-Ungarn und Italien wurden entsandt, um die Belagerung ihrer Gesandtschaften in Peking zu durchbrechen. Russland ging jedoch noch weiter: Der Boxeraufstand wurde als Vorwand für einen Einmarsch in der Mandschurei genutzt, und die Russen ließen erkennen, dass sie länger bleiben wollten. Russland war entschlossen, China zu zerschlagen und die Handelspolitik der offenen Tür, mit der ausländische Händler satte Gewinne eingefahren hatten, nicht länger fortzusetzen. In Japan war die Stimmung unentschieden: Sollte man ein Bündnis mit Russland eingehen und die russische Oberhoheit über China anerkennen oder sich auf die Seite der Briten schlagen und den Russen entgegentreten?[12]

In London beschloss die Regierung Balfour, die seit 500 Jahren andauernde Isolationspolitik zu beenden und Japan zu umwerben.[13] Die Vorteile, die die *Splendid Isolation* bieten mochte, verblassten im Laufe des Burenkriegs immer stärker vor dem Hintergrund der russischen Expansion und des Spottes, den die internationale Presse nach den peinlichen Auftritten des britischen Militärs gegen die Burenbauern auf die Briten niederprasseln ließ.[14] Durch Festhalten an bornierten Traditionen würde die Geheime Elite niemals die Welt dominieren.

Demzufolge wurden Geheimverhandlungen zwischen Lord Lansdowne und dem japanischen Botschafter in London in Gang gesetzt. Am 30. Januar 1902 unterzeichneten die beiden Nationen ein Abkommen. Einige Historiker stellten es als Sieg für Japan dar – das Kaiserreich habe der britischen Regierung solch einen Schrecken eingejagt, dass London »überhastet« zugestimmt habe.[15] Einen Schrecken eingejagt? Mitnichten, denn man wusste ja, worin der gemeinsame Nenner bestand: Russlands Expansion in China und der Mandschurei musste gestoppt werden. Überhastet? Seit mindestens acht Jahren liefen die Planungen!

Großbritannien verfolgte eine klare Absicht: Die russische Expansion in Fernost sollte unterbunden und das Empire, insbesondere Indien, vor einem bekannten Aggressor geschützt werden. Im Parlament erklärte die Regierung, sie sei bestrebt, »den Status quo in China zu erhalten«, und erkenne Japans Ansprüche in Korea an.[16] Der Vertrag sah vor, dass der eine Vertragspartner neutral bleiben würde, sollte der andere wegen China oder Korea in einen Krieg mit einem einzelnen Gegner verwickelt werden. Sollte eine Vertragspartei jedoch in einen Krieg mit mehreren Gegnern hineingezogen werden – sollte also beispielsweise Frankreich Russland gegen Japan zur Hilfe eilen –, würde die andere Partei Beistand leisten müssen.

Es war sicherlich dieser Subtext, der Russland so verärgerte, und es hätte auch bei den Franzosen für Bestürzung sorgen können, wären sie zu diesem Zeitpunkt nicht so sehr an den Avancen interessiert gewesen, die ihnen König Edward machte. Das Abkommen besagte im Grunde nichts anderes, als dass die Briten Japan grünes Licht für einen Krieg mit Russland gaben – und Rückendeckung für den Fall versprachen, dass eine andere Macht eingriff. Die Botschaft an Frankreich und Deutschland war klar: Haltet euch raus! In diversen Geheimklauseln vereinbarten Briten und Japaner, dass ihre Flotten die Bekohlungsanlagen und Docks des jeweils anderen nutzen konnten und dass man im »Extremen Osten« eine Flottenstärke vorhalten wollte, die größer sei als die jeder dritten Macht.[17] Der Geheimen Elite gefiel das sehr, zumal das Abkommen einen zusätzlichen Nutzen brachte: Da sich der Krieg in Südafrika sehr ressourcenintensiv gestaltete, war es ein kostengünstiger Weg, die britischen Interessen im Fernen Osten zu schützen.[18] Die Briten konnten ihre Flotten im Atlantik und in der Nordsee konzentrieren, während die japanische Marine als verlängerter Arm der Briten agieren sollte.

Im Parlament fiel die Begeisterung über die Nachricht, die am 12. Januar 1902 wie eine Bombe eingeschlagen war, deutlich geringer aus: Der Vertrag sei »eine völlige Überraschung«, komme »aus völlig heiterem Himmel«, sei eine gewaltige Abwendung von der »altbewährten Politik dieser Nation«.[19] Erstmals war Großbritannien ein Offensiv- und Defensivbündnis eingegangen, zudem war es das erste Mal, dass eine europäische Großmacht mit einer orientalischen Rasse paktierte. Es gab einiges an Beschwerden zu hören: dass die Verhandlungen geheim gehalten worden waren, dass man das Ergebnis als *Fait accompli* präsentierte, dass das Bündnis Großbritannien »verbindlich an die Räder der japanischen Politik« kettete und dass offensichtlich niemand bis dahin eine derartige Vereinbarung für notwendig erachtet hatte.[20] Warum denn Großbritannien um einen derartigen Vertrag nachgesucht habe, wurde gestichelt. Darauf erwiderte Viscount Cranborne, Sohn und Erbe von Lord Salisbury, Cousin des Premiers und Regierungsrat im Außenministerium, mit der Arroganz des wahren Vollblutaristokraten: »Wir suchen nicht um Verträge nach. Wir gewähren sie.«[21]

Arrogantes, falsches Spiel war das Kerngeschäft der Geheimen Elite. Während nach außen der Anschein der Großzügigkeit gewahrt wurde, klopfte sie alles darauf ab, inwieweit es ihrer Sache dienen könnte. Transparenz war ebenso wenig ihr Ziel wie die Zustimmung des Parlaments. Der Geheimbund tat das, was nötig zum Erreichen der eigenen Ziele war, und zwar dann, wenn man es für notwendig erachtete. Wenn ein Randthema dem Parlament zu Ohren kam – dass etwa die britische Kolonie Australien keine japanischen Einwanderer zuließ –, war das nicht die Sorge der Geheimen Elite. »Die Schreihälse ignorieren« blieb weiterhin das Motto.

Zwei Jahre später stellte Japan den Vertrag auf die Probe. Am 8. Februar 1904 fuhren japanische Torpedoboote einen Angriff auf russische Kriegsschiffe in Port Arthur. Eine Kriegserklärung gab es nicht. Ähnlich war die britische *Navy* 1807 vorgegangen, als sie in Kopenhagen die dänische Flotte attackierte. Auf den Angriff der Japaner folgten einige Seegefechte, die keine Entscheidung brachten, den Japanern aber als Tarnung für eine Invasion Koreas dienten. Der Zar setzte die russische Ostseeflotte mit dem Auftrag in Marsch, Port Arthur zu entsetzen und die heimtückischen Japaner zu befrieden. Es war die unkluge Entscheidung zu einer Mission, die unglücklich begann und in einem Desaster endete.

In der Nacht vom 21. auf den 22. Oktober 1904 segelte eine Fischereiflotte aus dem englischen Hull in die Nordsee und suchte ihr Revier in der Doggerbank auf. Dort beobachteten die Fischer im aufreißenden Nebel vorbeifahrende Kriegsschiffe. Sie winkten und jubelten, weil sie der Ansicht waren, es handele sich um ein Manöver der *Navy*. Als die Kriegsschiffe ihre Suchscheinwerfer auf die Fischer richteten, »stellten die Männer denn auch ihre Arbeit ein, lachten und feierten im Glanz der Lichter«.[22] Sekunden später eröffneten die russischen Kriegsschiffe das Feuer. Der Trawler *Crane* wurde versenkt, der Kapitän und der Erste Offizier wurden getötet, sechs weitere Seeleute verwundet, von denen einer einige Monate später seinen Verletzungen erlag.

Allgemeines Chaos brach aus, russische Schiffe nahmen sich gegenseitig unter Beschuss. Getrieben von Furcht und Fehlinformationen, machte sich die russische Flotte komplett zum Narren. Der Vorfall brachte die britische Öffentlichkeit in Rage. Man habe die Fischereiflotte irrtümlich für japanische Torpedoboote gehalten, sagten die Russen – eine eigentlich lächerliche Erklärung, aber zu der generellen Nervosität der russischen Seeleute hatten sich falsche Berichte über japanische Torpedo- und Tauchbootsichtungen und über in der Nordsee treibende Minenfelder gesellt. Völlig aus der Luft gegriffen war die Furcht also nicht.[23]

Der sogenannte Doggerbank-Zwischenfall schlug international Wellen, die Zeitungen waren voller Berichte über kopflose Fischer, verstümmelte Leichname und unschuldige Opfer.[24] Die Forderung nach Wiedergutmachungszahlungen wurde laut. Das *Foreign Office* schickte sofort eine Protestnote nach Sankt Petersburg, der Bürgermeister von Hull forderte vom Premier »zügigste und stärkste Maßnahmen, auf dass vollständige Wiedergutmachung gewährleistet sei«.[25] Die Dinge drohten aus dem Ruder zu laufen. Der russische Botschafter Graf Alexander von Benckendorff wurde an der Victoria Station attackiert, als er in seine Droschke steigen wollte. Die Polizei musste ihn retten.

Außenminister Lansdowne beraumte ein eiliges Treffen mit Premierminister Balfour und dem König ein. Die Regierung musste gezielt Schadensbegrenzung betreiben, um den Ausbrüchen von Gewalt gegen Russen Einhalt zu gebieten. Die britische Presse bedauerte den Angriff auf Benckendorff, und der *Standard* schalt den Mob für dessen »Zurschaustellung von Torheit«.[26] Am 24. Oktober druckte die *Daily News* exklusiv eine Entschuldigung des russischen Botschafters: »Bestellt doch dem englischen Volk von mir, dass ich das Geschehene mit vollster Überzeugung für einen ungeheuerlichen Zwischenfall halte.« Die Schandtat sei vermutlich auf sträfliche Nachlässigkeit zurückzuführen, urteilte Kolonialminister Alfred Lyttelton, rief aber dazu auf, »Russland mit absoluter Höflichkeit zu begegnen und der Nation Anerkennung für ihre rasche Entschuldigung zu zollen … und die vielen guten Menschen in Russland nicht mit dieser Schandtat in Verbindung zu bringen«.[27] Die *Times* schlug in einem Leitartikel in dieselbe Kerbe: »Es besteht keineswegs der Wunsch, Russland zu erniedrigen oder Russlands legitime Gefühle stärker zu verletzen, als es im Interesse der Gerechtigkeit absolut erforderlich ist.«[28]

Was war denn da los? Russland stand im Krieg mit Japan, dem einzigen Verbündeten Großbritanniens. Der Angriff auf die Fischereiflotte wäre ein hervorragender Grund gewesen, in den Russisch-Japanischen Krieg einzugreifen, aber die Geheime Elite stellte sofort sicher, dass das Verhältnis zu Russland nicht Schaden nahm. Warum das? Angst um die Sicherheit Indiens hin, Argwohn gegenüber den Absichten Russlands in China her – die Geheime Elite hatte stets ihre eigenen langfristigen Ziele vor Augen. Nicht einen Augenblick verlor der Geheimbund Deutschland aus dem Blick. Und so kam es zu dieser paradoxen

Situation: Ging es nach der Geheimen Elite, sollte Russland in Fernost auf die Nase fallen, aber es brachte nichts, sich mit dem Land darüber hinaus zu überwerfen. Russland wurde später noch in Europa gebraucht – gegen Deutschland.

Am Quai d'Orsay, dem Sitz des französischen Außenministeriums, fürchtete man um den Fortbestand der jungen *Entente cordiale*. Man mauschelte in Sachen Marokko und brachte sich gegen den Kaiser in Position, da kam diese diplomatische Krise daher und gefährdete den Geist der Harmonie, der seit Neuestem zwischen London und Paris herrschte! Und offiziell waren die Franzosen mit den Russen verbündet, sodass die drohende Gefahr, in den Russisch-Japanischen Krieg verwickelt zu werden, in Frankreich für einiges Kopfzerbrechen sorgte. Verwicklungen wie den Doggerbank-Zwischenfall und die daraus resultierende diplomatische Sackgasse hätte niemand vorhersehen können, aber die Geheime Elite musste eine Lösung finden.

König Edwards liebstem Franzosen Delcassé gelang es, Russland und Großbritannien dazu zu bewegen, den Fall vor ein internationales Schiedsgericht in Den Haag zu bringen.[29] Russlands Minister hatten keine Ahnung, wie tief Delcassé persönlich in die Angelegenheiten der Geheimen Elite verwickelt war. Ihm lag daran, dass Frankreich auch weiterhin gute Beziehungen zu Großbritannien und Russland pflegte, deshalb drängte er zur Eile. Eine Verzögerung, das wusste er, würde den Streit nur schwelen lassen.[30]

Sieben lange Monate schipperte die russische Ostseeflotte von ihrem Heimathafen gen Fernost[31] und wurde dabei ständig von der britischen *Navy* beobachtet. Jeder Stopp zum Aufnehmen von Kohle wurde erfasst, jedes Schiff gezählt und beobachtet. Japans Marine hatte dank der Geheimen Elite von den Briten qualitativ hervorragende und praktisch rauchfreie walisische Kohle bekommen. Den Russen wurde davon, sehr zum Ärger des Zaren, nicht einmal ein Pfund verkauft.[32] Andere zeigten sich da offener für die Bedürfnisse der russischen Flotte. Deutschland stellte 60 Kohlebargen ab, Frankreich genehmigte den Schiffen, Cam Ranh Bay in Französisch-Indochina als Marinestützpunkt anzulaufen.

Derart wichtige Unterstützung für die Russen, noch dazu praktisch vor der Haustür Japans, wurde als Affront aufgefasst. Die japanische Presse forderte Großbritannien auf, in den Krieg einzugreifen.[33] Die *Times* wiederum forderte Delcassé auf, »zügig und entschlossen« diesen Verstößen gegen die Neutralität nachzugehen. Frankreich wurde mit erhobenem Zeigefinger daran erinnert, dass jede Handlung Englands »von dem stärksten Wunsch geleitet ist, die Möglichkeit eines Zwischenfalls abzuwenden, der zum Zerfall der *Entente cordiale* führen und England dazu zwingen könnte, sich in einer großen internationalen Kontroverse dem gegnerischen Lager anzuschließen«.[34] Ein atemberaubender Fall von Doppelmoral: Genau für einen Augenblick wie diesen hatten die Briten Japan schließlich seit einem Jahrzehnt mit Kriegsschiffen und Kohle versorgt.

Es waren nur noch wenige Tage, bis die beiden Flotten aufeinanderprallen sollten, da beschloss London eine Revision der Konditionen der Anglo-Japanischen Allianz. Die Geheime Elite machte den nächsten Zug in ihrem Spiel diplomatischer Intrigen. Lansdowne regte ein engeres Bündnis an: Sollte Japan oder Großbritannien angegriffen werden, würde das jeweils andere Land militärisch zu Hilfe eilen. Das war ein großer Schritt im Vergleich zum vorigen Pakt – genauso wie das Zugeständnis Japans, die Briten hätten das Recht, »ihren Besitz in Indien zu schützen«.[35] Jahrelang hatte die Frage, wie man Indien verteidigen und sichern könnte, das britische Parlament arg geplagt. Bis ins letzte Detail war diskutiert worden, wie man zum Schutz der indischen Grenzen eine Armee aufstellen und transportieren könnte.[36] Dieses Problem wurde durch die Bedingungen des neuen Vertrags gelöst – Japan würde für Britisch-Indien in die Bresche springen.

Am 26. Mai – die beiden Flotten waren noch unterwegs zu ihrer Verabredung mit der Apokalypse – legte der japanische Botschafter Lord Lansdowne einen Vertragsentwurf vor, in dem die britischen Rechte in Indien ausdrücklich erwähnt wurden. Das Kronjuwel hatte einen weiteren Hüter, einen getreuen Verbündeten, der künftig schnell reagieren konnte, sollten Russland oder Deutschland bedrohliche Schritte ergreifen.

Der Doggerbank-Zwischenfall war schlimm, aber nichts konnte den Zaren auf die Katastrophe vorbereiten, die seine Flotte in der Koreastraße erwartete: Bei der Seeschlacht vom 27. und 28. Mai 1905 vernichtete die Kaiserlich Japanische Marine zwei Drittel der russischen Flotte. Die Schiffe hatten 18 000 Seemeilen zurückgelegt, um im Fernen Osten versenkt zu werden. So eindeutig war das Resultat der Seeschlacht von Tsushima, dass sie sogar in England als »die mit Abstand größte und bedeutendste Seeschlacht seit Trafalgar« gewertet wurde.[37] Nach zwei Tagen erbarmungsloser Kämpfe hatte die in Großbritannien gebaute japanische Flotte alle acht russischen Linienschiffe und alle drei kleineren Küstenpanzerschiffe versenkt. Einzig ein Kreuzer und zwei Zerstörer schafften es zurück nach Wladiwostok.

Ihr Triumph in Fernost brachte den Japanern internationale Anerkennung ein und im September 1905 einen von Präsident Roosevelt vermittelten Friedensvertrag. Japan erhielt Exklusivrechte für Korea und die Kontrolle über die Liaodong-Halbinsel inklusive Port Arthur. Russland musste gewaltige Reparationszahlungen leisten und Japan zusätzliche Fischereirechte in russischen Gewässern einräumen.

Ein gewaltiger Sieg für Japan, aber von noch größerer Bedeutung für die Geheime Elite – die wahren Sieger des Russisch-Japanischen Krieges saßen in London. Auf einen Schlag war London das Problem losgeworden, wie man Indien am besten verteidigen könnte. Man war das Problem vom Hals, und das sogar ohne Kosten für die britische Schatzkammer. Ganz im Gegenteil: Dass

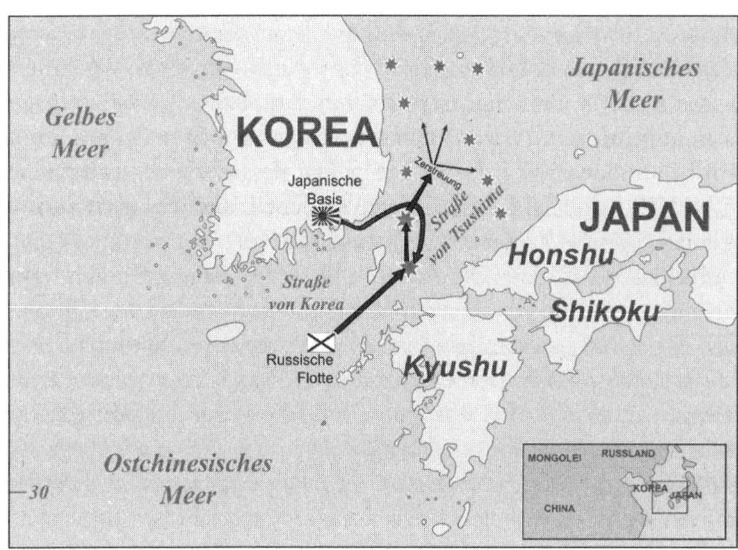

Seeschlacht von Tsushima, 27./28 Mai 1905

die Schlachtschiffe und Kreuzer in britischen Werften gebaut worden waren, hatte der Regierung beträchtliche Gewinne eingebracht.

Während des Krieges sammelte ein internationales Bankenkonsortium, dem britische Kreditanstalten wie *Barings, Samuels* und die *Hongkong & Shanghai Bank* angehörten, für Japan über fünf Milliarden Pfund nach heutigem Wert ein. Fast die Hälfte der japanischen Kriegsschulden wurde durch Anleihen finanziert, die vor allem in London und New York verkauft wurden.[38] Geld war kein Problem. Manipulatoren wie Lord Esher aus dem inneren Kreis der Geheimen Elite luden zu den Rothschilds ein, um dem japanischen Finanzgesandten Takahashi Korekiyo bei dessen Bemühungen zu helfen, Geld für die Kriegskasse aufzutreiben. Banken, die den Rothschilds nahestanden, warben ganz offen um Mittel für Japan, während die Rothschilds selbst sich etwas bedeckter hielten, da sie gewaltig in Russland und vor allem in die Ölfelder von Baku investiert hatten. Gleichzeitig war ihnen bewusst, wie leicht Russlands Juden infolge politischer Entwicklungen ins Fadenkreuz des zaristischen Antisemitismus rücken konnten. All das änderte sich mit Kriegsende. Die Rothschilds in London und Paris handelten die Ausgabe von 48 Millionen Pfund in weiteren Anleihen aus, die in den Wiederaufbau der japanischen Wirtschaft fließen sollten.[39] Egal, wie sich der Krieg entwickelte – die Gewinne landeten immer bei der Geheimen Elite.

Russlands Fernostpläne unterdessen lagen in Scherben. Zu Lande und zu See war das Zarenreich geschlagen worden und stand nun ramponiert und anfällig da: Der gerade errungene eisfreie Hafen schon wieder verloren, weitverbreiteter

Missmut in der Bevölkerung, eine Revolution lag in der Luft. Nachdem im Januar 1905 beim Petersburger Blutsonntag über 500 Demonstranten vor dem Winterpalast abgeschlachtet worden waren, fiel im Februar der Onkel des Zaren einem Anschlag zum Opfer. Im März steckte die russische Armee in der Mandschurei eine beispiellose Niederlage ein, im April brachen sich ethnische Spannungen Bahn, im Mai forderten die Gewerkschaften das allgemeine Wahlrecht und eine parlamentarische Regierung. Der Juni kam und mit ihm die Vernichtung großer Teile der Flotte. Auf dem Panzerkreuzer *Potemkin*, Russlands größtem Schlachtschiff, brach eine Meuterei aus. Bei Unruhen in Odessa wurden im Juli über 6000 Zivilisten getötet, bevor im August ein erster zögerlicher Schritt in Richtung konstitutionelle Monarchie getan wurde. Im September drohte eine Hungersnot, im Oktober kam es zur offenen Revolte. Anderthalb Millionen Menschen legten die Arbeit nieder, Fabriken, das Transportwesen und herstellende Betriebe wurden geschlossen. Im November kam es in Kronstadt zu Meutereien, im Dezember fielen in Odessa zahlreiche Juden einem schrecklichen Pogrom zum Opfer. Dass die jüdischen Gemeinden so schlecht behandelt wurden, stieß in Großbritannien viele unvoreingenommene Menschen ab. Russlands Ansehen war so gering wie nie. Die Zeit und die Bedingungen waren günstig, die Geheime Elite konnte etwas Radikales wagen. Der Zar war pleite und hatte praktisch keine Freunde mehr. Nur zu gern war er bereit, eine freundliche Hand zu ergreifen – auch wenn es die Hand ebenjener Menschen war, die sein Reich gerade ins Chaos getrieben hatten. Doch um ein Haar wäre der Kaiser schneller gewesen als der Geheimbund.

Bereits seit Juni 1904 umwarb Kaiser Wilhelm II. seinen Cousin Zar Nikolaus II. Wilhelm strebte ein Bündnis an, das die Machtverhältnisse in Europa verschieben sollte. Delcassé war von der politischen Bühne verschwunden, aber der Kaiser war weiter besorgt, dass die Briten auf einen Krieg aus waren,[40] also entschied er sich im Juli 1905 für einen kühnen Schritt. Während des Krieges mit Japan hatte sich Deutschland sehr offen gegenüber Russland gezeigt und die Ostseeflotte auf ihrer Fahrt gen Fernost mit Kohle versorgt. Nun wollte der Kaiser eine neue Art der Beziehung. In einer Reihe von Telegrammen und Briefen (die 1917 von den Bolschewiken publik gemacht wurden) schlug er ein Bündnis vor. So eine Partnerschaft hätte die *Entente cordiale* untergraben, und vor allem hätte man damit dem deutschen Erzfeind Frankreich die Pistole auf die Brust gesetzt. Paris hätte sich entscheiden müssen: Bleibt man an der Seite des russischen Verbündeten oder lässt den Zaren ziehen und verlässt sich auf die Briten? Wenn den Franzosen erst bewusst würde, dass die britische Flotte Paris nicht würde verteidigen können, würden sie sich der Realität stellen und bei Russland bleiben, versprach Wilhelm Nikolaus: »Auf diese Weise würde eine machtvolle Vereinigung der drei stärksten Festlandsmächte gebildet werden, die anzugreifen sich die anglo-japanische Gruppe zweimal überlegen würde.«[41]

Russland wäre geschützt, das Deutsche Reich wäre geschützt, der Frieden in Europa garantiert, so der Kaiser.

Zar Nikolaus stand noch immer unter dem Eindruck der Niederlage gegen Japan, als er am 24. Juli 1905 an Bord seiner Yacht, die vor Björkö (dem heutigen Primorsk in Russland) ankerte, ein Geheimabkommen unterzeichnete. Es waren keine Vertreter des russischen Hofes anwesend, kein Minister wusste, was vorgeschlagen und vereinbart worden war. Es sollte ihr Vertrag sein, der Vertrag von Wilhelm und Nikolaus. Sein Cousin bot ihm eine freundschaftliche Hand, sein Cousin, der leidenschaftlich argumentiert hatte, dass Frankreich Russland schwer im Stich gelassen habe – Nikolaus war bereit, die Hand zu ergreifen. Dem Kaiser war absolut bewusst, was Edward VII. beabsichtigte. Um Nikolaus noch einmal zu beruhigen, schrieb er ihm am 22. August 1905: »... und dass Britannien Frankreich nur als sein Werkzeug gegen uns gebrauchen will, wie es Japan gegen dich gebraucht hat.« Eine beeindruckend zutreffende Einschätzung. Edward, den der Zar selbst als »Erzintriganten und Europas Unruhestifter« bezeichnet hatte,[42] arbeite hart daran herauszufinden, was genau in Björkö geschehen sei, schrieb Wilhelm dem Zaren.

Das stimmte auch. Es gab Gerüchte über eine Privatvereinbarung zwischen den beiden Regenten, aber niemand schien genau zu wissen, worum es dabei ging. König Edward bat Benckendorff, den russischen Botschafter in London, nach Dänemark zu reisen und Erkundigungen anzustellen.[43] Benckendorff traf sich dort mit der russischen Zarenwitwe und einer Schlüsselfigur im Netzwerk der Geheimen Elite, Alexander Iswolski, dem russischen Botschafter in Kopenhagen. Alle drei waren aus Überzeugung anglophil. Kaiser Wilhelm erfuhr davon und feuerte aufgebracht eine Depesche an den Zaren ab, in der er sich über die Dreistigkeit Edwards beschwerte, einfach Russlands auswärtigen Dienst für seine eigenen Zwecke zu missbrauchen. Der Inhalt der Vereinbarung blieb weiterhin geheim, bis der Zar schließlich Außenminister Wladimir Graf Lamsdorf ins Vertrauen zog: Er habe an Bord seiner Yacht ein Geheimabkommen mit Deutschland unterzeichnet. Was sagte König Edward noch über Lamsdorf? »Er ist so ein netter Mann und lässt mich alles wissen, was ich wissen möchte.«[44] Damit war die Katze aus dem Sack, und die Geheime Elite sah sich plötzlich einer möglichen Partnerschaft gegenüber, die ihre Pläne durchkreuzt hätte.

Also schaffte sie das Abkommen von Björkö aus der Welt. Wie ihr das gelang, ist ein weiterer Beleg dafür, wie weit der Arm der Geheimen Elite in Europa reichte. Wäre der Vertrag förmlich ratifiziert worden, wäre das Gleichgewicht internationaler Bündnisse grundlegend verändert worden,[45] deshalb musste dieses gefährliche Abkommen im Keim erstickt werden. Sofort begannen die russischen Zeitungen, Attacken gegen den Kaiser zu fahren, der sich daraufhin beschwerte: »Seit zwei Wochen führt sich Deine gesamte einflussreiche Presse – *Nowosti, Nowoje Wremja, Rusj* etc. – stark deutschlandfeindlich und probritisch auf. Zum Teil sind sie gewiss mit enormen Summen britischen Geldes gekauft worden.«[46] Ein nicht unbegründeter Verdacht.

Nach Tsushima war Russlands Lage verzweifelt, das Zarenreich benötigte dringend frisches Kapital. Die Pariser Börse hatte tiefere Taschen und war verlässlicher als die Berliner Banken,[47] zudem war sie seit jeher die Hauptquelle, aus der Russland seine finanzielle Unterstützung bezog. Die Geheime Elite drohte, den Geldhahn abzudrehen, bis der Zar wieder zur Vernunft kam. Und so geriet die Möglichkeit, Europa auf einen friedlicheren Kurs zu steuern, schon vor der ersten Hürde ins Straucheln. Entsprechend enttäuscht war Kaiser Wilhelm. Zar Nikolaus ruderte zurück, deshalb wurde das Abkommen niemals Wirklichkeit. Daran konnte auch die bittere Mahnung Wilhelms nichts ändern: »Wir schüttelten uns die Hände und unterschrieben vor Gott, der unsere Schwüre hörte.«[48]

Der Kaiser lag absolut richtig: Jede Nation kam der Geheimen Elite als Marionette gelegen, und Russland war den britischen Machenschaften erlegen. Dem Land wurde ein anderer Vertrag aufgezwungen – einer, der nicht dem Land selbst oder dem Frieden in Europa dienen sollte, sondern der Geheimen Elite als Vorbereitung darauf, Deutschland zu vernichten.

Um ein Haar hätte der angeschlagene Zar die falsche Hand ergriffen, die man ihm reichte. Nachdem eine Katastrophe nur knapp verhindert werden konnte, ging die Geheime Elite mit neuer Konzentration ans Werk. In den Straßen von Sankt Petersburg mehrten sich die beunruhigenden Anzeichen für einen bevorstehenden Volksaufstand, am Blutsonntag waren vor dem Winterpalast Demonstranten niedergemetzelt worden, und dennoch begann König Edward, den Zaren zu umwerben. Das Ziel war ein Bündnis von Großbritannien, Frankreich und Russland gegen das Deutsche Reich. Der König höchstpersönlich lud die russische Marine zum Besuch in Portsmouth ein, Offiziere und Matrosen wurden nach London gebracht und dort fürstlich bewirtet und ins Theater eingeladen. Die gefügige Presse berichtete ausführlich, mit welcher Wärme jubelnde Londoner die russischen Seeleute begrüßten. Die *Times* sprach davon, dass nach der *Entente cordiale* mit Frankreich eine Wiederannäherung an Russland natürlich und unvermeidlich sei.[49] In Vorbereitung auf das Bündnis mit Russland wurde die britische Öffentlichkeit weichgekocht, während der russische Bär mit Honig in die Falle gelockt wurde.

Der Honig war eine Zusage, die die Geheime Elite niemals einhalten wollte: Sobald der Krieg gegen Deutschland erfolgreich geschlagen wäre, würde man dem Zarenreich die Kontrolle über Konstantinopel und die Dardanellen überlassen.[50] Das war Russlands Heiliger Gral, sein »historischer Auftrag«. Freie Fahrt durch die Meerenge exklusiv für seine Kriegsschiffe – danach sehnte sich Russland seit Langem.[51] Seit den Zeiten von Katharina der Großen hatten Russlands Herrscher begierig ein Auge auf Konstantinopel geworfen. Endlich ein Warmwasserhafen, endlich unbegrenzter Zugang zum Mittelmeer! Die

Kontrolle über Konstantinopel versprach Zugang zu ungeahnten Möglichkeiten für Handel, Wohlstand und Eroberung.

Nicht nur weil die Öffentlichkeit Sturm gelaufen wäre, erwähnte der Vertrag von Sankt Petersburg, der am 31. August 1907 unterzeichnet wurde, Konstantinopel oder die Dardanellen mit keinem Wort, sondern nur Persien, Afghanistan und Tibet. Den französischen Revanchisten wurde als Karotte Elsass-Lothringen vor die Nase gehalten, bei den Russen war es die Kontrolle über die Dardanellen. Noch ein Beispiel für eine Geheimvereinbarung, von der weder Parlament noch Bevölkerung wussten; noch ein falsches Versprechen, das einzuhalten die Briten niemals die Absicht hatten.

Der russische Diplomat Alexander Iswolski hatte bei der Vorbereitung des Abkommens so hervorragende Leistungen gezeigt, dass er 1906 einen enormen Karrieresprung machte – von einem vergleichsweise unbedeutenden Posten in Kopenhagen zum Außenminister in Sankt Petersburg. Es war eine spektakuläre Beförderung und zudem eine, die ohne Beziehungen und Einfluss niemals möglich gewesen wäre. Ganz offenbar hatte er in den Wochen und Monaten nach Björkö der Geheimen Elite seinen Wert gezeigt, und ihre finanzielle Dankbarkeit garantierte, dass er auf Kurs blieb. Der Geheimbund hatte Iswolski in der Tasche. Er war bankrott gewesen und entsprechend auch nicht reich genug, um seine eigene Karriere voranzutreiben. Der König brachte Iswolski in direkten Kontakt zu Sir Arthur Nicolson,[52] der inzwischen nicht mehr in Spanien, sondern als Botschafter in Sankt Petersburg eingesetzt war, und fortan genoss der russische Diplomat ein Patronat, dessen Ursprung er nie so recht begriff.[53] Schlagartig stand er gut betucht da, hatte Zugriff auf Mittel der Geheimen Elite und arbeitete nicht nur an seinen, sondern auch an ihren Zielen. Neben der guten alten Bestechung wirkte sich hier auch der Umstand, dass Iswolski ebenfalls eine Einkreisung Deutschlands befürwortete, positiv auf die Zusammenarbeit aus.[54]

Im Laufe dieser Geschichte werden noch weitere Personen auftauchen, deren Dienste und Loyalität erkauft wurden.

Die Unterzeichnung des Vertrags von Sankt Petersburg wurde auf einen Termin gelegt, zu dem das Parlament in der Sommerpause war – ein beliebter Schachzug für außenpolitische Angelegenheiten und natürlich auch ein guter Weg, um den »Schreihälsen« die Möglichkeit zu nehmen, ihren Widerspruch zu äußern. Die offiziellen Bedingungen des Vertrags wurden erst am 25. September publik gemacht, vorab informierte Journalisten hatten also ausreichend Zeit, der Frage nachzugehen, ob die Vereinbarung mit Russland für das Empire von Vorteil sei. Die Antwort darauf fiel positiv aus.

Zentraler Bestandteil des Vertrags war die Teilung Persiens. London erhielt einen klar definierten Machtbereich rund um Basra und den Persischen Golf. Auf den ersten Blick karges Land, in Wahrheit jedoch eine Goldgrube, wie die

Eröffnung der Ölfelder sechs Jahre später zeigen sollte. Das britische Interesse am Golf lag begründet in Handel, Öl, der Kontrolle über den Sueskanal und den Weg nach Indien und darin, Russland von einem Warmwasserhafen fernzuhalten. Die Unterhändler des *Foreign Office* sicherten sich jeden nur möglichen Vorteil und gaben im Gegenzug Versprechen ab, die sie niemals einzuhalten gedachten. Dass man ein Netz um Deutschland zog, wurde nirgendwo erwähnt. Unter anderen Umständen hätte Russland wahrscheinlich dankend abgelehnt, aber der Krieg gegen Japan hatte das Zarenreich ruiniert; man benötigte dringend Investitionen und sah keine andere Möglichkeit, Zugang zu einem eisfreien Hafen zu bekommen. Die Geheime Elite hatte Russland genau da, wo sie das Land haben wollten – auf den Knien. Nun konnte man dem Land als vermeintlich guter Samariter wieder auf die Beine helfen.

Ein Bündnis mit Russland – egal wie unbestimmt – war in vielen britischen Gesellschaftsschichten höchst unpopulär. Lord Curzon, Mitglied im inneren Kreis der Elite, scherte das nicht. Im Oberhaus verteidigte er die liberale Regierung und ließ sich sogar zu der Aussage verleiten, aus seiner Sicht sei das alles ganz natürlich.[55] Seine Behauptung war selbstsüchtig und lachhaft: »Meiner Ansicht nach gibt es keine Vereinbarung, die für diese Kammer oder die Nation leichter zu akzeptieren wäre als eine Vereinbarung mit Russland.«[56] So eine unglaublich verlogene Aussage konnte wohl wirklich nur ein Mitglied der Aristokratie oder der Geheimen Elite von sich geben. Für unvoreingenommene Menschen waren der Zar und sein brutales Regime ein absolutes Gräuel.

Zusammenfassung von Kapitel 5: Der Bär wird gezähmt

- Dass Großbritannien 1902 ein Bündnis mit Japan einging, sorgte bei den Großmächten für Erstaunen.
- Die Briten unterstützten ihren neuen Verbündeten mit dem Bau moderner Schiffe für die Kaiserlich Japanische Marine und mit riesigen Darlehen, mit deren Hilfe Japan den Ausbau seiner Industrie vorantreiben konnte.
- Um britische und japanische Interessen in Fernost zu schützen, stachelte die Geheime Elite Japan zum Angriff auf Russland auf.
- Von 1904 bis 1905 tobte ein brutaler Krieg, in dessen Verlauf Japan die russischen Streitkräfte in Fernost dezimierte.
- Ein Zwischenfall an der Doggerbank, bei dem britische Fischer in Mitleidenschaft gezogen wurden, sorgte in Großbritannien für einen Sturm der Entrüstung. Die Geheime Elite musste eingreifen und die Medien beruhigen.
- Russland sollte aus Fernost verschwinden und vor allem nicht Indien näherkommen, aber langfristig war die Geheime Elite darauf aus, das Zarenreich zu einem Bündnispartner gegen Deutschland zu machen.

- Kaiser Wilhelm II. hätte dies um ein Haar verhindert, als Zar Nikolaus II. und er im Juli 1905 in Björkö ein Geheimabkommen unterzeichneten. Der Vertrag hätte die Pläne der Geheimen Elite durchkreuzt.
- Die Geheime Elite musste nun ihre gesamte diplomatische, wirtschaftliche und politische Macht in die Waagschale werfen, um das Bündnis von Russland und Deutschland zu verhindern, bevor es publik und ratifiziert werden konnte.
- 1905 unterzeichneten Briten und Japaner ein zweites Abkommen, das dafür sorgte, dass Japan direkt für den Schutz Indiens verantwortlich war.
- Großbritannien hatte, wie Kaiser Wilhelm richtig anmerkte, die Japaner dazu benutzt, die russische Bedrohung im Osten auszuschalten. Mit Frankreich hatten die Briten dasselbe vor, nur dass hier Deutschland das Ziel war.
- Russland war traditionell darauf aus, Zugang zu einem eisfreien Hafen zu erlangen. Die Geheime Elite wusste das, deshalb köderten sie die Russen mit der Kontrolle über Konstantinopel und die Dardanellen. Der Vertrag von Sankt Petersburg drehte sich offiziell um Persien, ebnete in Wirklichkeit aber den Weg für ein gegen das Deutsche Reich gerichtetes britisch-französisch-russisches Bündnis, die sogenannte Tripelentente.
- Alexander Iswolski half König Edward und der Geheimen Elite dabei, das Björkö-Abkommen platzen zu lassen. Das brachte ihm die Beförderung zum russischen Außenminister ein.
- Iswolski war zuvor bankrott gewesen, aber fortan wurde er – über den Umweg des britischen auswärtigen Dienstes – von der Geheimen Elite finanziert.

6

Wachwechsel

KÖNIG EDWARD UND die Geheime Elite waren eifrig damit beschäftigt, strategische Bündnisse zu schmieden. Arthur Balfour fiel unterdessen eine weniger erfreuliche Aufgabe zu – er hatte das Pech, sein Amt als Ministerpräsident kurz nach Ende des unbeliebten Burenkriegs antreten zu müssen. Außenpolitisch blieb seine Regierung voll und ganz auf dem Kurs, den die Geheime Elite vorgegeben hatte, aber innenpolitisch war das Kabinett gespalten, was eine Zollreform und diverse weitere Themen anbelangte. Balfours *Tories* verloren regelmäßig Nachwahlen, und die sehr lautstarke und sehr selbstbewusste liberale Opposition scharrte mit den Hufen, ungeduldig auf die Möglichkeit wartend, selbst an die Macht zu kommen.

Das Modell der britischen Demokratie mit seinen regelmäßigen Wahlen und Regierungswechseln galt stets als Sicherheitsnetz gegen Despoten, doch das war es nie. 1884 wurde das Wahlrecht reformiert. Nun konnten auch erwachsene Hauseigentümer und Männer wählen, die für mindestens zehn Pfund im Jahr Unterkunft mieteten oder Land im Wert von zehn Pfund besaßen. Doch schätzungsweise 40 Prozent der Männer blieb das Wahlrecht weiterhin verwehrt,[1] und Frauen durften ohnehin nicht wählen. Andere Männer dagegen konnten ihre Stimme doppelt abgeben – einmal dort, wo sie ihren Geschäftsstand hatten oder studierten, und einmal unter ihrer Heimatadresse. Die herrschende Klasse hielt alle Trümpfe in der Hand und machte aus ihrer Verachtung für die armen Massen keinen Hehl. Oder wie es Francis Neilson, liberaler Abgeordneter im Unterhaus, formulierte:

> *Ende 1905 hätte sich Diogenes schwergetan, ein anderes Land unter der Sonne zu finden, in dem die Armen und Schwachen derart von der herrschenden Klasse verachtet wurden … Arbeiter in der Landwirtschaft erhielten zwischen zwölf und 16 Schilling pro Woche, Bergarbeiter lebten in Bruchbuden.*[2]

Abgesehen von einigen wenigen Sozialisten, die von den Gewerkschaften finanziert wurden, saßen im Unterhaus ausschließlich Gutbetuchte, was mit den Amtskosten zu tun hatte und damit, dass Abgeordnete vor 1911 keinen Lohn erhielten. Jeder Kandidat für das Parlament musste die Summe von 150 Pfund hinterlegen, was damals mehr Geld war, als die meisten britischen Familien innerhalb eines Jahres verdienten, und etwa doppelt so viel wie das durchschnittliche Jahresgehalt eines Polizisten.[3]

Seit 1866 waren Konservative und Liberale von derselben Handvoll Leute dominiert worden – einem halben Dutzend Familien, deren Verwandte und Verbündete, dazu der gelegentliche Neuzugang mit dem »richtigen« Lebenslauf.[4] Meistens wurden derartige Neuzugänge in Elitebildungsstätten wie Oxfords *Balliol* oder *New College* oder dem *Trinity College* in Cambridge rekrutiert. Erwies er sich als nützlich, wurde der talentierte Neuling normalerweise mit einer Tochter aus einer der Herrscherfamilien verheiratet.[5] Künftige Hoffnungsträger zu identifizieren wurde bei der Geheimen Elite zu einer echten Kunstform. Vielversprechende Talente wurden auf Posten gesetzt, wo sie die Arbeit der Elite erledigen konnten. Gleichzeitig wurden die jungen Männer langsam, aber sicher durch die Zustimmung, die ihnen aus dem Establishment entgegenschlug, und durch ihre beruflichen Erfolge eingefangen.

Als die *Tories* 1905 vor dem Machtverlust standen, hatte die Geheime Elite sich längst festgelegt, welche liberalen Politiker sie in einflussreichen Positionen sehen wollte – zuverlässige und vertrauenswürdige Männer, die unerschütterlich ans Empire glaubten. Herbert Asquith, Richard Haldane und Edward Grey waren die Männer, auf die Milners Wahl fiel, sie waren die »Objekte seines besonderen Augenmerks«.[6] Regelmäßig schrieb er ihnen aus Südafrika, kam mit ihnen insgeheim zusammen, als er 1901 auf Heimaturlaub war, und hielt sie von sich aus über seine politischen Programme auf dem Laufenden.[7] Sie wurden als Team herangezogen, aber Haldane antwortete am häufigsten und stand – wie so viele andere – stark unter Milners Einfluss. Während des Burenkriegs schrieb er Milner: »Sagt uns, wie wir handeln sollen … und ich werde mein Möglichstes tun. Ich habe uneingeschränktes Vertrauen in Euer Urteilsvermögen.«[8] Es stand nie außer Frage, wer hier die Kontrolle hatte.

Ihr Auftrag war klar: Die Liberalen hatten nahtlos die Außenpolitik fortzusetzen, die auf das große Ziel hinsteuerte: Krieg mit Deutschland. Diese drei Männer hatten mehr mit ihren Widersachern bei den *Tories* gemein und fügten sich dort auch besser ein als bei vielen ihrer Fraktionskollegen.[9] Ihre Verbindungen innerhalb der Geheimen Elite waren tadellos. Mit ihrem guten Freund Arthur Balfour teilten sie den universitären Hintergrund, beim inneren Kreis der Geheimen Elite gingen sie ein und aus. Sie waren Mitglieder in exklusiven Diningclubs wie *The Club* oder dem *Grillion's*, die eine wichtige Rolle spielten bei der Entstehung des Netzwerks, das die britische Vormachtstellung forcierte.

Herbert Asquith hatte das *Balliol College* in Oxford besucht und wurde von Lord Rosebery protegiert. Dessen Einfluss und Schirmherrschaft ließen ihn aufblühen. 1886 wurde Asquith ins Unterhaus gewählt, von 1892 bis zur Wahlniederlage der Liberalen 1895 war er Innenminister unter Gladstone und später Rosebery.

Anhand von Asquiths Privatleben lässt sich perfekt aufzeigen, wie innerhalb der Geheimen Elite Ehen geschlossen wurden, wie ihre Mitglieder miteinander verkehrten und wie sie ihren eisernen Griff um die britische Außenpolitik wahrte. Die erste Generation, mit der Cecil Rhodes direkten Umgang pflegte, gehörte ins 19. Jahrhundert und wurde von den Lords Salisbury und Rosebery dominiert. Als Anfang des 20. Jahrhunderts die nächste Generation an die Macht kam, waren darunter viele Gesichter, die in diesem Buch bereits als Agenten oder Mitglieder der Geheimen Elite identifiziert wurden. Asquith war mit Alfred Milner in *Balliol* gewesen und pflegte viele Jahre lang engen Kontakt mit ihm. Vier Jahre lang nahmen sie ihre Mahlzeiten praktisch jeden Tag gemeinsam ein, und als junge Anwälte trafen sie sich in den 1880er Jahren jeden Sonntag zum Essen.[10]

Asquiths erste Frau starb 1891 an Typhus und hinterließ ihm fünf junge Kinder. 1894 heiratete er Margot Tennant, die freigeistige Tochter von Sir Charles Tennant – Vorstand der *Nobel Dynamite Trust Company*, eines Unternehmens, das ab 1909 im westschottischen Ardeer über die weltgrößte Anlage zur Sprengstoffproduktion verfügte. Arthur Balfour war einer seiner engsten Freunde und Trauzeuge bei seiner Hochzeit mit Margot. Selbst als beide der Führungsriege zweier sich offiziell unversöhnlich gegenüberstehender Parteien angehörten, war Balfour regelmäßig bei den Asquiths zum Essen. Wiederholt scherzte er, er gönne sich ein Champagnerdinner bei den Asquiths, bevor er ins Unterhaus gehe, um seinen Gastgeber verbal anzugehen.[11] Witzig, aber es zeigt doch auch die Scheinheiligkeit, mit der man sich im Parlament beharkte, denn wenn es um die Belange der Geheimen Elite ging, aßen beide vom selben Teller.

In ihrer Autobiografie gab Margot Tennant an, sie habe Balfour von Ägypten aus geschrieben, wo sie vor ihrer Hochzeit mit Asquith eine kurze Affäre mit Alfred Milner hatte. In dem Brief an Balfour bat sie, Milner nach Großbritannien zurückzuholen und ihm die Finanzbehörde zu überantworten. Tennant war Mitglied einer Landhaus-Clique aus Oberschicht-Persönlichkeiten, darunter viele mit direkten Verbindungen zur Geheimen Elite, beispielsweise George Curzon, Saint John Brodrick, Alfred Lyttelton und eben auch Asquith. Insofern hatte sie viele gemeinsame Freunde mit Milner. Die Gruppe war bekannt dafür, »von einem großen Landhaus zum nächsten zu rauschen oder von einem spektakulären gesellschaftlichen Ereignis zum nächsten, das im Stadthaus einer ihrer Familien stattfand«.[12]

Asquith, Haldane und Grey standen Milner politisch, intellektuell und gesellschaftlich nahe,[13] und selbst als die *Tories* von 1905 bis (praktisch) 1915 nicht an der Macht waren, bestimmte Milner auch weiterhin den Kurs des *Foreign Office*. Ihm war egal, wer den Premierminister stellte – die Geheime Elite handelte »ganz so, als ob sie an der Macht sei«.[14]

Balliol-Mann Edward Grey hatte 1892 als Ministerialrat gedient, während Rosebery im Außenministerium tätig gewesen war. Der verstorbene Vater Greys war königlicher Kammerherr gewesen und regelmäßig mit Edward ins Ausland gereist, als dieser noch Prince of Wales war. Grey selbst war Edwards Patenkind und verfügte entsprechend über beste Verbindungen zur königlichen Familie.

Asquith und Grey waren vertrauenswürdig und standen dem König nahe. Schon 1890 hatten sie sich mit Lord Rosebery verschworen, langfristig die Liberale Partei zu übernehmen, und zwar im Namen der liberalen Imperialisten.[15] In den inneren Machtzirkel der Geheimen Elite kamen die Männer auf dem üblichen Weg – durch Mentoren und indem sie ihren Wert unter Beweis stellten. Gegenüber Rosebery, der Monarchie und dem Empire waren sie vollkommen loyal.

Anders verlief der Aufstieg zu politischen Würden bei Richard Haldane, aber auch dieser Fall bietet faszinierende Erkenntnisse darüber, wie die Geheime Elite sich ihre politischen Handlanger heranzog. Richard Burdon Haldane entstammte einem kleinen schottischen Landadelsgeschlecht aus Cloan bei Gleneagles. Er schloss sein Studium an der Universität Edinburgh mit Auszeichnung ab, nachdem er eine Weile in Göttingen Philosophie studiert hatte und seitdem fließend Deutsch sprach – eine Fähigkeit, die sich als sehr wichtig erweisen sollte. Doch zunächst begann seine Karriere eher unspektakulär, nachdem er 1879 in London zum Anwalt zugelassen worden war. Dort lernte er einen talentierten Anwalt namens Herbert Asquith kennen und freundete sich mit ihm an. Das eröffnete ihm Türen, die ansonsten vielleicht ewig verschlossen geblieben wären. Haldane kandidierte für die Liberalen in East Lothian und wurde ins Unterhaus gewählt. Der talentierte, intellektuelle und sympathische junge Mann wurde ein guter Freund von zwei aufstrebenden Talenten der Regierung Rosebery: Asquith und dem zurückhaltenderen Edward Grey. Dieses Triumvirat sollte letztlich die Geheime Elite zum ersehnten Krieg mit Deutschland führen.

Der Hinterbänkler Haldane war ein schlechter Redner. Grey und Asquith wurden von Gladstone in die Regierung berufen, Haldane nicht. Zu diesem Zeitpunkt erweiterte sich der Kreis seiner politischen Freunde und Bekannten um Geheimbündler in den Reihen der Konservativen: Arthur Balfour, Lord Curzon, George Wyndham und Alfred Lyttelton.[16] Die Geheime Elite zog ihn immer stärker ins Vertrauen, 1894 wurde er schließlich dem Prince of Wales vorgestellt. Zwischen den beiden Männern entstanden ein Vertrauen und eine

Loyalität, die im ersten Jahrzehnt des neuen Jahrhunderts durch regelmäßige Diners noch vertieft wurden. Haldane war ein durch und durch ergebener Diener des Königs.

Als weiterer Beleg dafür, dass Haldane »dazugehörte« und dass man ihm vertraute, kann die lange Freundschaft dienen, die die Rothschilds mit ihm pflegten. Er bezeichnete sich selbst als »sehr intimer Freund« von Lord und Lady Rothschild, für seine Wochenendbesuche stand ihm dauerhaft ein Zimmer in Tring zur Verfügung.[17] Wie eng die Bande zwischen Haldane und dem Haus Rothschild waren, lässt sich auch daran ersehen, dass Haldane wiederholt nach Paris reiste und dort Zeit mit Lady Rothschilds Schwestern verbrachte und deren grenzenlose Gastfreundschaft genoss.

Während sich das 19. Jahrhundert dem Ende zuneigte, hätten sich die Liberalen beinahe selbst zerfleischt. Es herrschte Bürgerkrieg zwischen den aggressiven »Imperialisten« um Asquith, Grey und Haldane auf der einen Seite und den Kriegsgegnern auf der anderen Seite, wobei diese an der Basis stets die Mehrheit stellten. Die Parteiführung war angeschlagen und trat unter Protest zurück. Sie klagte, die Partei »sei von gefährlichen außenpolitischen Doktrinen infiziert«.[18] Das stimmte, aber niemand konnte absehen, wie weitreichend und wie schwerwiegend die Infektion sein würde. Haldane bemühte sich wiederholt, Lord Rosebery zur Rückkehr an die vorderste Front der Partei zu bewegen, doch vergeblich: Die Partei wählte den Kriegsgegner Henry Campbell-Bannerman zum Vorsitzenden. Haldane stand ihm in unerschütterlicher Opposition gegenüber.

Als Campbell-Bannerman erklärte, am Burenkrieg seien Joseph Chamberlain und Alfred Milner schuld, schätzte er völlig falsch ein, wie sehr Asquith, Grey und Haldane Milner zur Seite standen. Das sei nur eine »perverse Balliol-Solidarität«, urteilte Campbell-Bannerman, bei der es »eine unverzeihliche Sünde« sei, Milners Politik zu kritisieren oder auch nur anzuzweifeln. Milner sei der »Erzübeltäter«, was den Burenkrieg anbelange, aber »wir kommen nicht an ihn heran«, so ein verbitterter Campbell-Bannerman.[19] Die Geheime Elite schützte die Ihren immer, egal welche Partei gerade die Macht innehatte. Campbell-Bannerman lag goldrichtig: Milner war unantastbar.

Wenn Richard Haldane so enttäuscht von Campbell-Bannerman und der Liberalen Partei war und seine politischen Sympathien ohnehin doch eher bei den *Tories* zu liegen schienen, warum wechselte er dann nicht einfach die Seiten? Er war halt für die Geheime Elite als Liberaler nützlicher. Haldane galt dem Geheimbund als wertvolle Trumpfkarte. Milner zog ihn für das Amt des Hochkommissars in Südafrika in Betracht, doch stattdessen steckte man ihn in einen Regierungsausschuss zu Rüstungsfragen.

Die Presse schrieb viel über den schlechten Zustand der britischen Armee, und 1902 war sich die Öffentlichkeit schließlich einig, dass man die Probleme angehen musste. Für Erstaunen sorgte bei Beobachtern, dass die ernsthaftesten Vorschläge ausgerechnet von Haldane kamen, einem Mitglied der gegen den Krieg eingestellten Liberalen.[20] Dass man Haldane ins Kriegsministerium gesteckt hatte, bevor die Liberalen an die Macht gelangten, war ein sehr cleverer Schachzug der Geheimen Elite. So konnte er sich mit den Abläufen im Ministerium vertraut machen und Beziehungen zu ranghohen Militärs knüpfen, die eine sehr hohe Meinung von ihm hatten.

Im August 1902 berief der König Haldane in den Geheimen Kronrat[21] – ein ungewöhnlicher Karrieresprung für einen Hinterbänkler, der nie zuvor ein Amt innehatte.[22] Aber er war ein Mann des Königs, genau wie Lord Esher. Im Januar 1905, fast exakt ein Jahr bevor die Liberalen an die Macht kamen, lud König Edward Haldane nach Windsor Castle ein, um mit ihm über außenpolitische Pläne und die Neuordnung der Armee zu sprechen. König und Hinterbänkler – was für ein seltsames Paar!

Haldanes Verhältnis zu Alfred Milner, Lord Esher und König Edward war außergewöhnlich eng.[23] Die anderen wichtigsten politischen Schachfiguren der Geheimen Elite – Balfour, Lansdowne, Asquith und Grey – tauschten untereinander und mit dem König die geheimsten Geheimnisse ihrer jeweiligen Parteien aus, ständig wurde in Fragen der Außenpolitik und des großen Plans beraten, denn hier lag ihre wahre Ergebenheit, nicht bei den Parteien. Sie waren dem König verpflichtet, dem Empire, Milners Traum, Rhodes' Erbe. Sie mussten sich mit denselben Problemen auseinandersetzen, spielten dieselben Alternativen durch und gelangten zu derselben Schlussfolgerung: Deutschland musste gebrochen werden.

Als Balfour von seinem Amt als Premierminister zurücktreten wollte, informierte er Grey, Asquith und Haldane deutlich früher als seine eigene Partei, damit diese sich eine politische Strategie zurechtlegen konnten. Balfours Rücktritt brachte ein ganz unmittelbares Problem mit sich: Sir Henry Campbell-Bannerman. Der Mann, der künftig England regieren würde, wusste nichts von der Geheimen Elite. Er war ein Radikaler, ein Kriegsgegner, der Sohn eines Tuchhändlers aus Glasgow.[24] Kurz: Er gehörte nicht dazu. Doch Campbell-Bannerman war auf politischen Wandel aus und wusste die überwältigende Mehrheit seiner Partei hinter sich.

Es stand außer Frage, dass Campbell-Bannerman die Liberalen an die Regierung bringen würde, aber die Geheime Elite beriet sich trotzdem mit ihren Vertrauensleuten, wie man Einfluss und Macht Campbell-Bannermans von innen heraus untergraben könnte. Asquith, Grey und Haldane erwiesen sich als Verschwörer, die gut ins alte Rom gepasst hätten. Im September 1905 trafen sie sich in Greys privater Angelhütte in Relugas, einem abgelegenen Dorf im Norden Schottlands, und machten sich daran, Campbell-Bannerman abzusägen. Seine beißende Kritik an Lord Milner hatten alle drei genau wie Milner selbst als sehr verletzend empfunden. Die drei einigten sich auf eine Forderung: Wenn Campbell-Bannerman nicht zustimmte, ins Oberhaus zu wechseln und Asquith die Führung der Liberalen im Unterhaus zu überlassen, würden alle drei die Mitarbeit in seinem Kabinett verweigern.[25] Haldane als stetiger Antreiber dieses Triumvirats[26] schrieb sofort an den Privatsekretär des Königs: Würden er, Grey und Asquith nicht dem liberalen Kabinett angehören und von innen heraus Einfluss auf die politische Ausrichtung nehmen können, wäre das gesamte Vorhaben in Gefahr. Drei Wochen später wurde Haldane zu einem Treffen des inneren Zirkels nach Balmoral einbestellt. Neben dem König waren Arthur James Balfour, Nochpremier und Parteivorsitzender der *Tories*, Außenminister Lord Lansdowne und, wie immer, Lord Esher anwesend. Im Anschluss an das Treffen schrieb ein triumphierender Haldane an Asquith: Der Relugas-Plan sei »in all seinen Details vollkommen abgesegnet« und »wir haben uns sehr herzliche und mächtige Unterstützung gesichert«.[27]

Die Geheime Elite hatte soeben eine erstaunliche Verschwörung abgesegnet, die das Ziel hatte, die Pläne der Liberalen für Frieden und eine Senkung der Rüstungsausgaben zunichtezumachen. Sie hatten einen Anschlag auf den demokratischen Prozess abgesegnet, den Versuch abgenickt, den Anführer der Liberalen aus dem Spiel zu nehmen und die Kontrolle über die Außenpolitik der nächsten Regierung an sich zu reißen.

Es erscheint unglaublich: Hier saßen die zwei ranghöchsten *Tories* mit dem König und einem Lord ohne Amt beisammen und legten fest, wie das liberale Kabinett aussehen würde. Was hätten die liberalen Parteimitglieder wohl gedacht, hätten sie gewusst, dass drei ihrer ranghöchsten Kollegen sich insgeheim gegen die Ziele ihrer Partei verschworen hatten? Wie hätten sie sich gefühlt, hätten sie gewusst, dass der Anführer der Konservativen, also ihr politischer Widersacher, engstens eingebunden war? Der künftige Premierminister Campbell-Bannerman hatte keine Ahnung, dass die Loyalität seiner »loyalen« Kollegen ganz woanders lag.

Die »Drei von Relugas« hatten geschworen, sie würden nicht unter Campbell-Bannerman dienen, aber der König betonte, wie wichtig es sei, dass die Männer als Auserwählte der Geheimen Elite dem liberalen Kabinett angehörten. Auf Anraten von Lord Esher bat der König höchstpersönlich Haldane, das Kriegsministerium zu übernehmen.[28] Dann bearbeitete König Edward Campbell-Bannerman – er solle doch ins Oberhaus gehen und die Kontrolle über das Unterhaus Asquith, Grey und Haldane überlassen. Beinahe hätte Campbell-Bannerman eingelenkt, aber seine Frau brachte ihn durch ihre Entschlossenheit davon ab. Das Triumvirat war mit seinen Plänen vorerst gescheitert. Als Kompromiss stimmten die drei Männer zu, Campbell-Bannerman zu unterstützen, wenn dieser Asquith zum Schatzkanzler, Grey zum Außenminister und Haldane zum Kriegsminister machen würde. Auf diese Weise wäre Kontinuität garantiert. Die Außenpolitik würde in getreuen Händen liegen und unter den aufmerksamen Blicken der Geheimen Elite konnte man damit beginnen, das Kriegsministerium völlig neu aufzustellen. Mit Grey und Haldane in Schlüsselpositionen hatte die Geheime Elite auch weiterhin die politische Oberhoheit im *Committee of Imperial Defence.* Damit würden nur die Kabinettsmitglieder, die dem Geheimbund angehörten, voll und ganz überblicken können, wie weit die Kriegsvorbereitungen gediehen waren.

Und das Schönste daran: Die Liberale Partei war so sehr an grundlegenden gesellschaftlichen Reformen interessiert, dass man Edward Grey im Außenministerium einfach machen ließ. Parlamentarische Demokratie, ha! Die Geheime Elite dürfte vor lauter Lachen fast ihren Champagner verschüttet haben. Viele Monate bevor Arthur Balfour seine Kollegen über seinen Rücktritt informierte, war der komplette Schlachtplan fertig und beschlossen. Im Dezember 1905 machte er seine Absichten publik, und der König lud umgehend Campbell-Bannerman zu sich ein, damit dieser seine liberale Regierung bilde. Und – welch Überraschung! – Grey, Asquith und Haldane wurden ins Kabinett berufen, noch dazu auf exakt die Posten, die sie eingefordert hatten. Die Geheime Elite hatte alle Männer des Königs in Position gebracht.

Die Liberale Partei war im Dezember 1905 zur Regierungsbildung aufgefordert worden, ohne dass Wahlen vorausgegangen wären. Diese wurden für 1906 angesetzt. Die Abgeordneten gingen zurück in ihre Wahlkreise, aber die »Drei von Relugas« wollten nichts dem Zufall überlassen. Angestachelt von der Marokko-Krise, verschwendeten sie keine Zeit.

Mitten im Wahlkampf und ohne vorherige Absprache mit dem Premierminister (ganz zu schweigen vom Kabinett) gaben Grey und Haldane grünes Licht: Gemeinsam würden französische und britische Vertreter aus Marine und Heer die Planungen für einen Krieg gegen Deutschland vorantreiben. In der Vorgängerregierung hatte das von der Geheimen Elite dominierte *Committee of Imperial Defence* einen permanenten Unterausschuss eingerichtet. Dort wurden Pläne für gemeinsame Marine- und Heeresaktivitäten ausgearbeitet.[29]

Unter der Schirmherrschaft dieses streng geheimen Gremiums hatte Lord Lansdowne »Militärgespräche« mit Frankreich genehmigt, bei denen es um einen möglichen sofortigen Krieg gegen das Deutsche Reich gehen sollte. Frankreichs Botschafter Cambon war sehr besorgt, dass die neue liberale Regierung, die ja sehr gegen Krieg eingestellt war, Lansdownes Kurs nicht fortsetzen würde. Sir Edward Grey hatte sich noch nicht dazu geäußert, und im Quai d'Orsay machte sich leichte Panik breit. Würde Großbritannien den eingeschlagenen Weg weiterhin verfolgen und sich an alles halten, was Delcassé versprochen worden war? Als der Kriegsberichterstatter der *Times,* Charles Repington, Grey von der Stimmung im französischen Außenministerium berichtete, gab dieser ihm eine Botschaft für die Franzosen mit: »Ich weiche nicht von dem ab, was Lord Lansdowne gesagt hat, und werde nicht zögern, dies zu bestätigen.«[30] Nach dieser Rückversicherung dinierte Repington mit General Grierson, CID-Mitglied und Leiter der militärischen Operationen. Dieser sagte dem Reporter, Großbritannien könne innerhalb von 13 Tagen zwei Divisionen im belgischen Namur stehen haben.[31]

Wer war dieser Repington, dieser Journalist? Wieso war ein Kriegsberichterstatter der *Times* aktiv in die geheimsten Geheimnisse der britischen Außenpolitik involviert? Der *Eton*-Absolvent und ehemalige Offizier Repington war entlassen worden, nachdem er sich mit der Frau eines anderen Offiziers ungebührlich aufgeführt hatte. Später holte ihn George E. Buckle, ein enger Vertrauter Milners und der Geheimen Elite, zur *Times*.[32] Professor Quigley wies nach, dass die *Times* das Sprachrohr der Geheimen Elite war und seit den 1890er Jahren vom Geheimbund kontrolliert wurde.[33] Nun zeigte sich, dass die *Times* durch ihren Kriegskorrespondenten direkt in die geheimen Machenschaften des Außenministeriums involviert war. Wie konnte es sein, dass ein Journalist mehr über die streng geheimen Absprachen zwischen Großbritannien und Frankreich wusste als der künftige Premierminister?

Das endgültige Wahlergebnis stand noch aus, da informierte General Grierson den belgischen Stabschef in Brüssel, dass die britische Regierung bereit sei, »vier Kavalleriebrigaden, zwei Armeekorps und eine Division berittene Infanterie« in Belgien zu stationieren. Deren ausdrückliche Aufgabe: einen deutschen Vormarsch zu stoppen.[34]

Britische Truppen in Belgien? Was war denn nun los? Ab 1905 waren die engen militärischen Verbindungen zu Belgien eines der am strengsten gehüteten Geheimnisse. Selbst in privilegierten Kreisen wussten nur sehr wenige davon. Als Leiter der militärischen Operationen und als CID-Mitglied nahm General Grierson am 26. Juli 1905 an der CID-Sitzung mit Lord Roberts, Admiral Fisher, Premierminister Arthur Balfour und Kapitän Charles Ottley, dem Leiter des Nachrichtendienstes der Marine, teil. Die Anwesenden beschlossen, dass der spezielle Unterausschuss, der sich um die militärischen Planungen mit Frankreich und Belgien kümmern würde, so geheim sein solle, dass ohne ausdrückliche Zustimmung des Premiers kein Protokoll erstellt oder verschickt werden sollte.[35]

Ein Thema war zudem der Rechtsstatus der belgischen Neutralität. Im Londoner Protokoll hatten die Briten 1839 die Neutralität und Unabhängigkeit Belgiens anerkannt. Ein Geheimmemorandum vom 1. August 1905 enthielt Gladstones Einschätzung, dass das Protokoll nicht bindend sei und dass es »heute mehr denn je« in Großbritanniens Interesse sei, Belgiens Neutralität nicht zu verletzen.[36] Die Bewertung, dass das Londoner Protokoll nicht verbindlich sei, wurde, weil es besser passte, im August 1914 gestrichen.

Grierson bekam Order, die Verbindungen zu Frankreich und Belgien zu vertiefen. Am 16. Januar 1906 leitete er die offiziellen »militärischen Gespräche« mit dem französischen Major Victor Huguet ein und schrieb am selben Tag an Oberstleutnant Barnardiston, den britischen Militärattaché in Brüssel: Sollte es zum Krieg zwischen Frankreich und Belgien kommen, würden die Briten 105 000 Mann nach Belgien entsenden.[37]

Nachdem die Deutschen Brüssel erobert hatten, entdeckten sie in Geheimarchiven Dokumente, die zeigten, dass Belgiens Generalstabschef Generalmajor Ducarne in mehreren Treffen mit dem britischen Militärattaché besprochen hatte, wie britische, französische und belgische Truppen im Falle eines Krieges gegen das Kaiserreich vorgehen würden. Es gab einen detaillierten Plan, wie die britischen Truppen (explizit als »verbündete Armeen« betitelt) übersetzen und abmarschieren würden. Weiter sprach man in den Treffen darüber, den britischen Einheiten belgische Offiziere und Dolmetscher zur Seite zu stellen und wie man »die Verwundeten der verbündeten Armeen« unterbringen und pflegen wolle.[38] Grierson war umfassend informiert und hieß die Vereinbarungen gut, aber die Unterlagen zeigen, dass wiederholt betont wurde, wie wichtig Geheimhaltung sei und dass auf keinen Fall die Presse Wind davon bekommen dürfe.[39] Einige Beobachter behaupteten, die belgische Regierung habe es bei diesen vorläufigen Gesprächen belassen, weil man sich nicht mit dem Deutschen Reich und mit Frankreich überwerfen wolle,[40] aber diese Einschätzung steht im Widerspruch zu anderen Enthüllungen über geheime diplomatische Aktivitäten.

Traditionell pflegten London und Brüssel ein sehr enges Verhältnis. Königin Victoria war eine Lieblingscousine von Belgiens König Leopold II., und Edward VII. begriff, dass man Absprachen zwischen Briten und Belgiern am besten über ihn, Leopold, abschließen sollte. Später zementierte die britische Regierung das gute Verhältnis, indem sie den Belgiern erlaubte, den Kongo-Freistaat zu annektieren. Im Gegenzug bekamen die Briten eine Geheimvereinbarung, über der zwar nicht »Bündnisvertrag« stand, die aber nichts anderes war. König Leopold II. verkaufte die belgische Neutralität für Gummi und Mineralien aus Afrika, und Großbritannien nickte die Besetzung des Kongos im Gegenzug für eine militärische Zusammenarbeit ab, die unter völliger Geheimhaltung erfolgte.

Und so veräußerte Belgien seinen Status als ewig neutrales Land und ging eine militärische Partnerschaft mit Großbritannien ein.[41] Auch wenn es auf den ersten Blick nicht so wirken mag, ist das ein Akt von gewaltiger Bedeutung, was sich zeigen wird, sobald wir Sir Edward Greys schicksalhafte Rede vom 3. August 1914 gründlich analysieren.

In jenen dunklen Januartagen – die Marokko-Krise schwelte noch ungelöst vor sich hin – wurde Sir Edward Grey von einer Wahlkampfveranstaltung in Norfolk zurück nach London gerufen: Lord Esher und Sir George Clarke,[42] ehemaliger Gouverneur des australischen Bundesstaates Victoria, inzwischen erster Sekretär des CID, mussten ihn dringend sprechen. Die Streitkräfte hatten damit begonnen, ihre Planungen für ein gemeinsames Vorgehen gegen das Deutsche Reich abzustimmen, eine Meldung, die Grey »sehr erfreute«.[43] Am 8. Januar schrieb Grey an Haldane und setzte ihn in Kenntnis, dass ein Krieg unmittelbar bevorstehen könnte. Admiral Fisher habe ihm versichert, die Flotte sei in einem so guten Zustand, dass sie »die deutsche Marine jederzeit von den Meeren fegen und in ihre Heimathäfen zurückjagen« könne.[44] Alle waren bereit, auch Kriegsminister Haldane solle sich vorbereiten, so die Schlussfolgerung.

Am 12. Januar kamen sie in Berwick zusammen und fällten eine folgenschwere Entscheidung. Haldane wies Grey an, mit den Franzosen zu sprechen. Künftig sollten militärische Gespräche direkt und offiziell zwischen General Grierson und dem französischen Militärattaché erfolgen.[45] Ein ranghoher Armeeoffizier sollte also mit seinem französischen Gegenüber einen Krieg vorbereiten, und zwar ohne das Wissen oder die Zustimmung von Premierminister, Kabinett, Parlament und britischem Volk. Woher nahmen sie diese Autorität? Es würden doch niemals zwei Männer wagen, das ganze Land auf einen derartigen Kurs zu bringen. Sie mussten doch die Unterstützung einer gewaltigen Macht im Rücken haben. Hatten sie auch: Haldane wusste, dass Esher und das CID das Vorgehen guthießen. Und Esher hätte ganz gewiss den König informiert. Hier hatte zweifellos die Geheime Elite ihre Finger im Spiel.

Parallel zu diesen Entwicklungen führte die Liberale Partei einen leidenschaftlichen Wahlkampf unter dem Motto »Frieden, Senkung der Rüstungsausgaben und mehr Reformen«. Campbell-Bannerman läutete den Wahlkampf mit einer mitreißenden Veranstaltung in der Albert Hall ein. Er prangerte den Krieg an und versprach eine liberale Außenpolitik, die sich »gegen Aggression und Abenteuer stellt und von dem Wunsch getrieben ist, mit allen Nationalitäten ein herzliches Verhältnis zu pflegen und mit ihnen an der Zivilisation zu arbeiten«.[46] Und weiter sagte er: »Wir kämpfen gegen jene Mächte, Privilegien, Ungerechtigkeiten und Monopole, die unabänderlich im Widerspruch zum Triumph der demokratischen Prinzipien stehen.« Aus diesen vorausschauenden Worten entwickelte er eine Vision für seine Regierung:

> *Was nützt es, Frieden anzustreben, wenn man ihn nicht auch sicherstellt? Die Zunahme von Waffen stellt eine große Bedrohung für den Frieden in der Welt dar. Welch bessere Aufgabe könnte dieses große Land übernehmen, als sich zu diesem passenden Augenblick an die Spitze der Friedensliga zu stellen?*[47]

Dieses Versprechen bescherte Campbell-Bannerman dann 1906 einen Erdrutschsieg.

Doch es gab das Problem zweier nicht miteinander zu vereinbarender Positionen: Campbell-Bannerman und seine Regierung waren auf Frieden aus, Grey und Haldane richteten das Land auf einen Kriegskurs aus. Eigentlich hätten sie sich dafür die Erlaubnis von Premier und Kabinett einholen müssen, so sah es das Protokoll vor. Wie konnten sie eine derart verschlagene Täuschung, wie sie das Parlament wohl noch nicht erlebt hatte, umsetzen? Es gibt dazu keine offiziellen Unterlagen, die uns die genauen Ereignisse schildern, und die Verschwörer selbst warfen Nebelkerzen, um ihre Machenschaften zu verschleiern. In seiner »notorisch unzuverlässigen«[48] Autobiografie behauptete Haldane, er sei am Wochenende des 13. und 14. Januar nach London gereist. Dort habe er Campbell-Bannerman über die mit den Franzosen getroffenen Vereinbarungen informiert und um dessen Zustimmung gebeten.[49]

Haldane weiter: »Er erkannte sofort die Logik und erteilte mir die Erlaubnis, das Kriegsministerium zum Ergreifen der notwendigen Schritte anzuweisen.«[50] Charles Repington bestätigte, Haldane habe ihm mitgeteilt, dass Campbell-Bannerman »sehr klar und deutlich in dem Punkt war, dass wir für alle Notfälle vorbereitet sein sollten und dass Gespräche zwischen den beiden Stäben erlaubt seien …«.[51] Das kann nicht stimmen. Campbell-Bannerman war am entsprechenden Wochenende nicht in London. Er blieb den Wahlkampf über in Schottland und kehrte erst in der Nacht des 26. auf den 27. Januar nach London zurück. Entwürfe verschiedener Depeschen gingen angeblich in Kopie an Campbell-Bannerman, aber es gibt keine Beweise für die Behauptung, dass er sie abgesegnet hätte.[52] Zudem behauptete Haldane später: »Ich sah (den französischen Militärattaché) Oberst Huguet und autorisierte ihn, gemeinsam mit Sir Neville Lyttelton und General Grierson Pläne für ein gemeinsames Vorgehen gegen Deutschland zu prüfen.«[53] Haldane hat seine Erinnerungen an diese Ereignisse 1916 privat festgehalten. Wären sie zutreffend, hätte sich der britische Kriegsminister persönlich mit dem französischen Attaché getroffen und Pläne abgesegnet, denen zufolge bereits 1906 britische Truppen im Eiltempo nach Belgien abgehen sollten. Aber zu diesem Zeitpunkt und auch in den folgenden Jahren vor Ausbruch des Ersten Weltkriegs wurde bei Anfragen im Parlament wiederholt erklärt, die britische Regierung habe keinerlei Verpflichtungen gegenüber Frankreich.

Grey war einer Meinung mit Esher: »Bis auf Weiteres« solle man den Premierminister bezüglich der militärischen Kontakte im Dunkeln lassen.[54] Am 9. Januar schrieb Grey an Campbell-Bannerman, der sich zu Hause in Schottland aufhielt, und an Lord Ripon, den Fraktionsführer der Liberalen im Oberhaus, und informierte sie darüber, dass er den Franzosen diplomatische Unterstützung und sonst nichts zugesagt habe.[55] Wenige Tage später erhielt der Premierminister ein Schreiben von Lord Ripon, in dem es hieß: »Unsere Verpflichtungen gegenüber Frankreich beschränken sich meines Wissens nach auf umfassende diplomatische Unterstützung. Ich hege keine Zweifel daran, dass sich die französische

Regierung bewusst ist, dass wir darüber hinaus zu nichts verpflichtet sind.«[56] Grey hat Campbell-Bannerman und Lord Ripon kontaktiert, sie aber belogen, so viel ist klar. Es gibt Beweise dafür, dass er und Haldane Kriegsvorbereitungen mit Frankreich zustimmten, dem Premier die Angelegenheit allerdings als diplomatische Gespräche verkauften. Ein Agent der Geheimen Elite beging hier eine vorsätzliche Täuschung.

Campbell-Bannermans erster Privatsekretär Arthur Ponsonby wusste nichts von militärischen Gesprächen und reagierte entsprechend erstaunt, als Grey und Haldane später behaupteten, sie hätten den Premierminister stets umfassend informiert. Ponsonby beharrte darauf: »C-B war sich der Bedeutung der Gespräche mit Frankreich nie bewusst, noch erkannte er, wie wir uns schrittweise verpflichteten.«[57] Hätte er davon gewusst, hätte Campbell-Bannerman Grey und Haldane unweigerlich zur Rede gestellt. So vehement, wie er einen Krieg ablehnte, hätte er sie niemals diesen Kurs fortsetzen lassen.

In seiner Autobiografie verzerrt Grey vorsätzlich die Antwort auf die Frage, warum das Kabinett niemals von diesen »Gesprächen« in Kenntnis gesetzt wurde. Der Premierminister sei sich nicht schlüssig gewesen, wann man das Thema zur Sprache bringen solle, so Grey. Ja, er hätte das in einer Kabinettssitzung thematisieren sollen, aber er könne sich nicht mehr erinnern, warum er es nicht getan habe.[58] Unglaublich! Nur wenige Tage später tagte das neue Kabinett zum ersten Mal, und weder Haldane noch Grey brachten ihre verheerende Entscheidung zur Sprache.

Noch unglaublicher ist, dass Campbell-Bannerman das Thema nie selbst angesprochen hat. Woran liegt das? Ganz offensichtlich ist er hinters Licht geführt worden. Im Verlauf dieser Geschichte werden wir anhand zahlreicher Beispiele belegen, wie die »Drei von Relugas« in Bezug auf militärische Absprachen mit Frankreich wiederholt Kabinett und Parlament belogen haben. Wenn sie in ihren Memoiren behaupten, Campbell-Bannerman sei über alles auf dem Laufenden gewesen, kann man durchaus davon ausgehen, dass dies eine vorsätzliche Lüge ist. Es gibt keine anderen Beweise neben denen aus den klinisch sterilen Berichten, die die Verschwörer selbst lange nach Campbell-Bannermans Tod schrieben, sodass niemand ihre Behauptungen widerlegen konnte.

Und Asquith? Er scheint bei diesem Teil der Verschwörung nur eine Nebenrolle gespielt zu haben, war laut Haldane aber bestens informiert.[59] Asquith hatte Campbell-Bannerman nie offen untergraben. Dieser vertraute ihm als politischem Verbündeten und als Freund, aber es kann keinen Zweifel daran geben, dass er den alternden Premierminister hintergangen hat. Die »Drei von Relugas« steckten ständig unter einer Decke, und Asquith war der Puffer zwischen ihnen und Campbell-Bannerman. Er sorgte dafür, dass der Premier sein Augenmerk auf innenpolitische Themen richtete. Das Einzige, was Asquith zu den Debatten beitrug, waren Dementis.

Zusammenfassung von Kapitel 6: Wachwechsel

- Ein halbes Dutzend Familien aus der Oberschicht dominierte die britische Politik. Man heiratete vornehmlich untereinander, frisches Blut wurde vor allem in Oxford angeworben, in *Balliol* und *New College.*
- Angesichts eines unmittelbar bevorstehenden Regierungswechsels bestimmte die Geheime Elite, dass Asquith, Haldane und Grey für eine nahtlose Fortsetzung der Außenpolitik verantwortlich sein sollten. Alle standen in enger Verbindung zu Mitgliedern der Geheimen Elite, alle waren sie enge Freunde und Bewunderer von Alfred Milner, mit dem sie regelmäßig in Kontakt standen.
- Im September 1905 trafen sich die drei in Relugas, wo sie sich auf den Sturz von Campbell-Bannerman verständigten, dem Parteivorsitzenden der Liberalen.
- Haldane trug die Verschwörung König Edward in Balmoral vor. Auch Arthur Balfour und Lord Lansdowne, politisch eigentlich Haldanes Widersacher, waren anwesend.
- Der König machte deutlich, wie wichtig es sei, dass die drei in der neuen Regierung mitwirken – selbst wenn sich Campbell-Bannerman weigern sollte, ins Oberhaus zu wechseln.
- Während sich die Regierungszeit der Konservativen dem Ende näherte, riefen Balfour und Lansdowne einen geheimen Unterausschuss des *Committee of Imperial Defence* ins Leben. Das Gremium nahm geheime »Militärgespräche« mit Frankreich und Belgien auf. Thema: Wie würde man bei einem Krieg gegen Deutschland vorgehen?
- Belgien traf Zusagen, die von der Wirkung her das Ende der belgischen Neutralität bedeuteten.
- Als sie ihre Ministerämter antraten, genehmigten Haldane und Grey die Fortsetzung dieser geheimen Absprachen – ohne sich vorher das Einverständnis des Premiers zu holen. Später behaupteten sie, er sei informiert gewesen, aber es gibt keine verlässlichen Informationen darüber, was genau gesagt wurde.
- Alle Informationen zu ihren Aktivitäten verheimlichten sie vor dem liberalen Kabinett, denn sie steuerten das Land auf einen Krieg mit dem Deutschen Reich zu.

7

1906 – Erdrutsch in die Kontinuität

DIE LIBERALE PARTEI gewann die Wahlen 1906 mit deutlichem Vorsprung. 1900 hatte sie 183 Sitze erhalten, nun stellte sie 397 Abgeordnete. Das Volk hatte gesprochen und sich mit überwältigender Mehrheit für »Frieden und Senkung der Rüstungsausgaben« entschieden. Das Land war bereit für Reformen. Der bisherige Premierminister Arthur Balfour verlor seinen Wahlkreis in Manchester, doch man fand schnell einen Ersatz in der City of London. Als Oppositionsführer schützte er Asquith, Grey und Haldane davor, von seiner Partei in außenpolitischen Angelegenheiten angegangen zu werden.

Campbell-Bannerman berief einen sehr lautstarken und beliebten Liberalen in sein erstes Kabinett – David Lloyd George. Der junge walisische Heißsporn stach als jemand mit beträchtlichem Potenzial hervor, genauso wie Winston Churchill, der zwei Jahre zuvor die *Tories* verlassen hatte und nun als Liberaler wiedergewählt wurde. Das neue Parlament starrte vor neuen Gesichtern, die dem Land die dringend benötigten Reformen bringen wollten, doch noch vor Ablegung des Amtseids hatten interne Absprachen zwischen König Edward, Lord Esher, Balfour, Haldane, Grey und Asquith dafür gesorgt, dass die Außenpolitik weiterhin der Geheimen Elite vorbehalten sein würde. Lloyd George sollte später schreiben, dass das Kabinett in den acht Jahren vor dem Krieg einen »lächerlich geringen« Prozentsatz seiner Zeit mit außenpolitischen Belangen verbrachte.[1]

Achtzehn Männer stellten das liberale Kabinett, darunter waren neben Campbell-Bannerman und Lloyd George mindestens fünf weitere Radikale. Es muss die Frage gestellt werden, wie die Relugas-Clique ihre komplexe Kriegsverschwörung gegen den Willen des Premierministers und des Kabinetts vorantreiben konnte. Die direkte Antwort lautet: Sie ließen alle anderen über ihre Handlungen völlig im Dunkeln. Kabinettsmitglieder und Hinterbänkler stellten wiederholt Fragen zur Außenpolitik und wurden wiederholt von Grey und Haldane belogen. Erst viele Jahre später würden die anderen Kabinettsmitglieder von der Existenz des gefährlichen Militärpaktes erfahren.

Campbell-Bannerman überließ die so wichtige Außenpolitik Sir Edward Grey und konzentrierte sich stattdessen auf Themen wie die Irland-Frage und die Bekämpfung der Armut. Campbell-Bannerman war sehr beliebt, musste aber einen doppelten Rückschlag hinnehmen – die »Drei von Relugas« untergruben seine Autorität, und dann ereilte ihn auch noch eine persönliche Tragödie. Kurz nach seinem Amtsantritt wurde seine Frau und ständige Begleiterin Lady Charlotte krank und verstarb. Campbell-Bannerman war am Boden zerstört, der Schmerz zermürbte ihn. Dass die Liebe und die Zuneigung, die das Paar verbunden hatten, nun nicht mehr waren, schmerzte ihn zutiefst. Die Anforderungen des Amtes und sein persönliches Leid ließen ihn eine traurige und einsame Figur abgeben. Der irische Abgeordnete Thomas Power O'Connor schrieb:

> *Der Ministerpräsident in 10 Downing Street war weniger glücklich als der Landmann, der zurück zu seiner Hütte trottet … Er ging sichtbar ein, sah schrecklich alt aus und schien an manchen Tagen gar dem Tode nahe. Jedem, der ihn beobachtete, war ziemlich klar: Sollte die doppelte Belastung länger anhalten, würde er entweder sterben oder zurücktreten.*[2]

Campbell-Bannerman war ein gebrochener Mann, weshalb die »Drei von Relugas« – der Außenminister, der Schatzkanzler und der Kriegsminister – ungestört ihre Sache vorantreiben konnten. Wie erfolgreich sie waren, lässt sich an der Aussage von Lloyd George ablesen, dass jeder Aspekt der britischen Beziehungen zu Frankreich, Russland und Deutschland wie ein Staatsgeheimnis behandelt wurde. Man habe ihm das Gefühl vermittelt, er habe keine Fragen zu stellen, dies sei »ausschließlich das Vorrecht der Auserwählten«,[3] so Lloyd George – offensichtlich nicht ahnend, wie präzise er zusammengefasst hatte, mit welch eisernem Griff Grey die Außenpolitik im Kabinett dominierte. Lloyd George hatte absolut recht. Grey ließ dem Kabinett nur sorgfältig gefilterte Informationen zukommen und unterschlug vorsätzlich Fakten, die für ein qualifiziertes Urteil nötig gewesen wären.

Die Außenpolitik innerhalb des Kabinetts hatte Sir Edward Grey fest im Griff, aber im Ministerium übte er niemals richtige Macht aus. Er war nur die Galionsfigur, hinter der die tatsächliche Macht agierte. Die Geheime Elite hatte Grey nicht wegen seiner Fähigkeiten oder seines außenpolitischen Wissens in das Ministerium geschickt, sondern weil er loyal war und das tat, was ihm aufgetragen wurde. Die erste Wahl von Campbell-Bannerman für den Posten war er niemals gewesen. Mindestens vier andere Politiker waren besser qualifiziert, aber Campbell-Bannerman hatte in dieser Angelegenheit nur wenig Auswahl: Die »Drei von Relugas« gab es nur im Paket.

Grey war durch und durch Imperialist und gehörte dem extrem rechten Flügel der Liberalen Partei an. Besondere intellektuelle Fähigkeiten wies er nicht auf.[4] Im *Balliol College* glänzte er durch Faulheit und wurde deswegen sogar von der

Uni verwiesen, bevor er schließlich doch noch einen drittklassigen Abschluss machte. Sein Weltbild war ausgesprochen provinziell. Dreh- und Angelpunkt von Edward Greys Welt war Northumberland; er wusste mehr über die Bäche und Ströme dieser Region als darüber, wie man ein Reich leitete. Dass er keinerlei Interesse an Politik hatte, war an der Universität jedem klar, trotzdem wurde er mit 23 Jahren Abgeordneter. Seine familiären Verbindungen verschafften ihm einen Posten als Staatssekretär im Außenministerium, den er von 1892 bis 1895 innehatte. Dabei war er so unfähig, dass es beinahe zum Konflikt mit Frankreich gekommen wäre. Bei seinem Abschied schrieb er in sein Tagebuch: »Ich werde nie wieder ein Amt übernehmen, und meine Tage im Unterhaus sind vermutlich gezählt.«[5] Wäre es doch bloß so gekommen!

Es ist schon seltsam: In den Jahren, in denen sich Großbritannien politisch immer stärker in Kontinentaleuropa engagierte, war jemand für die Belange des Landes zuständig, der »selten die britischen Inseln verließ, kaum persönliche Kenntnisse über Europa besaß und kein Französisch sprach«.[6] Allein schon seine Ernennung war paradox. Grey war unverzeihlich grob zu Campbell-Bannerman und sagte ihm direkt ins Gesicht: »Lass dich adeln und wechsle ins Oberhaus, oder ich übernehme keinen Regierungsposten.«[7] Grey wollte nicht unter einem Mann dienen, der Alfred Milner verabscheute und mit dessen Pazifismus er überhaupt nichts anfangen konnte. Doch die Geheime Elite bestand darauf. Grey bekam seine Bezugspunkte nicht über Kabinettsdebatten, Anträge im Unterhaus oder durch eigene Überlegungen, er erhielt sie vielmehr in *The Club* oder im *Grillion's* oder am Wochenende in den Landhäusern der Milner-Gruppe. Ein einzelner Mann, ein mäßig gebildeter Mann, der trotz all seiner Möglichkeiten erst 1914 erstmals das Meer überquerte, der keine Fremdsprache beherrschte, dieser Mann kontrollierte völlig allein die Außenpolitik des Empire? Und das auch noch so gut, dass sein Urteilsvermögen hoch geachtet wurde?

Nein. Grey war im *Foreign Office* von erfahrenen Ministerialräten wie Sir Charles Hardinge und Sir Arthur Nicolson umgeben, bewährten Männern des Establishments aus dem Umfeld der Geheimen Elite. Kaum jemand hat die britische Außenpolitik zu Beginn des 20. Jahrhunderts so stark geprägt wie Hardinge. Er war ein enger Vertrauter von König Edward, begleitete ihn auf vielen Reisen und spielte bei der *Entente cordiale* und der Annäherung an Russland eine wichtige Rolle.[8] Sir Arthur Nicolson, der spätere Lord Carnock, übernahm eine ähnliche Aufgabe, als er Grey durch sein Amt im Außenministerium leitete. Wann immer es in Marokko und Sankt Petersburg kritisch wurde, war Nicolson mittendrin, später auch als Ministerialrat. Sie steuerten Großbritanniens diplomatisches Vorgehen rund um den Globus, während Grey im Parlament die Abwehrarbeit übernahm und kritische Fragen abschmetterte.

Greys würdevolles Getue, seine »autoritäre Art«, wie Lloyd George es verbittert beschrieb, sein gesellschaftliches Vorankommen, seine »Rechtschaffenheit in Ausdruck und Gebaren, die als Diplomatie durchgeht«[9] – all das verlieh ihm das Gefühl, unantastbar zu sein. Vorwürfe prallten anscheinend an ihm ab. Er schien zu wissen, was andere Sterbliche nicht wussten. Nur selten musste er sich vor dem Parlament verantworten. Er sah es nicht als seine Pflicht an, sich gegenüber dem großen radikalen Flügel der Liberalen Partei rechtfertigen zu müssen. Niall Ferguson bemerkte: »Zwischen Grey und den Vorderbänken der Opposition herrschte mehr Übereinstimmung als zwischen Grey und dem Kabinett. Noch schlimmer war das Verhältnis zwischen Grey und der Liberalen Partei insgesamt.«[10] Seine Zeitgenossen empfanden Grey als einschüchternd, zurückhaltend und allzu gern bereit, seine Meinung für sich zu behalten. Grey ließ sich nicht auf Diskussionen ein, sondern sprach ein Urteil, und selbst Kabinettsminister hatten das Gefühl, dass es nutzlos sei, Berufung einzulegen, deshalb versuchten es auch nur wenige.[11] Hinterfragte tatsächlich doch mal jemand seine Politik, schlug er bei jedem Einwand Haken, warnte vor furchtbaren Folgen für die Sicherheit des Landes oder drohte mit Rücktritt, sollte er seinen Willen nicht bekommen. Innerhalb der Liberalen Partei hatte Grey kaum Widerstand zu befürchten, weshalb er auch überhaupt keine Probleme damit hatte, sich einer zu engen Kontrolle durch das Kabinett zu entziehen.

Die Brillanz eines Haldane, die Fähigkeiten eines Asquith und die Eloquenz eines Lloyd George gingen ihm ab, aber er verfügte über Glaubwürdigkeit, auch wenn die auf einem Mythos beruhte. Die rechte Presse stand hinter ihm, deshalb war Sir Edward Grey über jeden Tadel erhaben. Der Industriemagnat Sir Hugh Bell, der bei der Leitung der *North Eastern Railway* eine Zeitlang mit Grey gearbeitet hatte, sagte: »Grey ist ein guter Kollege, denn er geht nie Risiken ein. Aus genau demselben Grund ist er ein durch und durch miserabler Kollege.«[12] Eine derartige Beschreibung passt nicht so recht auf einen wichtigen Entscheidungsträger, der eine der renommiertesten Regierungsbehörden im gesamten Empire leitete. Das *Foreign Office* war der Mittelpunkt im Spinnennetz des Empire, von hier aus reichten die Fäden der Diplomatie und des Handels bis in die letzten Ecken des Globus. Wer hier saß, wirkte unermüdlich für das »Wohl« des Empire und den Nutzen der Geheimen Elite. Grey war die perfekte Galionsfigur, aber es waren Hardinge und Nicolson, die die Vorgaben der Geheimen Elite in die Praxis umsetzten.

Richard Haldane dagegen benötigte keine Aufpasser für seine Aufgabe im Kriegsministerium. Er verfügte über die Tatkraft, die Entschlossenheit und den notwendigen Intellekt, um die gewaltige Aufgabe anzupacken, das Militär neu zu organisieren – eine Armee, die mit Traditionen überfrachtet war und bei der zahllose mächtige Interessengruppen mitmischten. Noch immer bot die Army den Söhnen der Adligen und Reichen Offizierspatente. Der Rang und die damit verbundenen Privilegien waren nur eine Frage des Preises. Haldane ging seine neue Aufgabe voller Selbstbewusstsein in dem Wissen an, dass er die rückhaltlose Unterstützung von König Edward, Lord Esher und Alfred Milner genoss.[13] Am 12. Juli 1906 erklärte er vor dem Unterhaus, dass er die Armee umkrempeln wolle, und zwar »in einer Art und Weise, dass eine Armee daraus entsteht, die einzig dem Zweck dient, für den eine Armee gebraucht wird: für den Zweck des Krieges«.[14] Seine Hauptsorge war nicht die Armeeverwaltung, sondern die eigene, auf Sozialreformen brennende Partei. Damit ihn die eigenen Abgeordneten unterstützten, würde er den Rüstungshaushalt kürzen müssen, das wusste Haldane. Gleichzeitig musste er aber die Ressourcen auftreiben, die benötigt wurden, um in eine neue Art von Streitkräften zu investieren.

Das gelang ihm, indem er Anlagen der Küstenverteidigung mit veralteten Kanonen abbauen ließ, eine Reihe Festungsanlagen rund um London schloss, die Zahl der Artilleriegeschütze reduzierte und systematisch alle einzelnen Teile der Armee unter dem Aspekt prüfte, welche Funktion sie in einem Krieg spielen würden.[15] Wenn Haldane auf Widerstand stieß, wenn sich Traditionalisten dagegen sperrten, dass sich die Rolle von Bürgerwehr und Freiwilligen ändern sollte, konnte er sich auf die Unterstützung von König Edward berufen. Dieser berief eine Konferenz der obersten Statthalter aller Grafschaften der Britischen Inseln ein, um seine Erwartung deutlich zu machen: Sie als die persönlichen Repräsentanten des Königs sollten Haldanes Reformpläne aktiv unterstützen. Die Geheime Elite hätte kein klareres Signal setzen können. Sie war darauf aus, eine moderne Armee zu bekommen, die für den kommenden Krieg gewappnet war.

Im Zuge der Reformen wurde ein Generalstab geschaffen und, besonders wichtig, das Konzept eines Expeditionskorps entwickelt. Die Flotte würde Großbritanniens Küsten verteidigen können, so glaubte Haldane. Hauptzweck des Heeres sollte eine Verwendung im Ausland sein. Haldane baute ein Expeditionskorps aus einer Kavalleriedivision und sechs regulären Divisionen auf, insgesamt 5546 Offiziere und 154 074 Mann stark. Dazu rief er einen imperialen Generalstab ins Leben, zu dem auch die Oberbefehlshaber der Dominions gehörten. Er stärkte die Offiziersausbildungkorps an Universitäten und Privatschulen. So standen künftig nicht nur Adligen die Führungspositionen in den Streitkräften offen, sondern auch der wohlhabenden oberen Mittelschicht – eine marginale Öffnung.

Wohl die wenigsten hätten erwartet, dass dies innerhalb von gerade einmal zwei Jahren umgesetzt werden würde, aber Haldane hatte bei seinem Erfolg auch die geballte Macht der Geheimen Elite hinter sich, vom König über ranghohe Militärs bis hin zur *Times*. Auch die Liberalen standen hinter Haldane, ungeachtet der Tatsache, dass sie seine wahren Absichten nicht kannten. Sie waren zufrieden, denn Haldane strich unnötige Ausgaben im Millionenbereich.

Um das Expeditionskorps zu mobilisieren und zügig nach Frankreich transportieren zu können, würde sehr viel Koordinierungsarbeit notwendig sein, das war eine der Lektionen, die Haldane zu lernen hatte. Bei seinem Amtsantritt informierte Sir Edward Grey den britischen Botschafter in Paris, Sir Francis

Bertie, dass es zwei Monate dauern würde, 80000 Mann zu mobilisieren.[16] Die Franzosen waren herzlich wenig beeindruckt. Als Frankreichs Ministerpräsident Clemenceau im April 1907 Großbritannien besuchte, versuchte er Haldane und Asquith zu überreden, die Wehrpflicht einzuführen und ein großes Heer aufzustellen, das gemeinsam mit Frankreich gegen Deutschland ins Feld ziehen könne.[17] Frankreichs Vorstoß erntete höfliche Ablehnung von den Briten, doch auf zwei Punkte sei hierbei hingewiesen: Erstens sprachen die beiden Länder auf allerhöchster Ebene über einen Krieg mit Deutschland. Zweitens muss Clemenceau extrem schlecht vorbereitet worden sein, wenn er ernsthaft glaubte, dass die Liberale Partei auch nur einen Moment über eine Wehrpflicht nachdenken würde. Dessen ungeachtet gingen die Gespräche ungebremst weiter.

Seine größten Probleme hatte Haldane mit dem *Senior Service*, wie der Spitzname der *Royal Navy* lautet. Die Vorbereitungen für ein Expeditionskorps erforderten gemeinsame Planungen von Marine und Heer, aber bei der Marine hatte man keine Lust, den Fährdienst für das Heer zu spielen oder sich dem Heer unterordnen zu müssen, schließlich war die *Royal Navy* über Jahrhunderte hinweg die mächtigste Flotte der Welt gewesen und die Speerspitze beim Aufbau des britischen Empire. Haldane merkte schnell: Zwischen Admiralität und Kriegsministerium gab es keinerlei echte Zusammenarbeit und kein grundlegendes Verständnis. Die Geschichte der Kooperation in früheren Kriegen war eine praktisch ununterbrochene Aneinanderreihung von Missverständnissen, Fehlern, Misstrauen und gegenseitigen Schuldzuweisungen. Haldane griff auf das CID zurück, um das Konzept eines Kriegsstabs für die Flotte zu bewerben und auf diesem Weg die Kluft zu überbrücken. Der damalige CID-Sekretär Sir Charles Ottley schrieb Haldane in seiner Verzweiflung: »Unter 50 Marineoffizieren hat nicht einer auch nur die geringste Ahnung davon, was die Flotte im Kriegsfall zu tun hat oder wie sie dies tun sollte.«[18]

Die *Navy* verfügte über eine lange und reiche Geschichte, aber das genügte der Geheimen Elite nicht. Sie musste sicherstellen, dass sie genauso wie beim Heer auch hier von innen heraus die Dinge kontrollieren konnte. Haldane bemühte sich nach Leibeskräften, vom Kriegsministerium aus einen Wandel herbeizuführen, aber insgeheim war ihm klar, dass eine richtige Flottenreform nur von der Admiralität ausgehen konnte. Hilfe erhoffte sich der Geheimbund von Admiral Sir John »Jacky« Fisher, aber der Erste Seelord war es gewohnt, selbst den Kurs festzulegen und die Politik zu bestimmen. Eine Einmischung anderer Truppenteile oder womöglich noch durch Frankreich wäre bei Fisher ganz schlecht angekommen. Der bevorstehende Krieg der Geheimen Elite war ihm durchaus recht, aber er hielt nicht viel davon, ein Expeditionskorps nach Belgien zu entsenden. Ihm wäre ein gemeinsamer Angriff von Flotte und Heer auf Schleswig-Holstein lieber gewesen – ein Plan, den die Generalstäbe in Großbritannien und Frankreich bereits als unpraktisch verworfen hatten.[19]

Fisher, der Sohn eines in Indien stationierten Armeeoffiziers, war 1854 als 13-Jähriger in die Marine eingetreten und machte rasch Karriere als Offizier. Als Kapitän der *HMS Inflexible* Anfang der 1880er Jahre hatte er engen Kontakt zur königlichen Familie und freundete sich mit Prinz Edward an.[20] 1883 erkrankte Fisher an Malaria, und während er sich erholte, lud Königin Victoria den feschen Kapitän ein, zwei Wochen mit ihr im Osborne House zu verbringen.[21] Als er fünf Jahre später zum Konteradmiral befördert wurde, ernannte die Königin ihn auch noch zu ihrem Adjutanten, bevor sie ihn 1894 schließlich zum Ritter schlug.

Ähnlich wie Richard Haldane gehörte Jacky Fisher nicht zum Establishment. Er prahlte: »Als ich zur Marine ging, hatte ich keinen Penny, keine Freunde und war einsam. Ich musste wie verrückt kämpfen, und dieser Kampf eines Verrückten hat mich zu dem gemacht, der ich bin.«[22]

Fisher hatte sich nach oben gearbeitet, und das Schicksal führte ihn in die elitären Kreise rund um den Thron. Ähnlich wie Haldane war er sehr fähig. Darüber hinaus hatten beide die Aufgabe, Großbritanniens Streitkräfte ins 20. Jahrhundert zu führen. Im Oktober 1904 war Fisher zum Frühstück bei seinem guten Freund König Edward VII. im Buckingham Palace, anschließend wurde er als Erster Seelord vereidigt. Damit waren Heer und Marine in den Händen von treuen Dienern der Geheimen Elite.

Zweifelsohne hat es Fisher nicht geschadet, gut gestellte Freunde zu haben, aber er war auch ein Mann mit Visionen. Um die *Navy* noch effektiver zu machen, scheute er vor revolutionären Neuerungen nicht zurück. Bei Schiffen kam es ihm auf den Wert im Gefecht an, und 1904, als die deutsche Kriegsmarine noch in den Kinderschuhen steckte, begann er mit der Umorganisation der britischen Flotte. Sein Motto dabei lautete – unbarmherzig, unnachgiebig und unerbittlich. 160 Schiffe, die, wie Fisher selbst es formulierte, »weder kämpfen noch fliehen können«, wurden eingemottet. Ersetzt wurden sie durch schnelle, moderne Schiffe, die für einen »sofortigen Krieg« geeignet waren.[23]

Mit dem 20. Jahrhundert kamen viele technische Neuerungen, und wenn es darum ging, die *Navy* besser und effektiver zu machen, zögerte Fisher nicht. Er verbesserte Reichweite, Genauigkeit und Feuergeschwindigkeit der Schiffskanonen, er führte Torpedoboote und Unterseeboote ein und zeichnete als Erster Seelord verantwortlich für den Bau der ersten gewaltigen Dreadnought-Schlachtschiffe. Doch die wichtigste Neuerung, die Fisher initiierte, war der Umstieg von Kohleöfen auf Öl. Die Admiräle der alten Schule schalten ihn einen exzentrischen Träumer, aber für Fisher war klar: Mit Öl hätte die britische Flotte gewaltige strategische Vorteile. Keine verräterischen Dampfwolken mehr, die dem Gegner die Position verrieten, und ein mit Öl befeuertes Schiff konnte binnen wenigen Minuten maximale Leistung erreichen, während ein mit Kohle befeuertes Schiff bis zu neun Stunden benötigte! Für die Beladung mit Öl reichte es, zwölf Mann in einer Zwölf-Stunden-Schicht einzusetzen, bei einem Schiff mit Kohleöfen waren 500 Heizer fünf Tage beschäftigt. Und am allerwichtigsten: Ein mit Öl befeuertes Schiff kam bis zu vier Mal so weit.[24]

Fisher setzte sich durch, musste dafür aber einige heftige und nicht selten erbitterte Schlachten mit den Liberalen und Sozialen im Parlament ausfechten. Für sie waren die für die Modernisierung der Kriegsflotte benötigten Ausgaben zu kostspielig und zu verschwenderisch.

Eine besonders anspruchsvolle Aufgabe war es, die Kommandostrukturen innerhalb der Flotte zu reformieren. Für einen Marineoffizier im Jahr 1900 verlief die Laufbahn praktisch genauso wie zu Zeiten Nelsons. Trotz erster Reformen im Jahr 1902 und Fishers steter Bemühungen, die Rekrutierung zu erweitern und demokratischer zu gestalten, blieb das Oberkommando der Marine, genauso wie das Oberkommando des Heeres, weiterhin die Domäne der Oberschicht. Das *Naval and Military Review* schrieb später:

> *Seit jeher hat die britische Marine einen stattlichen Nachschub an fähigen Offizieren hervorgebracht … ohne dabei in spürbarem Ausmaß aus der Demokratie zu rekrutieren … Jedweden Versuch, die Flotte mit Männern von niedrigem Stand zu besetzen, würden wir mit ernster Besorgnis betrachten.*[25]

Derart tief sitzende Vorurteile bremsten Fishers Reformen aus. Ohne Unterstützung hätte er es niemals geschafft.

Fisher leistete hervorragende Arbeit bei der Modernisierung der *Navy*, stellte Haldane und das *Committee of Imperial Defence* jedoch vor Probleme. Er war ein sturer Autokrat mit gewaltigem Ego und wusste alles besser. Ihm würde gewiss nicht irgendein Ausschuss vorschreiben, was er mit seiner Flotte anzustellen habe. Wenn Deutschland ausgeschaltet werden sollte, war das eine Aufgabe für ihn und seine geliebten Schiffe.

Am 12. April 1905 – die Marokko-Krise stand kurz davor, sich zu einem Krieg auszuwachsen – nahmen der Erste Seelord und Lord Lansdowne an einer Sitzung des CID teil. Im Anschluss vertraute Fisher dem Außenminister an, dass der Streit eine »goldene Möglichkeit«[26] sei, einen Krieg mit Deutschland herbeizuführen. Voller Zuversicht erklärte der alte Kämpfer: »Wir könnten binnen 14 Tagen die deutsche Flotte, den Kaiser-Wilhelm-Kanal und Schleswig-Holstein haben.«[27] Kein Wunder, dass Delcassé im Juli 1905 erklärte, im Kriegsfall würde die britische Flotte mobilisieren, den Kaiser-Wilhelm-Kanal erobern und 100 000 Mann in Schleswig-Holstein anlanden.

Delcassé wusste offensichtlich von Fishers kühnem Plan, mit der Marine einen Erstschlag gegen Deutschland zu führen, und erzählte der französischen Presse davon. Egal wie oft die britische Regierung auch dementierte, das Deutsche Reich war zutiefst beunruhigt. Fisher war vollkommen überzeugt davon, dass

Großbritannien in allererster Linie auf eine Überlegenheit zu See setzen sollte und dass dem Heer eine nachrangige Rolle zukam. Er kritisierte den gewaltigen Etat, der den Landstreitkräften zur Verfügung gestellt wurde, und wurde es niemals müde, die »treffliche Aussage« von Sir Edward Grey zu wiederholen, die *British Army* sei schlichtweg nur ein von der *Navy* abgefeuertes Geschoss. Beharrlich bemühte sich Fisher darum, das *Committee of Imperial Defence* auf seine Seite zu ziehen, und forderte, dass jeder Plan für Offensivaktionen gegen das Kaiserreich den Aktionen der Flotte untergeordnet werde. Nur widerwillig war er bereit, mit den Franzosen über eine Zusammenarbeit der Flotten zu sprechen. Er traute den Franzosen nicht und ließ sogar seine ranghöchsten Offiziere im Dunkeln. Vom Plan, ein Expeditionskorps in Frankreich zu landen, hielt er nichts. Er setzte darauf, Deutschland durch die Eroberung von Schleswig-Holstein und eine enge Seeblockade zur Unterwerfung zu zwingen, doch seine Vorschläge stießen im CID und bei ranghohen Vertretern der Flotte zunehmend auf Ablehnung. Seine Idee einer engen Seeblockade allerdings verdiente deutlich mehr Beachtung, als sie tatsächlich bekam.

Campbell-Bannerman hatte im Wahlkampf Frieden und eine Senkung der Rüstungsausgaben versprochen, aber seine Pläne wurden erfolgreich vereitelt. In den ersten zwei Jahren der liberalen Regierung wurde kontinuierlich an den Grundlagen für den Krieg gearbeitet, aber niemand außerhalb der Geheimen Elite begriff die wahren Absichten. Im Januar 1908 erkrankte Campbell-Bannerman, der bereits drei Herzinfarkte hinter sich hatte, sehr schwer. Der König hätte sich »wirklich sehr gewünscht, sich von seinem Premierminister zu verabschieden«,[28] aber dafür hätte er seinen Urlaub in Biarritz unterbrechen müssen, wiewohl er doch ohnehin nur wenig Lust auf eine Rückkehr ins neblige London verspürte. Sir Henry Campbell-Bannerman verstarb am Mittwoch, den 22. April in 10 Downing Street. In einem Akt voll symbolischer Ironie musste Asquith den Zug nach Südfrankreich nehmen, um vor seiner Ernennung die Hand des Königs zu küssen. Berichten zufolge war König Edward »viel zu krank«, um für eine derartige Formalität nach London zu reisen.[29] Viel wahrscheinlicher ist es, dass er nicht die Absicht hatte, nur wegen Asquiths Berufung zum Premierminister seinen Urlaub zu unterbrechen.[30] Es ist bis heute das einzige Mal, dass ein britischer Premier sein Amt offiziell im Ausland angetreten hat.

Während Asquith letzte Überlegungen zu seinem Kabinett anstellte, gab es einiges zu berücksichtigen. Die Geheime Elite hielt engen Kontakt. Bereits Tage bevor Asquith seine offizielle Reise nach Biarritz antrat, konnte Lord Esher in sein Tagebuch schreiben, dass Lloyd George Schatzkanzler werden würde und Winston Churchill Handelsminister.[31] Aus Biarritz schrieb Asquith den beiden und bot ihnen exakt diese Posten an, also kann man getrost davon ausgehen, dass dies im Vorfeld von der Geheimen Elite abgesegnet worden war. Einige Mitglieder der Liberalen hielten beide Männer für gefährlich, aber dieses Kabinett musste ausgewogen sein. Lloyd George genoss enormen Zuspruch von den Hinterbänklern und war bei der Arbeiterklasse sehr beliebt. Churchill war bei Weitem nicht so populär, aber er verfügte über sehr viel Energie und Zielstrebigkeit. »Lloyd George hat keine Prinzipien und Winston keine Überzeugungen«, schrieb Asquith.[32] Die beiden gaben ein sehr ungewöhnliches Paar ab. Winston Churchill entstammte der Aristokratie, Klassenunterschiede waren für ihn Teil des normalen Lebens in Großbritannien. Lloyd George hingegen kam vom anderen Ende des gesellschaftlichen Spektrums und verging manchmal vor Klassenbewusstsein. In den Jahren vor dem Ersten Weltkrieg arbeiteten die beiden jedoch hervorragend zusammen.

Für viele aus dem innersten Kreis der Geheimen Elite stellte Winston Churchill ein Rätsel dar. Sie alle kannten ihn, und er kannte sie. Dank seiner Abstammung hatte Churchill Zugang zu Arthur Balfour, Herbert Asquith, Lord Rosebery, Lord Rothschild und vielen anderen. Zu Alfred Milner stand er seit Südafrika in Verbindung; damals bezeichnete er sich als großen Bewunderer von Milners »Genialität«.[33] Durch seine Geburt, seine Verbindungen, seine Bildung, seine politische Haltung, seine Instinkte und seine Erziehung brachte Churchill alle nötigen Voraussetzungen mit. Allerdings besaß er einen entscheidenden Fehler, eine Eigenschaft, die ihm den Zugang zu den allerhöchsten Machtebenen verwehrte – Churchill war ein unbeirrbarer Einzelgänger. Er musste im Mittelpunkt stehen, in seiner eigenen Wahrnehmung wie auch in der Außenwahrnehmung. Er war ein nützlicher Repräsentant, wenn es darum ging, mit voller Leidenschaft große Ideale zu bewerben, aber seine Begeisterung war nicht vollständig in den Griff zu bekommen. Gelegentlich nahm es lächerliche Züge an, wie sehr er sich als großer Macher der Regierung gerieren musste, aber Churchill war ein wichtiger politischer Akteur, den die Geheime Elite zeitlebens beeinflusste.

Churchill war das Produkt einer Vernunftehe. Sein Vater, Lord Randolph Churchill, Sohn des siebten Duke of Marlborough, war ein verzogener Playboy, der eher zufällig bei den *Tories* in die Politik stolperte, im Gefolge des Prince of Wales dem Spiel und den Damen frönte und mit 46 Jahren an Syphilis starb. Seine Schulden bei Lord Nathaniel Rothschild beliefen sich nach heutigem Wert auf mehrere Millionen Pfund. Randolphs Frau Jennie Jerome war die Tochter eines ehrgeizigen und wohlhabenden amerikanischen Geschäftsmanns, der sich die Hochzeit seiner Tochter ein erkleckliches Sümmchen kosten ließ.[34] 1874 brachte Jennie Winston zur Welt, rund siebeneinhalb Monate nach der Hochzeit in Paris. Zum Mutterspielen hatte Jennie wenig Zeit, deshalb überließ man den Jungen dem Kindermädchen. Er wurde auf Abstand zu seinen Eltern gehalten und erfuhr entsprechend wenig elterliche Liebe und Anteilnahme. Aber was macht das, wenn man von allen Vorteilen des privilegierten Status umgeben ist?

David George hatte diese Vorteile nicht. Der 1863 in Manchester geborene David war ein Jahr alt, als sein Vater, ein Lehrer, starb. David kam daraufhin zu seinem Onkel Richard Lloyd, der ihm eine nonkonformistische Bildung und einen neuen Namen gab: David Lloyd George. Der ehrgeizige junge Mann schrieb – eher ungalant – an seine spätere Frau Margaret Owen: »Meine vorrangige Idee ist es, etwas aus mir zu machen … Ich bin bereit, sogar die Liebe diesem meinem Moloch zum Fraß vorzuwerfen, sollte sie den Weg versperren.«[35]

Als Sprecher war Lloyd George begnadet, aber das Establishment sah ihn als »Aufrührer« an. 1890 zog er für die Liberalen ins Unterhaus, wo er den Wahlkreis Caernarfon Boroughs vertrat und lautstark den Burenkrieg als »Schandtat, verübt im Namen der menschlichen Freiheit«[36] anprangerte. Parteigrößen wie Asquith, Grey und Haldane waren für den Krieg in Südafrika, aber Lloyd George blieb seiner Linie treu. Er hielt an seiner Überzeugung fest, dass dieser Krieg nur eine kostspielige Verschwendung war, die noch dazu stümperhaft und grausam umgesetzt wurde.

Nach 1900 zeigten die Parlamentsdebatten zwischen Churchill und Lloyd George einige gemeinsame Grundlagen, und im Verlauf von Diners und ernsthaften Gesprächen über Politik und Regierung entstand eine Art Freundschaft zwischen den beiden. 1904 stand Churchills Entscheidung fest: Er würde die Seiten wechseln und die *Tories* verlassen. Offiziell nannte er als Grund die Entscheidung von Joseph Chamberlain, neue Zollgebühren und Reichsvorzugszölle zu verabschieden. Kritiker glaubten, Churchill wechsle die Seiten, weil die *Tories* vor einer Wahlniederlage standen und er damit praktisch alle Hoffnungen auf ein Amt fahren lassen musste, vor allem auf ein hohes Amt.

Es gibt noch eine weitere Möglichkeit: Hat die Geheime Elite Churchill gebeten, zu den Liberalen überzulaufen, um Lloyd George in ihren Machtbereich zu locken? Die Frage mag lächerlich erscheinen, aber die späteren Ereignisse lassen diese Möglichkeit zu. Für die Fähigkeiten von Lloyd George hatte die Geheime Elite durchaus Verwendung: Er war ein guter Anführer, von rascher Auffassungsgabe, scharfzüngig und beim Volk beliebt. Er sprach bei Volksversammlungen, zeigte sich bei Parlamentsdebatten furchtlos, kämpfte leidenschaftlich für Sozialreformen und hatte auf der politischen Bühne eine Glaubwürdigkeit wie sonst niemand zu dieser Zeit. Er war ehrgeizig, vergleichsweise arm, ohne zusätzliche Einkommensquellen, ohne Wohltäter – und auch nur mit wenig Aussicht auf einen Gönner aus der kapitalistischen Löwengrube, gegen die er so anging. Seine Gegner waren die Wohlhabenden, die Aristokraten, die Privilegierten, die Kriegshetzer und natürlich das Oberhaus. Er war ein Mann des Volkes, aber, wie Asquith gesagt hatte, nicht zwingend ein Mann mit Prinzipien. 1908 wurde er Schatzkanzler in der Regierung Asquith, und jeder rechnete damit, dass die Regierung sich vehement gegen Krieg sperren würde, dass unter diesem Finanzminister Schluss sei mit den enormen Ausgaben für Kriegsgerät, Schluss mit dem Wettrüsten zur See und Schluss mit exorbitantem Wohlstand. Jeder bis auf die Mitglieder der Geheimen Elite, die den Boden dafür bereitet hatten, Lloyd George zu einem der Ihren zu machen. Freunde mögen sie gewesen sein, aber Churchill und Lloyd George waren auch Rivalen. Beide wollten Premierminister werden. Beide neigten dazu, andere Kabinettsminister und sogar Richard Haldane zu verärgern, als sie damit begannen, Kürzungen im Militärhaushalt einzufordern.[37] Während der ersten Regierungsjahre verpasste Lloyd George Haldane den Spitznamen »Minister des Gemetzels«. Vor allem ihr Eintreten für eine Kürzung der enormen Ausgaben für die Marine brachte die beiden auf Konfrontationskurs zu Grey und Haldane, was zunächst zu einigem Unbehagen führte. 1908 waren Churchill und Lloyd George die »junge Generation, die an die Tür pocht«.[38] Mit Interesse verfolgte die Geheime Elite ihre Entwicklung.

Zusammenfassung von Kapitel 7: 1906 – Erdrutsch in die Kontinuität

- Der erdrutschartige Wahlsieg der Liberalen im Jahr 1906 versprach radikale Reformen. Die Außenpolitik allerdings änderte sich nicht.
- Grey trieb die Pläne für einen Krieg gegen Deutschland voran. Im Außenministerium war er von erfahrenen Ministerialräten umgeben, die zugleich Männer der Geheimen Elite waren.
- Betrachtet man die Liste der Politiker, Diplomaten und Journalisten, die über die geheimen militärischen »Gespräche« informiert waren, erhält man einen guten Überblick darüber, wer 1906 im Mittelpunkt der Geheimen Elite stand.
- Haldanes Reformpläne für das Kriegsministerium hatten die volle Rückendeckung durch König Edward und das *Committee of Imperial Defence.*
- Haldane gab der Armee eine neue Struktur, aber die Marine verharrte weiterhin in jahrhundertealten Traditionen.
- Admiral Sir John Fisher verpasste der Flotte eine radikale Modernisierung, beispielsweise indem er auf Kriegsschiffe setzte, die mit Öl befeuert wurden.
- Fisher glaubte unerschütterlich an die Überlegenheit der Marine. Die Armee spielte für ihn nur eine nachrangige Rolle. Vehement trat er dafür ein, dass man die deutsche Flotte präventiv kampfunfähig machen und grundsätzlich einen Erstschlag gegen die Deutschen führen sollte. Mit diesen Plänen biss er im CID auf Granit.
- Als Campbell-Bannerman 1908 verschied, hatten die »Drei von Relugas« freie Hand in der Regierung.
- Noch bevor die Minister selbst informiert wurden, wusste die Geheime Elite Bescheid über das neue Kabinett und hatte die Personalien abgesegnet.
- Churchill und Lloyd George, zwei sehr unterschiedliche Politiker, erhielten Kabinettsposten, damit die Geheime Elite ihre Eignung überprüfen konnte.

8

Alexander Iswolski – Held und Schurke

GROSSBRITANNIEN BEREITETE SICH auf die Olympischen Spiele 1908 in London und auf die Einführung eines Rentensystems vor. Das waren willkommene Ablenkungen, aber das knifflige Thema Russland konnte der neue Premierminister dennoch nicht außer Acht lassen. Nachdem im Vorjahr der Vertrag von Sankt Petersburg unterzeichnet worden war, sollte nun König Edward VII. den Zaren in Reval (dem heutigen Tallinn in Estland) treffen. Die als »Familientreffen« bezeichnete Veranstaltung war in Wahrheit der nächste Schritt im Plan der Geheimen Elite.

In Großbritannien stieß der Besuch vielen sauer auf; sie wollten nicht mit dem Zarenreich anbandeln, solange dieses mit seinen Bürgern derart repressiv umsprang. Asquith hatte kaum den Amtseid abgelegt, da musste er sich im Parlament schon Fragen anhören, die einen liberalen Premier normalerweise massiv bloßgestellt hätten: Wie konnte es sein, dass der König nach Russland fuhr, wenn dort 100 Abgeordnete der ersten Duma und 50 der zweiten Duma nach Sibirien verbannt worden oder wie gewöhnliche Verbrecher im Gefängnis gelandet waren, wo sie auf Gerichtsverhandlungen warteten, die zum Teil niemals stattfinden würden? Und was war mit all den offiziellen und inoffiziellen Morden, die in Russland an der Tagesordnung waren, ohne dass irgendjemand dafür zur Rechenschaft gezogen wurde?[1] In den ersten beiden Jahren der sogenannten »Verfassungsreform« waren 1780 Menschen hingerichtet und 15 557 inhaftiert worden.[2] Die britischen Gewerkschaften, die *Labour Party*, Geistliche und auch Asquiths eigene Liberale waren sich einig: Die brutale Gewalt, mit der Russland die ersten Gehversuche in Sachen Demokratie unterdrückte, stieß sie ab, aber es war vergebens. Was hatte Milner als Devise ausgegeben? »Die Schreihälse ignorieren!«

Kurz angebunden wies der neue Premier das Parlament zurecht: Es stehe den Abgeordneten nicht zu, Behauptungen über die innenpolitische Lage und die Politik einer ausländischen Nation aufzustellen. Grey belog das Unterhaus am 28. Mai, als er den Abgeordneten versicherte: »Weder wird ein neues Abkommen oder ein neuer Vertrag diskutiert noch ist es beabsichtigt, während des Besuchs (des Königs) Verhandlungen zu initiieren.«[3] Einzig »die familiäre Zuneigung« sei der Grund für die Visite, die ohne »einen Anflug von Politik« unternommen werde,[4] so Grey – dabei begleitete sein eigener Ministerialrat aus dem *Foreign Office* den König. Beim königlichen Besuch in Reval wurde ein Vorhaben vorangetrieben, an dem die Geheime Elite bereits seit Jahren arbeitete: die Einkreisung Deutschlands.[5]

Die Proteste im Parlament hielten an, aber die »Drei von Relugas« wankten nicht. Asquith wurde gefragt, ob ihm bewusst sei, dass Zar Nikolaus seinen Ministerpräsidenten Pjotr Stolypin und seinen Außenminister Iswolski zu dem Treffen mit König Edward mitbringen würde, während dieser keinen Minister an seiner Seite habe. Asquith erwiderte, ihm sei nicht bekannt, welche Vorbereitungen die russische Regierung getroffen habe.[6] Die britische Verfassung sah nicht vor, dass der König ohne einen Kabinettsminister an seiner Seite außenpolitische Belange mit Vertretern anderer Nationen besprach.[7] Regeln? Bestimmungen? Präzedenzfälle? Was scherte dies die Geheime Elite, die doch ein großes Ziel umzusetzen hatte? Sie logen im Vorfeld des Besuchs und auch, nachdem das Abkommen vereinbart war.

Allen moralischen, politischen und verfassungsrechtlichen Bedenken zum Trotz stachen der König und sein Gefolge in See. Das wunderschöne Reval hatte ein derartiges Aufgebot an blauem Blut nicht mehr erlebt, seit Peter der Große rund 200 Jahre zuvor die Stadt den Schweden abgenommen hatte. Beide Königshäuser, das von Sachsen-Coburg und das der Romanows, marschierten in voller Pracht auf, und die zweitägigen Gespräche wurden nur von Banketts an Bord der königlichen Yachten unterbrochen.

In der realen Welt gingen die Proteste unablässig weiter, wurden jedoch geflissentlich ignoriert. Der liberalen Regierung war es peinlich, aber der Zar ernannte den König zum Admiral der »jungen und wachsenden Flotte«, die Russland, ermutigt von der Geheimen Elite, nach der verheerenden Niederlage von Tsushima wiederaufbaute.[8] Den britischen und französischen Finanziers spülte diese Rüstungsinitiative gewaltige Gewinne in die Kassen. König Edward verschaffte seinem engen Freund Sir Ernest Cassel, Bankier der Geheimen Elite, eine Audienz beim Zaren. Die Freundschaft wurde hier ziemlich missbraucht, aber irgendwie musste der König ja seine Schulden zurückzahlen. Von den Gebrüdern Rothschild darum gebeten, sprach König Edward zudem mit dem Zaren über die Situation der russischen Juden und bat um mehr Schutz vor brutalen Pogromen. Leider veränderte sich am stark antisemitisch eingestellten Hof nur wenig, aber wenigstens war es versucht worden.[9]

König Edward hatte seinen Ersten Seelord Admiral Jacky Fisher in Reval dabei, dazu General Sir John French, den Generalinspekteur des Heeres, sowie Sir Charles Hardinge, Chefdiplomat der Geheimen Elite und der Mann, der im Außenministerium die Fäden zog. Der Deutschenhasser Admiral Fisher und

Sir John French hatten im *Committee of Imperial Defence* mit Asquith, Grey, Haldane und Lord Esher über militärische Aktionen gegen das Kaiserreich gesprochen,[10] insofern war das königliche Gefolge im Grunde nur ein Unterausschuss dieses Gremiums. Fisher bedrängte den König, ihn in seinen Plänen zu unterstützen: Die deutsche Flotte müsse zerstört werden, bevor sie stark genug sei, der *Royal Navy* den Zugang zur Ostsee zu verwehren.[11]

Es war ein beeindruckendes Bild, das sich den Beobachtern am 9. Juni 1908 in der Bucht von Reval bot: In gleißendes Sonnenlicht getaucht, »umringt von britischen und russischen Kriegsschiffen«, lagen dort die Yacht des Königs und die des Zaren. Die beiden Monarchen unterhielten sich auf Englisch und betonten das gute Verhältnis, dem die Kühle früherer Jahre gewichen sei. Nach dem Essen zog sich König Edward mit Premier Stolypin zu »einer langen Privatunterredung« in seine Kabine zurück. »Nichts ist dazu bekannt gegeben worden«, meldete die *New York Times* am nächsten Tag.

Der britische König führte Privatgespräche nicht mit seinem Cousin, dem Zaren, sondern mit dem russischen Ministerpräsidenten. Das Thema? Geheim. Eine offizielle Verlautbarung dazu gab es nicht. Admiral Fisher und General French führten Privatgespräche mit Ministerpräsident Stolypin und Außenminister Iswolski.[12] Auch hierzu gab es keine offizielle Stellungnahme. Die Russen waren bekanntermaßen besorgt von der Aussicht, dass das Deutsche Reich die Ostsee dominieren könnte. Stolypin wollte um jeden Preis mit Unterstützung der Briten verhindern, dass »die Ostsee zu einer deutschen See wird«.[13]

So viel zum Thema »rein von familiärer Zuneigung diktierter Besuch«, dem »keinerlei Anflug von Politik« anhaftet, wie es Edward Grey den zutiefst beunruhigten Parlamentariern erklärte.

Reval war der letzte Schachzug einer komplexen diplomatischen Strategie, die ihren Anfang in Kopenhagen genommen hatte, und zwar durch König Edwards getreuen Agenten Alexander Iswolski, damals noch russischer Botschafter am dänischen Hof. Wie Iswolski selbst es schildert, führte er 1904 und 1905 lange Gespräche mit dem britischen König, im Zuge derer die Grundlage für die britisch-russische Partnerschaft gelegt wurde.[14] Kurz vor dem Besuch in Reval trafen sich der König und Iswolski heimlich im böhmischen Kurort Marienbad,[15] wohin Edward angeblich gereist war, um wie jeder x-beliebige Tourist das Heilwasser zu genießen. Wenige Tage später reiste Iswolski nach Reval weiter, wo er den König bei dessen Eintreffen begrüßen konnte und, um die Farce noch zu krönen, Edward und dessen Mitstreitern vorgestellt wurde, als sehe man sich zum ersten Mal.[16] Stolypin scheint vor seinen Treffen mit dem König und später mit Fisher, French und Hardinge nicht gewusst zu haben, dass Iswolski in Marienbad gewesen war und die Gespräche im Vorfeld einstudiert worden waren. Wie sein französischer Amtskollege Delcassé war auch Iswolski ein treuer Gefolgsmann König Edwards.

Völlig zu Recht verfolgte das Deutsche Reich dieses »Familientreffen« mit einigem Argwohn. Was steckte tatsächlich hinter den Gesprächen zwischen Briten und Russen? Waren sie nur die Tarnung für ein Geheimbündnis, das Deutschland in die Zange nehmen sollte? Worin bestand der Subtext? Deutsche Zeitungen schrieben, dass sich eine mächtige Koalition gegen den Dreibund gebildet habe – eine Einschätzung, die belgische Diplomaten teilten. Sie erkannten, dass König Edward den Kaiser isoliert hatte und dass diese neue Tripelentente »vereint war in ihrem gemeinsamen Hass auf Deutschland«.[17] Alle Vorwürfe wurden wieder und wieder zurückgewiesen. Grey erklärte, Großbritannien habe einzig dafür gesorgt, dass der Frieden »weder zwischen uns und Frankreich noch zwischen uns und Russland« gebrochen werden kann. Das Thema sei »Freundschaft«, niemand habe die Absicht, Deutschland zu »isolieren«, zumal Deutschland ja ohnehin nicht isoliert sei, wie Grey sagte: Das Kaiserreich verfüge mit Österreich-Ungarn und Italien im Dreibund doch über zwei großartige Freunde.[18] Seine schamlosen Beteuerungen verpassten dem Triumph der Geheimen Elite einen Hauch von Unschuld. Deutschland war umzingelt.

Edwards Besuch wurde 1909 vom Zaren erwidert, der auch diesmal von Alexander Iswolski begleitet wurde. Die Stimmung in Großbritannien war angesichts des Besuchs von Nikolaus dermaßen angeheizt, dass er sich nicht traute, seine Yacht *Standart* zu verlassen,[19] die von zwei Linienschiffen und 200 Detektiven geschützt wurde.[20] In Spithead inspizierte er im Schutz seiner Yacht das nördliche Flottengeschwader der britischen Flotte und zeigte sich sehr beeindruckt: 153 Kriegsschiffe lagen ordentlich aufgereiht in drei Reihen, eine mächtige Zurschaustellung maritimer Macht. Die Botschaft war klar: Russlands Flotte konnte es mit der deutschen nicht aufnehmen, die Flotte des neuen britischen Freundes dagegen schon.

Was sagt uns das darüber, wie weit die Geheime Elite in ihrem Bemühen ging, Deutschland zu isolieren? Die öffentliche Meinung? Egal. Liberale Werte? Entbehrlich. Menschlicher Anstand und Demokratie? Konnten ignoriert werden. Die Agenten der Geheimen Allianz hatten das Bündnis vereinbart, nun zogen sie das Netz zu. Die Tat war begangen, nun mussten nur noch sorgfältig die Vorbereitungen zu Ende geführt und ein passender Vorwand gefunden werden, dann konnte der Krieg beginnen.

Apropos Alexander Iswolski. Der Russe war vor allem ein Mann des englischen Königs. Von einem relativ obskuren Posten am dänischen Hof war er auf persönliche Empfehlung Edwards hin in die Sankt Petersburger Paläste des Zaren aufgestiegen. Die Geheime Elite kontrollierte ihn, ihre großzügigen Bestechungsgelder finanzierten seinen üppigen Lebensstil. Iswolski hatte entscheidend dazu beigetragen, dass Großbritannien und Russland ihre Streitigkeiten um Afghanistan, Tibet und Persien hatten beilegen können. Er hatte sogar mit Japan ein Abkommen ausgehandelt, in dem die Machtbereiche der beiden Nationen in

China definiert wurden.[21] Keine schlechte Leistung für den Außenminister eines Landes, das gerade erst von den Japanern eine Abreibung erhalten hatte. Dass diese Erfolge so schnell zustande kamen, lag daran, dass jeder seiner Schritte im Einklang mit der Politik der Geheimen Elite stand.[22] Die Vereinbarung zwischen Japan und Russland sorgte dafür, dass die beiden Länder in Fernost als Bollwerk gegen deutsche Expansionsträume fungieren würden. Iswolskis Erfolge basierten einzig darauf, dass die Bedürfnisse seiner britischen Herren und Meister erfüllt wurden. Er zog offiziell einen Schlussstrich unter Russlands Expansionsträume in Ostasien und führte Sankt Petersburg hin zu einer neuen Phase der Harmonie mit den Briten – genau wie von der Geheimen Elite vorgegeben.

Seinen nächsten Schachzug machte Iswolski auf dem Balkan – und löste damit mehr als nur Kontroversen aus. Der Balkan war zur damaligen Zeit rückständig und seit Langem problembehaftet. Zu Beginn des 20. Jahrhunderts verwandelte das Aufeinanderprallen von Kulturen, Sprachen, Religionen und althergebrachten Animositäten den Balkan in einen Hort der Intrigen und Kriege. Über 400 Jahre lang hatte das Osmanische Reich den Balkan beherrscht, aber Konstantinopel war pleite, und entsprechend wurde der Griff lockerer. Solange das Osmanische Reich noch stark gewesen war, hatte es den Expansionsbestrebungen der Europäer einen Riegel vorschieben können, doch die Erinnerung an diese Zeiten verblasste rasch. Das entstehende Machtvakuum füllte sich mit Forderungen nach Annektierung, Unabhängigkeit und politischer Neuordnung der vielen kleinen Nationen auf dem Balkan.

Die langsam brennende Zündschnur, die schließlich den Ersten Weltkrieg entfachen sollte, wurde 1908 von Alexander Iswolski gelegt. Auf dem Berliner Kongress von 1878 war Österreich-Ungarn die Verwaltung Bosnien-Herzegowinas übertragen worden. In den 30 Jahren, die seitdem vergangen waren, hatte Wien dort Straßen, Schulen und Krankenhäuser gebaut.[23] Bei den Serben, mit 42 Prozent die größte Bevölkerungsgruppe, waren die österreichischen Herrscher verhasst, aber nicht wenige Muslime und Kroaten schätzten die Donaumonarchie. Im Oktober 1908 beschloss Österreich, Bosnien-Herzegowina offiziell zu annektieren und direkt Wien zu unterstellen. Das führte innerhalb der Provinz und vor allem beim benachbarten Serbien zu starker Empörung. Russland hatte sich seit Langem als Beschützer der slawischen Völker auf dem Balkan geriert, und so ein kühner, provokanter Schritt hätte doch niemals ohne die Zustimmung des Zaren erfolgen können. Was also war geschehen?

Nur wenige Tage nachdem Iswolski mit der Geheimen Elite in Marienbad und Reval Intrigen gesponnen hatte, ließ er dem österreichischen Außenminister Baron Alois von Aehrenthal ein Memorandum zukommen: Er schlug vor, ohne das Wissen des Zaren oder der russischen Regierung über Änderungen an den Vereinbarungen des Berliner Kongresses zu sprechen. Sein Verhandlungsangebot: Österreich-Ungarn kann Bosnien-Herzegowina annektieren, wenn

Österreich sich im Gegenzug für die russischen Interessen an den Dardanellen und Konstantinopel starkmacht.

Von Beginn an zeigte sich bei diesen Gesprächen, dass Baron von Aehrenthal mit der Rückendeckung seiner eigenen Regierung agierte, Iswolski hingegen nicht. Am 16. September 1908 trafen sie sich heimlich im mährischen Schloss Buchlau. Der österreichische Minister reiste aus Wien in Begleitung von Diplomaten und Beamten des Außenministeriums an.[24] Iswolski stand niemand zur Seite, und es gab kein Protokoll der sechsstündigen Gespräche. Für einen russischen Politiker war es ein sehr kühnes und gefährliches Unterfangen, das Iswolski da gestartet hatte, aber er war ja nicht völlig allein.

Dem *Foreign Office* war der Vorschlag natürlich bekannt, noch bevor die »streng geheimen« Unterredungen ihren Abschluss fanden. Tatsächlich gibt es die Theorie, das britische Außenministerium habe die Österreicher dazu ermutigt, die Annektierung voranzutreiben.[25] Sir Edward Grey arbeitete Hand in Hand mit Iswolski. Grey wusste, Serbien würde zutiefst beleidigt auf die Aneignung Bosnien-Herzegowinas reagieren,[26] deshalb hatten Grey und Iswolski vereinbart, dass man den Serben eine angemessene Entschädigung zukommen lassen würde. Wieder einmal war die Geheime Elite also bestens informiert, worüber gesprochen wurde und was Iswolski genau vorhatte.

Am 6. Oktober verkündete Kaiser Franz Joseph die Annektierung Bosnien-Herzegowinas. Die britische Regierung reagierte in ihrer typisch heuchlerischen Art: Es sei inakzeptabel, dass ein Land einen Vertrag einseitig verändere.[27] Diplomatische Protestnoten flogen hin und her. In den Provinzen selbst bildete der bunte Bevölkerungsmix aus griechisch-orthodoxen Christen, Muslimen und diversen christlichen Sekten einen dankbaren Nährboden für ethnische Unruhen.

Iswolski fachte den Nationalismus auf dem Balkan noch an. Am 7. Oktober mobilisierte Serbien seine Truppen und forderte, dass die Annektierung rückgängig gemacht werde oder Serbien zumindest eine Entschädigung erhalte.[28] Als Serbien Russland um militärische Unterstützung bat, machte von Aehrenthal die Geheimabsprache mit Iswolski publik. Damit war der russische Außenminister am Ende. Falls er geglaubt haben sollte, das diplomatische Protokoll werde seine Anonymität bewahren, erlebte er nun eine herbe Enttäuschung. Er gab von Aehrenthal die Schuld und beschimpfte ihn auf eine Art und Weise, die jedem antisemitischen Russen zur Ehre gereicht hätte: »Der dreckige Jude hat mich hintergangen. Er hat mich belogen, mich übers Ohr gehauen, dieser schreckliche Jude!«[29] Als er signalisierte, das Zarenreich werde der Annektierung zustimmen, hatte er seine Karriere aufs Spiel gesetzt. Als aufflog, dass er ohne das Wissen des Zaren und seiner Regierung agiert hatte, erklärte er einen Juden aus Österreich zum Schuldigen.

Russland hatte sich noch nicht von der verheerenden Niederlage gegen Japan erholt. Bloßgestellt von Iswolskis Geheimabsprache und der eigenen militärischen

Schwäche, weigerte sich Russland zu intervenieren.[30] Wäre das russische Militär 1908 auf dem Höhepunkt seiner Macht gewesen, wäre bereits damals ein europaweiter Krieg ausgebrochen, glauben einige Historiker.[31] Stattdessen erlitten die Serben einen Dämpfer. Sie hatten auf die Unterstützung Russlands gehofft, nun blieb ihnen keine andere Wahl, als sich zurückzuziehen. Das schürte jedoch bitteren Hass gegen die übermächtigen österreichisch-ungarischen Nachbarn. Iswolski riet den Serben, das Geschehene zu akzeptieren und sich darauf vorzubereiten, zu einem späteren Zeitpunkt aktiv zu werden – eine erschreckende Empfehlung.[32] Rache wird am besten kalt serviert, sagt man. Im Auftrag seiner Meister von der Geheimen Elite hatte Iswolski erfolgreich die Stimmung auf dem Balkan angefacht, und Österreich-Ungarn stand als der größte Bösewicht weit und breit da. Auftrag erledigt.

Iswolski handelte keineswegs auf eigene Rechnung. Nie hätte er ernsthaft davon ausgehen können, mit seinen Winkelzügen das ewige russische Problem des fehlenden eisfreien Hafens lösen zu können. Mit Blick auf die Vereinbarungen des Berliner Kongresses von 1878 betrug die Wahrscheinlichkeit schlichtweg null, dass das Kaiserreich, Frankreich, Großbritannien, Italien, Österreich-Ungarn und das Osmanische Reich die notwendige Erlaubnis zu so einem radikalen Schritt geben würden. Es sind schon Kriege aus weitaus geringerem Anlass geführt worden, was auch Iswolski klar gewesen sein dürfte. Sein Vorgehen verriet dennoch, wohin die Reise gehen würde. Geheime Elite, *Foreign Office,* Sir Edward Grey – ihnen allen war bewusst, wie wichtig Konstantinopel für die Russen war. Es stand ihnen nicht zu, dieses Geschenk zu machen, aber allein schon die Hoffnung war in diesem Fall eine sehr verlockende Karotte. Sie würden nicht zögern, sie den Russen im geeigneten Moment vor die Nase zu halten.

Iswolski war der Buhmann der Stunde. In Sankt Petersburg verspottete man ihn als den »Prinzen vom Bosporus«,[33] ihm drohten die Entlassung und der Sturz ins politische Aus. Doch einmal mehr meldete sich sein Gönner König Edward zu Wort, auf dessen direktes Einwirken hin Iswolski zum Außenminister aufgestiegen war. Persönlich wandte Edward sich an seinen Neffen, den Zaren, beteuerte, wie groß sein Vertrauen in Iswolski sei und dass er hoffe, Iswolski werde sein Amt weiter ausüben dürfen.[34] Das tat er dann auch – zunächst.

Von der vorangegangenen Pleite nicht entmutigt, machte Iswolski da weiter, wo er aufgehört hatte, und fachte im Auftrag seiner wahren Meister die Stimmung auf dem Balkan weiter an. In einer Rede vor dem russischen Parlament riet er den Ländern des Balkans, sich zu einer Föderation zusammenzuschließen, und hieß die Bestrebungen des großserbischen Lagers gut, Österreich vom Balkan zu verjagen. Im Dezember 1909 schloss Russland mit dem seit Kurzem unabhängigen Bulgarien ein geheimes Militärabkommen. Darin hieß es in der fünften Klausel, dass »die Verwirklichung der hohen Ideale der slawischen Völker auf der Balkanhalbinsel, die dem Herzen Russlands so nahe stehen, nur nach einem günstigen Ausgang des Kampfes Russlands mit Deutschland und Österreich-Ungarn möglich ist«.[35] Anders gesagt war hier von Krieg die Rede. Ein Sieg über Kaiserreich und Donaumonarchie würde zur Erfüllung aller Ziele führen. Die Geheime Elite hatte tief ins Herz des zaristischen Russland gegriffen und dort ein Zündpapier platziert, das später von einer mörderischen Flamme ergriffen werden sollte.

Iswolski verdammte den Balkan zu sechs qualvollen Jahren schrecklicher interner Machtkämpfe, aber man sollte nicht ihn zum eigentlichen Übeltäter machen. Er war schlichtweg nur ein weiterer ausländischer Handlanger der Geheimen Elite, die durch ihre Banken in London und Paris seinen Lebensstil finanzierte. In vielerlei Hinsicht war der erste Teil seines Auftrags erfüllt, als er erfolgreich zeigte, dass Russland die Dardanellen nur auf einem Weg in die Finger bekommen würde: durch einen Krieg mit Deutschland. Die militärischen Absichten aller Mitglieder der Tripelentente waren damit auf einheitlichen Kurs gebracht: Russland wollte die Meerenge, Frankreich wollte Elsass-Lothringen zurück, Großbritannien wollte Deutschland strangulieren. Es war ein Dreizack, der da auf das Herz von Kontinentaleuropa geschleudert wurde.[36]

Die faszinierend cleveren Machenschaften der Geheimen Elite trugen nun Früchte. Die Länder auf dem Balkan mussten fürchten, von Österreich als Nächstes ins Visier genommen zu werden. Russland war deutlicher bewusst geworden, dass man nicht stark genug war, um allein in Europa zu agieren. Der hoch verschuldete Iswolski hing stärker denn je von der Rückendeckung und der finanziellen Großzügigkeit seiner Londoner Herren ab. Dank König Edward hatte er den Sturm in seiner Heimat überstanden. Soweit es die Geheime Elite betraf, hatte Iswolski die gewünschten Leistungen erbracht. Zwischen Russland und Österreich-Ungarn gähnte nun eine gewaltige Kluft. Vor 1908 waren die Beziehungen zwischen Sankt Petersburg und Wien gut gewesen, vor allem hinsichtlich des Balkans.[37] Mit seinem Alleingang hatte Iswolski Freunde einander völlig entfremdet.

Zusammenfassung von Kapitel 8: Alexander Iswolski – Held und Schurke

- Die Abgeordneten und die Öffentlichkeit in Großbritannien liefen Sturm, aber die Geheime Elite trieb ihr Vorhaben weiter voran, Russland in die *Entente cordiale* einzubinden. Deshalb schickte sie den König nach Reval, wo er sich im Juni 1908 mit dem Zaren traf. Dass man damit gegen das allgemeine diplomatische Protokoll verstieß, war der Geheimen Elite egal.
- König Edward ließ sich zu dem Treffen von seinen Beratern aus der Geheimen Elite und Mitgliedern des *Committee of Imperial Defence* begleiten. Der Zar kam mit Ministerpräsident Stolypin und Außenminister Alexander Iswolski.

- Iswolski stand auf der Gehaltsliste der Geheimen Elite. Hinter dem Rücken des Zaren stimmte er sich im Vorfeld des Treffens mit dem Geheimbund ab und heimste später das Lob dafür ein, innerhalb weniger Wochen sowohl die Tripelentente als auch ein Bündnis mit Japan zustande gebracht zu haben.
- Unter der Anleitung der Geheimen Elite traf sich Iswolski heimlich mit dem österreichischen Außenminister von Aehrenthal. Bei dem Treffen stimmte Iswolski im Namen Russlands der Besetzung Bosniens durch Wien zu.
- Serbien forderte Russland auf, beim Feldzug gegen Österreich mitzuhelfen, aber die Österreicher machten Iswolskis Rolle öffentlich, woraufhin die Russen Serbien einen Korb geben mussten.
- Die russische Presse verspottete Iswolski, aber dank des Eingreifens von König Edward höchstpersönlich konnte er sein Amt als Außenminister behalten.
- Iswolski hörte nicht auf, die Balkanstaaten gegen Kaiserreich und Donaumonarchie aufzustacheln. Er ermutigte die Bewegung für ein »Groß-Serbien«, ihre Rachepläne nicht aufzugeben und sich auf spätere Einsätze vorzubereiten.
- An verschiedenen Fronten erzielte die Geheime Elite Fortschritte. Die Tripelentente war gefestigt, der Balkan ein Hornissennest, in dem Nationalismus, Sektiererei und Verbitterung regierten. Russland hatte erkannt, dass es nur einen Weg gab, die Dardanellen zu bekommen – nämlich durch einen Krieg mit Deutschland. Außerdem hatte Russland das Vertrauen in Österreich-Ungarn verloren.

9

Betrügereien und Skandale

ES IST SCHON ERSTAUNLICH, was die Geheime Elite im ersten Jahrzehnt des neuen Jahrhunderts alles erreichte. Sie hatte die vollständige Kontrolle über Südafrikas immense Bodenschätze erlangt, über die britische Außenpolitik und über das einflussreiche *Committee of Imperial Defence*. Der krönende Abschluss der britischen Diplomatie waren die durch Edward VII. vermittelten Abkommen, die Großbritanniens alte Erzfeinde Frankreich und Russland ins britische Lager führten. Angeblich dienten die Bündnisse dazu, den Frieden zu sichern, aber die Wahrheit sah ganz anders aus.

Sinn und Zweck der Tripelentente wurden niemals richtig erklärt. *Labour*-Führer Ramsay MacDonald schrieb später: »Was die praktische Erfahrung angeht, ist die Entente die schlimmste Form der Allianz. Ein Bündnis ist etwas Definitives, jeder kennt seine Pflichten. Die Entente dagegen täuscht die Menschen.«[1] Exakt aus diesem Grund, um die Menschen zu täuschen, wurden mit Frankreich und Russland Vereinbarungen in Form einer lockeren »Übereinkunft« getroffen.

Aufmerksamen Mitgliedern des liberalen Kabinetts war durchaus bewusst, dass die Tripelentente Großbritannien in den Mahlstrom der europäischen Politik zog. Ernsthafter Widerstand regte sich aber nicht, denn Edward Grey versicherte allen Zweiflern, es gebe keine förmlichen Verpflichtungen. Wiederholt versprach er, militärische Pläne würden nur vom vollständigen Kabinett beschlossen. Was die »förmlichen Verpflichtungen« anbelangte, hatte Grey streng genommen recht. Schriftliche Vereinbarungen hatte die Geheime Elite wohlweislich nicht getroffen, stattdessen wurde Franzosen und Russen gesagt, ein Engländer stehe zu seinem Wort. So konnte Edward Grey die Existenz einer Allianz abstreiten und behaupten, die Tripelentente diene dazu, den Frieden in Europa zu sichern. Die Schmutzarbeit, die Vernichtung Deutschlands vorzubereiten, lief indes hinter den Kulissen mit ungebremster Macht weiter.

Der geheime Unterausschuss des CID war für eine einzige Aufgabe gegründet worden – den Krieg mit Deutschland. Ständig überarbeitete und aktualisierte der Ausschuss die Pläne für gemeinsame Marine- und Heeresaktionen mit Frankreich und Russland. »Heimlich trieb das *Committee of Imperial Defence* mit großer Ernsthaftigkeit die Kriegspläne voran. Gut informierte Quellen sagten vorher, dass dieser Krieg 1914 beginnen könne.«[2]

In Vorbereitung war unter anderem eine Seeblockade, die Deutschland vom Überseehandel und von der Versorgung mit kriegswichtigen Rohstoffen abschneiden sollte.[3] 1907 hieß es in Marinekreisen, wenn man Deutschland von der Lebensmittelversorgung ausschließe, werde das Kaiserreich rasch auf die Knie gezwungen werden.[4] Die Überlegenheit der britischen Flotte werde das deutsche Volk langsam »äußerst klein« dastehen lassen und dafür sorgen, dass »bald Gras auf den Straßen Hamburgs wächst«, sagte Sir Charles Ottley, Sekretär des CID und Leiter des Marineaufklärungsdienstes. Er sah für das Deutsche Reich »umfassenden Mangel und Untergang« aufziehen.[5] Ottley hatte gute Verbindungen zu den verschiedenen Zirkeln innerhalb der Geheimen Elite und hatte gute Aussichten, von einem Krieg ordentlich zu profitieren – auf schändliche Weise, wie manch einer sagen würde.

Als Richard Haldane das Kriegsministerium übernahm, erfuhr er, dass die Gespräche zwischen französischen und britischen Marineoffizieren zufriedenstellend voranschritten. Für die Briten nahm Admiral Jacky Fisher an den Gesprächen teil, und »zufriedenstellend« bedeutet in diesem Zusammenhang »zufriedenstellend für Fisher«, denn er führte die Gespräche im Namen der *Navy*, und er war verantwortlich. Deutlich schlechter sah es hinsichtlich einer militärischen Kooperation aus, denn diese Pläne wurden nicht vom Kriegsministerium bearbeitet. Wie bereits gesagt, hatte der *Times*-Journalist Charles Repington 1905 die Rolle des Chefvermittlers zwischen Briten und Franzosen übernommen.[6] Besonders schockierend in dieser Hinsicht ist, dass der *Times*-Korrespondent in all den Jahren bis 1914 eine sehr privilegierte Rolle innerhalb des Kriegsministeriums innehaben sollte. Auch im Parlament wurde Repingtons Rolle hinterfragt:

> *Wenn ein ehemaliger Offizier Militärkorrespondent der* Times *wird … und dieser Mann im Kriegsministerium einen Freiraum und Zugang zu Unterlagen erhält, kann man schon auf den Gedanken kommen, dass dieser Gentleman nicht immer das schreibt, was seiner Ansicht nach tatsächlich die Wahrheit ist …*[7]

Niemand widersprach. Repington hätte einen sensationellen Enthüllungsbericht schreiben können, tat er aber nicht. Warum nicht? War er ein Berater, ein Reporter oder ein Handlanger der Geheimen Elite, der beide Rollen zugleich ausfüllte? Fungierte er weiterhin als inoffizieller Mittelsmann zwischen britischem und französischem Generalstab? Was hat er geleistet, das eine Ernennung zum Ritter der französischen Ehrenlegion und zum Kommandeur des belgischen Leopoldsordens rechtfertigte? Warum ist seine Rolle aus den Geschichtsbüchern getilgt worden? Ganz offensichtlich war er mehr als nur ein simpler Schreiberling.

Sehr rasch legte Haldane Pläne für die Gründung einer bestens ausgebildeten, professionellen Armee vor, die an der Seite Frankreichs würde kämpfen können. So intensiv und so detailliert waren die gemeinsamen Planungen, dass bereits im Jahr 1906 ranghohe Offiziere einen Krieg mit Deutschland für unausweichlich hielten.[8] Im Rahmen der streng geheimen militärischen Vorbereitungen reisten britische und französische Stabsoffiziere durch Frankreich und Belgien und begutachteten mögliche künftige Schlachtfelder. Sir Henry Wilson, ab 1910 britischer Direktor für Militäroperationen, verbrachte die Sommermonate 1906 radfahrend auf dem belgischen Land. Aufmerksam notierte er, wie das Gelände beschaffen war, wo die Kanäle verliefen, wo die Bahnübergänge waren und wo die Kirchtürme standen, die eines Tages als Beobachtungsposten dienen würden. Eine gigantische Karte Belgiens, auf der mögliche Marschwege der Armeen eingezeichnet waren, bedeckte eine komplette Wand in seinem Büro in London.[9] Sir Henry Wilson und der französische Generalstab hatten keine Geheimnisse voreinander. Er war sich sicher, dass es früher oder später zum Krieg kommen würde, und arbeitete jahrelang darauf hin, dass Großbritannien im Fall der Fälle sofort handlungsfähig wäre.[10]

Neben dem Expeditionskorps gründete Haldane die Territorialarmee, das *Officer Training Corps*, die Milizen der *Special Reserve* und den Beratungsausschuss für Aeronautik, der mit der jungen Luftfahrtindustrie in Großbritannien kooperierte. 1910 hatte er die *British Army* auf ein völlig neues Fundament gestellt.

Haldane, Grey, Asquith und Esher hatten das *Committee of Imperial Defence* weiterhin fest im Griff und bauten dort ein sehr fähiges Sekretariat auf. Zum Sekretär des CID war 1907 Sir Charles Ottley vom Marineaufklärungsdienst ernannt worden, und er holte sich als Assistenten Maurice Hankey und Sir Ernest Swinton hinzu.[11] Hankey war der wichtigste Schützling von Lord Esher,[12] die beiden kommunizierten ständig miteinander. Später wurde Hankey Mitglied der Geheimen Elite und stand dem inneren Kreis nahe. Auch Swinton wurde Mitglied, wenngleich er eher zur Peripherie zählte.[13] Es steht außer Frage, dass diese Agenten der Geheimen Elite das CID gelenkt haben. 1906 hatte sich die britische Wählerschaft mit großer Mehrheit für Frieden und einen deutlichen Abbau der Rüstungsausgaben ausgesprochen, aber die Geheime Elite führte einen völligen Stimmungsumschwung herbei. Das gelang mit einer uralten Waffe: Furcht. Furcht war nötig, um das selbstgefällige England König Edwards aufzurütteln, während aufgebrachte Arbeiter wegen ihrer Hungerlöhne die Arbeit in Minen, Fabriken und Werften niederlegten. Furcht sät Zweifel und Argwohn. Furcht ist der Faktor, der die Massen dazu bringt, mehr und mehr Waffen einzufordern, damit ihr Heim, ihre Familien, ihre Dörfer und ihre Städte geschützt werden können. So war es seit jeher. Generation um Generation wurde dazu verleitet, für Vernichtungswaffen zu bezahlen, denen dann noch mächtigere Waffen folgten.

Mit dem einsetzenden 20. Jahrhundert legte die Geheime Elite ein veritables Sperrfeuer der Gerüchte und Halbwahrheiten, der nackten Propaganda und der Lügen. So entstand der Mythos vom großen Wettrüsten zur See. Das Deutsche Reich baue eine gewaltige Kriegsflotte, um dann die *Navy* anzugreifen und zu zerstören, bevor deutsche Truppen an der englischen Ostküste oder im schottischen Firth of Forth landen – diese Geschichte wurde weithin geglaubt, sogar von vielen liberalen Kriegsgegnern.[14] Sie klang zwar, als stamme sie direkt aus einem Verschwörungsroman, aber sie funktionierte: Die britische Bevölkerung schluckte die Lüge, dass in Deutschland ungezügelter Militarismus herrsche und dass das Kaiserreich die militärische Oberherrschaft zu Lande und zu Wasser anstrebe, um die Welt zu beherrschen. Britischer Militarismus war Gotteswerk, deutscher Militarismus das Werk des Teufels, deshalb musste er auch im Keim erstickt werden, bevor es einem selbst an den Kragen ging. Wurden nach dem Krieg Unterlagen der Kriegsmarine gefunden, die dafür sprechen, dass Deutschland insgeheim eine Invasion in Großbritannien oder den Bau weiterer Schlachtschiffe plante? Nein, nicht ein einziges Dokument.

Wohl nur selten sind Statistiken derart gründlich zweckentfremdet worden. Mit ihrem allmächtigen Bündnis aus Rüstungsfirmen, politischer Rhetorik und Medienmacht im Rücken beschwor die Geheime Elite das Bild einer gewaltigen, bedrohlichen deutschen Kriegsflotte herauf. Diese Illusion wurde allgemein akzeptiert und von Historikern als Fakt in die Geschichtsschreibung übernommen.

Schlachtschiffe waren die Massenvernichtungswaffen ihrer Zeit, ließen sich aber nicht so einfach verstecken. In den zehn Jahren bis zum Kriegsbeginn beliefen sich die britischen Marineausgaben auf 351 916 576 Pfund. Dem standen auf deutscher Seite umgerechnet 185 205 165 Pfund gegenüber.[15] Wäre es Grey und Haldane ernst gewesen mit ihrem Wunsch, »den Militarismus zu vernichten«, hätte vor der eigenen Haustür mehr als genug Arbeit auf sie gewartet. Die Tripelentente gab in den zehn Jahren 657 884 476 Pfund für Kriegsschiffe aus, bei Deutschland und Österreich-Ungarn waren es 235 897 978.[16] Die Mannstärke des deutschen Heeres belief sich in Friedenszeiten auf 761 000 Mann, in Frankreich waren es 794 000 Mann und in Russland 1 845 000.[17] Dennoch wurde die Behauptung, Deutschland »laufe Amok« vor lauter Militarismus, als bare Münze genommen.

Die britischen Zeitungen schrieben, die Kriegsmarine würde deutlich mehr Schiffe bauen, die »britischen« Seewege seien in Gefahr. Im Parlament kursierten aufgebauschte Berichte, denen zufolge die kaiserliche Kriegsmarine der *Navy* schon bald den Rang ablaufen würde. Die patriotische Volksseele kochte über und forderte den Bau von immer mehr Kriegsschiffen. Eine starke Marine war stets ein parteiübergreifendes Thema gewesen, denn für die Lebensmittelversorgung Großbritanniens und den Zusammenhalt des Empire war es zwingend erforderlich, dass die britische Marine die Seewege vor Feinden schützen konnte.[18] Was auch immer es kosten würde, Großbritannien musste stärker aufrüsten als Deutschland.

Als Großbritannien die Ausgaben für die Flotte drastisch anhob, reagierte man in Wahrheit nicht auf eine Bedrohung, sondern auf den »teuflischen Chauvinismus« derjenigen, die unbedingt Deutschlands Fall herbeiführen wollten.[19] Was die ganze Sache so unglaublich macht, ist, dass Grey, Asquith und Haldane die liberale Regierung ausgerechnet zu einem Zeitpunkt in ein Flottenwettrüsten steuerte, an dem die Regierung sich ausdrücklich auf die Fahnen geschrieben hatte, die Armut zu bekämpfen und Sozialreformen durchzuführen. Eine atemberaubende Leistung.

Natürlich baute das Deutsche Reich Großkampfschiffe, aber beileibe nicht in den Mengen, wie in der britischen Presse kolportiert wurde. Abgesehen davon: Allein Großbritannien hatte bereits einen so deutlichen Vorsprung gegenüber Deutschland, dass die Vorstellung eines echten Wettrüstens völlig absurd war – vor allem, wenn man die militärischen Kapazitäten der anderen Tripelentente-Staaten berücksichtigt.

Die Vorstellung, Großbritannien sei beim Schutz des Empire zurückgefallen, war ein willkommener Anlass, Politiker und Bevölkerung gleichermaßen in Angst und Schrecken zu versetzen. Wie jedes andere Land mit einer aufstrebenden, weltweit agierenden Handelsmarine hatte auch Deutschland das Recht, etwas für den eigenen Schutz zu tun. Reichskanzler von Bülow erklärte im Reichstag, dass Deutschland nicht beabsichtige, Streit mit anderen Nationen vom Zaun zu brechen:

> *Aber wir wollen nicht, dass eine fremde Macht sich bei uns einmischt, unsere Rechte verletzt oder uns in politischen oder kommerziellen Fragen beiseite drängt. […] Deutschland kann nicht tatenlos danebenstehen, während andere Nationen die Welt unter sich aufteilen.*[20]

Völlig richtig merkte von Bülow an, dass Italien, Frankreich, Russland, Japan und Amerika allesamt ihre Flotten aufgerüstet hatten und dass Großbritannien »ohne Unterlass daran arbeitet, seine gigantische Flotte noch größer zu machen«.[21] Ohne Flotte würde es Deutschland niemals gelingen, sich eine dauerhafte Machtposition in der Handelswelt zu erarbeiten. Großbritannien dagegen »beherrschte die Meere« und sah Deutschlands wachsende Seemacht als unverschämte Provokation an.

Im Juni 1900 brachte Vizeadmiral Alfred von Tirpitz das zweite Flottengesetz durch den Reichstag, der Ausbau der Flotte war damit beschlossene Sache.

Tirpitz schlug vor, für den Schutz der deutschen Kolonien und Seewege in den kommenden 20 Jahren 38 Schlachtschiffe zu bauen. Also weniger als zwei Schiffe pro Jahr – eine Zahl, die der Leser im Hinterkopf behalten sollte.

Bei der Geheimen Elite schlugen die Alarmglocken nicht so sehr wegen des Baus von Schlachtschiffen an, sondern wegen der deutschen Ingenieursleistungen und der daraus resultierenden modernen Handelsschiffe, die in Hamburg, Bremen und Wilhelmshaven vom Stapel liefen. Eine deutsche Überlegenheit auf den kommerziellen Seewegen konnte nicht hingenommen werden. Die Erfolge von Reedereien wie dem Norddeutschen Lloyd und der Hamburg-Amerika Linie ließen die britischen Leistungen verblassen.

Mit der *Kaiser Wilhelm der Große* stellten die Deutschen für kurze Zeit das größte und schnellste Passagierschiff auf dem Atlantik. Gefolgt wurde dies von der *Deutschland III*, die fünfeinhalb Tage von Cherbourg nach New York benötigte und einen neuen Geschwindigkeitsrekord aufstellte. Das Ansehen der britischen Passagierschiffe litt. 1907 konnte die *Lusitania* das Blaue Band zurückerobern, indem sie die Zeit der *Deutschland III* um elf Stunden und 46 Minuten unterbot. »Höher, schneller, weiter« – die Briten hatten wieder die Nase vorn.

Die britische Admiralität arbeitete seit Langem mit dem sogenannten Zweimächtestandard: Die *Navy* sollte stärker sein als die Flotten der beiden nächststärkeren Seemächte. Admiral Jacky Fisher schlug daraus größtmögliches Kapital. So veröffentlichte die Admiralität »rein zufällig« zum rechten Zeitpunkt einen Bericht, der besagte, dass die Sicherheit des Königreichs vor Aggressoren »von der anderen Seite der Nordsee« nicht zu gewährleisten sei, egal wie viele Schiffe man baue. Schutz gebe es nur, wenn man zunächst das Design und die Feuerkraft der Schiffe verändere. Das führte 1905 zum ersten Dreadnought-Linienschiff und der Order, alte Schiffe außer Dienst zu stellen. Ganze Kriegsschiffklassen wurden als nutzlos abgekanzelt, rund 115 Schiffe im Gesamtwert von 35 Millionen bis 40 Millionen Pfund verschrottet. 34 davon waren gerade einmal fünf Jahre alt.[22]

Fisher schrieb König Edward 1907 vertraulich, dass die britische Flotte viermal so stark sei wie die deutsche, »aber wir wollen das nicht in die Welt hinausblasen«.[23] Der Geheimen Elite war durchaus bewusst, dass die britische Flotte den Zweimächtestandard mehr als erfüllte, aber indem man Fisher in seiner Besessenheit unterstützte, fuhren auch die Verbündeten in den Werften und Rüstungsunternehmen satte Gewinne ein.

Großbritannien müsse dieses Wettrüsten gewinnen, um zu überleben, hieß es fälschlicherweise, und gewinnen könne man nur, indem man Deutschland immer weiter abhänge – ein Mediencoup und der Wunschtraum der Werftbesitzer. Nur ein Landesverräter würde anzweifeln, dass man weiter aufrüsten müsse, um sich vor dem ehrgeizigen Kaiser zu schützen. Wer die sogenannte Flottenpanik hinterfragte, wurde als meckernder Pazifist getadelt, der »weder wusste, was Liebe zur Heimat bedeutete, noch je die Freude verspürte, die Glanz und Gloria des Empire all jenen Männern bringen, die imperial denken«.[24] Ehrliche Besorgnis wurde dampfwalzenartig überrollt und als illoyales Verhalten angeprangert. Wer sich gegen die erdrückende Verschwendung auflehnte, die die hohen Flottenausgaben darstellte, wurde mit aller Macht mundtot gemacht.

Inmitten dieses allgemeinen Wahns heizte eine erfundene Gruselgeschichte über ein geheimes Flottenprogramm der Deutschen die Stimmung noch weiter an. Am 3. März 1909 wurde Herbert Mulliner, Geschäftsführer von *Coventry Ordnance Works*, in die Downing Street gebracht. Sein Auftrag: das Kabinett hinters Licht zu führen. Er habe im Rahmen seines Auftrags Werften und Rüstungsbetriebe in Deutschland besucht, erklärte Mulliner, und es sei Fakt, dass dort in den vergangenen drei Jahren Waffenproduktion und Schiffbau rasch und in gewaltigem Umfang angezogen hätten. Zehn Tage später erschien der revidierte Haushalt 1909/10 für die Marine: 2 823 200 Pfund mehr für die Flotte, insgesamt belief sich der Haushalt auf 35 142 700 Pfund[25].

Trotz dieses Zugeständnisses stellten die Konservativen unter Arthur Balfour ein Tadelsvotum gegen die Marineausgaben der liberalen Regierung mit der Begründung, die Erhöhung sei zu gering. Die Rüstungsindustrie wollte noch höhere Ausgaben. Balfour warnte das Unterhaus, der Abstand zwischen britischer und kaiserlicher Flotte würde so gering sein, dass der Sicherheit ein schwerer Schlag drohe – »der Sicherheit, die schließlich und letztlich die Grundlage aller Unternehmungen in diesem Land ist«.[26]

Balfour trat als Bannerträger der Geheimen Elite auf und verpackte die Mehrausgaben in Worte wie »Sicherheit« und »Unternehmungen«. Deutschland werde 1912 über 25 Linienschiffe verfügen, behauptete Balfour. In Wahrheit waren es neun. Wieder und wieder verkündete Balfour die Botschaft der Geheimen Elite: mehr Geld für Linienschiffe![27] Zwischen 1901 und 1912 gab Großbritannien 456 Millionen Pfund für die Flotte aus, in Deutschland waren es 179 Millionen Pfund.[28]

Am 31. März 1909 kamen in der Londoner Guildhall mehrere hundert Aktionäre von Rüstungsfirmen, Bankiers und Finanzinvestoren zusammen, um Arthur Balfour reden zu hören.[29] Sie saugten jedes seiner Worte mit atemloser Zustimmung in sich auf. Seine Rede strotzte vor Dringlichkeit, Besorgnis und Angst vor den Konsequenzen von Untätigkeit:

> *Sie müssen bauen – ohne Aufschub, ohne Verzögerung, ohne auf Eventualitäten zu warten, auf obskure Umstände, auf künftige Erfordernisse. Sie müssen jetzt bauen, um sich den aktuellen Notwendigkeiten zu stellen. Glauben Sie mir, die Notwendigkeiten sind präsent, hier und jetzt. Sie kommen nicht im Juli oder November oder im nächsten April … Sie müssen jetzt beginnen, sich diesen Notwendigkeiten zu stellen.*[30]

Balfours Appell hatte einen apokalyptischen Unterton und war als Weltuntergangsprophezeiung gedacht, die Panik erzeugen sollte. Mit der Flottenpanik hatte die Presse der Geheimen Elite – insbesondere die *Times* und die *Daily Mail* – den Grundstein gelegt. Es war ihre Propaganda, die das Land begeisterte. »Wir wollen acht [neue Linienschiffe pro Jahr], sofort gemacht«, lautete der Schlachtruf des Sommers von 1909. Die Propagandamaschinerie verwandelte den Ausruf in den Wunsch des Volkes. So laut wurden die öffentlichen Rufe nach mehr Linienschiffen, dass der Erste Lord der Admiralität Reginald McKenna schließlich einlenkte.

Wie so viele in Asquiths Kabinett wusste auch McKenna nichts von der Geheimen Elite. Er akzeptierte die These, dass Deutschland insgeheim daran arbeite, es auf See mit Großbritannien aufnehmen zu können. Also erklärte McKenna, man werde praktisch sofort mit dem Bau von vier weiteren Linienschiffen der Dreadnought-Klasse beginnen. Das bedeutete, dass 1909 insgesamt acht Dreadnoughts auf Kiel gelegt wurden. Nur wenige fragten, wie sich das wohl auf Sozialreformen und die Bekämpfung der Armut auswirken würde. Ab 1909 flossen immer größere Summen in die Waffenproduktion: Die Kriegsvorbereitungen nahmen Fahrt auf.

Dabei beruhte die ganze Flottenpanik auf einer Täuschung. Mulliner hatte gelogen. Es war eine der schändlichsten Verschwörungen[31] in der Geschichte Großbritanniens. Was sie so absolut schändlich macht, ist die Tatsache, dass Asquith, Grey und Haldane wussten, dass Mulliner log, sie ihn aber trotzdem in die Downing Street einluden, damit er das Kabinett von der Notwendigkeit überzeugte, die Ausgaben für die Flotte massiv anzuheben. Die Statistiken und die Angaben zu den vermeintlichen Abständen zwischen kaiserlicher Marine und *Royal Navy* waren stark verzerrt. Winston Churchill sollte später einräumen: »Es gab weder geheime deutsche Linienschiffe noch hat Admiral von Tirpitz Unwahrheiten in Bezug auf den Bau großer Kampfschiffe von sich gegeben.«[32]

Als Mulliner drohte, sich mit der Wahrheit an die Presse zu wenden, erkaufte sich die Geheime Elite sein Schweigen, und er verschwand in der Versenkung. Sir Edward Grey musste später einräumen, dass jede einzelne Aussage von Mulliner und der Regierung falsch war, aber die Aufgabe war zu diesem Zeitpunkt bereits erledigt. Es war ein beschämender Skandal, der in den nächsten drei Jahrzehnten immer wieder als Beispiel dafür herangezogen wurde, wie weit die Rüstungsindustrie für ihre Interessen zu gehen bereit war.[33]

Und Mulliner? Der war leicht ersetzt[34] und verschwand aus den Erzählungen. Das Flottenwettrüsten dagegen ist immer noch in jedem Geschichtsbuch zu finden, obwohl es gar kein Wettrüsten gab. Denn Deutschland nahm schlichtweg nicht daran teil.

Der massive Anstieg der Flotten- und Rüstungsausgaben führte zu ebenso massiven Gewinnsprüngen für die Aktionäre der Rüstungsbetriebe. Nur gelegentlich wagte es ein einsamer Rufer, sich zum Gespött der linientreuen Presse zu machen. Lord Welby, ehemaliger Ministerialrat im Finanzministerium, durchschaute die Ereignisse und protestierte – nicht ahnend, gegen wen oder was genau er da antrat:

> *Wir befinden uns in den Händen einer Gaunerbande. Ihr gehören Politiker genauso an wie Generäle, Waffenhersteller und Journalisten. Sie alle sind auf unbegrenzte Ausgaben aus und erfinden Schreckgespenster, die der Öffentlichkeit Angst einjagen und die Minister der Krone heimsuchen.*[35]

Lord Welby beschrieb die Geheime Elite. Es handelte sich in der Tat um ebendiese Männer, die einen Krieg gegen Deutschland planten und ausheckten. Und sie hatten nichts dagegen, auf dem Weg dorthin Gewinne einzustreichen.

Für den gewöhnlichen Bürger Großbritanniens waren die großen Rüstungsbetriebe unabhängige Firmen, die vom Geiste des Patriotismus beseelt um Regierungsaufträge buhlten. Weit gefehlt. Sie waren weder unabhängig, noch gab es einen Wettbewerb. Diese Betriebe erschufen Quasimonopole, die für satte Gewinnmargen sorgten. In Großbritannien bestand dieses Kartell vor allem aus fünf großen Konzernen: *Vickers; Armstrong, Whitworth & Co.; John Brown & Co.; Cammell, Laird & Co.;* und der *Nobel Dynamite Trust Company,* an der Margot Asquith, die Frau des Premierministers, einen Kontrollanteil besaß. Dieses Kartell war praktisch ein gewaltiges Netzwerk, in dem vermeintlich unabhängige Firmen durch ein undurchdringliches Geflecht an gemeinsamen Beteiligungen und gemeinsamen Direktoriumsposten miteinander verbunden waren.[36] Diese Branche nahm es mit dem Finanzministerium auf, wirkte auf die Admiralität ein, hielt künstlich die Preise hoch und manipulierte die öffentliche Meinung.

Echter Wettbewerb war spätestens seit 1901 ein Fremdwort für die britischen Rüstungsbetriebe. In Europa und den Vereinigten Staaten machten die Rüstungsfirmen in einem internationalen Kombinat namens *Harvey United Steel Co.* gemeinsame Sache, um den Wettbewerb möglichst klein und die Gewinne möglichst hoch zu halten. Die fünf britischen Rüstungsriesen taten sich zusammen mit den deutschen Firmen Krupp und Dillingen, mit *Bethlehem Steel* aus den USA, *Schneider & Cie.* aus dem französischen Le Creusot sowie mit *Vickers-Terni* und *Armstrong-Pozzuoli* aus Italien.[37] *Harvey United Steel* diente als gemeinsame Plattform für die Rüstungsbranche und verdiente sein Geld mit den Nationen, die ausreichend zivilisiert waren, »gepanzerte Metzelmaschinen zu konstruieren«.[38] Das Kartell sorgte mit ausgesprochen großem Erfolg dafür, dass die Nachfrage nach Rüstungsgütern hoch blieb. Schließlich konnte sich ja kein Land erlauben, weniger gut gerüstet zu sein als seine Nachbarn![39]

Die Firmen legten ein schamloses Handelsgebaren an den Tag. Charles Hobhouse, Schatzkanzler unter Asquith, schrieb in seinen Tagebüchern, dass der Admiralität Steuergelder in Millionenhöhe geraubt wurden. Die Diebe seien Munitionshersteller, die nicht vor Absprachen und Verletzungen ihrer Sorgfaltspflicht zurückschreckten. Für eine Tonne Stahl stellten die Firmen der Admiralität 100 bis 120 Pfund in Rechnung, dabei beliefen sich ihre Produktionskosten auf 40 bis 60 Pfund.[40] Hobhouse wusste das, aber wie so viele andere Aktionäre von Rüstungsfirmen unternahm auch er nichts.

Der Rüstungskomplex hatte in Großbritannien in beiden politischen Lagern seine Verfechter, besaß mächtige Freunde in den Gerichten und saß mit seinen Direktoren im Ober- und im Unterhaus. Die Branche fand Gehör in der Presse, und »ihre Apostel standen auf den Kanzeln der Kathedralen und vor den Tabernakeln«.[41] Bischöfe der anglikanischen Kirche saßen in den Aufsichtsräten oder standen auf den Aktionärslisten der Firmen.

Die Gewinne eines Krieges landen niemals beim kleinen Mann, und auch von den Kriegsvorbereitungen hatte er wenig – die Profite strömten in die Taschen privater Investoren. Staatliche Waffenarsenale, Werften und Fabriken wie *Woolwich* ließ man vorsätzlich verkommen, anschließend gingen fünf Sechstel aller Neubauaufträge an Privatunternehmen. Die örtlichen *Labour*-Abgeordneten mochten protestieren, so viel sie wollten, aber das änderte nichts daran, dass die Admiralität oder das Kriegsministerium vor allem die großen Rüstungsfirmen beauftragte – Firmen, bei denen häufig ranghohe Militärs im Aufsichtsrat saßen.[42]

Als der Flottenbau so rasch anstieg, erhielten die Aktionäre von *Armstrong Whitworth* eine zwölfprozentige Dividende und für jeweils vier Aktien einen zusätzlichen Anteilsschein. Ab Beginn des 20. Jahrhunderts sank die Dividende nie unter zehn Prozent und erreichte gelegentlich 15 Prozent.

Gut betuchte und einflussreiche Personen, die in Rüstungsfirmen investiert hatten, konnten sich auf nette Zugewinne einrichten. Auf der Aktionärsliste von *Armstrong Whitworth* standen im Jahr 1909 die Namen von 60 Adligen oder deren Familien, 15 Baronets, 20 Rittern, acht Abgeordneten, 20 Offizieren und acht Journalisten. Ein auffälliger Zusammenhang besteht zwischen den Aktionärslisten und einer aktiven Mitgliedschaft in Einrichtungen wie der *Navy League*, die für den Bau immer größerer Kriegsschiffe eintrat.[43]

Armstrong, Whitworth & Co. schreckte nicht einmal davor zurück, den inzwischen zum Konteradmiral aufgestiegenen Charles Ottley auf die Gehaltslisten zu setzen.[44] Es ist bezeichnend, dass der ehemalige Leiter des Marineaufklärungsdienstes und Sekretär des *Committee of Imperial Defence* in Diensten eines großen Rüstungskonzerns stand. *Vickers* als eine der größten Waffenschmieden der Welt wies eine ähnliche Liste blaublütiger Aktionäre auf.[45] *Vickers* und *Armstrong* hatten sich in der herrschenden Klasse des Landes festgesetzt. In einflussreichen Ämtern fand man dort ehemalige Heeres- und Marineoffiziere oder führende Beamte – damit verfügten die Firmen über geheime Informationen, die theoretisch nur Staats- und Regierungschefs haben sollten. Zu ihren Aktionären zählten Adlige, ranghohe Politiker, Admiräle, Generäle und andere Mitglieder des Establishments, die direkten Zugang zu den innersten Machtkreisen genossen und, falls nötig, enormen politischen Druck ausüben konnten.

Vickers war durch Zukäufe zu einem gewaltigen Konzern herangewachsen, der in Glasgow Geschütze fertigte, in Sheffield und Erith Fabriken betrieb und auf Walney Island Werftanlagen besaß. Als *Vickers* die *Naval Construction & Armaments Company* übernahm, waren die Londoner Rothschilds stark involviert. Als die *Maxim Gun Company* mit der *Nordenfelt Guns & Ammunition Company* verschmolz, waren die Rothschilds die Konsortialbank für die 1,9 Millionen Pfund schwere Aktienausgabe. Nathaniel Rothschild hielt ein großes Aktienpaket an dem neuen Unternehmen *Maxim-Nordenfelt* und »übte direkten Einfluss auf die Geschäftsführung aus«.[46] Dank der finanziellen Unterstützung von Rothschild und Cassel machte sich *Vickers* auf, die internationale Geschäftswelt zu erobern.[47] Im Herzen der Rüstungsindustrie saß die Geheime Elite und hatte das Sagen.

Den Rothschilds war immer klar gewesen, welch gewaltige Gewinne diese Industriezweige abwarfen. Kriege zu finanzieren, das war ihre Domäne, das hatten sie fast ein Jahrhundert lang betrieben. Den Männern, die die Vernichtung Deutschlands planten – Bankiers, Industriellen und weiteren Mitgliedern der Geheimen Elite –, winkten durch einen Krieg enorme Profite.

Krieg, jeder Krieg, war ein Weg, um Wohlstand anzuhäufen. Die Bankiers der Geheimen Elite hatten Japan hochverzinsliche Darlehen zur Verfügung gestellt, damit Japan seine Flotte für den Angriff auf Russland bauen konnte. Der Großteil der siegreichen Kaiserlich-Japanischen Flotte war in Großbritannien vom Stapel gelaufen – weitere Gewinne für die Geheime Elite. Die Rechnung dafür musste natürlich das japanische Volk bezahlen. Und nachdem die russische Flotte bei Tsushima zerstört worden war, liehen die Banken dem Zarenreich zu hohen Zinsen 190 Millionen Pfund für den Wiederaufbau der Flotte. Ein Großteil der Aufträge ging an Fabriken und Werften im Besitz der Geheimen Elite. Der Kreislauf begann von Neuem, dieses Mal durfte das russische Volk bezahlen.[48] Und ganz genauso liefen die Dinge auch in Großbritannien. Den Unternehmen spülte das große Flottenwettrüsten Millionengewinne in die Kassen, auf den Kosten blieb der gemeine Bürger hängen.

Eine besonders gelungene Täuschung fabrizierten die Agenten der Geheimen Elite im Hinblick auf Italien. Italien war Mitglied im Dreibund mit dem Deutschen Reich und Österreich-Ungarn. Im Kriegsfall, so die Annahme, würde die italienische Flotte im Mittelmeer bestimmt einen gefährlichen Gegner darstellen. Wenn im Parlament oder gegenüber der Presse Vergleiche über die Größen der jeweiligen Flotten angestellt wurden, waren die italienischen Kriegsschiffe[49] und Torpedoboote ebenfalls aufgeführt – unterschlagen wurde dabei allerdings, dass die italienischen Werften, die diese Schiffe für Italien bauten, im Besitz britischer Rüstungsbetriebe waren.[50] Hauptlieferant der italienischen Marine war *Armstrong-Pozzuoli*, das mit seinen 4000 Arbeitern am Golf von Neapel saß. Genuas *Ansaldo-Armstrong* gehörte derselben britischen Firma und baute Italien Linienschiffe und Kreuzer – obwohl Italien doch offiziell der Verbündete des Kaiserreichs war.[51] Konteradmiral Ottley saß im Direktorium von *Armstrong-Pozzuoli* und hatte gleichzeitig im Mutterunternehmen einen hohen Posten inne.[52] Ottley, da taucht er schon wieder auf. Wie stark er wohl von seinem Insiderwissen profitiert hat?[53]

Auch *Vickers* war ein wichtiger Zulieferer der italienischen Flotte, und zwar über *Vickers-Terni*, einen Zusammenschluss mit drei italienischen Firmen. *Vickers* und *Armstrong* hielten zudem große Aktienpakete von *Whitehead & Co.*, einem Torpedohersteller mit einem Werk im ungarischen Fiume. Während des Krieges sollte der *Labour*-Abgeordnete Philip Snowden im Unterhaus toben:

> *Die Unterseeboote und alle Torpedos der österreichischen Marine sowie mehrere der neuen Seeflugzeuge werden alle von der* Whitehead-*Torpedofabrik in Ungarn hergestellt … Mit britischem Kapital werden in Ungarn Torpedos hergestellt, deren Aufgabe es ist, britische Schiffe zu versenken.*[54]

Auch deutsche U-Boote wurden mit *Whitehead*-Torpedos ausgestattet, die sie dann auf britische Schiffe abfeuerten. Zahlreiche Personen saßen behaglich in ihrem Büro in Westminster, in ihrem exklusiven Londoner Klub oder in ihrer großen gotischen Kathedrale und zählten die Gewinne, die ihnen die Torpedos eingebracht hatten – Torpedos, die Tausenden tapferen britischen Matrosen ein kaltes, nasses Grab im Atlantik bescherten. Mit Tod und Leid häuften diese Männer gewaltige Vermögen an.

Im inneren Kreis der Geheimen Elite gab es einige, die sich vom Krieg persönliche Vorteile versprachen. Einige verdienten schlichtweg ihr Geld damit, alles Notwendige zum Führen eines Kriegs bereitzustellen. Einige waren Investoren ohne jegliche moralische Zurückhaltung.[55] Damit war nicht einmal an den Kirchentoren Schluss. Während sie predigten, dass die Soldaten Gottes Werk leisten, verdienten beispielsweise die Bischöfe von Adelaide, Chester, Hexham, Newcastle und Newport oder der Dekan der St. Paul's Cathedral prächtig.[56]

Ein Unterausschuss des Völkerbundes kam 1921 zu dem Schluss, dass Rüstungsfirmen in den vorangegangenen Jahrzehnten aktiv dazu beigetragen hätten, Kriegsängste zu schüren, und dass sie Regierungen zu kriegstreiberischer Politik überredet hätten, die zu höheren Rüstungsausgaben führten. Sie hatten

Regierungsbeamte im In- und Ausland bestochen und falsche Berichte über die Heeres- und Flottenprogramme anderer Länder verbreitet – alles mit dem Hintergedanken, die Ausgaben für Militärgerät in die Höhe zu treiben. Damit nicht genug: Sie hatten im In- und Ausland Zeitungen kontrolliert und damit die öffentliche Meinung beeinflusst. Dem Rüstungskartell wurden namentlich all diese Aktivitäten vorgeworfen, und sie wurden für den abstrus hohen Preis von Militärgerät kritisiert. Und was waren die Folgen? Es gab praktisch keine.[57] Die Geheime Elite wurde dabei nicht genannt.

Zusammenfassung von Kapitel 9: Betrügereien und Skandale

- Über einen Unterausschuss führte das *Committee of Imperial Defence* weiterhin »Gespräche« mit Frankreich über eine Zusammenarbeit von Heer und Flotte.
- Im Kriegsministerium fiel Richard Haldane die Aufgabe zu, die Verbindungen der Militärs neu zu organisieren. Bis dahin war dies die Aufgabe von Oberst Repington gewesen, dem Kriegsberichterstatter der *Times* – einem Journalisten mit eigenem Büro im Kriegsministerium.
- Die Geheime Elite segnete eine Flut von Panikgeschichten ab, die der Öffentlichkeit das Gefühl vermitteln sollte, dass Deutschlands Flottenbauaktivitäten eine Bedrohung für Großbritannien darstellen würden und man sich in einem Überlebenskampf befinde.
- Noch gefördert wurde diese Propaganda durch ein skandalöses Lügenkonstrukt, das von den Kabinettsmitgliedern abgesegnet, von den oppositionellen *Tories* ausgeschlachtet und von der Marinelobby zu einer Forderung nach zusätzlichen Kriegsschiffen umgewandelt wurde.
- Großbritanniens führende Rüstungsfirmen waren eng miteinander verbandelt und verflochten. Durch Trusts und Kartelle häuften sie auf nationaler und internationaler Ebene gewaltige Gewinne an und schröpften Regierungen.
- Viele zentrale Akteure der Geheimen Elite strichen durch das Geschäft mit dem Tod hübsche Profite ein, genauso zahlreiche Mitglieder des Oberhauses, des Kabinetts und des Unterhauses. Selbst kirchliche Würdenträger waren an diesem skandalösen Verhalten beteiligt.
- Britische Rüstungsgüter sollten später dazu dienen, britische Soldaten und Matrosen zu töten.

10

Panikmache

DIE MEDIEN HATTE DIE Geheime Elite stets hervorragend im Griff. Zeitungen haben gewaltigen Einfluss darauf, wie Menschen denken und handeln. Sie wirken auf wichtige Ereignisse im öffentlichen Leben ein bis hin zur Besetzung wichtiger Posten und zu Wahlen. Zeitungen stellen sich gern als Fahnenträger der Moralität und Loyalität hin, als Kämpfer für das öffentliche Wohl. Liegen sie richtig, klopfen sie sich voll unzumutbarer Arroganz auf die Brust. Haben sie unrecht, machen sie halt mit der nächsten Meinung weiter. Nur wenige sind einer politischen Partei wirklich treu. Sie spüren es, wenn Veränderung in der Luft liegt, und wechseln entsprechend die Seiten. Mit konzertierten Angriffen können sie Politiker zu Fall bringen oder öffentliche Personen in den Schmutz stoßen. Zeitungen dienen ihren Eignern, so war es schon immer. Und wenn die Eigner Teil einer größeren Verschwörung sind, wird die Demokratie selbst zum Betrug.

Viscount Alfred Milner wusste um die Rolle und den Einfluss der Presse. Seit er in den 1880er Jahren bei der *Pall Mall Gazette* angefangen hatte, zählten zu seinem persönlichen Netzwerk befreundete Journalisten wie William T. Stead, Chefredakteur der *Review of Reviews*, George Buckle und später Geoffrey Dawson von der *Times*, Edmund Garrett von der *Westminster Gazette* und Edward T. Cook von *Daily News* und *Daily Chronicle.* Sie alle gehörten der Geheimen Elite an.[1]

Dank der geballten Macht dieser Zeitungen und Zeitschriften konnte die Geheime Elite massiv auf die öffentliche Meinung einwirken, indem sie hinter den Kulissen die redaktionelle Linie vorgab. Wie tief diese symbiotische Beziehung wirklich reichte, zeigt sich allerdings am besten an dem intimen Verhältnis, das zwischen der *Times* auf der einen und *Foreign Office*, Kolonialamt und Kriegsministerium auf der anderen Seite herrschte.

Milners gute Freundin Flora Shaw, ihres Zeichens Korrespondentin der *Times*, war stets im Kolonialamt willkommen und »genoss das Vertrauen aller Personen, die mit der Politik des Empire befasst waren«.[2] Bei den Bemühungen, den Krieg in Südafrika zu rechtfertigen, fiel ihr die Aufgabe zu, Tag für

Tag in der *Times* zu behaupten, Transvaals Präsident Krüger verweigere sich berechtigten Beschwerden. Des Weiteren erhielt Flora Shaw die Gelegenheit, die Geschichte neu zu schreiben. Die *Times* war Sponsor einer Neuauflage der *Encyclopædia Britannica*, und man bat sie, die Abschnitte über die Kolonialpolitik zu überarbeiten – eine Arbeit, die »das Neuschreiben zahlreicher Artikel« umfasste.[3]

Das Bindeglied zwischen *Times* und *Foreign Office* war Valentine Chirol, ebenfalls Mitglied der Geheimen Elite.[4] Chirol war im Außenministerium angestellt gewesen, bevor er für die *Times* als Korrespondent nach Berlin ging. Später kehrte er nach London zurück und leitete bei der Zeitung das Ressort Außenpolitik. Aus dieser einflussreichen Position heraus verkündete Chirol 15 Jahre lang, bis 1912, die Lehre der Geheimen Elite. Was er in Leitartikeln guthieß, wurde Regierungspolitik. Mit geradezu erstaunlicher Hellsicht sprach er sich für einen Krieg mit den Buren aus, für ein Bündnis mit Japan, für die *Entente cordiale*, für die Vereinbarung mit dem Zarenreich und für eine feindseligere Haltung gegenüber Deutschland.

Charles Repington haben wir bereits kennengelernt; ein weiterer *Times*-Korrespondent, dessen Beteiligung an geheimen Regierungsgesprächen seiner Rolle als Journalist zuwiderlief. Der Zugang, den er zu Beamten im Kriegs- und im Außenministerium, zu Diplomaten und zu vertraulichen Unterlagen genoss, ging weit über das hinaus, was angemessen gewesen wäre.[5]

Milners Männer übernahmen die *Times* auf dieselbe Weise und führten sie genauso, wie sie es beim *All Souls College* in Oxford gehalten hatten: »ruhig und ohne Widerstand«.[6] Formal mochte die Zeitung anderen gehören, aber Milner sorgte dafür, dass die Meinungsmacher auf den Kommentarseiten Getreue aus den Reihen der Geheimen Elite waren. Mitglieder des innersten Kreises gingen bei der *Times* ein und aus, schrieben Kommentare und Artikel, reichten Nachrichten und Einschätzungen ein … und alles im Einklang mit ihrer eigenen Agenda.

Professor Quigley stellte fest, dass innerhalb der Geheimen Elite bis 1912 die alte Garde die Macht innehatte, Leute, die mit Lord Salisbury in Verbindung gebracht wurden, dass dann aber die Kontrolle reibungslos an Milners guten Vertrauten Geoffrey Dawson überging.

Wie all seine Favoriten war auch Dawson von Alfred Milner handverlesen, und zwar zunächst für eine Aufgabe in Südafrika.[7] Milner hatte Dawson 1901 vom Kolonialamt abgeworben und machte ihn, bevor er 1905 Afrika verließ, zum Chefredakteur des *Johannesburg Star*.[8] Als sich die Amtszeit von George Buckle als Herausgeber der *Times* ihrem Ende näherte, schickte man nach Dawson. Er trieb sich ein Jahr lang in den Redaktionsräumen herum und wurde 1912 dann wie gewünscht Herausgeber. So arbeitete die Geheime Elite: immer einen, gern auch zwei Schritte voraus.

Die *Times* war kein Massenblatt und versuchte auch niemals, sich als Werkzeug für Massenpropaganda darzustellen. Milner und seinen Mitverschwörern war eines ganz klar: Die *Times* verfügte über Einfluss bei jener kleinen Gruppe wichtiger Menschen, die wiederum die Fähigkeit hatte, andere zu beeinflussen. Die Zeitung repräsentierte die Oberschicht, die Crème de la Crème aus Politik, Diplomatie, Hochfinanz und vermögenden Kreisen, die die Entscheidungen trafen, für sich und für alle anderen. So machte die Geheime Elite Politik – was ihre Zustimmung fand, wurde gutgeheißen, was nicht, wurde verspottet und abgetan.

Wenn beispielsweise ein Mitglied der Geheimen Elite einen Vorschlag zur Verteidigungspolitik machte, wurde dies von einer »unabhängigen« Studie begleitet, die ein namhafter Oxford-Professor oder ein »Militärexperte« für gut befand. Die *Times* analysierte den Vorschlag und segnete ihn ab, eine begleitende Publikation wurde in der Literaturbeilage der *Times* wohlwollend besprochen.[9] Alle am Prozess Beteiligten bis hin zum Schreiber der anonymen Buchbesprechung gehörten auf die eine oder andere Weise der Geheimen Elite an oder agierten mit ihrem Segen.

In den ersten Jahren des 20. Jahrhunderts fand im Zeitungswesen eine Revolution statt, Massenblätter, Magazine und Pamphlete schossen aus dem Boden. Die *Times* verschlief diese Entwicklung, ihre Ausrichtung blieb unverändert. Der Zeitung ging es schlecht, die Verluste waren kaum noch tragbar. Alfred Harmsworth rettete das Blatt. Auf den ersten Blick wirkt er wie eine unwahrscheinliche Wahl für die Aufgabe, das Sprachrohr der Geheimen Elite zu hüten. Harmsworth kam von der Regenbogenpresse, wie der zur Jahrhundertwende in New York entwickelte Sensationsjournalismus verächtlich genannt wurde, und von Haus aus hatte er in der Geheimen Elite nichts zu suchen. Aber wie der Erfolg seines Medienimperiums zeigte, verkaufte Sensationsgier Zeitungen, und seine Blätter hatten enormen Einfluss. Harmsworth gründete oder besaß weite Teile der Londoner Presse, darunter *Daily Mail, Daily Mirror, Daily Graphic, Evening News* und *Weekly Dispatch*. Sein Stammbaum mag nicht dort gestanden haben, wo Großbritanniens Elite ihr Zuhause hatte, aber zumindest geistig stand er ihnen nahe.

Während des Burenkriegs hatte sich Harmsworth sehr für Alfred Milner starkgemacht, und die *Daily Mail* räumte James Percy FitzPatricks *The Transvaal from Within* viel Platz ein, einem Werk, das die Notwendigkeit eines Krieges propagierte.[10] Wirtschaftlich war das ein voller Erfolg für Harmsworth. Er gab viel Geld für gute Geschichten aus und trieb damit die Auflage der *Daily Mail* auf über eine Million. Die Zeitung kaufte Rudyard Kipling das Gedicht *The Absent-Minded Beggar* ab, ließ Musik dazu schreiben und verkaufte es, um Spenden für die Truppen im Burenkrieg zu sammeln. Zehntausende Pfund für Krankenwagen und Vorräte kamen zusammen.

Harmsworth war ein Erneuerer. Er überredete Cecil Rhodes, ihm ein Exklusivinterview zu geben. Das durch und durch positive Porträt veröffentlichte er dann »in der gesamten zivilisierten Welt«.[11] Nachdem ihn 1905 seine Kontakte aus der Geheimen Elite vorgewarnt hatten, dass Arthur Balfour zurücktreten werde, veröffentlichte er als Erster die Nachricht – in einem ausführlichen Interview mit Balfour, in dem der Premierminister auch seine Pläne für allgemeine Wahlen erläuterte.[12] Noch im selben Jahr wurde Harmsworth von König Edward in den Adelsstand erhoben. Mehr und mehr wurde der nunmehr als Lord Northcliffe firmierende Pressebaron in die Kreise der Geheimen Elite hineingezogen.

Die *Times* zu übernehmen war keine einfache Aufgabe. Northcliffe hatte ernsthafte Konkurrenz in Form von Sir Arthur Pearson, dem Eigner des *Daily Express*. Beide erwarben von den 68 größten Aktionären Anteile. Northcliffe war die Wahl der Geheimen Elite, er legte viel Loyalität gegenüber dem Empire, Milner und dem König an den Tag. Lord Esher wurde ausgesandt, ihn auf Herz und Nieren zu prüfen, schließlich war es wichtig, dass »die Politik der *Times* unverändert blieb«.[13] Auch dem *Times*-Geschäftsführer Moberly Bell musste Northcliffe versprechen, dass »die *Times* der Zukunft auf demselben Kurs geführt wird wie die *Times* der Vergangenheit«.[14] Mit Bells Hilfe gelang es Northcliffe, sich 51 Prozent der Anteile zu sichern. Am 27. Juni 1908 verkündete er die Übernahme. Welche Ängste Chefredaktion, Journalisten, Korrespondenten und Leser im Vorfeld auch gehabt haben mögen, sie erwiesen sich als völlig unbegründet. Eine einzige Änderung nahm Northcliffe vor – der Preis sank von drei Pence pro Ausgabe auf einen Penny.[15]

In ihrem Bestreben, den Kaiser zu verteufeln, hatte die Geheime Elite in Northcliffe einen wertvollen Helfer. Wieder und wieder warnten seine Blätter, dass Deutschland der Feind sei. Wieder und wieder erschienen Geschichten, denen zufolge Deutschland das britische Empire, britische Produkte und die nationale Sicherheit bedrohe. Nicht alle Zeitungen zogen mit, aber vor allem die rechte Presse ereiferte sich sehr. Bis 1908 hatte Northcliffe auch den *Observer* und die *Sunday Times* gekauft. Dass er der Geheimen Elite so bereitwillig und verbindlich zugesagt hatte, ihre politischen Überzeugungen zu unterstützen, brachte ihm laut Professor Quigley das Vertrauen der Gesellschaft der Auserwählten ein.[16]

Für die Geheime Elite waren Northcliffe und sein Zeitungsimperium so wertvoll, weil sie den Plan, die öffentliche Meinung gegen Deutschland aufzubringen, auf zwei Ebenen vorantreiben konnten. Die *Times* manipulierte die Meinung der britischen »Elite«, prägte die Politik und vergiftete die Stimmung. Am anderen Ende hetzten die *Daily Mail* und ihre Schwesterpostillen mit Sensationsgeschichten über das Kaiserreich Gutgläubige aller Klassen auf.

Die *Morning Post* hatte traditionell konservative Werte vertreten. Als sie die »kühne Flucht« Winston Churchills im Burenkrieg unbeirrbar weiterverbreitete, half sie ihm beim Aufstieg in die Politik. Noch loyaler war sie ab 1905 jedoch der Geheimen Elite, denn mit Fabian Ware wurde ein Geheimbündler Herausgeber.[17] Ware, ein Freund und bewährter Kollege Milners, sorgte dafür, dass die deutschlandfeindlichen Aussagen in der *Morning Post* nicht verstummten.

Ein großer und einflussreicher Teil der britischen Presse übernahm den Fanatismus der Geheimen Elite und arbeitete unermüdlich daran, die Köpfe eines ganzen Landes zu vergiften. Diese Propagandabemühungen hielten bis zum Ausbruch des Ersten Weltkriegs an und dauerten den ganzen Konflikt über fort. Die *Times* bearbeitete die Intellektuellen, die Boulevardpresse predigte den arbeitenden Massen Hass auf die Deutschen. Es grenzt an Irrsinn, was zwischen 1905 und 1914 an Räuberpistolen über kaiserliche Spione und an sonstigen deutschlandfeindlichen Artikeln gedruckt wurde.

Bis zur *Entente cordiale* hatte in Schauergeschichten und Invasionsmärchen stets Frankreich als Bösewicht gedient. 1893 gab Lord Northcliffe (damals noch Harmsworth) eine Magazinserie namens *The Poison Bullet* (»Die Giftkugel«) in Auftrag. Story: Eines Abends wird Großbritannien überraschend von Russland und Frankreich gemeinsam angegriffen.[18] Hintergedanke der Reihe war es, die öffentliche Besorgnis anzufachen und zu verdeutlichen, dass die *Navy* mehr Schiffe benötige.

Mit der Kehrtwende in der Außenpolitik ging eine ähnliche Kehrtwende in den Geschichten jener Zeit einher. Fort waren die französischen Spione, überall wimmelte es von Männern des Kaisers. Nun war es Deutschland, das den Sturz des Empire herbeiführen wollte. Das Deutsche Reich war jetzt der Bösewicht. Der Autor von *The Poison Bullet* war der Walter Mitty der Spionagegeschichten, William Le Queux. Mit Schundromanen und Schauergeschichten hatte er sich eine extrem populäre Nische geschaffen und sich eine goldene Nase verdient. Sein Gönner war kein Geringerer als Lord Northcliffe.

Während die *Times* hochgeistig an diplomatische und außenpolitische Themen heranging, versprühte Northcliffe durch die *Daily Mail* deutlich gröberes Gift. Chefredakteur Kennedy Jones arbeitete nach der Devise: »für den niedrigsten Intellekt schreiben«.[19] Northcliffe wusste perfekt, was dafür nötig war. Er war überzeugt, dass die britische Öffentlichkeit kaum etwas so sehr liebte wie jemanden, den man hassen konnte.

Es war eine perfekte Kombination. Indem man das Deutsche Reich als Imperium des Bösen darstellte, lieferten die Hassgeschichten, die abstrusen Spionagetheorien und die Invasionsmärchen Northcliffes Medienkonzern reichlich Material, mit dem sich die Auflage ankurbeln und Stimmung machen ließ für den Krieg, den die Geheime Elite unbedingt wollte.

Literarisch fielen die ersten ernsthaften Schüsse 1903 mit der Veröffentlichung von Robert Erskine Childers' Bestseller *Das Rätsel der Sandbank*.[20] In dem Roman wurde gewarnt, Deutschland stehe davor, in England einzufallen.

Das Rätsel der Sandbank, geschrieben aus einer »patriotischen Pflicht heraus«, war ein Klassiker jener Zeit. »Sieben geordnete Flotten aus sieben seichten Mündungen« trugen eine Invasionsflotte über die Nordsee, beschützt von der kaiserlichen Kriegsmarine. Der Autor behauptete, das Buch solle die öffentliche Meinung aufrütteln, damit die Politiker aus ihrer Untätigkeit erwachten und etwas gegen die deutsche »Bedrohung« unternähmen.[21]

Es funktionierte. Die Admiralität war dermaßen aufgerüttelt, dass sie eine Flotte dauerhaft in der Nordsee stationierte. Auch die Pläne von Richard Haldane, einen Generalstab für das Heer zu erschaffen, erhielten Zulauf. Childers' Biograf behauptete später, *Das Rätsel der Sandbank* sei ein Jahrzehnt lang der wichtigste Beitrag zu den Debatten über die schlechte Einsatzbereitschaft Großbritanniens gewesen.[22] Das war die literarische Leistung, die Childers zum Vorläufer von John Buchan, John le Carré und Ian Fleming machte.[23]

Im März 1906 gab Northcliffe bei William Le Queux einen weiteren Fortsetzungsroman für die *Daily Mail*[25] in Auftrag, *Die Invasion von 1910*.[24] Der Schocker war absoluter Schund, furchtbar geschrieben, aber gründlich recherchiert. Mehrere Monate lang hatte Le Queux eine mögliche Einfallsroute der Invasoren im Südosten von England bereist. Begleitet wurde er dabei von Lord Roberts of Kandahar, der in die Jahre gekommenen ehemaligen Militärlegende und dem Liebling der Geheimen Elite, sowie von Herbert Wrigley Wilson, dem Marinekorrespondenten der *Daily Mail*.[26] Auf der gewählten Einfallsroute lagen jedoch zu viele ländliche Gemeinden, wo sich keine Auflage machen ließ. Um Gewinne und Schockpotenzial zu maximieren, verlegte Northcliffe also die Route und ließ »die Invasoren« jede größere Stadt zwischen Sheffield und Chelmsford heimsuchen.[27] Die *Daily Mail* druckte sogar besondere Landkarten ab, auf denen man sehen konnte, wo die Hunnen-Eindringlinge am kommenden Tag zuschlagen würden.[28]

Die Invasion von 1910 war ein empörender Versuch, die Furcht vor Deutschland anzufachen. Dass Lord Northcliffe, Lord Roberts, ein ehemaliger Oberkommandierender der Armee und Mitglied im CID, und der Marinehistoriker Wilson beteiligt waren, verlieh dem Ganzen einen Anstrich von Seriosität, als ob das Werk auf Wahrheit beruhe. Vor lauter gegenseitiger Bewunderung legte Lord Roberts den Roman öffentlich allen ans Herz, denen das Empire etwas bedeutete, während Le Queux Lord Roberts' Forderung nach einer Wehrpflicht unterstützte. *Die Invasion von 1910* wurde in 27 Sprachen übersetzt und mehr als eine Million Mal verkauft. Allerdings musste Le Queux einen Rückschlag verkraften, der ihn maßlos ärgerte – in der nicht autorisierten und gekürzten deutschen Fassung trugen die deutschen Truppen den Sieg davon![29]

Northcliffe befand sich in der Offensive, und zwar mit voller Absicht. In einem Interview mit der französischen Zeitung *Le Matin* erläuterte er seine »Philosophie«:

Wir verabscheuen die Deutschen aus tiefstem Herzen. Sie werden von ganz Europa als abstoßend empfunden. Ich werde nicht zulassen, dass meine Zeitung [die Times*] etwas druckt, das die Gefühle der Franzosen verletzen könnte, aber ich würde auch nichts drucken wollen, das den Deutschen gefallen könnte.*[30]

So schrieb der belgische Botschafter in London 1907 an seine Vorgesetzten: Northcliffe »vergiftet nach Belieben den Geist einer gesamten Nation«.[31] Das tat er tatsächlich, aber mit Zustimmung der Geheimen Elite, denn für ihren Triumph mussten Angst und Abscheu zum Hass auf das Kaiserreich führen.

Diese Geschichten, so lächerlich sie auch waren, so schlecht geschrieben, so hanebüchen, fachten die Angst noch weiter an. Die Menschen glaubten tatsächlich, dass eine deutsche Invasion möglich – ja sogar wahrscheinlich – sei. Und im Zuge dieser Manipulation blühte eine zusätzliche Bedrohung auf: Spionage. Plötzlich war die Nation von Tausenden, wenn nicht gar Hunderttausenden von Spionen infiltriert. Erfolg zieht Nachahmer an, und schon bald kopierten viele die Agentengeschichten und Schauermärchen über die deutsche Bedrohung. Edward Philips Oppenheim begann seinen eigenen Kreuzzug gegen den deutschen Militarismus. 116 Romane, kaum lesbar und zu Recht von der Geschichte vergessen, bescherten ihm ein Vermögen. In diesen Traktaten »enthüllte« er beispielsweise, dass der Kaiser beabsichtige, das Deutsche Reich von London aus zu regieren. 290 000 junge Männer seien bereits in Großbritannien in Stellung gebracht, allesamt ausgebildete Soldaten, die sich nun als Büroangestellte, Kellner und Friseure ausgaben. Wenn schließlich das Signal käme, würden sie zuschlagen.[32]

Die Angst vor Spionen entfachte einen Flächenbrand, der die Politik in echte Besorgnis stürzte. Selbst nüchterne Chefredakteure taten sich schwer, den richtigen Rahmen für das Thema zu finden. Le Queux und die anderen Scharlatane hatten eine ahnungslose Nation für eine nicht existente Bedrohung sensibilisiert. 1909 hatten sie eine landesweite Paranoia ausgelöst.[33] Das Flottenwettrüsten, dazu die Sorge, hinter jeder Ecke könnten Spione lauern – all das löste zügellose Angst vor Deutschland aus. Die *Nation*, das *National Review*, das *Quarterly Review* und zahlreiche Leitartikel in der landesweiten Presse verkauften die Fiktion als Fakt. Und die Leserschaft, die aus viel mehr bestand als nur aus »den Insassen von Bedlam und den Schreibern des *National Review*«, wie Winston Churchill schrieb,[34] schluckte diese Fantastereien gierig. Die Zustimmung der Geheimen Elite fand ihren Widerhall in der Warnung von Lord Esher:

Eine Nation, die sich in Sicherheit wähnt, ist dem Untergang geweiht, das lehrt uns die Geschichte. Angst, nicht das Gefühl der Sicherheit, liegt der Kriegsbereitschaft zugrunde. Die Angst vor einer Invasion

> *ist der Wille Gottes, der eine Flotte voller Dreadnoughts abwirft und das britische Volk in Kriegsstimmung hält.*[35]

Der Wille Gottes, aber ja doch! Es war der Wille der Geheimen Elite im Zusammenspiel mit ihren Seelenverwandten aus der Rüstungsindustrie.

Mit der Pressekampagne im Rücken überzeugten Balfour und die konservative Opposition im Herbst 1907 die Regierung, einen weiteren CID-Unterausschuss zu gründen. Das Gremium sollte sich mit der Invasionsgefahr befassen.[36] Jetzt wurde es wirklich verrückt. 16-mal traf sich der Unterausschuss im Zeitraum von November 1907 bis Juli 1908. Im Oktober erschien der Bericht, worin sämtliche Invasionstheorien und Szenarien eines Überraschungsangriffs widerlegt wurden. Das war natürlich eine Botschaft, die der Geheimen Elite überhaupt nicht zusagte, genauso wenig dem Lager derer, die mehr Geld für die Flotte forderten. Balfour, Lansdowne und die *Tories* taten den Bericht als Schönfärberei ab.

Im März 1909 rief Richard Haldane einen Unterausschuss des CID ins Leben, der sich mit Wesen und Ausmaß ausländischer Spionageaktivitäten in Großbritannien befasste.[37] Der Ausschuss empfahl die Gründung eines nationalen Nachrichtendienstes, der im In- und Ausland agierte – das *British Secret Intelligence Bureau.*[38] Haldane, der inzwischen im Oberhaus saß, beantragte im Juli 1911 die zweite Lesung des *Official Secrets Act* und betonte dabei, dass der Gesetzesantrag auf den Überlegungen des CID beruhe.[39] Der erste Lord, der sich erhob, um das Gesetz zu unterstützen, war Viscount Midleton, vormals bekannt als Saint John Brodrick, ehemaliger Kriegsminister und ein guter Freund von Haldane und Lord Milner.

Der Druck der Öffentlichkeit war so groß, dass die zweite und dritte Lesung des Gesetzes an einem einzigen Nachmittag durchgepeitscht wurden. Eine gründliche Prüfung fand genauso wenig statt wie echte Debatten.[40] Und so stimmte die liberale Regierung um Premier Asquith der Gründung des britischen Geheimdienstes zu. Es war kaum mehr als eine überstürzte Reaktion auf öffentliche Hysterie.[41] Dass die Gründung des britischen Geheimdienstes auf erfundene Spione und lachhafte Schauermärchen von Le Queux und Konsorten zurückzuführen ist, entbehrt nicht einer gewissen Ironie. Diese jungen Triebe wuchsen auf dem Nährboden von Angst und Argwohn zu gewaltigen Abteilungen der nationalen Unsicherheit namens MI5 und MI6 heran.

Die Presse hatte das öffentliche Vertrauen vorsätzlich untergraben. Dass im Parlament und in der Presse wieder und wieder betont wurde, wie sehr das Überleben der Nation in Gefahr sei, ließ langsam, aber sicher Toleranz und Vertrauen schwinden. Dem liberalen England wurde eingeredet, dass es verwundbar sei.

In den ersten Jahren des 20. Jahrhunderts strömten als Reaktion auf die Judenpogrome viele polnische und russische Flüchtlinge ins Londoner East End, was den sozialen Druck erhöhte. Ein staatliches Gremium empfahl Einreisekontrollen für die Flüchtlinge. Hier handelte es sich nicht um Spione, sondern um Flüchtlinge in höchster Not, aber die Angst vor Fremden war inzwischen fest in der nationalen Psyche verankert.[42]

Diese Flüchtlinge wurden die Opfer des ersten Gesetzes zur Kontrolle der Einwanderung. Großbritannien war stets für Menschen in Not da gewesen, nun fiel diese Tradition der Paranoia zum Opfer. Großbritannien war immer ein Hort der Freiheit gewesen, nun untergrub die Flut an spinnerten Spionagegeschichten diesen Brauch. Auf einmal war ein Ausländer womöglich nicht mehr das, was er zu sein schien. Großbritannien war im Sinne der liberalen Tradition immer ein sicherer Hafen für die Unterdrückten gewesen, nun gab der Einwanderer Anlass zur Sorge. Der *Official Secrets Act* räumte den Behörden deutlich mehr Möglichkeiten als zuvor ein, Personen auch ohne Haftbefehl in Gewahrsam zu nehmen.[43] Und eine Freiheit, die genommen wird, erlangt man nur selten wieder zurück.

Was der *Official Secrets Act* und das *Secret Service Bureau* schufen, war mehr Schutz für die Geheime Elite. Die gewöhnlichen Menschen in London, Birmingham oder Glasgow mussten nicht vor irgendwelchen fiktiven Schreckgespenstern bewahrt werden, und zu verbergen hatten sie auch nichts. Die Geheime Elite dagegen musste vieles von den Augen der Öffentlichkeit fernhalten – illegale Absprachen, illegale Geschäfte, geheime internationale Verträge und nicht zuletzt Kriegsvorbereitungen. Darum ging es im *Official Secrets Act* wirklich. Die Geheime Elite hatte beim Schutz ihrer eigenen Interessen, nicht beim Schutz des britischen Volks, einen großen Schritt nach vorn getan.

Zusammenfassung von Kapitel 10: Panikmache

- Alfred Milner kannte die zentralen Figuren der britischen Presselandschaft. So konnte er dafür sorgen, dass die Geheime Elite große Teile der Presse unter ihre Kontrolle brachte.
- Die *Times*, Großbritanniens wichtigste Zeitung, hatte beispiellosen Zugang zu Außen- und Kriegsministerium sowie dem Kolonialamt.
- Nach sorgfältiger Prüfung segnete die Geheime Elite 1908 Alfred Harmsworth als neuen Eigner der *Times* ab, weil dieser sich unerschütterlich hinter Milner und den Burenkrieg gestellt hatte und die Deutschen nicht leiden konnte.
- Harmsworth gehörte eine Fülle beliebter Massenblätter. Sein Wert für die Geheime Elite war so groß, dass er als Lord Northcliffe geadelt wurde und fortan im Umfeld des innersten Kreises agierte.
- In seinen Blättern förderte Northcliffe ausgedachte Schauergeschichten über eine deutsche Invasion in England und über zahlreiche deutsche Spione, die angeblich verdeckt im Land agierten.

- Ziel war es, das öffentliche Vertrauen zu untergraben, ein Gefühl der Bedrohung zu erzeugen, per Gesetz die Freiheit des Einzelnen zu beschneiden und die Geheime Elite zu schützen.

11

Das Empire wird eingestimmt – Alfred Milner und die »Tafelrunde«

DAS BRITISCHE EMPIRE SOLLTE die Welt dominieren. Das war das Ziel Alfred Milners, das war es, was ihn weiter antrieb. Er hatte eine Mission zu erfüllen. Immer wieder drängten ihn ranghohe *Tories*, darunter mit Leo Amery ein weiteres Mitglied aus dem inneren Kreis der Geheimen Elite, ins Parlament zu gehen.[1] Für sie war Milner der geborene Anführer, aber er selbst war fest entschlossen, im Schatten zu bleiben, und nichts konnte ihn umstimmen.

Er hielt sich zurück, um keine unerwünschte Aufmerksamkeit auf sich zu ziehen. So konnte er seine enormen Ziele verfolgen ohne die Pflicht, repräsentieren zu müssen. Allgemein wird angenommen, dass sich Milner, nach seiner Rückkehr 1905 aus Südafrika, völlig aus der Politik zurückgezogen hatte. Doch ganz im Gegenteil: Milner widmete sich der gewaltigen Aufgabe, das Empire kriegsbereit zu machen und dafür zu sorgen, dass im Fall der Fälle »unverzüglich der wirkungsvollste Druck zum Tragen komme«.[2]

Ausführlich sinnierte er darüber, wie die verschiedenen Länder innerhalb des Empire auf einen Krieg mit Deutschland reagieren würden. Als Resultat von Haldanes Reformen verfügte Großbritannien nun über ein kleines, aber bestens ausgebildetes Expeditionskorps, doch im Rest des Empire lag ein gewaltiges Reservoir an potenziellen Soldaten, das zum Sieg notwendige Kanonenfutter, völlig brach.

Zu Beginn des 20. Jahrhunderts bedeckte das britische Empire einen sehr großen Teil der Erdoberfläche. 434 Millionen Menschen lebten im Empire, darunter mehr als sechs Millionen Mann im wehrfähigen Alter.[3] Dieser Fakt konnte weder ignoriert werden, noch durfte man ihn einfach als gegeben akzeptieren.

Zu Milners ersten Aufgaben gehörte es, für das Jahr 1907 eine Kolonialkonferenz in London zu organisieren. Milner wollte ein mit sämtlichen Befugnissen ausgestattetes Imperialparlament erschaffen, dessen Arm um die ganze Welt reichte und das das Wesen des Empire grundlegend veränderte. Gleichzeitig musste gewährleistet sein, dass die Dominions im bevorstehenden Krieg an der Seite des Vaterlands stünden.

Milner drängte die Konferenzteilnehmer, »eine einzige Macht zu sein, mit einer Stimme zu sprechen, wie eine große Einheit in der Gesellschaft der Staaten zu handeln und aufzutreten«.[4] Die Anführer der Dominions sollten einen doppelten Patriotismus entwickeln, so Milner: Sie sollten Patrioten sein, was ihre eigene Heimat anbelangte, und Patrioten gegenüber dem »größeren Vaterland«. Gemeinsam würden die Mitglieder des Empire bei ordentlicher Führung »eine der großen politischen Kräfte der Welt« bilden.[5]

Milners Vision sah ein Weltreich unabhängiger, aber loyaler Nationen vor, die durch die Verfassung an eine Imperialregierung gebunden wären, die allen Wählern gegenüber verantwortlich wäre, aber die Macht hätte, direkt auf einzelne Bürger einzuwirken. Milner versammelte alle großen Denker, um einen Plan für die künftige Zusammenarbeit zu erstellen.[6] Dahinter stand ein noch größeres Ziel: Still und heimlich verstreute Milner die ersten Samen für eine Weltregierung. Aber für die unmittelbare Zukunft hatten er und seine Mitverschwörer der Geheimen Elite erst einmal eine andere Aufgabe zu lösen: Im Kriegsfall mussten Australien, Südafrika und die anderen großen Dominions des Empire bereit sein, Schulter an Schulter mit Großbritannien ins Feld zu ziehen.

Auf der Kolonialkonferenz und danach nahm Milner vor allem Alfred Deakin ins Visier, den australischen Premierminister. In der Queen's Hall standen sie gemeinsam auf der Bühne, und Milner lobte, wie sehr sich Australien ins Empire einbringe und wie eng die Rassenbande und die Bande der Loyalität zwischen den beiden Nationen doch seien. Auf dem Heimweg schrieb Deakin einen Brief an Milner und beschwor ihn, den Vorsitz der »Imperialen Partei« zu übernehmen. Wie so viele vor ihm sah auch der Premier in Milner eine Quelle der Inspiration, einen Mann, der »die jüngeren Männer um sich versammeln kann … der einen großen Block der britischen Meinung für sich gewinnen kann, die auf Führung und auf eine Imperialpolitik wartet«. Deakin glaubte wirklich sehr an Milner: »Ich sehe keinen anderen Mann, dem so viel Vertrauen geschenkt werden wird … Ihr könnt den Wandel herbeiführen.«[7]

Genau das war die Aufgabe, die sich Milner auf die Fahnen geschrieben hatte. Er lehnte sich nicht zurück und ließ die Dinge einfach nur auf sich zukommen. Gemeinsam mit seinen Verbündeten in der Geheimen Elite fand er Wege, die Dominions immer enger an Großbritannien zu binden. Auf der Konferenz wurde beschlossen, die Streitkräfte der Dominions nach demselben Muster aufzustellen wie die *British Army*, sodass »im Ernstfall« eine reibungslose Integration erfolgen konnte. Milners Vorschläge führten dazu, dass die Armeen von Neuseeland, Australien und Südafrika komplett neu geordnet wurden – mit ausgesprochen positiven Ergebnissen.[8]

Die größte Herausforderung stellte Kanada dar. Der französischsprachige Premier Wilfrid Laurier war im Vergleich zu seinen Amtskollegen ein Außenseiter. Appelle an die Einheit der angelsächsischen Rasse ließen ihn kalt.[9] Milner machte Kanada, das damals als das »größte Dominion unter der Krone« galt,[10] zu seiner Priorität. Kanadas Wohlstand und Potenzial wurden von britischen Imperialisten sehr geschätzt, gleichzeitig fürchtete man, dass es wirtschaftlich und politisch enger an die USA rücken und dabei das Empire aus den Augen verlieren könnte.

Beim kanadischen Premier richteten die bewährten Methoden der Geheimen Elite wenig aus. Wie Laurier es schilderte, bestand die Hauptwaffe des Geheimbundes darin, ihm zu vermitteln, dass er Teil einer handverlesenen Gesellschaft sei: »Es ist schwer, den Schmeicheleien einer freundlichen Herzogin zu widerstehen ... Wir wurden fürstlich bewirtet vom Königshaus, von Adligen, von der Plutokratie, und stets war das Thema Empire, Empire, Empire.«[11]

Eine Reise quer durch Kanada, von Küste zu Küste, sei erforderlich, befand Milner. Zur Vorbereitung auf den anstrengenden Trip traf er sich in Großbritannien mit so vielen Kanadiern wie nur möglich. Darunter befand sich auch ein junger Mann, in dem die Geheime Elite das Potenzial erkannte, eines Tages Kanada regieren zu können – William Lyon Mackenzie-King, später tatsächlich wiederholt Premier Kanadas. Im April 1908 traf er Milner beim Dinner des *Compatriots Club* und schrieb später in sein Tagebuch: »Besonders eingeprägt hat sich mir, speziell wenn ich Lord Milners Worten lauschte, dass es die Förderung der Macht und Stärke der britischen Rasse sei, die das Hauptziel ihres [imperialistischen] Programms darstellt.«[12]

Der kanadische Generalgouverneur Earl Grey gehörte zum inneren Kreis der Geheimen Elite,[13] und mit seiner Hilfe bereiste Milner Kanada. Bis nach Vancouver fuhr er mit der Bahn und verbreitete Lob für den kanadischen Geist und den kanadischen Patriotismus. Wiederholt erklärte er, »als Mitglied – und vielleicht eines Tages als Anführer – dieser Gruppe mächtiger, aber friedliebender Nationen« würde Kanada viel größer sein, »als es das Land für sich gestellt je sein könnte«.[14] Seine Reise führte ihn nach Toronto und Montreal, wo er erneut bekräftigte, er sehe sich als »Bürger des Empire«, dessen Pflicht letztlich gegenüber allen Dominions der britischen Krone bestand. »Dies ist mein Land«, erklärte er kühn.[15]

Die Geheime Elite sorgte dafür, dass die Presse in Großbritannien positiv über die Reise berichtete. Northcliffes *Daily Mail* feierte ihn als »Vordenker der Imperialpolitik« und prognostizierte ihm ein hohes Amt, sollten die Konservativen die nächste Wahl gewinnen.[16] Der Subtext von Milners Botschaft war deutlich subtiler: Macht, Pflicht, Empire, Loyalität. Diese Begriffe fielen nicht zufällig. Milner wollte das Empire wachrütteln und an sein Gefühl kollektiver Verantwortung appellieren. »Wir sollten alle kooperieren und auf der Grundlage völlig uneingeschränkter Gleichheit des Status an gemeinsamen Zielen wirken.«[17] Das gemeinsame Ziel lag vor ihnen.

Im Juni 1909 kehrte Lord Milner zurück und stürzte sich voller Energie auf eine Konferenz der imperialen Presse, die die Geheime Elite arrangiert hatte und leitete. Bei dieser groß angelegten Veranstaltung waren etwa 60 Zeitungseigner, Journalisten und Autoren aus dem Empire versammelt, sowohl aus den unter Verwaltung stehenden Gebieten (Indien) wie aus den selbst verwalteten Ländern (Kanada, Australien, Südafrika, Neuseeland). 600 Vertreter der britischen Presse kamen in der Shepherd's Bush Exhibition Hall mit Politikern aus Regierung und Opposition sowie Vertretern von Heer und Flotte zusammen. Lord Rosebery begrüßte die Delegierten mit viel Wärme und Würde. Bezeichnenderweise lautete das Ziel der Konferenz, die Unterstützung des Empire für das Mutterland im Kriegsfall zu gewährleisten und in Verteidigungs- und Kommunikationsbelangen die imperiale Zusammenarbeit zu verbessern.

In seiner Grundsatzansprache betonte Rosebery, das wichtigste Thema auf der Tagesordnung sei die Verteidigung des Empire. Noch nie in der Geschichte »seien die Vorbereitungen auf einen Krieg so bedrohlich und so übermächtig« gewesen.[18] Namentlich wurde das Deutsche Reich nicht genannt, aber es war klar, dass der Kaiser dafür verantwortlich war. Beweise für die Behauptung wurden nicht vorgelegt, was nicht verwundert, schließlich gab es auch keine. Was es gab, war die lebhafte Fantasie der Romanautoren, die Northcliffe und seine Truppe von Alarmisten ermutigt hatte, ihrer Einbildungskraft freien Lauf zu lassen.

Rosebery rührte mit seinem Appell direkt an das Pflichtgefühl der Anwesenden, ihre Loyalität und natürlich ihre gemeinsame Verantwortung. Rosebery forderte sie auf, an ihr Erbe zu denken, ihre Freiheiten und ihre Rasse, den Ursprung ihrer Sprache und die Institutionen, die jedes anwesende Delegationsmitglied zu einem wichtigen Teil des Empire mache. Er forderte sie auf, in »ihre jungen Dominions auf den anderen Seiten der Meere« folgende Botschaft mitzunehmen: »Die nationale Verteidigung obliegt jedem Manne und jedem Bürger des Empire persönlich.«[19] Asquith, Haldane, Churchill und Milner sprachen alle zu den Konferenzteilnehmern. Lord Roberts setzte seinen Kreuzzug für eine Wehrpflicht fort. Milner argumentierte: »Große Armeen … sind ein Mittel zur Wahrung des Friedens.«[20]

Um es den Journalisten nett zu machen und sie zu beeinflussen, wurde an nichts gespart. Der australische Abgesandte des *Melbourne Argus* schrieb voller Bewunderung über Haldane und die britische Armee. Er war präsent, als in Windsor den neuen Regimentern der Territorialarmee ihre Fahnen übergeben wurden, und versicherte seiner Leserschaft, das Kaiserreich werde es niemals wagen, in Großbritannien einzumarschieren.[21] In Manchester wurden Waffenfabriken besucht, in Glasgow begrüßte die *Fairfield*-Werft die Delegationen und führte voller Stolz die Zerstörer vor, die dort gerade für Australien gebaut wurden. Mehrere der prominenteren Journalisten aus Kanada, Australien, Indien und Südafrika wurden mit Auszeichnungen geehrt. Kurzum: Man tat alles, um die Besucher zu beeindrucken, sie sogar zu überwältigen.

Krönender Abschluss, der alles toppende Propagandacoup, war der Besuch der Presse bei der Flottenparade in Spithead. Jacky Fisher höchstpersönlich hatte alles organisiert. Geoffrey Dawson als Vertreter des *Fortnightly Review* brachte seine Bewunderung ungezügelt zum Ausdruck. 18 Meilen kampfbereiter Kriegsschiffe hinterließen immensen Eindruck: »Ein wunderbarer Anblick, der mir verdeutlicht, wie enorm die Seemacht Großbritanniens ist«, schrieb Dawson.

Einer der Journalisten merkte an, dass sieben Dreadnought-Linienschiffe anwesend waren, »bislang die einzigen, die im Einsatz sind«.[22] So ist das also – »bislang die einzigen, die im Einsatz sind«. Wie passt das zu Roseberys Behauptung, andere Länder würden »bedrohliche Vorbereitungen für einen Krieg treffen«? Die Botschaft, die die Abgesandten mit auf den Weg bekamen, war deckungsgleich mit dem, was die Northcliffe-Presse in die Welt blies: Großbritannien und das Empire mussten vorbereitet sein.

Als die Teilnehmer der Konferenz am 26. Juni das letzte Mal zusammenkamen, übernahm des Königs persönlicher Berater Lord Esher den Vorsitz. Er ging auf die Rolle der Kolonien bei der »Verteidigung des Empire« ein. Anschließend wurden die Teilnehmer noch einmal im Waldorf fürstlich bewirtet, bevor es zurück in alle Ecken des Empire ging, um die Leserschaft zu inspirieren. Die Konferenz war in Sachen Öffentlichkeitsarbeit ein sensationeller Erfolg. Auf Glückwünsche zum erfolgreichen Verlauf antwortete Northcliffe, es handle sich um »eine der wichtigsten Zusammenkünfte, die jemals in England stattgefunden haben«.[23]

Welches Ziel hatte diese Konferenz, bei der es von Mitgliedern und Gefolgsleuten der Geheimen Elite nur so wimmelte? Die Teilnehmer trafen Haldane, sahen die neue Territorialarmee, Milner, Esher, Roberts, Rosebery, Werftbetreiber, australische Zerstörer, die Flottenparade in Spithead und hörten die Botschaft, dass starke Armeen den Frieden garantieren würden.

Es waren diese Konferenzteilnehmer, die die jungen Männer in den Kolonien und Dominions 1914 dazu ermutigen konnten, sich zu melden und ihr Leben zu riskieren. Wie erfolgreich diese Vorarbeiten waren, kann man daran ermessen, wie viele Freiwillige sich bei Kriegsausbruch meldeten.

Aber das war nicht die einzige wichtige Lektion der Konferenz. Die Idee war, ein Empire zu bewerben, mit einem starken Mutterland im Mittelpunkt, das um jeden Preis zu verteidigen sei. Schlechte Nachrichten störten da nur. Während des gründlich geplanten Besuchs wurden die Konferenzteilnehmer deshalb sorgfältig von der Realität ferngehalten. Es müsse etwas unternommen werden, davon war die Geheime Elite, und allen voran Milner, überzeugt. Es müsse Schluss sein mit all den negativen Berichten über Streiks, moralischen Verfall, soziale Unruhen,

Streit im Parlament und generellen Werteverfall. Das untergrabe nur das Vertrauen im Ausland. Deshalb wurden im Juni Debatten über Kriegsschiffe und Haushaltsprobleme vorübergehend ausgesetzt.[24] Das »gute alte« England, das »Land of Hope and Glory«, das war das Image, das man der Welt zeigen wollte. Geoffrey Dawson sprach sich für einen »imperialen Pressedienst« aus, der die Nachrichten sammelte und dabei vor allem die Aufgabe hatte, in allen Teilen des Empire positiv auf die öffentliche Meinung einzuwirken.[25]

Das Empire musste bestens auf einen Krieg vorbereitet sein, aber genauso wichtig war es, die Dominions und die Kolonien auf die Vision eines allmächtigen imperialen Parlaments einzuschwören. Der Enthusiasmus, mit dem die Pressegesandten die Konferenz verließen, passte zu dem Eifer, den die Milner-Schüler in Südafrika an den Tag legten. Die jungen Männer aus seinem »Kindergarten« kehrten voller Elan und Begeisterung nach Großbritannien zurück. Unter der Anleitung ihres Mentors verschworen sie sich, das Empire zu revolutionieren. Dazu sollten kleine, aber einflussreiche Gruppen gebildet werden, die den Plan einer Vereinigung des Empire vorantrieben.[26]

Sie bezeichneten sich selbst als »Tafelrunde« – eine Verbeugung vor König Artus, die andeuten sollte, dass alle gleichgestellt und gleich wichtig waren, dass man ein hehres Ziel verfolgte und offene Debatten schätzte. In Wirklichkeit war es nur ein unheiliger Ableger von Rhodes' Geheimbund. Milner war die Obrigkeit, die alle anerkannten und der alle dienten. Seine Männer aus Südafrika mischten sich unter neue Anhänger wie Sir Alfred Zimmern, Sir Reginald Coupland und die amerikanischen Millionäre Waldorf und Nancy Astor. Sie alle wurden von Carroll Quigley als Mitglieder der Geheimen Elite identifiziert.[27]

Die meisten Mitglieder der Tafelrunde waren lebenslange Freunde. Es war eine verschworene Gemeinschaft, die sehr viel auf sich hielt, sich gegenseitig bewunderte und entschlossen war, im Namen »des nationalen Interesses« Großes zu leisten.[28]

Alfred Milner fungierte hier als Elder Statesman und als Vaterfigur, seine Rolle in der Tafelrunde war die eines »Präsidenten einer intellektuellen Republik«.[29] Ihr Ziel war es, in Angelegenheiten, die die Nation oder das Empire betrafen, Macht und Einfluss zu erlangen. Die verschiedenen Gruppierungen innerhalb der Tafelrunde waren im Grunde nichts anderes als »Propagandawerkzeuge«, eine Handvoll einflussreicher Personen. Nach Ansicht Quigleys sollten diese Gruppen dafür sorgen, dass »die Dominions sich bei einem künftigen Krieg gegen Deutschland dem Vereinigten Königreich anschließen würden«.[30]

Ein weiteres wichtiges Ziel waren engere Verbindungen zu den Vereinigten Staaten, deshalb wurde in New York ebenfalls eine Untergruppe der Tafelrunde ins Leben gerufen. Sie sollte für ein engeres Verhältnis zwischen Westminster und Washington sowie den Finanzmeilen in der City of London und der Wall Street sorgen. Die Gruppe agierte verdeckt, außer Sicht von Wählerschaft und

Politik, und tauchte auch nicht in der Presse auf. Mitglieder der Tafelrunde strebten nach politischem Einfluss, ohne sich dabei in der Öffentlichkeit zeigen zu wollen. Alles musste heimlich erfolgen. Eine gefährliche Mischung: Sie glaubten, das Wohl der Nation zu kennen und zu diesem Zweck Pläne schmieden zu können, aber sie wollten sich dabei nicht dem Willen des Volkes unterwerfen und lehnten Demokratie insgesamt ab!

Dank der finanziellen Unterstützung des südafrikanischen Millionärs Sir Abe Bailey entstanden Ableger der Tafelrunde in London, Südafrika, Kanada, Australien, Neuseeland und in den USA. Auch der *Rhodes Trust* und wohlhabende Mitglieder der Geheimen Elite wie die südafrikanischen Gebrüder Beit steuerten Mittel bei. Beiträge leisteten auch die Familie Astor und vermögende Personen, Stiftungen und Firmen aus dem Umfeld der internationalen Bankengemeinde, beispielsweise J. P. Morgan und die Rockefellers.[31]

Auf ihren Privatversammlungen erarbeiteten die Mitglieder der Tafelrunde zu ihrer Philosophie passende Lösungen für nationale Probleme.[32] Ihr Plan sah vor, in den wichtigen Ländern des Empire mächtige, halb geheime Gruppen zu gründen, die auf Kolonialregierungen und Zeitungsmagnaten einwirken. Das war die logische Erweiterung der Ziele, die auf der Konferenz der imperialen Presse propagiert worden waren, und trieb die grundlegende Idee voran, das Empire zu einer Einheit zu verschmelzen. Sobald das Grundgerüst stand und in allen Ecken des Empire für wohlwollende Unterstützung gesorgt war, »konnte die stille Verschwörung durch einen umfassenden Kreuzzug abgelöst werden«.[33] Ihre Technik hatten die Verschwörer in den Jahren zuvor verfeinert, und vor allem Milner wusste nur zu gut, wie man Zeitungen manipulierte und auf Leitartikel Einfluss nahm.

Diese Personen hielten sich für die intellektuellen Flaggenträger, was die Politik der Geheimen Elite anging. Anonym vertraten sie ihre Ziele in ihrer Zeitschrift *The Round Table: A Quarterly Review of the Politics of the British Empire*. Gleich der erste Artikel in der Erstausgabe vom November 1910 war mit seiner deutschlandfeindlichen Rhetorik vorsätzlich provokativ und gab die Tonart vor. Carroll Quigley bestätigte, dass dies der zentrale Sinn und Zweck der Tafelrunde war:

> *Es steht außer Frage, dass die ursprüngliche Inspiration für die Tafelrunden-Bewegung die antideutschen Gefühle waren. Es gibt sogar einige Hinweise darauf, dass dies das Hauptmotiv war und dass der angegebene Zweck, auf eine imperiale Föderation hinzuarbeiten, in gewissem Maße ein Vorwand war.*[34]

Leider ging er dieser Analyse nicht weiter nach, und Beweise finden auch wir nicht, denn fast alles, was mit dem Vorgehen der Tafelrunde zusammenhängt, ist von Geheimnissen durchdrungen. Wie Quigley selbst schrieb: »Die ganze Gruppe war so verschlossen, dass selbst heute viele versierte Studenten des Themas sich der Bedeutung der Gruppe nicht bewusst sind.«[35]

Chefredakteur des *Round Table Quarterly Review* war Milners Protegé Philip Kerr, aber in dem Heft selbst tauchen keinerlei Namen auf, weder von Redakteuren noch von den Autoren der Beiträge. Einziger Anhaltspunkt: ein namenloser Sekretär, den man unter der Adresse 175 Piccadilly anschreiben konnte. Man strebe keine hohe Auflage an, sondern wolle direkt ausgewählte Bereiche der Öffentlichkeit ansprechen, so das Argument.[36] Warum beim Magazin eine derartige Geheimhaltung betrieben wurde, wurde niemals geklärt, aber möglicherweise sahen sie einfach nicht die Notwendigkeit, sich erklären zu müssen.

Nüchtern denkende Politiker behandelten die *Round Table Quarterly Review* mit dem gebührenden Argwohn, denn das Journal wollte Einfluss nehmen, ohne Verantwortung zu übernehmen. Trotzdem wurde das Magazin zu einem wichtigen Forum für die Propaganda der Geheimen Elite. Viele der Ideen aus späteren Ausgaben fanden ihren Niederschlag in der britischen Außenpolitik. Zwischen 1910 und 1940 hatte die *Round Table Quarterly Review* in allen Ecken des Empire gewaltigen Einfluss auf das politische Denken.[37] Unter dem Strich war es ein Werkzeug für deutschlandfeindliche Propaganda und die Einheit des Empire.

Um die Treffen der Tafelrunde zu organisieren, entsandte Milner seine treuesten Gefolgsleute in alle Ecken des Empire. Zwischen 1910 und 1912 reiste Lionel Curtis herum und regelte alles in Indien und Kanada. Milner selbst fuhr in Begleitung von Philip Kerr erneut nach Kanada, um dort auf Freunde der Tafelrunde einzuwirken.[38] Die Botschaft der Geheimen Elite war sorgfältig während der Konferenz der imperialen Presse gestreut worden, nun legte sie mit Artikeln im *Round Table Quarterly Review* und über ihre Freunde in den Medien nach. Das Mantra war ganz klar: Loyalität, Pflichtgefühl, Einheit und die Vorzüge des Empire … Empire … Empire. Tafelrunden-Mitglieder saßen in mächtigen Ämtern in der Regierung, der Wirtschaft, dem Handel oder im Bankenwesen. Ähnlich wie Freimaurer oder Jesuiten wirkten sie lieber im Verborgenen und schworen die Dominions fernab der Öffentlichkeit auf den bevorstehenden Krieg ein. Ihr Vorgehen sollte sich als durchschlagender Erfolg erweisen. Als der Krieg kam, war das Empire bereit.

Die Schlussrechnung sah aus wie folgt: Kanada schickte 641 000 Soldaten.[39] 1917 stammte mehr als ein Viertel der Artilleriegeschosse, die Großbritannien an der Westfront verfeuerte, aus Kanada. Mehr als 250 000 Kanadier arbeiteten in Waffenfabriken.[40] Südafrika stellte 136 000 Kampftruppen und zog 75 000 Nichtweiße ein.[41] Australien unterstellte seine Marine britischem Befehl, insgesamt zogen 332 000 Australier für das Empire in den Krieg. Neuseeland stellte

112 000 Mann, und allein aus Indien kamen 1 477 000 Mann, darunter die 138 000 Soldaten, die 1915 an der Westfront kämpften.[42] Und die Regierungen, die die Truppen entsandten, bezahlten meist auch für sie.

Zusammenfassung von Kapitel 11: Das Empire wird eingestimmt – Alfred Milner und die »Tafelrunde«

- Alfred Milner war 1905 keineswegs in den politischen Ruhestand gegangen, wie allgemein angenommen wurde. Stattdessen arbeitete er hinter den Kulissen unermüdlich daran, das Empire zu einer Einheit zu verschmelzen und es auf den Krieg vorzubereiten.
- Milner spielte eine entscheidende Rolle bei der Koloniekonferenz von 1907. Dort wurde deutlich, dass viel Arbeit notwendig sein würde, um Kanadas Position innerhalb des Empire zu bewahren.
- 1909 organisierte und leitete die Geheime Elite sehr erfolgreich eine Konferenz der imperialen Presse. Hauptthemen waren die Pflicht und die Loyalität, die jedes Dominion und jede Kolonie dem »Empire« schuldete.
- Es wurde eine spezielle Presseagentur gegründet, die vor allem positive Meldungen über Großbritannien verbreiten und innerhalb des gesamten Empire die öffentliche Meinung beeinflussen sollte.
- Gleichzeitig entstand in London eine geheimniskrämerische Organisation – die »Tafelrunde«. Dahinter steckten Milner und seine Gefolgsleute, die auf diesem Weg Regierungen in Fragen der Einheit des Empire und der militärischen Verteidigung beeinflussen wollten.
- Dem Empire verpflichtete »Denkfabriken« entstanden im gesamten britischen Empire und wurden von Mitgliedern und Sympathisanten der Geheimen Elite finanziell unterstützt.
- Ihre politische Meinung veröffentlichte die Tafelrunde anonym im Magazin *The Round Table: A Quarterly Review of the Politics of the British Empire.*
- Die gesamte Organisation scheute das Licht der Öffentlichkeit und stand dem Deutschen Reich ausgesprochen feindselig gegenüber. In den folgenden Jahren sollte die Tafelrunde ihren Wert zeigen.

12

Der aufsteigende Stern

DIE GEHEIME ELITE WAR beständig auf der Suche nach aufstrebenden Talenten in der Politik und im diplomatischen Korps, die ihnen als Agenten von Nutzen sein konnten. War jemand Geeignetes gefunden, wurde er herangezogen, gefördert und gefeiert. Erwies er sich als ausreichend formbar, wurde er in den Orbit des Geheimbundes gebracht. In die innersten Kreise stieß keiner dieser Männer vor, und die meisten werden nicht einmal gewusst haben, dass man sie kontrollierte. Einige mögen vermutet haben, dass sie bei jemandem in der Schuld stehen, aber sie stellten keine Fragen.[1]

Wie wir gesehen haben, galten Frankreichs eingefleischte Revanchisten wie beispielsweise Delcassé als besonders nützlich. Dasselbe galt für jene Russen, die von der Erfüllung der »historischen Mission« Russlands träumten, sprich, die Kontrolle über die Dardanellen zu erlangen.

Der Schlüssel zum Erfolg lag darin, dass beide Seiten ihrem Ziel näher kommen würden, wenn das Deutsche Reich am Boden läge. Öffentliche Ämter, ein Leben in Wohlstand und persönliche Bereicherung waren attraktive Nebeneffekte, Rücksichtslosigkeit, Eigeninteresse und Habgier indes unerlässliche Voraussetzungen.

Dass David Lloyd George in den Schoß der Geheimen Elite aufgenommen wurde, hatte mehrere wichtige Gründe. Für den Geheimbund hatte er mehr Potenzial als jeder andere Politiker, egal ob liberal oder konservativ. Lloyd George konnte gut verhandeln, war ein brillanter Redner und als dreister Radikaler bei den Massen ausgesprochen beliebt. Er sprach ihre Sprache und wurde sogar von militanten Gewerkschaftsführern akzeptiert. Dass er Mut besaß, hatte er gezeigt, als er sich während des Krieges in Südafrika gegen den zynischen Hurrapatriotismus stellte.[2]

Er hatte den Burenkrieg abgelehnt und prangerte eine Vorzugsbehandlung der Vornehmen und Reichen an. Auf ihn hörten die Menschen, ihm glaubten sie. Lloyd George war jung, extrem ehrgeizig und beliebt. Er war nicht nur einer von vielen Rednern in einer Zeit, als die Massen kamen, um sich Reden anzuhören – er war der beste Redner seiner Zeit. Seine Sprache war dramatisch, voller Farbe und Zorn, seine Angriffe trieften vor Spott und Selbstgerechtigkeit. Dahinter stand der brennende Ehrgeiz, es bis nach ganz oben zu schaffen.

Lloyd George war entschlossen, den unteren Schichten zu einem besseren Leben zu verhelfen. Noch entschlossener war er allerdings, Lloyd George zu einem besseren Leben zu verhelfen. Es lohnt sich, erneut darauf hinzuweisen, was er bereits 1886 an seine spätere Ehefrau, die duldsame Margaret Owen, geschrieben hatte: »Meine vorrangige Idee ist es, etwas aus mir zu machen … Ich bin bereit, sogar die Liebe diesem meinem Moloch zum Fraß vorzuwerfen, sollte sie den Weg versperren.«[3]

Vorankommen, egal wie. In diesem kurzen Satz zeigt Lloyd George seine alles beherrschende Entschlossenheit und seine größte Schwäche – den Ehrgeiz. Kritiker haben ihn als »Mann ohne Überzeugung« gescholten,[4] ihn als in seinen Handlungen größtenteils oberflächlich und opportunistisch abgetan und als einen Mann, der jederzeit zu einem Handel bereit sei.[5] Wie sich herausstellen sollte, entsprach das der Wahrheit.

Campbell-Bannerman nahm Lloyd George 1906 in sein Kabinett auf, als radikales Gegengewicht zu liberalen Imperialisten wie Grey und Haldane. Die Geheime Elite erfasste die Vor- wie auch die Nachteile, die die Anwesenheit von Lloyd George mit sich bringen würde. Er war eine Galionsfigur, der die Menschen um sich scharte, seine Meinung fiel bei vielen liberalen Parlamentariern stark ins Gewicht. Aber wie würde sein Urteil in der alles entscheidenden Frage ausfallen, zum Krieg gegen Deutschland? Rein logisch betrachtet war natürlich niemand so wenig wie Lloyd George daran interessiert, die Kriegspläne zu unterstützen. Wenn es irgendjemand schaffen würde, die Liberalen und das gesamte Land vom Kriegskurs abzubringen, dann Lloyd George. Wer ihn auf seiner Seite hatte, verfügte über einen starken Trumpf, also machte sich die Geheime Elite ans Werk, sich diesen Vorteil zu sichern. Lloyd George auf ihre Seite zu ziehen hätte einen gewaltigen Pluspunkt: Niemand, kein Hinterbänkler und kein Mitglied der Öffentlichkeit, käme auf den Gedanken, dass ein Kabinett, dem Lloyd George angehörte, insgeheim einen Krieg vorbereitete. Für die Geheime Elite war die Wahl klar: Lloyd George musste entweder umgedreht werden – oder er musste fallen.

Aufmerksamkeit bei der Geheimen Elite erregte Lloyd Georges Arbeit als Handelsminister im Kabinett Campbell-Bannerman. Erfolgreich brachte er ein Handelsmarinegesetz durch die erste Parlamentssitzung, das sehr von Vorteil für die Schiffseigner war. Lloyd George hatte zugestimmt, die Wasserlinie anzuheben. Damit konnten Schiffe mehr Fracht tragen, büßten im Gegenzug aber an Stabilität ein. Die Verluste an Schiffen und Männern nahmen zu, aber die Reeder sparten acht Millionen Pfund beim Bau neuer Schiffe. Dass Lloyd George bereit war, zu ihrem Vorteil zu handeln, wussten sie zu schätzen.[6]

Es war ein seltsames Zugeständnis, das der radikale Liberale da gemacht hatte.

Vorwürfe wurden laut, er habe die Schuld am Tod britischer Seeleute auf sich geladen, um den Interessen der Reeder entgegenzukommen. Das sozialdemokratische Forum, an dessen Spitze ein alter *Eton*-Absolvent stand, bezeichnete die Anhebung der Wasserlinie als »eines der schändlichsten Dinge, das der arbeitenden Klasse dieses Landes angetan wurde ... Lloyd George hat offiziell Seeleute britischer Schiffe im Interesse der Reederklasse ermorden lassen. Dieser Mann George ist ein skrupelloser und mordender Halunke.«[7]

Lloyd George war ganz klar ein Mann, mit dem die Geheime Elite ins Geschäft kommen konnte. Auch 1907 fand er die Zustimmung des Geheimbundes, als er einen landesweiten Eisenbahnstreik abwendete. Die *Times* nannte ihn »den größten Aktivposten, über den die Regierung bei den kommerziellen Klassen verfügt«,[8] und als er zum Staatsbankett eingeladen wurde, das anlässlich des Besuchs von Kaiser Wilhelm in Windsor Castle ausgerichtet wurde, war klar, dass sein Stern im Aufstieg begriffen war.[9]

Im April 1908 wurde Lloyd George im ersten Kabinett von Asquith zum Schatzkanzler gemacht – ein erstaunlicher Aufstieg, der mit einem Gehaltssprung von 2000 Pfund auf 5000 Pfund im Jahr einherging.[10] Aber hatte die Geheime Elite den aufgehenden Stern bereits in der Tasche? Hätte sie ihn vernichten wollen, wäre dazu mehrfach Gelegenheit gewesen. Doch der Geheimbund verfolgte das entgegengesetzte Ziel: Er ging auf Lloyd Georges zahlreiche Schwächen ein und bekam den Politiker damit in die Hand.

Zwei heftige Verlangen trieben Lloyd George um – ein Leben in Wohlstand und die Gier nach Sex. Wohlstand und Schirmherrschaft konnte die Geheime Elite ihm reichlich bieten, die Frauen musste er schon selbst »erobern«. Da half, dass er vor Charme und Dynamik strotzte und dass er gelegentlich mit einer geradezu raubtierhaften Beharrlichkeit auftrat.

Bereits zu einem frühen Zeitpunkt seiner parlamentarischen Laufbahn entwickelte Lloyd George Gefallen am »schönen Leben«. Die nötigen Mittel dafür mussten gezwungenermaßen andere beisteuern, nachdem erste Versuche, durch Spekulationen zu Vermögen zu gelangen, meist in einer Katastrophe endeten. Er hatte sich an einem Goldsyndikat in Patagonien beteiligt, das es nicht zu Reichtum brachte. Nachdem er erfahren hatte, dass kein Gold zu holen war, versuchte er angeblich, seine Anteile an einen nichts ahnenden Investor zu verkaufen.[11] Er rückte in die erste Reihe der Liberalen Partei auf, was ihm die Ehre zuteilwerden ließ, mit König Edward zu dinieren. In seiner typisch unbescheidenen Art schrieb er seinem Bruder, dass er beim König einen positiven Eindruck hinterlassen habe.[12]

David R. Daniel, ein Freund und Begleiter seiner frühen Jahre, bestätigte, dass Lloyd George ohne Gewissensbisse Geldgeschenke reicher Gönner entgegennahm. Er stieg in den besten Hotels ab, speiste in den besten Restaurants, ließ sich die besten und teuersten Sitze reservieren und erwartete, behandelt zu werden wie … nun ja, wie ein Lord! Gefallen anzunehmen schien ihm nicht im Geringsten peinlich zu sein. Er nutzte seine reichen Anhänger aus, und sie ließen ihn gewähren. Sie wussten ja, dass es irgendwann eine Gegenleistung geben würde.[13]

Ständigen Ärger bereiteten ihm seine außerehelichen Aktivitäten. Frauen waren eine schädliche Ablenkung, Treue war ihm ein völlig fremdes Konzept. Seine Tochter behauptete, Lloyd George habe schon bald nach der Hochzeit Affären begonnen.[14] Die Schuld für seine vielen Seitensprünge gab er seiner Frau, weil die sich damit schwertat, von Wales nach London zu ziehen.[15]

Wenn Lloyd George sich in eine Beziehung stürzte, verschwendete er kaum einen Gedanken daran, was nach dem Ende der Beziehung aus der Frau werden sollte. Angeblich war bei ihm nicht nur das Ego groß, aber weder das eine noch das andere kann seine sexuellen Fehltritte rechtfertigen.[16] Und natürlich brachten ihn seine Affären immer wieder in die Bredouille. Schon 1897 musste er den Vorwurf zurückweisen, er habe mit einer Mrs. Catherine Edwards ein uneheliches Kind gezeugt.[17]

Eine Bestätigung hätte das Ende seiner parlamentarischen Laufbahn bedeutet, doch einer Vorladung vor Gericht durch Mr. Edwards entging Lloyd George dank »ausgesprochen mysteriöser Umstände«.[18] Was genau dahintersteckte, werden wir wohl nie erfahren, aber es war nicht das letzte Mal, dass es in Lloyd Georges Umfeld zu »ausgesprochen mysteriösen Umständen« kam.

Einige Jahre darauf, 1908, kursierten skandalöse Gerüchte über Lloyd George und Lady Julia Henry, die Gemahlin von Sir Charles Henry, einem liberalen Abgeordneten und millionenschweren Kaufmann. Die *Sunday People* deutete an, Lloyd George sei bei der folgenden Scheidung der Henrys nur deshalb nicht als Zeuge geladen worden, weil 20 000 Pfund den Besitzer gewechselt hätten.[19] Lloyd George sah seinen Ruf beschädigt, ihm drohte das Aus als Politiker, deshalb verklagte er die *Sunday People* wegen Verleumdung. So kritisch war die Lage, dass der treulose Ehemann seine Frau Margaret anflehen musste, ihn ins Gericht zu begleiten. Laut seinem Sohn versprach der verzweifelte Lloyd George seiner Frau: »Wenn ich das überstanden habe, schwöre ich, dass du etwas Derartiges nie wieder durchleiden musst.«[20]

Vor Gericht ließ er sich von wahren Giganten der Rechtswissenschaft vertreten: Rufus Isaacs, dem späteren Lord Reading und Lord Chief Justice, Frederick Edwin Smith, dem späteren Lord Birkenhead, und Raymond Asquith, dem Sohn des Premierministers. Auf der anderen Seite der Bank saß Sir Edward Carson, Kronanwalt und Abgeordneter, einer der berühmtesten Anwälte jener Zeit. Carson war der Mann, der Oscar Wilde höchstpersönlich an den öffentlichen Pranger gestellt hatte, ihm sämtliche Würde nahm, die scharfe Zunge, mit der Wilde die Aristokratie verspottet hatte, zum Verstummen brachte und das selbst ernannte Genie für den Rest seines Lebens vernichtete.[21]

Wie die Hyänen fielen die Pressehorden am 12. März 1909 im Gericht ein. Sie erwarteten einen Schlagabtausch, der das Ende für einen der bekanntesten Politiker seiner Zeit bedeuten konnte. Wie viele ehemalige Liebchen würde Carson in den Zeugenstand zitieren, um die Behauptung des Schatzkanzlers, er sei unschuldig und ein treuer Ehemann, in der Luft zu zerpflücken?

Doch was folgte, war eines der größten Geheimnisse rund um den skrupellosen Waliser: Kategorisch wies Lloyd George die Vorwürfe der *Sunday People* zurück, woraufhin Sir Edward Carson als Anwalt der Zeitung ihm bloß einige bedeutungslose Fragen stellte. Kein Kreuzverhör. Keine Zeugen. Ende der Verhandlung. Lloyd George war dem Absturz entgangen, er blieb in Amt und Würden. Und vor allem wurde er von jeglicher Schuld freigesprochen.

Natürlich hatte Lloyd George übertrieben viel juristischen Sachverstand aufgefahren, aber wem gebührte hier in Wirklichkeit der Dank? Die *Sunday People* hatte immerhin Edward Carson aufgeboten, den teuersten Kronanwalt im ganzen Land, doch er hatte ihren Fall sehr schlecht vertreten. Warum? Wer hatte wie in den geheimen Kanälen der juristischen Welt Einfluss genommen?

Wann genau die Geheime Elite Lloyd George am Haken hatte, lässt sich nicht sagen, aber indem sie seine Karriere rettete, schützte sie ihren Auserwählten. Es durfte nicht sein, dass der aufsteigende Stern schon erlosch. Im Gegenzug für ihren Einsatz erhielt die Geheime Elite einen Aktivposten von unvergleichlichem Wert. So zahlreich waren seine Fehltritte gewesen, so abhängig war er von ihrer Großzügigkeit, dass Lloyd George nicht zurückkonnte, selbst wenn er gewollt hätte. Der Sturz ins absolute Nichts wäre die Alternative gewesen. Es gab kein Entkommen aus dem Netz, in dem er sich hatte fangen lassen.

Am 29. April 1909, sechs Wochen nach seinem Auftritt vor Gericht, legte Lloyd George dem Unterhaus seinen »Volksbudget« betitelten Haushaltsentwurf vor.[22] Zwölf Wochen zuvor war eine einkommensabhängige Altersrente eingeführt worden, für die weitere Einnahmen benötigt wurden. Die Rente belief sich auf einen bis fünf Schilling pro Woche und stand armen Bürgern von mindestens 70 Jahren zu. 30 Jahre zuvor hatte das Deutsche Reich eine deutlich großzügigere Altersrente eingeführt.

Die schlagzeilenträchtige Bezeichnung des »Volksbudgets« lenkte das Augenmerk auf die Sozialreformen; dass im Haushalt eine Lücke von 16 Millionen Pfund klaffte, lag jedoch an den zusätzlichen Ausgaben für Dreadnoughts. Der Großteil der Gelder, die Lloyd George und dem Schatzamt fehlten, hingen mit den steigenden militärischen Kosten zusammen.[23]

Um das Oberhaus und den Adelsstand insgesamt zu provozieren, fügte Lloyd George seinem Haushaltsentwurf extra eine Landsteuer bei. Am 30. Juli 1910 sprach er auf einer Massenveranstaltung in Limehouse und stürzte sich dabei auf die Opposition.[24] Direkt attackierte er Lords wie den Duke of Northumberland. Dieser hatte den Wert seiner Ländereien mit 30 Schilling pro Acre angegeben – bis die örtlichen Behörden dort eine Schule bauen wollten, woraufhin der Preis sofort auf 900 Pfund pro Acre explodierte.[25] Im Oktober peitschte Lloyd George die Massen in Newcastle gegen das Oberhaus auf, denn das waren ja bloß »500 Männer, ganz gewöhnliche Männer, die per Zufallsprinzip unter den Unbeschäftigten ausgewählt wurden«. Mit ihrer Haltung würden die Lords bloß einen Volksaufstand auslösen.[26] Auch Churchill schloss sich den Provokationen an. Und Asquith? Der Premier hielt sie nicht zurück.[27]

Es dauerte über 70 Tage, bis das Gesetz durch das Unterhaus ging, aber am 4. November war es endlich so weit. Nun musste es noch durch das Oberhaus, den Hort der konservativen Adligen und des Erbadels. Eigentlich wäre es nur eine Formalität gewesen, denn in über 200 Jahren war noch nie ein Haushaltsgesetz von den Lords zurückgewiesen worden.

Dieses Mal dauerte die große Debatte im Oberhaus sechs Abende.[28] Die Lords weigerten sich, den Haushalt anzunehmen, sofern das Land ihn nicht durch allgemeine Wahlen bestätigt hatte. Es gab einen gewaltigen Aufruhr, aber das Eigeninteresse behielt die Oberhand. Die Altersrente sei die »größtmögliche Abschreckung vor Sparsamkeit«, schimpfte der Abgeordnete Henry Chaplin – ein Spieler und Verschwender mit rund 1600 Hektar Land in Lincolnshire.[29]

Auch Alfred Milner wetterte mit Leidenschaft gegen den »Volkshaushalt«. Es sei eine »absolut furchtbare und miserable Methode, die Altersrente zu finanzieren«, denn die fehlenden Mittel würden »durch Steuern eingenommen, die ausschließlich von den Reichen erhoben werden«.[30] Die Folgen würden »böse« sein, erklärte Milner einem konservativen Publikum in Glasgow.

Man lasse sich diese Aussagen Milners auf der Zunge zergehen: Nicht der Bau von Kriegsschiffen, nicht die Vorbereitungen für einen Krieg und nicht das Zusteuern auf den Weltuntergang waren seiner Meinung nach »böse«, nein, er echauffierte sich darüber, dass die bedürftigsten Alten des Landes versorgt werden sollten.

Milners Philosophie war schnörkellos und absolut: »Halten wir etwas für schlecht und können es verhindern, dann ist es unsere Pflicht, den Versuch zu unternehmen, es zu verhindern. Ganz egal, wie die Konsequenzen aussehen.«[31] Das war der unverfälschte Milner – »ganz egal, wie die Konsequenzen aussehen«. Das erinnert doch stark an »die Schreihälse ignorieren«.

Auch Lord Rothschild, der mit großem Einsatz für den Bau von mehr Kriegsschiffen gekämpft hatte, lief Sturm gegen das »Volksbudget«. Es sei »das Ende von allem, die Verneinung von Glauben, Familie, Eigentum, Monarchie und Empire« – kurzum, es sei »Revolution«.[32] Das waren die Werte, die die Geheime Elite der gesamten Welt im Namen des British Empire aufdrücken wollte. Als bekannt wurde, dass das Oberhaus das Gesetz gekippt hatte, saß Lloyd George, der große »Kämpfer für die Armen«, gerade zum Abendessen im *Frascati's*, einem der teuersten Londoner Restaurants.

Nachdem die Lords die Regierung derart mit Arroganz überschüttet hatten, drohte Asquith ihnen mit einer Reform: Die Verfassungsrechte des Oberhauses würden künftig drastisch beschnitten. Asquith löste das Parlament auf und setzte für Anfang 1910 allgemeine Wahlen an. Ausgehend von den jüngsten Ergebnissen bei Nachwahlen sah es nach einem Sieg der Konservativen aus. In diesem Fall würde Arthur Balfour die neue Regierung anführen, der dann eventuell Lord Curzon, Lord Lansdowne und natürlich Alfred Milner einbeziehen würde, auch wenn dieser keinerlei Interesse signalisierte,. Auf einen Streich wären alle gesetzlichen Neuerungen wieder vom Tisch, und das Regierungsgeschäft würde in sichere Hände zurückkehren, in die Hände der natürlichen Elite.

Doch die Demokratie hatte andere Pläne. Die Liberalen mussten bei den Wahlen zwar starke Verluste hinnehmen, behielten aber einen hauchdünnen Vorsprung von zwei Stimmen in einem Parlament ohne absolute Mehrheit.[33] Ihr Überleben verdankten die Liberalen der Unterstützung der jungen *Labour Party,* die auf 40 Sitze kam, und den Befürwortern der Home Rule mit 82 Sitzen. Die Regierung Asquith benötigte nun die Unterstützung der irischen Abgeordneten im Parlament, was das Thema der Selbstverwaltung Irlands wieder ganz nach oben auf die politische Tagesordnung brachte. Immer wieder kam Gerede über Ministerrücktritte auf, aber es blieb bei Gerüchten.[34]

Asquith hatte den König nicht offiziell darum gebeten, neue Peers für das Oberhaus zu ernennen, und das Kabinett war unsicher, wie man die Befugnisse des Oberhauses beschneiden wollte. Sollten die Mitglieder gewählt werden? Sollte es ein Referendum geben? Niemand hatte klare Vorstellungen, und es stand auch nicht zu erwarten, dass König Edward die Regierung retten würde. Dazu sollte es ohnehin zu spät sein.

Am 6. Mai 1910 starb König Edward VII. an den Folgen einer chronischen Bronchitis, die direkt auf seine Völlerei, seine Genusssucht und sein Kettenrauchen zurückzuführen war. Er war 68 Jahre alt und hatte seit neun Jahren regiert. Durch Lord Esher, Lord Milner, Lord Lansdowne und andere pflegte er ein sehr enges Verhältnis zur Geheimen Elite. Gemeinsam hatten sie die britische Außenpolitik zu Beginn des 20. Jahrhunderts auf einen völlig neuen Kurs gebracht und die Kriegsvorbereitungen des Landes sehr weit vorangetrieben.

Die Verfassungsänderungen, mit denen die Liberalen das Oberhaus reformieren wollten, missbilligte König Edward zutiefst. Viele Konservative waren deshalb überzeugt davon, dass Asquith den König auf dem Gewissen habe.

Am 7. Mai legten Alfred Milner und rund 50 weitere Peers ihren Amtseid ab und küssten die Hand von König George V. Eine Viertelmillion Menschen erwiesen dem in Westminster Hall aufgebahrten Leichnam von König Edward die letzte Ehre. Als Asquith an der Reihe war, soll ihm Königin Alexandra gesagt haben: »Seht Euch Euer Werk an.« Zumindest kolportierte dies die konservative Presse.

Alfred Milner wartete in Windsor auf den Leichnam und darauf, am Gottesdienst in der Sankt-Georgs-Kapelle teilzunehmen. Unter König George V. würde das britische Empire entweder »konsolidiert oder zerstört«, prognostizierte Milner.[35] Er wusste, dass sich die Geheime Elite auf absolutem Neuland befand – Edward tot, die Liberalen weiter an der Macht. Der Geheimbund korrumpierte Politiker, um seine Ziele zu erreichen, aber Menschen, die ihre Seele verkauften, um an der Macht zu bleiben, waren Milner ein Gräuel. Gleichzeitig war er aber auch pragmatisch veranlagt: Er würde mit jedem zusammenarbeiten, der ihm das große Ziel, die Weltherrschaft der britischen Rasse, näher brächte.

Ein sorgfältig formulierter Leitartikel in Northcliffes *Observer* beschwor den Geist des toten Königs herauf. Chefredakteur James Garvin bastelte sich eine Botschaft aus dem Grab zusammen, eine Forderung nach einer »gottgewollten Aussöhnung« – als ob die letzte Botschaft des sterbenden Königs ein Appell an die nationale Einheit gewesen sei, der nun mit Gottes Segen exklusiv im *Observer* abgedruckt wurde.[36] In dem Text hieß es:

> *Hätte König Edward auf dem Sterbebett seinem Volk eine letzte Botschaft übermitteln können, hätte er uns aufgefordert, die Parteipolitik beiseitezulegen und über seiner Grabstätte eine gottgewollte Aussöhnung zu beschließen, … nach fairen Möglichkeiten zu suchen, gemeinsame Anstrengungen für unser aller Land zu unternehmen … eine Konferenz abzuhalten, bevor unumkehrbar ein Konflikt ausbricht.*[37]

Die Stimme des Königs? Nicht doch, hier sprach die Geheime Elite.

Garvin, ehemaliger Kolumnist des *Daily Telegraph,* war von Northcliffe höchstpersönlich auf den Chefredakteursposten gehievt worden. Garvin war durch und durch konservativ und ein enger Freund von Admiral Fisher, also theoretisch so ziemlich die letzte Person, auf die die Liberalen hören würden. Dennoch taten sie es. Mit Zustimmung seines Kabinetts berief Asquith eine »Verfassungskonferenz« ein, um auszuloten, inwieweit sich die beiden großen Parteien auf ein gemeinsames Vorgehen und möglicherweise sogar auf eine Koalition verständigen könnten. Ein Werbegag einer Zeitung wurde zur Strategie, und es waren 21 Treffen der »Verfassungskonferenz« notwendig, bis allen Beteiligten endlich klar wurde, dass es nutzlos und reine Zeitverschwendung war.[38]

Lloyd George entdeckte plötzlich eine neue Botschaft. Öffentlich war er ein scharfer Kritiker der Konservativen, privat befürwortete er Kompromisse. Diesbezüglich schrieb Donald McCormick in *The Mask of Merlin*: »An den Dinnertischen Mayfairs war zu vernehmen, wie er dem Begriff ›Regierungskoalition‹ mit honigsüßem Geflüster einen melodiösen und verführerischen Klang gab.«[39] Seine Treffen mit Arthur Balfour waren so privat, dass nicht einmal seine Kabinettskollegen davon erfahren durften.

Offensichtlich war Lloyd George zum Handeln bereit – eine stärkere Flotte, Wehrpflicht und ein Kompromiss in der Irland-Frage. Damit würde er praktisch all das verraten, wofür er einmal gestanden hatte. Er würde die Wünsche der Mehrheit des Volkes verraten und die Ideale seiner eigenen Partei. Andererseits würde er sich damit seine eigene Position sichern.

Am 17. August 1910 legte er ein 29-seitiges maschinengeschriebenes Manuskript vor, in dem er sich für eine Koalitionsregierung aussprach, die »die Ressourcen beider Parteien bündelt«.[40] Er regte ein förmliches Bündnis zwischen Liberalen und Konservativen an, das zweifelsohne das Aus für die Verfassungsreform bedeutet hätte. Großbritannien drohte eine sofortige Verarmung, wenn nicht gar der Bankrott, argumentierte er. Nun, er war der Schatzkanzler, ihm sollten die Zahlen vertraut sein. Obwohl der Staatssäckel leer war, schlug er eine teure militärische Pflichtausbildung vor.

Moment mal, der große radikale Liberale sprach sich für die Wehrpflicht aus, wenn auch unter anderem Namen? Wie sehr sie es auch gewollt hätten, hätten die *Tories* sich doch nie getraut, mit einem derartigen Vorschlag in den Wahlkampf zu ziehen. Es hätte politischen Selbstmord bedeutet. Und jetzt kam Lloyd George mit so einem Vorschlag daher?

Wenn jemand das Land überzeugen konnte, dann er. In seinem Memorandum bestand er darauf, dass die bereits vorgeschlagenen Gesetze über Ländereien, Arbeitslosigkeit und Versicherung verabschiedet werden sollen. Als Hindernisse standen noch seine Haltung zur Verfassungsreform und vor allem zur Irland-Frage im Raum. Schließlich wandte er seine Aufmerksamkeit den »Problemen des Empire« zu, und seine Vorschläge klangen, als seien sie ihm von Alfred Milner Wort für Wort diktiert worden. Vielleicht waren sie das auch, zumindest lasen sie sich, als kämen sie direkt von der Tafelrunde. Lloyd George plädierte für »Maßnahmen, die das Empire vereinigen und für die Verteidigung und den Handel Nutzen aus den Ressourcen schlagen und sie bündeln«.[41] Die Geheime Elite hatte den aufsteigenden Stern nun sehr, sehr fest in ihrer Hand.

Lloyd Georges neue »Philosophie« – sofern es denn überhaupt seine eigene war – war ein Ideengemisch, das echte Liberale niemals hätten akzeptieren können. Lloyd George hatte auf Anordnung von George V. einen Österreich-Urlaub abgebrochen und dem König auf Balmoral Castle das Memorandum vorgelegt, noch bevor sein eigener Premierminister Einblick erhalten hatte.[42] Als er in sein Haus nach Wales zurückkehrte, gesellten sich dort sofort Winston Churchill und dessen Frau Clementine zu ihm. Churchill war in erster Linie natürlich daran interessiert, für welchen Posten Lloyd George ihn vorgesehen hatte. Alles andere war nachrangig.

Das Umfeld von Lloyd George war besorgt und verdutzt. Charles Hobhouse schrieb am 4. November 1910: »Es sind merkwürdige Bewegungen im Gange. Balfour war in den vergangenen zwei Wochen jeden Tag in 11 Downing Street [der Residenz des Schatzkanzlers].« Aus seinen Tagebucheinträgen geht hervor, dass ein Plan ausgetüftelt wurde, um den Haushaltsentwurf der Regierung scheitern zu lassen. Dann »würde Balfour Premierminister und Lloyd George sein Stellvertreter«.[43]

Ein derart illoyales Verhalten hätte Asquith im Keim ersticken müssen, und es ist absolut unwahr, dass er Vorschläge akzeptiert hätte, die zu seiner Ablösung als Premierminister geführt hätten. Wie auch immer: Hier ist ein neues Phänomen zu beobachten, dass nämlich Lloyd George heimlich mit Arthur Balfour verhandelte, dem ranghöchsten konservativen Mitglied der Geheimen Elite.[44]

Wie so viele politische Intrigen von Lloyd George verlief auch diese im Sand. Seine Vorschläge hatten etwas Verzweifeltes an sich, und weder das liberale Fußvolk noch die *Tories* hätten derart offensichtliche Intrigen geschluckt. Er gab seine alles andere als subtilen Bemühungen auf, Asquith zu stürzen. Nachdem es am 28. November 1910 zu einer Pattsituation im Parlament gekommen war, löste der Premier das Parlament auf und rief erneute Wahlen aus. Das Ergebnis war praktisch identisch mit dem der Wahlen wenige Monate zuvor.[45] Erneut konnten die Liberalen sich nur mit der Hilfe von *Labour* und irischen Nationalisten an der Macht halten.

Dieses Mal machten die Liberalen jedoch Nägel mit Köpfen. Ein Gesetzentwurf nahm dem Oberhaus das Recht, den Haushaltsentwurf zu verändern oder zu kippen. Künftig durften die Lords nur noch Gesetzesanträge ablehnen, die aus dem Unterhaus kamen. Asquith hatte die Rückendeckung von George V. Der König hatte heimlich zugesagt, so viele Liberale ins Oberhaus zu berufen, dass die Verfassungsänderung akzeptiert würde.[46]

Mit dem typischem Draufgängertum der Privatschulabsolventen sperrten sich die Lords gegen einen Wandel von innen, indem sie sich in zwei Lager aufspalteten: die »Hedger« und die »Ditcher«. Die »Hedger« (nach »to hedge one's bets«, »auf Nummer sicher gehen«) wurden überraschenderweise von Lord Curzon angeführt. Milner dagegen leitete das Lager der »Ditcher«, die bereit waren, bis zum bitteren Ende in ihrem Graben (englisch »ditch«) auszuharren.

Leidenschaftlich kämpfte Milner dafür, »so viele Peers wie möglich dazu zu bringen, gegen eine Kapitulation zu stimmen«.[47] Letztlich wurde der Wandel mit 131 Jastimmen und 114 Neinstimmen angenommen. Die Geheime Elite musste den König vor der Peinlichkeit bewahren, erst Hunderte neuer Adliger zu berufen, um die Abstimmung in die gewünschte Richtung zu lenken. Außerdem hatte sie keine Lust, 250 »bessere Fleischer« in ihren Privatkammern sehen zu müssen.[48]

Die Parlamentsreform von 1911 galt als großer Sieg der Liberalen und als peinliche Niederlage für Konservative und Oberhaus. Als Sündenbock wurde

Balfour auserkoren. Das *National Review* attackierte ihn in einem Artikel mit der Überschrift »Balfour muss abdanken«, und Balfour nahm die Schuld auf sich. Die Führung der *Tories* ging an Andrew Bonar Law über.[49]

Und worin bestand nun dieser große Sieg? War das Oberhaus entmachtet worden? War dem System des Erbadels der Garaus gemacht worden? War die Macht der Aristokratie drastisch beschnitten worden? Nichts davon. Das Oberhaus war auch weiterhin eine Bastion der konservativen Peers, brachte Gesetze ein, die den eigenen Zielen dienten, und sperrte sich gegen Sozialreformen.

Dennoch: Mit David Lloyd George verfügte die Geheime Elite nun über einen weiteren wichtigen Aktivposten in Asquiths Kabinett. Nachdem er unter Beweis gestellt hatte, dass er bereit war, den Weg des Geheimbundes mitzugehen, standen dem ehemaligen Aufwiegler aus Wales noch viel, viel größere Aufgaben bevor. Er wusste sehr wohl, nach wessen Pfeife er zu tanzen hatte, und er nahm es in Kauf, solange er persönlich davon profitierte und ihm der Luxus und der Komfort erhalten blieben, an die er sich so gewöhnt hatte. Sein Stern war weiter im Aufstieg begriffen, aber die Umlaufbahn hatte sich drastisch verschoben.

Zusammenfassung von Kapitel 12: Der aufsteigende Stern

- In ganz Europa, in Großbritannien und im Empire suchte sich die Geheime Elite Politiker und Diplomaten, die sie nach ihrem Willen formen konnte.
- Auf den ersten Blick schien Lloyd George wie kein anderer britischer Politiker ungeeignet dafür, unter den Einfluss der Geheimen Elite zu geraten. Er wetterte gegen den Krieg, legte sich mit der Aristokratie an und gerierte sich als Mann des Volkes.
- Seine Arbeit als Handelsminister (ab 1906) weckte aufgrund seiner Bereitschaft, auf die Wünsche des Big Business einzugehen, die Aufmerksamkeit der Geheimen Elite.
- Lloyd George lebte gern in Saus und Braus und hatte einen unersättlichen sexuellen Appetit. Das machte ihn verwundbar. Hätte sie es gewollt, hätte die Geheime Elite mehrfach die Gelegenheit gehabt, Lloyd George zu vernichten. Stattdessen schützte sie seinen Ruf, verteidigte ihn gegen kompromittierende Vorwürfe und rettete seine Karriere.
- Sein Haushaltsentwurf von 1909 wurde als großer Schritt für die Sozialreformen gefeiert, kaschierte jedoch die Tatsache, dass die Hälfte der Einnahmen in die Vorarbeiten für einen Krieg mit Deutschland fließen sollte.
- Das Oberhaus kippte den Gesetzentwurf. Es kam zu einer Verfassungskrise, die im Januar 1910 in Wahlen mündete.
- Nach dem Tod von König Edward VII. brachte die Geheime Elite die Idee einer Regierungskoalition ins Spiel. Dies hätte bedeutet, dass sie all ihre wichtigen

politischen Agenten aus beiden großen Parteien unter einem Dach versammelt hätte.

- Lloyd George erarbeitete ein Memorandum, das seinen »Prinzipien« völlig zuwiderlief. Er legte eine erstaunliche Bereitschaft an den Tag, die Ziele der Geheimen Elite voranzutreiben. Zu seinen Vorschlägen zählten viele Vorstellungen der Tafelrunde zu Verteidigungsfragen, zum Empire, zum Handel und zum Militärdienst. Auf dieser Grundlage sollte eine Regierungskoalition gebildet werden.
- Die Pläne verliefen jedoch im Nichts. Im Dezember 1910 wurde erneut gewählt, ohne dass sich klare Mehrheiten herausbildeten.
- Eines hatte sich allerdings geändert: David Lloyd George war nun fest in der Hand der Geheimen Elite.

13

Marokkanische Märchen – Fes und Agadir

DER SOMMER DES JAHRES 1911 war glühend heiß. Und während sich die Spannungen zwischen der Regierung Asquith und dem Oberhaus auf ihrem Höhepunkt befanden, führte die Geheime Elite Europa an den Rand eines Krieges. Dazu löste sie vorsätzlich eine zweite Marokko-Krise aus.

Der Einfluss der Geheimen Elite auf die französische Politik hatte eine neue Phase erreicht: Théophile Delcassé kehrte ins Kabinett zurück, Alexander Iswolski vollzog einen strategischen Wechsel von Sankt Petersburg nach Paris. Nur wenige Wochen später ging Frankreich in Marokko wieder aggressiv vor und nutzte einen Vorwand, um eine größere militärische Truppe in Marsch zu setzen. Als diese zur Besatzungstruppe wurde, erhob Deutschland Einspruch. Es war praktisch eine Neuauflage von 1905.

Die Geheime Elite konterte mit dem Ammenmärchen, das Deutsche Reich wolle an der nordafrikanischen Küste einen Marinestützpunkt errichten, um daraufhin die Schifffahrtslinien zu bedrohen. Dieses Lügengeflecht löste einen internationalen Sturm aus, und erneut machten Gerüchte über Krieg die Runde.

Im Rahmen der sogenannten Algeciras-Akte von 1906 waren Marokkos Integrität und Unabhängigkeit feierlich beschworen worden, aber im Anschluss hatten es Bankiers, Konzessionsjäger, Landräuber und Spekulanten geschafft, dem Land durch Geheimabsprachen langsam, aber sicher die Luft abzuschnüren. Systematisch beschnitten die Franzosen die Macht des Sultans und raubten ihm seinen Wohlstand. Die Briten waren stets informiert und ermutigten Paris zu diesem Vorgehen.

Marokko war den internationalen Kreditinstituten gegenüber stark verpflichtet. Marokkos Zolleinnahmen beispielsweise waren in voller Höhe belastet, damit das Land seinen europäischen Anleihegläubigern die Zinsen auf zwei große Darlehen zurückzahlen konnte. Für ein Darlehen von 1904 beliefen sich die Zinsen auf unglaubliche 60 Prozent, bei einem Kredit aus dem Jahr 1910 waren es noch 40 Prozent.[1] Marokko wurde wie die meisten anderen afrikanischen Länder von den internationalen Ausbeutern ausgeblutet.

Mit der Akte waren die marokkanischen Stämme der gemeinsamen Rechtsprechung französischer und spanischer Polizeieinheiten unterstellt worden, und diese waren nur zu gern bereit, jeden Widerstand im Keim zu ersticken. Speziell die Franzosen gingen mit hoher Brutalität vor. Als im Juli 1907 europäische Arbeiter für den Bau eines neuen Hafens aus einem Friedhof in Casablanca Grabsteine entfernten, reagierten einheimische Stammesangehörige gewaltsam, woraufhin französische Schlachtschiffe die Stadt beschossen. Fast jeder Einwohner wurde getötet oder verwundet, die Zahl der Toten belief sich auf Tausende.[2]

Es war eine gehässige Rache und eine absolute Überreaktion auf den Mord an neun europäischen Arbeitern, darunter drei Franzosen. Frankreich nutzte die Gelegenheit, um seine »imperiale« Kontrolle zu bekräftigen. 15 000 Mann wurden entsandt, um sofort und hart durchzugreifen. Die Schawia-Stämme mussten zweieinhalb Millionen Francs Bußgeld bezahlen, weil sie »Krieg geführt hatten« gegen Frankreich – gemeint war die Ermordung der drei französischen Arbeiter.[3]

Frankreichs Vergeltung war furchtbar. Die französischen Truppen besetzten Casablanca und die umliegenden Gebiete. Und natürlich ließen sich die Franzosen von der Regierung Marokkos die Kosten ersetzen, die ihnen durch den Beschuss der Stadt und die Vergeltungsmaßnahmen entstanden waren – zwölf Millionen Dollar.[4]

Weltweit kursierten Lügen über die Vorfälle in Casablanca. Dass neun ausländische Arbeiter, die einen muslimischen Friedhof entweiht hatten, ermordet worden waren, machte als »Massaker in Marokko« Schlagzeilen.[5] Die *Daily Mail* beschwor das Schreckgespenst eines heraufziehenden Heiligen Krieges und behauptete, das »Massaker« sei »vorsätzlich und organisiert« erfolgt.[6]

Keine drei Wochen waren vergangen, als die Franzosen forderten, dass die marokkanischen Häfen »in der Hand der Zivilisation« bleiben müssten.[7] Über die exzessive Gewalt, die die Franzosen bei ihrer Reaktion an den Tag gelegt hatten, wurde kaum ein Wort verloren. Die *New York Times* meldete, neutrale Beobachter hätten den Eindruck, die Franzosen wollten sich dauerhaft in Casablanca niederlassen: »Sie wiederholen die Geschichte der Amerikaner in Kuba und auf den Philippinen, der Franzosen in Indochina und der Engländer in Ägypten. Sie alle begannen damit, die Einheimischen zu bekriegen, und endeten damit, dass ihnen das Land gehörte.«[8] Wie recht die »neutralen Beobachter« doch hatten.

Zwischen 1906 und 1911 hatte Frankreichs Abgeordnetenkammer in neun Fällen mit großer Mehrheit die Algeciras-Akte bekräftigt und erklärt, man werde sich nicht in die inneren Angelegenheiten Marokkos einmischen. Genau wie die britischen Parlamentarier tappten auch die französischen Amtskollegen völlig im Dunkeln und wussten nichts von den Geheimabsprachen. Sie waren überzeugt, dass sie Frankreichs Außenpolitik vorgaben, aber in Wahrheit wurde die Politik von »Drahtziehern hinter den Kulissen« bestimmt, wie der britische Abgeordnete und Journalist Edmund Dene Morel enthüllt hat.[9]

Oberster »Drahtzieher« für die Geheime Elite in Frankreich war das Stehaufmännchen Théophile Delcassé, der Anfang März 1911 als Marineminister ins französische Kabinett zurückkehrte. Das war eine größere Tragödie, als es sich irgendjemand hätte vorstellen können. Der Mann, der Frankreich während der ersten Marokko-Krise an den Rand des Krieges mit Deutschland geführt hatte, war nun wieder in einer Machtposition – und noch dazu verantwortlich für die französische Kriegsmarine!

Delcassé, dieses »Werkzeug« des verstorbenen Königs Edward VII., hatte zwar offiziell nichts mit der Außenpolitik zu tun, aber der belgische Botschafter Baron Greindl hielt ihn für »viel zu ehrgeizig und rastlos, als dass er nicht versuchen würde, seinen Kollegen seine Ideen aufzuzwingen. Es schien fast so, als sei er dazu eingeladen worden …«[10] Von wem? Wessen Einfluss wurde genutzt, um den Revanchisten wieder in Amt und Würden zu bringen?

Der Einfluss von Delcassé war sofort zu spüren. Botschafter Greindl fiel auf, dass der Präsident des französischen Senats offener als seit Jahren über »Revanche« zu reden begann. Und Frankreichs Medien fanden jeden Tag den einen oder anderen Grund, sich über das Kaiserreich zu beschweren. Kaum übte Delcassé wieder ein öffentliches Amt aus, setzte Frankreich in Marokko auf eine Politik der Aggression. Zufall war das nicht.

Dass Alexander Iswolski als neuer russischer Botschafter in Paris auftauchte, war ebenfalls kein Zufall. Iswolski, der 1908 auf dem Balkan gezündelt hatte und von der russischen Herrschaft über Konstantinopel träumte, tat sich mit Delcassé zusammen, dessen Lebensaufgabe es war, Elsass-Lothringen für Frankreich zurückzugewinnen. Beide waren untrennbar mit der Geheimen Elite verbunden.

Iswolski meinte, den Krieg gegen das Deutsche Reich könne er von Paris aus effektiver in die Wege leiten als aus dem Außenministerium in Sankt Petersburg.[11] Delcassé war gerade den zweiten Tag wieder Minister, als er Iswolski kennenlernte, der ihn als »herausragendstes Mitglied des Kabinetts« bezeichnete. Delcassé sehe seine Hauptaufgabe darin, »eine starke Flotte bereitzustellen. Er wird dafür sorgen, dass das Kabinett mit Blick auf die Armee seine Anstrengungen verdoppelt.«[12]

Offiziell war Delcassé Marineminister, aber seine starke und dominante Persönlichkeit überwältigte den französischen Außenminister Jean Cruppi, der »bar jedweder diplomatischen Erfahrung« war.[13] Delcassé war zurück, und er meinte es ernst.

Die Unzufriedenheit der Marokkaner fand im Frühjahr 1911 ihren Höhepunkt, als die Franzosen öffentlich marokkanische Deserteure hinrichteten. In Fes sei es zu einer Revolte gekommen, hieß es. Frankreich verbreitete beunruhigende Nachrichten, denen zufolge das Leben von Europäern in der nahezu unzugänglichen marokkanischen Hauptstadt gefährdet seien.[14] Übertrieben berichteten die Medien in Frankreich und Großbritannien davon, dass die gesamte europäische Kolonie von Furcht und Sorge erfüllt sei und welches Schicksal Frauen und Kindern drohen könnte. Die Rebellen hätten um Fes einen Ring aus »Eisen und Flammen« gezogen.[15] Es handle sich um eine internationale Krise, es drohe Krieg, hieß es. Es las sich wie ein französisches Mafeking. [Anm. d. Übers.: Ort in Südafrika, der heute Mahikeng heißt und in dem während des Burenkriegs bei einer monatelangen Belagerung über 200 Menschen starben.]

Frankreich setzte ein großes Truppenkontingent in Marsch, vorgeblich, um Gräueltaten an Zivilisten zu verhindern. Am 5. April informierte Jules Cambon, der französische Botschafter in Berlin, die deutsche Regierung darüber, dass die Strafexpedition zur Rettung der Europäer es erforderlich mache, den Hafen von Rabat zu besetzen, bevor man ins Landesinnere vordringe. Frankreich werde die Algeciras-Akte respektieren und die Truppen abziehen, sobald die Ordnung wiederhergestellt sei, so Cambon.[16]

Anfang Mai erreichte General Charles Moinier die marokkanische Hauptstadt. Es herrschte vorbildliche Ruhe in der Stadt, die Europäer waren absolut unbehelligt geblieben.[17] Die Rebellen und ihr Ring aus »Eisen und Feuer« hatten sich offenbar wie der Morgentau unter der Wüstensonne in Luft aufgelöst. Das so geschickt heraufbeschworene Schreckgespenst war verschwunden. Wie sich zeigen sollte, war die ganze Geschichte mit unaufrichtigen Hintergedanken erfunden worden.[18]

Am 2. Mai richtete John Dillon, Anführer der irischen Parlamentarier, im Unterhaus eine Anfrage an den Außenminister: Hatte die Regierung von ihren Agenten in Marokko Berichte erhalten, denen zufolge Europäer in Fes in Gefahr seien oder an der Flucht aus Fes gehindert worden seien? Und hatte die britische Regierung Informationen darüber, ob der Sultan von Marokko dem Vormarsch der europäischen Truppen auf Fes zugestimmt hatte?[19]

Sir Edward Grey wich einer direkten Antwort aus und flüchtete sich in Erklärungen, wonach die Verantwortung für Informationen über Fes komplett auf einem mündlichen Bericht der französischen Regierung beruhte. Keir Hardie schloss sich dem Kreuzverhör an und fragte nach einem internationalen Syndikat, das die Kontrolle über Marokkos Bodenschätze an sich reißen wollte.[20] Diese Frage ignorierte Grey und ließ sie schlicht unbeantwortet.

Er wusste, dass in Fes gerade einmal zehn britische Bürger lebten, darunter sechs Frauen und zwei Kinder.[21] Er wusste, dass es keine nennenswerte europäische Kolonie in der marokkanischen Hauptstadt gab. Und genauso wusste er auch, dass keine marokkanischen Übergriffe auf Europäer stattgefunden hatten.

Dass die Geheime Elite Frankreich zu einem Einfall in Marokko anstachelte, hing einzig damit zusammen, dass man eine deutsche Reaktion auslösen wollte, um so die gewünschte internationale Krise zu erhalten. Gab es eine bessere Methode dafür, als unter dem Vorwand, Europäer aus einer fiktiven Krise zu retten, ebenjene Schürfrechte zu gefährden, die der Sultan einem deutschen

Unternehmen zugesprochen hatte und die den Interessen der französischen *Union des Mines Marocaines* zuwiderliefen?[22]

Langsam wurde die tatsächliche Situation vor Ort bekannt, aber Grey log unbeirrt weiter. In seinen Memoiren gab er an, dass Fes sehr wohl in Gefahr gewesen war und dass Frankreich sich deswegen gezwungen sah, Truppen zu schicken – um »die Lage zu beruhigen und eine Katastrophe abzuwenden«.[23] Baron Greindl unterdessen telegrafierte am 10. Mai nach Brüssel:

> *Seit der Algeciras-Akte … haben die Franzosen Schritt für Schritt von allem Besitz ergriffen, haben Kapital aus Zwischenfällen gezogen, die zwangsläufig vorkommen, und haben, wenn nötig, andere Öffnungen geschaffen … Kann die Expedition nun als etwas anderes als ein weiterer Akt derselben Farce betrachtet werden? Sultan Mulai Abd al-Hafiz hat seine unstabile Kontrolle über seine Untertanen bereits eingebüßt, weil er sich fügen musste und zum reinen Werkzeug in den Händen Frankreichs wurde.*[24]

Der aufmerksame belgische Diplomat traf mit seiner Einschätzung den Nagel auf den Kopf. Für Frankreich war die Vereinbarung von Algeciras nur ein Fetzen Papier. Paris arbeitete weiter daran, Marokko durch direkte militärische Aktionen und schrittweise Okkupation in Beschlag zu nehmen. Die französische Regierung säte Zwietracht und nahm der marokkanischen Regierung die Einnahmequellen. Jeder Schritt der Franzosen fand die Zustimmung der Geheimen Elite, und so rückte Europa Schritt für Schritt dichter an den Abgrund. Baron Greindl schrieb:

> *Am interessantesten ist die Nachsicht, mit der die deutsche Regierung so tut, als würde sie die Eroberung Marokkos ignorieren. Die Regierung hat die Wahl: Sie kann so tun, als würde sie wegsehen, oder sie wählt den Krieg. Das will der Kaiser nicht und das würde von der öffentlichen Meinung in Deutschland nicht gutgeheißen.*[25]

Deutschland ging die Kriegslust völlig ab. Die lauten Forderungen, es müsse endlich etwas geschehen, die unverhohlenen Überreaktionen … all das gab es nur auf einer Seite. Tatsächlich begrüßte Kaiser Wilhelm II. zunächst das französische Eingreifen, glaubte er doch, in Fes stünden Menschenleben auf dem Spiel.[26]

Doch Ende Juni war alles Land zwischen Hauptstadt und Küste von französischen Truppen besetzt.[27] Als deutlich wurde, dass die Franzosen keineswegs die Absicht hatten, aus Fes abzuziehen, näherte sich die Geduld des Deutschen Reiches ihrem Ende. Berlin beschwerte sich, dass Frankreich sämtlichen Zusagen zum Trotz die Algeciras-Akte ignoriere und deutsche Interessen mit Geringschätzung und Missachtung behandle. Ein symbolischer Protest war vonnöten.

Am 1. Juli wurde ein deutsches Kriegsschiff umgeleitet, das auf dem Rückweg aus dem Süden Afrikas war. Es lief Agadir an, eine bis dahin völlig unbekannte Stadt an der marokkanischen Atlantikküste. Die *Panther* war ein Kanonenboot von 1000 Tonnen und 125 Mann Besatzung, bewaffnet mit zwei 10,5-Zentimeter-Schnellfeuergeschützen und sechs Maschinenkanonen.

Während die französische Marine vor Casablanca wahllos Zerstörungen angerichtet hatte, ankerte das kleine deutsche Kanonenboot vor der Küste, feuerte keine Schüsse ab und landete auch keine Truppen an.[28] Dennoch war es die *Panther*, die den Hass auf sich zog.

Gleichzeitig legte das Kaiserreich der französischen Regierung eine diplomatische Note vor, die festhielt, dass die Besetzung von Fes im Widerspruch zur Algeciras-Akte, zum Respekt für die Souveränität des Sultans und zur Integrität Marokkos stehe. Berlin sei bereit, eine Lösung der Marokko-Frage zu diskutieren, und willens, sich sämtliche vernünftigen Vorschläge anzuhören. Deutschland machte sehr deutlich, dass man von Frankreich nichts Außergewöhnliches verlangen werde und dass man weder Soldaten in Agadir abgesetzt habe noch entsprechende Absichten hege.[29] Das Deutsche Reich war an Klärung und Entschädigung interessiert, nicht an Krieg.

Daraufhin brach in der britischen Presse eine Welle der Empörung und des Deutschlandhasses los, obwohl Großbritannien überhaupt kein territoriales Interesse an Marokko hatte. Winston Churchill vertrat die Auffassung, die *Panther* sei Teil eines ungelegen kommenden Versuchs der Deutschen, in Agadir einen Flottenstützpunkt anzulegen, von dem aus man die alliierten Schifffahrtsverbindungen zu den Kanaren und nach Südafrika bedrohen könne.[30] Eine absurde These, nicht zuletzt auch, weil die Küste vor Agadir über keinen Tiefseehafen verfügte.[31]

Sir Edward Grey sollte später die alte Kamelle wieder ausgraben, dass der Zwischenfall, der als »Panthersprung nach Agadir« bekannt wurde, ein weiterer deutscher Versuch gewesen sei, die *Entente cordiale* zu untergraben und einen Krieg mit Frankreich auszulösen.[32]

»Gift und Galle« spien die Kriegstreiber in Richtung Deutschland.[33] Edward Grey drängte den französischen Premier zu einer aggressiveren Haltung – die durchaus einen Krieg hätte nach sich ziehen können, wenn er dem Rat gefolgt wäre.[34] Den Gipfel der Ironie lieferte wohl Sir Arthur Nicolson, seit 1910 Ministerialrat im *Foreign Office*. Er beschwerte sich beim deutschen Botschafter, dass das Kaiserreich gegen die Algeciras-Akte verstoße, wenn es die *Panther* vor Agadir ankern lasse. Dass bereits 100 000 Soldaten aus Frankreich und Spanien in Marokko standen, ließ er unkommentiert.

Am 20. Juli warnte die *Times*, Deutschland beanspruche »die absolute Vorherrschaft in Europa«.[35] Grey persönlich warf Deutschland vor, »eine neue Situation« geschaffen zu haben.[36] Seinen Memoiren zufolge entsandte Deutschland das

Kanonenboot »plötzlich« nach Agadir, nachdem die französischen Truppen in Fes einmarschiert waren, aber in Wahrheit hatte Deutschland fast zwei Monate abgewartet und sein Bestes gegeben, die Lage auf diplomatischem Weg zu klären.[37]

SOLID.

GERMANY. "DONNERWETTER! IT'S ROCK. I THOUGHT IT WAS GOING TO BE PAPER."

Wie die britische und die französische Presse die Agadir-Krise nutzten, um den Kaiser mit Spott zu überziehen. (Abdruck mit freundlicher Genehmigung von Punch Ltd, www.punch.co.uk*)*

Und trotzdem schrieb im Jahr 2003 Sir Hew Strachan, emeritierter Professor für Kriegsgeschichte an der Universität Oxford und Fellow des *All Souls College*:

> *Was ein französisch-deutscher Disput über koloniale Ziele gewesen war, gedacht dazu, auf diplomatischem Weg gelöst zu werden, wurde nun für Großbritannien zu einem Thema von zentralem nationalem Interesse. Deutschland hatte über seine unmittelbar angrenzenden geografischen Gewässer hinaus maritime Stärke gezeigt. Das war für die größte Marine der Welt eine direkte Bedrohung.*[38]

Was für eine lachhafte Aussage: Ein kleines deutsches Kanonenboot mit 125 Mann Besatzung sollte eine »direkte Bedrohung der größten Marine der Welt« und seine Anwesenheit vor Marokko ein »Thema von zentralem nationalem Interesse für Großbritannien« gewesen sein?!

Sechs Tage bevor die *Panther* in den Gewässern vor Agadir vor Anker ging, hatte in Spithead eine Flottenparade der versammelten britischen Kriegsmarine stattgefunden: 167 Kriegsschiffe mit einer Gesamttonnage von über einer Million, über 60 000 Offiziere und Matrosen – die größte Flottenansammlung, die es bis dahin gegeben hatte, 45 Quadratkilometer voll Kriegsgerät, arrangiert in fünf langen Reihen, die kleineren Reihen aufgefüllt mit Zerstörern, Unterseebooten und Torpedobooten, stand bereit, um vom König an Bord der Staatsyacht *Victoria and Albert* abgenommen zu werden.[39] Die *Panther* brachte es auf gerade einmal 1000 Tonnen, selbst die königliche Yacht war fünfmal größer. Im Licht der historischen Realitäten betrachtet ist Strachans Aussage schlichtweg absurd.

Wie so viele seiner Zeitgenossen erwähnt auch Strachan die Geheimverträge nicht, in denen die Aufteilung Marokkos geregelt ist. Der amerikanische Autor Frederick Bausman schrieb: »Es ist ein guter Test für Autoren, die über die Ursachen des Krieges diskutieren: Wie gehen sie mit dem Geheimvertrag von 1904 um? Lassen sie ihn weg oder gehen nicht vernünftig auf die Geheimklauseln des Abkommens ein, ist zur Vorsicht zu raten.«[40] Ein guter Rat.

Inmitten der diplomatischen Gespräche zwischen Deutschland und Frankreich setzte die *Times* ihr Sperrfeuer der Proteste fort. Ihre Leitartikel und ihre Berichte aus Paris strotzten vor verbaler Gewalt. Am 20. Juli schrieb die Zeitung, das Deutsche Reich stelle Frankreich empörende »Forderungen«, die keine britische Regierung dulden würde, »selbst wenn die französische Regierung debil genug sein sollte, es zu tun!« Frankreichs neuer Ministerpräsident Joseph Caillaux stand unter enormem Druck, den Deutschen bloß keine Zugeständnisse zu machen.[41] Die *Times* forderte, britische Kriegsschiffe nach Agadir zu entsenden. Die Geheime Elite nutzte alle möglichen Kanäle, um für einen Krieg gegen Deutschland zu werben. Am Tag nach dem *Times*-Artikel bestellte Sir Edward Grey den deutschen Botschafter ein und betete im selben Ton wie die *Times* noch einmal die »Fakten« herunter. Er deutete an, dass Großbritannien möglicherweise handeln müsse, um seine Interessen zu schützen.[42]

Am selben Abend sollte der Schatzkanzler auf dem *Bankers' Dinner* sprechen, einem Bankett, das in Mansion House abgehalten wurde, dem Amtssitz des Lord Mayor of London. Bevor er sich auf den Weg nach Mansion House machte, suchte Lloyd George noch einmal den Premierminister auf, um sich grünes Licht für die Ausrichtung seiner Rede geben zu lassen. Wie Lloyd George es schilderte, rief der Premier umgehend Sir Edward Grey hinzu, »um dessen Einschätzung zu erfragen und seine Zustimmung einzuholen«.[43]

Nun war es ungewöhnlich, dass Minister wichtige Reden zu Themen halten, die außerhalb ihres normalen Verantwortungsbereichs liegen, aber Lloyd George war eigentlich nicht dafür bekannt, erst bei jemandem um Erlaubnis zu bitten, bevor er seine Meinung äußerte. Dieser Umstand spiegelte also nicht sein normales Verhalten wider. Doch hier war er, im Konferenzraum des Kabinetts, zusammen mit Asquith und Grey, und studierte eine Hymne ein, die aus dem liberal-imperialistischen Hymnenbuch stammte und nicht seinen nonkonformistischen Ursprüngen entsprang.

In der Schwemme von Interventionen, Protesten und Gegenforderungen sticht dieser Fall besonders hervor. Es war ein Augenblick von großer Bedeutsamkeit: David Lloyd George gab die grundlegende Überzeugung auf, auf der sein goldener Ruf beruht hatte. Der Mann des Volkes, der Mann, der vor allem für Frieden und eine Senkung der Militärausgaben stand, der Mann, der die Konservative Partei während des Schlamassels des Burenkriegs scharf angegangen war – dieser Mann streifte das Gewand des Pazifismus ab und schloss sich den apokalyptischen Reitern an. Mit sorgfältig abgewogenen Worten warnte er:

> *Ich wäre bereit, große Opfer zu bringen, um den Frieden zu bewahren ... aber sollte uns eine Situation aufgezwungen werden, in der der Frieden nur bewahrt werden kann, indem Großbritannien die große und wohltätige Position fahren lässt, die das Land durch Jahrhunderte des Heroismus und der Leistung gewonnen hat ... indem man zuließe, dass mit Großbritannien, obwohl seine Interessen unmittelbar betroffen sind, umgesprungen wird, als sei es innerhalb des Kabinetts der Nationen nicht von Belang, dann sage ich mit Nachdruck, dass Frieden um diesen Preis eine Demütigung wäre, die eine große Nation wie die unsere nicht ertragen könnte. Nationale Ehre ist keine Frage der Parteizugehörigkeit. Die Sicherheit unseres großen internationalen Handels ist keine Frage der Parteizugehörigkeit. Die Sicherung des Weltfriedens lässt sich wahrscheinlicher erreichen, wenn sämtlichen Nationen bewusst wird, welcher Art die Bedingungen für einen Frieden zu sein haben ...*[44]

Lloyd Georges Worte hallten in ganz Europa nach. Die Männer, die Saulus nach Damaskus begleitet haben, dürften kaum weniger überrascht gewesen sein. Auf den ersten Blick wirken die Aussagen von Lloyd George sehr mild, aber er hatte eine Linie überschritten und war auf die dunkle Seite gewechselt. »Die Sicherheit unseres großen internationalen Handels ist keine Frage der Parteizugehörigkeit ...«

Was meinte er damit? Wie konnte ein Kanonenboot vor der marokkanischen Küste die Sicherheit der britischen Handelswege bedrohen? Es war alles Unfug, eine Luftnummer, aber Lloyd George redete einen Sturm des Protests herbei. Was war das für eine Situation, die Großbritannien aufgezwungen wurde und es notwendig machte, die durch heldenhafte Leistungen über Jahrhunderte erarbeitete Position aufgeben zu müssen? Wovon redete er da? Was man da hörte, war imperialistische Rhetorik in Reinform – und das von Lloyd George!

In seinen Memoiren schreibt Sir Edward Grey bezeichnenderweise: »… die Worte enthalten nichts, über das sich Deutschland zu Recht ärgern könnte.«[45] Deutschland! Natürlich zielten die Worte auf Deutschland ab, es war eine düstere Warnung vom ehemaligen Vorkämpfer für den Frieden.

Dass das Kanonenboot *Panther* vor Agadir ankerte, rechtfertigte nichts von dem, was Lloyd George gesagt hatte. Ein ranghohes britisches Kabinettsmitglied stieß ernste, wenn auch verklausulierte Drohungen in Richtung Deutschland aus, wohl wissend, dass Deutschland sich darüber echauffieren würde. Aus Deutschland eine gefährliche Reaktion herauszukitzeln, genau darum ging es hier, um nichts anderes. Der französische Botschafter in London, Paul Cambon, räumte später ganz offen gegenüber Lloyd George ein: »Es war Ihre Rede vom Juli 1911, die uns die Gewissheit gab, dass wir auf England würden zählen können.«[46]

Die Geheime Elite wollte den Krieg und bereitete sich darauf vor. Falls es sich so einrichten ließ, dass der Krieg im Juli oder August 1911 ausbrach, hätte er die Debatten über die verhasste Parlamentsreform zum Erliegen gebracht. Die Verfassungskrise würde sofort durch die Krise eines Krieges in Europa an den Rand gedrängt. Marine und Heer intensivierten ihre Vorbereitungen. Heeresoffiziere wurden aus dem Urlaub zurückgerufen, für die Kavallerie zusätzliche Pferde geordert, das Nordsee-Geschwader in den Kriegszustand versetzt.[47]

Am Morgen nach der Rede im Mansion House druckte die *Times* die aufrührerischen Worte Lloyd Georges gleich zweimal ab, mit Betonungen und Anmerkungen.[48] Sie bejubelte seine »entschlossenen und staatsmännischen« Verweise auf Deutschland und stellte ihn als Retter des Landes dar. Er habe die »wahren Ansprüche Deutschlands« offengelegt, das sei nicht zum Schaden Europas.

Der Leitartikel in der *Times* war deshalb so wichtig, weil er im restlichen Europa völlig zu Recht dahingehend interpretiert wurde, dass er nur wiedergab, was die Meinungsmacher im *Foreign Office* dachten. In den britischen Zeitungen und Magazinen brach eine wütende Kampagne los, die drei Monate lang toben sollte. Deutschland protestierte scharf gegen die Anschuldigungen und die »Wahnvorstellung«, dass man erwäge, in Agadir einen Flottenstützpunkt zu errichten. Die deutsche Beschwerdenote an Sir Edward Grey endete mit: »Sollte die englische Regierung beabsichtigt haben, die politische Situation zu verkomplizieren und in Richtung einer Explosion anzufachen, hätte sie gewiss keinen besseren Weg wählen können als die Rede des Schatzkanzlers.«[49]

Die gesamte Marokko-Krise war nichts anderes als der Versuch, Deutschland zu kriegerischen Handlungen zu verleiten. Das überrascht nicht. Aber dass sich Lloyd George als Sprachrohr der Geheimen Elite missbrauchen ließ, um den Hass auf Deutschland anzufachen, war für die meisten Beobachter in der Tat verblüffend. War dies der Augenblick, auf den sorgfältig hingesteuert worden war? War der »Sinneswandel« eine Anzahlung auf die Schulden, die er bei der Geheimen Elite hatte, seit diese 1909 seine Karriere gerettet hatte? Wäre es

1911 tatsächlich zum Krieg gekommen, hätte Lloyd George sich als der Mann des Volkes präsentiert, der noch versucht hatte, Deutschland zu warnen. Mit jedem Tag, der verstrich, rückte Lloyd George näher an die »Drei von Relugas« heran. Charles Hobhouse jedenfalls registrierte im Kabinett eine deutlich engere Beziehung zwischen Lloyd George und Sir Edward Grey.[50]

In den innersten Kreisen der wahren Macht war Lloyd George nicht das einzige neue Gesicht. Winston Churchill wurde ebenso wie er still und heimlich in den Unterausschuss des CID aufgenommen, der die gemeinsamen Kriegsvorbereitungen von Briten und Franzosen steuerte. Das verdeutlicht, welches Renommee sie innerhalb der Geheimen Elite genossen.

Asquith wartete, bis das Parlament in die Sommerpause gegangen und Minister und Hinterbänkler aus der schwülwarmen Hauptstadt geflohen waren, bevor er beide Männer zu einem geheimen Kriegsrat einbestellte. Das war ein beispielloser Akt – es handelte sich um ein »War Briefing«, einen Lagebericht zur Kriegsentwicklung. Manch einem hätten allein schon beim Anblick dieser illustren Runde die Knie geschlottert, denn anwesend waren General Henry Wilson, Leiter für militärische Operationen, Admiral Arthur Wilson, Nachfolger von Jacky Fisher als Erster Seelord, der Premierminister, der Außenminister, der Erste Lord der Admiralität und der Kriegsminister. Nicht so Churchill und Lloyd George. Beide waren diese Kollegen schon häufig genug im Kabinett angegangen, hatten geplante Ausgaben für Heer und Marine und die Kosten für die Neuordnung der Streitkräfte hinterfragt.

Beide hatten bislang keine Ahnung davon, was hinter den verschlossenen Türen von Kriegsministerium und *Foreign Office* geschah, aber am 23. August 1911 wurde es für nötig erachtet, die beiden ins Vertrauen zu ziehen.[51] Man vertraute ihnen, dass sie die Sache des Empire weiter vorantreiben würden. Dieses Treffen war ihre Initiierung in eine geheime Bruderschaft, die wusste, dass sich Großbritannien für einen Krieg mit dem Deutschen Reich rüstete. Im Grunde blieb nur eine einzige Frage offen: War der rechte Zeitpunkt dafür gekommen?

Die Besprechung dauerte den ganzen Tag. Große Landkarten wurden entrollt und die Einzelheiten des Schlieffen-Plans mit erstaunlicher Genauigkeit dargelegt. General Wilson (der spätere Feldmarschall) war ein hingebungsvoller und weitsichtiger Soldat, der seit 1906 an einem einzigen Projekt gearbeitet hatte: an der Seite Frankreichs gegen Deutschland zu kämpfen. Er kannte den französischen Generalstab und die Eigenheiten der französischen Armee. Regelmäßig wurden ihm vom Festland vertrauliche Informationen zugespielt. In seinem Büro hing eine gewaltige Karte von Belgien, auf dem er jede Straße, jeden Kilometerstein, jeden Eisenbahnknotenpunkt, jeden Fluss und jeden Kanal eingetragen hatte, der ihm auf seinen Aufklärungsreisen durch Belgien untergekommen war.

Es sollte also in Belgien beginnen. Volle drei Jahre vor dem eigentlichen Ereignis wurde dem *Committee of Imperial Defence* präzise dargelegt, wie der Krieg von 1914 beginnen würde. Die Aussicht auf einen Krieg begeisterte Churchill sehr. In seiner typischen Arroganz schickte er dem CID ein Memorandum darüber zu, wie seiner Meinung nach die ersten 40 Tage eines Kontinentalkriegs verlaufen würden. Seine Prognose sollte sich als erstaunlich akkurat erweisen.[52]

Die Präsentation, die der Erste Seelord Sir Arthur Wilson ablieferte, war dagegen blass und außerordentlich wenig beeindruckend. Die Admiralität hielt weiter unerschütterlich an Fishers Einschätzung fest, dass eine strenge Blockade der feindlichen Häfen viel effektiver sein würde als das Übersetzen einer Expeditionsstreitmacht. Wilson regte an, dass sich das Heer für Gegenschläge entlang der deutschen Küste bereithalten solle, um so Truppen von der Front abzuziehen.

Recht schnell zeigte sich, dass die Flotte nicht über einen fertig ausgearbeiteten Kriegsplan verfügte. Letztlich herrschte eine absolute Pattsituation zwischen Flotte und Heer. Der Gerechtigkeit halber muss gesagt werden, dass eine strenge Blockade des Ärmelkanals und der Nordseehäfen Deutschlands Fähigkeiten, längerfristig Krieg zu führen, massiv beeinträchtigt hätte, aber aufgrund anderer Aspekte kam eine derartige Strategie nicht infrage.

Haldane war erzürnt. Er hatte im Kriegsministerium großartige Arbeit bei der Neuordnung geleistet, aber allen Anwesenden war klar, dass Großbritannien Defizite aufweisen würde, käme es 1911 zum Krieg. Es gab keine gemeinsam vereinbarte Strategie für die verschiedenen Truppenteile.

Am *Committee of Imperial Defence* beteiligt sein zu dürfen weckte in Churchill einen Eifer, der wiederum seine Fantasie beflügelte. Es würde Krieg geben, und zwar schon bald! Er registrierte, was alles an Vorbereitungen für den Krieg getroffen wurde. Es stand fest, wann welches Bataillon wohin mit der Bahn fahren würde, ja sogar, »wo sie ihren Kaffee trinken würden«.[53] Alles war genauestens durchgeplant. Ein bevorstehender Eisenbahnstreik fiel schlagartig ins Wasser, nachdem Lloyd George den Eignern und den Arbeitnehmervertretern eine vertrauliche Botschaft hatte zukommen lassen. Für das Expeditionskorps wurden Tausende Landkarten von Nordfrankreich und Belgien gedruckt. Die Presse übte sich in Schweigen, denn alles musste vertraulich organisiert werden.

Churchill schrieb am 30. August einen ausführlichen Brief an Grey und Asquith, in dem er ihnen Empfehlungen gab »für den Fall, dass die Marokko-Verhandlungen fehlschlagen«. Er glaubte tatsächlich daran, dass es wegen Marokko zum Krieg kommen werde. Seine Empfehlung an Sir Edward Grey lautete:

> *Sagen Sie Belgien, dass wir bereitstehen, den Belgiern zu Hilfe zu eilen, wenn die belgische Neutralität verletzt wird. Und schließen Sie ein Bündnis mit Frankreich und Russland, das Belgiens Unabhängigkeit garantiert. Sagen Sie Belgien, wir werden alle militärischen Schritte ergreifen, die für diesen Zweck am sinnvollsten sind.*[54]

Und wieder brachten die Kriegsplaner Belgien ins Spiel. Belgiens Schicksal hatte stets darin bestanden, der Vorwand zu sein, aufgrund dessen man gegen Deutschland zu den Waffen griff. Winston Churchill hatte das Kriegsfieber gepackt, und einige wenige Tage im Spätsommer schien Krieg wahrscheinlich.

Doch Frankreichs radikaler Ministerpräsident Joseph Caillaux blieb ruhig. Er hatte seine Regierung Ende Juni aufgestellt und hielt dem Druck stand, den die Geheime Elite und ihre Männer – Grey in London und Delcassé in Paris – auf ihn ausübten. Caillaux war auf Versöhnung aus, weniger auf Krieg. Teil seiner sozialistischen Politik war es, eine Einkommensteuer einzuführen, den Wohnungsbau zu verbessern und die Eisenbahnen zu verstaatlichen.[55]

Im Juli begannen Verhandlungen zwischen Frankreich und Deutschland, die im November 1911 ihren Abschluss im Marokko-Kongo-Abkommen fanden. Frankreich bekam freie Hand in Marokko und gab dafür im Gegenzug eine »Garantie« ab, dass Deutschlands wirtschaftliche Interessen im Land respektiert würden. Deutschland wurde zudem eine territoriale Entschädigung in Französisch-Äquatorialafrika zugestanden. Wie üblich handelte es sich hier um einen Fall von Imperialisten, die den Kuchen unter sich aufteilen. Die Bewohner von Marokko und Neukamerun wurden nicht gefragt.

Im November 1911 veröffentlichten die Pariser Zeitungen *Le Temps* und *Le Matin* die Geheimartikel aus der *Entente cordiale* von 1904, denen zufolge Großbritannien zwar behauptete, Marokkos Unabhängigkeit und Integrität zu wahren, Frankreich und Spanien aber erlaubte, Raubbau mit dem Land zu betreiben. Die Fes-Krise war eine einzige Lüge. Die Abkommen von Algeciras und die Algeciras-Akte waren in böser Absicht geschlossen worden. Die ganze Empörung, mit der Deutschland überschüttet worden war, basierte auf einem Fundament aus Lügen. In der Dezember-Ausgabe des *Review of Reviews* schrieb William T. Stead eine Mahnung, die, leider zu einem sehr hohen Preis, ignoriert wurde:

> *Wir wären um ein Haar gegen Deutschland in den Krieg gezogen. Wir sind dem Krieg entgangen, nicht jedoch der natürlichen und beständigen Feindschaft mit dem deutschen Volk. Lässt sich bei der Beurteilung der Außenpolitik irgendeiner britischen Regierung ein schwärzeres Urteil fällen? Das Geheimnis, das offene Geheimnis dieses nahezu unglaublichen Verbrechens gegen das Vertrauen in Verträge, britische Interessen und den Weltfrieden ist der unglückselige Umstand, dass Sir Edward Grey im Außenministerium von Männern dominiert wird, die meinen, ihre sämtlichen Überlegungen der einen großen Pflicht unterordnen zu müssen – Deutschlands Bemühungen stets und ständig zu vereiteln, selbst wenn dabei britische Interessen, das Vertrauen in Verträge und Frieden in der Welt niedergetrampelt werden. Ich weiß, wovon ich spreche.*[56]

Das wusste er in der Tat. Als Mitgründer des Geheimbundes von Cecil Rhodes wusste Stead ganz genau, wovon er sprach. Er war Teil der Geheimen Elite gewesen, hatte für sie gearbeitet, sich jedoch letztlich nicht mit der kriegstreiberischen Philosophie abfinden können. Es handelt sich hier um eine der sehr seltenen Gelegenheiten, bei denen uns jemand mit engen Verbindungen zur Geheimen Elite hinter die Kulissen blicken lässt. Stead bestätigt, was wir gesagt haben: Die Männer, die Sir Edward Grey und die britische Außenpolitik beherrschten, nämlich Milner und seine Tafelrunde, standen im Mittelpunkt der Geheimen Elite. Sie hielten es für ihre oberste Pflicht, das Deutsche Reich zu besiegen, selbst wenn dabei der Frieden in der Welt niedergetrampelt würde. Und als Gefolgsleute Ruskins hätten sie sich vor allem auf den Begriff der Pflicht konzentriert. Stead wusste ganz genau, wen er da enthüllte: die britischen Rasseneiferer, die nach der Weltherrschaft griffen.

Es ist Kaiser Wilhelm und Ministerpräsident Joseph Caillaux zu verdanken, dass die zweite Marokko-Krise wie die erste vorüberging, ohne dass ein Krieg ausbrach. Die Pläne der Geheimen Elite waren vereitelt worden, aber sie zog ihre Lehren daraus: Frankreichs politische Landschaft war noch nicht ausreichend korrumpiert. Delcassé war rehabilitiert und verfügte über beeindruckenden Einfluss, aber das reichte noch nicht. Sie mussten den Ministerpräsidenten oder den Präsidenten des Landes beeinflussen. Ein knallharter Revanchist wurde im Élysée-Palast gebraucht. Caillaux und seine Radikalsozialisten würden gehen müssen.

Alexander Iswolski war nach Paris umgezogen und hatte dort sofort Kontakt mit Delcassé aufgenommen – eine vielversprechende Partnerschaft, die aber deutlich mehr Ressourcen benötigen würde, um in Politik und Presse die richtigen Rädchen zu schmieren. In Großbritannien hatte Haldane seinen Militärstab ins Leben gerufen, das Heer war einsatzbereit, aber trotz immenser Investitionen war die Flotte zerrissen. Die Admiralität wollte allein vorgehen, sie wusste alles besser als alle anderen. Für beide Probleme waren entschlossene Lösungen gefragt.

Zusammenfassung von Kapitel 13: Marokkanische Märchen – Fes und Agadir

- Obwohl Frankreich in der Algeciras-Akte Garantien zur Unabhängigkeit und Integrität Marokkos abgegeben hatte, unterliefen die Franzosen ihre Zusagen beständig.
- 1907 wurde an der Bevölkerung Casablancas eine Vergeltungsmaßnahme verübt, die überhaupt nicht im Verhältnis zur ursprünglichen Tat stand und unnötig brutal war.
- Frankreichs Abgeordnetenkammer tappte völlig im Dunkeln, was Marokko anbelangte, und war nicht über die Geheimvereinbarungen informiert.

- Delcassé und Iswolski, zwei wichtige Agenten der Geheimen Elite, zogen ab 1911 die Fäden in der französischen Außenpolitik.
- Gerüchte von einer Rebellion in Fes wurden gestreut, Frankreich setzte ein großes Truppenkontingent in Marsch. Das Deutsche Reich glaubte dem Versprechen Frankreichs, dass es sich um eine temporäre Maßnahme handle und die Truppen abgezogen würden, sobald für Frieden gesorgt sei.
- Doch die Armee wurde zu einer Besatzungsarmee, und Deutschland protestierte, indem es ein kleines Kanonenboot nach Agadir entsandte.
- Die Geheime Elite übertrieb die ganze Angelegenheit maßlos: Deutschland wolle in Agadir einen Marinestützpunkt errichten und von dort aus die Seefahrtswege bedrohen, hieß es. Ihrer lächerlichen Propaganda zufolge wollte das Kaiserreich Europa in einen Krieg stürzen.
- Lloyd George, der ehemalige Erzradikale und Pazifist, schloss sich den Kriegstreibern an und zielte mit einer vorsätzlich feindselig formulierten Rede darauf ab, Deutschland zu unbedachtem Handeln zu verleiten.
- Lloyd George und Winston Churchill wurden in die Geheime Elite aufgenommen, und man stellte ihnen die von langer Hand vorbereiteten Pläne für einen Krieg gegen Deutschland vor. Seit 1906 waren die Vorbereitungen minutiös geplant worden. Ein Krieg stand unmittelbar bevor.
- In Frankreich widersetzte sich der neu gewählte Ministerpräsident Joseph Caillaux den Kriegshetzern und nahm Verhandlungen mit dem Deutschen Reich auf.
- Der Kaiser und seine Minister waren schockiert darüber, wie boshaft die britische Presse über Deutschland berichtete, aber sie gingen nicht in die Falle, sondern handelten stattdessen eine diplomatische Lösung aus.
- Dieser Rückschlag verdeutlichte der Geheimen Elite, dass sie die vollständige Kontrolle über die französische Regierung würde übernehmen müssen.

14

Churchill und Haldane – Spiel auf Zeit

DIE SONDERSITZUNG DES *Committee of Imperial Defence* vom 23. August 1911 war ein entscheidender Augenblick auf dem Weg hin zum Krieg der Geheimen Elite. Dem Geheimbund war klar, dass die Flotte genauso umgekrempelt werden musste wie das Heer und dass sie genauso darauf vorbereitet werden musste, die geheimen Kriegspläne umzusetzen. Der Kriegsminister war alarmiert: Die »höchst gefährliche« Position, die durch »die schwere Abweichung in der Politik« verursacht worden war, hätte sich im Kriegsfall »zu einem Desaster für uns auswachsen können«.[1] »Die Admiräle leben in ihrer eigenen Welt«, klagte Haldane.

Also machte er sich ans Werk, denn er hielt nur sich selbst dazu geeignet, mit den unnachgiebigen Admirälen fertig zu werden.[2] Etwas müsse passieren, stimmte Asquith zu. Dem Premier war der Kragen geplatzt, als er eine dringende Information benötigte und erfuhr, dass alle Admiräle ihren Sommerurlaub gleichzeitig antraten und die Admiralität damit praktisch geschlossen war. Und Haldane war schockiert, als er erfuhr, dass in der Admiralität keinerlei strategische Landkarten für Europa vorlagen – »weil es nicht ihr Zuständigkeitsbereich ist«.[3]

Haldane war 1911 als Viscount ins Oberhaus aufgestiegen und zählte zu den Lieblingen der Geheimen Elite, aber dennoch ließ man ihn nicht die Flotte führen. Diese Aufgabe fiel dem überglücklichen Winston Churchill zu, der Asquith und Sir Edward Grey angebettelt hatte, den Posten zu bekommen. Angeblich schloss Asquith in seinem Ferienhaus bei North Berwick Haldane und Churchill zusammen in einen Raum, damit sie unter sich ausdiskutieren konnten, wer den Posten bekommen sollte.[4] Churchill behauptete, ihm sei das Amt angeboten worden, als er in North Berwick vom Golfplatz kam.[5] Egal wie es tatsächlich war: Churchill brachte frischen Wind in die Admiralität und rüttelte sie ordentlich auf. Sein Auftrag war klar: »Die Flotte muss sofort und ständig für einen Krieg gerüstet sein.«[6]

Wer an die *Navy*-Traditionen gewöhnt war, für den hielt Churchill einen Kulturschock parat. Offiziere und Stabsmitarbeiter mussten Tag und Nacht in Bereitschaft stehen, damit ein Überraschungsangriff Deutschlands sie nicht unvorbereitet erwischen würde.[7] Fortan hatte ständig einer der Seelords im Dienst zu sein oder sich zumindest in der Nähe des Admiralitätsgebäudes aufzuhalten.[8] Churchill bestellte eine riesige Karte der Nordsee und ließ sie hinter seinem Sessel aufhängen. Dort wurden täglich die bekannten Positionen der deutschen Flotte eingetragen.

Churchill vermittelte der Admiralität das Gefühl, eine Gefahr stünde unmittelbar bevor, und ließ den gesamten Stab in Kampfbereitschaft versetzen. Alle Marinemagazine wurden auf seine Anweisung hin unter ständige Bewachung gestellt.[9] Dass Churchill so rasch handelte, zeigt, wie groß die Paranoia durch die Spionagegeschichten geworden war.

Der große Selbstdarsteller Churchill strich für alles, was gut funktionierte, die Lorbeeren ein. Lange bevor er Erster Lord wurde, hatte die Admiralität bereits ölbetriebene Kriegsschiffe in Auftrag gegeben. Im Februar 1914 waren 252 Schiffe, die die *Navy* geordert hatte und die entweder nur mit Öl betrieben wurden oder mit Öl und Kohle zusammen heizen konnten, fertiggestellt oder befanden sich im Bau. Die entsprechenden Entscheidungen waren weit vor Churchill getroffen worden, dennoch schreibt man ihm diesen radikalen Wandel zu.[10] Sei es drum: Unter dem Strich jedenfalls stand eine Kriegsflotte, die ständig für den Einsatz bereit war – also genau das, was die Geheime Elite von einem Ersten Lord der Admiralität erwartete.

Die Geheime Elite verfügte über ergebene und vertrauenswürdige Männer im Kabinett, musste ihre Kriegspläne aber dennoch streng unter Verschluss halten. Die Menschen hätten die Regierung aus dem Amt gejagt, hätten sie von der Absicht erfahren, einen Krieg mit Deutschland herbeizuführen. Seit 1905 fanden regelmäßig geheime Treffen zwischen Militärstrategen aus Frankreich und Großbritannien statt, und noch immer wussten nur sehr wenige davon. Doch die Geheimhaltung fiel zunehmend schwerer, denn die Aufgaben des *Committee of Imperial Defence* nahmen zu, wodurch auch der Kreis der Mitwisser wuchs.

Ausländischen Ministern und Diplomaten kamen unbestätigte Gerüchte zu Ohren oder sie wurden zu vertraulichen Unterredungen eingeladen. Zeitungsherausgeber und Verleger wussten Dinge, die der Öffentlichkeit verheimlicht wurden, aber dieser Zustand konnte nicht von Dauer sein. Im November 1911 traten Quellen aus verschiedenen Teilen Europas an die Öffentlichkeit und berichteten von Geheimabkommen. Es gebe, so hieß es, Absprachen, die Großbritannien an Frankreich und Russland binden. Es gebe Absprachen für Militär und *Navy*, Absprachen, die im Parlament und in der Öffentlichkeit wiederholt und offiziell in Abrede gestellt worden waren.

In Asquiths Kabinett kam es am 15. November zu einem Eklat, als einige Minister von dem Geheimtreffen des *Committee of Imperial Defence* erfuhren, zu dem Asquith Churchill und Lloyd George hinzugezogen hatte – und sie nicht.[11] Lord Morley, als Vorsitzender des Kronrats selbst ein sehr ranghohes Mitglied des Kabinetts, verlangte eine Erklärung: Was hatte es mit den gemeinsamen Planungen zwischen französischen und britischen Generälen auf sich? Wie war es dazu gekommen? Wer hatte das abgesegnet? Wie konnte dies ohne Wissen und Zustimmung des Kabinetts erfolgen? Welche konkreten internationalen Verpflichtungen ergaben sich daraus?

Die »Drei von Relugas« konnten sich winden, wie sie wollten, aber eine Frage konnten sie nicht beantworten: Wenn die »Gespräche« das Land wirklich nicht zu militärischer Unterstützung im Kriegsfall verpflichteten, warum waren die Informationen dann geheim gehalten worden?

In seinen offiziellen Memoiren gibt Sir Edward Grey eine absolut lahme und völlig unaufrichtige Analyse der Verschwörung, das Kabinett im Dunkeln tappen zu lassen. Scheinheilig schreibt er: »Ohne zu zögern, wurde das ganze Thema im Kabinett besprochen. Die einzige Schwierigkeit ergab sich daraus, dass die ganze Sache bereits so lange vonstattengegangen war, ohne dass das Kabinett grundsätzlich darüber informiert worden war.«[12]

Grey, Haldane und Asquith hätten es 1905 also schlichtweg versäumt, dem Kabinett Bescheid zu geben, und irgendwie habe sich danach nie so recht ein günstiger Zeitpunkt dafür ergeben. Was für eine peinliche Entschuldigung!

Für die »Drei von Relugas« war es eine seltsame Erfahrung. Grey räumte ein, er betrachte die Vereinbarungen als Verpflichtung zu gemeinsamen militärischen Handlungen mit Frankreich, sofern diese Handlungen »nicht provokativ und vernünftig« seien.[13] Asquith schlug einen anderen Weg ein. Er erklärte, er fühle sich weiterhin vollkommen frei, Großbritanniens Kooperationszusage zurückzuziehen. Das Kabinett reagierte mit Wut und Besorgnis. Bestenfalls fünf Minister wussten Bescheid – Asquith, Haldane, Grey, Churchill und Lloyd George. Den anderen 13 war klar, dass militärische »Gegenseitigkeit« bedeutete, dass die Briten Frankreich im Kriegsfall zumindest teilweise verpflichtet waren.

Zwei Kabinettsbeschlüsse wurden offiziell beantragt und einstimmig verabschiedet. Im ersten hieß es: »Zwischen diesem Generalstab und den Generalstäben anderer Länder soll keinerlei Kommunikation erfolgen, die dieses Land direkt oder indirekt zu Einsätzen von Militär oder Marine verpflichten.« In der zweiten wurde verfügt, dass die entsprechende Kommunikation zuvor vom Kabinett genehmigt werden müssten, wenn es um gemeinsame Aktionen zur See oder zu Land gehe.[14] Das liberale Kabinett übte sich in einer Form von Schadensbegrenzung. Seine Mitglieder waren tatsächlich davon überzeugt, eine rote Linie gezogen zu haben, noch bevor die Dinge außer Kontrolle gerieten. Was für ein Irrtum!

Im Parlament sah sich Asquith zu Dementis gezwungen. Resolut beteuerte er vor dem Unterhaus: »Es gibt keine wie auch immer geartete Geheimvereinbarung, die der Öffentlichkeit nicht voll und ganz offengelegt wurde.«[15] In einer Parlamentsdebatte über die Außenpolitik wiederholte Grey die gleiche Lüge:

> *Lassen Sie mich zunächst einige der Verdachtsmomente aus der Welt schaffen, was die Geheimhaltung anbelangt – Verdachtsmomente, mit denen sich scheinbar einige Menschen herumquälen und in jedem Fall andere in Sorge versetzen. Es gibt keine anderen geheimen Verabredungen.*[16]

Und einen Monat später wiederholte Asquith seine Zusicherungen, als er energisch beteuerte: »Es gibt mit keinen ausländischen Regierungen geheime Verabredungen, die uns die Pflicht auferlegen, durch Militär oder Kriegsmarine anderen Mächten Hilfeleistung zu geben.«[17]

Mit diesen wiederholten offensichtlichen Lügen wurde pauschal alles abgestritten, was die Kabinettsmitglieder in den vorangegangenen fünf Jahren abgesegnet hatten. Der Subtext war für die Geheime Elite Anlass zu großer Sorge: Kabinett und Parlament standen einem Krieg mit Deutschland offenbar sehr kritisch gegenüber und reagierten mit vehementer Ablehnung auf dahin gehende Verpflichtungen. Derart schwerwiegende mögliche Einwände mussten aus der Welt geschaffen werden.

Währenddessen gingen die Lügen und die Geheimniskrämerei ungebremst weiter. Die Geheime Elite entsandte am 29. Januar 1912 einen Unterhändler nach Berlin – Sir Ernest Cassel, den Privatbankier des verstorbenen Königs Edward VII. Er und sein deutscher Freund, der Schiffsmagnat Albert Ballin, baten um eine Privataudienz beim Kaiser.[18] Im Verlauf des Gesprächs überreichten sie ihm ein Dokument, das angeblich »mit der Zustimmung und dem Wissen der englischen Regierung« vorbereitet worden war.[19] Es handelte dabei um ein förmliches Angebot der Neutralität. Als Voraussetzung wurde genannt, dass das Kaiserreich sein geplantes Flottenrüstungsprogramm noch einmal überdenke.

Cassel war im Geheimauftrag unterwegs und hatte sich direkt an den Kaiser gewandt, offenbar ohne dass die Botschafter der beiden Länder vorab Kenntnis davon erhalten hatten.[20] Dem britischen Kabinett wurde erzählt, der Kaiser habe über Ballin eine Botschaft geschickt und Sir Edward Grey nach Berlin eingeladen. Dort könne man »frei von allen Verwicklungen« über Rüstungsfragen sprechen.[21] Der britische Außenminister sollte später Zweifel darüber äußern, wer denn nun die Dinge ins Rollen gebracht hatte: »Ich weiß nicht, ob der Vorschlag von einer britischen oder einer deutschen Quelle ausgegangen war.«[22] Natürlich wusste er das.

Greys persönliche Memoiren sind mit Lügen gespickt. Die Geheime Elite hatte sich mit Grey, Churchill und Asquith besprochen, dass man Cassel als Emissär nutzen werde. Churchill kontaktierte Cassel direkt, der wiederum der Admiralität berichtete.[23] Nach Berlin reiste Grey nicht – der fadenscheinige Vorwand lautete, er müsse sich um einen Bergarbeiterstreik kümmern, was überhaupt nicht in seiner Zuständigkeit lag.[24]

Der innere Kreis bestimmte, dass Kriegsminister Haldane nach Berlin reisen sollte, um die Briten zu vertreten. Grey, Churchill, Haldane und Cassel formulierten eine Antwort an den Kaiser: In beiden Ländern stünden »die Ausgaben für die Flotte zur Diskussion offen, und es sieht ganz so aus, als könnte man die Frage positiv lösen«.[25] Hier blitzt wieder einmal ein kurzes Schlaglicht auf die Vorgehensweise der Geheimen Elite auf: Sie nutzten einen mächtigen internationalen Bankier und dessen deutschen Kontakt, um insgeheim Berlin zu kontaktieren. Cassel war beileibe kein einfacher Kurier. Er handelte den Termin direkt mit dem Kaiser aus, brachte Churchill die Replik und wirkte mit an dem Telegramm, das nach Berlin abging.[26] Was sagt das über seine Macht und seinen Einfluss aus?

Haldane dagegen verfügte nicht über die Macht, ein Abkommen auszuhandeln,[27] er hatte vielmehr explizit Anweisung bekommen, Großbritannien nicht zu binden oder zu einem wie auch immer gearteten Pakt zu verpflichten.[28] Im Kaiserreich weckte sein Besuch die Hoffnung auf einen Neuanfang, auf eine neue Phase der Kooperation und Freundschaft zu Großbritannien. Reichskanzler Bethmann Hollweg erklärte Haldane: »Seit zweieinhalb Jahren strebe ich danach, eine Vereinbarung zwischen Deutschland und England herbeizuführen.«[29] Haldane hatte weder einen dahin gehenden Auftrag noch entsprechende Absichten.

Mainstream-Historiker beschreiben die folgenden Ereignisse meist als »Haldane-Mission«, deren Ziel darin bestand, zwischen den beiden Regierungen eine »Versöhnung herbeizuführen«.[30] Ihrer Einschätzung nach scheiterte die Mission daran, dass Deutschland nicht bereit war, »den Bau einer starken Flotte aufzugeben«.[31] Das entspricht nicht im mindesten der Wahrheit. Vor Haldanes Abfahrt versicherte Grey dem französischen Botschafter, dass es keinesfalls infrage käme, mit Berlin in echte Verhandlungen zu treten. Sein einziger Wunsch war es, »die Absichten der deutschen Regierung kennenzulernen und Informationen über das deutsche Flottenprogramm zu bekommen«.[32]

Anders gesagt: Grey ergriff die freundschaftliche Hand, die das Kaiserreich ihm hinhielt, sandte aber Haldane vor allem deshalb nach Berlin, damit dieser vertrauliche Informationen über das Flottenprogramm in Erfahrung brachte. Haldane war instruiert worden, jedwede Zugeständnisse in Richtung Frieden oder Verhandlungen abzublocken, doch über seine »Mission« heißt es, der deutsche Starrsinn und die Weigerung, mit den Briten über ein Abrüsten zu sprechen, habe zum Scheitern geführt. In Wahrheit war es jedoch Haldanes Mission, so viel wie möglich über die deutschen Flottenpläne zu lernen und keinerlei Versprechungen zu machen.

An dem Tag, als Haldane in Berlin eintraf, hielt Winston Churchill in Glasgow eine aufwiegelnde Rede; trotzdem wurde der Kriegsminister herzlich begrüßt.[33] Churchill behauptete, Großbritanniens Flotte sei eine »Notwendigkeit«, während die deutsche Flotte ein »Luxus« sei – eine Provokation, die darauf abzielte, viele in Großbritannien und Deutschland vor den Kopf zu stoßen, die ernsthaft auf ein besseres Verständnis zwischen den beiden Nationen hofften.

Vielleicht wollte Churchill nur mit dem Säbel rasseln, vielleicht sprach er auch in dem Wissen, dass Haldanes Berlin-Reise bei den britischen Verbündeten nicht gut ankam, und wollte deshalb betonen, dass die Admiralität keineswegs schwach werden und beim Bau neuer Schiffe nachlassen werde. Vielleicht bestand die Absicht sogar darin, mit seinen Aussagen den Druck auf den Kaiser und dessen Berater zu verstärken und Haldanes Position in Berlin zu stärken. Tatsächlich war es jedoch nur eine weitere schändliche Täuschung, eine Scharade, mit der Grey und das *Foreign Office* ihr deutsches Gegenüber ständig zu verwirren suchten.

Bei seiner Ankunft versprach Haldane, dass Großbritannien »jedwede Aggression jeder Nation ablehnt«, und wiederholte die große Lüge: »Wir haben keine geheimen Verträge.«[34] Die Deutschen zweifelten seine Integrität nicht an und arbeiteten eifrig auf eine Vereinbarung hin, die »wohlwollende Neutralität« für den Fall vorsah, dass eines der beiden Länder ohne eigenes Zutun in einen Krieg verwickelt wurde.[35] Die Begeisterung über diesen Kompromiss ging vor allem von deutscher Seite aus. Der Kaiser überreichte Haldane eine Abschrift des geplanten Flottenbauprogramms. Zu Haldanes Überraschung »hatte er keinerlei Einwände dagegen, dass ich es im Privaten mit meinen Kollegen berede. Ich steckte die Unterlagen einfach in die Tasche … Ich handelte einige kleine Veränderungen bei der Geschwindigkeit aus, mit der die Schlachtschiffe gebaut werden sollen, und für beide Seiten einen kleineren Abbau der Ausgaben.«[36]

Ohne ein einziges Zugeständnis oder ein Quidproquo stimmten die Deutschen zu, auf ein Linienschiff zu verzichten und den Bau von zwei weiteren aufzuschieben.[37] Der Reichskanzler und der Kaiser waren begeistert. Die Gespräche mit Haldane weckten die Hoffnung auf ein künftiges Übereinkommen. Bethmann Hollweg versprach, es sei »jetzt das größte Ziel meines Lebens«, die britisch-deutschen Verhandlungen zum Erfolg zu machen.[38]

Es war wie in einer Geschichte von Dickens: Den beiden Gentlemen wurden von einem Meisterdieb die Taschen geleert, sie wurden dazu gebracht, einen Teil des Familienschmucks herauszurücken, und glaubten in ihrer Naivität auch noch, im Gegenzug mehr als nur ein leeres Versprechen bekommen zu haben. In der Überzeugung, man habe enorme Fortschritte erzielt, schrieb Bethmann Hollweg am 3. März an Grey, fasste die drei Tage zufriedenstellender Gespräche zusammen und schlug eine Formel für eine politische Übereinkunft vor. Das *Foreign Office* – nun im Besitz aller Details über das neue deutsche Flottengesetz und der Informationen, die Haldane in Erfahrung gebracht hatte – erwiderte, Haldane habe das Ausmaß des neuen Flottengesetzes nicht abschätzen können und keine nicht sanktionierten Versprechen gemacht.[39]

Unverzagt versprachen die Deutschen, das Flottengesetz zurückzuziehen, wenn Großbritannien im Gegenzug Neutralität zusagte.[40] Grey gab das übliche falsche Versprechen ab, Großbritannien werde »niemals einen nicht provozierten Angriff auf Deutschland vornehmen noch sich einem solchen anschließen«, aber das Wort »Neutralität« benutzte er nicht.[41]

Das *Foreign Office* rettete sich in Ausflüchte, stellte weitere Fragen, forderte bessere Erklärungen und erklärte, komplizierte Daten zu benötigen, Daten, deren Zusammenstellung zeitaufwendig sein würde. Nach monatelangem Hinhalten wurde dem gutgläubigen Kaiser klar, dass er das Opfer eines unaufrichtigen »politischen Manövers« geworden war, das seine Flottenprogramme hatte ausbremsen sollen.[42] Das war Haldanes Auftrag gewesen.

Die geheimen militärischen Absprachen mit Frankreich und die damit einhergehenden Verpflichtungen waren zweifelsohne seit 1906 das Grundgerüst der britischen Außenpolitik.[43] Als Asquith und Grey gezwungen waren, die Existenz geheimer Vereinbarungen mit Frankreich zu bestreiten, lagen Haldanes Pläne, das bestens ausgebildete britische Expeditionskorps zu mobilisieren und an der belgischen Grenze zu stationieren, seit einem Jahr vor.

Churchill hatte nicht so viel Glück: Mit Russland und Frankreich musste erst noch geklärt werden, wie die Flotten zusammenarbeiten sollten. Churchill war nie jemand gewesen, der sich übermäßig von Regeln eingeengt fühlte. Ihn würde kein Kabinettsbeschluss zurückhalten. Also ging es voran mit den geheimen Marineabkommen, verpackt als Neuordnung der Admiralität. Als er dem Parlament am 18. März 1912 Bericht erstattete, nutzte er die Gelegenheit, um die antideutsche Stimmung anzufachen und kühne Neuerungen bei der Stationierung der Flotte vorzunehmen – Vorbereitungen auf den Krieg.

Der Erste Lord der Admiralität liebte diese förmlichen Auftritte im Unterhaus. Die verbalen Duelle fachten seine Entschlossenheit an, sich durchzusetzen. Dem Kaiserreich schlug er vor, ein »Urlaubsjahr« einzulegen: Sollte das Deutsche Reich 1912/13 keine Kriegsschiffe bauen, würde Großbritannien dies auch nicht tun. Auf den ersten Blick würden beide Länder davon profitieren. Deutschland würde drei Dreadnoughts weniger bauen und damit viel Geld sparen, Großbritannien würde fünf Superdreadnoughts weniger bauen und ebenfalls viel Geld sparen.

Doch Churchill konnte nicht aufhören, seinen scharfen Geist zu versprühen. Hochtrabend erklärte er, die fünf britischen Dreadnoughts, die einem solchen Arrangement »zum Opfer fallen« würden, seien mehr, als die Deutschen im Ernstfall hätten versenken können.[44] Es gab keinen »Flottenurlaub«. Vier Tage später legte die über die britische Haltung verärgerte Reichsregierung neue Heeres- und Flottengesetze nach.

Im darauffolgenden Jahr hatten die Briten in einer ersten Schätzung 44 Millionen Pfund für die Flotte vorgesehen. Churchill warnte, die Summe werde nicht ausreichen, wolle Großbritannien seinen Vorsprung behalten. Als der Reichstag die deutschen Pläne verabschiedete, legte Churchill sofort eine millionenschwere

Haushaltsergänzung vor und beschleunigte das Schiffsbauprogramm. Während er Deutschland mit seinen »Urlaubsplänen« vermeintlich eine Lösung bot, erhöhte er in Wahrheit den Einsatz. Hier ging es darum, wer mehr Geld ausgeben konnte.

Als Nächstes überraschte Churchill das voll besetzte Unterhaus mit der Ankündigung, die Flottenkontingente neu zu ordnen. Die Atlantikflotte wurde von Gibraltar in die Nordsee verlegt, die Mittelmeerflotte von Malta nach Gibraltar. Auf Malta blieb nur noch eine kleinere Menge an Kreuzern stationiert.

Die Stärke der Nordseeflotte wurde auf drei Kampfgeschwader aufgestockt. Welche Botschaft war das an den deutschen Generalstab? Was beabsichtigte die *Navy*? Die Abgeordneten sprangen auf und wiesen auf die sehr realen Gefahren hin, die Ägypten und der Weizenversorgung Großbritanniens drohten, sofern keine ausreichend große britische Mittelmeerflotte zum Schutz bereitstünde. Churchill blieb standhaft und antwortete seinen Kritikern, aber sie wollten sowohl eine »passable Überlegenheit der Flotte in der Nordsee als auch eine Flotte im Mittelmeer«.[45]

Churchills Vorschlag stand im Einklang mit den Geheimvereinbarungen, die britische und französische Marineoffiziere bereits ausgearbeitet hatten. Dem Kabinett konnte er das natürlich nicht mitteilen, schließlich hatte dieses ausdrücklich untersagt, derartige Verpflichtungen einzugehen. Der Geheimen Elite war es egal, was das Kabinett dachte, und das wussten auch die Agenten des Geheimbundes.

Churchill hatte sich in Begleitung von Asquith im Mai 1912 mit Lord Kitchener auf Malta getroffen und besprochen, wie man die britischen und die französischen Kriegsschiffe stationieren müsste, um über den größtmöglichen Vorteil gegenüber der Reichsmarine zu verfügen. Während im Parlament noch leidenschaftlich darüber gestritten wurde, wie die Mittelmeerflotte aufgestellt sein sollte, hatte Churchill längst die gemeinsame Marinestrategie für den Kriegsfall vereinbart. An ebenjenem Tag, dem 16. Juli 1912, wies das Kabinett Sir Edward Grey an, die französische Regierung noch einmal daran zu erinnern, dass sämtliche Vereinbarungen zwischen Heeres- und Flottenexperten nicht als Verpflichtungen für einen Kriegsfall anzusehen seien.[46] Dennoch setzten er und Churchill weiterhin die anderslautende Strategie der Geheimen Elite fort.

Am 22. Juli 1912 reduzierte die *Royal Navy* die Stärke ihrer Mittelmeerflotte drastisch. Die Atlantikflotte und die Heimatflotte wurden zusammengelegt und bildeten Kampfgeschwader, die es mit der deutschen Hochseeflotte aufnehmen konnten. Gleichzeitig verlegte Frankreich alle Schlachtschiffe aus dem Atlantikhafen Brest ins Mittelmeer, um ein imaginäres Gegengewicht zu Österreich und Italien zu bilden. (Italien würde sich höchstwahrscheinlich niemals an Österreichs Seite in einen Seekrieg mit Großbritannien begeben, und die Admiralität wusste das auch, aber es war für sie von Vorteil, so zu tun als ob.)

Ohne Erlaubnis von Kabinett und Parlament koordinierten Großbritannien und Frankreich ihre Flottenaktivitäten, um sich auf einen Seekrieg vorzubereiten. Sie hatten sich darauf festgelegt, gegenseitig die Verantwortung für den anderen zu übernehmen. Im Kriegsfall würde die *Royal Navy* die Küste Frankreichs entlang des Ärmelkanals und des Atlantiks schützen, während die französische Marine die britischen Interessen im Mittelmeer verteidigen würde.

Es besteht kein Zweifel: Diese Vereinbarung segnete ein Eingreifen der Briten ab, sollte die kaiserliche Marine Frankreichs Küsten attackieren. Allein das zeigte, welcher Unfug all die Beteuerungen waren, Großbritannien werde in Kriegszeiten nicht intervenieren. Ein Land kann nicht neutral sein und gleichzeitig zustimmen, die Interessen einer anderen Nation zu schützen.

Die gewöhnlichen Abgeordneten hatten keinerlei Ahnung von diesen Entscheidungen. In den Städten und Dörfern Großbritanniens ging die Bevölkerung weiter ihrem Tagesgeschäft nach, nicht ahnend, dass die Nation stetig in Richtung Krieg gesteuert wurde. Geeignete Ablenkungen gab es reichlich: Streiks in den Docks, Unruhen in Irland, die Kämpferinnen für das Frauenwahlrecht, die Olympischen Spiele in Stockholm.

Dass britische Schlachtschiffe von Malta in die Nordsee verlegt wurden, stellte die britische Presse als erforderliche Reaktion auf die Aufrüstung Deutschlands dar. Großbritannien habe eine Abkühlung des Wettrüstens angestrebt, aber das Kaiserreich habe das Ansinnen abgelehnt, so die Medien. Winston Churchills »Flottenurlaub« wurde ignoriert. Schuld waren immer die Deutschen.

Alle Verdachtsmomente, die im Parlament vorgetragen worden waren, waren vollständig gerechtfertigt. Es gab – mündliche – Zusagen, deren Umfang den Beteiligten klar war. Frankreich übte Druck aus und forderte schriftliche Verpflichtungen, woraufhin Grey seine eigenen Regeln brach und endlich einlenkte. Später sollte er das bereuen. Einen förmlichen diplomatischen Austausch ließ er nicht zu, stattdessen schrieb er am 22. November 1912 privat an den französischen Botschafter in London, Paul Cambon. In dem Schreiben heißt es: »Die jetzige Verteilung der französischen und der englischen Flotte beruht nicht auf einer Verpflichtung zur Zusammenarbeit für den Kriegsfall.«[47] Grey wand sich wie ein Aal, seine Worte waren reine Augenwischerei – alles stand und fiel mit der Formulierung »die jetzige Verteilung«. Wichtig war nur die künftige Absicht, der Zeitpunkt, an dem eine Kriegserklärung alles ändern würde.

Die Entscheidung zur Verlegung der Flotten hatte Churchill getroffen. Das Versprechen, dass die *Navy* die Küsten Frankreichs schützen würde, hing direkt mit der Gesamtstrategie zusammen, die vorsah, dass Großbritannien seine Seemacht so aufstellen würde, dass sie die größtmögliche Wirkung gegen die deutsche Flotte würden entfalten können. Cambons Antwort an Grey war das perfekte Beispiel für die Unaufrichtigkeit und Täuschung, mit der der britische Außenminister arbeitete, aber damit befassen wir uns später.

Die Marine war vom *Committee of Imperial Defence* auf Kurs gebracht worden – auf Kriegskurs. Haldane und Esher hatten das Heer neu organisiert, und niemand stellte seinen Einsatzwillen infrage. Doch seltsamerweise stand die Heeresführung weiterhin im Bann alter Einflüsse – Einflüsse, auf die man einen Blick werfen muss.

Zusammenfassung von Kapitel 14: Churchill und Haldane – Spiel auf Zeit

- Die Geheime Elite stellte fest, dass die Verwaltung der britischen Flotte umfassend modernisiert werden musste. Asquith wies Winston Churchill die Aufgabe zu, die Flotte kriegsbereit zu machen.
- Churchill setzte in der Admiralität die Politik der hohen Ausgaben für die Flotte fort und trieb den Umstieg von Kohle auf Öl voran.
- Als im August Einzelheiten über das Geheimtreffen des *Committee of Imperial Defence* bekannt wurden, gab es heftigen Streit im Kabinett. Erstmals erfuhr das Kabinett von den »Gesprächen«, die seit 1905 mit Frankreich geführt wurden.
- Aufgebracht fasste das Kabinett einstimmig zwei Beschlüsse, die untersagten, ohne seine Zustimmung Verpflichtungen gegenüber fremden Mächten einzugehen.
- Vor dem Parlament dementierten Asquith und Grey wiederholt, dass Großbritannien Geheimabsprachen mit fremden Mächten getroffen habe.
- Auf Einladung des Kaisers reiste Viscount Haldane im Februar 1912 nach Deutschland. Tatsächlich war der Erstkontakt von Agenten der Geheimen Elite ausgegangen. Unter dem Strich bestand das Ergebnis von Haldanes »Mission« darin, dass Großbritannien Informationen über die deutschen Flottenpläne erhielt. Deutschland wurde in dem Glauben gelassen, man könne sich irgendwie auf ein Neutralitätsabkommen einigen.
- Trotz eindeutig anderslautender Anweisungen des Kabinetts strukturierte Churchill die Flotte nach geheimen Absprachen mit den Franzosen um.
- Wiederholt forderten die Franzosen eine schriftliche Bestätigung dafür ein, dass die Briten ihnen bei einem Krieg mit Deutschland beistehen würden. Wider seine Art schrieb Grey einen vage formulierten Brief an Botschafter Paul Cambon – ein Schreiben, das ihm später einiges an Verlegenheit bescheren sollte.

15

Die »Roberts-Akademie«

DER KRIEGSMINISTER MAG GEDACHT haben, dass er die politische Kontrolle über das Heer hatte, aber das stimmte nur zum Teil: Eine kleine Clique sehr einflussreicher Offiziere war in allererster Linie Feldmarschall Earl Roberts of Kandahar treu, dem Freund und engen Vertrauten von Alfred Milner und der Geheimen Elite. Geboren wurde Frederick Sleigh Roberts 1832 in Indien als Sohn eines hochdekorierten Armeegenerals der *British East India Company*. Er wurde in Eton und Sandhurst ausgebildet und nahm an vielen wichtigen britischen Feldzügen teil, bevor er in Südafrika während des Burenkriegs das Kommando über die britischen Truppen übernahm.

Offiziell war Roberts 1905 als Oberbefehlshaber der britischen Armee mit einer staatlichen Gratifikation in Höhe von 100 000 Pfund (nach heutigem Geldwert acht Millionen Pfund) in Rente gegangen. Sein Einfluss auf militärische Angelegenheiten allerdings war ungebrochen. Wie hoch sein Ansehen war, lässt sich auch an den zahlreichen Ehrenämtern als Regimentschef ablesen, die er akzeptierte, darunter bei so berühmten Regimentern wie den *Irish Guards*, den *Sherwood Foresters* und der *Black Watch*.[1] Er war der erste Vorsitzende der britischen *Pilgrims Society*,[2] einer Geheimorganisation, die Ultrareiche und Mächtige aus Großbritannien und Amerika zusammenbrachte. Bis 1914 spielte er eine sehr wichtige Rolle für die Geheime Elite, indem er Mitglieder des Generalstabs aussuchte und prägte.

Neben seiner wichtigen Rolle bei den *Pilgrims* fungierte Roberts auch als Präsident der *National Service League*, einer Interessenvertretung, die dafür eintrat, dass jeder Mann im Alter zwischen 18 und 30 Jahren eine vierjährige militärische Ausbildung absolvierte. Er leitete eine finanziell gut aufgestellte Propagandamaschine, die darauf abzielte, in England die Angst vor einer deutschen Invasion zu schüren. Entschlossen trat er dafür ein, sich für einen Krieg mit Deutschland zu wappnen.

Zu den weiteren Mitgliedern der *National Service League* zählten Alfred Milner, Rudyard Kipling, Leo Amery und Charles Repington, unter den Geldgebern waren Lord Northcliffe und Abe Bailey.[3] Zu ihren besten Zeiten zählte die Organisation nahezu 100 000 Mitglieder und mehr als 200 000 Spender.[4] Mit unheilverkündender Stimme wandte sich Lord Roberts 1909 an das Oberhaus:

> *Ich möchte Sie bitten, entschlossen zu handeln und der Öffentlichkeit den Ernst der Lage zu vermitteln … unser derzeitiges System versagt vollkommen bei der Aufgabe, die notwendige Absicherung gegen die Gefahren zu bieten, die uns jederzeit drohen könnten … eine Invasion dieses Landes ist nicht nur möglich, sondern auch in viel größerem Ausmaß denkbar, als normalerweise angenommen wurde … Die Frage ist essenziell und viel zu ernst, als dass man sie einfach so abtun kann. Unsere gesamte Existenz könnte davon abhängen, dass wir klug mit dem Thema umgehen.*[5]

Während der nächsten fünf Jahre hielt Roberts daran fest, Panik zu verbreiten und regelmäßig höhere Rüstungsausgaben zu fordern. Mit dem Segen von Arthur Balfour ließ Roberts dem *Committee of Imperial Defence* keine Ruhe. Wie ein quengelndes Kind beharrte er darauf, dass die Regierung eine große Gefahr eingehe, wenn sie weiterhin die Möglichkeit ignoriere, dass deutsche Truppen in England einfallen könnten.

Genau wie Admiral Jacky Fisher, sein Kollege von der Marine, war Roberts immer fest davon überzeugt, alles besser als alle anderen zu wissen. Einig waren sie sich in der Überzeugung, Deutschland müsse vernichtet werden. Roberts tat sich mit den Northcliffe-Zeitungen zusammen, um *Die Invasion von 1910* zu bewerben, das Fantasiewerk von William Le Queux.[6] Zwei Jahre später schrieb er: »Alle Patrioten innerhalb des Empire sollten erkennen, dass England durch Vernachlässigung seiner Bewaffnung in eine Lage gekommen ist, die sich unmöglich anders als gefährlich beschreiben lässt …«[7]

Lord Roberts hatte mit Alfred Milner in Südafrika gedient und kannte Cecil Rhodes gut. Er stand voll und ganz hinter ihrer Vision einer angelsächsischen Weltmacht, die alles kontrolliert. Wie oft gehen die Wurzeln der Geheimen Elite auf Südafrika und den Burenkrieg zurück?

Wie wir bereits gesehen haben, hatte Milner im Verwaltungsapparat Südafrikas eine Clique talentierter Oxford-Absolventen aufgebaut, organisiert und weiterentwickelt. 1914 hatten diese Männer zentrale Machtpositionen in der Finanzmeile, in der Konservativen Partei, der Verwaltung, bei einflussreichen Zeitungen und in der akademischen Welt inne. In seinem Buch *The Anglo-American Establishment* verwendet Carroll Quigley ein ganzes Kapitel auf den »Kindergarten«,[8] also die Männer, die in Regierung, Industrie und Politik hohe Positionen eroberten.

Milner wählte die Männer aus, bildete sie aus und entwickelte sie weiter – immer im Hinblick darauf, dass sie aus voller Überzeugung die Ziele der Geheimen Elite vertraten. Zu demselben Zweck nutzte Roberts seine Erfahrungen aus Südafrika dafür, im Militär ein Äquivalent zu »Milner's Kindergarten« aufzubauen, seine eigene Clique vertrauenswürdiger Offiziere, die die nächsten 20 Jahre die britische Militärwelt dominieren würden.[9] Um die verschiedenen »Kindergärten« auseinanderhalten zu können, werden wir denjenigen von Roberts als »Akademie« bezeichnen. Durch Milner und Roberts verschmolzen die politische und die militärische Strategie der Geheimen Elite.

Die Armeeoffiziere hatten die privilegierten Schulen in Eton und Sandhurst durchlaufen und waren für ihr »galantes Benehmen« ebenso bekannt wie für ihre »unbeherrschte Amateurhaftigkeit und ihr gebildetes Auftreten«.[10] Dass sie zu viel Zeit mit systematischem Denken oder mit Diskussionen über strategische Planungen verbrachten, konnte ihnen dagegen niemand vorwerfen. Der Burenkrieg hatte das auf peinliche Weise deutlich gemacht. Die Oberschicht nahm die bedingungslose Loyalität der Armee als gegeben hin, aber für die vor ihnen liegende enorme Aufgabe war eine »neue Armee« notwendig, eine moderne Kampftruppe.

Während Haldane die Aufgabe zufiel, die Streitkräfte neu zu organisieren und zu modernisieren, machte sich Roberts daran, für Führungsstärke zu sorgen. Sein Bestreben, die »alte Gang« zu ersetzen, bekam Schwung durch Arthur Balfour im Unterhaus und Sir George Clarke und Lord Esher im *Committee of Imperial Defence*.[11] Lord Roberts agierte als oberster militärischer Berater für Balfour und Andrew Bonar Law, aber sein wichtigster Einfluss bestand darin, dass er auf die Besetzung der Schlüsselstellen im Kriegsministerium einwirkte.

Zur »Roberts-Akademie« zählten Männer, die bis in die höchsten Ränge der Streitkräfte aufstiegen, darunter John French, Henry Wilson, William Robertson, Henry Rawlinson und Douglas Haig.[12] Ihre Karriere nahm Fahrt auf, weil der kleine Feldmarschall sich für sie starkmachte und sie seine »modernen Ideen« akzeptierten.[13] Sie alle verdankten Roberts alles, und sie alle waren in Südafrika ausgewählt worden wegen ihrer Loyalität gegenüber ihm und seiner »Vision«. Diese Männer brachten wiederum ihr eigenes loyales Gefolge mit, das eine »neue Armee« bildete – eine Armee, die der Aufgabe gewachsen war, die ihnen die Geheime Elite stellte.[14]

Das älteste Mitglied der »Roberts-Akademie« war der 1852 geborene John Denton Pinkstone French. Der Sohn eines Fregattenkapitäns ging ebenfalls zur Marine, aber nach vier unbefriedigenden Jahren auf See wechselte er über den bequemen Umweg der Miliz zum Heer.[15] French erhielt ein Offizierspatent für das Kavallerieregiment der 19. Husaren und wurde 1883 zum Major befördert. Seine Laufbahn hätte beinahe ein jähes Ende gefunden, als er des Ehebruchs mit der Frau eines anderen Offiziers angeklagt wurde. Er überstand jedoch den Skandal.[16]

Auf halbes Gehalt gesetzt, lieh sich French eine enorme Summe, angeblich 2000 Pfund, von einem rangniedrigeren Offizier – Douglas Haig. Durch Spekulationen gelang es ihm, seine Schulden zu bezahlen und seine Karriere zu retten.[17]

French wurde nach Südafrika versetzt, wo er während des Burenkriegs die Kavalleriedivision kommandierte. Seine Freundschaft zu Lord Esher war dabei »keine Einschränkung«.[18] Aber das war es schließlich für niemanden. 1907 wurde French zum General befördert und auf Eshers Empfehlung hin zum Generalinspekteur. Nun lag es an ihm, dafür zu sorgen, dass Truppeneinheiten die notwendige Ausbildung erhielten und die erforderliche Effizienz erreichten.

Seine Referenzen waren untadelig: 1908 begleitete French König Edward VII., als dieser den Zaren in Reval besuchte, 1911 wurde er zum Adjutanten von König George V. ernannt.

French verfügte über keine Stabserfahrung und hatte auch nicht die Generalstabsschule besucht, dennoch wurde er zum Chef des Imperialen Generalstabs und damit zum Oberbefehlshaber der britischen Landstreitkräfte ernannt. Später wurde er zum Feldmarschall befördert und zum zweithöchsten Offizier der Armee nach Lord Kitchener. 1912 stieg er zum Oberkommandierenden auf und erklärte bei dieser Gelegenheit, dass ein Krieg mit Deutschland »früher oder später eine Gewissheit« sei und dass er beabsichtige, die Armee darauf vorzubereiten.[19]

French war kein Gelehrter und kein Mann des Buches. Er war eher für »Reizbarkeit denn für geistige Fähigkeiten bekannt«. Sogar König George V. gestand seinem Onkel: »Ich glaube nicht, dass er [French] übermäßig klug ist. Und sein Temperament ist furchtbar.«[20] Gerüchten zufolge war French entweder aggressiv oder depressiv und ließ sich leicht von Gerüchten beeinflussen. Er war loyal, vertrauenswürdig und fügsam – also genau das, was die Geheime Elite brauchte. Und wie immer war ein exklusiver Stammbaum hilfreich.

Henry Rawlinson hatte *Eton* und *Sandhurst* besucht, bevor er mit der Armee nach Burma und Indien ging. Seine Familienverbindungen hatten ihn schon in jungen Jahren mit Kitchener und Lord Roberts in Kontakt gebracht. Unter Roberts' Einfluss geriet Rawlinson das erste Mal in Indien, wo er diesem als Adjutant diente. Er stand im Ruf, hart und kalt zu sein und seine eigene Laufbahn über alles andere zu stellen. Diese hartnäckige Gleichgültigkeit gegenüber anderen zeigte sich am deutlichsten bei der Schlacht an der Somme.[21]

Rawlinson kämpfte im Burenkrieg, wurde dann zum Oberst ernannt und 1903 zum Kommandanten der Stabsschule des britischen Heeres in Camberley. Drei Jahre später wechselte er nach Aldershot, wegen seines großen Truppenstützpunkts das inoffizielle »Zuhause« der Armee. Sein Nachfolger in Camberley wurde Henry Wilson, das emsigste und engagierteste Mitglied der »Roberts-Akademie«.

Wilson war ein Ulster-Scot, also ein Nordire schottischen Ursprungs, und unter Roberts' Schirmherrschaft machte er groß Karriere. Nachdem er trotz umfassender Vorbereitung durch Privatlehrer gleich fünfmal bei den Aufnahmeprüfungen für die Militärakademien in Woolwich und Sandhurst gescheitert war, gelangte Wilson durch ein Hintertürchen doch noch in die Armee:[22] Er schloss sich der Longford-Miliz an und wechselte dann zur *Rifle Brigade*. Wilson war gut darin, einflussreiche Menschen zu beeindrucken, zum Beispiel Lord Roberts, der ihm half, während des Südafrika-Feldzugs »voranzukommen«.[23] Der Oberbefehlshaber hatte während des Krieges seinen einzigen Sohn verloren, und Wilson nahm offenbar dessen Stellung ein, so die Einschätzung einiger Beobachter.

Der Posten in der Stabsschule war laut Roberts »von allerhöchster Bedeutung für die Zukunft der Armee«, da hier gründlich Einfluss auf die Gesinnung genommen werden konnte. Dass die Geheime Elite einen Offizier zum Leiter der Stabsausbildung bestimmte, der wiederholt durch die Aufnahmeprüfung gefallen war, entbehrt nicht einer gewissen Ironie. Aber es ging hier weniger um Bildung als vielmehr um Indoktrinierung. Wilson war binnen fünf Jahren vom Hauptmann zum Brigadegeneral aufgestiegen, ein beispielloser Karrieresprung.[24] Er schrieb sofort an Roberts: »Ich weiß sehr wohl, wie viel ich Euch zu verdanken habe, Sir … und es ist keine Übertreibung zu sagen, dass meine gesamte Laufbahn und all meine Zukunftsaussichten Eure Leistung sind.«[25] Kriecherisch, aber wahr.

Sobald seine Ernennung zum Kommandanten der Stabsschule bestätigt war, fuhr Wilson mit dem Fahrrad nach Englemere, wo Roberts wohnte. Dort besprachen sie die Pläne für die Zukunft.[26] In den nächsten drei Jahren sollte Wilson diese Fahrt mehrmals pro Woche unternehmen. Er hielt Roberts über alle militärischen Entwicklungen genauso auf dem Laufenden wie über Klatsch und Tratsch aus dem Heer.

Wilson wiederholte auch die deutlich längeren Fahrten, die er 1906 unternommen hatte, um die belgische Grenze zu erkunden. Per Zug und Fahrrad bereiste er die Grenzen Frankreichs vom Ärmelkanal bis zur Schweiz und machte sich ausführliche und detaillierte Notizen über die Topografie. Seine Standardvorlesungen an der Stabsschule drehten sich um das Thema »Grenzen«, und zu Recht wurde er als große militärische Kapazität bezüglich der belgischen, französischen und deutschen Grenzen angesehen.

Wilson wechselte 1910 von Camberley zum Kriegsministerium, wo er die Leitung der Militäroperationen übernahm und Berater der Regierung und des *Committee of Imperial Defence* wurde. Sofort reiste er nach Frankreich, um sich weiter mit General Foch zu besprechen, dem damaligen Leiter der französischen Stabsschule. In Paris besuchte er zudem den britischen Militärattaché Oberst Fairholme. Das Treffen hinterließ keinen guten Eindruck. Wilson schrieb in sein Tagebuch: »Ich werde viel ändern, hier und wohl auch bei den anderen

Militärattaché-Posten. Sie scheinen sich zu viel mit Kleinkram und mit Frieden zu befassen, nicht mit Krieg.«[27]

Wir reden hier über denselben Sir Henry Wilson, der während der Agadir-Krise Asquith, Grey, Lloyd George und Churchill beriet, der für das Expeditionskorps zuständig war und der die Kriegspläne bis in alle Einzelheiten kannte. Er wusste auch, dass Haldane den Generalstab ermächtigt hatte, nicht nur mit den Franzosen, sondern auch mit dem belgischen Generalstab über alle Möglichkeiten zu sprechen.[28] Kurz nach seinem Eintritt ins Kriegsministerium aß Wilson mit Alfred Milner und Sir Arthur Nicolson zu Abend – »zwei Männer, mit denen er künftig viel Umgang pflegen sollte«.[29]

Wenige Wochen später kam General Foch aus Paris, und Wilson traf sich mit ihm und Nicolson im Außenministerium zu einer Besprechung. Als ordentliches Mitglied des *Committee of Imperial Defence* saß Wilson in der Schaltzentrale der militärischen Entscheidungen und sorgte dafür, dass die Geheime Elite über alles, was dort geschah, auf dem Laufenden gehalten wurde.[30]

Durch Wilsons Ernennung zum Leiter für Militäroperationen wurde für die Kriegsplanungen mit Frankreich unverzüglich eine neue Phase eingeläutet. Während der nächsten vier Jahre fuhr Wilson drei- bis viermal jährlich die französisch-belgische und die französisch-deutsche Grenze ab. Jedes Mal nutzte er das Fahrrad oder das Auto, fuhr die vermeintlichen künftigen Schlachtfelder ab, machte sich sorgfältig Notizen und konferierte mit Mitgliedern des französischen Generalstabs.

Die ganze Zeit über behaupteten Haldane, Asquith und Grey unermüdlich weiter, die »Gespräche« der Militärs seien nichts weiter als »das natürliche Resultat unserer engen Freundschaft mit Frankreich«.[31] In ihrem mit dem Pulitzerpreis ausgezeichneten Buch *August 1914* machte Barbara Tuchman sehr deutlich, dass Großbritannien ab spätestens 1911 fest zum Krieg entschlossen war. Sie betonte, dass die Pläne der Generalstäbe »uns [Briten] zum Kampf zwangen – unabhängig davon, ob es dem Kabinett gefiel oder nicht«.

Natürlich erzwangen die Pläne das, schließlich war das ihr Hauptziel. Diese militärischen Unterredungen waren förmlich und wurden klammheimlich von einigen wenigen geführt, Männern wie Henry Wilson. Man sollte sich in dieser Hinsicht keinerlei Täuschung hingeben: Allen Dementis im Kabinett, vor dem Parlament und der Öffentlichkeit zum Trotz hatte die Geheime Elite Großbritannien unwiderruflich auf Kriegskurs mit Deutschland gebracht.

Im Februar 1912 konnte der französische Oberbefehlshaber, General Joseph Joffre, dem obersten Kriegsrat des Landes mitteilen, er könne mit sechs britischen Infanteriedivisionen, einer Kavalleriedivision und zwei berittenen Brigaden rechnen, insgesamt 145 000 Mann. Als Verneigung vor Henry Wilson hatte Joffre das britische Expeditionskorps »*L'Armée W*« getauft. Das Expeditionskorps, so Joffre, würde in Boulogne, Le Havre und Rouen landen, sich in der

Hirson-Maubeuge-Region sammeln und am 15. Tag nach der Mobilisierung vollständig einsatzbereit sein.

Wilson kehrte im Herbst 1912 nach Frankreich zurück und nahm dort mit Joffre und dem russischen Großfürsten Nikolai an Manövern teil. Anschließend reisten sie zu Unterredungen mit dem russischen Generalstab nach Sankt Petersburg. 1913 besuchte Wilson Paris alle paar Monate, um sich mit dem französischen Stab zu besprechen und an Manövern des an der Grenze stationierten 20. Korps teilzunehmen.[32]

Dass Henry Wilson in ständigem Kontakt mit russischen und französischen Offizieren stand, durfte niemand erfahren, deshalb fanden sämtliche Vorbereitungsarbeiten für »Plan W« unter größter Geheimhaltung statt. Die Kriegspläne der Geheimen Elite mussten unbedingt auf das halbe Dutzend Offiziere beschränkt bleiben, deshalb »übernahmen sie sogar die Schreibarbeiten, die Ablage und sonstige Büroarbeiten«.[33] Ein größerer Kreis an Mitwissern hätte dazu führen können, dass jemand mit einem letzten Rest moralischen Anstands davon erfuhr und die ganze Verschwörung auffliegen ließ.

Ob Barbara Tuchman von der »Roberts-Akademie« sprach, als sie anmerkte, dass gerade einmal sechs britische Offiziere Kenntnis von den streng geheimen Kriegsplänen hatten? Das lässt sich nicht mit Genauigkeit sagen, aber die Zahlen würden passen.

William »Wully« Robertson war ein weiteres Mitglied der »Roberts-Akademie«. Er war insofern ungewöhnlich, als dass er die ersten zwölf Jahre bei der Armee als Gefreiter diente. Er bestand die Aufnahmeprüfung für die Offiziersschule, wurde zu den Dragonern versetzt und schaffte es durch reine Leistung nach Camberley. Während des Burenkriegs diente er direkt unter Lord Roberts und wurde in die »Akademie« aufgenommen.

Nun nahm seine Karriere richtig Fahrt auf. 1905 wurde er stellvertretender Leiter der Militäroperationen und wurde als Companion des Bathordens ausgezeichnet. 1906 reiste er an der Seite von General Grierson nach Frankreich, um das Gelände entlang der französisch-deutschen Grenze zu begutachten. Im selben Jahr reiste er noch einmal nach Frankreich und traf dort auf Major Victor Huguet. Der ehemalige französische Militärattaché war 1905 der Erstkontakt für die »zwanglosen Gespräche« gewesen. In Abstimmung mit dem französischen Generalstab wählten Robertson und Huguet Landestellen und Sammelpunkte für das britische Expeditionskorps aus.[34]

Als Robertson 1910 das Kommando in Camberley von Wilson übernahm, kommentierte er das folgendermaßen: »Es gab keine Position innerhalb der Armee, bei der sich zum Guten wie zum Schlechten mehr Einfluss auf die nachwachsende Generation von Offizieren ausüben lässt.«[35] Genau aus diesem Grund hatte Roberts penibel darauf geachtet, wer den Posten übernahm. Er mochte sich »zur Ruhe gesetzt haben«, aber über seine »Akademie« genoss Roberts weiterhin enormen Einfluss. Solange seine Werte weitergegeben wurden, brachte die Stabsschule Offiziere in seinem Sinne hervor. 1913 wechselte Robertson ins Kriegsministerium als Leiter der Militärausbildung. Damit waren die höheren Ebenen des Militärkommandos von Mitgliedern der »Akademie« dominiert.

Das bekannteste Mitglied der »Akademie« war Douglas Haig. Der jüngste Sohn wohlhabender schottischer Whiskybrauer besuchte das *Brasenose College* in Oxford, wo er zwar dem exklusiven *Bullingdon Club* angehörte, aber nicht einmal den untersten akademischen Grad erreichte. Haig wechselte nach *Sandhurst*, wo er bei den anderen Offiziersanwärtern sehr unbeliebt war. Er galt als verzogen, mürrisch und ausgesprochen unangenehm.[36]

Nach der Stabsschule wurde Haig zur ägyptischen Armee abgeordnet und diente bei Kitcheners Feldzug gegen die Derwische bei den 7. Husaren. Anschließend wurde er als Stabsoffizier der Kavallerie nach Südafrika verlegt. Am Ende des Burenkriegs kommandierte er das Kavallerieregiment der *17th Lancers*. Mit seinen Untergebenen und vor allem den rangniederen Offizieren ging Haig plump und aggressiv um und legte großen Wert darauf, selbst bei den Mahlzeiten Abstand zu halten.[37] Für Roberts waren das Charakterzüge, die ihn unbedingt als Mitglied seiner »Akademie« geeignet erscheinen ließen, entsprechend rasch stieg Haig auf.

Nachdem Haig 1902 Adjutant von König Edward geworden war, machte er zwei Jahre später als jüngster Generalmajor in der Geschichte des Heeres Schlagzeilen. Weitere zwei Jahre später, 1906, wurde er als Leiter der militärischen Ausbildung ins Kriegsministerium versetzt, eine Beförderung, die auf »starkes Anraten von König Edward« erfolgte.[38]

Gemeinsam mit Richard Haldane arbeitete Haig daran, einen Generalstab aufzubauen, die Territorialarmee zu entwickeln und das Expeditionskorps zu organisieren. Nach zwei Jahren als Generalstabschef für Indien und der Beförderung zum Generalleutnant wechselte Haig 1911 als kommandierender General nach Aldershot.

Zwei »Akademie«-Männer sollten später die britische Armee in den Krieg der Geheimen Elite führen, zwei Männer, deren Ansichten der altmodischen Kriegsführung entsprangen. Die Kavallerie hatte für sie einen alles überragenden Wert. Solange die Kavallerie angreife, sei alles gut. Haig befand: »Artillerie scheint nur gegen sehr schlecht ausgebildete Truppen wirklich effektiv zu sein.« Voller Zuversicht erklärte er: »Die Kavallerie wird in den künftigen Kriegen einen größeren Aktionsradius haben … Sie wird nicht nur wie bislang während und nach einer Schlacht zum Einsatz kommen, wir müssen auch damit rechnen, dass sie strategisch in viel größerem Umfang zum Einsatz kommt als bisher.«[39] Die »Akademie«-Generäle hatten im Sudan und in Rhodesien erlebt, was für eine verheerende Wirkung Maschinengewehre haben können, dennoch waren sie fest in der Vergangenheit verwurzelt.

Die offiziellen Untersuchungen nach dem Krieg in Südafrika hatten ganz klar gezeigt, dass die Offiziere weder die grundlegenden Herausforderungen erkannt hatten, die ein Kugelhagel mit sich brachte, noch wie schwierig und gefährlich es für Soldaten ist, unter Beschuss durch Maschinengewehre freie Flächen zu überqueren. Lektionen wurden daraus trotzdem nicht gezogen. In den Jahren vor dem Ersten Weltkrieg dominierten die Kavallerie-Anhänger die Führungsränge des Militärs. Wer eine andere Meinung vertrat, dessen Karriere endete in einer Sackgasse.

Der Auswahlprozess des Heeres schaffte es auf außerordentliche Art und Weise, gerade nicht die am besten für Führungsaufgaben geeigneten Offiziere zu fördern. Hervorragende Offiziere wurden nicht wegen ihrer Leistungen befördert.[40] Andere waren mittelmäßig, machten aber rasch Karriere, weil sie Roberts blind ergeben waren. Beförderungen hingen von persönlichen Begünstigungen ab, was sich auf die späteren Leistungen des Heeres negativ auswirken sollte.[41]

Wer eine Spitzenposition im Militär ergattern sollte und wer nicht, das hing von den Launen eines einzelnen Mannes ab, der überhaupt kein Recht dazu hatte, derartige Entscheidungen zu treffen. Ausbaden mussten das in den folgenden Jahren die gewöhnlichen britischen Soldaten. Dieser Art war die Beschaffenheit der »Roberts-Akademie«: Sie hörten auf ihn, sie folgten ihm, und es war zu ihrem eigenen Vorteil.

Unter Roberts diente auch General Louis Lipsett im Burenkrieg. Er wurde 1911 als Generalstabsoffizier mit dem Auftrag nach Kanada versetzt, die bei den Reichskonferenzen von 1907 und 1909 von allen Staats- und Regierungschefs der britischen Dominions und Kolonien vereinbarten Maßnahmen umzusetzen. Die Geheime Elite wusste sehr wohl, dass die militärische Ausbildung im gesamten Empire vereinheitlicht werden musste. General Sir Alexander Godley wurde nach Neuseeland entsandt, um für Beratung und Ausbildung zu sorgen. Die neuseeländischen Truppen hassten Godley, aber ihr Ausbildungsstand war 1914 hervorragend.

Die Männer aus »Milner's Kindergarten« stammten aus der akademischen und gesellschaftlichen Elite und überzeugten durch Talent, Intellekt und Kompetenz. Die »Roberts-Akademie« dagegen führte das Old-Boy-Network fort, das die Armeeführung einschränkte. Milner erkannte Talent und formte es zu einer machtvollen Kraft, die das Empire voranbrachte. Roberts dagegen bevorzugte Männer, die wie er dachten und ihm treu folgten; Talent war nachrangig von Bedeutung. Milners Männer standen loyal zu ihm, zum Empire und zueinander. Die »Roberts-Akademie« war ihrem Anführer treu ergeben, fiel sich aber gegenseitig in den Rücken, wenn es dem eigenen Vorteil diente.

Beide Gruppen wussten, dass ein Krieg mit dem Deutschen Reich geplant war. Beide Gruppen dienten der Sache der Geheimen Elite – auf Kosten der Demokratie. Beide Gruppen waren bereit, andere zu opfern. Doch nur Milners

Männer wurden Teil der Geheimen Elite. Roberts war sehr eng mit Milner, Esher, Balfour, der königlichen Familie und dem inneren Kreis der Geheimen Elite verbunden, aber er wurde nur benutzt. Durch ihn kontrollierte die Geheime Elite die Heeresführung. Seine »Pensionierung« war wenig mehr als eine Fassade. Er nahm auch weiterhin Einfluss auf die Besetzung von Posten, auf die Politik und auf die Vorbereitungen für den Krieg.

Die »Roberts-Akademie« setzte sich aus einer kleinen Gruppe egoistischer, egozentrischer Offiziere zusammen, die dem alten Feldmarschall und der Geheimagenda, der er sich verpflichtet fühlte, blind ergeben waren. Als Patrioten sollte man sie nicht ansehen, denn sie planten gegen den ausdrücklichen Wunsch von Parlament und Bevölkerung, das Land in einen Krieg zu führen. Ihre Loyalität galt nicht der Nation, sondern einer kleinen Bande von Verschwörern. Einige glaubten, dass das Schwert und die Lanze mächtiger sein würden als das Maschinengewehr. Aber es waren ja auch nicht sie, die nachher auf dem Schlachtfeld geopfert werden sollten.

Zusammenfassung von Kapitel 15: Die »Roberts-Akademie«

- Eine kleine Clique sehr einflussreicher Heeresoffiziere, deren gemeinsame Wurzeln zum Burenkrieg reichten, waren getreue Gefolgsleute von Lord Roberts, der wiederum ein enger Verbündeter von Alfred Milner und der Geheimen Elite war.
- Offiziell war Roberts in Pension, aber in militärischen und politischen Kreisen hatte er noch immer immensen Einfluss. Er fungierte auch als Berater für die Konservativen.
- Roberts war von 1902 bis 1914 der erste Präsident der britischen *Pilgrims Society* und zudem Präsident der *National Service League*, die sich für eine allgemeine Wehrpflicht starkmachte.
- Roberts trug dazu bei, dass in der Northcliffe-Presse Schauergeschichten über eine deutsche Invasion verbreitet wurden.
- Er schuf eine »Akademie« ranghoher Offiziere, aus der die Generäle French, Wilson, Rawlinson, Robertson und Haig hervorgingen.
- Die »Akademie« kontrollierte die Stabsschule in Camberley, die militärischen Operationen im Kriegsministerium und die Rolle des Heeres im *Committee of Imperial Defence*.
- Männer der »Roberts-Akademie« waren für die militärischen Planungen und Aktivitäten des Ersten Weltkriegs verantwortlich.

16

Poincaré – der Mann, der sich kaufen ließ

JOSEPH CAILLAUX MUSSTE GEHEN. Der radikale französische Ministerpräsident hatte sich auf diplomatische Verhandlungen mit Deutschland eingelassen und so die Agadir-Krise gelöst. »Unsere wahrhaftige Politik ist ein Bündnis mit Deutschland«,[1] hatte Caillaux erklärt, eine Haltung, die mit den Plänen der Geheimen Elite natürlich völlig unvereinbar war.

Nun ist es, egal in welchem Land, keine einfache Aufgabe, seine Agenten in politische Machtpositionen zu bringen. Doch die Geheime Elite war versiert darin – und sie hatte Alexander Iswolski.

Caillaux hatte viele Feinde, aber gewiss keinen tödlicheren als Iswolski, den zentralen ausländischen Agenten der Geheimen Elite. Iswolski hatte 1910 das Amt des russischen Außenministers aufgegeben und war als Botschafter nach Paris gezogen, aber das bedeutete weder eine Degradierung noch eine Beschneidung seiner Macht. Seine Hauptaufgaben für Paris: die russischen und französischen Kriegsvorbereitungen zu koordinieren und die französische Politik zu korrumpieren.

Iswolski kam mit prall gefüllter Kriegskasse nach Paris – Geld, mit dem die französische Presse auf Kurs gebracht werden sollte. Die öffentliche Meinung sollte sich gegen Caillaux und ähnlich denkende Politiker wenden. Raymond Poincaré, ein rechtsgerichteter Revanchist und Anwalt, wurde als Ersatz für Caillaux auserkoren; er sollte Frankreich in den Krieg führen.

Der in Lothringen geborene Poincaré war von einem brennenden Hass auf Deutschland erfüllt und fest entschlossen, die Provinz zurück nach Frankreich zu holen. Er sollte später erklären: »Ich wusste keinen anderen Grund, weshalb meine Generation weiterleben sollte, als den, auf die Rückgewinnung unserer verlorenen Provinzen zu hoffen …«[2]

Poincaré wusste von Anfang an, dass ihn ausländische Akteure dafür bezahlten, Frankreich gegen Deutschland aufzuhetzen. Ihm war vollkommen bewusst, dass er seinen politischen Erfolg und seinen Aufstieg verdeckt agierenden Mächten verdankte. Er verkaufte der Geheimen Elite seine Seele, um Elsass-Lothringen zurück nach Frankreich zu holen. Persönlich war Poincaré daran beteiligt, die französische Presse zu schmieren, und er beriet Iswolski über »den am besten geeigneten Plan, die Zuwendungen zu verteilen«.[3] Zuwendungen, aber ja doch! Wir sprechen hier von Korruption in ihrer krassesten Form: Französische Chefredakteure erhielten große Summen dafür, Caillaux mit Beschimpfungen einzudecken. Er wurde verteufelt, es hieß, er habe hinter dem Rücken seiner Kabinettskollegen verhandelt und völlig unnötigerweise französisches Territorium in Afrika an Deutschland abgetreten. Das afrikanische Buschland, das Caillaux im Tausch für Frieden in Europa aufgegeben hatte, sei ein zweites Elsass-Lothringen, das »aus dem blutenden Leib Frankreichs gerissen wurde«,[4] klagten die Revanchisten im Senat dann doch etwas arg pathetisch. Caillaux geriet unter immensen persönlichen und politischen Druck. Im Januar 1912 warf er das Handtuch. Poincaré wurde zum Ministerpräsidenten und Außenminister gewählt. Damit hatte sich Frankreich erstmals auf den Kurs der Revanchisten festgelegt – ein Wendepunkt in der europäischen Geschichte.

Frankreichs neuer Ministerpräsident verdankte alles Iswolski und dessen Hintermännern. Nur wenige Stunden nach seiner Amtseinführung suchte Poincaré Iswolski in dessen Büro auf, um Frankreichs absolute Solidarität mit Russland zu beteuern.[5] Die Details sind in diesem Punkt sehr interessant: Hier wird nicht der Botschafter in Poincarés Büro bestellt, nein, höchstpersönlich eilt der Ministerpräsident unverzüglich zu Iswolski. Wer in dieser Beziehung das Sagen hatte, dürfte damit geklärt sein. Poincaré hatte sich kaufen lassen – und ihm war vollumfänglich bewusst, in wessen Schuld er stand. Fehlte nur noch, dass er dem gepflegten kleinen Russen die Hand küsste. Von Beginn an richtete Poincaré Frankreichs Außenpolitik sorgfältig danach aus, dass sie die volle Zustimmung von Sir Edward Grey fand. Suchte er Anleitung, wandte er sich an das *Foreign Office*.[6]

Alexander Iswolski war überglücklich. Zwei Jahre lang hatte er sich in Paris mit Politikern herumschlagen müssen, die von Krieg nichts hören wollten. Überschwänglich schrieb er an Sergei Sasonow, seinen handverlesenen Nachfolger im russischen Außenministerium, dass Frankreichs Kriegsministerium sich nun mit Hochdruck auf »Militäroperationen in sehr naher Zukunft« vorbereite und Poincaré diese Themen »so regelmäßig und gründlich wie möglich« mit ihm besprechen wolle.[7] Einige Wochen später gab Iswolski Poincaré seine erste Hausaufgabe mit auf den Weg: Er sollte »eine deutsche Bewegung Richtung Frieden verhindern«.[8] Unter seiner Leitung wurde aus dem Defensivbündnis zwischen Frankreich und Russland offene Unterstützung für ein aggressives Vorgehen Russlands auf dem Balkan. Poincaré hatte Iswolski zudem zugesichert, dass man Russland bewaffnete Hilfe leisten würde, sollte es in einen Krieg mit Österreich und Deutschland hineingezogen werden.[9] Mit Poincaré hatte Iswolski seinen Eifer wiedergefunden, und die Chronik der beiden folgenden Jahre zeigt, wie sie sich über sämtliche Opposition in Frankreich und Russland hinwegsetzten.[10]

Sie halfen sich gegenseitig dabei, auf die Erfüllung ihres jeweiligen Traumes hinzuarbeiten: die Rückkehr von Elsass-Lothringen nach Frankreich und Russlands Griff nach Konstantinopel und den Dardanellen.

Poincaré war ein fähiger Anwalt und eine dominante Persönlichkeit, die das französische Kabinett bestimmte. Ab dem ersten Tag im Amt verfolgte er eine deutschlandfeindliche Politik, für die er keine ausdrückliche Zustimmung der Öffentlichkeit besaß.[11] Doch er hatte ein Problem: den französischen Botschafter am Zarenhof, Georges Louis, einen der kompetentesten Diplomaten des Landes. Louis war ein entschiedener Kriegsgegner. Ihm entging nicht, wie sich das Wesen des französisch-russischen Bündnisses veränderte, und er zögerte nicht, dies vehement zu kritisieren.[12] Seine Tage waren damit gezählt.

Subtilität war nicht die große Stärke von Raymond Poincaré. Im April 1912 wies er deutsche Freundschaftsbekundungen kurz angebunden zurück.[13] Die »Haldane-Mission« nach Berlin verblüffte ihn, aber das *Foreign Office* teilte ihm hinter vorgehaltener Hand mit, dass sich nichts geändert hatte, und erinnerte ihn daran, wie die *Entente* in der Praxis funktionierte: nichts Schriftliches! Geheimvereinbarungen eines solchen Ausmaßes wie zwischen Großbritannien und Frankreich und zwischen Großbritannien und Russland durften nicht schriftlich festgehalten werden. Von da an schienen Poincaré die mündlichen Beteuerungen aus London vollkommen auszureichen. Mit wohlüberlegter Bewunderung sagte er über den verstorbenen britischen Monarchen: »König Edward hielt es für völlig überflüssig, die Übereinkunft zwischen zwei Mächten schriftlich festhalten zu müssen.«[14]

Natürlich hielt er das für überflüssig. Und so konnte Iswolski im Juni 1912 Sasonow melden: »Weder Frankreich noch England hat Grund dazu, am derzeitigen Verhältnis eine Änderung herbeiführen zu wollen. [...] Dieses oder jenes förmliche Dokument zu unterschreiben ... würde diese Garantie in keiner Weise verstärken.«[15] Im Hintergrund hört man geradezu die ruhige Beteuerung von König Edward durchklingen. Obwohl sie nur »Freunde« waren, waren die Harmonie und das gegenseitige Vertrauen zwischen Frankreich und Großbritannien in der Praxis größer als zwischen Frankreich und Russland mit ihrem hochoffiziell unterschriebenen Abkommen. Die Verpflichtung war absolut, auch wenn Asquith und Grey weiterhin im Parlament bestritten, dass Großbritannien durch Geheimverträge dazu verpflichtet sei, an einem Kontinentalkrieg teilzunehmen.[16]

Im August 1912 begannen die Russen damit, vorsätzlich und stetig die Stimmung auf dem Balkan anzuheizen. Poincaré reiste daraufhin nach Sankt Petersburg, um Sasonow die Unterstützung Frankreichs und Großbritanniens zuzusagen und weitere militärische Übereinkünfte zu treffen. Wohin er auch reiste, stets befand Iswolski sich an der Seite des französischen Ministerpräsidenten. Botschafter Louis dagegen wurde dezidiert von den Gesprächen ferngehalten.

Frankreichs Regierung traute ihrem eigenen Botschafter nicht und wusste, dass er den neuen politischen Kurs kritisieren würde.[17] Poincaré versprach Sasonow, Frankreich werde Russland in einen Krieg gegen das Deutsche Reich folgen.[18] Außerdem beteuerte er, dass England bereit sei, Frankreich mit voller Stärke von Heer und Flotte zur Seite zu stehen. Im französischen Kriegsplan, »Plan XVII«, wurden ausführlich die ausgeklügelten Vorbereitungen aufgeführt, die bereits für den Transport und die Stationierung des britischen Expeditionskorps entlang der belgischen Grenze getroffen worden waren. Poincaré bat Sasonow, »die absolut größte Geheimhaltung im Hinblick auf diese Informationen zu wahren«.[19]

Ein weiteres Thema, um das man sich kümmern musste, waren die Finanzen. Russland war weiterhin sehr knapp bei Kasse, es fehlte das Geld für die Kriegsvorbereitungen. Bei seinem Besuch knüpfte Poincaré sehr bewusst die finanzielle Hilfe aus Frankreich an eine Modernisierung des russischen Schienennetzes, das zur Grenze mit Deutschland führte. Er insistierte, dass die Zeit, in der die russische Armee mobilisiert und in Richtung russisch-deutscher Grenze gebracht werden konnte, auf ein Minimum reduziert werde.[20] Geld aus Frankreich sollte zudem in genau festgelegte militärische Projekte fließen, etwa in den Bau russischer Kriegsschiffe, die Waffenproduktion, Eisenbahnwaggons und in Infrastruktur, die schnellere Bewegungen erlaubte. Den Löwenanteil der Mittel stellte die Pariser *Banque de l'Union parisienne*. Sie war durch Anthony de Rotschild mit den Rothschilds verbunden, entsprechend riecht hier alles danach, als hätte die Geheime Elite Russlands Kriegsmaschinerie finanziert.[21]

Angesichts der Tatsache, dass Russland massive Finanzprobleme hatte, lohnt ein zweiter Blick darauf, wie es Iswolski gelang, ausreichend Kapital für die Aufgabe aufzutreiben, die Ziele der Geheimen Elite voranzutreiben. Zu Beginn des Ersten Weltkriegs hielt Paris 80 Prozent der direkten russischen Staatsschulden.[22] Als Eisenbahnanleihen im Wert von einer halben Milliarde Francs jährlich an die Börse gebracht werden sollten, stimmte die Regierung Poincaré zu, stellte allerdings Bedingungen: Russland müsse seine Truppenstärke aufstocken und sofort damit beginnen, bestimmte strategische Eisenbahnstrecken in Richtung deutscher Grenze zu bauen. Der Verlauf der Strecken war im Vorfeld mit dem französischen Generalstab abgestimmt worden.[23]

Trotz ihres Namens war die *Banque de France* nicht der Mittelpunkt der französischen Finanzwelt. Stattdessen herrschte dort eine Organisation, die von einer Handvoll Privatbanken kontrolliert wurde. Unter diesen befanden sich wiederum zwei, die mächtiger als all die anderen Kredithäuser zusammen waren: die sogenannten *hautes banques* von Mirabaud und Rothschild. Die Rothschilds und deren Verwandte zählten ständig zu den Regenten der *Banque de France*.[24]

Bei den Investmentbanken, der ersten Anlaufstelle für Kapital, dominierten die *Banque de Paris et des Pay-Bas* (*Paribas*) der Rothschilds und die *Banque de l'Union parisienne.* Auf dem Papier waren sie Konkurrenten und eigenständige Unternehmen, aber immer wieder teilten sie sich Direktoren.

Rothschilds *Paribas* kontrollierte die mächtige Nachrichtenagentur *Havas,* der wiederum Frankreichs wichtigste Werbeagentur gehörte.[25] So wie Lord Natty Rothschild in London gehörte auch Baron Édouard de Rothschild in Paris ein sehr großes Stück vom globalen Investmentbanking-Kuchen. Die Cousins in London und Paris arbeiteten Hand in Hand und sorgten dafür, dass die für Russland vorgesehenen Mittel auch tatsächlich nur für die Kriegsziele der Geheimen Elite verwendet wurden.

Die großen Summen, mit denen Iswolski französische Politiker und Medien korrumpierte, kamen offenbar aus Russland. Das stimmt auch, allerdings über einen Umweg. Die schwarze Kasse wurde von den gewaltigen Darlehen abgezweigt, die von Paris nach Russland flossen. Das Geld wurde also in Paris geliehen, die Zinsen musste der russische Steuerzahler berappen, während das Geld zurück nach Frankreich floss, wo sich Iswolski dann bedienen konnte. Ein cleveres System, bei dem der russische Steuerzahler sowohl für die Tilgung des Darlehens als auch für die Zinsen aufkommen musste. Poincaré verstand genug von Geld, um 1912 die Bankenregeln zu ändern: Ausländische Darlehen mussten fortan vom Außenminister genehmigt werden – also von Poincaré selbst.[26] So konnte er eng mit den Bankiers zusammenarbeiten, denen er direkt und indirekt sein Amt verdankte, und die Mittel abzweigen, die Russland und Serbien für die Kriegsvorbereitungen benötigten.

Poincaré hatte auf der internationalen Bühne sehr beeindruckend begonnen. Sein Engagement für die gemeinsame Sache machte ihn für die Geheime Elite zu einem Aktivposten von unschätzbarem Wert. Der Geheimbund wusste allerdings nur zu gut, welche Unwägbarkeiten die französische Politik bot. Ministerpräsidenten kamen und gingen in atemberaubendem Tempo, in den sechs Jahren vor Poincaré hatte es sechs Amtsinhaber gegeben. Anders dagegen sah es beim Präsidenten aus, der für sieben Jahre gewählt wurde. Poincaré als Präsident würde ihm – und natürlich auch der Geheimen Elite – mehr Beständigkeit bieten. Entsprechend enthusiastisch unterstützte der Geheimbund Poincarés Kandidatur für die Präsidentschaftswahlen von 1912. Sein Gegner: Émile Combes, ein eingefleischter Kriegsgegner und Russenfeind.

Poincaré oder Combes – die Gegensätze waren krass, und Iswolski war klar, wie wichtig ein Wahlsieg Poincarés war. Er kabelte an Sasonow, dass dieser weitere Mittel bereitstellen sollte, Geld, mit dem die Presse sowie Mitglieder des Senats und der Abgeordnetenkammer gekauft werden sollten.[27] Iswolski schrieb: »Sollte, Gott bewahre, Poincaré scheitern, wäre das eine Katastrophe für uns.«[28]

Gewaltige Summen flossen. Allein um die *Radical* zu schmieren, ein Blatt, das den lautesten Poincaré-Kritikern im Senat gehörte, forderte Iswolski drei Millionen Francs.[29] Iswolski übergab das Geld einem Mittelsmann, der es an den französischen Finanzminister Louis-Lucien Klotz weiterreichte. Dieser verteilte es schamlos unter den Politikern, die bereit waren, ihre Stimme für Poincaré zu verkaufen.[30] Die französische Öffentlichkeit hatte damals nichts mit der Präsidentenwahl zu tun, einzig Senatoren und Abgeordnete waren wahlberechtigt. Das machte Bestechungs- und Korruptionsversuche vergleichsweise einfach.

Die Geheime Elite gab sich viel Mühe, alle Spuren zu verwischen, anhand derer man das Geld nach Russland oder, schlimmer noch, nach Paris und London hätte zurückverfolgen können. Poincarés Widersacher wurden bestochen, für ihn zu stimmen; so wurde die Opposition mundtot gemacht.[31] Nichts blieb dem Zufall überlassen.

So wurde Poincaré am 17. Januar 1913 zum Präsidenten gewählt. Europas Schicksal war besiegelt. Traditionell galt der Präsident bis dahin eher als Galionsfigur, aber Poincarés erste Amtshandlung bestand darin, sich mehr Befugnisse zu verleihen. In seiner Antrittsrede erklärte er, er werde sich aktiver als seine Vorgänger in die Politik einmischen. Außerdem veränderte er die Philosophie der französischen Regierung radikal: »Die Schwächung der Exekutivgewalt ist weder vom Senat noch von der Nation gewünscht ... es ist einem Volk nicht möglich, wirklich friedlich zu sein, außer durch ständige Bereitschaft zum Krieg.«[32] Seinen diktatorischen Ansatz unterstrich er noch, indem er sofort Georges Louis von seinem Botschafterposten ablösen ließ. Als Nachfolger ging Théophile Delcassé nach Sankt Petersburg, der von König Edward persönlich ausgewählte Agent der Geheimen Elite, der größte Deutschlandhasser in der französischen Öffentlichkeit. Iswolski meldete telegrafisch nach Sankt Petersburg: »Delcassé steht voll und ganz hinter der Idee einer möglichst engen Verbindung zwischen Russland und Frankreich ... Er ist befugt, Russland alle benötigte finanzielle Hilfe anzubieten, und zwar in Form von Eisenbahnanleihen.«[33] Der neue Präsident meinte es ernst.

Raymond Poincaré änderte die Zusammensetzung des Obersten Kriegsrats der Franzosen. Künftig würde er den Rat unter seinem eigenen Vorsitz einberufen können.[34] Er kündigte eine finanziell gut ausgestattete Kampagne für ein Gesetz an, das die Dauer der Wehrpflicht von zwei auf drei Jahre verlängerte und die Größe des stehenden Heeres dramatisch anwachsen ließ.

Die Northcliffe-Presse war von dem Vorhaben begeistert. In London startete die *Times* einen Werbefeldzug, bei dem sie leidenschaftlich für Poincarés dreijährige Wehrpflicht eintrat und Gesetzesgegner wie den Sozialisten Jean Jaurès mit Hohn und Spott überschüttete.[35] Aus Sankt Petersburg berichtete der *Times*-Korrespondent, dass Russland durch ähnliche Änderungen künftig in Friedenszeiten 1,4 Millionen Mann unter Waffen haben würde. »Nach übereinstimmender Einschätzung war die russische Armee noch nie in besserem Zustand«, verkündete der Journalist kühn.[36] Inwieweit das der Wahrheit entsprach, würde sich zeigen müssen, aber durch diese Veränderungen waren

Frankreich und Russland hinsichtlich der Truppenstärke enorm im Vorteil gegenüber Deutschland und Österreich.

Am 12. Juni 1913 schrieb der belgische Botschafter in Paris, Baron Guillaume, eine Warnung an seinen Außenminister: Poincarés Ausgaben für die Armee seien so exorbitant, dass ein beunruhigendes Dilemma drohe. Frankreich werde »entweder auf das verzichten müssen, auf das das Land nicht verzichten kann [Elsass-Lothringen], oder schon bald in den Krieg ziehen müssen«. Poincaré bereitete sich ganz offensichtlich nicht auf Ersteres vor. Die Beziehung der Franzosen zu ihren Streitkräften habe sich in eine Art Volksbegeisterung hineingesteigert, schrieb Guillaume. Wer Kritik am Gesetz für die dreijährige Wehrpflicht äußere, »läuft Gefahr, als Verräter gebrandmarkt zu werden«. Die sorgfältig geplante und durchgeführte Propaganda »setzte ein, als sie Poincaré bei seiner Wahl zum Präsidenten half«. Nun halte sie an, »ungeachtet der dadurch entstehenden Gefahren. Im gesamten Land herrscht eine große Besorgnis.«[37] Zu Recht. Die Franzosen hatten guten Grund, besorgt zu sein.

Raymond Poincaré erwies sich als hervorragende Investition für die Geheime Elite. Er bekämpfte alle Ansätze einer Versöhnung mit dem Deutschen Reich, bereitete seine Nation auf den Krieg vor und erklärte seine unerschütterliche Loyalität gegenüber Briten und Russen. Unter Anleitung von Iswolski war er bereit, die Unruhen auf dem Balkan anzufachen und die Krise dafür zu nutzen, einen europaweiten Krieg auszulösen – den Krieg, den er so dringend herbeisehnte, den Krieg, der ihm seine geliebten »verlorenen Provinzen« zurückbringen sollte.

Poincarés Wahlsieg war durch Bestechung, Korruption und massive Einflussnahme auf die öffentliche Meinung zustande gekommen. Wie hier die Schalthebel der Macht kontrolliert wurden, zeigt, wie Carroll Quigley so richtig anmerkte, ganz deutlich die Handschrift der Geheimen Elite. Dieses Vorgehen war jedoch nicht auf Europa beschränkt, sondern fand gleichzeitig auch in den Vereinigten Staaten von Amerika statt.

Zusammenfassung von Kapitel 16: Poincaré – der Mann, der sich kaufen ließ

- Die Geheime Elite setzte Alexander Iswolski, ihren Hauptagenten in Paris, darauf an, den amtierenden französischen Ministerpräsidenten Joseph Caillaux zu schwächen und ihn durch Raymond Poincaré ersetzen zu lassen, einen überzeugten Revanchisten.
- Poincaré wusste, dass er Iswolski und ausländischen Bankiers, Zeitungen und Politikern viel zu verdanken hatte, denn sie hatten die Mittel für seine korrupte Kampagne bereitgestellt.
- Unter Poincaré wurde das Wesen des französisch-russischen Bündnisses auf eine völlig neue Grundlage gestellt – weg von Verteidigungsabkommen und

hin zu Krieg. Bei einem Besuch in Sankt Petersburg versicherte Poincaré Sasonow, dass Frankreich und Großbritannien zum Krieg mit Deutschland entschlossen seien.

- 1914 hielten französische Banken über 80 Prozent der russischen Staatsschulden. Poincaré und seine Förderer koppelten die Darlehen an die Bedingung, dass Russland sein Militär ausbaue und das Eisenbahnnetz so modernisiere, dass sich die Truppen schneller gegen Deutschland in Stellung bringen lassen könnten.
- Die französischen Banken, einschließlich der *Banque de France,* wurden von einigen wenigen Finanziers kontrolliert, allen voran von den Rothschilds. Die Rothschild-Häuser in London und Paris arbeiteten Hand in Hand daran, Russland über verschlungene Kanäle mit dem notwendigen Kapital zu versorgen.
- Als Ministerpräsident war Poincarés Position vergleichsweise unsicher, deshalb förderte die Geheime Elite 1913 seine Wahl zum Präsidenten. Dabei ging sie mit massiven Bestechungen und Korruptionsversuchen zu Werke.
- Nach seiner Wahl zum Präsidenten erweiterte Poincaré unverzüglich seine Amtsbefugnisse, feuerte Georges Louis, den für Frieden werbenden französischen Botschafter in Russland, und ersetzte ihn durch Delcassé, den Vorkämpfer der Revanchisten.
- Zum großen Wohlgefallen der Geheimen Elite verabschiedete Poincaré ein Gesetz, das die Wehrpflicht in Frankreich auf drei Jahre verlängerte und die französische Armee stärkte.

17

Das ganz besondere Verhältnis zu Amerika

IM ERSTEN JAHRZEHNT des 20. Jahrhunderts wuchs der Geheimbund, den Cecil Rhodes ins Leben gerufen hatte, beständig weiter und wurde immer komplexer. Das Hauptziel hatte sich nicht geändert – die gesamte Welt sollte unter britischen Einfluss geraten –, und um die Sache des Empire zu fördern, reisten Milners Mitglieder der Tafelrunde rund um den Globus.[1] In der City of London, dem Finanz- und Bankenbezirk der britischen Hauptstadt, teilten die großen Finanziers und Handelsbankiers den Traum von einer alles dominierenden Weltmacht, die den Werten der englischen Oberschicht folgte. In dem »Glaubensbekenntnis«, das Teil eines seiner Testamente war, hatte Rhodes davon gesprochen, die gesamte unzivilisierte Welt unter britische Herrschaft bringen und die Vereinigten Staaten »zurückgewinnen« zu wollen, damit die »angelsächsische Rasse ein einziges großes Empire« bilde.[2] Gemeint war, dass das angelsächsische, protestantische Amerika Hand in Hand mit Gleichgesinnten in England arbeiten sollte. Natürlich ließen sich die Vereinigten Staaten nicht mit Waffengewalt zurückgewinnen, deshalb musste man einen Teil der Macht an die wohlhabende Oberschicht in Amerika abtreten, sofern diese ähnlich dachte.

Die Rhodes-Stipendien bevorzugten Amerika: Für das gesamte Empire standen 60 Plätze zur Verfügung, auf die USA dagegen entfielen 100, zwei pro Staat oder Territorium. Die »besten Talente« aus den »besten Familien« sollten an der Universität von Oxford ausgebildet werden. Sie sollten dort das »Englischsein« schätzen lernen und begreifen, wie wichtig »der Erhalt der Einheit des Empire« ist.[3] Rhodes wusste sehr gut, wie Menschen mit großem Vermögen Einfluss auf Politik und Regierungen nehmen konnten, und er wusste ebenfalls, dass die Märkte auch dazu dienen konnten, »politische Ziele zu erreichen«.[4] Die Welt stand am Anfang der Ära des Finanzkapitalismus, einem Zeitalter, in dem wohlhabende internationale Investmentbanker, der neue »Geldadel«, Wirtschaft und Regierungen steuern konnten, wenn sie sich zusammentaten.[5] Dieser neue Geldadel stieß ins britische Establishment vor und schloss zu den aristokratischen Großgrundbesitzern auf, Familien, die Großbritannien seit Jahrhunderten regiert hatten. Gemeinsam bildeten sie den Kern der Geheimen Elite.

Ab 1870 war Geld das größte Exportgut der Briten, und London stand im Mittelpunkt dieses Geschäfts. Gewaltige Ersparnisse und Gewinne wurden angehäuft und in der City von internationalen Handelsbanken wie *Rothschild, Baring, Lazard* und *Morgan* mit beträchtlichem Profit investiert. Dort, in der Londoner Finanzmeile, kannten Macht und Investitionen keine Ländergrenzen,[6] dort wurde für Regierungen und Firmen aus aller Welt Kapital eingesammelt.[7] Die großen Investmenthäuser verdienten Milliarden, und ihre politischen Verbündeten und Agenten vermehrten ihren Wohlstand. Die aufstrebende junge Mittelschicht Großbritanniens wollte unbedingt am Erfolg teilhaben. Edward, zunächst als Prince of Wales und später als König Edward VII., vergalt die großzügige Gönnerschaft der Rothschilds, der Cassels und anderer jüdischer Bankiersfamilien wie Montagu, Hirsch und Sassoon mit Freundschaft und Ehrenbezeigungen. Damit tat er viel dafür, den in der britischen Gesellschaft vorherrschenden Antisemitismus abzubauen. Die *Bank of England* wurde komplett von diesen mächtigen Bankiers dominiert, was niemand hinterfragte.

Wegen des gewaltigen Potenzials, das Amerika bot, passte die Geheime Elite ihr Konzept an – aus der Überlegenheit der britischen Rasse wurde die Überlegenheit der angelsächsischen Rasse. Rhodes' Traum musste dafür nur minimal modifiziert werden. Jetzt sollte die Welt durch eine Föderalstruktur der englischsprachigen Nationen vereint werden, an deren Spitze Großbritannien stand.[8] Wie Rhodes glaubte auch Alfred Milner, dass eine geheime Vereinigung aus Politikern und Wirtschaftsmagnaten dieses Ziel verfolgten sollte, indem sie hinter den Kulissen ihren Einfluss auf Journalismus, Bildung und Propaganda geltend machte.[9]

Im 19. Jahrhundert floss viel Geld in die USA und trieb die industrielle Entwicklung des Landes voran. Das brachte eine neue Millionärsklasse hervor: die Rockefellers, Carnegies, Morgans, Vanderbilts und Konsorten. Die Rothschilds vertraten die britischen Interessen entweder direkt durch Deckfirmen oder indirekt durch von ihnen kontrollierte Agenturen. Dank eines oftmals gnadenlos geführten Konkurrenzkampfes blühten Industriezweige wie Eisenbahn, Stahl, Schiffsbau, Bau, Öl und Finanzen auf, allerdings verlief der Wettbewerb auch nicht so blutig, wie es manchmal den Anschein hatte. Die kleinen Gruppen der Superreichen auf beiden Seiten des Atlantiks kannten sich sehr gut, und die Geheime Elite in London richtete einen ausgesprochen exklusiven und geheimniskrämerischen Club ein, bei dem sich regelmäßig alle Parteien trafen.

Am 11. Juli 1902 fand das Gründungstreffen der *Pilgrims Society* im Carlton Hotel statt. Die rund 40 Teilnehmer wurden als Londoner Ortsgruppe der *Pilgrims Society* bekannt. Die Mitgliedschaft wurde zunächst auf 500 begrenzt, alle Mitglieder waren selbstverständlich handverlesen.[10] Nach außen hin diente die *Pilgrims Society* dem Zweck, zwischen Großbritannien und den Vereinigten Staaten »die Atmosphäre des guten Willens, der guten Freundschaft und des ewigen Friedens« zu fördern,[11] aber der exklusive Mitgliederkreis lässt kaum Zweifel daran, worin die wahre Absicht bestand: Hier fanden die Reichen und Begabten zusammen, mit deren Hilfe die Geheime Elite in den Jahren vor dem Ersten Weltkrieg ihre Ziele vorantreiben wollte. Hinter dem Image der Pilgerväter, dieser wegen ihrer christlichen Werte Verfolgten, warb die elitäre Clique für die Idee, dass »Engländer und Amerikaner die internationale Verbundenheit durch ihre Pilgerfahrten über den Atlantik und zurück fördern«.[12] Laut Eigendarstellung handelte es sich bei den *Pilgrims* um eine spontane Bewegung, die sich weltweit für Demokratie einsetzt.[13] Die meisten Mitglieder haben tatsächlich daran geglaubt. Aber der Gesellschaft gehörte auch ein ausgewähltes Kollektiv der reichsten Männer Großbritanniens und Amerikas an, Männer, die stark in die Geheime Elite eingebunden waren. Sie teilten Rhodes' Traum und wollten daran teilhaben.

Die Londoner *Pilgrims* begründeten bald eine Tradition: Sie waren die Allerersten, die den neuen amerikanischen Botschafter in Großbritannien offiziell begrüßten, und es war bei einem ihrer Dinner, dass er seine erste offizielle Rede hielt. Außerdem wurde jeder britische Botschafter in den USA vor seiner Abreise nach Washington mit einem feierlichen Essen verabschiedet und nach Ende seiner Dienstzeit auch wieder begrüßt. Die New Yorker Ortsgruppe der *Pilgrims Society* gründete sich am 13. Januar 1903 im *Waldorf Astoria*.[14] Ihr gehörten die wichtigsten Finanziers, Politiker und Anwälte der Ostküste an. Sie führten ähnliche Traditionen für britische und amerikanische Botschafter ein.[15] Das sollte sich später als sehr wichtig erweisen, als es darum ging, den britischen Außenminister und seinen Washingtoner Amtskollegen in die Geheime Elite und deren Kriegspläne einzubinden. Einige der amerikanischen Pilgrims waren zudem eng mit dem New Yorker Ableger der Tafelrunde verbunden.

In Großbritannien nahmen mindestens 18 Mitglieder der Geheimen Elite an Soireen der *Pilgrims Society* teil, darunter die Lords Rothschild, Curzon, Northcliffe und Esher sowie Sir Edward Grey und Arthur Balfour. Allerdings lässt sich nur schwer sagen, wie regelmäßig sie anwesend waren – das ewige Problem mit Geheimbünden. Wir wissen um die geladenen Gäste, aber nicht, was zwischen den Gängen besprochen wurde.[16] Zu den New Yorker Mitgliedern zählten sowohl die Rockefellers als auch die Morgans, dazu viele Männer aus hohen Regierungsposten. Auch dort war die Mitgliedschaft zunächst auf 500 begrenzt, und man vereinbarte, dass jeder Amerikaner, der in London für eine Mitgliedschaft vorgeschlagen wurde, zunächst vom New Yorker Ausschuss überprüft werden sollte.[17] In Amerika ballte sich die Machtelite in New York, von wo aus sie großen Einfluss auf die nationale und internationale Politik ausübte. Absolventen von *Yale*, *Harvard* und *Princeton* stand die Machtelite sehr offen gegenüber. Innerhalb kürzester Zeit entstand dort, was Carroll Quigley als »Dreifachdurchdringung« von Politik, Presse und Bildungswesen bezeichnete.[18]

Die *Pilgrims Society* brachte amerikanisches Kapital und britische Aristokratie zusammen, Mitglieder des Königshauses, Präsidenten und diplomatische Vertreter. Es war in der Tat ein ganz besonderes Verhältnis.

Unter allen amerikanischen Kreditinstituten war keines so stark auf Großbritannien ausgerichtet wie J. P. Morgan, das wiederum selbst stark bei den *Pilgrims* beteiligt war. Das Morgan-Empire verdankte seinen Erfolg dem in Massachusetts geborenen George Peabody, der 1835 in London eine Bank gegründet hatte, die mit Anleihen amerikanischer Eisenbahnen handelte. Später gewann er einen weiteren Amerikaner als Partner – Junius Morgan, den Vater von John Pierpont »J. P.« Morgan. 1857 hätte ein Bankenrun das Unternehmen beinahe ruiniert. Der Konkurrenz war sehr daran gelegen, die Bank aus dem Geschäft zu drängen, aber ein enormes Darlehen der britischen Notenbank – 800 000 Pfund, nach heutigem Geldwert rund eine halbe Milliarde Pfund – half ihnen nicht nur zu überleben, sondern polierte auch noch Peabodys Ruf auf.[19] Nathaniel Rothschild hatte eine enge Beziehung zu George Peabody aufgebaut, der sich im Gegenzug als treuer und dankbarer Freund erwies.[20] Der Bankenkrise fielen vier Häuser zum Opfer, dennoch wurde *Peabody, Morgan & Company* gerettet. Warum? Wer war für die Rettung verantwortlich? Angesichts der Tatsache, dass die Rothschilds bei der *Bank of England* sehr viel zu sagen hatten, ist es am wahrscheinlichsten, dass sie eingriffen. Peabody ging 1864 in Rente, und Junius Morgan übernahm ein gesundes Kreditinstitut mit engen Verbindungen zu den Rothschilds.

Was nützte den Rothschilds eine derartige Großzügigkeit? Zu verschenken hatten sie nichts, ihre Rettungsmaßnahmen für angeschlagene Bankhäuser oder Unternehmen kamen immer mit einem Preis. Nach der Rettung durften die Betriebe weiterhin unter ihrem alten Namen auftreten und im Normalfall auch mit der alten Unternehmensführung, aber sie agierten von da an als Deckfirma für die Rothschild-Dynastie. Die Unternehmen kauften oder verkauften Anleihen, handelten an der Börse, tätigten Geschäfte oder erwarben andere Firmen – alles unter dem altbekannten Namen, aber nur die wenigsten wussten, dass in Wahrheit die Rothschilds die Fäden zogen. Als 1890 die *Barings Bank* am Rande des Zusammenbruchs stand, leitete Nathaniel Rothschild den Notfallausschuss der *Bank of England*. Nicht nur dass er 500 000 Pfund direkt spendete, er überzeugte auch durch seinen Cousin Baron de Rothschild die *Banque de France*, weitere drei Millionen Pfund in Gold bereitzustellen, um die Krise abzuwenden.[21] Es steht außer Frage, dass zu Beginn des 20. Jahrhunderts zahlreiche Großbanken, darunter *J. P. Morgan* und die *Barings Bank*, sowie mehrere Rüstungsfirmen tief in der Schuld der Rothschilds standen oder ihre Deckfirmen waren.

Die Familie Morgan trug ihre England-Affinität wie ein Ehrenabzeichen vor sich her. Thomas Jefferson hatte noch in beißender Kritik angemerkt, dass Junius Morgans Schwiegervater, Reverend John Pierpont, »unter dem Einfluss der Hure England« stehe,[22] aber dennoch schickte Junius seinen Sohn, John Pierpont Morgan, auf die *English High School* nach Boston. Dort verbrachte dieser einen Großteil seiner frühen Jahre damit, britische Traditionen in sich aufzusaugen. Der sehr anglophile J. P. Morgan entwickelte sich zu einem glühenden Bewunderer des Empire. 1899 reiste er für eine Versammlung internationaler Bankiers nach England. Zurück kam er als Vertreter der Rothschild-Interessen in den Vereinigten Staaten.[23]

Er stellte den perfekten Kandidaten für diese Aufgabe dar. J. P. Morgan war ein aufrechter protestantischer Bewahrer des Kapitalismus, der seinen Familienstammbaum bis in die Zeit vor der Amerikanischen Revolution zurückverfolgen konnte. Nun vertrat er die Interessen der Londoner Rothschilds und schützte ihre amerikanischen Gewinne vor dem Gift des Antisemitismus. 1895 füllten die Rothschilds über J. P. Morgan insgeheim die amerikanischen Goldreserven auf und beförderten ihn in die erste Liga des internationalen Finanzwesens.[24] Im Gegenzug dehnte Morgan seine Dankbarkeit auf einen anderen Rothschild-Liebling und einen der mächtigsten Männer Großbritanniens aus – Alfred Milner. 1901 bot Morgan Milner die damals gewaltige Summe von 100 000 Dollar pro Jahr, damit Milner als Partner bei der Bank J. P. Morgan in London einstieg,[25] aber Milner hatte Wichtigeres zu erledigen: den Burenkrieg. J. P. Morgan wuchs im Herzen des amerikanischen Establishments zum Empire-Loyalisten heran.

Mit *Kuhn, Loeb & Co.* verfügten die Rothschilds über eine zweite mächtige Wall-Street-Bank, die sie für ihre Geschäfte nutzen konnten. Die Geschichte dieser Bank reichte bis in den Amerikanischen Bürgerkrieg zurück, als zwei erfolgreiche deutsche Einwanderer, Abraham Kuhn und Salomon Loeb, mit dem Verkauf von Uniformen an die Nordstaaten ein Vermögen machten. Die beiden investierten ihre Gewinne in eine kleine New Yorker Bank, dann suchten sie in ihrer alten Frankfurter Heimat nach einem Partner mit Bankenerfahrung. Fündig wurden sie mit Jacob Schiff. Schiffs Familie stammte aus dem Umfeld der Rothschilds.[26] Jacob wurde in dem Haus geboren, das sich seine Eltern im Frankfurter Judenviertel mit den Rothschilds teilten.[27]

Schiff, ein routinierter europäischer Banker mit Erfahrungen auf beiden Seiten des Atlantiks und Kontakten in New York, London, Hamburg und Frankfurt, zählte Ernest Cassels, der in London als Agent für *Kuhn & Loeb* agierte, zu seinen ältesten Freunden. Cassels enge Freundschaft mit Edward VII. verschaffte Schiff sogar ein Abendessen mit dem König.[28] Jacob Schiff heiratete die Tochter von Salomon Loeb und übernahm mit Rothschild-Gold im Rücken rasch die Kontrolle beim Bankhaus *Kuhn & Loeb*.[29]

Schiff kehrte nach Deutschland zurück und rekrutierte vom Hamburger Bankhaus *M. M. Warburg* zwei seiner Neffen, Paul und Felix Warburg. Beide heirateten bei *Kuhn & Loeb* ein und wurden wichtige Akteure auf dem lukrativen Anleihemarkt rund um den Eisenbahnboom. Wie *J. P. Morgan*, *Barings* und *Kuhn & Loeb* verdankte auch die Bank *M. M. Warburg* ihr Überleben und ihren Erfolg dem Geld der Rothschilds. Als die Hamburger Bank vor dem Aus gestanden hatte, half ihr nur eine enorme Kapitalspritze der *Wiener Credit-Anstalt*, einer Rothschild-Bank.[30] Diese untereinander verbundenen europäischen Bankenfamilien wussten, dass die City of London zwar die Hauptstadt der Finanzwelt sein mochte, aber die echten Chancen immer stärker auf der anderen Seite des Atlantiks zu finden waren. Dass sowohl Jacob Schiff als auch Paul und Felix Warburg Deutsche waren, änderte nichts an ihrer wachsenden Verbundenheit gegenüber Amerika. Internationale Bankiers kennen keine Ländergrenzen, sie agieren auf einem globalen Markt.

Schiff und die Warburgs ließen sich einbürgern. Dass sie auf ihre deutsche Staatsbürgerschaft verzichteten, war nur ein Aspekt der Strategie, mit der sich die reichen Einwanderer in die New Yorker Gesellschaft eingliederten. Die alte Heimat Europa gaben sie jedoch nicht ganz auf: Paul Warburg blieb Partner bei *M. M. Warburg.* Nach der Rettung durch die Rothschilds wurde die Bank im Zuge des deutschen Wirtschaftsbooms zu einem der wichtigsten Kreditinstitute des Landes. Der älteste Warburg-Bruder Max hatte einen Teil seiner Lehrjahre bei Rothschild in London verbracht,[31] inzwischen lenkte er das Europa-Geschäft. Er war die logische Wahl dafür, *Kuhn & Loeb* in Deutschland zu vertreten, und stand täglich in Kontakt mit seinem Bruder Paul.[32] Seit jeher haben Insiderinformationen beim Geschäftemachen eine zentrale Rolle gespielt, und eines wusste diese Generation von Bankiers, die eng mit den Rothschilds verbunden war: In Europa stand ein Krieg bevor.

Dass die Warburgs einen derart kometenhaften Aufstieg in der amerikanischen Bankenlandschaft hinlegen konnten, lag in wesentlichen Teilen auch an den strategischen Bündnissen mit dem Haus Rothschild und mit J. P. Morgan. Strategisch noch bedeutsamer war allerdings Jacob Schiffs Beziehung zu John Davison Rockefeller. Schiff wurde Finanzberater für Rockefellers Unternehmen *Standard Oil,* das zum damaligen Zeitpunkt rund 90 Prozent der Rohölförderung in den USA auf sich vereinte. Rockefeller, einer der Finanziers der New Yorker Tafelrunde, war ein gewissenloser Gauner, der erbarmungslos jeglichen Widerstand niedertrampelte und die Konkurrenz ausschaltete. Sein Ölmonopol nutzte er zur Gründung eines Trusts, der die Wettbewerber unter Druck setzte, bis sich deren geschäftliche Aktivitäten irgendwann nicht mehr lohnten. Über Geheimabsprachen unterbot er Konkurrenten und baute seinen eisernen Griff um das Ölgeschäft über den gesamten amerikanischen Kontinent aus.[33]

Brutalität prägte seinen Umgang mit der Belegschaft. Streiks ließ er gnadenlos niederschlagen, seinen Arbeitern versagte er selbst grundlegendste Rechte. Das schlimmste Beispiel war der Bergarbeiterstreik von 1913 in Ludlow, Colorado. Seine Privatagenten setzten dort Familien vor die Tür, ließen Hilfssheriffs in gepanzerten Wagen vorfahren und wiesen sie an, die streikenden Bergarbeiter mit Maschinengewehren zu beschießen. Rockefellers Helfer zündeten vorsätzlich die Zelte an, in denen die vertriebenen Bergarbeiter und ihre Familien Zuflucht gesucht hatten. Zwei Frauen und elf Kinder starben in den Flammen. Rockefeller zeigte sich davon völlig unbeeindruckt, er lobte vielmehr die »energische, gerechte und entschlossene« Art und Weise, mit der sein Bergbauunternehmen vorgegangen war.[34] Derartige Unmenschlichkeit und ungebremste Profitgier standen in krassem Gegensatz zu dem Bild des christlichen Wohltäters und Förderers der Künste, das Rockefeller der Öffentlichkeit von sich präsentierte.

Auf den ersten Blick gab es Phasen, in denen sich die Investmentbanken und Kreditinstitute, die Stahlunternehmen, die Eisenbahnbarone und die beiden internationalen Schwergewichte des Erdöls, Rockefeller und Rothschild, einen Kampf bis aufs Blut lieferten. Ab der Jahrhundertwende setzten die überlebenden Konzerne aber auf einen subtileren Ansatz, bei dem man echtem Wettbewerb aus dem Weg ging. Ein Jahrzehnt zuvor hatte Baron Alphonse de Rothschild eine Einladung von John D. Rockefeller akzeptiert und sich im *Standard-Oil*-Firmensitz am New Yorker Broadway mit Rockefeller getroffen. Laut John D. Archbold,[35] Chefunterhändler von *Standard Oil*, hatten sich die beiden rasch auf eine vorläufige Vereinbarung verständigt und beschlossen, das Thema vertraulich zu behandeln.[36] Beiden Geschäftsleuten war sehr wohl bewusst, welche Vorteile Monopolabsprachen mit sich bringen konnten. Diesen Trend entwickelten sie zu ihrem eigenen Vorteil weiter. Was nach Konkurrenzkampf zwischen den großen Banken, Konzernen und Händlern aussah, war zu weiten Teilen eine willkommene Fassade, durch die man die Welt hinters Licht führen konnte.

Ein Beispiel für diese »willkommene Fassade«: Die offiziellen Rothschild-Biografen wollen uns weismachen, dass die Rothschilds nur begrenztes Interesse an Amerika hegten und der amerikanische Bürgerkrieg zu einem »dauerhaften Rückgang des Einflusses führte, den die Rothschilds auf der anderen Seite des Atlantiks ausübten«.[37] Unsere Beweise sprechen da eine völlig andere Sprache: Amerikas Finanzwelt und die Wirtschaft waren durchsetzt mit Verbündeten, Agenten und Deckfirmen der Rothschilds. Ihr Einfluss war praktisch überall zu spüren. Wichtigste Verbindung zum britischen Kapital war J. P. Morgan, das unbestrittene Oberhaupt der angloamerikanischen Finanzgemeinschaft und ein persönlicher Freund der Rothschilds.[38] Jacob Schiff von *Kuhn & Loeb*, ein weiterer enger Freund der Familie Rothschild, arbeitete eng mit Rockefeller in der Ölbranche, im Eisenbahngeschäft und im Bankwesen zusammen.

Im Dezember 1912 schrieb das Magazin *Truth*:

> *Herr Schiff leitet die große Privatbank* Kuhn, Loeb & Co., *die die Interessen der Rothschilds auf dieser Seite des Atlantiks vertritt. Er wird als Finanzstratege beschrieben und ist seit Jahren Finanzminister der unpersönlichen Großmacht, die unter dem Namen* Standard Oil *bekannt ist.*[39]

Falls der Artikel in der Absicht geschrieben wurde, die Wall Street zu schockieren, scheiterte er kläglich. Er zeigte, dass Jacob Schiff, Mitglied der *Pilgrims Society*, ein Agent Rothschilds und ein enger Vertrauter John D. Rockefellers, eines weiteren Pilgrims, war. Morgan, Schiff und Rockefeller, die drei zentralen Figuren der Wall Street, hatten sich ein hübsches kleines Kartell errichtet. Dahinter stand, fernab von den Blicken der Öffentlichkeit, aber ohne Einschränkung seines Einflusses und seiner Macht, das Haus Rothschild. Kapital und Kredit bündelten sich in immer weniger Händen, bis kein echter Wettbewerb mehr zwischen den vermeintlich rivalisierenden Banken herrschte.[40]

Amerikas Politik ergab sich dem Einfluss des Geldadels nur zu gern. August Belmont, der erste Agent der Rothschilds in den USA, war von 1860 bis 1872 Vorsitzender des *Democratic National Committee*, der Dachorganisation der amerikanischen Demokraten.[41] Die Morgan-Bank übte enormen Einfluss auf Präsident Grover Cleveland aus, der den Großteil seines Lebens innerhalb des Morgan-Imperiums verbrachte. Praktisch alle zentralen Posten besetzte er mit Morgan-Leuten, gelegentlich durfte auch ein anderer Bankier mit an den Tisch. Sein erster Außenminister Thomas Bayard zählt zu den engen Verbündeten und Schülern August Belmonts. In Clevelands zweiter Amtszeit war ein Mann Außenminister, der als Anwalt die Interessen der Banken vertreten hatte und im Aufsichtsrat eines Morgan-Unternehmens saß.[42] Die Männer aus dem Rothschild-Umfeld teilten die Demokratische Partei unter sich auf.

Auch Rockefeller und sein Imperium behandelten die Bundesregierung der Vereinigten Staaten mit kaum verhohlener Verachtung. Sein Geschäftsführer John D. Archbold setzte gewählte Volksvertreter auf die Gehaltslisten des Konzerns und machte sie sich so gefügig. Ein Senator aus Ohio erhielt in einem Zeitraum von sechs Monaten 44 000 Dollar, ein Senator auf Pennsylvania kam auf 42 500 Dollar.[43] Archbold wurde vor einen Ausschuss zitiert, der die fragwürdigen Spenden untersuchte, mit denen *Standard Oil* den Wahlkampf der Republikaner unterstützt hatte. Er behauptete, Präsident Theodore Roosevelt habe von den 125 000 Dollar gewusst, die das Unternehmen der Partei gespendet hatte. Roosevelt erklärte, er habe sein Wahlkampfteam kategorisch angewiesen, derartige Spenden abzulehnen. Wer auch immer letztlich recht hatte: Die Regierung der Vereinigten Staaten befand sich – unabhängig davon, welche Partei gerade nominell die Macht innehatte – fest im Griff der großen Banken aus dem Umfeld von Rothschild, Rockefeller und der Geheimen Elite.

Um diesen Würgegriff noch zu verstärken, wollte die Achse um Morgan, Rockefeller und *Kuhn & Loeb* eine Notenbank ins Leben rufen. Ähnlich wie in Europa sollte sie nicht im Besitz der Regierung sein und nicht unter staatlicher Kontrolle stehen, sondern den Banken gehören. Ihren Banken. Doch der Geldadel hatte ein Problem: Die gewöhnlichen Amerikaner mochten Banken und Bankiers nicht sonderlich, und gegen eine Zentralbank herrschten in der Öffentlichkeit starke Vorbehalte. Die Geheime Elite fand jedoch einen Ausweg: Sie sorgte für eine künstliche Bankenkrise, die der Bevölkerung solch einen Schrecken einjagte, dass sie Bankenreformen zustimmte.

Zurück von einem fünfmonatigen Aufenthalt in England, fand J. P. Morgan 1907 den perfekten Hebel für dieses Vorhaben. Fritz Augustus Heinze, Eigner der *Knickerbocker Bank* und gewiefter Spekulant, hatte wiederholt das Geld seiner Kunden dafür eingesetzt, die Aktie der *United Copper Company* unter Druck zu setzen und sie auf 62 Dollar hochzutreiben. Zwei Tage später brach der Kurs ein, die Aktie stand nur noch bei 15 Dollar. Heinze verlor ein Vermögen, die *Knickerbocker Bank* steckte schlagartig in massiven Liquiditätsproblemen.[44] Als sich die *National Bank of Commerce* – die zu Morgans Finanzimperium gehörte – öffentlich weigerte, Schecks von *Knickerbocker* anzunehmen, griffen Gerüchte wie ein Lauffeuer um sich.[45] Andere Institutionen ließen sich von Morgans Schritt einschüchtern und verweigerten Heinze die Unterstützung.[46] Einen Tag darauf, am 22. Oktober 1907, hoben verzweifelte *Knickerbocker*-Einleger binnen drei Stunden acht Millionen Dollar ab.[47] Auch Einleger anderer Banken in Amerika gerieten nun in Panik und wollten an ihre Ersparnisse. Der lang ersehnte Dominoeffekt trat ein.

Morgan höchstpersönlich hatte den Crash verursacht, nun übernahm er die Führung bei den Rettungsmaßnahmen – obwohl er dafür weder gewählt noch berufen worden war.[48] Morgan gerierte sich als Retter des amerikanischen Bankenwesens. Mit Zustimmung des Gouverneurs schüchterte er Bankiers und Chefs von Trust-Unternehmen so lange ein, bis sie sich am Rettungspaket beteiligten.[49] Rothschild feierte Morgan als »Mann von wunderbarem Ideenreichtum. Seine jüngsten Handlungen erfüllen einen mit Bewunderung und Respekt für ihn.«[50] Der Boss der Bosse hatte einem seiner getreuen Stellvertereter öffentlich den Segen erteilt.

Die Panik von 1907 verlief wie eine echte Rothschild-Betrügerei und half Morgan, dem Verursacher, zu »beweisen«, dass eine Zentralbank unbedingt erforderlich sei. Es musste endlich etwas geschehen. Der Senat wurde gewarnt: »Wir werden vielleicht nicht immer Pierpont Morgan bei uns haben, wenn eine Bankenkrise droht.«[51] Danach wurde die Gründung einer Zentralbank als Lösung präsentiert, um künftige Finanzkrisen abzuwenden.[52]

Unter dem Vorsitz des Abgeordneten Arsène Pujo legte ein Ausschuss des Repräsentantenhauses 1915 einen Bericht über das Bankenwesen vor und zeigte, dass Handlanger Morgans zahlreiche Direktorenposten in miteinander verknüpften Banken, Versicherungsfirmen und Großkonzernen hielten. Pujo bewies, dass das Bankenwesen wie ein exklusiver Privatklub[53] geführt wurde und dass sich die New Yorker Börse NYSE an unehrlichen, zwielichtigen Spekulationsgeschäften beteiligte.[54] Bei der jüngsten Panik hatten Vergehen der großen Kreditinstitute die Situation stark verschlimmert und zum Zusammenbruch von Bankhäusern geführt. Diese Bankenpleiten hatten die anderen Institute zu ihrem Vorteil genutzt.[55] Es war eine schockierende Lektüre, die zeigt, wie gewöhnliche Aktionäre missbraucht wurden,[56] wie sich die Kontrolle über die Kapitalflüsse in ungesundem Maße in New York bündelte[57] und wie eng die großen Bankhäuser wie *J. P. Morgan*, die *City Bank of New York*, die *National City Bank* und *Kuhn, Loeb & Co.* miteinander verknüpft waren. Das Big Business in den USA lag in den Händen der kleinen Schar von Männern, die die Banken kontrollierten. Pujo wies nach, dass fünf Banken 341 Direktorenposten in 112 Firmen mit einem Gesamtwert von über 22 Milliarden Dollar innehatten.

Pujo analysierte den weitverbreiteten Missbrauch von Finanzmacht, und sein Abschlussbericht zeigte, dass im Firmenbankgeschäft dieser Missbrauch pandemische Ausmaße erreicht hatte.[58] Doch der Bericht war nicht das, was er zu sein schien. Wie so viele Kommissionen davor und danach scheute auch dieser Ausschuss davor zurück, gründlich die Rolle ausländischer Investoren zu untersuchen und zu prüfen, wie groß deren Einfluss auf Amerikas Banken und Unternehmen war. Der Name Rothschild fiel nicht. Unter den wenigen Politikern, die die Korruption im amerikanischen Bankenwesen anprangerten, stechen der Kongressabgeordnete Charles August Lindbergh und der Senator Robert M. La Follette senior hervor. Sie wurden nicht müde, eine gründliche Reinigung des Systems zu fordern und wirklich bedeutsame Ermittlungen zu verlangen. Es ist bezeichnend, dass ihnen die Mitarbeit im Pujo-Ausschuss versagt wurde. Als Zeugen wurden einzig die Bankiers selbst einbestellt.[59]

Der Bankenrun hatte ein einziges Ziel verfolgt: Die Öffentlichkeit sollte massiv eingeschüchtert werden. Sie sollte glauben, dass nur eine Reform des Bankenwesens dazu führen könnte, dass die Ersparnisse geschützt seien und dass sich die *Wall Street* anders nicht unter Kontrolle bringen lasse.[60] Seit vielen Jahren lehnte die öffentliche Meinung eine Zentralbank ab, nun musste genau dies als Allheilmittel präsentiert werden. Niemand schien sich daran zu stören, dass keiner so vehement eine Bankenreform forderte wie die Bankiers selbst. Beim Volk mochten sie extrem unbeliebt sein, aber genau das nutzten sie nun dafür, ihren bis dahin unrealistischen Traum von einer Zentralbank in greifbare Nähe rücken zu lassen. Wieder und wieder wurde die Lüge verbreitet, nur eine Zentralbank werde Kreditinstitute und Bankiers dazu bringen, der Öffentlichkeit gegenüber Rechenschaft abzulegen. Der Staat würde die Banken regulieren und im Interesse des Volkes kontrollieren, hieß es, aber nichts hätte der Wahrheit ferner sein können. Es war eine gewaltige Täuschung, die der Geldadel da durchführte. Wie Professor Quigley aufzeigte, strebten diese Bankiers nichts weniger an als »ein Weltsystem, bei dem die Geldkontrolle in privater Hand liegt und das es erlaubt, das politische System jedes Landes zu dominieren und damit die Weltwirtschaft«.[61] Und das ging nur, wenn die Vereinigten Staaten wie England und Frankreich über eine Zentralbank verfügten.

Anders als häufig angenommen war die *Bank of England* zum damaligen Zeitpunkt keine staatliche Einrichtung. Sie wurde von Bankiers wie den Rothschilds betrieben und kontrolliert und duldete keinerlei Einmischung vonseiten der Politik. In Frankreich gab es ein komplexeres System, bei dem einige etablierte Bankiersfamilien als Teil einer elitären *haute banque* galten, die wiederum die *Banque de France* kontrollierte.[62] Zwei dominierende private französische Kreditinstitute, nämlich die Häuser Rothschild und Mirabaud, waren mächtiger als alle anderen zusammen.[63] Die deutsche Reichsbank war eine Privatinstitution mit der Erlaubnis zum Gelddrucken, stand jedoch viel stärker unter staatlicher Kontrolle als die *Bank of England* oder die *Banque de France*.[64] Der Geldadel in New York wollte dasselbe Maß an Macht wie die Kollegen in England und Frankreich: kein Mitspracherecht für die Regierung, das Recht, Geld zu drucken, das Recht, die Zinssätze zu bestimmen, und das Recht, sich hinter einem von ihnen gewählten Zentralbankchef in der Anonymität verstecken zu können.

All dies sollte Paul Warburg richten. Der Geldadel hatte sich darauf festgelegt, dass er die ehrgeizigen Pläne für eine amerikanische Zentralbank vorantreiben sollte. Jacob Schiff hatte ihn zwar nach New York geholt, damit er bei der Leitung von *Kuhn & Loeb* half, aber Warburg verwendete trotzdem die Hälfte seiner Zeit für die Familienbank in Hamburg. Nach der Bankenpanik von 1907 wurde Warburg als Zentralbankguru präsentiert, der gerade »rein zufällig« in New York weilte und »rein zufällig« gerade eine amerikanische Staatsbürgerschaft beantragt hatte. Er musste erst »zu seinem Glück gezwungen werden« und tauchte gerade rechtzeitig auf der Bühne auf, um für das noble Ziel einer Notenbank zu kämpfen.[65] Glaubt man den Märchen, fragte die *New York Times* »rein zufällig« Warburg (der kaum einen ganzen Satz auf Englisch schreiben konnte), ob er nicht einen Artikel über Bankenreformen verfassen könne. Er polierte einen Aufsatz auf, den er »rein zufällig« bei seiner Ankunft in Amerika geschrieben hatte. Am 12. November 1907 wurde das Traktat unter der Überschrift »Mängel und Anforderungen unseres Bankensystems« veröffentlicht.[66] Es folgte ein kurzer Artikel im *New York Times Annual Financial Review* mit dem Titel »Plan für eine modifizierte Zentralbank«. Laut Warburg konnte allein eine Zentralbank die Währungsprobleme lösen. Seine ersten Vorstellungen arbeitete er weiter aus in »Eine vereinigte Notenbank der Vereinigten Staaten«. Umgehend wurde er auf Werbetour durch Amerika gesandt, um Vorträge über die Vorzüge einer Zentralbank zu halten. Kongressabgeordnete und Senatoren wurden mit Ratschlägen bombardiert, Flugblätter und Artikel für ein Bankenwesen geschrieben, das auf geheimnisvolle Weise »dem Volk die Kontrolle zurückgeben« und den Klammergriff des Geldtrusts durchbrechen würde.[67] Und so zog die Lüge ihre Kreise.

Die Geheime Elite bestimmte Senator Nelson Aldrich aus Rhode Island dazu, als Stimme der »vernünftigen Haushaltspolitik« aufzutreten. Aldrich war ein wohlhabender Geschäftsmann, der Schwiegervater von John D. Rockefeller

Junior und als »Parketthändler Morgans im Senat« bekannt.[68] Bei seinen Exzessen kannte er keine Zurückhaltung. Das öffentliche Amt nutzte er dazu, sich sein sehr großes Nest auszupolstern. Er baute sich ein Schloss mit 99 Räumen und besaß eine 200-Fuß-Yacht.[69] Im Verlauf von zwei Jahren verwandelten Paul Warburg und J.P. Morgan den korrupten Senator in einen »Experten« für das Bankenwesen. 1908 berief der Kongress eine Kommission ein, die das amerikanische Bankenwesen überprüfen sollte. Den Vorsitz übernahm Aldrich. Die Mitglieder des Ausschusses bereisten Europa – vorgeblich, um Daten über unterschiedliche Bankensysteme zu erheben. Aldrichs Abschlussbericht war jedoch nicht die Frucht der Studienreise durch Europa, sondern das Produkt einer kollektiven Verschwörung.

Im November 1910 kam es auf Jekyll Island, einer exklusiven Urlaubsanlage vor der Küste von Georgia, zu einem streng geheimen Treffen. Fünf Vertreter von *Morgan, Rockefeller* sowie *Kuhn & Loeb* trafen sich dort mit Senator Aldrich und dem Finanzstaatssekretär. Fünf der sieben Verschwörer – Aldrich, Henry Davison, Benjamin Strong, Frank Vanderlip und Paul Warburg – gehörten der *Pilgrims Society* an.[70] Bei dem Treffen sollte ein Zentralbankgesetz formuliert werden, das man dem Kongress als geistiges Produkt der Aldrich-Kommission verkaufen konnte. Das Ganze hatte etwas von einem schlechten Film: Von New Jersey nach Georgia reiste die Gruppe im abgedunkelten Privatwaggon von Senator Aldrich – unter falschem Namen und angeblich auf dem Weg zur Entenjagd.[71] Das Stammpersonal blieb außen vor, es wurden Ersatzdiener geholt, damit niemand erkannt würde. Die Paranoia hatte einen guten Grund: Sollte ein Journalist sie alle zusammen sehen, würde die gesamte Verschwörung auffliegen.[72] Neun Tage lang knobelten die Männer die Einzelheiten einer Zentralbank aus, die ganz im Sinne der Geheimen Elite war. Der Name Zentralbank sollte vermieden werden, um das amerikanische Volk hinters Licht zu führen, deshalb wurde die Bank *»Federal Reserve System«* getauft, obwohl sie weder föderal war noch eine Bank für Rücklagen (englisch »reserves«).

Auch wenn der Name vermuten ließ, dass es sich um eine staatliche Einrichtung handele, sollte das Institut vollständig im Besitz privater Banken bleiben. Mitglieder der amerikanischen Bankendynastien würden die Aktien besitzen, also die Morgans, Warburgs, Schiffs und Rockefellers. Als zentrale Notenbank würde sie ein Monopol auf alles Geld und allen Kredit der Bevölkerung der Vereinigten Staaten besitzen. Sie würde die Zinssätze kontrollieren und die im Umlauf befindliche Geldmenge. Das *Federal Reserve System*, wie es auf Jekyll Island entworfen wurde, verfügte über eine Macht, wie sie sich König Midas niemals hätte erträumen können. Ziel war es, aus dem Nichts Geld zu erschaffen, um es gegen Zins zu verleihen. Für eventuelle Verluste sollte der Steuerzahler aufkommen. Jetzt galt es, noch den Kongress davon zu überzeugen, dass alles dem Schutz der Öffentlichkeit diene.[73]

Als die Vorschläge in den Kongress gingen, bestand Senator Aldrich darauf, dem Gesetz seinen Namen zu geben, auch wenn Paul Warburg warnte, man werde den Entwurf dann automatisch mit der Wall Street in Verbindung bringen, was ein unnötiges Hindernis darstelle. Das Ego setzte sich durch, aber Warburgs Bedenken erwiesen sich als begründet: Der Aldrich-Vorschlag schaffte es nie bis zur Abstimmung. Präsident William Howard Taft weigerte sich, das Gesetz zu unterstützen, weil der Staat die Banken nicht ausreichend kontrollieren könne. Taft müsse verschwinden, befand der Geldadel darauf und stellte sich bei den Präsidentschaftswahlen von 1912 hinter den bis dahin kaum bekannten demokratischen Kandidaten Woodrow Wilson. Es war schon ein rasanter Aufstieg, den Wilson hinlegte: 1910 war er noch an der *Princeton University*, 1911 wurde er Gouverneur von New Jersey, 1912 Präsidentschaftskandidat der Demokraten. Die Parteibasis in New Jersey sperrte sich zunächst dagegen, dass ihnen New York Wilson aufzwingen wollte,[74] aber der Widerstand legte sich dann doch rasch.

Die Geheime Elite plante detailliert durch, wie der republikanische Präsident abgewählt werden sollte und wie sie dann eine demokratische Marionette installieren würde. In den Wahlkampf für 1912 ging Woodrow Wilson mit der finanziellen Rückendeckung von Cleveland H. Dodge, dem Direktor von Rockefellers *National City Bank*, der mit Rockefeller und Morgan persönlich befreundet war. Der Geldadel stellte Wilson ein Wahlkampfhauptquartier in 42 Broadway, mehr als zwei Drittel seiner Wahlkampfmittel kamen direkt von der Wall Street.[75] Während seines Wahlkampfs log Wilson, was seine politischen Ziele anbelangte, und er verriet das demokratische Erbe der Präsidenten Jefferson und Jackson, indem er die Bankiers hofierte und ihre Interessen vertrat. Seine öffentlichen Ansprachen waren Meisterwerke der Scheinheiligkeit.[76] 1912 trat er für »neue Freiheiten« und Widerstand gegen die Monopolmächte an, aber kein Jahr nach seiner Wahl hatte er sich ganz auf die Seite der Banken geschlagen.

Wie groß die finanzielle Unterstützung auch sein mochte: Einen beliebten Präsidenten wie Taft hätte Wilson niemals besiegen können, hätten seine Herren und Meister nicht ordentlich nachgeholfen. Taft ging als klarer Favorit für eine Wiederwahl ins Rennen, doch seine Chancen schwanden deutlich, als ein zweiter Republikaner in den Wahlkampf einstieg – Ex-Präsident Theodore Roosevelt. Roosevelt wurde von Morgans Kumpanen an der Wall Street finanziert. Er gründete die *Progressive Party* und halbierte damit praktisch auf einen Schlag die Stimmen der Republikaner.[77] Während das Morgan-Team Tafts Siegeschancen untergrub, vollendeten Paul Warburg und Jacob Schiff die Zangenbewegung, indem sie Wilson finanziell unterstützten und damit seinen Wahlsieg gewährleisteten.[78] Wilson gewann mit 42 Prozent der Stimmen, Roosevelt kam auf 27 Prozent und Taft nur auf 23 Prozent. Der Rest ging an den sozialistischen Kandidaten Eugene Debs. Auch bei den Senatswahlen mussten die Republikaner deutliche Verluste einstecken, die Demokraten kamen dort auf eine klare Mehrheit.[79]

Der Geldadel hatte nun nicht nur seinen Mann ins Weiße Haus gebracht, er gab diesem auch noch einen Aufpasser mit – Edward Mandell House, einen »in Großbritannien ausgebildeten Politikstrategen«.[80] Woodrow Wilson mag Präsident der Vereinigen Staaten gewesen sein, aber diese zwielichtige Figur stand ihm zur Seite und kontrollierte jeden seiner Schritte.

Wie Lord Esher – und in gewissem Maße auch wie Alfred Milner – wollte House lieber hinter den Kulissen schalten und walten, anstatt ein öffentliches Amt zu übernehmen.[81] Er war teilweise in England ausgebildet worden, und es war angeblich seine Leistung, dass sich der demokratische Parteitag 1912 in Baltimore für Wilson entschied.[82] Von da an begleitete er Wilson ständig und verfügte sogar über eine eigene Zimmerflucht im Weißen Haus. Er stand in direktem, manchmal täglichem Kontakt mit J. P. Morgan junior, Schiff, Warburg und demokratischen Senatoren, die das Federal-Reserve-Gesetz unterstützt hatten.[83] House lenkte den Präsidenten in sämtlichen Bereichen der Außen- und Innenpolitik, wählte das Kabinett aus und formulierte die ersten politischen Schritte der neuen Regierung.[84] Er agierte als zentraler Mittelsmann zwischen dem Präsidenten und dessen Förderern von der Wall Street.[85] Dieser Präsident blieb nicht sich selbst überlassen, und so fiel die Regierungsgewalt in Amerika Zug um Zug in die Hand der Investmentbanker aus dem Dunstkreis der Rothschilds.

Das ursprüngliche Aldrich-Gesetz wurde überarbeitet, neu benannt und im Eiltempo durch Repräsentantenhaus und Kongress gejagt. Am 23. Dezember 1913, einem Dienstag, wurde das Glass-Owen-Gesetz (kaum zu unterscheiden von dem Aldrich-Gesetz, das Taft zwei Jahre zuvor abgelehnt hatte) endlich dem Senat vorgelegt. Es sah unter anderem die Schaffung von Federal-Reserve-Banken vor, die Gewährleistung einer flexiblen Währung, bezahlbare Wege, kurzfristige Schuldtitel zu rediskontieren, und ein effektiveres Bankenwesen in den USA.[86] Ranghohe republikanische Senatoren protestierten laut und beständig, aber im Unterausschuss, der sich mit der Schlichtung strittiger Punkte befasste, hatten die Demokraten die Mehrheit. Jeder strittige Punkt wurde zugunsten der Bankiers entschieden.

Begonnen hatte alles mit der Idee, dass dem Volk die Aktien gehören und die Regierung die Banken kontrolliert. Am Ende stand ein System, bei dem die Aktien den Banken gehörten und das die Banken selbst kontrollierten. Der angesichts seiner Machtlosigkeit frustrierte Senator Joseph Bristow aus Kansas sagte: »Jede Klausel in diesem Gesetz, die zugunsten der Banken ging, blieb erhalten. Was an Bestimmungen gestrichen wurde, waren Bestimmungen, die im Interesse der Öffentlichkeit lagen.«[87] Nach vierstündiger Debatte wurde der Gesetzesantrag vom Senat mit 43 zu 25 Stimmen bei 27 Enthaltungen angenommen.[88] Im Repräsentantenhaus wetterte später am selben Tag Finlay H. Gray als Einziger gegen die Wall-Street-Banker und »ihren vorsätzlichen Plan und ihre Verschwörung, das Ansehen der Nationalbank so zu diskreditieren, dass auf ihren Ruinen eine zentrale, autokratische Bank unter privater Kontrolle entstehen kann«.[89]

Doch zu spät: Das Kind war bereits in den Brunnen gefallen. Kurz vor Weihnachten 1913 im Eiltempo verabschiedet, wurde das Gesetz am selben Tag vom gefügigen Präsidenten Wilson unterzeichnet und trat als Bundesgesetz in Kraft, noch bevor die Morgenzeitungen erschienen. Dank ausgeklügelter politischer Manöver bestand das Endergebnis im genauen Gegenteil dessen, was man der Öffentlichkeit versprochen hatte.

Wie wirkte sich das auf die gut koordinierten Kriegspläne der Geheimen Elite aus? Was machte es für einen Unterschied, ob die reichste Volkswirtschaft der Welt die Kontrolle über ihre Geldvorräte ihren größten Privatbanken übertrug? Nun, Kriege müssen finanziert werden und verschlingen gewaltige Summen. In Großbritannien, Frankreich, Russland und Deutschland waren die Staatssäckel nahezu leer, die wahnsinnigen Ausgaben für Rüstungszwecke und die wachsenden Schulden hatten dazu geführt, dass fast alle europäischen Länder in einer prekären Finanzlage steckten. Eine neue Kreditquelle musste her, ein Geldgeber, der mit der Nachfrage der verzweifelten Nationen Schritt halten konnte, die für enorme Kredite anständige Zinsen zu zahlen bereit waren. Und genau das konnte eine amerikanische Zentralbank, die nicht unter der Fuchtel des Staates stand, leisten. Das Gesetz zur Schaffung der *Federal Reserve Bank* verabschiedete der Kongress im Dezember 1913, das siebenköpfige Führungsgremium trat am 10. August 1914 sein Amt an – zu einem Zeitpunkt, als der Krieg … aber dazu kommen wir später.

Rhodes' Pläne für Amerika nahmen Form an. Die Tafelrunde und die *Pilgrims* hatten die Beziehungen zum amerikanischen Establishment verfestigt, bei privaten Abendessen in London und New York wurde weiter daran gearbeitet. Der anglozentrische Geldadel hatte endlich, und gerade rechtzeitig für den Krieg der Geheimen Elite, seine Zentralbank bekommen.

Lassen Sie die letzten beiden Kapitel noch einmal Revue passieren und denken Sie über das Gesagte nach. Im Februar 1913 wiesen zwei Großmächte, die Vereinigten Staaten von Amerika und Frankreich, neue Präsidenten auf, die dank der Machenschaften der Geheimen Elite ins Amt gekommen waren. Woodrow Wilson hatte es dem Geldadel in den USA zu verdanken, dass er ins Weiße Haus einziehen durfte. Die Wahl von Raymond Poincaré war gleichermaßen mit Schmiergeldern und Korruption erkauft worden; hier hatten Bankiers aus London und Paris ihre Finger im Spiel. Die Geheime Elite besetzte in der britischen, der französischen, der russischen und der amerikanischen Regierung Schlüsselpositionen. Politik, Geld und Macht – von dieser Grundlage ausgehend wollte die angelsächsische Elite Deutschland vernichten und die Weltherrschaft übernehmen.

Zusammenfassung von Kapitel 17: Das ganz besondere Verhältnis zu Amerika

- Cecil Rhodes erkannte: Wenn man eine Welt anstrebt, die von der »angelsächsischen Rasse« dominiert wird, spielen die Vereinigten Staaten eine zentrale Rolle. Deshalb wurden mehr Rhodes-Stipendien in die USA als in irgendein anderes Land vergeben.
- In Amerika machte der Geldadel die echte Oberschicht aus. Obszön reiche Industrielle, Finanziers und Ölbarone kontrollierten Politik und Gesellschaft.
- Die *Pilgrims Society* war eine erlesene Gesellschaft, die 1902 gegründet wurde und vorgeblich das Ziel hatte, »die Atmosphäre des guten Willens und der Freundschaft« zwischen Großbritannien und den USA zu fördern. Hier kamen Wohlhabende und Mächtige zusammen, hier konnte die Geheime Elite ihre Werte verbreiten und ihren Einfluss steigern.
- Politiker und Geschäftsleute aus der Geheimen Elite nahmen an Veranstaltungen der *Pilgrims* teil, aber es gibt keine Unterlagen über die Privatgespräche, die bei diesen exklusiven Treffen geführt wurden.
- Die wirtschaftliche Macht sammelte sich immer stärker in einigen New Yorker Familiendynastien, darunter die Häuser Morgan und Rockefeller. Auch die Rothschilds hatten sich keineswegs vom amerikanischen Markt zurückgezogen. Sie waren eng mit Morgan sowie mit anderen aufstrebenden Kreditinstituten und Bankiers wie etwa *Kuhn, Loeb & Co.*, Jacob Schiff und Paul Warburg verbunden.
- Der Geldadel versuchte die Politik davon zu überzeugen, dass die Vereinigten Staaten genauso wie einige europäische Nationen eine Zentralbank benötigten, die das Geldsystem steuerte. 1907 lösten die Kreditinstitute selbst eine Bankenkrise aus, um ihre Argumentation zu verdeutlichen: Es wurde ein zentrales Organ benötigt, das für Stabilität sorgt.
- Im Kongress warben korrupte Politiker, allen voran Senator Nelson Aldrich, für eine Zentralbank.
- Gemeinsam mit Bankvertretern von Morgan und Rockefeller, der Großteil davon *Pilgrims,* erarbeitete Aldrich einen Gesetzentwurf für eine amerikanische Zentralbank.
- Der Antrag scheiterte, wofür der Geldadel Präsident Taft verantwortlich machte. Der Geldadel wirkte massiv auf die Präsidentschaftswahlen von 1912 ein, damit seine Marionette Woodrow Wilson anstelle von Taft Präsident wurde.
- Das *Federal Reserve System* wurde im Dezember 1913 Gesetz. Besitz und Kontrolle der Geldversorgung in Amerika lagen nunmehr bei den Privatbanken.

18

1912/13 – Pulverfass Balkan

1912. SEIT ÜBER EINEM JAHRZEHNT hat die Geheime Elite nun ihr Ziel verfolgt, die alte Weltordnung zu zerstören, um eine neue Weltordnung zu erschaffen. Die Northcliffe-Presse arbeitete unermüdlich daran, die britische Öffentlichkeit auf einen Krieg gegen die »teuflischen Hunnen« vorzubereiten, aber kein noch so großes Ausmaß an Propaganda hätte zum gewünschten Erfolg führen können, wenn Großbritannien und seine Verbündeten als Aggressoren dagestanden hätten. Es musste so aussehen, als ob die Schuld beim Deutschen Reich liege. Aber wie sollte das gelingen? Zwei Versuche hatte die Geheime Elite unternommen, Deutschland wegen Marokko zum Zuschlagen zu verleiten, aber beide Versuche waren gescheitert, weil Kaiser und Reichsregierung diplomatischen Lösungen zugestimmt hatten.

Die Lage war vertrackt: Ohne guten Grund konnte Großbritannien nicht gegen Deutschland in den Krieg ziehen, und der Grund musste etwas Naheliegendes sein. Niemals hätte London seine Unterstützung für Russland als Anlass nehmen können, um dem Deutschen Reich den Krieg zu erklären. Das britische Volk hasste das zaristische Russland. Würden die Briten zum Krieg bereit sein, wenn deutsche Soldaten auf Paris zumarschierten? Möglicherweise, aber eine Möglichkeit reichte der Geheimen Elite nicht aus – sie benötigte Gewissheit. Großbritannien konnte nur dann am Krieg teilnehmen, wenn die Deutschen durch Russland oder Frankreich zu einem Vergeltungsschlag gezwungen wären. Deutschland musste als Aggressor dastehen. Sollten die deutschen Truppen durch Belgien marschieren, hätten die Briten ihren Kriegsgrund. Seit 1905 gingen Briten und Franzosen in ihren Kriegsplänen davon aus, dass die deutschen Truppen in Belgien einfallen würden, aber zunächst mussten sie weiter darauf warten, dass das Kaiserreich auf eine Provokation reagierte.

Die Antwort auf dieses Problem lag in einer Strategie, bei der Russland ermutigt wurde, aggressiv vorzugehen und sich seinen historischen Traum zu erfüllen – die russische Fahne sollte über der Bosporus-Meerenge wehen. Sobald Deutschland darauf reagieren würde, kämen die Briten ins Spiel. Russlands Kriegsgründe würden auf dem Balkan liegen, für Frankreich wäre es immer

Elsass-Lothringen. Großbritannien hatte keinen guten Grund für einen Krieg, sofern die Geheime Elite nicht einen liefern konnte.

Der Balkan war zu dieser Zeit eine wenig bekannte, von Bergen zerklüftete, rückständige Region im südöstlichen Zipfel Europas, aber die Geheime Elite erkannte, welch explosives Gemisch der Nationalismus der Balkanbewohner darstellte, und machte sich daran, Kapital daraus zu schlagen. Viele Historiker sagen, Russland habe den Ärger auf dem Balkan angezettelt und finanziert, um die Osmanen aus Europa und Österreich aus Bosnien-Herzegowina zu vertreiben, aber der britische Einfluss bei der ganzen Sache wurde buchstäblich ignoriert oder schlichtweg nicht erkannt.[1] Es waren Agenten der Geheimen Elite, die auf dem Balkan vorsätzlich die Unzufriedenheit mit den Herrschern in Konstantinopel und Wien anfachten.

Auf sich gestellt hätte es den Balkanländern sowohl an der Infrastruktur gefehlt als auch am Kapital, das notwendig gewesen wäre, um den Reichtum an Bodenschätzen zu nutzen. Vor allem Rumänien und Serbien hingen sehr stark am Tropf der internationalen Banken, was zur Folge hatte, dass vom Balkan gewaltige Vermögen abflossen und ihren Weg nach London, Paris und Wien fanden. Europas Finanziers beuteten Serbiens Volkswirtschaft kräftig aus, bevor sie ernsthafte Schritte unternahmen, die Industrie des Landes aufzubauen. Die Banken griffen auf Agenten vor Ort ebenso zurück wie auf einflussreiche Politiker, Mitglieder der Legislative und Regierungsminister. Sie alle dienten als Mittelsmänner zwischen den europäischen Börsen und Serbien. Leo Trotzki, damals Balkan-Korrespondent der Kiewer Zeitung *Kiewskaja Mysl*,[2] schrieb bissig: »Eine und die selbe Tür hier führt gleichzeitig in ein Ministerium und zu einem Bankdirektor.«[3]

Trotzki traf den Nagel auf den Kopf: Korruption war an der Tagesordnung. Regierungsbeamte wurden mit Direktorenposten in Banken und Ölfirmen bestochen. Die Ausgaben für Rüstungsgüter und Kriegsgerät waren höher als die Investitionen in Serbiens Zukunft. Benutzt und missbraucht – das war das Schicksal des Balkans.

Serbien wurde auf eine ganz spezielle Aufgabe vorbereitet. Das Land war perfekt geeignet als Auslöser einer Explosion, die die alte Ordnung wegsprengen würde. Serbien verfügte über viele Geheimbünde, die vor Nationalismus, Panslawismus und Hass auf die Österreicher strotzten. Das machte das Land zum perfekten Standort, von dem aus die Geheime Elite den europäischen Krieg auslösen konnte. 1908 hatte Österreich-Ungarn Bosnien-Herzegowina annektiert und bei den Serben damit für starken, bitteren und anhaltenden Hass gesorgt, auch weil die Annexion die serbischen Pläne untergrub, alle Serben in einem einzigen, Jugoslawien genannten Staat zu versammeln.[4] Der Hass der Serben auf die österreichische Herrschaft stieg vom ersten Tag der Besatzung 1908 bis zum Kriegsbeginn exponentiell an.[5] Auf sich gestellt hätten die Serben niemals erfolgreich Krieg gegen Österreich führen können, aber Iswolski sagte Serbien die Unterstützung Russlands zu. Er ermutigte die Serben: Ihnen stehe doch Bosnien-Herzegowina zu, sie sollten es den Österreichern wieder wegnehmen. Serbiens Finanzminister Milorad Drašković behauptete zuversichtlich: »Unser Volk hat Vertrauen in Russland. Man sagt über uns, wir seien bloß das bewaffnete Lager Russlands. Für uns ist das keine Beleidigung.«[6]

Dass Alexander Iswolski eine zentrale Rolle dabei spielte, die Stimmung auf dem Balkan anzuheizen, war kein Zufall. Als es um die Frage ging, welche einflussreichen Personen und Organisationen man in Serbien und Bulgarien beeinflussen könne, griff die Geheime Elite auf ihn und auf ihre diplomatischen Repräsentanten und Handelsvertreter zurück. Die Geheime Elite in London beschränkte sich keineswegs auf eine Beobachterrolle, vielmehr sorgte sie dafür, dass ihre Agenten bei jeder sich bietenden Gelegenheit Einfluss nahmen. Nach allgemeiner Einschätzung war Serbien 1912 »voll und ganz ein Instrument Russlands«,[7] und das stimmt in gewissem Maße auch. Anweisungen, Kapital, Hilfeversprechen – all das ging von Sankt Petersburg zu den russischen Diplomaten in Belgrad und schien damit zu unterstreichen, wie ernst es das Zarenreich mit Serbien meinte. Doch in Wahrheit erhielten die russischen Diplomaten ihre Anweisungen von Männern, die unserer Einschätzung nach von der Geheimen Elite kontrolliert wurden – Iswolski und seine Marionette Sasonow. Zudem lassen sich die Ursprünge ihrer schwarzen Kassen bis nach Paris und London zurückverfolgen. Ein Glied in der undurchsichtigen Befehlskette war Nikolaus Hartwig, einer der fähigsten und mächtigsten Diplomaten, über die Russland verfügte.

Hartwig war in London bekannt und sehr angesehen. Er hatte vormals als russischer Botschafter in Teheran gedient und spielte eine wichtige Rolle, als Russland und Großbritannien ihren Streit in der Afghanistan-Frage beilegten. Hartwig galt als »Diplomat der Iswolski-Schule«[8] und als »Schüler und Alter Ego Iswolskis«.[9] Als 1906 der Posten des russischen Außenministers zu besetzen war, zählte auch Hartwig zu den Favoriten, doch Iswolski setzte sich durch (nicht zuletzt deshalb, weil sich König Edward beim Zaren für ihn starkmachte). 1909 hätte Hartwig durchaus Iswolskis Nachfolger werden können, aber Iswolski bevorzugte den schwächeren und leichter zu beeinflussenden Sasonow, dessen Schwiegervater zudem rein zufällig Ministerpräsident Stolypin war. Dennoch blieben Hartwigs Talente nicht unbemerkt, deshalb übertrug man ihm die wichtige Aufgabe, als russischer Botschafter nach Belgrad zu gehen.

Es sei noch einmal daran erinnert, dass Serbien zu dieser Zeit als tiefste Provinz galt – als kleines, primitives Schweinezüchterland, das kaum nützliche Bodenschätze aufwies und dessen Geschichte vor allem mit Königsmorden aufwarten konnte.[10] Umso seltsamer, dass so ein wichtiger und hoch angesehener Diplomat an einen dermaßen abgelegenen Posten im Südosten Europas abgestellt wird, nicht wahr? Sinn ergibt das natürlich nur, wenn auf ihn eine wichtige Aufgabe wartete, für die er hervorragend qualifiziert war.

Innerhalb kürzester Zeit übte Nikolaus Hartwig in Belgrad immensen Einfluss aus und galt einigen gar als wahrer Herrscher Serbiens.[11] Er fachte die österreichfeindliche Stimmung an, machte den Nationalisten Mut und gab den Kriegshetzer, als er dafür eintrat, dass Serbien zum Brückenkopf der Slawen auf dem Balkan werden und Bosnien-Herzegowina und die südslawischen Bereiche Ungarns annektieren müsse.[12] Der russische Diplomat Jewgeni Schelking schrieb: »Kurz nach seinem Eintreffen in Belgrad hatte Hartwig sich bereits eine außergewöhnliche Position erarbeitet. Der König, Prinz Alexander, Ministerpräsident Pašić – keiner von ihnen traf irgendeine Entscheidung, ohne sich vorher mit ihm zu beraten.«[13]

Nikolaus Hartwig kontrollierte und dirigierte die serbische Führung, aber sein Ehrgeiz war damit nicht gestillt. Er versammelte ein Schlangennest um sich – eine bunt gemischte Truppe aus serbischen Mafiosi, russischen Kollaborateuren, aus Ränkeschmieden und Verschwörern. Sie legten die Lunte ans Pulverfass. Russlands Militärattaché Viktor Artamanow und Dragutin Dimitrijević, der Chef des serbischen Militärgeheimdienstes, tauschten sich regelmäßig darüber aus, was ihre Agenten in Österreich-Ungarn in Erfahrung gebracht hatten. Für anfallende »Ausgaben« stand Russland gerade.[14] Es waren skrupellose Männer in skrupellosen Zeiten, die ihren dunkelsten Beitrag zur Geschichte erst noch leisten sollten. Was sie an Erwartungen für ein Groß-Serbien weckten, ging über jedes vernünftige Maß hinaus. In Bosnien-Herzegowina, Serbien und Bulgarien gärte der Hass. Jeder beklagte gebrochene Versprechen, geplatzte Träume und unerfülltes Potenzial.

Seinen Spitznamen »Apis« (»Bulle«) verdiente sich Oberst Dimitrijević durch seine körperliche Stärke und seine Präsenz. 1903 war er bei der brutalen Ermordung von König Alexander und Königin Draga verwundet worden.[15] Unter unrühmlichen Umständen hatten er und Mitoffiziere den Königspalast in Belgrad gestürmt, das Königspaar erschossen und dann mit Bajonetten bis zur Unkenntlichkeit verstümmelt, bevor sie die Leichname aus dem Fenster warfen.[16] Der Königsmord sorgte bei den meisten gekrönten Häuptern Europas für einen Schock und heftige Ablehnung, doch Apis galt fortan als Nationalheld. Der leidenschaftliche Nationalist diente loyal König Peter, dem er auf den Thron geholfen hatte. Apis verfügte über jede Menge Charme und war der wahre Drahtzieher und die wahre Macht in der serbischen Militärpolitik.[17]

Apis zählte zu den führenden Mitgliedern der »Schwarzen Hand«, einer im Untergrund agierenden Geheimgesellschaft, die offiziell »*Ujedinjenje ili Smrt*« hieß, »Vereinigung oder Tod«, und die sich das Ziel gesteckt hatte, Österreich-Ungarn zu vernichten. Trotz der Gräueltaten und trotz der Vorgeschichte, die dazu geführt hatte, dass die serbische Monarchie an den Höfen Europas verhasst war, lobte Hartwig die Schwarze Hand als »idealistisch und patriotisch«.[18] Der Gründer und Vordenker Apis sei »der einflussreichste Offizier in ganz Serbien«.[19] Die russischen Agenten, die Sasonow in Belgrad postiert hatte, ermutigten, finanzierten und schützten Apis. So konnte er eine zentrale Rolle dabei spielen, »eine Form serbischer Aktivität zu fördern, die früher oder später zu einer akuten österreichisch-serbischen Krise führen musste«.[20] Mit Oberst Apis und seiner Schwarzen Hand hatte die Geheime Elite das Virus erkannt und genährt, das innerhalb eines einzigen Moments im Juni 1914 die globale Politik infizieren würde.

Hartwig erwies sich als guter Schüler Iswolskis, als ihm die Gründung des Balkanbundes gelang, eines Militärbündnisses mehrerer Balkanstaaten. Das war keine geringe Leistung Hartwigs, denn diese Länder hassten sich alle gegenseitig. Der Balkan ähnelte einem Sumpf ethnischer Verbitterung, religiöser Spannungen und nationalistischer Streitigkeiten, ein explosives Gemisch, das während eines Jahrhunderts türkischer Unfähigkeit vor sich hin geschwelt hatte. Die Großmächte mochten auftreten, als würde der Balkan sie nicht interessieren oder als würden sie sich nur im Namen dieses oder jenes Staates zu Wort melden, aber wann immer sie ihre Aufmerksamkeit auf die Region richteten, roch es sehr stark nach Eigennutz. Noch unberechenbarer agierten die jungen Staaten und die Nationen, die nach Abspaltung strebten. Wie missgünstige Hyänen, die sich in ein verwundetes Tier verbeißen, wollten sie alle mehr für sich oder wenigstens die anderen daran hindern, sich an dem untergehenden Osmanischen Reich gütlich zu tun. Allen Protesten zum Trotz war niemand unschuldig. Jeder für sich war immer bereit, dem Nachbarn an die Gurgel zu gehen, aber wenn sie als Rudel auftraten, konnten diese Hyänen vor allem Österreich gefährlich werden. Deshalb förderte die Geheime Elite die Gründung des Balkanbundes. Als Zusammenschluss konnten es die Balkanstaaten theoretisch mit einer Großmacht aufnehmen.[21]

Durch einen geradezu unglaublichen Zufall erschien auch in Bulgarien praktisch aus dem Nichts eine Person, die mit Hartwig daran arbeitete, den Balkanbund zu erschaffen. Vorläufige Verhandlungen erfolgten »unter strengster Geheimhaltung«, und die Befürworter des Bündnisses »griffen zurück auf J. D. Bourchier, den Balkan-Korrespondenten der *Times* …«[22] Auf wen bitte?

James David Bourchier stammte aus einer britisch-irischen Familie, studierte am *Trinity College* in Dublin und in Cambridge, arbeitete als Hilfslehrer in Eton und verfügte über einwandfreie Referenzen. 1892 machte er auf dem Balkan Urlaub und stieg innerhalb kürzester Zeit zum dortigen Korrespondenten der *Times* auf. Er ließ sich in Sofia nieder, wo er eine Rolle als unabhängiger Diplomat spielte und Umgang mit gekrönten Häuptern und Staatschefs pflegte. Klingt zu schön, um wahr zu sein? Vielleicht liegt es daran, dass man hier die Handschrift der Geheimen Elite sehr deutlich durchschimmern sehen kann.

Der russische Botschafter in Bulgarien sandte im November 1912 ein Telegramm an Iswolski. Darin war die Rede von einem Repräsentanten der *Times*, der behauptete, »sehr viele Menschen in England arbeiteten daran, die Komplikationen in Europa [auf dem Balkan] zu vertiefen und auf diesem Weg den Krieg herbeizuführen, der ›zur Vernichtung der deutschen Flotte und des deutschen Handels‹ führen sollte«.[23] Ein Name wird nicht genannt, aber es muss Bourchier gemeint sein. Er hatte sich dem russischen Botschafter anvertraut und ihm exakt den Plan der Geheimen Elite dargelegt, ohne zu ahnen, dass das Gespräch Iswolski in Paris zu Ohren kommen würde. Das Telegramm fasst das Gesamtziel knapp zusammen: »Menschen in England« arbeiteten daran, den Balkan noch explosiver zu machen, einen Krieg herbeizuführen und Deutschland und den deutschen Handel zu zerstören. Prägnanter hätte man es nicht formulieren können.

Die englische Autorin und Reisende Edith Durham hat viele der furchtbaren Gräueltaten publik gemacht, die bei den folgenden Balkankriegen verübt wurden. Auch sie hat bestätigt, dass Bourchier sehr tief in die Entstehung des Balkanbundes involviert war.[24] Wie andere zeitgenössische Kommentatoren hatte sie keinen Grund zu vermuten, dass die wahre Macht und der wahre Einfluss bei Alexander Iswolski lagen, der von seinem Beobachtungsposten in Paris aus begann, für Unruhe zu sorgen.

Der amerikanische Historiker Sidney Fay schrieb:

> *Die Serben ermutigte Iswolski weiterhin insgeheim. Er drängte sie, sich auf eine glücklichere Zukunft vorzubereiten, in der sie auf Russlands Unterstützung bei dem Vorhaben zählen konnten, ihre Pläne für Jugoslawien zu erreichen … Er ermutigte sie, es [Bosnien-Herzegowina] als ein serbisches Elsass-Lothringen anzusehen.*[25]

Eine besonders gute Anmerkung zu der Rolle, die Iswolski auf dem Balkan spielte. In Paris sprach er der rechtsgerichteten Regierung um Poincaré offen seine Unterstützung aus, einer Revanchistenregierung, für die die Heimkehr Elsass-Lothringens das A und O der französischen Außenpolitik war. Er war es, der den Österreichern 1908 Bosnien-Herzegowina im Austausch für das leere Versprechen abgetreten hatte, Wien werde Russland beim Griff nach den Dardanellen unterstützen. Nur zu gern war Iswolski bereit gewesen, die bosnische Provinz abzutreten, aber irgendwie hatte er es geschafft, dass die Schuld dafür nicht an ihm haften blieb. 1912 spielte er ein anderes Lied: Serbien solle sich Bosnien-Herzegowina zurückholen, das war nun Serbiens Cause célèbre.

Und so kamen sie zusammen, die Hebammen, die den Balkanbund zur Welt brachten: Iswolski, der die Idee bereits in seiner Zeit als russischer Außenminister gefördert hatte; Hartwig, der, mit grünem Licht aus London, nach

OBEN *Professor Carroll Quigley*

RECHTS *Cecil Rhodes*

OBEN *Lord Natty Rothschild*

LINKS *Alfred Milner*

Milner (sitzend) wählte seine persönlichen Mitarbeiter sehr gründlich aus. Er bevorzugte Absolventen aus Balliol und Oxford. Viele von ihnen machten unter Milner Karriere.

Alfred Milner (sitzend, 2. v. l.) und Lord Roberts (mit dem Arm in der Schlinge) in Kapstadt, 1900, umgeben von wichtigen Mitgliedern der »Roberts-Akademie«

Jan Smuts, Held der Buren und Mitglied im inneren Kreis der Geheimen Elite (Foto: Library of Congress*)*

Premierminister Balfour (am Schreibtisch mit Stift in der Hand) mit Außenminister Lansdowne (Mitte) bei einem Treffen des Committee of Imperial Defence

Arthur Balfour, Freund und Beschützer der liberalen Imperialisten
(© Getty Images)

Edward VII. in vollem Ornat. Dass er eine zentrale Rolle dabei gespielt hat, den Ersten Weltkrieg auszulösen, ist bislang vertuscht worden. (Gemälde von Samuel Luke Fildes)

Die »Drei von Relugas«

Grey

Haldane

Asquith

Lord Roberts war in Großbritannien ein Idol. Daran änderte sich auch nichts, nachdem er in Rente gegangen war.

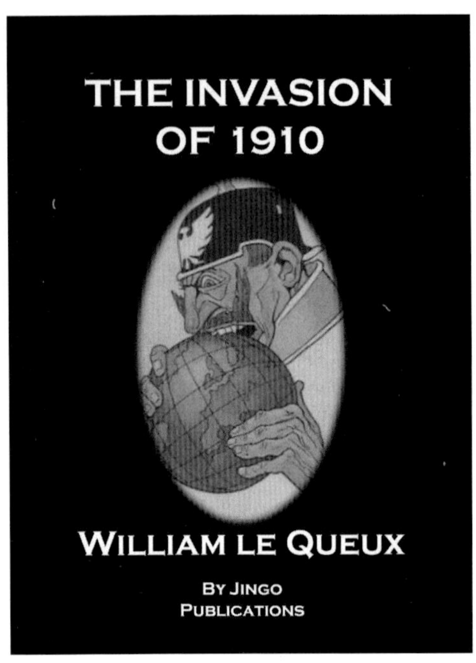

Der lächerliche Spionageroman von Le Queux. Auf dem Titelbild Kaiser Wilhelm als böser »Hunne«, der sich die Welt einverleiben will.

Die beiden steckten häufig unter einer Decke – und ab 1912 in der Tasche der Geheimen Elite: Churchill und Lloyd George, die »schrecklichen Zwillinge«

Sir Edward Carson

Paul Warburg

Drei zentrale Figuren der Geheimen Elite

Präsident Raymond Poincaré

Lord Crewe, Winston Churchill und Sir Edward Grey (v.l.n.r.), hübsch herausgeputzt

Wilson, Joffre und Huguet – sie führten die geheimen »Gespräche«, deren Existenz so häufig im Parlament bestritten wurde

Serbien geschickt wurde, um Belgrad noch besser in den Griff zu bekommen, und Bourchier, ein Korrespondent der *Times*, einem Sprachrohr der Geheimen Elite. Das merkwürdige Gespann Serbien und Bulgarien wurde zu einem Bündnis gedrängt, das alles andere als »natürlich« war. Die Männer, die die Fäden zogen, waren nicht von nationalistischen Sympathien getrieben. Sie verfolgten höhere Ziele.

Zusammenfassung von Kapitel 18: 1912/13 – Pulverfass Balkan

- Als das Jahr 1912 anbrach, hatte es die Geheime Elite bereits zweimal nicht geschafft, das Deutsche Reich zu einem Krieg aufzustacheln.
- Agenten der Geheimen Elite fachten die schwelenden nationalistischen Spannungen auf dem Balkan an. Ziel war es, die Region zu destabilisieren und in einen Brennpunkt zu verwandeln.
- Die Befehle schienen aus Sankt Petersburg zu kommen, doch in Wahrheit stammten sie aus London. Die Kommandokette lief vom *Foreign Office* zu Iswolski in Paris, weiter zu Sasonow in Russland und schließlich zu Hartwig in Belgrad.
- Der russische Botschafter Hartwig arbeitete eng mit Oberst Apis und seiner mächtigen Terrororganisation »Schwarze Hand« zusammen.
- Der Balkanbund ging auf die Vorarbeiten von Iswolski, Hartwig und Bourchier zurück – drei Personen mit Verbindungen zur Geheimen Elite.
- Im Balkanbund kamen die grundverschiedenen Nationen des Balkans zusammen und stellten so eine Gefahr sowohl für die Türkei als auch für Österreich-Ungarn dar.

19

Von Balmoral zum Balkan

WÄHREND DER BALKANBUND im September 1912 seine ersten Schritte tat, lud Großbritanniens König George V. den russischen Außenminister Sasonow ein, ihn auf Balmoral Castle zu besuchen, wo auch Sir Edward Grey weilte. In seinen Memoiren gibt Sasonow an, sechs Tage auf dem königlichen Anwesen im schottischen Verwaltungsbezirk Aberdeenshire verbracht und Privatgespräche mit dem König und Grey geführt zu haben. Außerdem seien noch der russische Botschafter in London, Graf Benckendorff, und der Vorsitzende der oppositionellen *Tories,* Andrew Bonar Law, anwesend gewesen.[1] Laut den offiziellen Erinnerungen von Grey und Sasonow habe man praktisch überhaupt nicht über die Krise auf dem Balkan gesprochen, obwohl diese kurz vor ihrem Höhepunkt stand und ein Krieg nicht mehr fern schien. Das ist schon ungewöhnlich. Die Erinnerungen an die Privatgespräche unterschieden sich in einem wesentlichen Punkt.[2] Die Oktoberrevolution verhinderte, dass die Geheime Elite Sasonows Korrespondenz nachträglich überarbeiten konnte, deshalb erfahren wir, dass Sasonow im Anschluss dem Zaren begeistert telegrafierte:

> *Es gibt eine Vereinbarung zwischen Frankreich und Großbritannien, gemäß der im Falle eines Krieges mit Deutschland Großbritannien die Verpflichtung auf sich genommen hat, Frankreich zu unterstützen, und zwar nicht nur zur See, sondern auch zu Land, indem man Einheiten auf den Kontinent verlegt. Der König hat diese Frage angesprochen und äußerte sich dabei noch deutlicher als sein Minister … Er sagte: »Wir werden jedes einzelne deutsche Handelsschiff versenken, dessen wir habhaft werden.«*[3]

Poincaré höchstpersönlich hatte Sasonow wenige Wochen zuvor im Vertrauen von der Geheimabsprache mit Großbritannien berichtet, aber nun hatte der russische Minister die dringend benötigte Bestätigung.

Das Treffen auf Balmoral 1912 ist ein perfektes Beispiel dafür, wie die Geheime Elite die internationale Politik durch ihre Agenten steuerte und wie sie die offizielle Geschichtsschreibung in diesen Belangen kontrollierte. Der König wurde gebeten, Sasonow auf sein schottisches Landgut einzuladen und ihn mit royaler Eleganz zu beeindrucken. Der Außenminister, Diplomaten, der Oppositionsführer und andere waren ebenfalls anwesend. Wer noch anwesend war, wer dort übernachtete, mit den Gästen zu Abend aß, spazieren ging, fischte oder jagte – wir wissen es nicht. Was an Einzelheiten publik gemacht wurde, diente allein der Verschleierung. Die eigentliche Politik fand im Verborgenen statt. Es gab nichts Belastendes, alles wurde durch ein Nicken oder einen Handschlag besiegelt, das Wort musste reichen. Die wirklich wichtigen Themen enthielt man dem Parlament und dem Volk durch Augenwischerei wie auch durch sorgfältig erstellte offizielle Unterlagen vor. Urteile wurden gefällt, Meinungen ausgetauscht, Strategien erörtert und vereinbart. Sasonow zeigte sich nach dem Treffen ganz begeistert von all der königlichen Lobhudelei. Er wusste, dass ein Krieg aufzog und dass Großbritannien seinen Teil beitragen würde. Das in Teilen zitierte enthusiastische Telegramm ist ein glaubwürdiger Bericht dessen, was er seiner Meinung nach gehört hat. Nun blieben nur noch wenige Fragen offen: Wie schnell ließ sich über den Balkan ein Krieg gegen Deutschland herbeiführen und auf welchem Weg?

In Greys Memoiren heißt es, das Hauptaugenmerk in Balmoral habe auf dem »ermüdenden Thema« Persien gelegen.[4] Das Memorandum, das das *Foreign Office* am 4. Oktober 1912 entwarf, ist denn auch genau so, wie es Grey behauptete – langweilig, langatmig und auf Themen wie Persien, Afghanistan, konsularische Vertretung, die transpersische Eisenbahn und Grenzdispute fokussiert.[5] Besonders auffällig ist das Schweigen zum Balkan. Sasonow verbrachte vier Tage in Folge damit, mit dem britischen Außenminister über Weltpolitik zu sprechen, und zwei Wochen später brach der Erste Balkankrieg aus.[6] Dennoch behauptet Grey, das Thema habe in ihren Gesprächen keine Rolle gespielt. An anderer Stelle schrieb Grey, wie der über Generationen angestaute Hass auf dem Balkan sich als Krieg entlud – ein Krieg, den er als »gerecht« bezeichnete, weil es auch um die Befreiung christlicher Untertanen von der türkischen Herrschaft ging.[7] Aber dennoch sollen wir glauben, dass auf Balmoral nichts zu dem Thema gesagt wurde. Das war natürlich eine vorsätzliche Täuschung.

In Sasonows Bericht über Balmoral ist die Rede von einer »impulsiven Eruption« der Balkanstaaten, als habe er nicht schon vorher gewusst, was die Länder im Schilde führten. Er tauschte sich regelmäßig mit Iswolski über den bevorstehenden Krieg aus, von dem er natürlich wusste, denn sie hatten ihn ja geplant und Serbien und Bulgarien zur Zurückhaltung gemahnt, bis Russland grünes Licht gab.[8]

Sasonow ging es nicht gut, bereits seit Längerem bereitete ihm sein Gesundheitszustand Probleme. Umso mehr bewunderte er Grey, der auf dem Höhepunkt seiner Macht stand. Sasonow und Iswolski verdankten ihre Ämter den Mächten, die Grey repräsentierte. Die Geheime Elite gab die Ziele vor, deshalb führt kein

Weg daran vorbei: Sasonow und Grey müssen über das Thema Balkan gesprochen haben. Am 21. Oktober 1912, gerade einmal einen Monat später, schrieb Grey privat an den britischen Botschafter in Russland: »In Balmoral war er [Sasonow] sehr besorgt über den Brand, den er gelegt hatte, als er ein Bündnis der Balkanstaaten förderte.«[9] So viel zu Greys Erinnerungsvermögen in seinen Memoiren. Ganz offensichtlich wollte er alle Gespräche über den Balkan geheim halten, doch Diplomatenpost hat seine Lügen inzwischen aufgedeckt.[10]

Russlands Presse war wenig beeindruckt: Sasonows Besuch in Großbritannien hatte zu keiner sichtbaren Unterstützung für Russlands Balkanpläne geführt. Das britische Außenministerium wusste, welche Enttäuschung das auslösen würde. Der britische Botschafter Sir George Buchanan sandte Grey eine Depesche, in der er aus einem Artikel der *Nowoje Wremja* zitierte. Dort wird hinterfragt, welchen Wert Russlands Bündnis mit England überhaupt habe. Der Autor war der Bruder des kurz zuvor ermordeten Ministerpräsidenten Pjotr Stolypin, und er sprach genau die Wahrheit an, die die Geheime Elite so gern unter den Teppich kehren wollte: »Bei einem Krieg mit Deutschland würde England alles dafür tun, Russland und Frankreich in den Kampf zu ziehen, einen Kampf, der für England ein Existenzkampf wäre, der aber zweifelsohne abträglich für Russlands Interessen wäre.«[11] Stolypin gehörte zu den Russen, die erkannten, dass zwischen den Interessen Großbritanniens und denen des Zarenreichs eine große Lücke klaffte. In Persien, in Afghanistan, bei den Dardanellen, auf dem Balkan – überall stand Großbritannien Russlands Plänen ablehnend gegenüber. Stolypin hatte absolut recht mit seiner Warnung, dass Großbritannien versuchte, Russland in einen Krieg mit Deutschland zu zerren.

Jede einzelne Avance, die Russland seit 1905 gemacht worden war, wurde daran gemessen, wie wertvoll sie bei einem Krieg gegen Deutschland wäre. Eine murrende russische Presse und Unzufriedenheit der Russen über Großbritanniens Haltung in der Persien- und der Balkanfrage hätten den Plänen der Geheimen Elite abträglich sein können, also wurde die königliche Trumpfkarte gespielt. König George wurde gebeten, dem Zaren privat und persönlich zu schreiben und ihm zu versichern, dass Sasonows Besuch sämtliche Erwartungen erfüllt habe und dass ihm, dem König, viel daran liege, die überaus freundschaftlichen und engen Beziehungen der beiden Länder zueinander weiter zu pflegen und zu vertiefen. Greys Aufpasser im *Foreign Office*, Sir Arthur Nicolson, diktierte dem König den Brief praktisch in die Feder. Der Zar sei der »alles entscheidende Faktor«, so Nicolson.[12] Im autokratischen russischen Reich war es für die Geheime Elite zwingend erforderlich, den Monarchen bei der Stange zu halten, ganz egal, wie die Dinge auf dem Balkan enden würden.

Rund 18 Monate vor Kriegsausbruch auf dem Balkan hatte Iswolski von den Plänen Kenntnis.[13] Er war es schließlich auch gewesen, der die kleinen Nationen dazu ermutigt hatte, sich im Balkanbund zusammenzuschließen. Seine Handschrift ist deutlich zu erkennen bei dem Vertrag, der Serbien und Bulgarien zur Kriegserklärung gegen die Türkei verpflichtete. In den Geheimklauseln wurde Russland die Macht zugesprochen zu bestimmen, wann dieser Krieg beginnen könnte, außerdem wurde festgelegt, dass der Balkanbund sich in Streitfragen dem Urteil Russlands unterwerfe.[14] Was den Angriff auf die Türkei anging, hatten Iswolski und Sasonow den Finger am Abzug, aber sie bekamen ihre Anweisungen aus London. Die endgültige Entscheidung lag stets in London.

Historische Mythen neigen dazu, sich selbst am Leben zu erhalten. Zu diesen Mythen gehört auch die im frühen 20. Jahrhundert kursierende Einschätzung, Russland habe weitreichende und verbindliche Pflichten, Serbien zu schützen, ganz so, als gebe es unverbrüchliche slawische Bande zwischen den beiden. Serbien war keine rein slawische Nation, Russland ebenso wenig. Es gab auch keine langjährige innige Freundschaft zwischen beiden Ländern. Wann immer der eine den anderen zu seinem eigenen Vorteil nutzen konnte, tat er das auch. Und wenn nicht, »intrigierte der eine für oder gegen den anderen«.[15] 1908 hatte Iswolski gezeigt, wie wenig Serbien den Russen bedeutete, als er der Besetzung Bosnien-Herzegowinas durch Österreich zustimmte. Den österreichischen »Betrug«, wie er es nannte, vergaß er Wien niemals, seinen Groll nahm er mit bis ins Grab. Doch es half der russischen Selbstgefälligkeit, auch weiterhin so zu tun, als wäre man der Schutzpatron aller Slawen. In Bosnien lebten zahlreiche Slawen, die sich als »Verwandte« ihrer serbischen »Cousins« ansahen. Sie stellten einen großen Pool unzufriedener Menschen dar, aus dem sich die österreichfeindliche Stimmung speisen ließ.

Russland hatte die Ermordung einer Wien näher stehenden serbischen Dynastie finanziert, der von König Alexander und Königin Draga, und eine neue Dynastie eingesetzt, die von unerschütterlicher Treue Russland gegenüber geprägt war.[16] Russland missbrauchte seinen Einfluss bei den Serben dafür, den Druck auf Österreich-Ungarn beständig aufrechtzuerhalten. Die andauernden und ermüdenden Störungen begannen Österreich so sehr zu verärgern, dass letztlich nur noch zwei Möglichkeiten blieben: endloses, kostspieliges Gezänk oder ein starker, entschlossen geführter Straffeldzug gegen Serbien. Wie Edith Durham schrieb:

> *Erschöpft von der wiederholten Entrüstung der Serben und sich durchaus dessen bewusst, was Hartwig in Belgrad trieb, wurde Österreich klar, dass man als nächstes Opfer Russlands auf der vorgeschriebenen Liste stand und die Stunde nahte, in der man entweder tötete oder getötet wurde.*[17]

Ein Krieg »passiert« nicht einfach so, das gilt nur für kleinere Auseinandersetzungen. Kriege müssen im Voraus finanziert und mit Zinsen zurückgezahlt werden. Als Bulgarien in Vorbereitung auf den Krieg mit den Türken größere Summen aufnehmen wollte, reagierten die Pariser Banken ausgesprochen zurückhaltend. Also musste Iswolski dafür Sorge tragen, dass Sofia das Benötigte bekam. Frankreichs Bankiers wurden starkem Druck ausgesetzt, Bulgarien doch behilflich zu sein. Bulgariens Finanzminister Petar Todorow traf sich im Juni 1912 persönlich mit Iswolski in Paris, um ihm zu danken und ihn über Bulgariens Pläne auf den aktuellsten Stand zu bringen.[18] Aber Iswolski war nur der Schalterbeamte, der den Beleg abstempelt, er war nicht die Quelle. Er hatte Zugang zu anderen »Unterstützern«, und die saßen nicht in Russland.

In den Jahren 1912 und 1913 spielten sich im Südosten Europas zwei separate Konflikte ab. Der erste war ein Angriff des Balkanbunds auf die Türkei. Im Oktober 1912 erklärten Serbien, Bulgarien, Montenegro und Griechenland »mit geheimer Unterstützung Englands« der Türkei den Krieg und raubten dem Osmanischen Reich den Großteil seiner europäischen Ländereien.[19]

Die Türkei war das erste Ziel, aber der Balkanbund richtete sich auch gegen Österreich. Der Bund hatte zweifelsohne zwei Ziele und setzte darauf, dass die einfachste und beste Lösung darin bestände, gleichzeitig die Türkei zu zerschlagen und den Untergang Österreich-Ungarns zu bewirken. Es wurden Absprachen

Der Balkan 1912/13

getroffen: Serbien würde Bosnien-Herzegowina bekommen, Rumänien Transsylvanien, und Bulgarien würde keine rumänischen Einmischungen mehr erdulden müssen.[20]

Der Erste Balkankrieg war eine sehr kurze und für die Türkei peinliche Angelegenheit. Es ging alles viel zu schnell, als dass daraus ein großer Konflikt hätte entstehen können, der die Großmächte mit hineinzog. Österreich griff nicht ein, und Kaiser Wilhelm machte deutlich, dass er »unter keinen Umständen« bereit sei, wegen der Nationen des Balkans Krieg mit Russland oder Frankreich zu führen.[21] Was für eine Enttäuschung für all diejenigen, die sich einen umfassenderen europäischen Krieg erhofft hatten!

Am 25. November 1912 rief die Reichsregierung dazu auf, die Krise gemeinschaftlich beizulegen. Im Dezember fand in London eine Botschafterkonferenz statt. Sir Edward Grey gab an, sich nicht an den Gesprächen beteiligt zu haben, schließlich »waren keine britischen Interessen berührt; es war nicht unsere Angelegenheit«.[22] Wie wir bereits gezeigt haben, traf das genaue Gegenteil zu. Genau wie Pontius Pilatus wusch auch Grey seine Hände bei schwierigen Entscheidungen gern in Unschuld.

Die Botschafterkonferenz führte nur zu einem zeitlich begrenzten Waffenstillstand, dauerhafte Lösungen gab es keine. Eine Sache war allerdings gewiss: Serbien würde weiterhin mit Gezänk und aggressiven Drohungen in Richtung Österreich aufwarten. Als der französische Botschafter am Zarenhof noch Georges Louis hieß, gab es für ihn keinen Zweifel, dass Hartwig Serbien gegen Österreich aufstachelte. Louis meldete eine Äußerung, die Hartwig unvorsichtigerweise hatte fallen lassen: »Das Thema Türkei ist geklärt, nun ist Österreich dran.«[23] Den Plan gab es, das ist unbestritten, aber Botschafter Louis war leider kein Mitglied der Geheimen Elite, deshalb brachten ihm seine Mühen nur die Entlassung ein.

Dass die Geheime Elite auf dem Balkan mitmischte, bedeutete keineswegs, dass die vielen pressierenden Themen im eigenen Land liegen blieben. Am 5. Dezember 1912 meldete Iswolski:

> *Unter absolut strengster Geheimhaltung ist unlängst der englische Generalstabschef General Wilson in Frankreich eingetroffen. Bei dieser Gelegenheit wurden mehrere sich einander ergänzende Details vertieft … Es waren nicht nur Militärs, sondern auch andere Vertreter der französischen Regierung an diesen Arbeiten beteiligt.*[24]

Zwei Wochen später sandte Iswolski Sasonow ein Telegramm, in dem er davor warnte, dass das österreichische Kabinett möglicherweise etwas tun werde, was eine Reaktion Russlands erforderlich mache, »was wiederum unvermeidlich und automatisch zunächst Deutschland und dann Frankreich in den Krieg hineinziehen würde«.[25] Poincaré sah einem derartigen Szenario vollkommen gelassen entgegen. Er wusste um die Verpflichtungen Frankreichs im Rahmen der Allianz und war fest zum Handeln entschlossen. Man hatte alle notwendigen Schritte getan. Die Mobilisierung entlang der Grenze war überprüft worden, das Kriegsgerät befand sich an Ort und Stelle, die Abläufe und Prozesse für einen Krieg mit Deutschland waren bekannt und mit dem militärischen Oberkommando abgestimmt.[26]

Präsident Poincaré stand kurz davor, sein Gesetz einzubringen, das die Wehrpflicht von zwei auf drei Jahre verlängerte. Dieses Gesetz würde die Truppenstärke der französischen Streitkräfte rasch deutlich ansteigen lassen. Insgeheim versicherte Grey Poincaré, dass die Briten Frankreich und Russland »aus Ehrenpflicht« unterstützen würden, sollten die Unruhen auf dem Balkan zu einem europäischen Krieg führen.[27] Sasonow bat Iswolski telegrafisch, den Franzosen zu beteuern, dass auch Russland bereit sei. Vorwürfe, Russland habe nichts zur Stärkung seiner Streitkräfte unternommen, wies er zurück. Tatsächlich waren rund 350000 Reservisten einbehalten worden. 80 Millionen Rubel waren für besonderen Armeebedarf und für die Ostseeflotte zurückgelegt und einige Divisionen dichter an die Grenze zu Österreich verlegt worden.[28]

Großbritannien, Russland und Frankreich befanden sich in jeder Hinsicht im Alarmzustand und überprüften, wie es um die anderen stand. In London, Paris, Sankt Petersburg und anderen europäischen Hauptstädten kursierte in den dunklen Korridoren der Macht eine Frage: Bricht dieses Mal ein umfassender Krieg aus? Frankreich und Russland setzten ihre militärischen Vorbereitungen ungebremst fort. Jetzt fehlte noch ein »zufriedenstellender« Vorfall auf dem Balkan, etwas, womit sich ein Krieg rechtfertigen ließ. Die französische Bevölkerung wurde mit Hetze gegen Deutschland und Österreich eingedeckt von einer Presse, die sich diesen Dienst von Iswolski bezahlen ließ.[29] In Großbritannien hatte die Presse das Volk schon seit bald einem Jahrzehnt auf einen Krieg eingestimmt. Sie mochten sich nach außen hin gleichgültig geben, was die Ereignisse auf dem Balkan anging, aber die Kriegstreiber in Großbritannien waren fast bereit für den Waffengang.

Der vielleicht stärkste Beleg dafür, wie dicht Europa 1912 vor einem Krieg stand, stammt aus Belgien. Im November 1912 hielt das Parlament in Brüssel auf Drängen von König Albert I. eine Geheimsitzung ab, um über dringende Vorsichtsmaßnahmen zu beraten. Den sprachlosen Abgeordneten verkündete der König, er habe Beweise dafür, dass Belgien in großer und unmittelbarer Gefahr schwebe. Sofort verabschiedete das Parlament ein drastisches und weitreichendes Militärprogramm, das rund 30 Jahre zuvor der damalige König Leopold II. angeregt hatte. Die Truppenstärke Belgiens wurde auf 150000 Mann unter Waffen angehoben, dazu kamen weitere 60000 Mann in Hilfsdiensten und 130000 Mann für defensive Garnisonen, also 340000 Mann insgesamt. Für eine vermeintlich neutrale Nation mit insgesamt siebeneinhalb Millionen Einwohnern stellte dies eine enorme Aufstockung der Truppenstärke dar.[30]

Was waren das für Beweise, die König Albert hatte? Woher kamen sie, warum hat er sie direkt erfahren? Das waren nicht die normalen Kanäle, über die Geheimnisse weitergegeben wurden. Gemäß der üblichen Gepflogenheiten pflegten Monarchen und Mitglieder königlicher Häuser den Kontakt zueinander, während den Regierungsministern die Aufgabe zufiel, Nachrichten und Einschätzungen auszutauschen und zu besprechen. Wer also alarmierte den König? Einen derart außergewöhnlichen Schritt hätte er doch nur unternommen, wenn er gewarnt worden wäre, dass ein europaweiter Krieg unmittelbar bevorstand. Albert war ein Vetter zweiten Grades des verstorbenen König Edward und vertraute dem britischen Königshaus blind.[31] Zwar gibt es keine Beweise dafür, dass seine Informationen aus London kamen, aber nichts anderes hätte derartige Folgen gehabt.

Es gibt noch einen weiteren Grund dafür, warum die Belgier das Gefühl hatten, eine Krise stünde unmittelbar bevor. Später veröffentlichten Beweisen zufolge informierte das britische Militär im November 1912 die Belgier, dass London, sobald ein europaweiter Krieg ausbräche, 160 000 Mann nach Belgien und Nordfrankreich verlegen würde – mit oder ohne Zustimmung der belgischen Regierung.[32] Das kann man sich ruhig noch einmal auf der Zunge zergehen lassen – »mit oder ohne Zustimmung der belgischen Regierung«. Die Briten wollten in Belgien sein, wenn Krieg ausbrach. Kein Wunder, dass in Belgien Krisenstimmung herrschte, denn die Lage auf dem Balkan war alles andere als ruhig.

Nach dem Ersten Balkankrieg erhob Bulgarien Anspruch auf Gebiete, die man den Türken abgenommen hatte. Den Anspruch begründete Sofia mit dem Vertrag, den man vor dem Krieg mit Serbien geschlossen hatte und der festlegte, dass klar definierte Bereiche eroberter Gebiete unter den Ländern aufgeteilt werden sollten. Serbien war erbost: Die Großmächte hatten Belgrad gezwungen, Gebiete in Albanien zu räumen, die eigentlich den Serben zugestanden hätten. Nun forderte Belgrad einen Teil des Landes, das man in der früheren Vereinbarung Bulgarien überlassen hatte. Beflügelt vom Kriegserfolg, vollführte Serbien Drohgebärden und führte sich auf wie ein junger Schläger, der vor einem größeren Gegner auf und ab stolziert, weil er weiß, dass er Rückendeckung hat. Russland hatte seine Unterstützung zugesagt, und darauf verließ sich Serbien, als man mehr forderte, als einem eigentlich zugestanden hätte. Russland war Serbiens Ernährer, Garant und Schlichter. Bulgarien hatte im Krieg deutlich größere Opfer gebracht und weigerte sich nun, auf die Forderungen der Serben einzugehen. Sofia beharrte auf der Einhaltung des Vertrags und forderte Russland auf, seiner Vermittlerrolle nachzukommen. Der Zar reagierte, aber beileibe nicht so, wie die Bulgaren es sich gewünscht hatten: Er stattete Bulgariens Erzfeind Rumänien einen übermäßig freundlichen Besuch ab. Bulgariens Regierung war empört und verbittert. Aber es sollte noch schlimmer kommen: Russland unterstützte die serbischen Forderungen und überwarf sich dadurch mit Bulgarien.

Der Balkanbund lag in Scherben. Scharmützel zwischen bulgarischen und serbischen Truppen entlang der gemeinsamen Grenze führten im Juni 1913 zum Zweiten Balkankrieg. Unterstützt von Rumänen und Griechen, verübten serbische Truppen schreckliche Gräueltaten, als sie weit in bulgarisches Hinterland vorstießen. Russland, Frankreich und Großbritannien sahen tatenlos zu, wie Bulgarien vernichtend geschlagen wurde. Die Türken nutzten die Gelegenheit, in Bulgarien einzufallen und sich Teile der Gebiete zurückzuholen, die sie im Ersten Balkankrieg eingebüßt hatten. Am 10. August 1913 wurde der Friedensvertrag von Bukarest unterzeichnet und brachte der Region einen zweiten, vorübergehenden Frieden. Bulgarien musste einen hohen Preis zahlen und verlor fast alle Gebiete, die es im Ersten Balkankrieg erobert hatte. Serbien dagegen hatte sein Territorium verdoppelt und stellte nun »eine noch größere Bedrohung für Österreich-Ungarn dar, sowohl extern als auch dadurch, dass die beträchtliche serbische Minderheit (Bosnien-Herzegowinas) innerhalb der Donaumonarchie dazu ermutigt wurde, ihre Unabhängigkeit einzufordern«.[33]

Kriegen auf dem Balkan haftete etwas Ungezähmtes an. Gräueltaten wurden als natürlicher Bestandteil der Kriegsführung angesehen. Ganz wie zu mittelalterlichen Zeiten köpften Serben die Toten oder schlugen gefangenen Gegnern den Kopf ab und stellten die Köpfe auf Pfählen zur Schau. Ganze Dörfer wurden ausgelöscht, Frauen und Kinder mit Bajonetten erstochen. Trotzki, Durham und andere griffen die russische und die westeuropäische Presse vehement dafür an, sich »zum Schweigen verschworen zu haben über die Gräueltaten, die die Slawen auf dem Balkan an den Türken verübten«.[34]

Edith Durham stieß das Verhalten der serbischen Soldaten dermaßen ab, dass sie nach London reiste und im Außenministerium vorstellig wurde. Dort plädierte sie dafür, die muslimische Bevölkerung zu schützen – eine Bevölkerung, die systematisch erniedrigt, gefoltert und getötet wurde. Muslime mussten zwangskonvertieren. Durham schrieb, dass Tag für Tag Zivilisten aus ihren Dörfern geholt und standrechtlich exekutiert wurden: »Die Opfer fielen zu Boden und wurden mit Erde bedeckt, ganz gleich, ob sie nun tot oder lebendig waren … Männer wurden in eiskalte Flüsse geworfen und anschließend halb verbrannt, bis sie um Gnade schrien. Der Übertritt zum Christentum war der Preis, den es zu zahlen galt.«[35] Mittelalterliche Barbarei erlebte ein vehementes Comeback. Die später eingesetzte Carnegie-Kommission ging diesen Verbrechen gegen die Menschlichkeit nach und machte deutlich, dass die Anschuldigungen stimmten. Geplant und verübt wurden diese Gräueltaten von der serbischen Schwarzen Hand.

Durham stieß im *Foreign Office* auf taube Ohren. Das britische Establishment wollte davon nichts wissen. Sir Edward Grey hatte die ganze Angelegenheit zum »gerechten« Krieg erklärt, weil Christen nun vor den Osmanen geschützt werden konnten.[36] In Wahrheit griffen hier jedoch völlig andere Gründe: Die Geheime Elite benötigte die mörderische Schwarze Hand und ihren Anführer Oberst Apis noch für eine extrem wichtige Aufgabe.

Im Sommer 1913 besetzten serbische Truppen erneut albanisches Gebiet, obwohl Albanien eigentlich unter dem Schutz der Großmächte stand. Es folgten weitere Gräueltaten. Österreich wandte sich direkt an die Briten mit der Bitte, dringend ihren Einfluss auf die Serben geltend zu machen, damit diese sich zurückzögen. Grey war »übers Wochenende verreist«, und sein Staatssekretär Sir Eyre Crowe weigerte sich, aktiv zu werden. Er ging davon aus, so seine Begründung, dass Grey eine Forderung nach einem sofortigen Rückzug der Serben nicht gutheißen würde.[37]

Österreich-Ungarn schäumte vor Wut. Die Donaumonarchie stand bereit, Albanien Hilfe zukommen zu lassen. Mit jeder Stunde, die verstrich, rückte ein großer europäischer Krieg in greifbare Nähe. Der Zar sandte der russischen Armee ein Telegramm: Sollten politische Komplikationen an der Westgrenze eine Order zur Mobilmachung erforderlich machen, sei dies als Befehl anzusehen, Feindseligkeiten gegen Österreich und Deutschland einzuleiten.[38] Anders gesagt: Wenn St. Petersburg die Order zur Generalmobilmachung ausgab, war dies das Signal dafür, dass genug geredet worden war. Eine derartige Mobilmachung bedeutete Krieg, und zwar Krieg gegen Österreich-Ungarn und das Deutsche Reich.

Das Pulverfass Balkan stand kurz vor der Explosion, die angestauten Frustrationen wollten sich ihren Weg bahnen. Ein Kriegsbeginn 1913 wurde nur deshalb vermieden, weil die Russen Serbien zurückpfiffen, nachdem Österreich Belgrad ein Ultimatum gestellt hatte. Die Serben waren empört, ihnen blieb jedoch keine Wahl.

Warum entschied sich Russland 1913 so, reagierte 1914 aber in einer ähnlichen Situation mit einer Generalmobilmachung? Zeigt es, dass Russland doch noch nicht völlig auf einen Krieg vorbereitet war? Möglicherweise. Aber soweit es die Geheime Elite anging, war die Raison d'Être für den Balkankrieg, Österreich massiv zu provozieren und Deutschland mit in die Sache hineinzuziehen. Letztlich ging es nicht um Österreich, es ging um das Kaiserreich. Es hatte sich immer nur ums Kaiserreich gedreht.

Aber Kaiser Wilhelm ließ sich nicht aus der Reserve locken. Er hatte keineswegs die Absicht, einen Angriff Österreichs auf Serbien zu unterstützen. Stattdessen konzentrierte er sich auf risikoarme diplomatische Ansätze. Selbst in Wien war man ziemlich frustriert darüber, dass der Kaiser offenbar nicht begriff, welch große Gefahr Belgrad für Österreich darstellte.[39] Der vermeintliche Kriegshetzer, als den ihn die britische Propaganda hinstellte, drängte Österreich zu Zugeständnissen gegenüber den Serben. Er riet der Donaumonarchie, eine friedliche Koexistenz anzustreben. Als Deutschland Druck auf Österreich ausübte, eine diplomatische Lösung zu finden, wurde ein europaweiter Krieg unmöglich, denn Deutschland musste als der Aggressor erscheinen.

Und was lernte die Geheime Elite aus all dem? Klar war, dass die britische Öffentlichkeit wenig davon hielt, wegen irgendeiner Nation auf dem Balkan in den Krieg zu ziehen. Angesichts der Vielzahl brisanter Themen vor der eigenen Tür – die Irland-Frage, die Forderungen der Suffragetten, Streiks, soziale Unruhen – lag das öffentliche Interesse an den Ereignissen auf dem Balkan bei null, und die Sympathie für Russland war auch nicht viel größer. Viele Parlamentarier, insbesondere Liberale und Radikale, schimpften über das Zarenregime mit seinen Pogromen und der weitverbreiteten Unterdrückung.[40] Serbien, Bosnien, der Nationalismus der Slawen … das bewegte die britische Öffentlichkeit des Jahres 1913 nicht. Wenn es dort zum Krieg kam, dann »zur Hölle damit«, das war die öffentliche Haltung. »Mit uns Briten hat das doch nichts zu tun, oder?« Nicht nur, dass weit mehr unternommen werden musste, um das britische Volk auf einen Krieg einzustimmen, Deutschland zeigte sich noch immer nicht bereit, die hingehaltenen Köder zu schlucken.

Die Geheime Elite wusste um die Historie der Genozide und Massaker auf dem Balkan und um die ungelösten Streitigkeiten, aus denen sich Nutzen schlagen ließ. Sie sah, dass Österreich nahezu platzte vor Frustration. Österreichs Nationalstolz, Österreichs internationales Ansehen, Österreichs Geduld – das alles wurde durch Serbiens Aggression untergraben. Die Donaumonarchie war wie eine gespannte Feder, an der Serbien zog und zerrte in der Hoffnung, dass sich die Spannung eines Tages entladen würde. Und wenn das geschah, würde Deutschland aktiv werden müssen. Es ging gar nicht anders.

Zusammenfassung von Kapitel 19: Von Balmoral zum Balkan

- Sasonow kam 1912 auf Balmoral Castle mit Sir Edward Grey und König George V. zusammen. Wie Grey behauptete auch er, man habe nicht über das Thema Balkan gesprochen. Die Lügen und Fehlinformationen, die diesem viertägigen Treffen folgten, zeigen perfekt, wie die Geheime Elite ihr Vorgehen vertuschte.
- Sasonow meldete dem Zaren, dass die Briten insgeheim verpflichtet waren, Frankreich bei einem Krieg mit Deutschland zur Seite zu stehen – zu See wie auch zu Land.
- Der Balkanbund griff, mit der heimlichen Unterstützung Englands, die Türkei an und fügte ihr eine schmerzliche Niederlage zu.
- Ein großer Krieg wurde dadurch vermieden, das für Kaiser Wilhelm II. ein Feldzug nicht infrage kam. Er rief stattdessen zu einer Friedenskonferenz in London auf.

- Der Zweite Balkankrieg hatte Bulgarien und Österreichs Verbündete zum Ziel. Serbische Truppen verübten brutale Massaker, doch die Geheime Elite beschloss, die Beweise zu ignorieren.
- Serbien war in einem fort damit beschäftigt, Österreich zu schwächen und herauszufordern. Das Verhalten im Fall Albanien war erbärmlich, aber Deutschland sperrte sich dagegen, dass die verbündeten Österreicher sich wegen Serbien zu einem Krieg hinreißen ließen.
- Erneut weigerte sich der Kaiser, sich in einen Konflikt ziehen zu lassen. Er setzte auf diplomatische Lösungen.
- Die Geheime Elite hatte gelernt: Österreich war es leid, sich noch länger von Serbien beschimpfen und beleidigen zu lassen, und näherte sich dem Ende seiner Geduld. Österreich war die Achillesferse des Deutschen Reiches.

20

Sarajevo – das Netz der Schuld

DER BALKAN TAUGTE NICHT als Funke, mit dem die Geheime Elite einen Flächenbrand auslösen konnte. Das lag daran, dass Deutschland, beziehungsweise der Kaiser, Österreich-Ungarn davon abhalten konnte, auf Serbiens vorsätzliche Provokationen zu reagieren. Das gelang so überzeugend, dass die Donaumonarchie glaubte, der deutsche Botschafter in Belgrad sei ganz entschieden proserbisch eingestellt und habe den Kaiser überredet, der serbischen Sache gegenüber eine wohlwollende Haltung einzunehmen.[1] Auch wenn die Geheime Elite dieses Mal leer ausging: Es war klar, dass Österreich dem Druck nicht endlos standhalten würde, bevor die Integrität des Staates zerbarst.[2] Die Kriegstreiber brauchten einen Vorfall, der so brutal, so bedrohlich oder so gefährlich war, dass Österreich gar nichts anderes übrig blieb, als zu den Waffen zu greifen.

Österreich-Ungarn wusste sehr wohl um die Gefahren, die auf der anderen Seite der serbischen Grenze lauerten. Der Militärnachrichtendienst hatte eine ganze Reihe diplomatischer Telegramme abgefangen und entziffert, in denen Russlands Verhältnis zu diversen serbischen Aktivistengruppen detailreich dargelegt wurde.[3] Die Österreicher wussten, dass Nikolaus Hartwig, Iswolskis rechte Hand in Belgrad, die serbische Regierung mit dem Ziel manipulierte, die Region zu destabilisieren. Die Österreicher wussten auch, dass Hartwig Serbiens Innenpolitik kontrollierte. Und sie kannten seine Verbindungen zu Sasonow in Sankt Petersburg, zu Iswolski und Poincaré in Paris. Was sie nicht wussten, war, dass die wahre Macht in London saß. Das wusste niemand.

Von London ging eine Kommandokette aus, die sehr, sehr weit reichte. Von Hartwig aus führte sie weiter zum serbischen Militär, dessen Nachrichtendienst und zur Schwarzen Hand, dem quasi autonom agierenden nationalistischen Geheimbund. Sie führte sogar noch weiter, bis hin zu den jungen bosnischen Politaktivisten, die bereit waren, in Sarajevo zur Waffe zu greifen … Studenten, deren Ideen zu Sozialismus und Reformen von Revolutionären wie Trotzki beeinflusst waren. Mit jeder Ebene, die wir uns in diesem Netz der Schuld von der Geheimen Elite entfernen, wird das Maß der Kontrolle unschärfer. Sasonow in Sankt Petersburg fand, dass sich Hartwig in Belgrad »gelegentlich von seinen slawophilen Sympathien hinforttragen ließ«,[4] unternahm deswegen aber nichts. Hartwig wiederum ermutigte und förderte Männer, deren Hauptmotiv er gern teilte und deren Handlungen er persönlich gutheißen konnte, die er aber nicht vollständig unter Kontrolle hatte.

Botschafter Hartwig arbeitete eng mit seinem Militärattaché Oberst Viktor Artamanow zusammen. Dieser war nach Belgrad abgestellt worden, um den Kontakt zur serbischen Armee zu halten und sie zu beraten. Diese Männer sind untrennbar mit den Attentätern von Sarajevo verbunden, und zwar über ihren selbst gewählten Mittelsmann – Oberst Dragutin Dimitrijević, genannt »Apis«, dominanter Gründer der Schwarzen Hand, mächtigster Militäroffizier Serbiens.[5]

Die englische Reisende und Balkan-Kommentatorin Edith Durham beschrieb die Schwarze Hand als mafiöse, in ihrer geheimen Selbstwerbung freimaurerartige Organisation, die das serbische Militär genauso durchdrang wie die Bürokratie, die Polizei und die Regierung. Die Schwarze Hand gab mit *Pijemont* ihre eigene Zeitung heraus, die zu Intoleranz gegenüber Österreich-Ungarn und zu »gewaltsamem Chauvinismus« aufrief. Die Schwarze Hand wurde zur gefährlichsten aller Politorganisationen, zur Regierung in der Regierung, und war niemandem Rechenschaft schuldig. Sie beging Verbrechen, für die niemand die Verantwortung übernahm. Die Regierung stritt jegliche Kenntnis ab, aber König Peter gelangte durch ebendiese Männer auf den Thron. Verantwortungsbewusste Politiker, die sich bemühten, die Unterwanderung der Regierung durch die Schwarze Hand aufzuhalten, blieben erfolglos.[6] Wie sehr Hartwig Apis mochte und respektierte, zeigt sich vielleicht daran, dass er die Organisation als »idealistisch und patriotisch« beschrieb.[7] Zweifelsohne passte es Hartwig hervorragend in die Planungen, dass Oberst Apis im Sommer 1913 zum Chef des Militärgeheimdienstes befördert wurde.

Es ist wichtig, dass wir in Bezug auf das verhängnisvolle Attentat in Sarajevo im Juni 1914 jedes Glied in der Kette der Verantwortung ganz klar identifizieren. Apis wurde bewusst die Verantwortung für einen Nachrichtendienst übertragen, der von Russland finanziert wurde und seine Informationen von bosnischen Slawen bezog. Den Sinn seines Lebens sah Apis darin, ein Groß-Serbien zu errichten. Er war zuallererst und immer ein Serbe. Er machte gemeinsame Sache mit Hartwigs Militärattaché Artamanow und nahm diesem das Versprechen ab, dass Russland Serbien schützen würde, sollte Österreich infolge von etwas, das er, Apis, tat, Serbien angreifen.[8] Nach Apis' Meinung brauchte es eine Demonstration der serbischen Entschlusskraft, eine Tat, die einen permanenten Wandel auslöste und dazu führte, dass die Angelegenheit ein für alle Mal geklärt würde.

Im März 1914 lieferte ihm die Regierung Österreichs die Gelegenheit dazu, als sie ankündigte, dass Erzherzog Franz Ferdinand, der habsburgische Prinz und Thronfolger der Doppelmonarchie, im Juni Sarajevo besuchen werde. Politische Attentate als Mittel zum Zweck waren keinesfalls eine neue Erfindung. In den fünf Jahren bis 1914 hatten einzelne Attentäter, meistens serbische Bürger Österreich-Ungarns, eine ganze Reihe erfolgloser Versuche unternommen, Vertreter der Donaumonarchie in Kroatien und Bosnien-Herzegowina zu töten.[9] Der Vizekönig von Kroatien und kaiserliche Kommissar war 1912 gleich zweimal Zielscheibe erfolgloser Mordversuche, 1914 wurde ein Anschlag auf einen kaiserlichen Kommissar durchkreuzt. Österreichs Regierung besaß verlässliche Informationen, dass serbische Agitatoren »in Verbindung mit einflussreichen russischen Kreisen« der österreichischen Monarchie einen schweren Schlag versetzen wollten, aber sie kannten die Einzelheiten nicht.[10]

Apis' Organisation stand bereit. Sie hatte die revolutionäre Vereinigung *Mlada Bosna* (»Junges Bosnien«) infiltriert, ausgerüstet und dafür ausgebildet, den Anschlag in Sarajevo durchzuführen. *Mlada Bosna* hing hohen Idealen an und war viel intellektueller als die engstirnigen Chauvinisten der Schwarzen Hand. Die Gruppe wollte nicht nur Unabhängigkeit von Österreich-Ungarn, sondern auch das primitive Wesen der bosnischen Gesellschaft verändern. Sie hinterfragte die Autorität bestehender Institutionen des Staates, der Kirche, der Schulen und der Familie und glaubte an sozialistische Konzepte wie Egalitarismus und die Gleichberechtigung der Frau. *Mlada Bosna* stand für Modernismus, Intellektualismus und eine schöne neue Welt.[11] Der Antrieb der Organisation war die Revolution, kein eng gesteckter Nationalismus.

Apis hatte genau den Mann an der Hand, den es brauchte, einen Trupp Attentäter aus *Mlada Bosna* auf die Beine zu stellen und anzuführen: Danilo Ilić. Ilić hatte zuvor als Lehrer und in einer Bank gearbeitet, lebte aber 1913/14 bei seiner Mutter in Sarajevo, wo er ihr half, eine kleine Pension zu führen. Ilić war Anführer der Sarajevo-Zelle der Schwarzen Hand und kannte Oberst Apis persönlich.[12] Außerdem war er eng mit Gavrilo Princip befreundet, jenem Studenten, der den tödlichen Schuss abfeuern sollte.

Bei der Planung des Anschlags nutzte Apis drei serbische Verbündete, denen er vertraute. Seine rechte Hand, Major Vojislav Tankosić, leitete die Guerilla-Ausbildung und brachte die späteren Attentäter an einen geheimen Ort in Serbien. Dort sollte er dafür sorgen, dass die Mitglieder von *Mlada Bosna* im Umgang mit Waffen und Sprengsätzen geübt waren. Er sollte sie zu Attentätern ausbilden und sie anschließend wieder sicher zurück über die Grenze nach Sarajevo bringen. Der zweite Mann war Rade Malobabić, der leitende verdeckte Agent des serbischen Militärgeheimdienstes. Sein Name taucht in serbischen Unterlagen auf, die österreichisch-ungarischen Truppen während des Krieges in die Hände fielen. In den Dokumenten wird beschrieben, wie unter seiner Anleitung Waffen, Munition und Agenten aus Serbien nach Österreich-Ungarn geschmuggelt wurden.[13] Seiner Meinung nach war *Mlada Bosna* fähig, die Tat zu verüben. Der dritte Mitverschwörer der Schwarzen Hand war Milan

Ciganović. Er lieferte den Attentätern vier Revolver und sechs Bomben aus serbischen Heeresbeständen. Jeder Attentäter erhielt zudem Zyankali. Das Gift sollten sie einnehmen, nachdem sie den Erzherzog ermordet hatten. Mit ihrem Selbstmord würden sie dafür sorgen, dass sich die Spur der Mörder nicht zu Apis und Hartwig zurückverfolgen ließ.

Ciganović war darüber hinaus ein enger Vertrauter des serbischen Ministerpräsidenten Nikola Pašić, der ihn später auch vor den gewaltigen Nachwirkungen des Sarajevo-Attentats schützen sollte. Dass Ciganović beteiligt war, bedeutet, dass Mitglieder der serbischen Regierung im Voraus von dem geplanten Anschlag wussten und Zeit hatten, sich über die Folgen Gedanken zu machen.[14]

Zunächst schien alles glatt zu laufen, doch die serbischen Intrigen gerieten im unpassendsten Moment in turbulentes Fahrwasser. Serbiens politische, militärische und adlige Anführer standen geschlossen Seite an Seite – und unter dem Schutzschirm des großen russischen Bruders –, was sehr zu den Erfolgen während der Balkankriege beitrug. Ministerpräsident Pašić, Oberst Apis und König Peter wurden alle von Botschafter Hartwig in ihrem Streben nach einem Groß-Serbien bekräftigt. Doch nur wenige Tage vor der geplanten Ermordung des Habsburgers brach in Serbien ein Kampf um die Macht aus. Angeblich aufgrund irgendeiner bedeutungslosen Frage um Prioritäten kam es zum Bruch zwischen Apis und Pašić. Apis wollte Pašić in einem Staatsstreich stürzen, musste jedoch feststellen, dass seine Machtbasis im serbischen Militär geschrumpft war. Viele der Kollegen, mit denen er während und seit dem Königsmord von 1903 gearbeitet hatte, waren inzwischen altersbedingt gestorben oder während der Balkankriege gefallen. Die alte Ordnung war unaufhaltsam geschwunden, selbst seine engsten Freunde schreckten davor zurück, mit militärischer Gewalt gegen die Regierung vorzugehen.[15] Viele Serben hatten erwartet, dass sich Apis bei diesem Machtkampf problemlos durchsetzen würde, aber sein Vorstoß in die Zivilgesellschaft schmälerte die Aura, die dem Anführer der Schwarzen Hand anhaftete. Das serbische Kabinett verabschiedete strenge Maßnahmen gegen Mitglieder der Schwarzen Hand, schickte einige ranghohe Beamte in Rente und versetzte andere an abgelegene Außenposten im Nirgendwo.[16]

Doch den Todesstoß erhielten die Ambitionen von Oberst Apis aus dem Ausland. Russland – oder genauer gesagt Sasonow und Iswolski – billigten nicht, dass Apis Ministerpräsident Pašić und sein Kabinett stürzen wollte. Andeutungen, man sei bereit zum Rücktritt, ließ Hartwig nicht gelten. Gleichzeitig machte Poincaré deutlich, dass ein serbisches Oppositionsregime nicht mit finanzieller Unterstützung aus Paris würde rechnen können.[17] Gefangen zwischen alten Loyalitäten und dem Druck aus Russland, zog sich der König aus dem politischen Leben zurück. Er übertrug seine Macht Prinz Alexander, dem der Einfluss überhaupt nicht zusagte, den Oberst Apis in serbischen Militärkreisen genoss.

Werfen wir noch einmal einen Blick auf die Ereignisse. Bis zum geplanten

Attentat blieben nur noch wenige Tage. Das Letzte, was Sasonow, Iswolski, Poincaré und die Geheime Elite im Juni 1914 gebrauchen konnten, war ein von ihnen nicht geplanter Regierungswechsel in Serbien. Der Ultranationalist Apis war niemand, der gern Befehle entgegennahm. Bereits 1913 hatte er unbedingt Bulgarien angreifen wollen, aber Pašić hatte (zweifelsohne auf Anweisung von Hartwig) die Genehmigung verweigert.[18] Apis stand weder unter der Fuchtel von Prinz Alexander noch unter der von Hartwig. Er wusste, dass Pašić schwach war und unterwürfig gegenüber Russland. Für Apis war dies der Moment, der ihm die Augen öffnete: Auf einen Schlag begriff er, dass die Russen ihn und sein geliebtes Serbien für ihre eigenen Zwecke missbrauchten.

Mit Blick auf seine eigenen Überlebenschancen hatte Apis möglicherweise auch Bedenken hinsichtlich des Anschlags in Sarajevo bekommen. Er hatte die Herrscherclique in Serbien ordentlich aufgerüttelt. Ministerpräsident Pašić war über das bevorstehende Attentat informiert, deshalb machte das Kabinett angeblich die Grenze für bekannte oder vermeintliche Attentäter dicht. Vorausgesetzt, das entspricht der Wahrheit: Steckte dahinter Selbsterhaltungstrieb? Sollte es so wirken, als habe die serbische Regierung nichts mit der Ermordung des Erzherzogs zu schaffen? Auch Hartwig kannte die Einzelheiten des Plans, wäre jedoch nie auf die Idee gekommen, dass man die Spur zu ihm zurückverfolgen könnte. Er wusste aber auch nicht, dass die Österreicher durchaus Kenntnis über seine Machenschaften besaßen, seit sie diplomatische Korrespondenz zwischen Russland und Serbien abgefangen und entschlüsselt hatten.[19]

Apis setzte einen Agenten, dem er vertraute, nach Sarajevo in Marsch. Sein Auftrag: *Mlada Bosna* zu instruieren, die Mission abzubrechen. Doch zu spät: Die Attentäter hatten sich in Sarajevo eingenistet und waren bereit, am geplanten Tag zuzuschlagen. Davon, den Anschlag aufzuschieben, wollten sie nichts hören. Am 28. Mai hatten die *Mlada-Bosna*-Mitglieder still und heimlich Belgrad verlassen. Ciganović hatte sie mit Waffen und Bargeld versorgt, sympathisierende Grenzer erleichterten ihnen den Grenzübergang zurück nach Österreich-Ungarn. Der wachhabende Offizier war ein Mitglied der Schwarzen Hand und extra auf Anweisung von Apis' Nachrichtendienst dorthin abgestellt worden.

Dennoch hätte der Erzherzog nicht getötet werden müssen. Warnungen, dass seine Sicherheit gefährdet sei, gab es jede Menge, dennoch war Bosniens Gouverneur General Oskar Potiorek fest entschlossen, den Besuch stattfinden zu lassen. Der Polizeichef war verzweifelt, weil er um das Leben des Erzherzogs fürchtete, doch seine Bitten blieben ungehört. Auch das Datum des Besuchs, der 28. Juni, trug dazu bei, die Stimmung anzuheizen, denn es war Vidovdan, der Sankt-Veits-Tag, ein historisch und emotional ganz besonderer Tag für die Serben. Im Jahre 1389 fand am Sankt-Veits-Tag die Schlacht auf dem Amselfeld gegen die türkischen Invasoren statt – ein Ereignis, das die serbische Nation vereinte.

Das allein hätte als Warnung ausreichen sollen. Der Gouverneur setzte sich über die Bedenken seines Polizeichefs hinweg, und als dieser anregte, dass als Vorsichtsmaßnahme ein Kordon aus Soldaten die Straße säumen sollte, wurde er von der Militärverwaltung Sarajevos verspottet. Auch der Wunsch des Polizeichefs, die Route des erzherzoglichen Konvois durch die Stadt nicht zu veröffentlichen, blieb unerfüllt. Die Zeitungen druckten in allen Einzelheiten ab, wann und wo man Franz Ferdinand und sein Gefolge am besten zu sehen bekam.[20] Der Wunsch, zusätzliche Polizisten aus der Provinz zum Schutz abzukommandieren, wurde aus Kostengründen abgeschlagen. Die Sicherheitsmaßnahmen überließ man der Vorsehung.

Die sieben Verschwörer postierten sich in Intervallen entlang des Appelkais – der »Avenue der Attentäter«, wie Sarajevos Erzbischof die Straße später taufen sollte – und mischten sich anderthalb Stunden vor dem Eintreffen des Erzherzogs unter das Volk. Bosnien verfügte über einen erstklassigen politischen Nachrichtendienst, aber niemand, kein Polizist, keine Zivilstreife, kein aufmerksamer Bürger, wurde auf sie aufmerksam.[21]

Der Verlauf des zweifelsohne verheerendsten Attentats der Geschichte ist gut dokumentiert. Ein Bombenwurf schlug fehl; der Erzherzog reagierte zwar aufgewühlt, blieb aber völlig unverletzt. Weniger Glück hatten die Personen im nachfolgenden Wagen. Der Fahrzeugkonvoi hielt kurz, setzte dann die Fahrt in Richtung Rathaus fort. Reden wurden gehalten, in denen man sich um den Anschein von Normalität bemühte. Trotz des schändlichen Anschlags wurden weder Soldaten aus der Kaserne geholt noch wurde der Polizeischutz aufgestockt. Franz Ferdinand verlangte, zum Krankenhaus gebracht zu werden. Er wollte mit eigenen Augen sehen, wie es dem Adjutanten des Gouverneurs ging, der durch die Bombe verwundet worden war.[22] Unglaublich, aber wahr: Die Kavalkade nahm denselben Weg über die »Avenue der Attentäter« zurück, wo auf dem Hinweg die Bombe geflogen war. Dann jedoch bogen sie in die falsche Straße ein. Potiorek wies den Fahrer an, anzuhalten und umzudrehen. Dabei geriet der Erzherzog direkt ins Visier des jungen Princip, der nicht lang zögerte, sondern Franz Ferdinand und dessen Gemahlin Sophie erschoss. Die Polizei verhaftete ihn auf der Stelle, bevor er sich das Leben nehmen konnte.

Und wir sollen glauben, dass die Welt in den Krieg zog, weil jemand falsch abgebogen ist?

Vor allem das Verhalten von Gouverneur Potiorek ist erstaunlich. Der Konvoi befand sich auf dem Weg zum Krankenhaus, aber Potiorek wies den Fahrer stattdessen an, zur Residenz des Gouverneurs zu fahren. Verwirrend, oder? Obwohl sich die Attentäter amateurhaft anstellten, war ein minutiös geplanter Mordanschlag letztlich doch erfolgreich, und zwar nur deshalb, weil ihnen das Opfer mehr oder weniger auf einem Silbertablett serviert wurde. Stand Potiorek unter Schock – oder wusste er bereits, dass es zu spät war? Es kursierte damals das Gerücht, Österreich habe die Ermordung vorsätzlich vorbereitet, um einen Krieg zu provozieren. In der verbitterten Atmosphäre nach 1914 flogen Anschuldigungen und Gegenanschuldigungen hin und her, jede Seite machte den anderen Vorhaltungen. In den 1920er Jahren und den darauffolgenden Jahrzehnten sind viele Fakten ans Tageslicht gekommen, und zwar aus Dokumenten, die »verloren gegangen« oder »inoffiziell« entfernt worden waren. Aus Diplomatenunterlagen ergeben sich inzwischen gewaltige Beweismengen dafür, dass Russland und Serbien mit dem Attentat zu tun hatten, aber keine dafür, dass der Sarajevo-Besuch von Erzherzog Franz Ferdinand mit dem Hintergedanken geplant worden war, ihn dem Risiko eines Anschlags auszusetzen.[23]

Wäre der große Plan wie vorgesehen aufgegangen, hätten alle *Mlada-Bosna*-Mitglieder Selbstmord begangen. Sie waren verzichtbar. Tote Bosnier können nichts ausplaudern, die Glieder der Zuständigkeitskette wären zerbrochen gewesen. Wäre es nach den Wünschen *Mlada Bosnas* gegangen, hätten die Zeitungen über einen von Mitgliedern eines noblen Todespakts durchgeführten Anschlag berichtet, der die Behörden vor absolute Rätsel stellte und der in Europas Kaffeehäusern die revolutionäre Bewunderung zum Überkochen brachte. Nedeljko Cabrinović, der die erste Bombe geworfen hatte, schluckte sofort seine Zyankalikapsel und sprang fünf Meter in die Miljacka. Doch der Fluss war an dieser Stelle sehr flach. Polizisten zogen ihn aus dem Morast, während er sich unkontrolliert erbrach. Das Zyankali wirkte bei keinem der Attentäter, der selbstbestimmte Märtyrertod musste ausfallen.

Mit auffälliger Leichtigkeit verhafteten die Behörden bis auf einen alle Sarajevo-Attentäter, ebenso die Agenten und Bauern, die ihnen unterwegs geholfen hatten. Angesichts der Schnelligkeit, mit der sie alle Verschwörer aufspürten, muss man sich fragen, wie viel sie im Vorfeld über den geplanten Anschlag wussten. Den *Mlada-Bosna*-Mitgliedern wurde Verschwörung zum Hochverrat vorgeworfen, worauf die Todesstrafe stand. Nur wenige Tage nach der Ermordung des Erzherzogs hatten die Österreicher eine Untersuchungskommission eingesetzt. Sie waren überzeugt, dass *Mlada Bosna* von Belgrad ausgerüstet wurde und dass dort auch der Plan entwickelt worden war. Nun mussten die Österreicher unbedingt genau wissen, inwieweit die Regierung Pašić direkt involviert war.[24] Das Außenministerium in Wien entsandte als offiziellen Ermittler seinen besten Anwalt, Sektionsrat Friedrich von Wiesner, nach Sarajevo.

Am 13. Juli 1914 schickte Wiesner einen Zwischenbericht nach Wien, der drei zentrale Punkte enthielt:

1. Die Bewegung für ein Groß-Serbien strebte danach, die südlichen slawischen Gebiete mit revolutionärer Gewalt von Österreich abzuspalten. Anklagend zeigte Wiesner auf *Narodna Odbrana*, eine andere serbische nationalistische Bewegung, der die Belgrader Regierung absolut freie Hand gelassen

habe. Möglicherweise verwechselte er *Narodna Odbrana* mit der Schwarzen Hand.

2. Namentlich beschuldigte er Major Vojislav Tankosić und den »serbischen Beamten Ciganović«, die Attentäter ausgebildet und mit Waffen versorgt zu haben. Die Grenzbehörden und die Zollbeamten hätten die Mörder nach Bosnien geschmuggelt. Diese Fakten seien »belegbar und praktisch unwiderlegbar«.[25]
3. Abschließend äußerte er zurückhaltend die Einschätzung, es gebe zum aktuellen Zeitpunkt keine schlüssigen Belege dafür, dass die serbische Regierung von dem geplanten Anschlag gewusst habe oder an den Vorbereitungen beteiligt gewesen sei.

Zwei Tage später lieferte Wiesner einen ausführlicheren mündlichen Bericht ab. In der Zwischenzeit hatte er weitere Beweise für eine serbische Komplizenschaft entdeckt, doch es war zu spät: Sein Telegramm vom 13. Juli sollte 1919 in der »Kommission für die Feststellung der Verantwortlichkeit der Urheber des Krieges« von der amerikanischen Delegation stark verzerrt zum Tragen kommen. Die beiden ranghöchsten Delegationsmitglieder, Außenminister Robert Lansing und der Jurist James Brown Scott, präsentierten einen Schnipsel von 31 Wörtern Länge aus Wiesners kurzem Bericht als »Beweis« dafür, dass Österreich nichts gegen Serbien in der Hand gehabt hatte, was einen Krieg gerechtfertigt hätte.[26] Die vorsätzliche Verzerrung der Tatsachen sollte den Eindruck erwecken, Wiesner habe Serbien 1914 für »vollkommen unschuldig« gehalten.[27] Eine derartige Fälschung von Beweismaterial kam ihrer Sache zugute und diente nach dem Krieg dazu, die Kriegsschuld ganz allein Deutschland und Österreich in die Schuhe zu schieben. Lansing und Scott müssen sich den Vorwurf gefallen lassen, in dem verzweifelten Versuch, Österreich und Deutschland zu verleumden, die Geschichte verfälscht zu haben.

Als die Mitglieder von *Mlada Bosna* im Oktober vor Gericht kamen, lagen den österreichischen Behörden erdrückende Beweise für eine serbische Komplizenschaft vor. Trotzdem bestanden die Verschwörer darauf, Serbien von jeglicher Schuld freizusprechen. Im Verhör gab sich Princip trotzig: »Ich glaube an die Vereinigung aller Südslawen in jeder Staatsform und frei von Österreich.« Auf die Frage, wie er dieses Ziel zu erreichen gedenke, sagte er: »Durch die Mittel des Terrors.«[28]

Zwar waren sie in Serbien ausgebildet worden, doch die Attentäter wussten nichts davon, wer hinter alledem steckte. Das wussten in der Tat wohl nur die allerwenigsten. Princip und seine Gruppe jedenfalls waren aufrichtig der Meinung, im Namen der Freiheit und Befreiung einen großen Dienst geleistet zu haben. Dass man sie missbraucht hatte, um die Schmutzarbeit anderer zu erledigen, wollten sie nicht hinnehmen.

Die Bemühungen der Attentäter, Serbien herauszuhalten, akzeptierte der österreichische Hof nicht.[29] Das Urteil war entschieden: Der Hof ignorierte die Behauptungen Princips und erklärte rundheraus, dass die Militärkommandeure, die Serbiens Spionagedienste leiteten, an der Schandtat beteiligt gewesen seien. Vier *Mlada-Bosna*-Mitglieder wurden im Februar 1915 gehenkt, jüngere Mitglieder wie Princip wurden zu Haftstrafen verurteilt. Er starb 1918 im Gefängnis an einer Tuberkulose, die durch eine schlecht durchgeführte Amputation verschlimmert wurde.[30] Die Kette der Schuld war jedoch nicht durchbrochen worden.

Die Geheime Elite musste unbedingt dafür sorgen, dass man Russlands Rolle bei der Ermordung des Erzherzogs nicht auf die Schliche kommen konnte. Beweise dafür, dass das Zarenreich beteiligt war, hätten die Glaubwürdigkeit der ganzen Entente untergraben. Vor allem die Spuren zu Sasonow mussten verwischt werden, was wiederum bedeutete, das Netz an Intrigen zu zerstören, das sich zwischen Serbien und Russland erstreckte. Der Kriegsausbruch im August verlangsamte diesen Prozess, brachte ihn jedoch nicht zum Halten.

Der russische Botschafter Hartwig starb unter sehr merkwürdigen Umständen. Bei einem Routinebesuch bei Baron Wladimir Giesl von Gieslingen, dem österreichischen Botschafter in Belgrad, brach Hartwig am 10. Juli 1914 zusammen und erlag einem »schweren Herzinfarkt«. Die serbische Presse hetzte postwendend, Österreich habe Hartwig vergiftet. Die Österreicher wiederum wussten natürlich aus den abgefangenen Telegrammen, dass Hartwig die Spinne im Netz der Intrigen gegen Österreich-Ungarn war.[31] War dies eine altmodische Variante der Vergeltung, oder hatte die Geheime Elite einfach Glück, dass der 57-jährige Diplomat in der österreichischen Gesandtschaft tot umfiel?

Die Dementis flogen hin und her. In Großbritannien musste die Geheime Elite jegliches Gerücht im Keim ersticken, Russland habe sich in innenpolitische Belange Bosniens oder Österreich-Ungarns eingemischt. Vorreiter war die *Times*:

> *Eine serbische Zeitung hat unlängst die Andeutung geäußert, dass beim plötzlichen Tod Hartwigs in der österreichisch-ungarischen Gesandtschaft in Belgrad Gift im Spiel gewesen sei. Derartige Hirngespinste können bei kultivierten Menschen jedweder politischer Couleur nur Geringschätzung und Abscheu auslösen.*[32]

Hirngespinste fürwahr. Die *Times* und diejenigen, die von ihr repräsentiert wurden, wollten derartige Spekulationen offenbar sofort vom Tisch haben, denn sie kamen der Wahrheit gefährlich nahe. Hartwig wurde ermordet, weil er am Anschlag auf Franz Ferdinand beteiligt war? Erhielte diese Idee Zulauf, würde sich die britische Öffentlichkeit noch weiter von Russland abwenden. Auf Wunsch der serbischen Regierung wurde Hartwig in Belgrad beerdigt. Er erhielt praktisch ein Staatsbegräbnis, an dem jeder Serbe von Rang und Namen bis hin zum Ministerpräsidenten teilnahm. Offiziell starb Hartwig eines natürlichen Todes. Inoffiziell wurde ein sehr wichtiges Glied in der Kette der Schuld mit Hartwig beerdigt.

Als die Serben drei Jahre später vollends vom Kriegsglück verlassen waren, verlangten die Österreicher, dass Oberst Apis und die ihm loyalen Offiziere sofort verhaftet würden und vor Gericht kämen. Nahe der Grenze bei Thessaloniki tagte ein serbisches Kriegsgericht und verurteilte die Männer aufgrund diverser falscher Anschuldigungen, die nichts mit Sarajevo zu tun hatten. Am 23. Mai 1917 wurden Apis und acht seiner Mitstreiter zum Tode verurteilt, zwei weitere mussten für 15 Jahre ins Gefängnis. Ein Angeklagter starb während der Verhandlung, woraufhin die Anklagepunkte gegen ihn fallen gelassen wurden. Der Oberste Gerichtshof Serbiens reduzierte die Zahl des Todesurteile auf sieben, Prinzregent Alexander wandelte vier der Urteile um, sodass letztlich drei Verurteilte vor das Erschießungskommando traten.[33]

Oberst Apis hatte praktisch sein eigenes Todesurteil unterschrieben, als er vor dem Militärgericht aussagte, dass er »in Übereinstimmung mit Artamonow [sic!], dem russischen Militärattaché, Malobabić dafür angeheuert hat, die Ermordung Franz Ferdinands bei dessen Eintreffen in Sarajevo zu organisieren«.[34] Besonders viel Sprengkraft enthielt der Passus »in Übereinstimmung mit Artamonow«. Es ging nicht an, dass er die russische Beteiligung enthüllte. Und so wurde Oberst Apis am 26. Juni 1917 standrechtlich erschossen – sehr zu seiner Verzweiflung, da er bis zum Ende aufrichtig daran geglaubt hatte, dass seine Kontakte in England, Frankreich und Russland in seinem Namen intervenieren würden.[35] Apis wurde zum Schweigen gebracht, hingerichtet im Auftrag einer serbischen Regierung, die verzweifelt vertuschen wollte, dass sie beim Attentat von Sarajevo gemeinsame Sache mit Russland gemacht hatte.[36] Es war ein Justizmord.

Auf die eine oder andere Weise wurden die unteren Ebenen im Netz der Schuld aus der Welt geschafft. In ihrer Naivität hatten sich die Männer des Jungen Bosnien für eine Sache geopfert, von deren Existenz sie überhaupt nichts wussten. Hartwig war tot. Ermordet? Wahrscheinlich, aber es zählte einzig, dass er nicht würde reden können. Welche Rolle Hartwig tatsächlich im russischen Intrigengespinst gespielt hat, lässt sich nicht abschließend beantworten. Es gab viel zu vertuschen und doch keinen Zweifel an einer russischen Mittäterschaft.[37] In den Archiven, die die Sowjets zum diplomatischen Schriftwechsel des Jahres 1914 besaßen, tut sich eine erstaunliche Lücke auf. Während der ersten Tage der Oktoberrevolution 1917 entfernte eine unbekannte Person Hartwigs Depeschen aus Belgrad für den Zeitraum von Mai bis Juli 1914 aus dem Archiv des russischen Außenministeriums. Er war zu dem Zeitpunkt seit drei Jahren tot, aber seine Stimme musste noch immer zum Verstummen gebracht werden.[38] Und auch Apis und seine Mitstreiter der Schwarzen Hand wurden beseitigt, damit in künftigen Ermittlungen keine Peinlichkeiten auftauchen und die Verschwörer nicht mit ihrem Wissen hausieren gehen konnten. Fort, verschwunden, sie alle – begleitet von der Hoffnung, dass die Kriegswirren die Wahrheit über ihren Beitrag zum Geschehen endgültig verschwinden lassen würden.

Zusammenfassung von Kapitel 20: Sarajevo – das Netz der Schuld

- Was die Hintergründe der Ermordung von Erzherzog Franz Ferdinand angeht, zieht sich eine Spur der Schuld von Sarajevo über Belgrad nach Sankt Petersburg und von dort aus weiter bis nach Paris und London.
- Die Russen Hartwig und Artamanow taten sich mit dem serbischen Nationalisten Oberst Apis und dessen Organisation Schwarze Hand zusammen, um das Attentat vorzubereiten und zu steuern.
- *Mlada Bosna,* eine sehr idealistische und intellektuelle Gruppe, stellte die Handlanger, mit deren Hilfe Apis den Anschlag plante.
- Beinahe hätte Apis das Attentat in allerletzter Minute abgesagt, als in Serbien ein interner Machtkampf zwischen ihm und Ministerpräsident Pašić ausbrach. Doch die Russen, in Person von Hartwig, erstickten den von Apis geplanten Staatsstreich im Keim.
- Am Tag der Ermordung war der Personenschutz des Erzherzogs so lachhaft, wie man es sich heutzutage kaum noch vorstellen kann.
- Die Attentäter wollten sich nach vollzogener Tat umbringen, aber das Zyankali wirkte nicht. Eine Komplizenschaft Serbiens an der Ermordung von Franz Ferdinand war schnell nachgewiesen, aber es wurden Anstrengungen unternommen, alle Beweise aus der Welt zu schaffen, die *Mlada Bosna* mit Russland oder womöglich gar mit den Hintermännern Russlands hätten in Verbindung bringen können.
- Österreich hatte die Verschlüsselung der serbischen Diplomatenpost geknackt und Dokumente abgefangen, die antiösterreichische Aktivitäten offenlegten. Nach dem Anschlag sammelte Österreich beträchtliche Beweise für die Schuld Serbiens.
- Hartwig starb – mit hoher Wahrscheinlichkeit durch Mord – in der österreichischen Botschaft in Belgrad. Apis wurde 1917 wegen falscher Anschuldigungen, die nichts mit den Ereignissen von Sarajevo zu tun hatten, standrechtlich erschossen. Hartwigs Korrespondenz mit Sasonow in Russland verschwand 1917 auf mysteriöse Weise. Princip starb 1918 an Tuberkulose. Diese Todesfälle schützten »zufällig« die Befehlskette, die nach Sankt Petersburg, Paris und weiter zur Geheimen Elite in London führte.

21

Juli 1914 – Täuschung, Manipulation und verdrehte Wahrheiten

DIE ERMORDUNG FRANZ FERDINANDS fachte das schwelende Misstrauen genauso wieder an wie die Rassenspannungen, die die Stimmung auf dem Balkan nach dem brüchigen Frieden von 1913 zum Sieden gebracht hatten. Das zivilisierte Europa war sprachlos, als die Nachricht vom Attentat die Runde machte. Franz Ferdinands Onkel, der greise Kaiser Franz Joseph, stand unter Schock. Man forderte Vergeltungsmaßnahmen. Jetzt war die Geheime Elite gefragt. Seit gut zehn Jahren arbeitete sie auf den großen europäischen Flächenbrand hin, nun bedurfte es sorgfältiger Planung und eines nüchternen Urteils. Es galt, den berechtigten Zorn so weit hochkochen zu lassen, dass ein Krieg unausweichlich wurde. Allerhöchste diplomatische Fähigkeiten waren jetzt ebenso vonnöten wie politisches Know-how, dazu die Mitarbeit der Presse, Fingerfertigkeit und nackte Lügen. Der große Preis – der Krieg mit Deutschland – war zum Greifen nahe. Und nicht nur das: ein Krieg, der vermeintlich von Deutschland begonnen wurde. Ein Krieg, der Deutschland ein für alle Mal von der Karte fegen und die Vorherrschaft der britischen Rasse bestätigen würde.

Die Ermordung des Erzherzogs gilt allgemein als der Funke, der die Lunte zum Brennen brachte, aber das heißt nicht, dass der Krieg dadurch unvermeidlich wurde. Ganz im Gegenteil: Die Tat an sich reichte als Grund für einen weltweiten Krieg nicht aus. Attentate und politische Morde waren in diesen Krisenregionen nicht unüblich und hatten in den vorausgegangenen Jahren zahlreiche Monarchen, Ministerpräsidenten, Politiker und religiöse Führer das Leben gekostet.[1] Doch dieses Mal lagen die Dinge anders. Vorsätzlich und systematisch fachte die Geheime Elite die Folgen von Sarajevo zu einem Flächenbrand an, der sich nicht mehr kontrollieren ließ.

Von der Schaltzentrale im *Foreign Office* aus missbrauchten Sir Edward Grey und seine Diplomatengarde im Juli 1914 ihre Position, um sowohl Österreich-Ungarn als auch Deutschland in einen europaweiten Krieg zu locken. Über Europas Hauptstädte war ein Netzwerk aus sehr erfahrenen Botschaftern verteilt, das treu zur Vision von der Weltherrschaft der britischen Rasse stand: Sir George Buchanan in Sankt Petersburg, Sir Maurice de Bunsen in Wien, Sir Edward Goschen in Berlin und Sir Francis Bertie in Paris. Jedem von ihnen kam die Aufgabe zu, dafür zu sorgen, dass sich die Krise auf dem Balkan zu einem Krieg auswuchs, in dessen Anschluss die angelsächsische Elite die Welt dominieren würde. Zwischen ihnen und London flogen streng geheime Informationen und Anweisungen hin und her. In London waren es Sir Eyre Crowe und Sir Arthur Nicolson, die Greys Prätorianergarde im mächtigen Außenministerium anführten. Und auch wenn andere wichtige Akteure nominell Russen (Sasonow und Iswolski) oder Franzosen waren (Poincaré und der französische Botschafter in Sankt Petersburg, Maurice Paléologue), so erhielten sie ihre Marschbefehle doch aus London.

Die letzten Tage des Juni und die erste Juli-Woche verliefen vergleichsweise ruhig. Nachdem sich der erste Schreck über das Attentat gelegt hatte, überschüttete das Ausland Österreich und das Kaiserhaus mit Mitgefühl. In einer Parlamentsansprache erklärte Premierminister Asquith am 30. Juni, dass Kaiser Franz Joseph »und sein Volk stets unsere Freunde gewesen sind«. Er sprach davon, wie scheußlich das Verbrechen war und wie tief das Mitgefühl des britischen Parlaments.[2] In Frankreich äußerte Präsident Poincaré sein »aufrichtiges Beileid«.[3] Mit der Aufrichtigkeit war es bald endgültig vorbei.

Franz Ferdinand war in einigen österreichischen Kreisen nicht besonders beliebt gewesen. Er hatte unter Rang geheiratet[4] und stand im Verdacht, die Slawen auf dem Staatsgebiet Österreich-Ungarns zu bevorzugen. In vielerlei Hinsicht galt er als vergleichsweise modern, etwa was demokratische Rechte und Freiheiten anging – eine Philosophie, die bei Habsburg-Traditionalisten auf wenig Gegenliebe stieß.

Obwohl der Erzherzog ein hohes Amt innegehabt hatte und der Thronfolger war, lief das Begräbnis vergleichsweise schlicht ab. Österreichs Außenminister Graf Leopold Berchtold wollte es offenbar so. Kaiser Wilhelm II. für seinen Teil wollte unbedingt an der Beerdigung teilnehmen. Franz Ferdinand war sein enger persönlicher Freund gewesen, und Wilhelm sah es als seine Pflicht an, dem greisen Kaiser öffentlich Respekt zu erweisen.[5] Doch dann ereilte Kaiser Wilhelm ein Hexenschuss,[6] nachdem ihm zu Ohren gekommen war, dass sich ein Dutzend serbischer Attentäter auf den Weg nach Wien gemacht hatte, um auch ihn zu ermorden.[7]

Das britische Königshaus sollte durch Prince Arthur of Connaught vertreten werden, aber am 2. Juli sagten er und alle anderen Vertreter der europäischen Monarchien schlagartig ab. Jeder einzelne. Es hieß, weitere Attentäter könnten allen Adligen auflauern, die sich in Wien zeigten. Und so versammelten sich Europas gekrönte Häupter nicht, um Franz Ferdinand das letzte Geleit zu erweisen.

Graf Berchtold wollte nicht, dass Horden von Adligen in Wien einfielen. Er wollte es dem kränkelnden Kaiser ersparen, eine unerträglich lange Begräbnisfeier über sich ergehen lassen zu müssen.[8] Vielleicht sorgte sich Berchtold auch, dass die Ansammlung von Kaisern, Königen und Prinzen die Entschlossenheit der Habsburger schwächen würde, Serbien zur Verantwortung zu ziehen. Der Geheimen Elite jedenfalls kam das hervorragend zupass: So würden auch keine besuchenden Würdenträger Berchtold beiseite nehmen und ihn zur Vorsicht und Zurückhaltung mahnen.

Was der erfolgreiche Anschlag in Sarajevo für die Sache bedeutete, erkannte Iswolski natürlich sofort. Am folgenden Tag verließ er klammheimlich Paris und trat aus dem Rampenlicht. Ihm kam nun die Aufgabe zu, in der russischen Hauptstadt alle auf Kurs zu halten. Der Zar musste sorgfältig gesteuert werden, und Außenminister Sasonow hatte es gelegentlich an der erforderlichen Entschlusskraft mangeln lassen. Man erwartete Frankreichs Präsident Poincaré, seinen Ministerpräsidenten René Viviani und weitere ranghohe Vertreter Frankreichs in Sankt Petersburg. Iswolski hatte sechs Monate zuvor mitgeholfen, die Mission zu organisieren, einen konkreten Termin vereinbarte man allerdings erst nach Sarajevo. Am 20. Juli war es so weit. Das Treffen sollte einen einzigen Zweck erfüllen: sicherstellen, dass Russland einen Krieg mit Deutschland auslöste. Wenn es Iswolski nicht gelang, den Russen ausreichend Mumm einzuimpfen, würde es keinen Krieg geben. Der russische Traum von Konstantinopel und den Dardanellen wäre dann möglicherweise endgültig ausgeträumt. Vor dem Treffen in Sankt Petersburg tauchte Iswolski drei entscheidende Wochen komplett ab. Wohin er verschwand? Dazu sind keine Dokumente bekannt.[9]

Es ist kein Zufall, dass so eine große Lücke in den Aufzeichnungen und unserem Wissen über Iswolski klafft. Ab Anfang Juli 1914 gibt es keinerlei Unterlagen mehr zu seinen diplomatischen Aktivitäten – und das von jemandem, der nahezu täglich Memoranden und Informationen an seine französischen und russischen Kontakte schickte. Wer mag ausradiert haben, welchen Beitrag er dazu leistete, die Welt ins Verderben zu stürzen? Poincaré und Viviani standen kurz vor ihrer Visite in Sankt Petersburg, wo Iswolski sich aufhielt, um bei Sasonow und dem Zaren zu sein. Aller Wahrscheinlichkeit nach muss Iswolski vor dem Besuch mit den französischen Gästen in Kontakt gestanden haben. Genauso wird er regelmäßig Kontakt gehalten haben mit Sir Edward Grey, sei es durch den britischen Botschafter in Sankt Petersburg oder durch einen von Greys Gefolgsleuten im *Foreign Office*. Leider können wir an dieser Stelle jedoch nur spekulieren. Iswolskis Biograf deutet an, dass Iswolskis diplomatische Depeschen aus jener Zeit vorsätzlich vernichtet wurden.[10] Egal wie und wo – wir können davon ausgehen, dass Iswolski aktiv daran gearbeitet hat, dass Frankreich und Russland Deutschland zu einem Krieg provozieren. Und wir können davon ausgehen, dass wie immer die Geheime Elite hinter ihm stand.

Eine zentrale Frage war zum damaligen Zeitpunkt noch nicht beantwortet: Wie würde Österreich reagieren? Serbien würde nicht unbestraft bleiben, so viel war klar. Berechtigte Empörung erfüllte das österreichische Volk. Sarajevo stellte nur das jüngste Beispiel einer ganzen Serie von Beleidigungen und Herausforderungen dar, mit denen der Ruf einer ganzen Nation, noch dazu einer selbst ernannten Großmacht, infrage gestellt wurde. Und es war auch nicht so, als wären die Provokationen aus Belgrad nach dem Attentat abgeebbt. In einem Telegramm an London schrieb der britische Botschafter in Wien, Sir Maurice de Bunsen, dass sich die serbischen Zeitungen »schamlos aufführen« und die Attentäter quasi zu Märtyrern verklären würden.[11] Als die serbische Presse Österreich-Ungarn als »wurmstichig« verspottete, platzte Franz Conrad von Hötzendorf der Kragen. Österreichs Generalstabschef für die bewaffnete Macht und Anführer der Kriegsbefürworter in Wien mochte die Untätigkeit seiner Regierung nicht länger mit ansehen. Das ständige Nachgeben gegenüber Serbien führe doch bloß dazu, dass Österreich ohnmächtig wirke, so der General. Das wiederum verleite die Serben dazu, noch aggressiver vorzugehen. Österreich habe die Wahl, erklärte Conrad von Hötzendorf: Wolle man sich langsam von seinem lästigen Nachbarn erwürgen lassen, oder unternehme man eine letzte Anstrengung, sich gegen die eigene Zerstörung zu wehren? Allein schon aus Selbstschutz sei ein massives militärisches Vorgehen gegen Serbien erforderlich.[12]

Das war exakt die Reaktion, die sich die Geheime Elite von den Österreichern erhofft hatte. Sie musste nun dafür sorgen, dass die zentralen Entscheider der Donaumonarchie zu Überreaktionen verleitet wurden, ohne zu merken, dass sie in eine größere Konfrontation hineingelockt wurden.

Nur wenige Tage danach glühten die Telegrafenleitungen vor diplomatischen Intrigen. Noch bevor der Erzherzog zur letzten Ruhe gebettet worden war, konnte der belgische Botschafter in Berlin Brüssel bereits darüber informieren, was Österreich fordern würde: dass Serbien das Attentat untersucht und zulässt, dass Polizisten aus Österreich-Ungarn an den Ermittlungen teilnehmen. Der Botschafter fügte hinzu:

> *Die Regierung Pašić hatte ihre Augen vorsätzlich vor der Brutstätte anarchistischer Propaganda verschlossen, deshalb sollte sie jetzt nicht überrascht sein, dass man von ihr verlangt, energisch gegen die Schuldigen vorzugehen, anstatt sie weiterhin mit blinder Toleranz zu behandeln.*[13]

Bereits vor der Beisetzung Franz Ferdinands wussten die Diplomaten offensichtlich bestens Bescheid darüber, was Österreich beabsichtigte. Diese Informationen lagen auch den Außenministerien in London, Paris und Sankt Petersburg vor. Obwohl sie später Überraschung heuchelten und übertrieben schockiert taten, wussten die zentralen Agenten der Geheimen Elite schon am 2. Juli, dass die Österreicher eine umfassende Untersuchung fordern würden. Vor allem hatte der belgische Botschafter bereits den Kernpunkt erfasst: »Wird Serbien zulassen, dass Polizisten aus Österreich-Ungarn an den Ermittlungen mitwirken? Weigert sich Serbien mit der Begründung, dass dies die eigene Souveränität verletzen würde, führt der Disput dann zu offenen Feindseligkeiten?«[14] Ganz gewiss würde er das. Anfang Juli lagen wichtige Informationen vor, erste Positionen wurden bezogen. Die Geheime Elite wusste, mit welchem Instrument sie das Feuer weiter schüren konnte – mit der Frage nach Serbiens »Souveränität«.

Serbien stichelte weiter gegen Österreich und zeigte keinerlei Anzeichen von Reue. Warum? Warum gossen die Serben weiter Öl ins Feuer? Waren sie entschlossen, eine Reaktion heraufzubeschwören? Der Korrespondent der *Times* meldete am 1. Juli, die Zeitungen in Belgrad würden behaupten, dass die Ermordung das Ergebnis des schlechten österreichischen Polizeisystems und des Mangels an echter Freiheit in Österreich sei. Die russische Presse äußerte sich ähnlich aggressiv. Sie gab die Schuld an der serbischen Agitation jenen, die »wie Franz Ferdinand« einen Keil zwischen die römisch-katholischen Kroaten und die orthodoxen Serben zu treiben suchten. Die *Nowoje Wremja*[15] veröffentlichte eine lange Anklageschrift gegen die antislawische Politik und stellte die These auf, dass ihr wichtigster Anführer der Erzherzog gewesen sei. Hätten die Mächte, die Serbien kontrollierten, intern und von Sankt Petersburg, Zurückhaltung eingefordert, hätte es eine solche Provokation niemals gegeben. Aber das Attentat war nicht als einmalige Trotzreaktion geplant worden. Die Flammen ließen sich nicht mehr löschen.

Die *Westminster Gazette*, eine Zeitung, die Milners enger Freund Edward T. Cook gegründet hatte,[16] schrieb: »Man kann nicht erwarten, dass Österreich inaktiv bleibt.«[17] Der in liberalen Kreisen stets einflussreiche *Manchester Guardian* erklärte, Serbien sei ein einziger Hort von Grausamkeit, Gier, Heuchelei und falscher Absichten. »Könnte man Serbien aufs Meer hinausschleppen und dort versenken, würde die Luft in Europa schlagartig sauberer sein.«[18] Noch deutlicher hätte man sich kaum ausdrücken können. Bis auf eine Zeitung, die *Times*, vertraten alle englischen Zeitungen die Auffassung, Österreich sei massiver Provokation ausgesetzt gewesen und habe absolut jedes Recht, auf die Bestrafung der Schuldigen zu dringen. Das vor allem in Arbeiterkreisen beliebte Wochenblatt *John Bull* vertrat ebenfalls die Auffassung, Österreichs Haltung sei »berechtigt«.[19] Kein Wunder, dass Berchtold glaubte, er habe die Unterstützung der britischen Regierung. Britische Redakteure, die über direkten Zugang zu Kabinettsmitgliedern verfügten, ermutigten ihn mit ihren Aussagen zum Handeln.

Unterdessen hatte die britische Öffentlichkeit ihre eigene Krise auszutragen. Man kann nicht sagen, dass ihre Aufmerksamkeit vollständig auf etwas anderes gerichtet war, aber das Hauptaugenmerk der Zeitungen lag auf Ulster, auf den heftigen Parlamentsdebatten zur Selbstverwaltung der Iren, auf dem Waffenschmuggel und den *Ulster Volunteers*. All dies ließ die Möglichkeit eines Bürgerkriegs sehr real erscheinen.[20] Jeden Tag, jede Woche dominierten die Loyalisten im Norden Irlands und die Anhänger der Selbstverwaltung im Süden die Schlagzeilen. Es drohte ein Bürgerkrieg, der auf Großbritannien selbst übergreifen konnte. Welch eine glückliche Fügung, dass über den Großteil des Juli die Innenpolitik die öffentliche Meinung beschäftigte! So konnten Sir Edward Grey und die Männer im *Foreign Office* in geradezu klösterlicher Stille ihrem Geschäft nachgehen, frei von der Notwendigkeit, das Kabinett über die Krise, die sich in Europa entwickelte, auf dem Laufenden halten zu müssen.

Österreich war fest entschlossen, aus Selbstschutz etwas gegen Serbien zu unternehmen.[21] Es wäre jedoch unpraktisch gewesen, dies ohne Rücksprache mit dem großen Verbündeten in Berlin zu tun. Kaiser Wilhelm II. wurde am 5. Juli in Potsdam ein Brief von Kaiser Franz Joseph zugestellt, in dem Franz Joseph seinen Wunsch bekräftigte, entschlossen zu handeln. Nachdem er sich mit seinen Beratern besprochen hatte, sagte Kaiser Wilhelm seine uneingeschränkte Zustimmung zu, den sogenannten Blankoscheck. Dies wurde später fälschlicherweise als bindendes Versprechen ausgelegt, dass das Deutsche Reich Österreich militärische Unterstützung gegen Serbien zugesagt habe, mit dem Vorsatz, einen europäischen Krieg herbeizuführen. Es war nichts dergleichen. Gewiss ermutigte der Kaiser Österreich dazu, alles zu tun, was nötig war, um Serbien auf seinen Platz zu verweisen,[22] aber in Deutschland hielten es nur die allerwenigsten für realistisch, dass Russland wegen eines regionalen Disputs militärisch intervenieren würde. Russland hatte keinen Verteidigungspakt mit Serbien, und Österreich hatte keineswegs die Absicht, Gewalt gegen Russland anzuwenden. Der Kaiser sah es als völlig unvorstellbar an, dass der Zar aktiv die »Königsmorde« in Serbien unterstützt haben könnte.[23]

Das Treffen in Potsdam legte den Grundstein für eine der größten historischen Verdrehungen, die das 20. Jahrhundert betreffen. Die Geheime Elite dachte sich eine große Lüge aus: Bevor er in Urlaub gegangen sei, habe der Kaiser am 5. Juli in Potsdam noch den Kronrat einberufen und dort seine Entschlossenheit verkündet, das nichts ahnende Europa mit Krieg zu überziehen.[24] Dem Mythos zufolge riet man ihm, zwei Wochen zu warten, damit die deutschen Bankiers noch Zeit hatten, ihre ausländischen Anleihen abzustoßen.[25] Diese Lüge war so offenkundig, dass sie inzwischen längst als Teil der Propaganda enthüllt wurde, die »beweisen« sollte, dass Deutschland Österreich unter Druck gesetzt hatte, Serbien anzugreifen und dadurch Russland in den Konflikt hineinzuziehen.[26] Die vorsätzliche Lüge, dass der Kaiser den Krieg verursacht hatte, verwandelte sich in den Jahren unmittelbar nach Kriegsende zur akzeptierten »Wahrheit«. In der Schule lernen die Kinder, dass der Kaiser schuld sei, in den Prüfungen wiederholen die Studenten dieses Wissen. Dabei hatte er Wien nur eines signalisiert:

Was auch immer Österreich beschloss, Deutschland würde der Donaumonarchie als Verbündeter und Freund zur Seite stehen. Dass dem Kaiser aufrichtig daran gelegen war, den Frieden in Europa zu wahren, zeigt sich auch in seinen verzweifelten Versuchen Ende des Monats, Berchtold vom Rande des Abgrunds zurückzuhalten. Wenn man dem Kaiser einen Vorwurf machen kann, dann den, Berchtold nicht eher aufgehalten zu haben. Der Unterschied zwischen Sir Edward Grey und Kaiser Wilhelm II. besteht darin, dass nur einer von beiden Kriegspläne ausheckte.

Der britische Botschafter in Wien, Sir Maurice de Bunsen, setzte das *Foreign Office* darüber in Kenntnis, dass die Lage brisant sei und sich rasch weiter eintrüben könne.[27] Andere Diplomaten vermittelten ihrer jeweiligen Regierung dasselbe Gefühl der Dringlichkeit, aber Grey, Poincaré und Sasonow unternahmen nichts, um die Spannungen abzubauen. Die Agenda der Geheimen Elite erforderte von ihnen einen tödlichen Bluff, die bei Berchtold den Eindruck hinterließ, Europa verstünde sein Dilemma. Österreich-Ungarn musste die von Serbien ausgehende Zersetzung aufhalten. Grey spielte seine Karten perfekt. Vielleicht hat er niemals Sunzis *Die Kunst des Krieges* gelesen, aber auch er wusste, wie die erste Regel des Krieges lautet: Täuschung. Und Täuschung war eine Kunst, die Grey und seine Kollegen vom *Foreign Office* perfekt beherrschten.

Die Rückmeldungen aus ganz Europa ließen Berchtold zu der logischen Schlussfolgerung kommen, was nun von ihm erwartet werde: Serbien für das Verbrechen von Sarajevo zu bestrafen. Andere Regierungen, sogar die Regierungen der Tripelentente, schienen den Wunsch nach Rache gutzuheißen.[28] Tatsächlich gab man sich im Ministerrat besorgt, dass man gegenüber den eigenen slawischen und rumänischen Untertanen schwach dastehen würde, wenn man jetzt nicht entschieden durchgriff.[29] Also beschloss der Ministerrat, Serbien gegenüber harte Forderungen zu stellen. Anders würden die Serben doch nie mit ihren teuflischen Intrigen aufhören! Die Würfel waren gefallen, auch wenn in Großbritannien fast niemand mitbekommen hatte, dass die Würfel überhaupt gerollt waren.

In Großbritannien nahm man insgeheim einige Schritte vor, die dafür sorgen sollten, dass ein Krieg das Land nicht unvorbereitet träfe. Am 7. Juli fand im Unterhaus eine Debatte statt, die auf den ersten Blick nichts damit zu tun hatte, bei der es für die Geheime Elite allerdings darum ging, noch vor Kriegsausbruch die Vorräte der Marine aufzustocken und die Kontrolle über die Indien-Route zu verstärken. Mit starker Rückendeckung durch Sir Edward Grey brachte Winston Churchill das Gesetz zur *Anglo-Persian Oil Company* gegen den heftigen Widerstand von liberalen Freihandelsbefürwortern, Konservativen und Unionisten durch. Besonders laut wurde die Kritik hinsichtlich der 2 Mio. Pfund, für die sich der Staat in das im fernen Persien aktive Ölunternehmen einkaufte.[30] Aber die Ölvorkommen waren wirtschaftlich und strategisch sehr wichtig für Großbritannien. In Churchills Flotte ging der Umstieg von Kohle auf Öl rasch vonstatten, und genau wie die »Drei von Relugas« wusste der Erste Lord der Admiralität, dass die Flotte sehr bald schon in den Krieg ziehen würde. Kritiker bezweifelten, dass es klug und wirtschaftlich sinnvoll sei, sich in Persien ins Ölgeschäft einzukaufen. Andere britische Öllieferanten waren zutiefst empört, aber der Zeitpunkt für diesen wohldurchdachten Schritt war perfekt gewählt: Er garantierte die Ölversorgung der Flotte und verbesserte die Sicherheit des Empire. Die Abgeordneten mochten glauben, sie würden über Fragen der Finanzierung debattieren und darüber, ob es ethisch vertretbar sei, wenn der Staat bei privatwirtschaftlichen Firmen einstieg. Dabei ging es in Wahrheit um ganz andere Belange. Nur wenige Wochen bevor der Krieg erklärt wurde, landeten Churchill und Grey einen glänzenden strategischen Coup.

Bevor die Geheime Elite ihren Krieg beginnen konnte, mussten diverse Voraussetzungen erfüllt sein, und eine gesicherte Ölversorgung war eine davon. Jeder dieser Punkte war auf seine eigene Weise Teil der großen Täuschung. Die Beziehungen zu Deutschland schienen 1914 so positiv und stabil zu sein wie seit drei Jahren nicht mehr. Die Marokko-Krise und das Thema Balkan schienen in den Hintergrund gerückt. Doch das war nur Teil des Betrugs. So sorgte die Geheime Elite dafür, dass Öffentlichkeit und Presse in den Wochen vor dem 4. August möglichst weit davon entfernt waren, umfassend informiert über Europa debattieren zu können. In jedem öffentlichen Forum und speziell im Parlament wurde die Wahrscheinlichkeit heruntergespielt, dass Großbritannien in einen europäischen Krieg hineingezogen werden könnte. Aber damit nicht genug: Mitgliedern des Kabinetts wurden wichtige Informationen vorenthalten, die in den dunkelsten Winkeln des Außenministeriums kursierten. Die Geheime Elite vertraute nur ihren eigenen Leuten. Parlamentsdebatten mussten vom Streit zwischen Österreich und Serbien abgelenkt werden, und vor allem durfte kein Wort darüber fallen, was die Briten mit Russland zu schaffen hatten. Hätte sich irgendjemand öffentlich hingestellt und erklärt, dass das Expeditionskorps in wenigen Wochen in Marsch gesetzt würde, um das schreckliche Serbien und den verhassten Zaren zu unterstützen, hätte man diese Person mit Spott und Hohnbekundungen von der Bühne gebuht. So eine Vorstellung war nicht nur absurd, sie war geradezu töricht! Damit es so weit kommen konnte, musste schon jemand einen sehr durchtriebenen Betrug organisieren, sehr sorgfältig mächtige Männer manipulieren und die Absichten des Deutschen Reiches völlig falsch darstellen!

Von Beginn an arbeitete Sir Edward Grey unermüdlich daran, den Kaiser und dessen Berater hinters Licht zu führen. Wiederholt beteuerte Grey am 9. Juli dem deutschen Botschafter in London, Karl Max Fürst von Lichnowsky, Großbritannien habe keinerlei geheime Verpflichtungen, die im Kriegsfall greifen würden. Vertrauensvoll versicherte Lichnowsky seiner Regierung, dass »England sich absolut freie Hand bewahren will, um im Fall kontinentaler Komplikation gemäß dem eigenen Urteil handeln zu können«.[31] Weiter meldete er, Grey habe erklärt, er werde auf die russische Regierung einwirken, dass diese friedlicher und versöhnlicher gegenüber Österreich auftrete.

Täuschung, nichts als Täuschung. Seit 1905 spielte Grey eine zentrale Rolle bei den Verpflichtungen, die das *Committee of Imperial Defence* eingegangen war. Seine Verpflichtungen gegenüber der Geheimen Elite waren wichtiger als Ehrlichkeit. Er unternahm nichts, um eine Versöhnung zwischen Russland und Österreich herbeizuführen. Vielmehr war sein Botschafter in Sankt Petersburg, Sir George Buchanan, vor allem dafür zuständig, beim Streben nach Krieg Sasonows zitternder Hand zu mehr Festigkeit zu verhelfen.

Am 10. Juli stand im Unterhaus eine Debatte zur Außenpolitik an. Eigentlich hätte man erwarten können, dass die wachsenden Spannungen auf dem Balkan und Österreichs mögliche Reaktion auf die Ereignisse von Sarajevo Thema sein würden. Was war mit den britischen Bedenken gegenüber Serbien? Oder den Gerüchten, die in Europas Zeitungen und in diplomatischen Kreisen kursierten und denen zufolge Österreich Serbien hart bestrafen wolle? Wie würde Russland in so einem Fall reagieren? Könnte es zu ernsten Zerwürfnissen zwischen den Großmächten kommen? Hier war die Gelegenheit für ernste Debatten, die das Land warnen würden, dass ominöse Entwicklungen durchaus einen Krieg auf dem Kontinent nach sich ziehen könnten. Wäre dem *Foreign Office* tatsächlich ehrlich daran gelegen gewesen, die Öffentlichkeit auf dem Laufenden zu halten, wäre dies die logische Plattform gewesen. Doch derartige Fragen kamen nie zur Sprache. Kein Wunder, denn nichts wäre der Geheimen Elite weniger gelegen gewesen, als den Kriegsgegnern Zeit und Möglichkeit zu geben, sich zu sammeln und ihre Kräfte zu bündeln. Die Debatte war eine meisterhafte Lektion in der Kunst der Täuschung. Die Parlamentarier äußerten ihre Meinung zu kommerziellen Interessen und zu Vorwürfen, dass sich andere Nationen unfair gegen britische Firmen und Investoren verhielten. Der Ton war von Eigeninteresse geprägt, gelegentlich durchbrochen von einer erhellenden Information.[32] China war Thema, Indien, Persien und Russland, die *Hongkong & Shanghai Banking Corporation*, die besseren Beziehungen zu Deutschland, Portugal und Türkisch-Armenien. Die Krise auf dem Balkan dagegen war kein Thema. Kein Wort der Kritik oder des Widerspruchs verschwendete Grey auf zentrale Punkte, die in völligem Gegensatz zu den tatsächlichen Zielen des Außenministeriums standen, vielmehr ignorierte er sie völlig. Wäre es nicht eine so ernste, verheerende und verabscheuungswürdige Angelegenheit gewesen, könnte man es beinahe amüsant finden, wie erfolgreich Grey das Unterhaus nutzte, um das Land – und vor allem die Deutschen – in dem Glauben zu lassen, Großbritannien mache sich überhaupt keine Sorgen um mögliche Folgen des Vorfalls in Sarajevo.

Der liberale Abgeordnete Arthur Ponsonby ergriff das Wort und lobte das bessere Klima zwischen Großbritannien und Deutschland. Dass die britische Flotte unlängst Kiel besucht hatte, begrüßte er als Beispiel dafür, »wie freundlich die Beziehungen zwischen Deutschland und Großbritannien sind«. Er regte an, sich zur Reduzierung der Rüstungsausgaben zu verpflichten, »um zu verhindern, dass die Zivilisation überschwemmt wird«.[33] Das war genau die Art von Signal, die das deutsche Vertrauen in die guten Absichten der britischen Regierung stärkte. Ponsonby meinte es absolut ernst, genauso wie sein liberaler Kollege Joseph King, der viel Zustimmung bei den Abgeordneten fand, als er die religiöse Intoleranz anprangerte, die Juden im zaristischen Russland entgegenschlug. »Für mich steht ein Land, dass das Recht auf freie Einreise missbraucht, außerhalb der Bruderschaft der Nationen«, sagte King und machte damit die Verachtung deutlich, die er für den Antisemitismus Russlands empfand. Reisenden jüdischen Glaubens wurde regelmäßig die Einreise nach Russland verweigert, selbst solchen mit britischem Pass. Das bedeutete, dass einige der bekanntesten und mächtigsten Männer des Parlaments nicht nach Russland reisen konnten.[34]

Russlands Verhalten sei ein Skandal, ganz anders als der gute Willen und die Freundlichkeit, die Länder wie Deutschland an den Tag legten, Länder, »die mit uns in der vordersten Reihe der Zivilisation stehen«, so King.[35] Dem deutschen Botschafter dürfte das Musik in den Ohren gewesen sein. Wieder und wieder betonten Parlamentarier – in völliger Unkenntnis der Pläne, die die Geheime Elite geschmiedet hatte –, wie sehr sich doch die deutsch-britischen Beziehungen verbessert hätten.

Letztlich war es völlig ohne Belang, was in der Debatte gesagt wurde. Die Geheime Elite würde sich auf den letzten Metern vor ihrem Ziel nicht von ein wenig liberaler Ideologie ablenken lassen. Nichts wurde gesagt über die schwärende Wunde, die die Beziehungen zwischen Österreich und Serbien vergiftete. Es wirkte fast so, als hätten die unheilvollen Ereignisse auf dem Balkan überhaupt keine Relevanz. Grey und seinen Verschwörern kam das alles sehr gut zupass. Zwar war greifbar, welche Verachtung das britische Volk Russland gegenüber hegte, aber das bedeutete ihm nichts. Zur gleichen Zeit wirkten Greys Leute auf Sankt Petersburg ein. Ein Vernichtungskrieg gegen Deutschland würde ohne Russlands Armeen nicht gelingen. Das Parlament mochte die neue Wärme in den Beziehungen zwischen London und Berlin loben, aber das *Foreign Office* trieb seine Vorbereitungen voran, eben diese Beziehungen zunichtezumachen. Das Datum: der 10. Juli 1914.

Die internationale Öffentlichkeit hätte es verstanden, wenn Österreich nach der Beerdigung des Erzherzogs sofort in Serbien einmarschiert wäre. Doch Außenminister Berchtold gehörte der alten Schule an. Das bedeutete, diplomatische Höflichkeit war unerlässlich und das Protokoll musste befolgt werden. Also holte er sich die entsprechenden Genehmigungen ein, wartete geduldig endgültige Untersuchungsberichte ab, legte Kaiser Franz Joseph alles vor und besprach das ganze Thema wieder und wieder mit Alexander Graf von Hoyos, seinem wichtigsten Diplomaten, und mit dem ungarischen Ministerpräsidenten Graf István Tisza. Jeder einzelne formelle Schritt des Prozedere wurde eingehalten. So hielten es die Habsburger nun einmal. Drei volle Wochen gingen ungenutzt ins Land, drei Wochen wurden den Kriegstreibern geschenkt, sich vorzubereiten und Pläne zu schmieden. Berchtold ließ sich nicht zur Eile antreiben.[36] Geduldig wartete er die endgültigen Schlussfolgerungen Wiesners ab.[37]

Es gab massenhaft Belege für eine Schuld Serbiens, dennoch beteuerte Belgrad weiterhin seine Unschuld und stritt jedwede Beteiligung an der Ermordung Franz Ferdinands ab. Während die russische Presse diese Lügen weiterverbreitete, verfügte Österreich über eindeutige Beweise, dass Serbien involviert und Hartwig der Drahtzieher war.[38] Wiesners Bericht stellte lediglich die formelle Bestätigung dar, die das Protokoll erforderte.

Jeden Tag wurden die Rufe nach einem Durchgreifen lauter, aber Berchtold hielt sich ans Protokoll. Am 14. Juli erklärte er dem greisen Kaiser, dass man Serbien in einer sehr scharf formulierten diplomatischen Note Forderungen stellen werde: Die feindselige Propaganda gegen Österreich in den Medien und an den Schulen müsse sofort aufhören, König Peter und die serbische Regierung müssten sich öffentlich für das Attentat entschuldigen, österreichische Polizisten müssten direkt in die strafrechtlichen Ermittlungen in Serbien eingebunden sein und alle Schuldigen müssten umgehend ausgeliefert werden. Die Einzelheiten entsprachen größtenteils dem, was in London bereits bekannt war. In der diplomatischen Welt blieben Geheimnisse nicht lang geheim, und zu viele Minister und Beamte hatten Einblick in den Entwurf der österreichischen Note erhalten, während sie diskutiert, vereinbart und schließlich dem Kaiser und dessen Beratern präsentiert wurde.

Am 16. Juli sandte der britische Botschafter in Wien an Sir Edward Grey einen detaillierten Bericht darüber, zu welchem Urteil Österreich im Fall Serbien gekommen war.[39] Er listete die Forderungen auf und erklärte, dass Österreich auf bedingungsloser Einhaltung bestehen würde. Botschafter de Bunsen erklärte, in Wien sei man absolut überzeugt davon, dass Russland die Attentäter nicht decken würde. Außerdem sei Österreich der Meinung, den Status als Großmacht einzubüßen, wenn man jetzt nicht entschieden durchgreife.[40] Alles war genau so, wie es das *Foreign Office* vorhergesagt hatte.

Nicht ahnend, dass ihre Bedingungen bereits die Runde machten, beschlossen die Österreicher, die Übergabe der Note noch aufzuschieben, bis Poincaré seinen Besuch in Sankt Petersburg beendet hatte. Dieser Aufschub, so hoffte man in Wien, würde die Gefahr reduzieren, dass Sasonow auf die Note überreagierte. Berlin ermutigte Berchtold, das Problem und die Lösung des Problems auf regionaler Ebene zu halten. Berchtold konnte warten. Ein für ihn wichtiger Aspekt war am 14. Juli geklärt worden: Wenn sich Österreich zur Mobilmachung gezwungen sähe und die Serben daraufhin einlenkten, würde Österreich die Serben zwingen, die enormen Kosten der Mobilmachung zu tragen. Der politische Tanz am Rande des Abgrunds war auf dem Balkan fast alltäglich, und Berchtolds Berater waren sich durchaus bewusst, dass Serbien möglicherweise seine Möglichkeiten ausreizen würde, bevor man schließlich doch auf Österreichs Bedingungen einging. Deshalb fügte Berchtold der Note einen Absatz hinzu, der vorsah, was geschehen sollte für den Fall, dass Serbien erst in allerletzter Minute einlenkte. Was bedeutete, dass Österreich nicht in den Krieg würde ziehen müssen, wenn Belgrad doch noch nachgab.

Ab dem 16. Juli brodelte es immer stärker in der diplomatischen Gerüchteküche. Einziges Thema: Österreichs Note an Serbien. Die bevorstehende diplomatische Note wurde bei den Verschwörern der Tripelentente in London, Sankt Petersburg und Paris erst zum »Ultimatum«, dann zum »inakzeptablen Ultimatum« hochstilisiert. Berchtolds schwerster Fehler bestand darin, die Forderungen an Serbien drei Wochen zurückgehalten zu haben in der Erwartung, Poincarés Russland-Besuch würde irgendetwas bewirken. Der Aufschub wirkte sich jedoch vielmehr kontraproduktiv aus. Mit seinem Zögern schenkte der österreichische Außenminister der Geheimen Elite wertvolle Zeit, ihre Reaktion abzustimmen.

Berchtold saß zudem einer grausamen Täuschung auf. Alle drei Entente-Regierungen ließen Berchtold von ihren Diplomaten in eine Sackgasse führen. Sie ermutigten ihn in dem Glauben, dass sie auf die Note aller Wahrscheinlichkeit nach nicht mehr tun würden, als ihrerseits eine Protestnote zu veröffentlichen.[41] Wiederholt hatten sich Leitartikler und politische Kommentatoren positiv über Österreich geäußert. Großbritannien würde nicht eingreifen, redete Botschafter Maurice de Bunsen Berchtold ein. Er solle sich doch nur ansehen, wie desinteressiert Grey auf den Streit zwischen Wien und Belgrad reagierte, das sage doch schon alles. Wiederholt habe er erklärt, er habe kein Recht, zu intervenieren.[42] Der arme Berchtold. Die Beteuerungen ermutigten ihn, seinen Weg in die Katastrophe fortzusetzen.[43]

Drei Wochen waren seit dem Mord in Sarajevo ins Land gegangen, und der Geheimen Elite war es gelungen, die Ereignisse in Österreich und Serbien nach ihrem Willen zu steuern. Der Geheimbund machte sich nun daran sicherzustellen, dass Russland nicht in seiner Entschlossenheit wankte, Serbien gegen Österreich beizustehen – wohl wissend, dass Deutschland dadurch in den Konflikt hineingezogen würde. Gleichzeitig beteuerte man wiederholt und nicht wahrheitsgemäß gegenüber Berlin, dass man nur Gutes im Sinne habe. Großbritannien, Frankreich und Russland erklärten alle uneingeschränkt, vollstes Verständnis für Wiens Haltung gegenüber Serbien zu haben. In der dritten Juli-Woche sollten ebendiese Politiker Österreichs Reaktion in Bausch und Bogen verwerfen. Graf Berchtold war in eine ausgeklügelte Falle gelockt worden. Er war der Köder, mit dem die Geheime Elite Jagd auf eine größere Beute machte: Deutschland.

Zusammenfassung von Kapitel 21: Juli 1914 – Täuschung, Manipulation und verdrehte Wahrheiten

- Die Geheime Elite sorgte dafür, dass sich die Morde von Sarajevo zu einer umfassenden Krise auswuchsen. Dafür wirkten sie mithilfe ihrer Diplomatenagenten auf zentrale Akteure in Wien und Sankt Petersburg ein.
- Nach der Ermordung von Erzherzog Franz Ferdinand erhielt Österreich-Ungarn zunächst viel Unterstützung.
- Die Geheime Elite gab sich reichlich Mühe, Deutschland mit Freundschaftsbekundungen und Sympathiebeteuerungen hinters Licht zu führen. Dabei spielte dem Geheimbund der echte gute Wille in die Karten, den viele Parlamentarier an den Tag legten.
- Graf Berchtold wurde dadurch zu einer kühnen Reaktion ermutigt: Er würde der serbischen Aggression ein für alle Mal ein Ende bereiten.
- Angeblich stellte Kaiser Wilhelm II. Österreich einen »Blankoscheck« aus, eine Beteuerung, der Donaumonarchie bedingungslos zur Seite zu stehen – und zwar in dem vorsätzlichen Versuch, Europa in den Krieg zu stürzen. Dabei musste Österreich-Ungarn auf die serbische Aggression reagieren und wurde in seinem Vorgehen von vielen unterstützt, auch von Großbritannien und der britischen Presse.
- Der deutsche Kaiser und seine Berater sprachen sich dafür aus, das lokale Problem auch lokal zu lösen. Sie trafen keinerlei Vorbereitungen für einen Krieg.
- Probleme in Irland verlangten die vollständige Aufmerksamkeit des britischen Parlaments und des Kabinetts. Beide wurden völlig im Dunkeln gelassen, was mögliche Gefahren des Streits zwischen Wien und Belgrad anbelangte.
- Churchill und Grey nutzten die Gunst der Stunde, um für den Staat die *Anglo-Persian Oil Company* zu kaufen. So wurde die Versorgung der Flotte mit Erdöl garantiert, und die Briten festigten zugleich ihre Autorität in der Golfregion.
- Berchtold bestand darauf, das diplomatische Protokoll einzuhalten. Außerdem wollte er das Ende von Poincarés Besuch in Russland abwarten, was die ganze Angelegenheit um drei Wochen verzögerte. Dadurch hatten die Mitglieder der Tripelentente ausreichend Zeit, ihre Haltung zu überarbeiten und ihre Reaktion auf die diplomatische Note einzustudieren, die Wien Belgrad überreichen würde.
- Berchtold war dabei, in die Falle zu tappen. Deutschland würde getreulich folgen, so die Erwartung der Geheimen Elite.

22

Juli 1914 – Europa am Rand des Abgrunds

AB MITTE JULI 1914 wurden sämtliche Europa betreffenden zentralen Entscheidungen in Sankt Petersburg getroffen. Das soll nicht etwa heißen, dass der Zar oder Sasonow plötzlich ihren Mut gefunden und entschlossen gehandelt hätten. Ganz im Gegenteil. Zu jedem Zeitpunkt waren die Agenten der Geheimen Elite vor Ort, um beiden wieder und wieder zu bestätigen, dass sie die richtigen Entscheidungen träfen. Sie bekräftigten sie in ihrer Auffassung, dass sie wegen Österreich zum Handeln gezwungen seien und dass hinter der Donaumonarchie das verlogene Deutsche Reich stehe. Sasonow würde den Schutz Serbiens zu einer Frage des Nationalstolzes erklären, das wusste Grey. Mit ihrer aggressiven Reaktion würden die Russen Deutschland in die Falle locken, es würde zum europäischen Krieg kommen. Paléologue und Buchanan, der französische und der britische Botschafter in Sankt Petersburg, wichen Sasonow nicht von der Seite und hielten ihn auf Kurs, als der Druck zunahm. Der Besuch von Frankreichs Präsident Poincaré sollte das Versprechen erneuern, dass man Deutschland gemeinsam angreifen werde – ein Angriff, der den gemeinsamen Feind vernichten und Russland den Weg zu den Dardanellen eröffnen sollte. Die goldene Karotte Konstantinopel und Bosporus war für Russland schon fast greifbar.

Jeder Akteur wusste, dass Österreich für Serbien eine Reihe strenger Forderungen als Strafe ausgearbeitet hatte, das war ein offenes Geheimnis. Natürlich war Grey auch bekannt, dass Sasonow Serbien zur Seite springen würde. Buchanans Aufgabe bestand darin, das Selbstvertrauen des russischen Außenministers so groß zu halten, dass dieser Österreich angreifen würde, sollte die Donaumonarchie Vergeltungsmaßnahmen gegen Serbien ergreifen. Buchanan informierte London von Sasonows Warnung, »alles, was nach einem Ultimatum Österreichs aussieht, würde Russland nicht unberührt lassen«.[1] Kein Wunder, dass Serbien sich sicher fühlte. Ministerpräsident Pašić steckte mitten in einem Wahlkampf, bei dem es um seine politische Zukunft ging. Trotzdem hatte er am 19. Juli Zeit, alle serbischen Gesandtschaften telegrafisch anzuweisen, man solle ausländischen Regierungen Serbiens Wunsch vermitteln – den Wunsch, »freundschaftliche Beziehungen zu Österreich-Ungarn zu wahren«. Wie bedauerlich, dass er derartige Anweisungen nicht auch an die serbische Presse schickte. Weiter warnte er, Serbien würde niemals auf Forderungen eingehen, die »sich gegen die Würde Serbiens richten können und die für jedes Land inakzeptabel wären, das seine Unabhängigkeit respektiert und wahrt«.[2]

Serbiens Würde? Ein Widerspruch in sich. Pašićs Botschaft war deutlich: Die Note, die gerade in Wien formuliert wurde, musste wie das Werk einer tyrannischen Großmacht wirken, die ein kleines, unabhängiges Land einzuschüchtern suchte. Es war ein deutlich scharfsinnigerer Weg als alle, die Pašić zuvor eingeschlagen hatte, und roch nach dem Werk eines professionellen Diplomaten. Gewiss hatten sich andere zusammengetan, um ihn durch das Minenfeld der Diplomatie zu leiten. Am 19. Juli kannten die Regierungen der Tripelentente-Mächte den Tenor der österreichischen Note und hatten ihre Antwort parat. Es war ein Doppelspiel à la Machiavelli, und es bedurfte sorgfältiger Planung, erstklassiger diplomatischer Durchtriebenheit und raschen, entschlossenen Handelns. Aber so konnten Grey, Iswolski, Poincaré, Sasonow und Pašić mit einer Stimme sprechen, und zwar von dem Augenblick an, zu dem Österreichs Forderungen übergeben worden waren. Sie alle kritisierten jedwede implizite Bedrohung der serbischen »Souveränität«.

Der Besuch des französischen Präsidenten Poincaré und seines Ministerpräsidenten Viviani vom 20. bis 23. Juli 1914 in Sankt Petersburg sei nur eine zeremonielle Visite ohne spezielle Folgen gewesen, schreiben Historiker.[3] Wenn dem so war, warum wurde dann mit der Reise nach Russland nicht gewartet, bis die internationale Krise beigelegt war? Frankreichs auswärtiger Dienst war sich sehr wohl der Auswirkungen bewusst, die ein Krieg zwischen Österreich und Serbien für Frankreich haben würde. Sollte Österreich Serbien den Krieg erklären, würde Russland seinerseits in den Krieg ziehen. Wenn Russland die Waffen gegen Österreich erhob, würde sich Deutschland im Rahmen seines Bündnisvertrags an die Seite Österreichs stellen. Und wenn Russland in den Krieg zog, war Frankreich verpflichtet, sich anzuschließen. Im auswärtigen Dienst wusste man, dass man in einer Krise beispielloser Schwere steckte. Und dennoch sollen wir glauben, dass man sich nur getroffen habe, um ein wenig über das Wetter zu plaudern? Poincaré und Viviani hätten problemlos absagen und in Paris bleiben können, bis die Krise vorüber war, aber das taten sie nicht. Sie entschieden sich dafür, die Reise nach Sankt Petersburg anzutreten, und schifften am 15. Juli in Dünkirchen auf dem Kriegsschiff *France* ein. Nach fünf Tagen auf See wurden sie aufs Herzlichste von Sasonow, Iswolski und dem französischen Botschafter Paléologue in Russland begrüßt.[4] Das war kein unschuldiger Staatsbesuch, und der Zeitpunkt war alles andere als Zufall.

Allein die Tatsache, dass Poincaré überhaupt nach Sankt Petersburg reiste, war dubios. Wäre ihm an einer friedlichen Lösung der Serbien-Krise gelegen gewesen, hätte ein Brief an den Zaren völlig ausgereicht. Hätte Poincaré den

Russen erklärt, Frankreich werde nicht wegen Serbien in den Krieg ziehen, wäre dies das Ende der Angelegenheit gewesen. Nikolaus II. hätte niemals allein gehandelt, dafür mangelte es ihm an Selbstvertrauen. Nein, Poincaré war in Sankt Petersburg, um die Entschlossenheit des Zaren zu stärken.[5] Alles, was der französische Präsident tat, stand im Einklang mit den Plänen der Geheimen Elite. Nach seiner Ankunft bestieg Poincaré die Zarenjacht *Alexandria* und führte sofort ein ausführliches und privates Gespräch mit Nikolaus.[6]

Frankreich werde »in engster täglicher Zusammenarbeit die Bemühungen um Frieden und Zivilisation fortsetzen, für die sich beide Regierungen Tag für Tag einsetzen«, lautete der Toast, den Poincaré beim Staatsbankett auf den Zaren ausbrachte.[7] Er kann es nur ironisch gemeint haben. Oder sollten ihm die Kosaken auf den Straßen nicht aufgefallen sein, hatte er nichts von den Übergriffen auf Frauen und Kinder gehört, von den Straßenbahnen, die während der nächtlichen Unruhen umgeworfen und zerstört wurden? Nur selten war der Zivilisation ein schlechterer Dienst erwiesen worden. Der *Times*-Korrespondent schrieb aus Sankt Petersburg: »Dank der bewundernswerten Vorkehrungen wurde während Präsident Poincarés Besuch die aufrührerische Menge erfolgreich von den Hauptdurchgangsstraßen ferngehalten, sodass die Visite gänzlich ohne Störung verlief.«[8] Die »aufrührerische Menge« wurde außer Sicht gebracht, brutal verprügelt oder sogar getötet, aber für die privilegierte Leserschaft der *Times* waren diese Opfer von Armut und Unterdrückung ohnehin nur Pöbel und Staffage.

Poincaré hielt Hof in Sankt Petersburg. Die Presse berichtete über seine Privatgespräche mit dem Zaren, nur über den Inhalt der Unterredungen wurde kein Wort gedruckt.[9] Nach dem Krieg wurden diplomatische Depeschen Frankreichs verändert und zerstört, um Poincarés wahre Absichten zu vertuschen.[10] Der französische Präsident traf sich im Winterpalast mit vielen ausländischen Botschaftern. Seine Gespräche mit dem japanischen Botschafter ebneten den Weg dafür, dass Japan sich später auf die Seite der Tripelentente schlug. Sir George Buchanan versicherte er, dass sich der Zar sehr versöhnlich zum Thema Persien gegeben habe. Dass die britische Regierung ein Mineralölunternehmen gekauft hatte, hatte gewiss einige Russen aufgeschreckt. Und als Poincaré offiziell dem österreichischen Botschafter vorgestellt wurde, lenkte er das Gespräch auf seine französischen Vorfahren, verlor jedoch nicht ein Wort über Serbien.[11] Wie bereits 1912 war Frankreichs Präsident erneut mit einer Mission unterwegs. Welch ungewöhnliche Doppelung der Ereignisse: In beiden Jahren, 1912 und 1914, war die Wahrscheinlichkeit eines Krieges in Europa sehr hoch, in beiden Jahren stattete Poincaré Russland einen Staatsbesuch ab. Zufall war das nicht. Poincaré wollte mit seinem Besuch dem Zaren und Sasonow versichern, dass Frankreich an ihrer Seite stand, und sie dazu bewegen, sich auf einen sofortigen Krieg mit dem Deutschen Reich vorzubereiten. Jeder Russe am Hof in Sankt Petersburg wusste, dass

Deutschland der Feind war und die Lage unweigerlich zum Krieg führen würde. Paléologue schrieb in seinem Bericht über die pompösen Bankette, wie begeistert die Großfürstinnen Anastasia und Militza, die Frauen der Großfürsten Nikolai und Peter, von der Aussicht auf Krieg waren: »Von Österreich wird nichts übrig bleiben. Sie [die Franzosen] werden Elsass-Lothringen zurückerhalten. Unsere Armeen werden sich in Berlin treffen, Deutschland wird ausgelöscht werden.«[12] Offensichtlich erfüllte sie die Vorstellung mit großer Freude. Wie auch in anderen europäischen Ländern sah die russische Oberschicht Krieg als Heilmittel gegen zivile Unruhen, Arbeitslosigkeit und das Gerede von Revolution. Poincaré lief in Sankt Petersburg offene Türen ein. Das russische Militär begrüßte ihn begeistert. Auch die Offiziere hielten einen Krieg für »unvermeidlich«, und so war Poincarés Botschaft genau das, was sie hören wollten.[13]

Am 24. Juli fasste Buchanan in einem Telegramm an das Außenministerium den Besuch Poincarés zusammen: »Der französische Botschafter gab mir zu verstehen, dass Frankreich es nicht nur bei einer starken diplomatischen Unterstützung Russlands belassen würde, sondern, falls notwendig, alle seine durch das Bündnis erwachsenden Pflichten erfüllen werde.«[14] Poincaré und Sasonow waren sich handelseinig geworden: Wenn Russland gegen Deutschland und Österreich in den Krieg zog, würde Frankreich seinen Verpflichtungen gegenüber Russland nachkommen. Wie dieses Telegramm ausdrücklich beweist, wusste Sir Edward Grey am 24. Juli, dass ein Weltkrieg bevorstand. Zehn Jahre lang wurde dieses Dokument vor der Welt geheim gehalten. Iswolskis Biograf Stieve schrieb: »Poincaré hatte 1912 einen Blankoscheck für einen Weltkrieg ausgestellt. Nun unterzeichnete er ihn erneut.«[15] Es war nicht mehr und nicht weniger als das. Historiker haben sich stets auf den »Blankoscheck« konzentriert, den der deutsche Kaiser Österreich in Potsdam ausstellte, aber der echte Scheck für einen Krieg – ein Scheck, der von Großbritannien eingelöst werden würde – war derjenige, den Poincaré in Sankt Petersburg unterzeichnete.

Im *Foreign Office* wurde Buchanans Telegramm sorgfältig durchleuchtet. Die privaten Anmerkungen werfen ein Schlaglicht auf die Denkweise der Geheimen Elite.[16] Mit seiner chirurgischen Analyse kam Sir Eyre Crowe direkt auf den Punkt. Egal was Österreich gegen Serbien vorzubringen hatte, seiner Ansicht nach wäre es »undiplomatisch«, sogar »gefährlich«, in Sankt Petersburg oder Paris zu intervenieren. Gefährlich – würde eine britische Intervention womöglich einen Krieg verhindern?

Sehen wir uns einmal das Gesamtbild an: Österreich hatte ein Attentat über sich ergehen lassen müssen, war von Serbien erniedrigt und schikaniert worden, aber das zählte nicht. Russland und Frankreich hatten beschlossen, gemeinsam in den Krieg zu ziehen, was Crowe völlig vernünftig erschien, deshalb sollte Großbritannien das einfach zulassen. Er formulierte seinen diplomatischen Kommentar so: »Entscheidend ist, ob Deutschland absolut entschlossen ist, diesen Krieg jetzt zuzulassen oder nicht.«[17] Seine verdrehte Logik läuft dem zuwider, was er bereits wusste: Nicht Deutschland war entschlossen, »diesen Krieg jetzt zuzulassen«, sondern die Geheime Elite! Wenn Deutschland sich schon wieder weigern und sich wie 1912 und 1913 wieder nicht in einen Krieg hineinziehen lassen würde, wären jahrelange sorgfältige und hoch komplizierte Planungen vergebens gewesen. Crowes Gedanken enthielten eine verblüffende Erkenntnis:

> *Unsere Interessen sind mit denen Frankreichs und Russlands verbunden in dieser Krise, bei der es nicht um den Besitz Serbiens geht, sondern um den Kampf zwischen Deutschland, das eine politische Diktatur für ganz Europa anstrebt, und den Mächten, die den Wunsch haben, ihre individuelle Freiheit zu bewahren.*[18]

Die Frage sei gestattet: Welche gemeinsamen Interessen verfolgten Großbritannien und Russland? Gemeinsame Ziele in Persien, die sich nur gewaltsam würden lösen lassen? Nein, es war ein Krieg gegen Deutschland. Hätte Großbritannien jemals ernsthaft erwogen, Russland die Kontrolle über die Dardanellen zu überlassen? Nein. War Russland ein Land, das seinen Bürgern Freiheiten zugestand? Nein. Zarenreich und Freiheit in einem Atemzug zu nennen war völlig absurd. Nicht ein einziger jüdischer Parlamentarier aus Großbritannien durfte nach Russland reisen.[19] Diese verdrehte, unlogische Voreingenommenheit war nichts weiter als die gallige Philosophie der Geheimen Elite. Crowe beendete seine Notizen mit der Empfehlung, die Flotte zu mobilisieren, sobald eine der Großmächte ihren ersten Schritt in Richtung Krieg tat, aber Grey hatte das bereits vorher mit Churchill abgeklärt. Die Flotte war bereit und wartete auf den aufziehenden Sturm.

In Großbritannien kochte die Stimmung wegen Irland hoch, nicht wegen Russland, Österreich oder Serbien. Und wegen Deutschland machte sich erst recht niemand Sorgen. Bei einer Debatte zum Haushaltsgesetz hatte Lloyd George am 23. Juli die guten neuen Beziehungen zwischen Deutschland und Großbritannien gelobt. Voller Zuversicht blickte er in eine Zukunft, in der der Irrsinn des internationalen Wettrüstens der Vergangenheit angehörte und die absurde Steuerbelastung des britischen Volkes sank:

> *Nehmen wir einen Nachbarn von uns [Anm. der Autoren: gemeint ist Deutschland]. Unsere Beziehungen sind viel besser, als sie es vor einigen Jahren waren. Verschwunden ist das Knurren, das wir – vor allem in der Presse – erleben mussten zwischen diesen beiden großen, ich will nicht sagen: rivalisierenden Nationen, sondern zwei großen Reichen.*[20]

An genau dem Tag, an dem Österreich der serbischen Regierung seine Note überreichte, lobte der britische Finanzminister öffentlich Deutschland und deutete an, dass bessere Zeiten nahten. Kein Wunder, dass die Deutschen verwirrt waren. Kein Wunder, dass Sasonow unverzüglich versichert werden musste, dass Großbritanniens wahre Absichten anderswo lagen.

Während Lloyd George und seine getreuen Komplizen mit Täuschung und Geheimmemoranden ihre wahren Ziele vertuschten, versuchten Deutschlands Politiker, Österreichs Reaktion in den größeren Zusammenhang zu setzen. Außenminister Gottlieb von Jagow schrieb in der *Norddeutschen Allgemeinen Zeitung* am 19. Juli, es erscheine »erwünscht und geboten«, dass »in der langen Balkankrisis [...] die Auseinandersetzung, die zwischen Österreich-Ungarn und Serbien entstehen könnte, lokalisiert bliebe«.[21] Die Botschaft war klar: Sollen die beiden es doch unter sich austragen.

Es gab für eine derartige Haltung historische Präzedenzfälle, beispielsweise bei Großbritanniens Transvaal-Krieg oder beim Spanisch-Amerikanischen Krieg von 1898.[22] Aber Russland und Frankreich hatten absolut nicht vor, tatenlos danebenzustehen, während Österreich dem »armen« Serbien eine Tracht Prügel verabreichte. Ein Regionalkrieg zwischen Österreich und Serbien war für die Geheime Elite niemals eine Option gewesen. Sinn und Zweck des Ganzen war ja schließlich, Deutschland in die Sache hineinzuziehen.

Reichskanzler Bethmann Hollweg war beruhigt, dass alle diplomatischen Protokolle befolgt wurden, allerdings bereitete ihm Sorge, wie lange Österreich für die Entscheidungsfindung benötigte. Er wies die deutschen Botschafter in Sankt Petersburg, London und Paris an zu betonen, dass Österreich jedes Recht habe, Serbien zu bestrafen.[23] Wenn Österreich nicht bereit sei, für immer auf seinen Status als Großmacht zu verzichten, müsse es seine Forderungen durchsetzen. Bethmann Hollweg war zuversichtlich, dass der Zar nach der Ermordung von Erzherzog Franz Ferdinand einsehen würde, dass Europas Monarchen nun gemeinsame Sache machen mussten gegen einen politischen Radikalismus, der es auf Kaiser und Zaren, Könige und Königinnen und sämtliche Insignien der Monarchie abgesehen hatte.[24]

Nachdem Poincaré und die französische Delegation am 23. Juli aus Sankt Petersburg abgereist waren, übergab Österreich Serbien seine Note. Die Verzögerung hatte nichts bewirkt. Frankreich und Russland hatten ihr verhängnisvolles – und noch geheimes – Stelldichein hinter sich gebracht, und Sasonow war fest entschlossen, Serbien zu schützen. All das war beschlossen worden, lange bevor Österreichs Forderungen publik wurden.[25] Berchtold erklärte, die Bedingungen seien nicht verhandelbar: »Wir können, was unsere Forderungen anbelangt, keine Verhandlungen mit Serbien aufnehmen, und wir werden uns mit nichts weniger zufriedengeben als der bedingungslosen Akzeptanz der genannten Bedingungen. Anderenfalls sehen wir uns zu weiteren Konsequenzen gezwungen.«[26]

Österreichs Botschafter in Belgrad, Baron von Gieslingen, übergab die Note am Donnerstag, dem 23. Juli um 18 Uhr der serbischen Regierung. Die Note enthielt zehn Forderungen, die in den vorangegangenen Wochen durchgesickert waren und die, soweit Berchtold bekannt, bislang kaum für öffentliche Empörung gesorgt hatten. Im Grunde wurde Serbien aufgefordert, seine Medienhetze gegen Österreich zu beenden, den Geheimbund *Narodna Odbrana* aufzulösen, an Schulen keine österreichfeindliche Propaganda mehr zu lehren und alle Beamten und Militärangehörigen zu feuern, die Österreich offen feindselig gegenüberstanden. Weiter hieß es, dass Polizeikräfte der Donaumonarchie mit den Serben kooperieren und an den Ermittlungen zum Attentat von Sarajevo mitwirken sollten. Bekannte Verschwörer – und hier wurden namentlich völlig zu Recht Tankosić und Ciganović genannt – sollten verhaftet werden, genauso diejenigen, die unverhohlen den Attentätern geholfen hatten, indem sie Waffen und Sprengstoff über die Grenze nach Bosnien schmuggelten. Außerdem wollte Wien wissen, warum ranghohe Serben auch noch nach dem Vorfall von Sarajevo Österreich-Ungarn verbal angegriffen hatten. Der serbischen Regierung wurden 48 Stunden gegeben, jeden einzelnen Punkt uneingeschränkt zu akzeptieren. Praktisch jede Forderung bis hin zur Dauer der Frist war den Agenten der Geheimen Elite bereits bekannt.

Was nun geschah, erwischte Berchtold und seine Berater völlig kalt. Wochenlang waren Wien aus dem Ausland Sympathiebekundungen gemacht und Mut zugesprochen worden, doch nun kam es zu einer organisierten Überreaktion von Russland, Frankreich und Großbritannien. Die gut abgestimmte vermeintliche Empörung stand in völligem Widerspruch zu früheren Äußerungen. War bislang noch ein hartes Durchgreifen Österreichs gutgeheißen worden, hieß es nun, dass die Donaumonarchie die Situation als Vorwand für einen Krieg missbrauche. Die ganze Lage wurde ins absolute Gegenteil verkehrt. Österreich wurde vorgeworfen, »keine Beweise« für eine Mittäterschaft Serbiens vorgelegt zu haben, außerdem benötige Serbien »mehr Zeit« für eine Replik.[27] Es war eine Täuschung, ein offensichtlicher Versuch, Russland und Frankreich mehr Spielraum für deren militärische Vorbereitungen zu verschaffen.[28] Österreich lenkte nicht ein, sondern bestand darauf, binnen 48 Stunden eine Antwort von Serbien zu bekommen.

Als die Botschafter Österreich-Ungarns den Regierungen der Tripelentente-Länder am 24. Juli die Forderungen an Serbien präsentierten, wurden sie beschimpft. Sasonow in Sankt Petersburg explodierte in einem fort und unterbrach ständig den österreichischen Botschafter, während dieser versuchte, die Note zu erläutern: »Ich weiß, was Sie wollen: Sie wollen gegen Serbien in den Krieg ziehen … Sie setzen Europa in Brand.«[29] Punkt für Punkt hinterfragte Sasonow jeden einzelnen Aspekt der Note, nur um ihn dann abzulehnen. Wie konnte es die Regierung Österreichs wagen, die Auflösung von *Narodna Odbrana* zu verlangen? Warum bestand sie darauf, dass Polizisten aus Österreich an den Ermittlungen beteiligt sein sollten?[30] Die fehlende Perspektive führte seinen unprofessionellen Wutausbruch ad absurdum, aber da er die Forderungen ohnehin bereits bestens kannte, war es sowieso nur Fassade.

Sir Edward Grey kam am Morgen des 24. Juli mit Österreichs Botschafter Albert Graf von Mensdorff-Pouilly-Dietrichstein in der Downing Street zusammen. Wenn man berücksichtigt, dass er nicht zu voreiligen Urteilen neigte, wird es umso lachhafter, dass Grey die Note unverzüglich als das »furchtbarste Dokument, das ich je einen Staat an einen anderen habe richten sehen«, verdammte.[31] Als Mensdorff versuchte, seine Argumente vorzubringen, wies Grey dies als »nicht unsere Sorge« zurück. Ablehnender hätte er kaum reagieren können. Auch dies nur Fassade. Anders war es in Paris. Da alle ranghohen Minister, die sich damit hätten befassen können, noch auf der Rückreise aus Russland waren, wurde die Note dem Justizminister übergeben, dessen gemäßigte und emotionslose Reaktion in völligem Widerspruch zu den Anfällen in den anderen Hauptstädten stand. Niemand hatte ihn instruiert, wie die Tripelentente reagieren werde. Eiligst wurde der Botschafter in London, Paul Cambon, nach Frankreich zurückbeordert, um im Außenministerium die Stellung zu halten.

Die Außenminister der Tripelentente hatten sich in einen nahezu perfekten Sturm der Wut hineingesteigert, dennoch bewerteten selbst einige britische Zeitungen die Forderungen Wiens als absolut gerechtfertigt. Der *Manchester Guardian*, die *Daily News* und der *Daily Chronicle* äußerten alle durchdacht, dass man die Position Österreichs nachvollziehen könne. Von den konservativen Zeitungen reagierte der *Daily Telegraph* am neutralsten. Er unterstützte die Österreicher darin, »die umfassende und sofortige Zurückweisung all dieser ruchlosen Machenschaften zu fordern, denen die Politik als Entschuldigung gilt und die vor Mord nicht zurückschrecken«.[32] Der *Manchester Guardian* bedauerte es zutiefst, dass Russland mit »extremen Maßnahmen« für den Fall drohte, dass Österreich Serbien seinen Willen aufzwinge. Im Leitartikel hieß es, Österreich habe guten Grund, sich Serbien gegenüber herrisch aufzuführen, aber »Russlands Drohung mit einem Krieg ist ein Stück reiner Brutalität, über die auch dadurch nicht hinweggetäuscht wird, dass Russland plötzlich die Heiligkeit des Machtgleichgewichts in Europa entdeckt hat«.[33] Eine zwar sarkastische, aber durchaus gerechtfertigte Zurückweisung dafür, dass Russland Interesse an den Belangen Serbiens vortäuschte. Wie zu erwarten, stand die *Times* im anderen Lager. Zwei Tage vor Übergabe der Note erschien ein Leitartikel unter der Überschrift »Eine Gefahr für Europa«. Darin wird der russischen Position die Unterstützung ausgesprochen und es werden Zweifel an den österreichischen Absichten geäußert, einen möglichen Krieg lokal zu begrenzen.[34] Wie immer war die Stimme der Geheimen Elite bereits einen Schritt weiter.

Österreichs Note sei »schikanierend und erniedrigend«,[35] befand Asquith, aber seiner heimlichen Geliebten Venetia Stanley vertraute er privatim an: »Es ist kurios, aber in vielen, wenn nicht in den meisten Punkten hat Österreich gute und Serbien sehr schwache Argumente … die Österreicher sind allerdings auch die dümmsten Menschen Europas.«[36] Er wusste, dass Grey deutlich übertrieben auf die Forderungen der Donaumonarchie reagiert hatte, aber öffentlich hätte er das nicht aussprechen können. Niemals. Die öffentliche Haltung, die vermeintliche Empörung – all das war eine von langer Hand vorbereitete Reaktion, bei der das *Foreign Office* auf eine Linie mit den Ausbrüchen Sasonows in Russland gebracht wurde und mit denen, die Poincaré äußern würde, sobald er französischen Boden erreicht hatte. Indem sie Österreich-Ungarn destabilisierten, destabilisierten sie gleichzeitig das einzige Land, das der Donaumonarchie zur Seite stehen würde: Deutschland.

Asquiths Kabinett wusste nur, was es in der Zeitung gelesen hatte. Mit Ausnahme der Fünferbande durchschaute niemand die Rolle, die die Tripelentente beim Streit zwischen Wien und Belgrad gespielt hatte.[37] Am Nachmittag des 24. Juli traf sich das Kabinett, um ausführlich über die Schießereien in Dublin zu beraten und darüber, dass den *Irish Volunteers* deutsche Waffen geliefert wurden. Dann wurde, quasi im Nachsatz, die sich rasch intensivierende Serbien-Krise erörtert. Laut Winston Churchill war das Thema Irland ohne Abschluss beendet worden, und das Kabinett wollte gerade auseinandergehen, als Sir Edward Grey die Note Österreichs vorlegte, die ihm angeblich gerade erst aus dem *Foreign Office* gebracht worden war. Die Botschaft, die er den anderen Kabinettsmitgliedern vermitteln wollte: »Ein derartiges Ultimatum ist in der Moderne noch nie zu Papier gebracht worden.«[38]

Charles Hobhouse, 1914 Postminister im Kabinett Asquith, schrieb in sein Tagebuch:

> *Grey platzte herein, um uns zu erklären, dass uns das Ultimatum Österreichs an Serbien dichter an ein europäisches Armageddon herangeführt habe als alles, was während der Unruhen auf dem Balkan geschehen sei. Er regte an, dass Deutschland, Frankreich, Italien und Großbritannien gemeinsam auf Österreich und Russland einwirken sollten, nicht zu handeln. Er war allerdings überzeugt, dass, wenn Russland Österreich angriffe, Deutschland Letzterem zu Hilfe würde eilen müssen.*[39]

Wenn sich Churchill richtig erinnert, muss Grey auf Effekthascherei gesetzt haben. Wir wissen, dass die Note Grey nicht »gerade erst« am Nachmittag gebracht, sondern ihm morgens in der Downing Street überreicht worden war, als er Baron Mensdorff angeschrien hatte.[40] Abgesehen davon ist es interessant zu beobachten, wie das *Foreign Office* die Note in ein »Ultimatum« verwandelt hatte. Interessant auch, dass in der Version von Hobhouse nicht Deutschland schuld ist. Der Schlüssel zu Krieg oder Frieden lag bei Russland: »… wenn Russland Österreich angriffe …« Wir sprechen hier von ebenjenem Russland, dem Poincaré gerade einen Blankoscheck ausgestellt hatte. Dasselbe Russland, bei dem es laut Sir Eyre Crowe »undiplomatisch« und »gefährlich« wäre, sich einzumischen.

Bei allem Ereifern, bei allen Anschuldigungen und Gegenanschuldigungen, die mit Kriegsbeginn erhoben wurden, lag der Fokus stets auf Österreichs Note, als sei diese der Grund für den Krieg. Doch es war Österreich, das seit Jahren mit der Unruhestifterei der Serben und den gebrochenen Versprechen hatte leben müssen. Serbiens Regierung war über verschiedene Organisationen des Landes an kriminellen Aktivitäten und deren schändlicher österreichfeindlicher Hetze beteiligt gewesen. In den Tagen und Wochen vor Übergabe der Note an Belgrad hatte Österreich eine ganze Reihe von Beweisen über die Attentäter und deren Hintermänner angehäuft.[41] Was Wien verlangte, war das Minimum, das für eine Normalisierung der Beziehungen erforderlich war. Keine vagen Versprechen mehr, kein ewiges Herauszögern mehr. Die Grundlage für eine positive Lösung einer vertrackten Situation lag auf dem Verhandlungstisch. Die Bedingungen waren nicht verhandelbar, aber gerecht. Wie sonst hätte man anfangen können, eine dauerhafte, konstruktive und bedeutsame Zukunft aufzubauen? Die Note bündelte die Mindestanforderungen, die es zu erfüllen galt, damit Österreich Schutz vor der Bedrohung durch Serbien garantiert war.[42]

Am 25. Juli um 15 Uhr, also drei Stunden vor Ablauf der 48-stündigen Frist, die Österreich vorgegeben hatte, machte Serbien formal seine Truppen mobil. Hektische Vorbereitungen brachen aus. Das Staatsarchiv, das Finanzministerium und der öffentliche Dienst zogen von Belgrad landeinwärts nach Niš. Die Serben hatten Österreich noch keine Antwort übermittelt und wussten, dass Wiens Forderungen nicht erfüllt werden würden. Nun legten sie ihre Absichten offen: Serbien bereitete sich auf einen Krieg vor. Und die Serben waren nicht die Einzigen, die es eilig hatten. Pašić persönlich lieferte die offizielle Antwort wenige Minuten vor 18 Uhr ab, und als der 18.30-Uhr-Express Belgrad verließ, saßen der österreichische Botschafter und seine vollständige Gesandtschaft bereits im Zug.

Serbiens Antwort war sorgfältig formuliert und vom Charakter her gemäßigt.[43] Sie stieß nicht nur bei den Tripelentente-Mächten auf Zustimmung, sondern auch bei vielen neutralen Ländern. Selbst Berchtold musste bewundernd einräumen, die Antwort sei »das glänzendste Beispiel diplomatischer Kunst, das mir je untergekommen ist«, aber auch wenn sie vernünftig erschien, sei die Antwort doch »inhaltlich völlig wertlos«.[44] In der Tat trug die diplomatische Sprache alle Zeichen eines professionellen Taktierers. Bislang hatte sich Pašić auf den russischen Botschafter Hartwig verlassen, und eigentlich hätte er nach dessen überraschendem Tod ideenlos dastehen sollen. Doch aus dem Nichts produzierte dieser Niemand ein Meisterwerk der internationalen Diplomatie. Ohne seinen russischen Mentor war Pašić doch angeblich verloren und wusste nicht weiter, also wer steckte hinter der serbischen Replik?

Belgrad hatte sich sofort mit der Bitte um Hilfe an Sasonow, Paléologue und den Zaren gewandt.[45] Hinter den Kulissen überhitzten die telegrafischen Verbindungen zwischen London, Belgrad, Sankt Petersburg und Paris beinahe vor lauter Geschäftigkeit. Sir Edward Grey gab am Freitag (dem 24. Juli) um 21.30 Uhr Belgrad telegrafisch Ratschläge zum weiteren Vorgehen. Ausdrücklich empfahl er, »bei so vielen Punkten wie möglich innerhalb der gesteckten Frist positiv zu antworten und Österreichs Anliegen nicht in Bausch und Bogen zu verdammen«. Serbien solle sich entschuldigen, solle Bedauern für das Auftreten seiner Repräsentanten ausdrücken und auf eine Art und Weise antworten, die Serbiens Interessen am besten bewahre. Grey weigerte sich, ohne direkte Rücksprache mit Russland und Frankreich weitere Empfehlungen zu geben.[46] Seine opportunistischen Äußerungen sollten vertuschen, dass Großbritannien, Frankreich und Russland sich bereits auf ihre Position verständigt hatten.

Den größten Beitrag zur serbischen Antwort leistete Philippe Berthelot, damals stellvertretender Leiter für politische Angelegenheiten im französischen Außenministerium. Er gehörte zu den ranghöchsten Diplomaten in Europa und wurde von Poincaré und der Geheimen Elite sehr geschätzt. Berthelot räumte zunächst nur ein, dass er die ausgesprochen scharfsinnige serbische Antwort entworfen habe, später prahlte er damit, den genauen Text geschrieben zu haben.[47] Er bekräftigte Greys Ratschlag: Serbien sollte sofort auf sämtliche Punkte eingehen, bis auf diejenigen, bei denen die Souveränität des Landes betroffen war. Auch Sasonow in Sankt Petersburg hatte den Serben extreme Zurückhaltung anempfohlen.[48]

Die Geheime Elite bläute den Serben eine abgestimmte Strategie ein. Schritt eins war das Telegramm, das Pašić am 19. Juli verschickt hatte, ein honigsüßes Hilfegesuch, das auf dem Wunsch nach Würde, Respekt und Unabhängigkeit fußte. Schritt zwei bestand darin, Pašić aus Belgrad fortzuschaffen. Die Geheime Elite wusste, dass die Österreicher ihre Forderungen am 23. Juli übergeben wollten, also sorgte sie dafür, dass Pašić an dem Tag nicht in Belgrad, sondern auf Wahlkampftour war – was Europas Presse auch im Vorfeld mitgeteilt wurde.[49] (So sollten die Österreicher gezwungen werden, sich mehr Zeit für eine Antwort zu lassen. Das funktionierte allerdings nicht.) Und schließlich sorgte der Geheimbund dafür, dass an jenem Wochenende keine Geschäftsträger oder Botschaftsvertreter von Belang in Belgrad waren. Was auch geschah, Frankreich, Russland oder Großbritannien sollten nicht irgendwie mit der offiziellen Antwort in Verbindung gebracht werden können.[50]

Mit ihrem Beitrag sorgten London, Paris und Sankt Petersburg für eine enorme PR-Kampagne zugunsten Serbiens. Belgrads Antwort kam sehr versöhnlich daher, mit vorgetäuschter Bescheidenheit, einer Anmutung von Offenheit und Aufrichtigkeit. Europa stand immer noch eher aufseiten Österreichs als aufseiten Serbiens, und eine arrogante oder beleidigende Antwort aus Belgrad hätte diese Haltung vertieft. Serbien musste sich neu erfinden – als tapfere, ohnmächtige kleine Nation, die praktisch ihre nationale Würde über Bord geworfen hatte, um vor den strengen Forderungen Österreichs zu kapitulieren. Von allen diplomatischen Winkelzügen vor Kriegsbeginn gab es keine List, die cleverer war »als die Planung der serbischen Antwort an Österreich«.[51]

Für uninformierte Beobachter wirkte es so, als habe Serbien alle Punkte bis auf zwei akzeptiert. Das »arme kleine Serbien« war also unter dem enormen und ungerechten Druck des übermächtigen Nachbarn eingeknickt. Kaiser Wilhelm II. beispielsweise kehrte von seiner dreiwöchigen Kreuzfahrt zurück und begrüßte die serbische Antwort nach der ersten Lektüre als »Triumph der Demokratie«.[52] An den Rand schrieb er: »Eine brillante Leistung für eine Frist von bloß 48 Stunden. Das ist mehr, als man erwarten konnte!«[53] Der Kaiser war überzeugt, dass dies der Donaumonarchie ausreichen werde und die wenigen Vorbehalte Serbiens zu bestimmten Punkten durch Verhandlungen aus der Welt zu schaffen seien. Seine unmittelbare und spontane Reaktion spiegelt ganz deutlich seine Meinung und seine Freude wider: Die Kriegsgefahr war gebannt. Jeder Grund für einen Krieg entfalle damit, so der Kaiser.[54]

Leider war Wilhelms Analyse sehr naiv. Er nahm die Zugeständnisse der Serben beim Wort – nicht so die Österreicher. Die serbische Note enthielt sorgfältig konstruierte Bedingungen und Vorbehalte, die auf den ersten Blick nicht ins Auge fielen.[55] Häufig trügt der erste Eindruck. Scheinbar gaben die Serben so gut wie allen Forderungen Österreichs nach, aber die Note enthielt so viele Einschränkungen, dass Wien daran Anstoß nehmen musste. Nur die achte und die zehnte Forderung wurden uneingeschränkt akzeptiert, auf die anderen Punkte wurde ausweichend geantwortet.[56] Durch meisterhafte Verstellung wurden Bedenken und Lügen vernebelt. Ein Beispiel: Österreich hatte die Verhaftung von Tankosić und Ciganović gefordert. Serbien schrieb zurück, dass Ciganović geflohen und es daher nicht möglich sei, ihn zu verhaften. Aber schon die Implikation, dass die Serben tatsächlich versuchen würden, ihn zu verhaften, war eine Lüge. Ciganović war ein persönlicher Freund Pašićs, und der Ministerpräsident wusste, dass sein Freund mit wissentlicher Hilfe des serbischen Polizeichefs ein neues Zuhause gefunden hatte.

Österreichs wichtigste Forderungen wurden glatt abgelehnt. Berchtold hatte darauf bestanden, dass Gerichtsverfahren gegen alle eingeleitet würden, die sich an der Verschwörung zur Ermordung von Franz Ferdinand beteiligt hatten, und dass Polizisten aus Österreich-Ungarn direkt an den Ermittlungen beteiligt sein würden. Serbien sperrte sich: Ein derartiges Eindringen sei gegen die Verfassung. Das stimmte nicht. Österreich hatte gefordert, dass die eigene Polizei bei den Ermittlungen helfen dürfe, nicht, dass man an internen serbischen Gerichtsverfahren beteiligt werde. Für eine derartige grenzüberschreitende Zusammenarbeit der Polizei gab es zahlreiche Präzedenzfälle.[57] Doch die Serben hatten für sich beschlossen, dass Österreichs Note ihre Souveränität verletzte. Schon komisch: Hatte nicht der belgische Botschafter erst drei Wochen zuvor gewarnt, dass Serbiens Souveränität das zentrale Thema werde?!

Dass Österreich Serbiens Antwort nicht ausreichen würde, wusste die Geheime Elite, die Note war schließlich speziell zu diesem Zweck geschrieben worden. Keine Schönfärberei würde etwas an der Tatsache ändern, dass Österreichs Forderungen nicht erfüllt worden waren. Leider hat sich in der Geschichtsschreibung die Auffassung durchgesetzt, Österreich-Ungarn habe seine Note vorsätzlich so strikt formuliert, dass Serbien die Forderungen nur ablehnen konnte. Das allgemein verbreitete Argument behauptete:

> *Es sollte ein Krieg heraufbeschworen werden, und die Ermordung des Erzherzogs lieferte die perfekte Möglichkeit. Österreich wurde eingeredet, man solle die Gelegenheit nutzen und Russlands Klienten Serbien angreifen. Das Mittel zum Zweck war ein Ultimatum, das Forderungen enthielt, die Serbien nicht hätte hinnehmen können, ohne seine Unabhängigkeit einzubüßen.*[58]

Das war das Gerücht, das die Geheime Elite streuen wollte: Deutschland habe Österreich »angewiesen«, Serbien anzugreifen. Die beste Lüge ist die große Lüge. Wenn Österreich so scharf auf einen Krieg mit Serbien war, warum sich dann die Mühe machen und den zermürbenden, dreiwöchigen diplomatischen Weg einschlagen? Ohne Einmischung von außen waren Wiens Streitkräfte absolut imstande, Serbien zu bezwingen. Die Falken im österreichischen Militär hatten einen sofortigen Angriff gefordert, aber die Diplomaten bestanden auf der (mit deutlicher Verzögerung überreichten) Note und gaben damit, ohne es zu wissen, Großbritannien, Frankreich und Russland mehr Zeit, ihre Falle aufzubauen.[59] Serbiens Antwort und Österreichs Reaktion darauf ließen die Falle zuschnappen.

Am 25. Juli sandte Sir George Buchanan in Sankt Petersburg ein streng vertrauliches Telegramm an Sir Edward Grey. Es traf um 22.30 Uhr im *Foreign Office* ein und hätte deutlicher nicht sein können: »Russland kann nicht zulassen, dass Österreich Serbien zermalmt und zur vorherrschenden Macht auf dem Balkan aufsteigt. In dem Wissen um den Rückhalt Frankreichs wird sich Russland allen Risiken eines Krieges stellen.«[60]

Wessen Fantasie entsprang die Vorstellung, Österreich werde Serbien zermalmen? Berchtold hatte derartige Absichten niemals geäußert! Dass Österreich

THE POWER BEHIND.

AUSTRIA (*at the ultimatum stage*). "I DON'T QUITE LIKE HIS ATTITUDE. SOMEBODY MUST BE BACKING HIM."

Die Macht im Hintergrund. Österreich (in der Ultimatumsphase): »Mir gefällt sein Auftreten nicht. Den unterstützt doch jemand.«
Der russische Bär wartet, während der österreichische Doppeladler auf den serbischen Köder herabstößt. (Abdruck mit freundlicher Genehmigung von Punch Ltd, www.punch.co.uk*)*

Serbien zermalmen wolle, war ein weiteres Stück erfundene Propaganda, die nur dazu diente, die Überreaktion der Tripelentente zu rechtfertigen. Noch schlimmer war jedoch die Frankreich-Verbindung – der »Blankoscheck«. »In dem Wissen um den Rückhalt Frankreichs« sei Russland bereit, sich »allen Risiken eines Krieges zu stellen«. Buchanan machte die uneingeschränkten Zusagen deutlich, die Poincaré Sasonow gegeben hatte. Es handelte sich hier um mehr als Zusagen, es war ein Aufhetzen zum Krieg. Poincaré lud Sasonow ein voranzuschreiten und versprach, dass beide Länder hinter ein und demselben Banner marschieren würden. Genau das hatte die Geheime Elite geplant.

Nicht Österreichs Note war es, die den Krieg unvermeidlich machte, sondern Serbiens Antwort darauf. Sie sollte die Reaktion provozieren, auf die Russland, Frankreich und Großbritannien vorbereitet waren.

Zusammenfassung von Kapitel 22: Juli 1914 – Europa am Rand des Abgrunds

- Die zentralen Entscheidungen wurden nunmehr von Sankt Petersburg aus getroffen.
- Die Agenten der Geheimen Elite, Poincaré und Iswolski, sorgten dort gemeinsam mit Paléologue und Buchanan dafür, dass der Zar und Sasonow gegenüber Österreich hart blieben.
- Wie bereits 1912 reiste Poincaré nach Sankt Petersburg, im Gepäck das Versprechen, dass Frankreich an der Seite Russlands in den Krieg ziehen würde, sollte Deutschland Österreich beistehen. Hier war er, der echte »Blankoscheck« für einen Krieg.
- Sir George Buchanan sorgte dafür, dass Grey über die Kriegsvorbereitungen ständig auf dem Laufenden war. Buchanan war ständig an der Seite Sasonows, um ihn hinsichtlich Großbritanniens Absichten zu beruhigen.
- Für die meisten kultivierten und kenntnisreichen Briten waren Russland und die Politik des Zaren gegenüber seinem Volk ein Gräuel. Ein militärisches Bündnis mit Russland hätten sie niemals akzeptiert.
- Erst am 24. Juli wurden Parlament und Kabinett detailliert darüber informiert, wie sehr sich die außenpolitische Lage verschlechtert hatte.
- Im Parlament, der Presse und in Diplomatenkreisen wurde Deutschland weisgemacht, dass sich die Beziehungen zu Großbritannien deutlich gebessert hätten. Gleichzeitig trieben die Agenten der Geheimen Elite ihre Vorbereitungen für die Zerstörung des Kaiserreichs voran.
- Dem österreichischen Außenminister Berchtold war von anderen Ländern wiederholt vermittelt worden, dass man vollstes Verständnis für einen strengen Kurs Österreichs habe. Parallel bereiteten sich Großbritannien, Frankreich und Russland darauf vor, die Forderungen Österreichs kollektiv und in Bausch und Bogen zu verdammen.
- Österreichs Forderungen waren weder überraschend noch unfair. Die Tripelentente reagierte mit völlig unangemessener Empörung. Berchtold hatte ihnen drei Wochen geschenkt, in denen sie ihre Reaktion hatten vorbereiten können.
- Serbiens Antwort auf Österreichs Forderungen war ein diplomatisches Meisterwerk und stammte aus der Feder der Geheimen Elite. Die Antwort sollte versöhnlich wirken, aber Österreich trotzdem dazu bringen, militärische Maßnahmen zu ergreifen.
- Dass Österreich so viel Zeit brauchte, um Serbien seine Forderungen zu stellen, hatte in Deutschland zu Besorgnis geführt. Umso begeisterter war der Kaiser darüber, dass die serbische Replik die Kriegsgefahr offenbar aus der Welt geschafft hatte.

- Serbiens Antwort löste schließlich die Falle aus, die für Berchtold ausgelegt worden war.
- Das Drängen der Geheimen Elite in Richtung Krieg nahm weiter Fahrt auf. Grey wusste am 25. Juli, dass Russland bereit war, alle Risiken eines Krieges auf sich zu nehmen.

23

Juli 1914 – Die Mobilmachungen beginnen

POINCARÉ HATTE SANKT PETERSBURG erst wenige Stunden zuvor verlassen, als sich schon zeigte, wie erfolgreich seine Visite gewesen war: Russland begann mit der Mobilmachung seiner riesigen Armeen und vollzog damit einen unumkehrbaren Schritt in Richtung Krieg. Der Agent der Geheimen Elite hatte seinen wichtigsten Auftrag erfüllt.

Wenn eine Großmacht eine Generalmobilmachung ihrer Streitkräfte verkündete, war das in den ersten Jahrzehnten des 20. Jahrhunderts ein klares Signal dafür, dass ein Krieg bevorstand. In den Schubladen lagen bis in alle Einzelheiten durchgeplante Anweisungen, wie in so einem Fall reguläre Einheiten, Wehrpflichtige und Reservisten reagieren sollten, wie diese Truppen auszurüsten seien und wie sie an Sammelpunkte nahe der Grenze transportiert würden. Alles stand und fiel mit einem modernen Schienennetz. Der gesamte Prozess musste per Bahn durchgeführt werden, und die Generalstäbe hatten Jahre damit zugebracht, die Abläufe zu perfektionieren. War das Kommando zur Mobilmachung ausgegeben, musste sich alles zu einem bestimmten Zeitpunkt in einer bestimmten Reihenfolge bewegen. Bis hin zur Zahl der Zugachsen, die eine bestimmte Brücke zu einem bestimmten Zeitpunkt tragen konnte, war alles festgelegt.[1] Jeder Schritt der Mobilmachung griff logisch in den nächsten, das Resultat war eine nahezu unumkehrbare Steigerung bis hin zum Krieg. Bei den strategischen Planern herrschte die Meinung vor, dass derjenige im Vorteil war, der die Offensive hatte, und dass Geschwindigkeit der entscheidende Faktor war. Ein Vorsprung von ein bis drei Tagen bei der Mobilmachung galt als militärisch wichtiger Faktor für den Verlauf des Krieges. Wer zu lange zögerte, machte sich verwundbar.[2]

Der Militärvertrag zwischen Frankreich und Russland sprach eine deutliche Sprache: Wer als Erster mobilisierte, musste als Aggressor gelten, und eine Generalmobilmachung »bedeutet Krieg«.[3] Alle zentralen Militär- und Regierungseinrichtungen in Frankreich, Russland und Großbritannien arbeiteten unter dieser Prämisse. 1892 verdeutlichte der Chef des russischen Generalstabs für Mobilmachung, wenn eine der Großmächte mobilmache, sei das eine maßgebliche kriegerische Handlung, denn ab diesem Punkt »ist kein weiteres diplomatisches Zögern mehr möglich«. Wurde mobilgemacht, hatten alle diplomatischen Manöver, Absprachen und Vereinbarungen abgeschlossen zu sein. Erst einmal begonnen, gab es praktisch kein Zurück mehr.[4]

Das Bündnis zwischen Frankreich und Russland basierte ganz klar auf der These, dass eine Mobilmachung einer Kriegserklärung gleichkomme.[5] Den Generalstäben in Russland und Frankreich galt die Mobilmachung als direkte kriegerische Handlung. Sie ordneten an, dass alle normalen operativen Entscheidungen auf dieser Annahme zu fußen hatten.[6] Es ist wichtig klarzustellen, dass den Regierungen in Russland und Frankreich vollkommen bewusst war, was eine Mobilmachung bedeutete, als diese Entscheidungen im Juli 1914 gefällt wurden.[7] War die Order ausgegeben und die Maschinerie angelaufen, ließ sie sich nur noch schwer stoppen.

Auch beim deutschen Kaiser und seinen militärischen Berater galt die Regel, dass eine Generalmobilmachung der erste entscheidende Schritt hin zu einem Krieg sei. Sie wussten, dass ihnen keine andere Wahl blieb, sobald Russland seine Truppen mobilmachte: Sie mussten ebenso reagieren. Dieses Szenario bedeutete: In dem Augenblick, in dem Deutschland aus Gründen des Selbstschutzes mobilmachte, würde das französisch-russische Bündnis greifen. Frankreich würde ebenfalls mobilisieren, und Deutschland drohte ein Zweifrontenkrieg. Das alles war kein Geheimnis. Beide Bündnisse wussten ganz genau, wie die andere Seite im Kriegsfall reagieren würde.

Deutschland sollte gezwungen werden, an zwei Fronten zu kämpfen, wobei Russland, Frankreich und Großbritannien über deutlich mehr Truppen verfügten. Allein die Armee des Zaren war viel größer als die des Kaisers, aber weder so gut ausgebildet noch so gut ausgerüstet. Deutschland verfügte über ein moderneres Straßen- und Schienennetz, der Vorteil des Kaiserreichs lag in der Schnelligkeit der Mobilmachung. Russlands Militärapparat dagegen war langsam, schwerfällig und ineffizient. Angesichts der gewaltigen Größe des Russischen Reiches, der mangelhaften Infrastruktur, der weniger gut entwickelten Schienenverbindungen nahe der deutschen Grenze und der Ineffizienz der örtlichen Militärbehörden konnte die Mobilmachung nur langsam vonstattengehen. Russlands strategisches Ziel musste es sein, die Mobilmachung so lange wie möglich geheim zu halten, um so Deutschlands Geschwindigkeitsvorteil wettzumachen.

1912 – mitten während der Unruhen auf dem Balkan – verkündete Russland, man habe die Anweisung aufgehoben, dass eine Generalmobilmachung wie eine Kriegserklärung zu verstehen sei. Aus geheimen Militärunterlagen ergibt sich allerdings das genaue Gegenteil:

> *Es wird von Vorteil sein, die Konzentration [Mobilisierung] vor Eintritt der Feindseligkeiten abzuschließen, ohne dem Feind dabei un-*

> *umstößlich die Hoffnung zu nehmen, dass ein Krieg noch abwendbar sei. Unsere entsprechenden Maßnahmen diesbezüglich müssen von ausgeklügelten diplomatischen Unterhandlungen maskiert werden, um die Ängste des Feindes weitestmöglich zu besänftigen ... Lassen sich durch derartige Maßnahmen einige wenige Tage Zeit gewinnen, müssen diese Schritte unbedingt ergriffen werden.*[8]

Poincaré verließ Sankt Petersburg spät am 23. Juli. Mehrere Stunden später, am Morgen des 24. Juli, berief der russische Generalstabschef Nikolai Januschkewitsch, den für die Mobilmachung zuständigen Offizier, General Sergei Dobrowolski, in sein Büro und fragte ihn, ob alles vorbereitet sei für die Verkündung der Mobilisierung. Das war es, aber Dobrowolski war entgeistert, als ihm General Januschkewitsch sagte, die Mobilmachung gelte »einzig gegen Österreich-Ungarn«. Dobrowolski wusste, eine Teilmobilmachung gegen Österreich wäre eine gefährliche und unmögliche Torheit. Es kam nur eine gegen Deutschland gerichtete Generalmobilmachung infrage.[9]

Um 15 Uhr am selben Tag tagte der russische Ministerrat und beschloss, 1,1 Millionen Soldaten in den vier südlichen Militärbezirken Odessa, Kiew, Moskau und Kasan zu mobilisieren, dazu die Ostseeflotte und die Schwarzmeerflotte.[10] Der Zar stimmte zu, dass 13 Heereskorps zu einem von Sasonow zu bestimmenden Zeitpunkt mobilgemacht werden sollten. Der Kriegsminister wurde autorisiert, sofort Bestände an Kriegsmaterial anzulegen, der Finanzminister wurde angewiesen, umgehend sämtliche russischen Gelder aus Deutschland und Österreich abzuziehen. Nur zur Erinnerung: Das alles spielte sich noch immer am 24. Juli ab, einen Tag bevor Serbiens Antwort erwartet wurde![11]

Zur russischen Heeresleitung gehörten vom Klassensystem geprägte Angehörige der Eliten, selbstverliebte Aristokraten, Opportunisten und Karrieristen, die überhaupt keine Zweifel hatten, dass man es mit Österreich und Deutschland gleichzeitig würde aufnehmen können. Russland war bereit für den Krieg und verpflichtet durch das Ehrenwort, das man Frankreich gegeben hatte, gegen Deutschland ins Feld zu ziehen.[12] Dass der Generalstabschef innerhalb von neun Jahren gleich sechsmal ausgetauscht worden war, änderte an dieser Einschätzung nichts.

Nach dem hastig einberufenen Ministerrat traf sich Außenminister Sasonow am 24. Juli zum Lunch mit den Botschaftern Buchanan und Paléologue in der französischen Botschaft. Hier kamen die Macher der Geheimen Elite zusammen, die Diplomaten, die dafür sorgten, dass London und Paris bestens informiert waren. Sasonow bestätigte, dass der Zar der Mobilisierung von über einer Million Mann und der russischen Flotte zugestimmt hatte. Der Ukas sollte erst dann publik gemacht werden, wenn er, Sasonow, den Zeitpunkt für gekommen hielt. Alle nötigen Vorbereitungen für die Mobilisierung seien jedoch bereits eingeleitet.[13]

Sasonow bekräftigte, dass Russland bereit sei, »sich allen Risiken zu stellen«, und Paléologue wiederholte Poincarés »Blankoscheck«, mit dem sich Frankreich ohne Einschränkungen an Russlands Seite stellte. Poincaré hatte seinen Botschafter explizit angewiesen, Sasonow jederzeit mit klaren Bekenntnissen Frankreichs Unterstützung zu versichern.[14] Paléologue informierte Sasonow, er habe einige Telegramme des französischen Außenministers erhalten und in keinem davon sei der Hauch eines Zögerns zu finden. Russland machte mobil für den Krieg, und Frankreich stand ohne Einschränkung an Russlands Seite.[15]

An Frankreichs Haltung konnte es also keinerlei Zweifel geben. Die Franzosen würden Schulter an Schulter mit den Russen kämpfen. Aber was war mit Großbritannien? 1912 hatten Grey und König George V. Sasonow die Unterstützung der Briten zugesagt, aber die Freundschaftsbekundungen, die Großbritannien gerade gegenüber Deutschland äußerte, verwirrten den Russen. Sasonow war nicht gewieft genug, um zu erkennen, dass derartige psychologische Spielchen dazu gedacht waren, das Gegenüber in die Irre zu führen, und dass sie Teil der Täuschung waren. Bis zum allerletzten Moment sollte sich Deutschland in Sicherheit wiegen und glauben, Großbritannien werde neutral bleiben. Sasonow benötigte für sein Nervenkostüm unbedingt einen offiziellen Vertrag zwischen London und Sankt Petersburg, aber damit wäre die Deckung der Briten aufgeflogen. England könne viel mehr erreichen, wenn man um jeden Preis als Vermittler auftrat – das war die offizielle Linie, an der Grey festhalten wollte.[16] Der Bluff musste weitergehen, Deutschland musste im Ungewissen gelassen werden.

Am folgenden Morgen, dem 25. Juli, segnete der russische Ministerrat die Militärpläne ab und bestätigte, dass man für den Krieg bereit sei.[17] Verschlüsselte Telegramme wurden verschickt, die im Russischen Reich stattfindenden Manöver abgebrochen. Die Divisionen wurden angewiesen, unverzüglich aus ihren Sommerlagern in die regulären Kasernen zurückzukehren. Die Truppen sollten ausgerüstet werden und sich darauf vorbereiten, an ihren jeweiligen Grenzabschnitt verlegt zu werden.[18] Wer als Kadett an der Militärakademie in Sankt Petersburg ausgebildet wurde, konnte sich über eine sofortige Beförderung zum Offizier freuen; der nächste Offizierslehrgang wurde unmittelbar einbestellt. Städte entlang der Grenze zu Deutschland und Österreich wurden in »Kriegszustand« versetzt, eine Geheimorder für die »Phase der Vorbereitung auf den Krieg« ausgegeben.[19] Auf diese Weise konnte die russische Heeresleitung umfassend gegen Deutschland mobilisieren, ohne dem Kaiserreich offiziell den Krieg erklärt zu haben. An der diplomatischen Front arbeiteten Botschafter, Geschäftsträger, Minister und Beamte unterdessen offiziell weiterhin an einer friedlichen Lösung der Serbien-Krise und erkauften dem Militär auf diese Weise kostbare Zeit. Russland begann mit der schrittweisen Mobilisierung, noch bevor die Regierung Pašić in Belgrad ihre Antwort auf die österreichische Note überreicht hatte.

Sir George Buchanan drängte Sasonow zur Vorsicht. Deutschland dürfe keinen Wind von der Mobilmachung bekommen, weil es ansonsten unverzüglich das Zarenreich als den Aggressoren hinstellen würde.[20] Er wirkte keineswegs auf den russischen Minister ein, die Mobilmachung abbrechen zu lassen, ganz im Gegenteil: Er drängte ihn, die Deutschen bloß nichts merken zu lassen. Die Mobilisierung musste so weit wie möglich vorangeschritten sein, bevor die Deutschen merkten, dass gegnerische Truppen entlang der Grenze aufmarschiert waren. Die Deutschen durften auch deshalb nichts merken, weil die Geheime Elite das Kaiserreich unbedingt als Kriegsschuldigen darstellen wollte. Deutschland musste dazu gebracht werden, die ersten Schüsse abzufeuern, denn unter keinen Umständen durfte man Russland die Schuld am Krieg geben können. Koste es, was es wolle – die Schuld musste Deutschland in die Schuhe geschoben werden, anderenfalls hätte die britische Öffentlichkeit niemals einen Krieg akzeptiert. Diese Überzeugung wurde zum diplomatischen Mantra der Briten. Buchanan dementierte es später, aber der französische Botschafter Paléologue schrieb in seinen Memoiren, dass Buchanan ihm gesagt habe: »Russland ist entschlossen, in den Krieg zu ziehen. Wir müssen deshalb Deutschland die gesamte Verantwortung und Initiative des Angriffs aufbürden. Nur so wird sich die öffentliche Meinung in England von einem Krieg überzeugen lassen.«[21] Die Geheime Elite und ihre Agenten wussten sehr wohl, wie man die kommenden Ereignisse präsentieren musste, um die britische Öffentlichkeit hinters Licht zu führen.

Die gesamte Krise über beharrte Sir Edward Grey hartnäckig darauf, dass der Streit zwischen Österreich und Serbien nicht von Belang für ihn sei.[22] Niemand hinterfragte diese Lüge. Er beschloss, sich und das gesamte *Foreign Office* von den Ereignissen in Wien und Belgrad und den Folgen für Sankt Petersburg zu distanzieren. Im Parlament ging er nicht auf Ereignisse in jenem Teil der Welt ein und übertünchte so die Kriegstreiberei der Geheimen Elite mit geheucheltem Desinteresse, was sämtliche Fragen des Konflikts zwischen Österreich und Serbien anbelangte. Er tauschte sich jeden Tag mit Sir Arthur Nicolson aus und hatte mit Sir Eyre Crowe einen einflussreichen Deutschland-Gegner zur Seite. Grey und Crowe konnten sich durchaus das Wasser reichen, was ihren Widerwillen gegen Deutschland und ihre Nachsichtigkeit gegenüber Russland anbelangte.[23] Greys Aufpasser im Außenministerium ließen die Lehre der Geheimen Elite nie aus den Augen. Die Empire-Loyalisten im *Foreign Office* führten sich auf wie ein Rudel jesuitischer Eiferer, die sich einer antideutschen Inquisition verpflichtet fühlten. Ganz anders dagegen die öffentliche Haltung des Außenministers: wortloses Desinteresse gegenüber Ereignissen, die, so erwartete man im Ministerium, einen Krieg nach sich ziehen würden. Es war eine entwürdigende Täuschung, die da aufgeführt wurde, wusste man im Ministerium doch, dass dieser Konflikt einen großen Krieg auslösen würde. In

Wahrheit war man nicht nur nicht desinteressiert, sondern sehr, sehr tief in die ganze Angelegenheit verwickelt.

Doch Grey gab sich sehr sachlich. Am 25. Juli telegrafierte er Buchanan und akzeptierte, dass mit Russlands Mobilmachung die internationalen Spannungen eine neue Ebene erreicht hätten. Kritik oder Besorgnis legte er nicht an den Tag, sondern gab den »brüskierenden, unvermittelten und herrischen« Forderungen Österreichs die Schuld. In seinen Augen sei es »nahezu unvermeidlich, dass schon sehr bald Österreich und Russland gegeneinander mobilgemacht haben werden«.[24] In einem Brief an den britischen Botschafter in Berlin, Horace Rumbold, wiederholte er diese Einschätzung am selben Tag noch einmal. Schon bald, so schrieb er, würde Europa sich einer Situation gegenübersehen, in der »Österreich und Russland beiderseits mobilgemacht haben«.[25] Grey reagierte auf Russlands Schritt nicht mit Entsetzen, Bestürzung oder mit Protesten, dass doch eine Mobilmachung zum Krieg führe. Warum auch, er wartete schließlich darauf. Und noch mehr: Es gibt vieles, das dafürspricht, dass »Grey Russland zum Mobilmachen ermutigte«.[26]

Unterdessen verkündete in Belgrad die Regierung Pašić am 25. Juli um 15 Uhr, drei Stunden vor Ablauf der von Wien gesetzten Frist, dass man gegen Österreich mobilmache – mit der Gewissheit im Rücken, dass man Russlands militärische Unterstützung genieße. Um 21.30 Uhr am selben Tag antworteten die Österreicher mit einer Teilmobilisierung (von 22 Divisionen) gegen Serbien.[27] Österreich hatte ganz deutlich gemacht, dass im Falle einer Mobilmachung ein Krieg lokal begrenzt sein würde und dass man keinerlei territoriale Ansprüche gegen Serbien erheben werde. Geplant war, Belgrad zu besetzen, bis Serbien allen Forderungen zustimmte.

Österreichs Mobilmachung wurde vorsätzlich als direkte Herausforderung und Bedrohung Russlands dargestellt und als Grund für Russlands Mobilmachung. Eine lachhafte Behauptung. Dass Russland seine Streitkräfte mobilisieren würde, war im Grundsatz vereinbart worden, bevor Poincaré Sankt Petersburg verlassen hatte und noch bevor Österreich Serbien seine Note übergeben hatte. Ein anderes Märchen, das in Umlauf gebracht wurde, besagte, dass Russland als Abschreckung mobilisiert habe. Was für ein Unfug! Es war die erste Kriegshandlung, und alle Beteiligten waren sich dessen bewusst. Es gibt keinerlei Anlass zu glauben, dass die Mobilmachung als abschreckende Maßnahme hätte angesehen werden können. Alle wussten: Wer mobilmachte, hatte den Rubikon überschritten. Ein Zurück gab es nicht mehr.[28]

Maurice Paléologue, der französische Botschafter in Sankt Petersburg, schilderte sehr anschaulich, was sich auf den Straßen der Hauptstadt abspielte:

> *Um sieben Uhr abends [am 25.] ging ich zum Warschauer Bahnhof [in Sankt Petersburg], um mich von Iswolski zu verabschieden, der*

> *auf seinen Posten zurückkehrte. Jede Menge Aktivität am Bahnhof, die Züge waren voll mit Offizieren und Soldaten. Alles deutete auf eine Mobilisierung hin. Rasch tauschten wir unsere Einschätzung der Lage aus und gelangten beide zu derselben Schlussfolgerung: Dieses Mal bedeutet es Krieg.*[29]

Stunde um Stunde rückte Russland heimlich näher an einen Krieg heran.[30] Am 26. Juli segnete der Zar offiziell eine »Teilmobilmachung« gegen Österreich ab. Paléologue sandte ein Telegramm an Poincaré, der sich an Bord der *France* befand. Es endete mit den Worten: »Die russische Meinung macht ganz klar deutlich, dass Russland weder politisch noch moralisch zulassen kann, dass Serbien zermalmt wird.«[31]

Poincarés Besuch war ein Erfolg, sein Auftrag erfüllt. Das Telegramm enthielt die lachhafte Übertreibung, dass Österreich Serbien zermalmen wolle, aber es bestätigte zugleich, dass nichts die Russen daran hindern würde, gegen Österreich in den Krieg zu ziehen. Und das bedeutete natürlich auch Krieg mit Deutschland. Die russischen Gebiete entlang der Grenzen zu Österreich und Deutschland sollten so rasch und so unauffällig wie möglich auf den Krieg vorbereitet werden. Gleichzeitig beteuerte Sasonow gegenüber dem deutschen Botschafter Graf Friedrich von Pourtalès, es seien keinerlei Anweisungen zur Mobilmachung ausgegeben worden.[32]

Es war ein komplexes Paket aus Lügen, Täuschungen und Falschdarstellungen, das sich zusammenfügte zu falschen Rechtfertigungen, vorsätzlichen Manipulationen und der absoluten Entschlossenheit, Krieg gegen Deutschland zu führen.

Zusammenfassung von Kapitel 23: Juli 1914 – die Mobilmachungen beginnen

- Es galt damals als allgemein akzeptierte Tatsache, dass die Generalmobilmachung durch eine Großmacht die erste Kriegshandlung war.
- Die Planungen von Russland und Frankreich sahen vor, Deutschland in einen Zweifrontenkrieg hineinzuziehen, der das Kaiserreich gleichzeitig von Osten und Westen bedrohte.
- Die Pläne der Geheimen Elite näherten sich weiter ihrer Erfüllung: Poincaré und die französische Delegation verständigten sich in Sankt Petersburg grundsätzlich darauf, gemeinsam mobilzumachen. Wiederholt beteuerte Poincaré dem Zaren und Sasonow, dass Frankreich absolut dazu entschlossen sei.
- Damit der Zar oder Sasonow nicht vom Kurs abkommen konnten, hielten sich die Botschafter Frankreichs und Großbritanniens, Paléologue und Buchanan, als Aufpasser ständig in ihrer Nähe auf und bekräftigen wieder und wieder, dass London und Paris an der Seite Sankt Petersburgs stünden. Das russische

Militär bereitete sich unterdessen auf den Krieg vor und war hocherfreut darüber, Frankreich als Verbündeten zu wissen.

- Auch Sir Edward Grey ermutigte zur Mobilisierung, indem er gefasst die »Unvermeidbarkeit der Mobilmachung« akzeptierte. Buchanan drängte Sasonow gleichzeitig dazu, dafür zu sorgen, dass Deutschland nicht vorzeitig Wind von den russischen Vorbereitungen erhielt.
- Buchanan und Grey wussten, dass die britische Öffentlichkeit nicht zum Krieg bereit wäre, wenn Deutschland nicht klar als Aggressor hingestellt werden konnte.
- Serbiens Regierung verkündete am 25. Juli um 15 Uhr die Mobilmachung, Österreich reagierte mit einer Teilmobilisierung am selben Tag um 21.30 Uhr.
- Dass Russland mobilmachen würde, war während Poincarés Aufenthalt in Sankt Petersburg vereinbart worden. Diplomaten registrierten entsprechende Truppenbewegungen. Am 26. Juli genehmigte der Zar eine Teilmobilisierung der russischen Streitkräfte.

24

Juli 1914 – Spiel auf Zeit

VOR DEM KRIEG KONNTE Sir Edward Grey praktisch tun und lassen, was er wollte, sein Ruf wurde nur höchst selten infrage gestellt. Was auch geschah, die Geheime Elite hielt ihre Hand über ihn. Mit absoluter Treue arbeitete der Außenminister an den Zielen des Geheimbundes, und im Gegenzug wurde er von der *Times*, von König George V., dem britischen Establishment und wohlwollenden ausländischen Spitzenpolitikern mit Hochachtung bedacht. Er war unantastbar, das Sinnbild des vernünftigen, gebildeten Engländers mit makellosem Stammbaum und Mitglied in den richtigen Klubs. So tadellos war sein Ansehen, dass er während der Juli-Krise und danach Parlament und Kabinett manipulieren und belügen konnte und man ihm alles kritiklos glaubte. Zur damaligen Zeit hieß es, dass er »sich glänzend hielt in einer großen Krise und alles Menschenmögliche tat, um einen Krieg abzuwenden«.[1] Dem war nicht so – Grey brachte den Krieg überhaupt erst.

Ab dem 25. Juli bestand seine Strategie darin, den Eindruck zu erwecken, dass er nach Lösungen für vertrackte Probleme suchte, dass er plausible Ansätze erarbeitete und dass er vor allem den Deutschen Hoffnung machte, Frieden sei noch möglich. Grey wusste ganz genau, was während Poincarés Besuch in Sankt Petersburg besprochen und verabredet worden war. Das russische Militär hatte mit der Mobilisierung begonnen. Greys Hauptziel bestand nun darin, Deutschlands Abwehrmaßnahmen hinauszuzögern und den Russen auf diese Weise möglichst viel Zeit zu verschaffen. Das gelang ihm, indem er Großbritannien als Vermittler für den Frieden präsentierte. In Sankt Petersburg sorgte Sir George Buchanan dafür, dass Grey stets bestens informiert war. So konnte sich Grey zu Russlands Vorteil als Friedensstifter gebärden. Im Mittelpunkt dieses Täuschungsmanövers stand Großbritanniens Neutralität. Unbedingt müsse Grey öffentlich der französisch-russischen Allianz die Unterstützung aussprechen, forderte Sasonow immer wieder, doch vergeblich.[2] Wiederholt forderten die Deutschen Klarheit über die Absichten des Vereinigten Königreichs, aber Grey blieb bei der offiziellen Linie: Großbritannien war durch keinerlei Verpflichtungen gebunden, sich an einem Krieg zu beteiligen. So oft hatte er diese Lüge erzählt, dass er möglicherweise inzwischen sogar selbst ein wenig daran glaubte.

Während die Russen am Wochenende des 25./26. Juli heimlich zu mobilisieren begannen, traf der deutsche Botschafter Fürst Lichnowsky unangekündigt im britischen Außenministerium ein. Er hatte eine dringende Botschaft von Reichskanzler Bethmann Hollweg zu überbringen. Dieser beschwor Sir Edward Grey, seinen Einfluss in Sankt Petersburg in die Waagschale zu werfen, um den Zaren davon abzubringen, in irgendeiner Form zu mobilisieren. Niemand empfing den Botschafter, deshalb musste Lichnowsky mit seinem Appell bis zum Montag warten.[3] »Niemand zu Hause« – ein uralter Trick und eine simple Täuschung. Das diplomatische Geschäft musste ruhen, und die Russen hatten zwei weitere wertvolle Tage für ihre Mobilisierung gewonnen.

Dass Grey passenderweise nicht anwesend war, brachte Lichnowskys Bemühungen also zunächst ins Stocken, es hinderte jedoch das *Foreign Office* keineswegs daran, diplomatische Schritte einzuleiten, die Russland mehr Zeit für militärische Vorbereitungen verschaffen sollten. Die Briten boten sich als Vermittler an, was Deutschland sofort akzeptierte, Sasonow und Poincaré jedoch ablehnten.[4] Als Nächstes schlug Grey vor, sich mit den Botschaftern von Italien, Deutschland und Frankreich in London zu treffen, um gemeinsam nach einer Lösung für den diplomatischen Konflikt zu suchen.[5] Dieses Angebot geschah in dem Wissen, dass Italien seit Langem beabsichtigte, sich nicht an die Verpflichtungen des Dreibunds zu halten. Auch in Berlin und Wien wusste man, dass Rom ihnen im Kriegsfall wohl nicht zur Seite stehen werde. Die Feindseligkeit Italiens schien nahezu gewiss, so Bethmann Hollweg.[6] So wie die Dinge standen, wäre Deutschland bei der Konferenz isoliert gewesen, das Stimmenverhältnis hätte drei zu eins zugunsten der Russen betragen. Eine weitere Hürde bestand in der Forderung, dass Österreich die serbische Antwort als Grundlage für Verhandlungen akzeptieren sollte.[7] Keinem der anderen Länder wurde irgendeine Bedingung auferlegt, und Russland stand es frei, weiter seine »vorbereitenden Maßnahmen« durchzuführen.[8] In Wahrheit war die Konferenz keineswegs dafür gedacht, eine Lösung zu finden, vielmehr sollte sie vor allem dem gewaltigen russischen Militärapparat Zeit verschaffen, seine Armeen in Richtung deutscher Grenze zu verlegen.

Deutschland brachte einen deutlich vernünftigeren Gegenvorschlag vor: direkte Verhandlungen zwischen Wien und Sankt Petersburg, das sei die beste Chance für eine friedliche Lösung. Grey stimmte dem zu, Sasonow nicht. Er wusste sehr wohl, dass Österreich Serbiens Antwort gerade als inakzeptabel zurückgewiesen hatte, also sagte er, für ihn sei die Antwortnote aus Belgrad zufriedenstellend und die Grundlage zu Gesprächen, für die Russland Österreich »bereitwillig seine Hand reiche«.[9] Noch so einer dieser »Friedensvorschläge«, von denen Grey, Sasonow und Poincaré wussten, dass sie niemals wahr werden würden. Poincaré und Sasonow waren gewarnt worden, dass jegliche Friedensvorschläge Greys nur Täuschung seien, deshalb wussten sie auch, wie sie zu reagieren hatten. Schlug Grey etwas vor und willigte Deutschland ein, würde Poincaré oder Sasonow Nein sagen. Schlug Deutschland etwas vor und begrüßte Grey als »Mann der Mäßigung« den Vorschlag, würde entweder Poincaré oder Sasonow etwas daran auszusetzen haben. Krieg war das Ziel, nicht Frieden.

An jenem Wochenende des 25. und 26. Juli saß, während das britische Kabinett nicht in der Hauptstadt war, Sir Arthur Nicolson im *Foreign Office*, immer einen Finger am Puls der europäischen Krise. In der Nachbarschaft wurde unterdessen eine geheime Entscheidung getroffen, die den Krieg noch näher rücken ließ. Um 16 Uhr am Sonntag wies der Erste Seelord Prinz Ludwig von Battenberg [später Louis Mountbatten] mit Zustimmung Churchills die Flotte an, in Spithead versammelt zu bleiben. Ruhig und ohne großes Getöse wurde die Flotte mobilisiert. Was für ein Zufall: Der Erste Lord der Admiralität und der Außenminister waren beide nicht im Dienst, dennoch wurden zentrale Entscheidungen gefällt, die einen Krieg vorsätzlich wahrscheinlicher erscheinen ließen. Soweit es die Öffentlichkeit betraf, war nichts Ungewöhnliches geschehen. Es war einfach ein weiteres Sommerwochenende.

Churchill und der Erste Seelord hatten ohne die Zustimmung des Kabinetts oder des Königs gehandelt, aber das fiel nicht weiter ins Gewicht, da die gesamte britische Heimatflotte sich »rein zufällig« zur Besichtigung durch den König in Spithead sammelte. Die gesammelte Macht der britischen Marine war praktisch seit dem 15. Juli 1914 mobilisiert worden. Die offizielle Besichtigung erfolgte am 18. Juli, aber die Schiffe waren nicht wieder zurück in den Atlantik, in die Nordsee oder an ihre sonstigen über das Empire verstreuten Standorte verlegt worden. Die Mobilmachung war direkt unter den Augen der Deutschen erfolgt. Was für eine grandiose Täuschung!

Am 26. Juli, dem Sonntag, war Prinz Heinrich von Preußen gerade in Cowes auf der Isle of Wight, als ihm eine Einladung von König George V. zugestellt wurde, der ihn zum Essen nach London einlud. Heinrich war der jüngere Bruder des Kaisers und ein Großadmiral der Reichsflotte. Auch dies war kein zufälliges Treffen, sondern von der Geheimen Elite mit der Absicht ausgeheckt worden, den Kaiser hinters Licht zu führen. Während des privaten Essens versprach der König: »Wir werden versuchen, uns aus dieser Angelegenheit herauszuhalten, und werden neutral bleiben.«[10] Die beruhigende Botschaft ging noch am selben Abend telegrafisch nach Berlin. Wie sein Vater vor ihm spielte auch König George V. brav seine Rolle in den Plänen der Geheimen Elite – Pläne, die die Bande durchtrennten, mit denen Europas Königshäuser untereinander verbunden waren. Der Kaiser und Prinz Heinrich mochten seine Vettern sein, doch König George zögerte nicht, die Täuschung aufrechtzuerhalten. Selbstverständlich maß der Kaiser dem Versprechen viel Gewicht bei. Das war schon etwas anderes als das ewige Salbadern der Politiker – hier handelte es sich um das Ehrenwort eines Königs![11]

Jeder gewonnene Moment war kostbar und wurde von der russischen Heeresleitung bestmöglich genutzt. An jenem Wochenende wurden die Grenzbereiche zu Österreich und Deutschland so rasch wie möglich auf den Krieg vorbereitet. Da der Kriegsminister die Befugnis hatte, Reservisten und Milizen in diesen Bezirken einzuziehen, erfolgte dies ohne explizite Zustimmung des Zaren. Und so begann am 26. Juli Russland ernsthaft mit seiner geheimen Mobilmachung. Am selben Tag beteuerte Sasonow dem deutschen Botschafter Graf Pourtalès, es seien keinerlei Befehle für eine Mobilmachung ergangen. Er sagte es ihm direkt ins Gesicht. Das Ausmaß der Täuschung zeigte sich später, als Deutschland davon überrascht wurde, mit welcher Geschwindigkeit russische Truppen nach Ostpreußen eindrangen.[12]

Frankreich hielt den Druck auf Sankt Petersburg hoch. Wieder und wieder erklärte Ministerpräsident René Viviani, Frankreich sei absolut dazu bereit, alle sich aus dem Bündnis ergebenden Verpflichtungen einzuhalten. Das klang zunächst unschuldig, doch die Botschaft war unmissverständlich: »Im Krieg stehen wir Seite an Seite.« Es musste nicht extra ausgesprochen werden, es war auch so klar. Gleichzeitig wiederholte er die dringende Empfehlung, die schon Buchanan aus London übermittelt hatte: Die Russen mussten so unauffällig wie möglich vorgehen, um zu vermeiden, dass die Deutschen es ihnen gleichtaten. Iswolskis Botschaft war nahezu wortgleich.[13] Auf europäischer Bühne mochten sich diese Männer als Botschafter des Friedens präsentieren, hier waren sie in schamlosem Betrug vereint. Sie waren auf Krieg aus, und auf dem Weg dorthin war ihnen jedes Mittel recht, um sich einen Vorteil gegenüber Deutschland zu verschaffen.

In den nächsten fünf Tagen schwirrten Vorschläge und Gegenvorschläge kreuz und quer durch Europa. Aus London, Berlin, Wien und Sankt Petersburg kamen Anregungen für Vermittlung, für Verhandlungen oder direkte Interventionen. Einige Vorschläge waren ernst gemeint, einige dienten einzig der Täuschung. Grey blieb seiner Linie treu, indem er stets die russische Position unterstützte und nicht ein einziges Mal in irgendeiner Weise versuchte, Sasonow zu hinterfragen oder zu bremsen. Zudem begann das *Foreign Office* zu behaupten, Deutschland sei in seinen Kriegsvorbereitungen viel weiter als Frankreich oder Russland.[14] In den britischen Archiven findet sich keinerlei Beleg für diese Anschuldigung.[15] Im Kaiserreich hielten sich während dieser Wochen Tausende britische Staatsdiener, Geschäftsleute, Bankiers, Händler und Touristen auf, dazu kamen Militär- und Flottenattachés, Konsuln in allen größeren Städten und natürlich die ranghohen Diplomaten in Berlin, aber nicht ein Einziger reichte einen offiziellen Bericht ein, in dem gewarnt wurde, dass Deutschland sich auf einen Krieg einrichtete. Die großen Zeitungen hatten ihre eigenen Korrespondenten in Deutschland. Diese bemerkten ebenfalls nichts Ungewöhnliches. Und nicht nur das – auch keine andere diplomatische Vertretung teilte Greys unbegründete Einschätzung.[16] Die deutschlandfeindliche Clique um Grey, Nicolson und Crowe hatte ein weiteres Märchen in die Welt gesetzt.

Die Haltung der Reichsregierung wurde am Montag, dem 27. Juli, in der *Norddeutschen Allgemeinen Zeitung* veröffentlicht. Dort wurde der Position Österreichs die Unterstützung ausgesprochen und vehement für eine regionale Lösung plädiert. Parallel dazu erhielt das deutsche Außenministerium immer mehr beunruhigende Meldungen darüber, dass nahe der Grenze zu Russland Militäraktivität bemerkt wurde. 28 unterschiedliche Berichte gingen ein und sorgten für Unruhe. Dänemarks Außenminister erklärte sogar mit Nachdruck, dass die Russen in den Militärbezirken entlang der Grenzen zu Österreich und Deutschland mobilmachen würden.[17] Fürst Lichnowsky fragte umgehend bei Grey nach, ob er wisse, was in Russland passierte. Obwohl er natürlich von Buchanan informiert worden war, bestritt Grey rundheraus, dass Russland dabei sei, seine Reservisten einzuberufen.[18]

Als Kaiser Wilhelm II. und seine Berater am Montag aus der Sommerpause zurückkehrten, war die Atmosphäre vergleichsweise entspannt. Generalstabschef Helmuth von Moltke sandte als Vorsichtsmaßnahme Instruktionen an das Auswärtige Amt, die aber nur für den Fall gelten sollten, dass die Friedensverhandlungen scheiterten. Es war der Entwurf für ein Ultimatum, das im Kriegsfall der belgischen Regierung übergeben werden würde. Natürlich musste er sich für alle Fälle wappnen, aber weder General Moltke noch der Kaiser bereiteten sich auf einen Krieg vor.[19] Seiner Frau schrieb der General, es werde wohl zwei Wochen dauern, bevor man Näheres wisse.[20] Derartiger Optimismus war eine komplette Fehleinschätzung, basierte aber auf dem Glauben der deutschen Führung, dass sich ein Krieg noch abwenden lasse.

Für Moltke und den Kaiser bestand das wahrscheinlichste und wünschenswerteste Szenario in einer militärischen Auseinandersetzung, die sich auf Österreich und Serbien begrenzte. In Berlin registrierte man verärgert, dass man von Berchtold nicht umfassend informiert worden war, dass Wien so lange gezögert hatte und erst so spät handelte. Auch die Haltung der italienischen Regierung sorgte für Besorgnis, wenngleich sie nicht unerwartet kam. Ungarns Botschafter in Berlin, Ladislaus von Szögyény-Marich, schrieb, dass Italien »im Fall eines allgemeinen Konflikts seine Pflicht als Verbündeter des Dreibunds nicht erfüllen wird«.[21] Er ging davon aus, dass Italien die österreichischen Forderungen an Serbien als Vorwand nutzen werde, um das Abkommen nicht einhalten zu müssen. Aus Ärger wurde Beunruhigung, als die nächsten vier Telegramme in Berlin eintrafen und von russischen Truppenbewegungen nahe der deutschen Grenze berichteten. Die Russen hatten Kowno (heute das litauische Kaunas) in den Kriegszustand versetzt und die Düna-Mündung vermint.[22]

Am Dienstag, dem 28. Juli, erklärte Österreich Serbien den Krieg, obwohl das österreichische Heer frühestens zwei Wochen später zum Einmarsch in Serbien bereit sein konnte.[23] Schlagartig änderten sich die diplomatischen Möglichkeiten. Kaiser Wilhelm II. wusste, dass Berchtold auf Genugtuung aus war, dennoch stimmte ihn die plötzliche Entwicklung sehr unglücklich. Die serbische Antwort hatte den Kaiser beeindruckt. Er war der Meinung, die wenigen Bedenken, die Serbien zu bestimmten Punkten hatte, könnten am Verhandlungstisch aus der Welt geschafft werden. Gleichzeitig stand ihm deutlich vor Augen, in welchem Dilemma die Donaumonarchie steckte. Seiner Ansicht nach – und Österreichs ebenso – waren die Serbien Orientalen und damit von Natur aus »Lügner, Betrüger und Meister der Ausflüchte«.[24] In den vorangegangenen zwei Jahren hatte Serbiens Aggression Österreich zweimal dazu getrieben, seine Streitkräfte zu mobilisieren. Nun forderte Österreich unumstößliche Garantien, dass Serbien zu seinem Wort stehen und Österreich dafür entschädigt würde, erneut die Truppen einberufen zu haben. Kaiser Wilhelm schlug vor, Österreichs Militär solle einen Teil Serbiens vorübergehend als »Faustpfand« besetzen. Einen ähnlichen Ansatz hatte das Deutsche Reich 1871 erfolgreich in Frankreich gewählt. Österreich solle Belgrad okkupieren, bis Serbien auf die Forderungen einging, mehr nicht, so der Vorschlag. Keine vollständige Invasion, sondern eine eingeschränkte Besatzung, bei der die Ehre aller Beteiligten erhalten bliebe. Der Kaiser ging sogar noch weiter und erklärte sich bereit, unter diesen Umständen als Vermittler für einen Frieden aufzutreten.[25]

Doch die Dinge entwickelten sich zu schnell, als dass Kaiser Wilhelm sie noch hätte kontrollieren können. Sir Arthur Nicolson erhielt ein Telegramm von Buchanan, in dem es hieß, »Russland hat in den südlichen Bezirken mobilgemacht«.[26] Hinter den Kulissen machte sich auch die Geheime Elite für die letzte Anstrengung bereit.

Die finalen Schritte hin zum Krieg ging sie mit Sorgfalt und sehr gründlich an. Lord Nathaniel Rothschild suchte unangekündigt Premierminister Asquith auf und informierte ihn darüber, wie sich sein Kreditinstitut auf die Eventualität eines Krieges eingerichtet habe. Von der Filiale in Paris habe er die Order erhalten, für die französische Regierung große Mengen konsolidierter Staatsanleihen zu verkaufen. Da dies dazu führen würde, dass beträchtliches Kapital von London nach Paris abfließen würde, hatte er die Zustimmung verweigert.[27] Europas Börsen waren extrem nervös, wie Asquith gegenüber Venetia Stanley einräumte und hinzufügte: »Es sieht unheilvoll aus.«[28] Alle Agenten der Geheimen Elite verband dieser größte aller Vorteile – Exklusivwissen. Sie wussten, dass Russlands Mobilmachung zum Krieg führen würde. Weiter wussten sie, dass das Deutsche Reich durch den Schlieffen-Plan früher oder später zu einer defensiven Vergeltungsmaßnahme gezwungen sein würde.[29] Und durch ihre Bankiers wussten sie, dass sich die Kapitalmärkte auf die Auswirkungen eines

Krieges vorbereiteten. Jeder dieser Aspekte deutet an, was die Geheime Elite im Voraus wusste. Sie wusste es, weil sie dafür verantwortlich war.

Am Abend des 28. Juli sandte Bethmann Hollweg ein Telegramm nach Wien. Der Reichskanzler setzte Berchtold unter Druck, sich auf Verhandlungen einzulassen und Großbritannien und Russland unmittelbar davon in Kenntnis zu setzen. Deutschland arbeitete an der Wahrung des Friedens mit, Bethmann Hollweg tat alles in seiner Macht Stehende, um Berchtold zu offenen und freundlichen Gesprächen mit Sankt Petersburg zu bewegen. Den britischen Botschafter informierte er, dass ein Krieg zwischen den Großmächten vermieden werden müsse.[30] Bethmann Hollweg war entschlossen: Österreich solle gründlich darüber nachdenken, wohin der eingeschlagene Weg führe. Doch am nächsten Morgen hatte er noch keine Antwort aus Wien erhalten. Den ganzen Tag über wartete er vergeblich. Das Schweigen war enervierend. Mehr und mehr Berichte über die russische Mobilmachung gingen ein. Moltke konnte berichten, dass auch Frankreich Vorbereitungen für einen Krieg traf: »Es ist augenscheinlich, dass Russland und Frankreich in ihren Maßnahmen Hand in Hand gehen.«[31] In Berlin gab es viel Anlass zur Besorgnis. Die Militärleitung forderte, vorsichtshalber defensive Maßnahmen einzuleiten. Ein aufgebrachter Bethmann Hollweg bombardierte Berchtold an jenem Abend mit drei weiteren Telegrammen und beharrte darauf, dass es eine Grundlage für Verhandlungen gebe.[32] Die unausgesprochene Botschaft: Der Blankoscheck konnte auch zurückgezogen werden.

Der deutsche Botschafter in London telegrafierte am 29. Juli die Einschätzung der Briten nach Berlin, dass ein Weltkrieg unvermeidlich sei, wenn Österreich in der Serbien-Frage nicht einlenke. Lichnowsky bat Sir Edward Grey, alles zu unternehmen, um eine russische Mobilmachung entlang der deutschen Grenze abzuwenden. Die Folgen wären »jenseits der Vorstellungskraft«.[33] Grey versprach, seinen Einfluss geltend zu machen und zu versuchen, Sasonow so besonnen als möglich zu halten.[34] Grey hatte jedoch keineswegs die Absicht, Sasonow zu beruhigen, entsprechend bemühte er sich auch gar nicht zu intervenieren. Stattdessen traf er sich am Abend erneut mit Lichnowsky und sorgte für Verwirrung, für ein Durcheinander aus Bedingungen und Spekulationen, aus Hoffnung und düsteren Prophezeiungen.[35]

Vier Depeschen schrieb Grey am 29. Juli, die später als offizielle Dokumente im englischen Blaubuch veröffentlicht wurden.[36] Als nach dem Krieg begrenzter Zugang zu Landes- und Parlamentsarchiven gewährt wurde, stellte sich heraus, dass diese Telegramme niemals verschickt wurden. Sie waren nur Teil einer Schönfärberei, die es so aussehen lassen sollte, als hätte Großbritannien alles Mögliche unternommen, um den Krieg zu verhindern.

Bethmann Hollweg und der deutsche Kaiser dagegen waren tatsächlich bemüht, die Bremsen zu ziehen und eine weitere Verschärfung der Lage abzuwenden. Vehement sperrte sich der Reichskanzler gegen militärische Maßnahmen, die seinen diplomatischen Bemühungen die Grundlage entziehen würden. Leider kämpfte er auf nahezu verlorenem Posten. In Berlin klammerte man sich an die schwindende Hoffnung, dass Großbritanniens Diplomaten Ehrenmänner seien. Viel Gewicht wurde auch den Beteuerungen von König George V. beigemessen, die er unlängst Prinz Heinrich von Preußen gegeben hatte. Der Prinz war überzeugt, dass der König »in vollem Ernst« gesprochen habe und England zu Beginn des Krieges neutral bleiben würde. Er bezweifelte allerdings, dass dieser Zustand von Dauer sein würde.[37] Bis zur allerletzten Minute bemühte sich das Deutsche Reich um Frieden. Lloyd George schrieb später: »Das Letzte, was der dünkelhafte Kaiser wollte, war ein europäischer Krieg.«[38] Die wackeren Bemühungen von Wilhelm II. und seinem Reichskanzler waren zum Scheitern verdammt, denn die Geheime Elite und ihre Agenten hatten ihren Krieg längst arrangiert.

Mit der endgültigen Entscheidung quälte sich Sasonow sehr. Er kränkelte und litt an Depressionen, Stimmungsschwankungen und Schüben starker Selbstzweifel. Ebendiese Schwächen hatten ihn ursprünglich für die Geheime Elite so interessant gemacht, weil er dadurch als Minister leicht zu steuern war. Doch gleichzeitig musste mit diesem Problem sehr sorgsam umgegangen werden. Buchanan war praktisch ständig an der Seite des Russen, genauso der französische Botschafter Paléologue. Als in Sankt Petersburg bekannt wurde, dass Österreich Serbien den Krieg erklärt hatte, wurde Sasonow von einem gefährlichen Gefühlsgemisch ergriffen – Angst, Argwohn, Druck durch das Militär, Begeisterung, weil der Traum von Konstantinopel näher rückte. Damit Sasonow oder der Zar nicht in letzter Minute kalte Füße bekamen oder der Kaiser seinen Vetter doch noch vom Krieg abbringen konnte, sorgte die Geheime Elite für ständige Betreuung und beständiges Zureden. Verzweifelt schickte der Zar ein sehr offenes Telegramm an Wilhelm, das einen Einblick in seine Gefühlswelt erlaubt:

> *Ich wende mich an Dich um Hilfe … Ich sehe voraus, dass ich sehr bald dem auf mich ausgeübten Druck erliegen und gezwungen sein werde, äußerste Maßnahmen zu ergreifen, die zum Kriege führen werden …*[39]

Ganz offensichtlich kam Nikolaus II. nicht mehr mit dem Druck zurecht, unter den ihn die Kriegstreiber setzten. Ihn belastete die Erkenntnis, dass es nicht die Taten des Kaisers waren, die zum Krieg führen würden, sondern seine eigenen. Sein Telegramm war im Grunde der reinste, von Herzen kommende Aufschrei.

Der Kaiser war keineswegs beeindruckt. Er wertete das Telegramm als Eingeständnis persönlicher Schwäche, aber er musste sich an dem Tag auch damit befassen, dass die Sozialisten auf den Straßen Berlins gegen den Krieg demonstrierten, was er nicht tolerieren konnte. Er verhängte das Kriegsrecht.[40] Es waren in der Tat in vielen europäischen Hauptstädten unruhige und schwierige Tage.

Das Telegramm des Zaren überschnitt sich mit einem, das ihm der Kaiser am 29. Juli um 1.45 Uhr in der Frühe sandte. Darin informierte Wilhelm ihn, dass er sein Bestes tun werde, um Österreich-Ungarn zu einer offenen und zufriedenstellenden Übereinkunft mit Russland zu bewegen. Das Telegramm endete mit den Worten: »Ich hoffe zuversichtlich, dass Du mich in meinen Bemühungen unterstützen wirst, die Schwierigkeiten, die noch entstehen können, zu beseitigen.«[41] Sein Appell war offen und ehrlich gemeint. Deutschland gab sich weiterhin die Zeit, nach einer friedlichen Lösung zu suchen – im Gegensatz zu Russland, das seine Truppen bereits in Marsch gesetzt hatte.

Am Nachmittag des 29. Juli gab Nikolaus II. dem Druck nach und unterzeichnete die Order für die Generalmobilmachung Russlands. Wie sein Telegramm belegt, wusste er durchaus, dass dies Krieg bedeutete.[42] Doch er fühlte sich unwohl mit der Entscheidung. Der Kaiser bat ihn persönlich, seine Meinung zu

Europa 1914. Deutschland und Österreich-Ungarn sind auf sich allein gestellt. Italien schert aus dem Dreibund aus. (Karte mit freundlicher Genehmigung der Arizona Geographic Alliance, School of Geographical Sciences and Urban Planning, Arizona State University; *Karte erstellt von Becky Eden)*

ändern, denn wenn Russland mobilisierte, könne er, Wilhelm, nicht länger als Vermittler für den Frieden eintreten. Nikolaus schwenkte wenige Stunden später tatsächlich wieder um.[43] Um 21.30 Uhr gingen dringende Anweisungen an das Telegrafenamt von Sankt Petersburg heraus, dass die Generalmobilmachung zu stoppen sei. Der russische Generalstab war empört. Was für ein dummer Befehl! Später wurde der Vorwurf laut, die Militärs hätten das Programm trotz des Befehls des Zaren weiterlaufen lassen. Tatsächlich war Russland seit dem 25. Juli dabei zu mobilisieren, und die Generäle hatten nicht die Absicht, den wertvollen Fünf-Tage-Vorsprung wieder einzubüßen.[44]

In Berlin gingen ständig Berichte über russische Truppenbewegungen in Grenznähe ein. Moltke konnte es sich nicht erlauben, eine militärische Reaktion hinauszuzögern. Ihm oblag die Verteidigung des Deutschen Reiches, und es hätte von absoluter Inkompetenz gezeugt, weiter abzuwarten, wie sich die Dinge entwickelten. Von Russlands Beteuerungen, man habe nicht mobilisiert und es seien keine Reserven einberufen worden, ließ der General sich nicht täuschen. Er warnte den Reichskanzler, dass Russland »sich so weit kriegsbereit gemacht hat, dass es, wenn es die Mobilmachung wirklich ausspricht, in wenigen Tagen zum Vormarsch fertig sein kann«.[45] Doch der Kaiser wollte Russland, Frankreich und schon gar nicht Großbritannien einen Vorwand liefern, die Friedensverhandlungen zu blockieren, deshalb überstimmte er Moltke.

In London kamen am Abend des 29. Juli die politischen Akteure der Geheimen Elite – Grey, Asquith, Haldane und Churchill – privat zusammen. Sie wollten über den »bevorstehenden Krieg« sprechen, wie Asquith es formulierte.[46] Abgesehen von Lloyd George waren hier die einzigen ranghohen britischen Politiker versammelt, die wussten, was kommen sollte. Ober- und Unterhaus hatten keine Ahnung davon, dass das Land bald in den Krieg ziehen würde. Maurice Hankey, der für die Geheime Elite so wichtige Sekretär des *Committee of Imperial Defence*, riet den Versammelten, erhöhte Alarmbereitschaft anzuordnen. Hankey war unverzichtbar und an sämtlichen wesentlichen Entscheidungen beteiligt. Er führte die Protokolle, organisierte die Anweisungen. Er fungierte als Bindeglied zwischen Kabinett und Staatsdienst.

Nach dem Treffen begab sich Churchill direkt zur Admiralität und befahl, die Flotte unverzüglich nach Scapa Flow auf den Orkney-Inseln zu verlegen und Gefechtsstationen zu beziehen. Die Mobilisierung der Heimatflotte mag direkt vor den Augen der Welt geschehen sein, aber die Straße von Dover passierten die Schiffe unter absoluter Geheimhaltung. Mitten in der Nacht und mit gelöschten Lichtern schlich sich die *Navy* davon, nachdem sie sich gerade einmal zehn Tage zuvor dem König mit fliegenden Fahnen in einer Linie präsentiert hatte, die sich über mehr als 60 Kilometer erstreckte.[47]

Während der Kaiser am 29. Juli noch eifrig daran arbeitete, den Frieden zu wahren, waren die Flotten und Heere seiner Gegner bereits emsig dabei, sich auf den Krieg vorzubereiten.[48] Reichskanzler Bethmann Hollweg erkannte, dass sich zusehends ein »Ring aus Stahl« um das Deutsche Reich legte. Seine letzte Hoffnung setzte er auf die Aussage der britischen Regierung, man habe nichts anderes im Sinn, als die Freundschaft mit Deutschland zu hegen und zu pflegen. Woher sollte der Reichskanzler auch wissen, dass er einer Täuschung von Sir Edward Grey erlegen war? Bethmann Hollweg gingen die Alternativen aus, er musste Großbritanniens Freundschaftsbekundungen auf die Probe stellen. Mit Edward Goschen, dem britischen Botschafter in Berlin, besprach er die heikle Lage in Europa und nannte ihm einige Zusagen, auf die sich Deutschland im Gegenzug für Großbritanniens Neutralität verpflichten würde. Der Kanzler war offen und aufrichtig – Eigenschaften, die den machiavellistischen Instinkten im *Foreign Office* völlig zuwiderliefen. Und in seiner Offenheit unterlief Bethmann Hollweg ein schwerer Fehler, als er sagte: »Solange Belgien sich nicht gegen Deutschland stellt, wird Belgiens Integrität nach dem Krieg respektiert werden.«[49] Das war der Augenblick, auf den die Geheime Elite gewartet hatte. Goschen gab Deutschlands Vorschläge unverzüglich per Telegramm an das *Foreign Office* durch.

Sir Eyre Crowe reagierte gekünstelt beleidigt, als das Telegramm eintraf. Es seien »erstaunliche Vorschläge«, die Bethmann Hollweg sehr schlecht dastehen ließen, lautete seine erste Einschätzung. Doch noch wichtiger war, dass er die Worte des Kanzlers so auslegte, dass »Deutschland praktisch seine Absicht zugibt, Belgiens Neutralität zu verletzen«.[50] Seine Ausdrucksweise wurde von Grey nachgeäfft, der unverzüglich zu Asquith eilte, um zu melden, dass das Deutsche Reich einen »abscheulichen« Handel vorgeschlagen habe: Belgiens Sicherheit gegen Großbritanniens Neutralität. In seinen Erinnerungen schreibt Grey, welch »Verzweiflung« ihn ergriff, als er Bethmann Hollwegs »schändlichen Vorschlag« las.[51] Verzweiflung? Er dürfte nichts dergleichen verspürt haben. Belgien war stets der Schlüssel gewesen. Es war nur eine Frage der Zeit gewesen, bevor das Thema Belgien auf den Tisch kam. Bemerkenswert auch, mit welchem Vokabular man gleich zur Hand war, um Bethmann Hollwegs ernst und aufrichtig gemeinten Vorschlag zur Neutralität zu verurteilen. Als Grey am nächsten Tag im Unterhaus sprach, erwähnte er mit keinem Wort die Vorschläge, die er und seine Berater bereits aus Berlin vorliegen und negativ beschieden hatten.[52] Der *Tory*-Vorsitzende Andrew Bonar Law fragte, ob der Außenminister den Abgeordneten Auskünfte über die heiklen Ereignisse in Europa geben könne. Greys Antwort: »Ich kann nur sehr wenig sagen.« Das deutsche Angebot hätte er auf keinen Fall veröffentlichen können, denn die Mehrheit im Kabinett und im Unterhaus hätte sofort dafür gestimmt, neutral zu bleiben und Großbritannien aus dem Krieg herauszuhalten. Wenn Russland wegen des Mörderstaats Serbien unbedingt einen europäischen Krieg anzetteln wollte und Frankreich blindlings hinterherlief, dann war das deren Privatvergnügen. Das war die vorherrschende Meinung im Parlament. Grey schloss mit den Worten: »Wir arbeiten weiter daran, den Frieden in Europa zu erhalten.« Ein hübsches Zitat für die Presse, und Bonar Law stellte auch keine Anschlussfrage.[53] Keiner von beiden hatte Interesse an einer Diskussion über die britische Neutralität.

Bonar Law wusste deutlich mehr, als er öffentlich zu erkennen gab. Die Geheime Elite verfügte auch unter den Konservativen über einflussreiche Mitglieder. Vor allem Balfour spielte eine zentrale Rolle als Schnittstelle zwischen den Parteiführern. Beide Seiten trauten ihm, darüber hinaus zählte er zum innersten Kreis der Geheimen Elite. Am 30. Juli traf sich Asquith in Kensington in der Villa Bonar Laws mit Sir Edward Carson, dem Vorsitzenden der Unionisten-Partei. Offiziell ging es bei dem Geheimtreffen um das Thema Irland, aber tatsächlich wurden im Vorgriff auf den Krieg die Planungen abgestimmt. Der Premierminister sprach über die jüngsten Erkenntnisse aus Berlin. Diese zeigten, dass das Kaiserreich darauf baute, dass die Irland-Krise die britische Außenpolitik beeinflussen werde. Die Anwesenden erhielten Einblick in Dokumente des belgischen Botschafters, der gemeldet hatte: »Großbritannien war gelähmt von internem Dissens und den Streitigkeiten um Irland.«[54] Das wichtigste Dokument war das Telegramm vom Reichskanzler, das als Versuch hingestellt wurde, sich die britische Neutralität zu erkaufen.[55] Für Asquith lagen die Dinge klar: Deutschland rechnete damit, dass Großbritannien im kommenden Krieg neutral bleiben würde, weil der mögliche Bürgerkrieg in Irland das Land lähmte.

Asquith teilte diese Geheimnisse mit seiner Geliebten und den Anführern der Opposition,[56] aber nicht mit den Männern, die darüber hätten Bescheid wissen müssen – dem Kabinett. Der Außenminister für Irland tappte im Dunkeln. Aus Gründen, auf die wir noch eingehen werden, erhielten die irischen Vertreter eine Sonderbehandlung und wurden exklusiv darüber informiert, dass ein Krieg kurz bevorstand. Hinter dem Rücken zahlreicher Regierungsanhänger und weiter Teile des Kabinetts wurde eine Clique von Männern der Geheimen Elite vorab informiert. Die Lage in Irland schien außer Kontrolle zu geraten, was nicht zugelassen werden durfte, daher würde man rechtzeitig für Abhilfe sorgen. Die Geheime Elite hatte vertrauenswürdige Männer an Ort und Stelle und konnte nun den Countdown für die Ereignisse einleiten, die das britische Volk in den von langer Hand geplanten Krieg stoßen würden. Bis es so weit war, diente Ulster als beeindruckende Nebelwand, hinter der sich mehr als 100 000 Iren direkt vor den Augen des Kaisers in Frontkämpfer verwandeln sollten.

Ende Juli war Reichskanzler Bethmann Hollweg der einzig verbliebene europäische Spitzenpolitiker, der daran arbeitete, den Krieg zu verhindern und eine machbare Lösung zu suchen. Noch am Morgen des 30. Juli sandten er und der Kaiser Telegramme nach Wien und baten darum, dass man auf Vermittlungsangebote eingehe. Berchtold ignorierte die Ratschläge. Ein sehr wütender Bethmann Hollweg schickte ein weiteres dringliches Telegramm, in dem er betonte, dass Österreichs Unnachgiebigkeit das Deutsche Reich in eine »ganz unhaltbare Situation« bringe. Österreich solle auf die Interventionsbemühungen eingehen! Bethmann Hollweg wiederholte, dass Österreich durchaus das Recht auf Wiedergutmachung habe, doch er wolle sich nicht dadurch in einen Krieg hineinziehen lassen, dass Österreich-Ungarn seinen Ratschlag missachte.[57]

Es war buchstäblich ein Befehl. »Schluss jetzt!« Berchtold wurden Verhandlungen »dringend empfohlen«.[58] Er musste einlenken, ansonsten würde der sogenannte Blankoscheck platzen. Berchtold wurde nun endlich bewusst, dass seine Vergeltungspläne innerhalb der von Berlin abgesteckten Grenzen überarbeitet werden mussten. Er war über das Ziel hinausgeschossen.

Endlich war Berchtold verhandlungsbereit. Bethmann Hollweg klammerte sich an den letzten Funken Hoffnung, dass doch noch nicht alles verloren war. Österreich sicherte zu, weder serbisches Gebiet zu besetzen noch Serbiens Souveränität zu verletzen. Kaiser Wilhelm II. versprach dem Zaren, er werde Österreich dazu bringen, seine Militäraktivitäten einzustellen und sich mit der vorübergehenden Besetzung Belgrads zu begnügen.[59] Da das österreichische Heer noch zwei Wochen benötigen würde, bevor überhaupt an eine Besetzung Belgrads zu denken war, blieb ausreichend Zeit für Verhandlungen. Wenn die Donaumonarchie dem »Halt in Belgrad« zustimmte, wenn Großbritanniens Freundschaftsbekundungen ernst gemeint waren, wenn Grey auf Sasonow einwirkte, die Mobilmachung zu stoppen – dann war Frieden weiterhin möglich. Wenn der Kaiser dem Zaren einen weiteren, von Herzen kommenden Appell schickte, würde dieser doch gewiss auf seinen Vetter hören, oder? Arme, blinde, glücklose Männer! Sie waren getäuscht worden, sie alle. Grey hatte nicht die geringste Intention, Sasonow zurückzupfeifen, auf deutsche Vorschläge einzugehen oder den Krieg auf irgendeine andere Weise zu verhindern. Diese Absicht hatte er nie gehabt.

Am 30. Juli sandte der Kaiser um 15.30 Uhr verzweifelt ein Telegramm an Zar Nikolaus, in dem er die Verantwortung für den Krieg ganz klar seinem Vetter anlastete:

> *Graf Pourtalès war angewiesen, Deine Regierung auf die Gefahr und die ernsten Folgen einer Mobilmachung aufmerksam zu machen. […] Wenn, wie es jetzt nach Deiner und Deiner Regierung Mitteilung der Fall ist, Russland gegen Österreich mobilmacht, so wird meine Vermittlerrolle […] gefährdet […]. Das ganze Gewicht der Entscheidung ruht jetzt ausschließlich auf Deinen Schultern, sie haben die Verantwortung für Krieg oder Frieden zu tragen.*[60]

Der Appell von Kaiser Wilhelm II. fand Anklang beim Zaren. In den frühen Morgenstunden, frei vom Einfluss der Kriegstreiber, fällte Nikolaus eine kühne

Entscheidung: Der Wahnsinn musste aufhören! Er telegrafierte dem Kaiser um 1.20 Uhr, dass er seinen persönlichen Emissär General Elias Tatischtschew mit Instruktionen für Friedensverhandlungen entsenden werde. Tatischtschew war Flügeladjutant des Zaren am Kaiserhof und stand außerhalb der Kontrolle oder des Einflusses von Politikern und Militärs. Die Botschaft des Zaren klang sehr vielversprechend, aber Tatischtschew gelangte nie nach Berlin.[61] Ohne das Wissen des Zaren ließ Sasonow Tatischtschew noch in derselben Nacht verhaften und einsperren, just in dem Moment, als der Gesandte des Zaren sich anschickte, sein Abteil im Zug von Sankt Petersburg nach Berlin zu besteigen.[62] Es war ein Akt des Hochverrats. Heimlich widersetzte sich Sasonow der ausdrücklichen Anweisung des Zaren und torpedierte die diplomatischen Bemühungen der beiden Staatsoberhäupter. Indem Sasonow Tatischtschew aus dem Zug holen ließ, nahm er einen Störfaktor aus dem Spiel, der womöglich den Krieg verhindert hätte. Es war eine hochriskante Strategie in einem hochriskanten Spiel.

Angetrieben von ranghohen Vertretern des russischen Militärs in Sankt Petersburg, flehte Sasonow den Zaren an, die Plädoyers aus Berlin zu ignorieren. Die Telegramme von Kaiser Wilhelm hatten den Zaren offensichtlich beeinflusst, aber Sasonow tat das ab: Es sei nur Täuschung, die Deutschen würden lügen und auf Zeit spielen, um das russisch-französische Bündnis zu sprengen und Russland anfällig für einen verheerenden Angriff zu machen. Unter dem anhaltenden Druck gab Zar Nikolaus nach und befahl am Nachmittag des 30. Juli erneut die Generalmobilmachung. Dieses Mal würde nichts sie stoppen dürfen.[63]

Sasonow wies General Januschkewitsch an, den Befehl auszugeben, »sein Telefon zu zerschlagen« und für den Rest des Tages abzutauchen, damit er nur schwer zu finden sei, falls der Zar erneut Gewissensbisse bekommen sollte.[64] Eine Verschwörung in der Verschwörung. Sasonow und das Militär segneten jede Handlung ab, die ergriffen werden konnte, um die Mobilisierung voranzutreiben und die Friedensgespräche zu torpedieren. Eine neue Ära in der Weltgeschichte war beschlossen worden. Wie Dobrowolski sagte: Der Krieg war »unumkehrbar begonnen« worden – vorsätzlich und mutwillig begonnen von Sasonow, Poincaré und Grey, auf Geheiß der Geheimen Elite in London.[65]

Das Deutsche Reich hatte nicht als erste Nation mobilisiert, und als am Freitag, dem 31. Juli, die Nachricht aus Russland eintraf, wurde auch nicht überstürzt die Mobilmachung verkündet. Bethmann Hollweg hatte verzweifelt versucht, eine Bestätigung aus Wien zu erhalten, dass Österreich auf ihn gehört hatte und den »Halt in Belgrad« befehlen würde und dass der Kaiser noch Gelegenheit hatte, den unnötigen Krieg zu stoppen. Doch die Zeit für Diplomatie war vorüber. Moltke war selbstverständlich besorgt. Zurückhaltung spielte nur den Feinden Deutschlands in die Karten, und diese Feinde lauerten sowohl im Osten als auch im Westen. Es war zu spät, einen Krieg abzuwenden: Russland verkündete die Mobilmachung offiziell und versperrte dem Frieden damit sämtliche Türen.

Der Zar hatte seinen Befehl ausgegeben, während der Kaiser Österreich-Ungarn unter Druck setzte, sich auf Verhandlungen einzulassen, und die Briten insgeheim ihre eigenen Vorbereitungen trafen.[66] Die Flotte machte sich kampfbereit, und am 31. Juli wurde gemeldet:

> *Tausende Füße setzten sich in Richtung Kanal in Marsch, Regiment um Regiment in voller Ausrüstung wand sich durch die Londoner Straßen. In Whitehall teilte sich die Menschenmenge, um ein Regiment hindurchmarschieren zu lassen. Die Soldaten marschierten am Kriegsministerium und der Admiralität vorbei, aber niemand kannte ihr endgültiges Ziel.*[67]

So war also die Flotte mobilisiert und die Armee dabei, Truppen mobilzumachen, noch bevor das Parlament oder das Kabinett überhaupt Gelegenheit gehabt hatten, die Möglichkeit zu debattieren, dass Großbritannien in den Krieg ziehen könnte.

Das Timing war perfekt durchorganisiert. Österreich hatte gerade dem anhaltenden Druck der Deutschen nachgegeben, erfolgreiche Gespräche rückten in greifbare Nähe. Doch nur wenige Stunden später warf Russland mit der offiziellen Generalmobilmachung die Tür vorsätzlich, fest und endgültig zu. Wilhelm II. sandte dem Zaren am 31. Juli ein weiteres Telegramm. Der Kaiser war verletzt und desillusioniert. Seine Freundschaft und seine familiären Bande galten nichts. Während er auf Geheiß des Zaren versucht hatte, einen Frieden zu vermitteln, hatten die Russen ihn hinters Licht geführt und mobilisiert. Aber nun war der Groschen gefallen: Hinterlistige Männer hatten seine guten Intentionen meisterhaft missbraucht. Wilhelm schrieb, er habe »zuverlässige Nachricht über ernstliche Kriegsvorbereitungen an meiner Ostgrenze« erhalten.[68] Man hatte ihn vorsätzlich in die Irre geführt, und er wusste, dass er nun vor allem seinem Volk gegenüber in der Verantwortung stand. Dennoch versuchte der Kaiser erneut, den Zaren davon zu überzeugen, dass sich die Katastrophe noch abwenden ließe. Er warnte seinen Vetter:

> *Die Verantwortung für das Unheil, das jetzt die ganze zivilisierte Welt bedroht, wird nicht auf mich fallen. In diesem Augenblick steht es noch in Deiner Macht, es abzuwenden. Niemand bedroht die Ehre oder Macht Russlands, das wohl in der Lage ist, das Ergebnis meiner Vermittlung abzuwarten.*[69]

Jedes Wort davon stimmte. Russland wurde nicht bedroht, Nikolaus hätte durchaus abwarten können, ob Serbien und Österreich ihre Probleme noch hätten beilegen können.

Gleichzeitig unternahm Kaiser Wilhelm – also jener Mann, dem noch immer vorgeworfen wird, den verheerenden Krieg begonnen zu haben – alles Mögliche, um einen Krieg zu verhindern. Wie hat er auf die Nachricht reagiert, dass ein Krieg nicht mehr abzuwenden sei? War er begeistert, erfüllt von grenzenloser Freude? Nein. War dies der Augenblick, den er herbeigesehnt hatte? Nein. Wilhelms Gefühle treten sehr deutlich in einer Notiz zu Tage, die er an diesem Tag verfasste:

> *Das lässt jetzt für mich keinen Zweifel mehr zu: England, Russland und Frankreich haben sich verabredet, … den österreichisch-serbischen Konflikt als Vorwand nehmend, gegen uns den Vernichtungskrieg zu führen. […] Dabei wird uns die Dummheit und Ungeschicklichkeit unseres Verbündeten zum Fallstrick gemacht. […] Das Netz ist uns plötzlich über den Kopf zugezogen, und hohnlächelnd hat England den glänzendsten Erfolg seiner beharrlich durchgeführten puren antideutschen Weltpolitik, gegen die wir uns machtlos erwiesen haben. […] Aus dem Dilemma der Bundestreue gegen den ehrwürdigen, alten Kaiser wird uns die Situation geschaffen, die England den erwünschten Vorwand gibt, uns zu vernichten mit dem heuchlerischen Schein des Rechtes …*[70]

Und auch hier hatte er in allem recht. Die Strategie der Geheimen Elite hätte er kaum besser zusammenfassen können. Wie ein Tier, das verwundet in der Falle gefangen saß, bemerkte er zu spät, in was er hineingeraten war. Gegen Mittag des 31. Juli, reiste der Kaiser für eine abschließende Besprechung mit Bethmann Hollweg und Moltke nach Berlin. Um 13 Uhr verkündete er die »drohende Kriegsgefahr« – keine Mobilmachung, sondern eine förmliche Ankündigung, dass innerhalb von 48 Stunden eine Mobilmachung folgen werde.[71] Es sollte also Krieg geben. Deutschlands militärische Leitung musste schnell reagieren. Die Mobilmachung beruhte auf der Strategie, dass Deutschland bei einer Bedrohung von zwei Seiten zunächst gegen Frankreich vorgehen und sich dann mit Russland befassen würde.

Zusammenfassung von Kapitel 24: Juli 1914 – Spiel auf Zeit

- Ab dem 25. Juli richteten sich sämtliche diplomatischen Bemühungen von Sir Edward Grey darauf, Russland zusätzliche Zeit für seine geheime Mobilmachung zu verschaffen. Jeder Vorschlag, den er in den nächsten fünf Tagen machte, zielte einzig darauf ab.

- Grey missbrauchte seine Freundschaft mit Lichnowsky dafür, um anzudeuten, dass sich Großbritannien höchstwahrscheinlich nicht an einem »ruinösen« Krieg beteiligen werde.
- Die Agenten der Geheimen Elite bemühten sich nach Leibeskräften, alles ganz normal wirken zu lassen und gleichzeitig die Vorbereitungen für den Krieg auf Hochtouren voranzutreiben.
- König George V. spielte eine zentrale Rolle dabei, den Kaiser und dessen Bruder bezüglich der britischen Neutralität hinters Licht zu führen.
- Das *Foreign Office* streute die Lüge, dass Deutschland heimlich mobilmache und besser auf den Krieg eingestellt sei als Russland und Frankreich.
- Mehrere der Telegramme, die Sir Edward Grey vorgeblich an seine diplomatischen Kontakte verschickt hatte, sind in Wahrheit nie abgesandt worden. Dies war lediglich ein weiteres Teilchen in der großen Täuschung, die es so aussehen lassen sollte, als tue er alles dafür, den Frieden zu wahren.
- Deutschland ging von britischer Neutralität aus und blieb deswegen trotz der Beweise für russische Truppenbewegungen an der deutschen Grenze weiterhin optimistisch, dass ein Krieg zwischen Österreich und Serbien regional begrenzt bleiben würde.
- Bethmann Hollweg und der Kaiser ärgerten sich über Berchtold und die Österreicher, die einfach nicht auf das Drängen Berlins eingingen und nicht mit Russland verhandeln wollten.
- Als Reaktion auf die Plädoyers des Kaisers schwankte der Zar sehr stark, was die Generalmobilmachung anging. Sasonow und das Militär überzeugten ihn letztlich jedoch, dass eine Verzögerung nicht infrage käme.
- Während Bethmann Hollweg in Deutschland noch verzweifelt nach Wegen suchte, den Frieden zu wahren, und während Berchtold sich endlich willens zeigte, einen Schritt vom Abgrund zurückzutreten, fiel die Tür zum Frieden endgültig zu. Am 30. Juli verkündete Russland die Generalmobilmachung.

25

Irland – der Plan B

ALS RUSSLAND IN DER LETZTEN Juli-Woche seine Truppen entlang der deutschen Grenze mobilisierte, wurde der Krieg zur Gewissheit. Die Geheime Elite wusste seit mindestens zehn Jahren: Wenn das Deutsche Reich auf Russlands Mobilmachung reagierte, würde es kaum eine andere Wahl haben, als gleichzeitig durch Belgien auf Frankreich vorzustoßen. Dieser Bruch der belgischen »Neutralität« würde, so die Einschätzung der Geheimen Elite, als Kriegsgrund ausreichen. Aber was, wenn das Parlament deutlich dagegen stimmen würde, zum Schutz Belgiens in den Krieg zu ziehen? Oder wenn Deutschland seine Armeen überraschenderweise weiter südlich durch Elsass und Lothringen direkt auf französisches Gebiet führte? Die Geheime Elite hielt noch einen Trumpf in der Hinterhand, einen Plan B. So wie immer.

Es mag erstaunlich klingen, aber dieser Trumpf war ein Bürgerkrieg in Irland. Beweise dafür wird man in den Geschichtsbüchern nicht finden, dort ist nichts darüber verzeichnet. Aber sehen Sie sich die außergewöhnlichen Beweise an, die wir auf den folgenden Seiten präsentieren, und bilden Sie sich Ihr eigenes Urteil. Wir werden aufzeigen, wie die Geheime Elite vorsätzlich Streit zwischen dem vor allem von englandtreuen Protestanten bewohnten Norden und dem größtenteils katholischen und nach Selbstverwaltung strebenden Süden schürte und wie ihre Agenten beide Lager mit Waffen versorgten, die aus Deutschland stammten. Sollte also Deutschland nicht Belgiens Souveränität verletzen oder dies aus irgendeinem anderen Grund nicht für einen Krieg ausreichen, so wäre sofort ein Bürgerkrieg in Irland angefacht worden. Die kriegslüsterne Presse hätte dies unverzüglich mit reißerischen, in dicken Lettern gedruckten Schlagzeilen Deutschland in die Schuhe geschoben. Dem Kaiser hätte man vorgeworfen, er habe beide Seiten der Bürgerkriegsparteien aufgerüstet, um Großbritannien durch innere Konflikte zu lähmen. Das hätte gewiss zu Protestzügen auf den Straßen geführt, und die Öffentlichkeit hätte gefordert, gemeinsam mit Franzosen und Russen gegen die teuflischen »Hunnen« vorzugehen.

Ein ähnlicher Plan war im Vorfeld des Burenkriegs erwogen worden. Philip Lyttelton Gell war ein Freund Milners vom *Balliol College* und Mitglied im inneren Kreis der Geheimen Elite.[1] Milner hatte ihn ins Direktorium der *British South Africa Company* geholt. Im Juli 1899 schrieb ihm Gell, dass unbedingt mehr dafür getan werden müsse, einen Krieg anzufachen. Die britische Öffentlichkeit sei die »nicht instruierte Masse der schwächlichen Meinung«, so Gell, und weiter: »Es muss noch mehr geschehen, bevor die Regierung vorsichtig die Initiative beim Blutvergießen übernehmen kann. [...] ein frischer Mord würde die Menschen aufrütteln. [...] Besonders gefallen würde es den Menschen, wenn der Mord wirklich brutal wäre.«[2] Er sprach zwar über den Transvaal 1899, aber die Äußerungen galten genauso für Sarajevo 1914.

Noch interessanter war jedoch ein Alternativszenario, auf das sich Gell direkt bezog: die Einfuhr von Waffen und Munition nach Südafrika. Gells Theorie: Wenn die britische Öffentlichkeit merkte, dass die Buren ihre Waffen aus Deutschland bezogen hatten, um damit Briten anzugreifen, würde der Kriegsgrund »populär und offensichtlich« sein.[3] Und Krüger hatte genau das getan: Nach dem Jameson Raid kauften die Buren bei Krupp in Essen 37 000 Mauser-Handfeuerwaffen.[4] Es war dieselbe Vorgehensweise: Sowohl 1899 als auch 1914 drehte sich der Plan B der Geheimen Elite um Waffen und Munition aus Deutschland und darum, die öffentliche Meinung auf diesem Weg in Richtung Krieg zu steuern.

Es herrschte nie die Absicht, tatsächlich einen Bürgerkrieg in Irland herbeizuführen, aber es musste alles sehr real wirken. Die Geheime Elite verfügte über ausreichend Macht, die Dinge so weit voranzutreiben, wie sie es für notwendig erachtete. Churchill räumte später ein: »Deutschlands Agenten meldeten und Deutschlands Politiker glaubten, dass England gespalten und gelähmt sei und in einen Bürgerkrieg abdrifte.«[5] Die sorgfältig organisierte »Krise« in Irland brachte noch einen Zusatznutzen mit sich: Ehemalige Armeeoffiziere nahmen sich die *Ulster Volunteer Force* (UVF) vor, eine große paramilitärische Organisation im Norden. Über Monate hinweg ließen die Offiziere die Kämpfer marschieren, ausbilden und an Waffen üben. Als der Krieg ausbrach, meldeten sich nicht wenige der Männer bei der 36., der »Ulster«-Division. Noch wichtiger war jedoch, dass die öffentliche Aufmerksamkeit auf Irland gerichtet blieb. Die Geheime Elite hatte sich eine sehr nützliche Nebelwand geschaffen, hinter der sie den Krieg auf dem Kontinent vorbereiten konnte. Als das 5. Bataillon zum Appell antrat, gingen die Soldaten davon aus, dass man sie nach Irland verlegen würde. Umso größer die Enttäuschung, als sich herausstellte, dass sie die Firth-of-Tay-Brücke zwischen Edinburgh und Dundee vor imaginären Invasoren schützen sollten. »Als wir letzte Nacht unsere Befehle bekamen, dachten wir, man würde uns nach Ulster verlegen ... das wäre wenigstens aufregend geworden.«[6] Es lag noch jede Menge Aufregung vor der Einheit, aber nicht in Dundee oder Belfast. Historiker und Kommentatoren sprechen im Zusammenhang mit dem Ersten Weltkrieg immer wieder fälschlicherweise davon, dass er im Juli

1914 unabwendbar geworden war, doch zum damaligen Zeitpunkt schien den Briten nur ein Konflikt unvermeidlich, nämlich Krieg in Irland.

An den jahrhundertealten religiösen Feindseligkeiten in Irland trug die Geheime Elite keine Schuld, aber sie schlug nach Leibeskräften Kapital daraus. Die Religion spaltete Irland: im industrialisierten Norden die aufstrebenden Protestanten, im Süden die ländlich geprägte katholische Mehrheit. Das katholische Lager wollte mehr Selbstverwaltung für Irland, auf der anderen Seite standen dem Empire treu ergebene Protestanten, die sich in allererster Linie als Briten sahen und als nichts anderes.

Auslöser für die Krise von 1914 war zunächst der Entwurf für ein Home-Rule-Gesetz, das Irland mehr Selbstverwaltung beschert hätte. Zwei frühere Entwürfe waren gescheitert: 1886 kam im Unterhaus keine Mehrheit zusammen, der zweite fiel 1893 im Oberhaus durch. Doch die Wahlen von 1910 hatten die Zusammensetzung in Ober- und Unterhaus drastisch verändert. Die großen Parteien waren nun gleich stark, und die Liberalen konnten nur mithilfe der irischen Abgeordneten regieren. Als Gegenleistung für deren Mitarbeit wurde ein neues Home-Rule-Gesetz eingebracht, im Zuge dessen Dublin ein eigenes Parlament bekommen sollte. In Fragen der Finanz-, Steuer-, Verteidigungs- und Außenpolitik würde allerdings Westminster weiterhin das alleinige Sagen haben. In Ulster befürchteten nun viele, dass die Protestanten in einem katholischen Irland nur noch eine Nebenrolle spielen könnten.[7]

Hätten ihre Pläne anders ausgesehen, hätte die Geheime Elite problemlos die Regierung Asquith stürzen und durch eine andere ersetzen lassen können, aber die Idee, eine große Koalition aus Liberalen und *Tories* zu bilden, wurde ad acta gelegt. So kam es, dass sich die Hinterbänkler der jeweiligen Parteien in dem Glauben, sie wären ein wichtiger Bestandteil des demokratischen Prozesses, gegenseitig beharkten und ausbuhten,[8] während die Parteibosse hinter den Kulissen ein sehr herzliches Verhältnis zueinander pflegten, sich gegenseitig auf dem Laufenden hielten und sicherstellten, dass man die Lage in Irland unter Kontrolle hatte.[9] Der Geheimen Elite war es egal, welches ihrer Teams die Regierung stellte, solange nur der Kriegskurs beibehalten wurde. Und genau dafür sorgte das liberale Team um Asquith, Grey, Churchill und Lloyd George, indem es mit aller Kraft für das Home-Rule-Gesetz eintrat. Auf beiden Seiten fachte die Geheime Elite die Angst an, die Anspannung, den Hass und den religiösen Fanatismus. Churchill und Lloyd George brachten die Menschen in Ulster vorsätzlich gegen sich auf, während sich Andrew Bonar Law und seine Männer dem Norden gegenüber loyal gaben. Ein sehr sorgfältig inszeniertes Täuschungsmanöver.

Für die Aufgabe, den protestantischen Norden aufzustacheln, wählte die Geheime Elite Edward Carson aus, einen Anwalt aus Dublin und Abgeordneten der Unionisten,[10] der für das Erbe der Protestanten eintrat, für ihren echten und tief verwurzelten Glauben. Carson rief zum Kampf gegen die Selbstverwaltung auf. Carson, ein Mann ohne jegliche Führungserfahrung, war ein Produkt der Geheimen Elite. Seine politische Karriere verdankte er Arthur Balfour, einem Mitglied des inneren Kreises der Geheimen Elite. Als Minister für Irland hatte Balfour ihn zum Generalstaatsanwalt für Irland berufen, ihm einen sicheren Sitz im Parlament verschafft und ihn dann 1903, als Balfour Premier wurde, zum stellvertretenden Generalstaatsanwalt für England und Wales ernannt. Stolz erzählte Balfour herum, dass er derjenige sei, der Carson zu dem gemacht habe, was er sei.[11]

Carsons Nummer zwei in Ulster war James Craig, ein millionenschwerer Whiskybrenner aus Belfast, der in Südafrika als Offizier bei den Territorialverbänden gedient hatte. Er wurde von den Buren gefangen genommen und wieder freigelassen – eine deutlich andere Behandlung als diejenige, die die Briten den Menschen in den Konzentrationslagern angedeihen ließen. Wie für die meisten Handlanger der Geheimen Elite in Ulster galt auch für Craig, dass er unter Lord Roberts im Burenkrieg gekämpft hatte, was ihn zu einem vertrauenswürdigen Empire-Loyalisten machte. Craig hieß gut, dass Ulster ein Teil des Empire war.[12] Er saß für die Unionisten im Parlament und war Großmeister des Oranier-Ordens im County Down. Seine organisatorischen Fähigkeiten nützten Ulster, und mit Edward Carson bildete er ein sehr effektives Team.

Als im April 1912 das Home-Rule-Gesetz eingereicht wurde, wurden die Unionisten gedrängt, sich vehement dagegen zu sperren. Die Parteiführung berief eine Kommission ein, die den Auftrag hatte, »in Absprache mit Sir Edward Carson sofortige Schritte zu ergreifen, eine Verfassung für eine Übergangsregierung in Ulster zu entwerfen und vorzulegen«.[13] Carson wiederum versprach den Protestanten: »Mit Gottes Hilfe werden Sie und ich gemeinsam die schändlichste Verschwörung bezwingen, die jemals gegen ein freies Volk ersonnen wurde.«[14]

Es war in der Tat eine schändliche Verschwörung im Gange, aber sie reichte weit über die vier Provinzen Irlands hinaus. Carsons Kommission sollte Ulster fest im Griff behalten, die Integrität des Nordens wahren und die protestantischen Logen und unionistischen Klubs führen. Carson sollte die Flammen anfachen, während er auf dem schmalen Grat zwischen Dissens und Rebellion wandelte.

Mächtige Politiker sprachen sich öffentlich für Ulster aus. Bonar Law, Balfours Nachfolger als Vorsitzender der *Tories*, war ein Freund und Bewunderer Carsons. Am Dienstag nach Ostern 1912 fand auf dem Balmoral-Veranstaltungsgelände bei Belfast eine gewaltige Demonstration statt. Über 100 000 Demonstranten kamen zusammen, 70 Sonderzüge karrten Unionisten und Oranier aus allen Teilen der Provinz herbei. Der Primas von Irland und der ranghöchste Presbyterianer-Geistliche eröffneten die Veranstaltung mit Gebeten – eine Veranstaltung, bei der die Unionisten Großbritanniens symbolisch die Hand der Ulster-Loyalisten ergriffen.[15] Bonar Law hatte 70 Parlamentarier in seinem Gefolge, darunter Lord Hugh Cecil, Walter Long, Ian Malcolm und Leo Amery, allesamt Intimi der Geheimen Elite. Bonar Law, Sohn eines kanadischen Oraniers und selbst ein Ulster-Scot, beschwor den Geist der Belagerung von Derry herauf und rüttelte die Menge mit einer leidenschaftlichen Rede auf, die mit den Worten endete: »Ihr habt euch durch eure Anstrengungen gerettet, und ihr werdet mit eurem Beispiel das Empire retten.«[16]

Rudyard Kipling, ein weiteres Mitglied der Geheimen Elite,[17] war mit seiner Loyalität genauso vorbehaltlos. Sein Gedicht *Ulster 1912* erschien erstmalig am 9. April 1912 in der *Morning Post* und brachte die Furcht und den Hass zum Ausdruck, den ein Ulster verspürt, das von England verlassen wurde – ein England, wo »wir die Höllen kennen, von jenen bereitet, die nicht Rom dienen«.[18] Kein Vorurteil blieb ungenutzt, wenn es der Sache dienen konnte. Die Stimmung unter den gewöhnlichen irisch-protestantischen Arbeitern wurde von der Furcht angefacht, dass man sie dem »katholischen Dublin« als Geisel überlassen werde. Doch sie zettelten keinen Bürgerkrieg an, niemand scherte aus. Carson und seine Verbündeten in den Logen und Klubs von Ulster sorgten für eine erstaunliche und beeindruckende Disziplin in der Provinz.

Die Zurschaustellung von Loyalität und Solidarität setzte sich mit einem öffentlichen Bekenntnis zum Trotz fort. Am 28. September 1912 setzte Sir Edward Carson als Erster seine Unterschrift unter die Treueerklärung zur britischen Krone, das *Ulster's Solemn League and Covenant*. Es war eine perfekt inszenierte Veranstaltung, und Carson demonstrierte eindrucksvoll sein dramatisches Geschick, indem er die 100 Meter von der Ulster Hall zum Rathaus zu Fuß zurücklegte und sich dabei von Oraniern und den Unionisten-Verbänden Belfasts eskortieren ließ, während man vor ihm die Standarte der Schlacht am Boyne hertrug.[19] Um ihren Widerstand gegen die Selbstverwaltung zu verdeutlichen, unterzeichnete insgesamt nahezu eine halbe Million Menschen das Abkommen – beziehungsweise im Fall der Frauen die »Erklärung«. Sie versprachen, sich zur Seite zu stehen, um »unsere hoch geschätzte Position der gleichen Bürgerrechte im Vereinigten Königreich« zu verteidigen und alle verfügbaren Mittel zu nutzen, um »die derzeitige Verschwörung zur Errichtung eines Selbstverwaltungsparlaments in Dublin« zu besiegen.[20] Tausende weitere Personen, die ihre Abstammung aus Ulster nachweisen konnten, unterschrieben in Irland, England oder Schottland.[21] Es war alles sorgfältig aufeinander abgestimmt worden.

Im Januar 1913 versuchte Carson, mithilfe der parlamentarischen Geschäftsordnung die gesamte Provinz Ulster vom Gesetz ausnehmen zu lassen, aber sein Zusatz erhielt nicht die notwendige Mehrheit. Infolgedessen wurden die Vorbereitungen dramatisch intensiviert, was eine Abspaltung der Provinz anbelangte, eine Übergangsregierung und alles, was damit für Ulster einhergehen würde.[22] Am 13. Januar 1913 wurde die *Ulster Volunteer Force* offiziell ins Leben gerufen, eine illegale Privatarmee. Die Rekrutierung war auf 100 000 Männer zwischen 17 und 65 Jahren beschränkt, die die Treueerklärung unterschrieben hatten, also die reinrassigen Loyalisten. Auf Empfehlung von Lord Roberts berief Carson den ehemaligen Generalleutnant Sir George Richardson an die Spitze der *Ulster Volunteers.*[23] Keinen Monat später hatte sich Richardson in Belfast niedergelassen, und es wurden Paraden arrangiert, damit er die Freiwilligen kennenlernen konnte. Kühn verkündete Carson, dass die UVF nicht länger eine Sammlung unzusammenhängender Einheiten, sondern unter der Führung des Generals zu einer Armee geworden sei. In Antrim warnte er am 21. September:

> *Wir haben Versprechen und Zusagen von einigen der größten Generäle der [britischen] Armee. Sie haben uns ihr Wort gegeben, dass, wenn die Zeit gekommen ist, … sie hierherkommen und uns dabei helfen werden, dass das alte Banner weiterhin weht.*[24]

Es war keine leere Prahlerei. Die »Akademie« von Lord Roberts würde dafür sorgen.

Die Ulster-Unionisten hatten noch weitere mächtige und entschlossene Freunde in der Geheimen Elite, unter anderem Milner, Curzon, Balfour, Walter Long und Leo Amery, dazu noch die gesamte Konservative Partei, führende Zeitungen und einflussreiche Industrielle. Wie Carson spielte jeder seine klar definierte Rolle dabei, den Menschen in Ulster Furcht einzujagen und sie gegen die Regierung Asquith aufzustacheln – einen »Feind«, der auf ihre Bitten nicht einging. Außerhalb des inneren Kreises der Geheimen Elite erahnten nur ganz wenige das Ausmaß des Einflusses, den Alfred Milner hatte. Milner unterbrach nun seine Hinterzimmermanipulationen, um eine wichtige Rolle zu übernehmen.

Niemand war einflussreicher, niemand war entschlossener und niemand war eher für Taten zu begeistern als Milner.[25] Am 9. Dezember 1913 schrieb er »höchst vertraulich« an Carson, versprach Ulster seine völlige Hingabe und bot seine Dienste als jemand an, der nichts von »bloßem Gerede« hielt. Dank seiner weitreichenden Verbindungen zu allen Schaltzentralen der Macht wusste Milner exakt, was die Regierung beabsichtigte, deshalb konnte er Carson versichern: »Sie vertreiben sich nur die Zeit.«[26] Das gesamte Konstrukt war eine Farce. In London beabsichtigte niemand, die Lage der Menschen im Norden Irlands zu destabilisieren, aber dem Schreckgespenst eines drohenden Bürgerkriegs musste Substanz verliehen werden, damit man Plan B vorbereiten konnte. Milner versicherte Carson, er werde »den Arm lähmen, der zum Schlage gegen euch erhoben wird«. Anders gesagt: Es stellte ein gewaltiges Risiko dar, in ganz Irland dunkle Mächte von der Leine zu lassen, aber Milner beteuerte Carson, dass die Armee nicht gegen die Männer von Ulster zum Einsatz kommen werde. Carson musste die UVF kontrollieren, Milner die Reaktion der Armee. Wer bei diesem interessanten Brief zwischen den Zeilen liest, erkennt das Wesen ihres kühnen Planes. Milner und die Geheime Elite wussten, dass die Regierung Ulster nicht schwächen würde, egal welchen Anschein es haben mochte. Wichtiger noch: Milner versprach, dafür zu sorgen, dass die Armee nicht gegen die UVF vorgehen würde. So sah das Abkommen der Geheimen Elite mit Ulster aus: »Wir garantieren eure Sicherheit und eure Integrität und nehmen in Irland das Militär an die Leine.[27] Dafür muss die Farce jedoch andauern.« Und so kam es auch.

Worte sind ein Anfang, aber letztlich zählen Taten. Hinter Milners Versprechen stand eine gewaltige Kriegskasse der Geheimen Elite.[28] Der emigrierte amerikanische Millionär Waldorf Astor, selbst ein Mitglied aus dem inneren Kreis der Geheimen Elite, spendete 30 000 Pfund – nach heutigem Geldwert großzügige 2,25 Millionen Pfund.[29] Rudyard Kipling spendete in ähnlicher Größenordnung.[30] Lord Rothschild steuerte 10 000 Pfund bei, ebenso der wohlhabende Duke of Bedford und Lord Iveagh, der millionenschwere Chef der Guinness-Familie. Interessanterweise wurde ein Spender nicht identifiziert, selbst in einem streng geheimen Dokument nicht, sondern nur als »C« bezeichnet, sodass man nur spekulieren kann, um wen es sich handelte. Insgesamt sammelte die Geheime Elite über 100 000 Pfund (nach heutigem Wert rund acht Millionen Pfund) für Carsons Arbeit in Ulster. Die Art und Weise, wie das Geld ausgegeben wurde, sorgte für große Unruhe. Milner wollte zudem auch über die Geschäftsordnung des Parlaments die Rolle des britischen Militärs in Irland beschneiden, fand für das Vorhaben aber keine Zustimmung.[31]

Zum damaligen Zeitpunkt leitete General Henry Wilson – führendes Mitglied der »Roberts-Akademie« – die militärischen Planungen im Kriegsministerium. Er beriet die Regierung ebenso wie das *Committee of Imperial Defence.* Es handelte sich um denselben Sir Henry, der wiederholt Belgien im Auftrag der Geheimen Elite erkundet hatte, der Asquith, Grey, Lloyd George und Churchill während der Agadir-Krise auf dem Laufenden gehalten hatte, der für das Expeditionskorps verantwortlich war und sämtliche Details der Kriegspläne kannte. Ähnlich wie Lord Roberts empfand auch Wilson viel Bewunderung für seine Freunde in der UVF. Ab Januar 1914 tauchte er regelmäßig in Ulster auf, allerdings bekam die *Army* dort nur sehr wenig von ihm zu sehen, denn er war vor Ort, um sich heimlich mit der Führung der Unionisten zu treffen und sich mit eigenen Augen anzusehen, wie sich die UVF-Truppen machten. Es ist schon unglaublich: Der Leiter der Militäroperationen des Kriegsministeriums in London steckte unter einer Decke mit ebenjenen Menschen in Ulster, gegen die seine Soldaten demnächst vielleicht ausrücken würden, und er hatte Zugang zu ihren Plänen und ihrer Organisation.

Am 7. Februar 1914 gab Oberst William Hacket Pain, der im Burenkrieg unter Lord Roberts gekämpft hatte und nun Stabschef der UVF war, einen vertraulichen Plan heraus, wie eine Generalmobilmachung der Organisation aussehen könnte.[32] Das nicht datierte und nicht unterschriebene Memorandum »Der Coup« empfahl einen »raschen, umfassenden und lähmenden Schlag«.[33] Alle Eisenbahnverbindungen, Telegrafen-, Telefon- und Kabelverbindungen sollten gestört werden, alle Straßen nach Ulster abgesperrt und sämtliche Waffen-, Munitions- und Gerätelager der British Army ebenso beschlagnahmt werden wie die Nachschubdepots von Militär und Polizei. Geschossen werden sollte nur zur Verteidigung, allerdings sollte man die Verhaftung von UVF-Kommandeuren gewaltsam abwenden. Es war ein Plan, da Armeen schließlich Pläne haben müssen. Dieser sickerte durch.

Im März 1914 kochte in Ulster die Stimmung über, zumindest schien es so. Die Unionisten warfen den Liberalen um Churchill und Lloyd George vor, fälschlicherweise zu behaupten, dass man in Ulster beabsichtige, Armeedepots zu stürmen und sich Waffen und Munition zu sichern. Vor allem Churchill goss am 14. März noch zusätzlich Öl ins Feuer, als er bei einer Rede in Bradford vor einem Blutvergießen in Ulster warnte und drohte, in dieser schlimmen Angelegenheit eine Entscheidung herbeizuführen.[34] Er ließ ein Geschwader bestehend aus Schlachtschiffen, Kreuzern und Zerstörern von der spanischen Küste abziehen und nach Lamlash auf der Insel Arran verlegen, in bedrohliche Nähe zu Belfast also. Politiker der Geheimen Elite aus beiden Lagern brachten den irischen Kessel vorsätzlich zum Kochen. Kriegsminister John Seeley formulierte einen Befehl an Sir Arthur Paget, den Oberbefehlshaber der britischen Armee in Irland: Paget, ein weiterer Offizier, der unter Lord Roberts im Burenkrieg gekämpft hatte, solle dringend besondere Vorkehrungen dafür treffen, dass die Arsenale in Armagh, Carrickfergus, Omagh und Enniskillen gut bewacht seien.

Das Gerücht machte die Runde, die britische Regierung wolle die Anführer des *Ulster Unionist Council* verhaften, der Dachorganisation der Selbstverwaltungsgegner. Die *Times* warnte streng: »Jeder Mann und jede Regierung, die durch Schnitzer oder übereiltes Handeln die Gefahr erhöht, bürdet sich eine furchtbare Verantwortung auf.«[35] Die folgenden Ereignisse tun Historiker im Allgemeinen als Verwirrung und Missverständnis ab, als Reaktion auf überspannte Kabinettsminister und politische Opportunisten. Doch dem ist nicht so. Was folgte, war ein Beweis dafür, welch absolute Befehlsgewalt die Geheime Elite über das britische Militär-Establishment und seine zentralen Offiziere ausüben konnte.

Milner hatte versprochen, den Arm zu lähmen, der gegen Ulster erhoben wurde. Nun trat er den Beweis an. Schon im November 1913 hatte er Wilson in den exklusiven und abgelegenen Brooks's Club eingeladen, um dem General zu verdeutlichen, dass sich die Geheime Elite um die Ihren kümmern werde. Im Grunde war das, was sie besprachen, Hochverrat. Milner versicherte Wilson: Sollten Offiziere sich weigern, ihre Truppen gegen die UVF in Marsch zu setzen und stattdessen ihr Amt niederlegen, würde die künftige konservative Regierung dafür sorgen, dass die Offiziere wieder in Amt und Würden kämen.[36] Genau wie geplant informierte Wilson seine Kollegen, sodass die Botschaft zahlreichen aktiven Offiziere zu Ohren kam. Dazu passend bat Sir Edward Carson Milner, einen Fonds für Offiziere einzurichten, die lieber zurücktraten als »ihr Gewissen zu verletzen«.[37] Die Saat der Rebellion ging auf.

Paget befahl, strategische Punkte in Ulster vor »Personen übler Gesinnung« zu schützen, die angeblich beabsichtigten, Depots der Armee auszurauben.[38] Dabei hielt er selbst das Vorgehen für nicht gerechtfertigt.[39] Deshalb wurde er für den 18. und 19. März nach London einbestellt, wo er direkte Anweisungen von einem Unterausschuss des Kriegsministeriums erhielt, dem mit Sir John French ein weiteres ranghohes Mitglied der »Roberts-Akademie« angehörte.[40] Direkt im Anschluss an das Treffen besprach French die Schlussfolgerungen mit General Wilson, der noch am selben Tag mit Milner und Carson zu Abend aß, mit den Männern also, die daran arbeiteten, Ulster vor der *Army* zu schützen. Warum? Informierte Wilson sie über Entscheidungen des Kriegsministeriums, die ihm Sir John French hatte zukommen lassen, oder holte er sich von diesen Männern Hilfe bei der Auslegung der Anweisungen? Vermutlich beides. Unter keinen Umständen würden Milner, Carson, Wilson oder auch Generalstabschef French eine militärische Intervention in Ulster zulassen. Die ranghöchsten Offiziere der Armee schmiedeten aktiv Ränke mit den Männern, die die UVF kontrollierten, um alle Versuche zu verhindern, die Home Rule einzuführen.[41] War das kein Hochverrat?

Zwei Tage lang beschäftigten sich der Unterausschuss und das Kriegsministerium mit Paget, aber seltsamerweise gibt es dazu keine Unterlagen mehr. Dieser sehr verdächtige Umstand hat dazu geführt, dass viele Fragen gestellt werden zur Curragh-»Meuterei«, die eine »Konsequenz« des Treffens im Kriegsministerium war.[42] Am 20. März gab Paget seinen Untergebenen in Irland die beispiellose Möglichkeit, für sich selbst zu entscheiden. In Ulster »ansässige« Offiziere würden sich bei künftigen Operationen dienstabwesend melden können. Man werde den Offizieren »erlauben, zu verschwinden«, bis die Ulster-Krise gelöst sei. Das waren Pagets genaue Worte. Anschließend würden die Männer auf ihre Posten zurückkehren können, »als ob nichts geschehen sei«.[43]

Die Folge war, wenig überraschend, große Begeisterung. Paget war erst wenige Stunden wieder zurück in Irland, da schickte er schon ein Telegramm an das Kriegsministerium: »Offiziere der *5th Lancers* [einem Kavallerieregiment] haben sämtlich bis auf zwei, einer davon fraglich, den Dienst quittiert. Befürchte ähnliche Bedingungen bei den *16th Lancers*. Fürchte, Männer werden Marschbefehl verweigern.«[44] Keine fünf Stunden später sandte Paget ein zweites Telegramm: »Bedauere zu melden, dass Brigadier und 57 Offiziere der 3. Kavalleriebrigade Entlassung bevorzugen, falls [zum Marsch] in den Norden abkommandiert.«[45]

Genau wie von Milner beabsichtigt, nahm der Widerstand zu. Die Telegrafendrähte in Irland und Großbritannien glühten – »Meuterei in Curragh«. General Haig, Kommandant in Aldershot und Mitglied der »Roberts-Akademie«,[46] fuhr in die Downing Street, um dem Premier zu erklären, dass seine eigenen Männer geschlossen hinter ihren Kameraden in Irland standen.[47] Wilson, French, Paget und Haig, einige der wichtigsten Militärs jener Tage, stellten sich gemeinsam gegen die Regierung, doch nicht ein einziger Armeeoffizier wurde des Verrats angeklagt.

Die Politiker logen, was die Einzelheiten des Vorfalls anbelangte. Aus dem Regierungsviertel brach eine Wolke der Dementis in sämtliche Richtungen hervor. Richard Haldane erklärte vor dem Oberhaus, die Regierung habe nicht die Absicht, Truppen in Marsch zu setzen. Diese Worte wurden als Versprechen gewertet, dass die Regierung unter keinen Umständen die Armee in Ulster einsetzen würde. Haldane änderte später gesetzeswidrig den Korrekturabzug. Nun stand dort: »keine unmittelbare Absicht«.[48] Alle Beteiligten verdrehten die Wahrheit zum Vorteil der Geheimen Elite.

Andrew Bonar Law bestritt es zwar, aber er stand in Kontakt mit den Offizieren in Curragh.[49] Am 20. März ging um 17.40 Uhr ein anonymes Telegramm an den Parteivorsitzenden der *Tories* ins Unterhaus. Dort stand schlicht: »General und alle Kavallerieoffiziere von Curragh-Division heute Dienst quittiert.«[50] Bonar Law wusste, dass es geschehen würde, genauso wussten es Balfour, Milner, Carson, Lord Roberts, die Generäle Wilson und French. Schließlich hatten sie alles in die Wege geleitet. Es gibt keine Unterlagen über die Diskussionen zu der Episode, aber Kriegsminister Seeley beging einen unverzeihlichen Fehler: Er unterzeichnete ein Memorandum, in dem es hieß, die Armee erhalte keine Anweisung, gegen Ulster zu den Waffen zu greifen. Damit hatte er enthüllt, dass die Regierung die Verschwörung billigte. French unterlief ein ähnlicher Fehler, als er seine Initialen unter das Dokument setzte und somit seine Mitwirkung aufdeckte. Als die Nachricht von der »Meuterei« publik wurde und im Parlament die Hölle losbrach, bezahlten Seeley und French für ihre unüberlegte Handlung und traten zurück. Das hatte den angenehmen Nebeneffekt, dass die Schuld von den zentralen Verschwörern abgelenkt wurde. Die goldene Regel der Geheimen Elite besagte: »Nichts Belastendes schriftlich festhalten.« Musste tatsächlich einmal eine Anweisung schriftlich gegeben werden, war diese nach dem Lesen zu verbrennen.

Der »Curragh-Zwischenfall« war ein sorgfältig inszenierter Beweis dafür, dass »der gegen Ulster erhobene Arm« gelähmt werden konnte. Wie üblich setzte Milner seinen Willen durch. Im Parlament herrsche »beispielloser Furor«, der »den Staat bis in seine Grundfeste erschütterte«, schrieb Winston Churchill.[51] Es war ein hässliches Marionettentheater, das die Geheime Elite da arrangiert hatte. Ihre Agenten beharkten sich gegenseitig und hielten Ulster so in den

Schlagzeilen. Von Mitte März bis Ende Juli 1914 gingen über 700 parlamentarische Anfragen zu dem Thema ein, blockierten ernst gemeinte Debatten und verursachten einen derartigen Rückstau, dass Asquith letztlich gezwungen war, keine weiteren Anfragen mehr anzunehmen. Aber alle Augen ruhten weiterhin auf Ulster.

Und Churchill und Lloyd George, die während des Höhepunkts der »Krise« mit provokanten Ansprachen für weitere Unruhe gesorgt hatten? Churchill hatte in Bradford propagiert, es gebe »schlimmere Dinge als Blutvergießen«, und sorgte damit für reichlich Schlagzeilen. Und Lloyd George hatte am 21. März in Huddersfield mit einer Tirade vorsätzlich den Zorn des protestantischen Ulster geweckt: »Die Oranier tun ganz schockiert angesichts des Umstands, dass Gewalt notwendig sein sollte, um in Irland ein freies, sich selbst verwaltendes Parlament zu errichten, aber wann hat Ulster denn seine Abneigung für Zwang entdeckt?«[52] Gemeinsam kreierten die beiden Politiker eine Atmosphäre, in der die Einschätzung vorherrschte, die liberale Regierung sei kurz davor, Ulster gewaltsam dazu zu bringen, einer Selbstverwaltung zuzustimmen.[53] Die eine Hälfte des politischen Teams der Geheimen Elite schürte in Ulster Verbitterung und Wut, während die andere Hälfte verkündete, man stehe voll und ganz hinter Ulsters Forderungen. Die Ereignisse von Curragh wurden abgetan und als »Missverständnis« heruntergespielt. Doch die Spannung in Irland stieg weiter und drohte zu explodieren.

Während dieser Wochen der Empörung und des Posierens entwickelte sich eine noch gefährlichere Verschwörung, eine, die niemals hätte erfolgreich werden können, wenn nicht mehrere europäische Regierungen davon gewusst und zugestimmt hätten. Es sieht alles nach einem derartig großen Zufall aus, dass man sich fragen muss, ob die eine Angelegenheit die andere nicht vorsätzlich verdeckte. Die Geschichte könnte direkt aus einem Agentenroman stammen: Major Fred Crawford, bei der UVF zuständig für die Bewaffnung,[54] kaufte direkt vor der Nase der Behörden in Deutschland, Norwegen, Dänemark und Großbritannien 24000 moderne Gewehre und über drei Millionen Schuss Munition.[55] Es war eine Operation, wie sie Ulster noch nie erlebt hatte.

Die Waffenschmuggelgeschichte war schon eine tolle Räuberpistole. Crawford – ebenfalls ein Offizier, der unter Lord Roberts in Südafrika gedient und Karriere gemacht hatte – sprach zwar kein Deutsch, »fand« aber in Hamburg einen Waffenhändler, der bereit war, ihm große Mengen an Gewehren, Bajonetten und Munition zu verkaufen. Er erhielt den Auftrag, diese im Auftrag der UVF zu erwerben. Vier Tage vor dem »Curragh-Zwischenfall« sicherte sich die UVF die Dienste eines norwegischen Schleppkahns, der *SS Fanny*. Daraufhin traf sich Crawford am 27. März in London mit zwei Mitgliedern der Geheimen Elite, nämlich mit Walter Long und Bonar Law, und übergab ihnen ein Geheimschreiben von Sir Edward Carson. Long hatte Zugriff auf die Gelder, die Milner und die Geheime Elite eingesammelt hatten. Nun sorgte er dafür, dass Crawford einen »sehr großen Scheck« erhielt.[56] Sie schüttelten seine Hand und wünschten ihm »eine gute Reise und ein gutes Gelingen«.[57] Crawfords Beweise stellen eine Verbindung her zwischen Bonar Law und Long und dem Waffenschmuggel. Der Oppositionsführer war direkt daran beteiligt, Waffen und Munition zu beschaffen, die gegen die britische Armee in Ulster zum Einsatz kommen sollten. Das war doch Hochverrat, oder? Waren in der Vergangenheit nicht Menschen standrechtlich dafür hingerichtet worden, dass sie gegen die Krone zu den Waffen gegriffen hatten? Natürlich waren sie das, aber jetzt war das alles Teil der großen Verschwörung, bei der man sich nicht traute, sie Hochverrat zu nennen. Nein, dieses Mal hatte man es mit »Loyalität« zu tun. Crawford benötigte kurzfristig Geld, um sich Schiffe zu kaufen und mit unvorhergesehenen Entwicklungen fertig zu werden, und die Geheime Elite sprang ein.

Nachdem Crawford die Waffen in Deutschland gekauft hatte, steuerte er die Fracht auf einem Lastschiff durch den Kaiser-Wilhelm-Kanal, um sich in der Ostsee mit der *SS Fanny* zu treffen. Soll man wirklich glauben, dass eine derartige Ladung im März 1914 den Kaiser-Wilhelm-Kanal unbemerkt passieren konnte? Als die Waffen vom Lastschiff auf die *SS Fanny* umgeladen wurden, enterten dänische Zöllner das Schiff und beschlagnahmten die Papiere. Sie hegten den Verdacht, dass das Schiff auf dem Weg nach Island war, wo zufälligerweise gerade ebenfalls Unabhängigkeit (in diesem Fall die Unabhängigkeit von Dänemark) ein brandheißes Thema war. Dennoch konnten sie sich in der Nacht davonstehlen, und zwar dank göttlicher Intervention, wie Crawford es schilderte.[58] Die Zeitungen berichteten über Crawfords Verhaftung, und die *Times* schrieb völlig richtig, dass die Waffen nach Belfast gehen sollten, nicht nach Island.[59] Die UVF hatte die ganze Aktion bereits als völliges Debakel abgeschrieben, doch zu früh. Offenbar weiterhin geborgen unter Gottes schützender Hand, segelte die *SS Fanny* durch den Ärmelkanal, ohne die Aufmerksamkeit der *Navy* zu erregen, dann segelte sie die walisische Küste entlang bis nach Tenby. Crawford erhielt die Erlaubnis, einen zweiten Schleppkahn zu erwerben, die *Clyde Valley* aus Glasgow, wohin die Waffen dann auch verschifft wurden. Nach einem weiteren Namenswechsel stach das Schiff schließlich als *Mountjoy II* in See und nahm Kurs auf die Bucht von Belfast.

In der Nacht vom 24. auf den 25. April 1914 lud die UVF in Larne, Bangor und Donaghadee insgesamt 216 Tonnen Waffen und Munition ab. In Larne wurden die Telefonkabel durchtrennt, die Straßen blockiert und die Eisenbahnverbindungen geschlossen. Die Stadt wurde von der Außenwelt abgesperrt, und damit die Zöllner eine Ausrede dafür hatten, warum sie nirgends zu sehen waren, segelte ein Schiff als Köder in die Bucht von Belfast. Der stellvertretende Quartiermeister der UVF, General Wilfrid Spender, sorgte dafür, dass die Waffen in Ulster verteilt wurden.[60] Spender galt als aufgehender Stern in der Armee. Er hatte die Stabsschule in Camberley besucht, im Kriegsministerium als Assistent von Sir Henry Wilson gearbeitet und im *Committee of Imperial Defence* gedient. Er hatte keinerlei Verbindung zu Nordirland, umso erstaunlicher, dass er seine glänzende Karriere beim Militär 1913 aufgab und als Renegat zur UVF ging.

Wenn wir hier nicht gerade über Hochverrat sprechen würden, müsste man eigentlich über ein Sonderlob dafür nachdenken, wie mustergültig die ganze Aktion geplant wurde. Die Polizei bekam keinen Zugang zu den Hafenanlagen, Zöllner durften die Fracht nicht inspizieren. Es war ein großartiger Erfolg für die *Ulster Volunteers*. Carson, der sich in London aufhielt, bekam eine telegrafische Botschaft, die aus einem Wort bestand: »Löwe«. Ulster war nun bewaffnet. Lord Roberts las in Sonderausgaben der Morgenzeitungen von dem Erfolg und eilte sofort zu Carson, um ihm persönlich zu gratulieren.[61] Die ganze Angelegenheit erfolgte unter den wissenden Augen der Behörden in Deutschland, Dänemark, Dublin und London. Und auf Schlagzeilenlänge eingekürzt: Deutschland hatte Ulster aufgerüstet.

Keine Aktion ohne Reaktion. Dass Ulster nun bewaffnet war, löste im Süden Irlands eine militärische Antwort aus. Eine neue, junge Generation irischer Nationalisten hatte für die Irische Parlamentarische Partei um John Redmond kaum mehr als Verachtung übrig. Der loyale Empire-Anhänger Redmond schien mehr mit Sir Edward Carson gemein zu haben als mit den irischen Massen, die er angeblich vertrat. 1905 hatte sich *Sinn Fein* als irisch-republikanische Bewegung gegründet, die ein Ende der britischen Herrschaft in Irland anstrebte. Sie warf Redmond und seiner Partei vor, nur Steigbügelhalter der englischen Politik zu sein und aktiv die Interessen Irlands zu untergraben.[62] Redmond hielt weiterhin große Stücke auf das Empire und wollte partout nicht erkennen, zu welcher Brutalität es fähig war.[63] Er begnügte sich mit dem parlamentarischen Weg, damit, den Radikalismus einzudämmen und den König als Herrscher anzuerkennen. Kurzum: Er tanzte nach der Pfeife der Geheimen Elite.

Aus lauter Enttäuschung über Redmond rief eine Gruppe Nationalisten im November 1913 die *Irish Volunteers* ins Leben und hatte bald 170 000 Gefolgsleute.[64] Doch es mangelte der Organisation an Waffen, an militärischer Erfahrung und einer geschlossenen Führung. Für einen Bürgerkrieg braucht es mindestens zwei Parteien, was die *Irish Volunteers* auch für die Geheime Elite nützlich machte. Doch sie mussten sich damit beeilen, die Kontrolle über die Bewegung zu erlangen. In einem verzweifelten Aufbäumen zwang Redmond den vorläufigen Führungsausschuss der Volunteers dazu, seine Nominierung von 25 neuen Mitgliedern zu akzeptieren.[65] Ein Bürgerkrieg konnte nicht ausbrechen, solange nur eine Seite über Waffen verfügte, also machte sich die Geheime Elite daran, die Volunteers im Süden zu bewaffnen.

Vorhang auf für den Mann, den die Geheime Elite für diese Aufgabe auserkoren hatte: Robert Erskine Childers, Autor von *Das Rätsel der Sandbank* und eingefleischter Verfechter der These, dass Großbritannien militärisch völlig unvorbereitet sei. Und der sollte nun Waffen schmuggeln? Der Mann, der 1903 in seinem Buch zum Schluss kam, dass Deutschland »vor allen anderen dafür geeignet ist, als Eroberer in Großbritannien einzufallen« und dass Großbritannien schlecht auf eine derartige Eventualität eingerichtet war?[66] Dieser Mann tauchte 1914 als Feind des Staates wieder auf. Wie wahrscheinlich ist denn so etwas?

Der enorme Erfolg seines Spionagereißers brachte den Cambridge-Absolventen Childers in Kontakt mit Lord Roberts, Verteidiger des Empire und ähnlich denkend wie Childers. Der Roman gab Roberts und seiner *National Service League* ein wertvolles Werkzeug an die Hand, mit dem sie Furcht und eine deutschlandfeindliche Stimmung anfachen konnten. Childers erklärte, die Geschichte beruhe auf Fakten, es gebe tatsächlich Pläne für eine Invasion in Großbritannien. Er trat dafür ein, dass jeder Mann in Großbritannien für den Dienst in Heer oder Marine ausgebildet werden solle. Das Buch erschien 1903 in drei Auflagen, 1904 und 1905 in jeweils zwei und 1907, 1908, 1910 und 1911 in weiteren Auflagen.[67] Winston Churchill lobte *Das Rätsel der Sandbank* ausdrücklich. Es habe Einfluss auf die Entscheidung der Admiralität gehabt, drei völlig neue Marinestützpunkte zu errichten, um besser gegen die Bedrohung durch die kaiserliche Kriegsmarine gewappnet zu sein. Childers war ein Verfechter des britischen Establishments. In seinem Buch *In the Ranks of the C.I.V.* erzählt er von seinem aktiven Dienst während des Burenkriegs, wo er bei den *City Imperial Volunteers* diente. In dem Buch lobt Childers Lord Roberts sehr und preist seine Tapferkeit und wie beliebt er bei den Mannschaften war.[68] Roberts revanchierte sich später, als er das Vorwort zu Childers' Buch *War and the Arme Blanche* verfasste:

> *… niemand hat sich dermaßen ausführlich und dermaßen logisch wie Herr Childers mit diesem Aspekt der Kavallerie im Krieg befasst. Sehr gründlich hat er die Leistungen unserer Kavallerie in Südafrika untersucht. […] Abschließend möchte ich Sie, meine Kameraden Offiziere, bitten, dieses Buch zu lesen, egal in welchem Teil des Empire und in welcher Truppengattung Sie dienen.*[69]

Großbritanniens »größter lebender Soldat« sprach seine uneingeschränkte Empfehlung aus.

Childers stammte aus gehobenen und kultivierten Kreisen. Er besuchte gemeinsam mit Lionel Curtis und Basil Williams, die später »Milner's Kindergarten« angehören sollten, ein Privatinternat. Williams gehörte der Geheimen Elite an und blieb sein Leben lang Childers' Freund, genau wie Churchills persönlicher Assistent und guter Freund Eddie Marsh.[70] Childers' Vetter und Mentor Hugh Childers war bei den *Tories* Innenminister und Finanzminister gewesen, und zu seinen Vorfahren zählte der Lordkanzler Thomas Erskine. So sehr schätzte die Geheime Elite Childers, dass man ihn bat, gemeinsam mit Basil Williams und Leo Amery den dritten Band der *Times History of the South African War* zu verfassen. 1903 besuchte Childers Amerika und schrieb: »Den Möglichkeiten, die sich durch ein Bündnis der englischsprachigen Rassen auftun, sind keine Grenzen gesetzt.«[71] Das war die Sprache der Pilgrims. Childers war durchdrungen von den Traditionen der oberen Mittelschicht Englands, von treuer Ergebenheit gegenüber dem König und der Aufgabe, das Empire zu bewahren. Carroll Quigley führte ihn nicht als Mitglied der Geheimen Elite an, aber er stand vielen aus dem inneren Kreis ausgesprochen nahe. Das Wachstum, die Weiterentwicklung und die Expansion des Empire stellten für Childers die bestmögliche Antwort auf alle wirtschaftlichen und gesellschaftlichen Probleme der Nation dar. Egalitarismus war ihm ein Gräuel, und seine Denkweise ähnelte der von Milner und der Tafelrunde.[72] Seine Freundschaften, sein Hintergrund, seine Denkweise und seine Werke – all das machte ihn zu einem Mann, den die Geheime Elite sehr schätzte.

Der Frieden in Irland und das Wohlergehen des Landes ließen sich am besten wahren, wenn Irland Teil des Vereinigten Königreichs blieb, davon war Childers überzeugt. Dennoch ist dieser eingeschworene britische Patriot laut seinem Biografen Andrew Boyle zum Waffenschmuggler für die republikanischen Rebellen geworden, denn »schlagartig, wie von einer grellen Vision geblendet, änderten sich Childers' Ansichten nahezu über Nacht«.[73] Verblüffend.

Im Frühjahr 1911 verschwand Childers nach Irland, um dort Gespräche mit führenden Industriellen, Regierungsvertretern, Unionisten und Befürwortern der Selbstverwaltung zu führen. Anschließend verfasste er eine Abhandlung, in der er sich für eine Selbstverwaltung Irlands aussprach, in der er sich liberaler gab, verständnisvoller für die Position der Katholiken und offen kritisch, was die Haltung der Empire-Loyalisten anbelangte, mit denen er sich überraschend überworfen zu haben schien. Oberflächlich betrachtet zeigte das Werk seine Wandlung vom antideutschen, Empire-treuen Loyalisten zu einem Rebellen und Empire-Zerstörer, doch das änderte nichts an seinen wichtigen Verbindungen zu Personen aus dem Umfeld der Geheimen Elite. Es wirkte, als habe er sich neu erfunden, um ein neues Publikum anzusprechen. Und es erwies sich als der Schlüssel zum Vertrauen der *Irish Volunteers*.

Anfang Mai 1914 trafen sich Childers und eine Gruppe von Freunden im Londoner Nobelviertel Mayfair bei Alice Stopford Green in einem luxuriösen Haus, das noch von den vielen Gesprächen widerhallte, die hier zahllose der wichtigsten Politiker und Literaten jener Zeit geführt hatten, beispielsweise Winston Churchill, James Bryce und Lord Morley.[74] Alice Stopford Green war die Witwe eines Geschichtsprofessors aus Oxford und pflegte enge Verbindungen zu mächtigen Männern innerhalb des Establishments und der Geheimen Elite.

Abgesehen von Childers waren unter anderem anwesend: Sir Roger Casement, George Fitzhardinge Berkeley, Lord Ashbourne, Sir Alexander Lawrence, Mary Spring Rice und Conor O'Brien. Wie Stopford Green und Childers entstammten sie alle einer privilegierten Klasse. Ziel des Treffens war es, 1523 Pfund aufzutreiben, um davon Waffen für die *Irish Volunteers* zu kaufen – keine kleine Summe, nach heutigem Geldwert mehr als 120 000 Pfund,[75] aber nur ein Klacks verglichen mit den 100 000 Pfund, die Milner so problemlos für die UVF im Norden eingesammelt hatte.

Alice Stopford Green entstammte einer wohlhabenden irisch-protestantischen Familie. Ihr Vater war Pfarrer von Kells, ihr Großvater Bischof von Meath für die anglikanische *Church of Ireland.* Quigley bezeichnet ihren Neffen Robert J. Stopford als Mitglied der Geheimen Elite,[76] sie selbst pflegte eine enge Freundschaft mit Viscount Bryce, dem ehemaligen britischen Botschafter in Washington und Präsidenten der *Pilgrims Society.* Der in Dublin geborene Sir Roger Casement war im Mai 1914 ein angesehener Diplomat im auswärtigen Dienst, allerdings sollte ihn später seine Verwicklung in die irische Politik das Leben kosten.[77] Lord Ashbourne entstammte einer Linie wohlhabender protestantischer, britisch-irischer Landadliger. Mary Spring Rice war die Tochter von Lord Mounteagle, ihr Urgroßvater war Schatzkanzler und Kriegsminister gewesen. Conor O'Brien war der Cousin von Mary Spring Rice und der Sohn des wohlhabenden irisch-protestantischen Landbesitzers Sir Edward O'Brien. Sir Alexander Lawrence war der Sohn von Brigadegeneral Sir Henry Montgomery Lawrence, sein Onkel hatte es bis zum Vizekönig von Indien gebracht. George Fitzhardinge Berkeley, Kapitän der *Navy,* war der Sohn von Major George Sackville Berkeley, hatte das renommierte *Wellington College* besucht und dann in Oxford studiert. Kurzum: Es handelte sich nicht um eine typische Terrorzelle.

Childers und ein Komplize, Darrell Figgis, der Sohn eines aus Irland stammenden ceylonesischen Teehändlers, reisten nach Hamburg. In Deutschland herrschte zwar ein Verbot, Waffen nach Irland zu verkaufen, trotzdem gelang es ihnen, größere Mengen an Gewehren zu erwerben, auch wenn diese völlig veraltet waren. Es war kein Zufall, dass derselbe Händler, der einige Monate zuvor die *Ulster Volunteers* beliefert hatte, nun auch dieses Waffengeschäft abwickelte. Mehrere Wochen später holten Childers und seine Frau Molly mit ihrer Yacht *Asgard* die Waffen ab. Ein guter Freund, Hauptmann Gordon Shephard, fungierte als Matrose. Shephard, ausgebildet in *Eton* und *Sandhurst,* war ein erfahrener Seemann und Mitglied des renommierten *Royal Cruising Club.* Unmittelbar nach dem Waffenschmuggel kehrte er auf seinen Posten beim *Royal Flying Corps* zurück. 1918 fiel er im Einsatz als mehrfach ausgezeichneter Brigadegeneral und ranghöchster Offizier der britischen Luftwaffe, der bis dahin jemals im Einsatz gestorben war.[78] Auch dies ein Profil, das nicht so recht zu einem Terroristen passen will.

Eine zweite Yacht half der *Asgard* beim Waffenschmuggel – die *Kelpie* von Conor O'Brien. Die Yachten trafen sich mit einem deutschen Schiff vor der belgischen Küste, wo die Waffenübergabe auf hoher See erfolgte. Die *Asgard* segelte an der in Portsmouth stationierten britischen Flotte vorbei nach Irland. Angeblich hielt ein Zerstörer unter Volldampf auf sie zu, forderte aber die Yacht nicht zum Beidrehen auf. Dass sie bis obenhin mit Waffen beladen war und infolgedessen extrem tief im Wasser lag, schien niemanden argwöhnisch zu machen. Die *Asgard* kämpfte sich weiter durch dichten Nebel und »den schwersten Sturm, den die Irische See seit 30 Jahren erlebt hat«.[79] Childers musste sich ans Steuer binden lassen, um den Kurs halten zu können, aber ähnlich wie bei Churchills Kapriolen in Südafrika gibt es auch für dieses Seemannsgarn keine unabhängige Bestätigung. Unter dem Beifall der Nationalisten brachte Childers seinen Teil der Lieferung am Sonntag, dem 26. Juli 1914, in Howth bei Dublin an Land. Am selben Tag begannen einige tausend Kilometer weiter östlich die Russen mit der Mobilmachung. Nur das *Foreign Office* und seine Männer der Geheimen Elite wussten von beiden Ereignissen.

Am helllichten Tag, getarnt als geplante sonntägliche »Übung«, marschierten die Volunteers von Dublin nach Howth, um die Waffen einzusammeln. Polizei und Küstenwache war im Vorfeld geraten worden, sich rauszuhalten. Alles schien genauso glatt zu verlaufen wie bei der UVF-Waffenlieferung in Larne, doch dann gerieten Soldaten vom Infanterieregiment der *King's Own Scottish Borderers* in Dublin auf dem Bachelor's Walk mit einer johlenden, spottenden Menge aneinander. Steine flogen, Beleidigungen wurden ausgetauscht, und es endete damit, dass die Soldaten in die Menge schossen. Drei Menschen starben, 38 wurden verletzt.[80] Asquith war schockiert – nicht darüber, dass im großen Stil Waffen nach Irland geliefert worden waren, sondern darüber, dass Zivilisten zu Schaden gekommen waren. Ihm war klar, dass dies in Dublin extremen Groll auslösen würde.[81] Und so kam es auch.

Als die *Kelpie* mit ihrem Teil der Waffen in irische Gewässer einlief, zögerte Conor O'Brien damit, direkt das Dorf Kilcoole anzulaufen, denn »er und seine Yacht waren den dortigen Behörden bestens bekannt«. Deshalb wurden die Waffen noch auf See auf die Yacht *Chotah* verladen, die Sir Thomas Myles gehörte, dem Präsidenten des *Royal College of Surgeons of Ireland*, einer medizinischen Hochschule in Dublin. Myles wurde später ehrenhalber zum Leibchirurgen von König George V. ernannt und mit dem prestigeträchtigen Bathorden ausgezeichnet. Ihm zur Seite beim Waffenschmuggel stand der Kronanwalt James Creed Meredith, Sohn von Sir James Creed Meredith, einem wohlhabenden protestantischen anglo-irischen Gutsbesitzer und stellvertretendem Groß- und Schatzmeister der Freimaurer in Irland.

Die ganze Geschichte klingt absolut hanebüchen, aber vertrauen Sie uns ruhig: Uns mangelt es an der Fantasie, um all das zu erfinden. Auch dass UVF-

Oberst Fred Crawford zum Commander des *Order of the British Empire* ernannt wurde.

In Ulster kamen 24 000 hochmoderne Gewehre an, nach Howth schafften es gerade einmal 1500 ältere Modelle, ein deutlicher Unterschied also. Doch ein subjektiver Geschichtswissenschaftler oder voreingenommener Journalist, ein korrupter Politiker oder ein von Vorurteilen behafteter Beobachter könnte mit Fug und Recht behaupten, dass sich beide Seiten für den Bürgerkrieg bewaffnet hatten. Oder als Schlagzeile: Deutschland hatte die *National Volunteers* bewaffnet, die Abspaltung der *Irish Volunteers*.

Im Juli fielen die Begriffe »Bürgerkrieg« und »unvermeidlich« praktisch immer in einem Atemzug. König George V. rechnete fest mit einem Bürgerkrieg, denn »der Ruf nach Bürgerkrieg ist auf den Lippen selbst der verantwortungsbewusstesten und nüchternsten meiner Untertanen«.[82] Er wurde gebeten, alle Parteien zu einer Konferenz über die Selbstverwaltung zu bitten, aber seine Intervention brachte nichts. Es gab keine Kompromissbereitschaft, keinen Aufschub in letzter Minute. Die Zeit war noch nicht reif. Edward Carson fügte im Überschwang der Dramatik noch hinzu: »Ich sehe keinerlei Hoffnung für Frieden. Zum jetzigen Augenblick sehe ich nichts außer Dunkelheit und Schatten. Wir werden erneut die Männlichkeit unserer Rasse unter Beweis stellen müssen.«[83] Reinste Melodramatik, denn solange Carson Ulster an der kurzen Leine hielt, würde Irland keinesfalls in Flammen aufgehen. Die *Irish Volunteers* verfügten weder über die Waffen noch den Willen, Ulster mit einem lähmenden Krieg zu überziehen. Das hätte die Armee auch gar nicht zugelassen. Das Bürgerkriegsgespenst war eine Illusion, die von Politikern und Zeitungen aus dem Dunstkreis der Geheimen Elite heraufbeschworen wurde. Die Geheime Elite hielt die Zügel in der Hand, niemand sonst. Dennoch: Die Hoffnungslosigkeit und die Spannung, die das Frühjahr und den Frühsommer von 1914 beherrschten, waren durchaus echt. Die Verzweiflung, mit der sich die Ulster-Protestanten äußerten, die wohlformulierten Bedenken, die im Parlament vorgetragen wurden – all das war absolut aufrichtig. Die Panikmache war ein strategischer Winkelzug. In der »Hochpolitik« wussten nur wenige Männer der Geheimen Elite, was sie getan hatten. Man darf dabei nicht vergessen, dass diese Personen seit über einem Jahrzehnt daran arbeiteten, einen Krieg gegen Deutschland anzuzetteln.

Im Rückblick fördern diese Episoden etwas Verstörendes zutage, etwas, das nicht passt. Diese »Volkshelden« im Norden und im Süden Irlands, die sich gegen die Krone stellten, die Zivilisten mit Waffen ausrüsteten und einen Bürgerkrieg wahrscheinlich wirken ließen – all diese Männer machten danach erstaunliche Karrieren. Kaum hatten die Briten Deutschland den Krieg erklärt, schickte die Admiralität ein Telegramm ins Hauptquartier der *Irish Volunteers* in Dublin und forderte Childers auf, sich dringend zu melden. Die Admiralität wusste, wo sie ihn finden konnte, sie wusste von der *Asgard* und vom Waffenschmuggel. Alles war durch sie und über sie organisiert worden. Wie sonst hätte die Yacht völlig unbehelligt und ohne Durchsuchung mitten durch die größte jemals versammelte Flotte segeln können? Auf Anregung seines Privatsekretärs Eddie Marsh, einem von Childers' engsten Freunden, hatte Winston Churchill persönlich seinen Stab angewiesen, sich mit Childers in Kontakt zu setzen, dem Mann, der die deutsche Nordseeküste wie seine Westentasche kannte.[84] Wie hätten wohl die *Irish Volunteers* reagiert, hätten sie am 22. August 1914 gesehen, wie Robert Erskine Childers Winston Churchill die Hand schüttelte und dann vor Admiral Jellicoe salutierte, bevor er sein Büro in der Admiralität betrat?![85]

Worum ging es hier wirklich? Wir wissen, dass die Geheime Elite und das *Committee of Imperial Defence* einen von langer Hand geplanten Krieg gegen Deutschland vorbereiteten und dass das Kaiserreich unbedingt als Verursacher dastehen musste, als derjenige, der die ersten Schritte in Richtung Krieg getan hatte. Was wäre geschehen, wenn General Moltke beschlossen hätte, den allbekannten Schlieffen-Plan fallen zu lassen und Frankreich an anderer Stelle anzugreifen? Was hätte die Geheime Elite getan, wäre Belgiens Neutralität unversehrt geblieben? Es musste einen Plan B geben, ein Alternativszenario, das solch einen Sturm der Entrüstung auslösen würde, dass es unabwendbar zum Krieg mit Deutschland kommen musste. Man stelle sich Folgendes vor: Deutschland hatte beide irischen Lager mit Waffen versorgt. Gewehre und Munition stammten allesamt aus Hamburg, die entsprechenden Spuren ließen sich leicht zurückverfolgen. Wenn nun im August 1914 eine Loge in Belfast oder ein Pub in Dublin explodiert wäre und Dutzende unschuldige Menschen gestorben wären, was hätte das für einen Aufschrei gegeben? Wenn bewaffnete Amokläufer unbewaffnete Zivilisten massakriert hätten? Natürlich wäre die Schuld rasch demjenigen zugewiesen worden, der das illegale Waffengeschäft hatte durchgehen lassen – dem Kaiser. Warum wurde aus Deutschlands Rolle im Waffenschmuggel so wenig gemacht? Das Motto der schottischen Covenanter einige Jahrhunderte zuvor hatte gelautet: »Vertraue auf Gott und halte dein Pulver trocken.« Genau das tat die Geheime Elite, und zwar aus dem Grund, weil sie nicht auf Plan B zurückgreifen musste.

Zusammenfassung von Kapitel 25: Irland – der Plan B

- Der Schlieffen-Plan sah vor, dass im Kriegsfall große Mengen deutscher Truppen durch Belgien marschieren würden. Das wusste auch die Geheime Elite. Diese Verletzung der Neutralität Belgiens wäre der Casus Belli, die Rechtfertigung, in den Krieg zu ziehen. Sollten die Deutschland allerdings einen Bogen um Belgien machen, brauchte die Geheime Elite einen Ausweichplan. Irland stellte diesen Plan B dar.

- Vorsätzlich wurden die alten religiösen Animositäten angeheizt. Die protestantische Mehrheit in Ulster und der vor allem von Katholiken bewohnte Süden wurden gegeneinander aufgehetzt. Die Geheime Elite versorgte beide Seiten mit Waffen, die in Deutschland erworben worden waren. Im Fall der Fälle hätte man einen »Bürgerkrieg« vom Zaun gebrochen und Deutschland die Schuld daran gegeben. Doch in jeder Phase behielt die Geheime Elite die absolute Kontrolle.
- Im Parlament wurde ein Home-Rule-Gesetz eingebracht, um die Unruhe anzufachen. Edward Carson wurde nach Ulster entsandt, um dort die Dinge in die Hand zu nehmen. Er schuf unter den Protestanten einen großen paramilitärischen Flügel, die *Ulster Volunteer Force,* die rund 100 000 königstreue Männer stellen konnte. Es war eine große und größtenteils illegale Privatarmee, die vom britischen Establishment aktiv gefördert wurde.
- Alfred Milner versprach Carson, die Armee werde nicht gegen die UVF zu den Waffen greifen, das würde er nicht zulassen. Offiziere in Curragh wurden ermutigt, sich zu weigern, gegen die UVF auszurücken. Ranghohe Persönlichkeiten des Heeres, der Regierung und der Opposition arbeiteten hier Hand in Hand.
- Waffen und Munition wurden in Deutschland mit Mitteln der Geheimen Elite beschafft. UVF-Offiziere brachten sie an Irlands Nordwestküste und verteilten sie in ganz Ulster. Polizei, Küstenwache und Armee erhielten Order wegzuschauen.
- Als Reaktion auf die Bewaffnung der UVF bildete sich spontan eine große nationalistische katholische Organisation, die *Irish Volunteers.* Die Geheime Elite reagierte rasch und brachte durch John Redmond die Organisation unter ihre Kontrolle. Robert Erskine Childers, ein weiterer Agent der Geheimen Elite, hatte die Bewegung infiltriert und sich ihr Vertrauen erschlichen. Nun beschaffte er ihnen Waffen. Gemeinsam mit einer Gruppe aus Oberschicht-Protestanten mit guten Verbindungen zu Establishment und Geheimer Elite finanzierte er den Kauf von Waffen und Munition in Deutschland. Dann brachten sie die Waffen mit ihren Yachten in den Süden Irlands.
- Sollte die Geheime Elite einen Bürgerkrieg als Kriegsgrund benötigen, war alles bereit. Die ganze Affäre diente zudem als eine willkommene Ablenkung von den Ereignissen auf dem Kontinent und als Nebelwand, hinter der die Kriegsvorbereitungen rasch vorangetrieben wurden.

26

August 1914 – Von Neutralität und der gerechten Sache

MIT GROSSEN SCHRITTEN EILTE eine Epoche ihrem Ende entgegen. Die letzte Woche war angebrochen. Die Kriegstreiber in London, Paris und Sankt Petersburg behielten mit unerschütterlicher Entschlossenheit das hohe Tempo bei. Erfolgreich hatte die Geheime Elite etwas, das als örtlich begrenzte Vergeltungsmaßnahme der Österreicher gegen Serbien gedacht war, zu einer viel größeren Sache aufgeblasen. Diplomatische Bemühungen ließ man vorsätzlich scheitern, damit durchtriebene Männer vermeintlich angewidert die Hände in die Luft werfen und diesen »unvermeidbaren« Krieg beklagen konnten. Verdeckt agierende Kräfte missbrauchten demokratische Prozesse und manipulierten mit politischer und finanzieller Macht die öffentliche Meinung. Die Propaganda verzerrte Motive, verwandelte Furcht in Hysterie und ermöglichte überhaupt erst den Wahn, bei dem jegliche Vernunft über Bord ging. Der große Kriegsplan, der durch einen Sieg über Deutschland die Vormachtstellung des Empire zementieren sollte, war so gut wie abgeschlossen. Es fehlte noch an einer »gerechten Sache«, mit der das britische Volk überzeugt und inspiriert werden konnte.

Am 1. August, einem Samstag, sandte Iswolski ein Telegramm aus Paris nach Sankt Petersburg:

> *Frankreichs Kriegsminister, in herzlicher und bester Laune, informierte mich, dass die Regierung sich verbindlich zum Krieg entschieden habe. Er bat mich, der Hoffnung des französischen Generalstabs Ausdruck zu verleihen, dass alle Bemühungen gegen Deutschland gerichtet sein werden …*[1]

Fast 24 Stunden bevor Deutschland die Generalmobilmachung verkündete und Russland den Krieg erklärte, hatte sich Frankreichs Regierung also schon »verbindlich zum Krieg entschieden«. General Joseph Joffre zerrte an der Leine. Er stellte Poincaré ein persönliches Ultimatum: Entweder werde die allgemeine

Mobilmachung angeordnet, oder er gebe die Verantwortung für das Oberkommando über die französischen Streitkräfte ab.[2] Als ob Poincaré weitere Ermutigung benötigt hätte. Um 16 Uhr gingen aus dem zentralen Telegrafenamt in Paris Telegramme mit dem Befehl der Generalmobilmachung ab. Zu diesem Zeitpunkt hatten Serbien, Österreich, Russland, Frankreich und Großbritannien auf die eine oder andere Weise damit begonnen, ihr Militär vorzubereiten. Einzig das Deutsche Reich hatte noch nichts unternommen.[3]

An diesem Nachmittag kam die deutsche Führung im Berliner Schloss zusammen. Bethmann Hollweg und von Jagow hatten sensationelle Neuigkeiten von Lichnowsky aus London im Gepäck: Die britische Regierung hatte soeben versprochen, dass Frankreich im Rahmen einer britischen Garantie neutral bleiben würde. Der Kaiser war ausgesprochen erleichtert und ließ Champagner kommen. Anschließend sandte er ein Telegramm an König George: »Wenn Frankreich mir seine Neutralität anbietet, die durch die britische Flotte und Armee garantiert werden muss, werde ich natürlich von einem Angriff auf Frankreich absehen.«[4] Der König bestellte Grey noch am selben Abend in den Buckingham Palace, damit ihm dieser bei der Antwort helfe. König George schrieb: »… glaube ich, dass ein Missverständnis vorliegen muss hinsichtlich einer Anregung, die in einer freundschaftlichen Unterredung zwischen Fürst Lichnowsky und Sir Edward Grey diesen Nachmittag erfolgt ist …«[5] Es gab keine Garantie und keine französische Neutralität. Es war einfach nur eine weitere Verzögerungstaktik gewesen, ein Trick, um sich einen Vorteil zu verschaffen.

Nachdem der Kaiser 24 Stunden lang vergeblich auf eine Antwort seiner telegrafischen Forderung gewartet hatte, Russland solle sämtliche Truppenbewegungen entlang der Grenze einstellen, befahl er die Generalmobilmachung. Als letzte europäische Großmacht entschloss sich das Deutsche Reich zu diesem unwiderruflichen Schritt. Wie passt das zu der Behauptung, Deutschland habe den Ersten Weltkrieg begonnen? Eine Stunde später wurde der deutsche Botschafter Pourtalès in Sankt Petersburg bei Sasonow vorstellig und fragte ihn dreimal, ob die russische Regierung die Mobilmachung abbrechen werde. In der Gewissheit, dass dies einen europäischen Krieg bedeutete, antwortete Sasonow, dass man weiter mobilmache. Graf Pourtalès überreichte dem russischen Außenminister die Kriegserklärung und brach in Tränen aus.[6] Es war 18 Uhr am 1. August.

Deutschlands Kriegserklärung war als Reaktion verständlich, taktisch jedoch war sie ein Fehler. Russland hatte mit der klaren Absicht mobilisiert, Deutschland anzugreifen, aber Sasonow war angewiesen worden, keine tatsächliche Kriegserklärung abzugeben. Wieder und wieder hatte Grey Poincaré und Sasonow eingebläut, dass Frankreich und Russland ihre militärischen Vorbereitungen und Kriegsabsichten vertuschen sollten, bis Deutschland den Köder geschluckt hatte. Niemals hätte sich das britische Volk in einem europäischen Krieg auf die Seite des Aggressors gestellt, deshalb musste unbedingt Deutschland als die Partei dastehen, von der die Gewalt ausging. Es war ein wenig wie auf dem Schulhof: Eine Bande legt sich mit einem einzelnen Jungen an, schubst ihn herum und bedroht ihn, aber wehe, er wagt es, sich zur Wehr zu setzen – schon ist er an allem schuld.

Was sonst hätte Deutschland tun können? Das Kaiserreich war zu einer Auseinandersetzung auf Leben und Tod provoziert worden. Nun musste es zwischen drastischen Wahlmöglichkeiten entscheiden: entweder geduldig die eigene Vernichtung abwarten oder zuschlagen, um sich zu verteidigen. Als Kaiser Wilhelm II. in der verzweifelten Hoffnung, dass Frieden noch möglich sei, zunächst nicht auf Russlands Mobilmachung reagierte, setzte er sein Land großen Gefahren aus und hätte um ein Haar Deutschlands Geschwindigkeitsvorteil aufgegeben. Damit die deutschen Streitkräfte bei einem Zweifrontenkrieg überhaupt eine Chance hatten, mussten sie blitzartig Erfolge einfahren. Deutschlands einzig wirksame Verteidigung lag in der Offensive.

Am 1. August verkündete die Londoner *Daily News*:

> *Das größte Unheil der Geschichte ist über uns hereingebrochen … In diesem Augenblick wird unser Schicksal besiegelt von Händen, die wir nicht kennen, von Motiven, die unseren Interessen fremd sind, von Einflüssen, die wir gewiss zurückweisen würden, wenn wir sie kennten …*[7]

Eine perfekte Zusammenfassung der Lage. Das britische Volk wusste überhaupt nichts über die Hände, die ihr Schicksal besiegelten. Für Russland wären die Briten niemals in den Krieg gezogen. Bei einem deutsch-russischen Krieg hätte sich der Großteil der Bevölkerung vermutlich ganz klar auf die Seite der Deutschen gestellt. Die öffentliche Meinung trachtete keineswegs nach einem Krieg. Jede liberale, radikale und sozialistische Zeitung des Landes sprach sich gegen eine Beteiligung an einem europäischen Konflikt aus, und auch für Hurrapatriotismus gab es keine offensichtlichen Anzeichen. Noch nicht.

Die Geheime Elite wusste ganz genau, womit sich die öffentliche Meinung überzeugen ließ: Belgien. Hatte Großbritanniens Kriegsgrund möglichst gar nichts mit Russland zu tun, wäre auch Greys letzte Vorbedingung erfüllt, und die Falle würde zuschnappen. Das »tapfere kleine Belgien« vor den verachtenswerten deutschen Invasoren zu schützen, das war ein Grund, für den die Leute auf die Straße gehen würden. Belgiens Neutralität würde Grey den besten Vorwand liefern, in den Krieg zu ziehen.

Und so wurde Belgiens Neutralität zu Greys Cause célèbre. Dem deutschen Botschafter Fürst Lichnowsky erklärte er, dass es sehr, sehr schwierig würde, die öffentliche Meinung in Großbritannien zurückzuhalten, wenn Deutschland Belgiens Neutralität verletze. Lichnowsky bat um Klarstellung: »Geben Sie mir eine bestimmte Erklärung über die Neutralität Großbritanniens, vorausgesetzt, dass wir Belgiens Neutralität wahren.«[8] Ein erstaunlicher Vorschlag und ein enormes Zugeständnis, das Großbritannien und Belgien die Schrecken des Krieges hätte ersparen können. Lichnowsky wollte genau das Zugeständnis machen, das Grey zufolge das britische Kabinett vom Kaiserreich forderte. Belgiens Souveränität bliebe gewahrt, dafür versprach Großbritannien seine Neutralität. Doch Grey blieb so doppelzüngig wie eh und je. Er redete um den heißen Brei herum, gab keine aufrichtige Antwort und versicherte Lichnowsky stattdessen: »Vorläufig gibt es nicht die geringste Absicht, feindlich gegen Deutschland vorzugehen.«[9]

Als der Kaiser die Depesche seines Botschafters las, schrieb er an den Rand:

> *Mein Eindruck ist der, dass Herr Grey ein falscher Hund ist, der Angst vor seiner eigenen Gemeinheit und falschen Politik hat, aber nicht offen Stellung gegen uns nehmen will, sondern durch uns dazu gezwungen werden will.*[10]

Wieder einmal traf Wilhelm den Nagel auf den Kopf, allerdings verfolgte Grey zwei Ziele: so viel Zeit wie möglich für Russland herauszuschinden und die Öffentlichkeit von einem Krieg zu überzeugen.

Erstaunlicherweise wurde Lichnowskys Vorschlag zur Neutralität weder dem Kabinett noch dem Unterhaus jemals vorgelegt. Wäre das geschehen, hätte vermutlich eine beträchtliche Mehrheit dem Vorschlag zugestimmt. Greys Täuschung wäre möglicherweise niemals ans Tageslicht gekommen, wenn nicht Reichskanzler Bethmann Hollweg das Angebot am 4. August im Reichstag publik gemacht hätte:

> *Wir haben der englischen Regierung die Erklärung abgegeben, dass, solange sich England neutral verhält, unsere Flotte die Nordküste Frankreichs nicht angreifen wird und dass wir die territoriale Integrität und die Unabhängigkeit Belgiens nicht antasten werden. Diese Erklärung wiederhole ich hiermit vor aller Welt …*[11]

Grey sorgte dafür, dass jedes Angebot von Frieden und Neutralität aus Berlin abgelehnt oder zurückgehalten wurde. Gleichzeitig erklärte er im Kabinett, wie empört er über das deutsche Verhalten sei: Das Kaiserreich habe »alle Bemühungen um Einigung abgetan, während es stetig auf den Krieg zumarschierte.«[12]

Kabinettskollege Charles Hobhouse registrierte damals eine deutliche Veränderung beim Außenminister und hielt diese Beobachtung in seinem Tagebuch fest. Er schrieb, seit dem Augenblick, als feststand, dass Deutschland die belgische Neutralität verletzen würde, sei Grey, »ansonsten die Aufrichtigkeit höchstpersönlich, vehement profranzösisch geworden, und er war es letztlich auch, der unseren Bruch mit Deutschland herbeiführte«.[13] Grey schlug sich überraschend auf die Seite Frankreichs? Wie wenig Hobhouse und viele seiner Kollegen Grey doch kannten, wie wenig sie von seinen jahrelangen Vorbereitungen für einen Krieg mit Deutschland wussten, von den Vereinbarungen, die er mit Frankreich getroffen hatte! In gewisser Hinsicht ist ihre Ignoranz verständlich. Viermal hatten Grey und Asquith zu unterschiedlichen Gelegenheiten während der vorangegangenen zwei Jahre im Unterhaus gestanden und dem Parlament feierlich erklärt, dass Großbritannien durch keinerlei geheime Absprachen an irgendein anderes europäisches Land gebunden sei.[14] In einem Privatschreiben an seinen Botschafter in Paris schrieb Grey: »Hätte ich Ausdrücke verwendet, die angedeutet hätten, all die Jahre habe möglicherweise ohne das Wissen des Parlaments eine geheime Absprache bestanden, die uns im Falle eines europäischen Krieges verpflichtet, hätte das einen Aufruhr im Parlament verursacht …«[15]

Tatsächlich beobachtete Hobhouse keinen plötzlichen Wandel bei Grey, sondern nur, dass dieser die Maske fallen ließ und sein Engagement für eine Sache öffentlich machte, die nicht benannt werden konnte – den Vernichtungskrieg, den die Geheime Elite gegen Deutschland führen wollte. Hobhouse sah Grey in einem neuen Licht, als denjenigen, der »unseren Bruch mit Deutschland herbeiführte«.[16] War ihm verspätet deutlich geworden, dass Sir Edward Grey ein hohes Maß an Verantwortung für den Ersten Weltkrieg trug?

Grey vergiftete die Atmosphäre im Kabinett mit profranzösischer, antideutscher Rhetorik. Vor allem rückte er nun Belgien in den Mittelpunkt der hitzigen Debatten. Schlagartig ging es um Loyalität gegenüber Belgien und um Großbritanniens Ruf als Großmacht. Sollten die Briten tatenlos zusehen, wie Belgien »zermalmt« wurde, wäre der Ruf des Empire auf ewig beschädigt. Grey lenkte die Debatten fort von der russischen Mobilmachung, er stellte die Absichten des Kaisers falsch dar und ließ das Thema Serbien komplett unter den Tisch fallen. Er zitierte aus dem Londoner Protokoll von 1839 und behauptete fälschlicherweise, das Abkommen verpflichte Großbritannien, Belgien vor Angriffen zu verteidigen. Asquith und Churchill stimmten ihm zu, aber die Mehrheit des Kabinetts leistete erbitterten Widerstand gegen Grey.[17]

Später sollte Grey behaupten, die Frage der belgischen Neutralität sei erstmals gegen Ende Juli 1914 aufgetaucht. Lange nach Kriegsende, als die Geheime Elite ihre Vorkriegshandlungen maskieren und gründlich umdeuten musste, schrieb Grey, als Reichskanzler Bethmann Hollweg am 29. Juli das Gespräch auf Belgien gelenkt habe, habe dies »einen Aspekt beleuchtet, der zuvor nicht betrachtet worden war«.[18] Als ob ihm und dem *Foreign Office* plötzlich ein Licht aufgegangen sei: Mensch, bei einem Krieg in Europa könnte Belgien ja eine strategisch wichtige Rolle spielen! Eine empörende Lüge, die seitdem ständig wiederholt wird. Sir Hew Strachan, Professor für Kriegsgeschichte und *All-Souls*-Fellow, bietet eine andere Interpretation: »Belgien war noch nicht entschieden in der

Frage, ob Deutschland der Invasor sein würde. Bis unmittelbar vor Kriegsausbruch verfolgte Belgien eine Politik der reinen Neutralität und behandelte alle Nachbarn wie mögliche Feinde.«[19] Das ist absolut falsch. Belgien machte gemeinsame Sache mit den Tripelentente-Ländern und speziell mit Großbritannien. Belgien war kein abgelegener und halb vergessener Flecken Europas, der von der Geschichte wiederholt übersehen worden war. Belgien hatte eine lange Geschichte als Schlachtfeld europäischer Kriege und lag in einer natürlichen Senke zwischen Jura und Ärmelkanal. Belgien war das Tor nach Paris. Oder nach Berlin, je nachdem.

Dass Greys Äußerungen kompletter Unfug waren, haben die vertraulichen belgischen Dokumente gezeigt, auf die wir ausführlich in Kapitel 6 eingegangen sind. Sie haben belegt, dass es streng geheime Militärabkommen zwischen Belgien und Großbritannien gab, und zwar schon seit 1906, als das *Committee of Imperial Defence* und das Kriegsministerium mit der Modernisierung des Heeres begannen. Im Rahmen des Abkommens wurden umfangreiche Absprachen für eine militärische Zusammenarbeit getroffen, außerdem gab es detaillierte Pläne für das Anlanden britischer Truppen.[20] Diese sollten in Dünkirchen und Calais in so großer Zahl landen, dass acht Tage nach Beginn der Mobilisierung die halbe britische Armee auf dem Kontinent wäre. Der Stützpunkt für den Nachschub sollte von Frankreich nach Antwerpen verlegt werden, sobald die Nordsee frei von deutschen Kriegsschiffen wäre. Der britische Militärattaché in Brüssel, Oberstleutnant Nathaniel Barnardiston, hatte gegenüber dem belgischen Generalstabschef, Generalmajor Ducarme, betont, dass die Vereinbarungen »absolut vertraulich« zu behandeln und nur seinem Minister und dem britischen Generalstab bekannt seien.[21]

Als die Krise auf dem Balkan 1912 einen europaweiten Krieg auszulösen drohte, wurden die Absprachen weiter vertieft. Geheime Leitfäden für das britische Militär aus diesem Jahr enthalten ausgesprochen detailreiche Karten belgischer Städte, Dörfer und ländlicher Regionen inklusive der Eisenbahnstationen, der als Beobachtungsposten tauglichen Kirchtürme, Treibstofflager, Straßen, Kanäle und Brücken. Briten und Belgier hatten ihre Militärtaktik bis in alle Einzelheiten durchgesprochen, bis hin zu den Fragen, wer Verbindungsoffizier sein würde, wer als Dolmetscher fungieren sollte und wo britische Verwundete untergebracht werden würden. Außerdem wurden belgische Bestimmungen ins Englische übersetzt. Barnardistons Nachfolger in Brüssel war Oberstleutnant George Bridges. Er vertraute den Belgiern an, dass sich Großbritanniens Armee aus sechs Infanteriedivisionen und acht Kavallerieregimentern zusammensetzte, insgesamt rund 160 000 Mann, und dass »alles bereit« sei.[22] Erstaunlicherweise heißt es im Protokoll des Gesprächs zwischen Bridges und dem damaligen Generalstabschef Harry Jungbluth, dass, sollte Deutschland Frankreich angreifen, »die Briten ihre Truppen unter allen Umständen in Belgien anlanden« würden – also mit oder ohne die Zustimmung der Belgier.[23] So viel zum Thema heilige belgische Neutralität. Im Februar 1914 wurde der Wechselkurs für die britischen Soldaten festgelegt, die in Belgien kämpften – sechs Monate vor Ausbruch des Konflikts.[24]

Zu Kriegsbeginn hatten Briten und Belgier seit mindestens acht Jahren intensiv gemeinsame militärische Planungen für einen Krieg mit Deutschland betrieben. Als Bethmann Hollweg am 29. Juli sein ehrenwertes Angebot für Belgiens Integrität vorlegte,[25] war das keineswegs die plötzliche und unerwartete Erleuchtung, wie uns Grey glauben machen wollte. Für ihn war das eine willkommene Entschuldigung, er hielt nun einen »Beweis« für Deutschlands »böse Absichten« in Händen. Am 1. August drängte Grey die belgische Führung telegrafisch, ihre absolute Neutralität zu wahren.[26] Belgien musste den Bluff der Neutralität unbedingt bis zum allerletzten Augenblick aufrechterhalten, damit Grey seine Trumpfkarte nicht einbüßte.

Die »Neutralität« Belgiens war nichts als Täuschung. Grey wusste ganz genau, dass sich Belgien an der Seite von Großbritannien, Frankreich und Russland gegen Deutschland stellen würde. So war es seit Langem arrangiert. Die Northcliffe-Presse würde Deutschland mit Hass und Gift überziehen, und die Geheime Elite konnte ihren Krieg beginnen. Grey wusste, dass Belgien bereits seit fast einer Woche mobilmachte – unter dem Vorwand, sich gegen jeden zur Wehr setzen zu müssen, der die belgische Grenze überschreiten wollte. Deshalb hatte die belgische Regierung am 24. Juli die Mobilisierung verkündet und am 28. Juli drei Klassen von Heeresreserven einberufen.[27] Belgien war so gut wie nur möglich darauf vorbereitet, die deutschen Invasoren zurückzuwerfen. Dass dieses »neutrale« kleine Land am selben Tag mit den militärischen Vorbereitungen gegen Deutschland begann wie Russland und Frankreich, ist keineswegs Zufall.[28]

Wie zuvor Serbiens »Würde und Souveränität« wurden auch Belgiens Unabhängigkeit und Souveränität verklärt und auf eine höhere moralische Ebene gehoben. Derart uneigennützige und galante Gefühle passten zum öffentlichen Auftreten der Geheimen Elite, während sie hinter den Kulissen diese kleinen »unabhängigen« Länder manipulierte, ihnen Dinge vorschrieb, sich in ihre Angelegenheiten einmischte und diese Staaten im Grunde kontrollierte. Ähnlich lag der Fall bei Russland, wo sie durch ihre Marionetten Iswolski und Sasonow Macht ausübten, und Frankreich, wo Poincaré ihr Handlanger war. Die Scheinheiligkeit Greys und der Geheimen Elite kannte keine Grenzen. Sie wussten sehr wohl, dass Deutschland notwendigerweise durch Belgien würde marschieren müssen, um sich gegen Frankreich zur Wehr zu setzen. Diese zeitweilige Anwendung des Wegerechts war etwas völlig anderes als eine dauerhafte und widerrechtliche Invasion. Es gab dafür Präzedenzfälle: Während des Burenkriegs war britischen Truppen die Durchreise durch neutrales portugiesisches Territorium gewährt worden.[29] Das Ausmaß der britischen Scheinheiligkeit zum Thema Belgien war wirklich atemberaubend. Seit Jahrhunderten stapften die bewaffneten Truppen der britischen Imperialisten ungefragt durch aller Herren Länder, aber dabei handelte es sich ja um etwas völlig anderes, das war ganz offensichtlich das gute Recht der Briten.

Greys Haltung wurde noch gestärkt durch seinen Mentor im Außenministerium, Sir Eyre Crowe. Crowe lieferte ihm in einem geheimen und ausführlichen Memorandum Antworten auf alle potenziellen Einwände des Kabinetts.[30] Crowe war der Sache der Geheimen Elite so sehr verschworen, dass er mit der festen Überzeugung eines unfehlbaren Eiferers auftrat. Großbritannien solle sich nicht an einem europäischen Krieg beteiligen? Dann, so Crowe, wäre es nichts als eine gewaltige Ressourcenverschwendung, sich eine allmächtige Flotte und ein spezielles Expeditionskorps zu halten. Anzeichen für eine Panik im Londoner Finanzdistrikt und an Europas Börsen? Laut Crowe nichts als ein Teil der gut durchdachten deutschen Kriegspläne. Die deutschen Kreditinstitute stünden doch »bekanntermaßen« täglich in Kontakt mit der deutschen Botschaft und würden auf den Untergang des Empire hinwirken. Das war schon eine sehr kühne Aussage, wenn man bedenkt, welch enge Verbindung zwischen der britischen Regierung und den Häusern Rothschild, Baring und Lazard bestand. Britische Neutralität? Eine völlig ehrlose Angelegenheit, so Crowe. Die Tripelentente hingegen war ein moralisches Band. Die Forderung, England dürfe unter keinerlei Umständen in den Krieg ziehen, tat Crowe mit der Begründung ab, dass dies politischem Selbstmord gleichkäme. Er endete mit einem Ruf zu den Waffen: »Ich bin überzeugt davon, dass unsere Pflicht und unser Interesse als darin bestehend erkannt werden, Frankreich in der Stunde der Not beizuspringen. Frankreich hat den Konflikt nicht gesucht, er wurde dem Land aufgezwungen.«[31] Das waren die Werte, die das britische Kabinett akzeptieren sollte – ein Schwall Lügen, der gebetsmühlenartig wiederholt wurde, bis er als Tatsache akzeptiert wurde.

Würden die Agenten der Geheimen Elite das Kabinett überzeugen können, dass Großbritannien keine andere Wahl als Krieg bleibe? Er habe ein Problem, gestand Asquith in einem Brief an seine teure Venetia Stanley ein: Das Kabinett war in der Frage gespalten, ob man überhaupt in den Krieg ziehen sollte, nicht einfach gespalten – es lehnte einen derart epochalen Schritt vehement ab. Niemand sollte unterschätzen, vor welch gewaltiger Aufgabe Grey und Asquith standen. Daran änderte auch nichts, dass Northcliffe und die *Times* und alle mächtigen Strippenzieher den Kriegstreibern unermüdlich zuarbeiteten: Dieses Kabinett hatte überhaupt nicht die Absicht, in den Krieg zu ziehen oder einem Krieg zuzustimmen. Das Kabinett repräsentierte eine Partei, die niemals für Krieg stimmen würde, gewählt von einer Bevölkerung, die nichts übrig hatte für den Krieg, der für sie in Vorbereitung war. Wenn jemals eine unvereinbare Gruppe sorgfältiges Management benötigte, dann war es Asquiths liberales Kabinett. Die Art und Weise, wie Grey, Haldane, Churchill und Lloyd George die Ziele der Geheimen Elite erreichten, ist ein Paradebeispiel dafür, wie gute

Männer durch Erwartungen, Druck, Fehlinformationen und eine aufgeheizte Öffentlichkeit mürbegemacht werden können und sich von dem abwenden, was sie für richtig halten.

Am Sonntag, dem 2. August 1914, berief Asquith das Kabinett zu einer Sondersitzung ein. Hätte vor dem Treffen eine Abstimmung zu der Frage stattgefunden, ob sich Großbritannien an einem europäischen Krieg beteiligen solle, hätten nur die uns vertrauten Falken dafür gestimmt. Die anderen erfahrenen Politiker hätten es abgelehnt. Lord Morley beschwerte sich, man habe nichts davon gewusst, wie umfangreich die Heeres- und Flottenvereinbarungen mit den Franzosen waren. Ihnen wurde bewusst, dass »im Schlaf um sie herum ein Netz aus Verpflichtungen gesponnen worden war, von denen man ihnen versicherte, es handle sich nicht um Verpflichtungen«.[32] Aber allmählich dämmerte es ihnen, und Asquith war gewieft genug, um nicht mit einer überhasteten Abstimmung eine Entscheidung übers Knie brechen zu wollen.

Den besorgten, bedrückten, loyalen Liberalen machten ihr Gewissen und der jahrelange Kampf für Frieden diese Sitzung nahezu unerträglich. Das ungeheure Ausmaß dessen, was ihnen da so unvermittelt präsentiert wurde, bereitete ihnen Kopfzerbrechen. Den Vorschlag der Deutschen zur Neutralität behielt Sir Edward Grey für sich, als Option kam das Angebot niemals zur Sprache. Wahrscheinlich hätten sich die Dinge anders entwickelt, wenn das Kabinett sämtliche relevanten Informationen erhalten hätte, wenn die Minister Zeit gehabt hätten, die Optionen durchzugehen und sich mit anderen gründlich zu besprechen. Stattdessen mussten sie sich Lageberichte aus Berlin, Paris, Sankt Petersburg, Wien und Brüssel anhören, die für sie überraschend kamen und die auf eine Weise präsentiert wurden, die das Deutsche Reich als den Bösewicht darstellte.

Gerüchte über Rücktritte von drei, möglicherweise vier Ministern machten die Runde, trübten die Stimmung zusätzlich und stellten das Kabinett vor die Zerreißprobe. Asquith hätte eine Koalitionsregierung mit den Konservativen und den Unionisten bilden müssen. Reizvoll erschien das nicht, aber Asquith wusste, wenn es hart auf hart käme, könnte er mit diesen Parteien in den Krieg ziehen. Von den führenden Männern der *Tories* – Andrew Bonar Law, Lord Lansdowne und Joseph Austen Chamberlain – hatte Asquith schriftlich die uneingeschränkte Zustimmung für alles bekommen, was die Regierung für notwendig erachtete, um Russland und Frankreich bei ihrem Krieg mit Deutschland zu unterstützen. Aus ihrer Sicht wäre es »fatal für die Ehre und Sicherheit des Vereinigten Königreichs, zum derzeitigen Zeitpunkt mit der Unterstützung für Frankreich und Russland zu zögern«.[33] Balfour hatte das Schreiben im inneren Kreis der Geheimen Elite angeregt. So wie die Agenten der Geheimen Elite Sasonow immer wieder ihre Rückendeckung zusagten, so wurde auch Grey und Asquith signalisiert, dass sie nicht allein seien.

Sie sollten keine übereilte Entscheidung treffen, appellierte Asquith an John Burns,[34] Sir John Simon, Lord Beauchamp, Joseph Pease und weitere Mitglieder des Kabinetts, die offensichtlich schwankten. Er bat sie, zumindest die Rede von Sir Edward Grey vor dem Parlament abzuwarten. Auch wenn es eine Illusion sein mochte: Der Öffentlichkeit sollte man sich in dieser Situation als geschlossenes und nicht als zerstrittenes Kabinett präsentieren. Asquith wollte den Kriegsgegnern zudem keine Leitfiguren liefern, um die sich die Öffentlichkeit sammeln konnte. Jetzt mussten die letzten Schritte getan werden, jetzt musste Großbritannien in den Krieg geführt werden, da würde sich die Geheime Elite nicht auf unerwünschte Ablenkungen einlassen. Auch das Lager derer, die sich am liebsten völlig herausgehalten hätten, bildete keine geschlossene Front. Einige würden damit leben können, wenn Belgiens Neutralität verletzt würde. Am Kabinettstisch erörterte man die Vor- und die Nachteile der Neutralität. Schließlich verständigte man sich locker auf eine gemeinsame Linie: Grey sollte im Unterhaus erklären, dass Großbritannien nicht tatenlos zusehen würde, sollte es zu einer Invasion Belgiens kommen, dass man Frankreich auf See unterstützen und Deutschland davon in Kenntnis setzen würde.[35]

Drei Stunden dauerte diese erste Kabinettssitzung, von 11 bis 14 Uhr. Um diese Uhrzeit kritzelte Asquith eine Notiz an Venetia Stanley: »Wir stehen am Rande eines Bruchs.«[36] Der Premierminister war dafür bekannt, sehr viel zu trinken, aber willenlos herumschubsen ließ er sich deswegen noch lange nicht. Wie kaum jemand sonst wusste er, welch enorme Aufgabe es war, das Kabinett auf Kriegskurs zu bringen – nicht zuletzt, weil er überzeugt war, drei Viertel seiner Partei seien für »absolute Nichteinmischung, egal zu welchem Preis«.[37] Er tat alles, um eine endgültige Entscheidung zu vermeiden, und seine Taktik ging auf.

Mit Abstand am vehementesten sprach sich Churchill für einen Krieg aus. Asquith schrieb: »Winston sehr kriegerisch, fordert sofortige Mobilmachung.«[38] Das Kabinett hatte ihm die Erlaubnis verweigert, die Mobilisierung der Flotte weiter voranzutreiben, aber Churchill gab dennoch den entsprechenden Befehl.

Da wollte Sir Edward Grey nicht zurückstehen. Als sich um 15 Uhr an diesem Sonntagnachmittag eine Pause zwischen den zwei Kabinettssitzungen bot, rief er den französischen Botschafter Paul Cambon an und bestätigte, dass die *Navy* alle deutschen Kriegsschiffe versenken werde, die mit der Absicht in den Ärmelkanal einliefen, Frankreich anzugreifen. Eigentlich hätte dies das Parlament beschließen müssen, aber den Abgeordneten wurde diese Frage niemals gestellt. Sorgfältig verbarg Cambon seine Begeisterung. Er wusste: Wenn die Briten bereit waren, zum Schutz der Küste am Ärmelkanal einzugreifen, waren sie auf dem besten Weg, sich voll und ganz einzubringen. Später sollte er kommentieren: »Das Spiel war gewonnen. Ein großes Land macht im Krieg keine halben Sachen.«[39] Cambon wusste es, Grey wusste es: Großbritannien würde in den Krieg ziehen.

Und was machte eigentlich David Lloyd George, der ehemalige Pazifist und betörende, unaufrichtige Liebling der radikalen Massen, der Mann, in den die Friedensbefürworter unter den Liberalen so viel Hoffnung und Vertrauen investiert hatten? Lloyd George schien für »Nichteinmischung«[40] zu sein und wäre eigentlich die logische erste Wahl als Anführer dieses Lagers. Dafür hielt man ihn dort auch, saß damit aber einem gewaltigen Irrtum auf. Lloyd George hatte schon vor Langem seine Seele an die Geheime Elite verkauft, ansonsten wäre eine pazifistische liberale Fraktion unter seiner Führung wohl der absolute Albtraum der Geheimen Elite geworden. Er hätte praktisch unbegrenzten Schaden anrichten können. Ein Kabinettsflügel unter der Führung eines landesweiten Idols, ein Sammelpunkt für die Liberalen und die *Labour Party* – für die Falken wäre das eine Katastrophe gewesen. Aber Lloyd George war nicht das, wonach er aussah. Die Geheime Elite hatte ihn nicht aus reiner Menschenfreundlichkeit gerettet, als ihm öffentliche Skandale, außereheliche Exzesse, Gerichtsverfahren und die Schmach des Marconi-Skandals zusetzten. Sie hatte ihn nicht deshalb mit Geld und Mätressen ausgestattet und ihm ein Luxusleben ermöglicht, das er sich sonst niemals hätte leisten können. Nein, Lloyd George zahlte hier einfach weiter seine über eine lange Zeit angehäufte Schuld zurück.

An jenem Abend traf sich das Kabinett erneut. Grey informierte die Kabinettsmitglieder, dass er Cambon von der Vereinbarung erzählt habe, Frankreich im Falle eines deutschen Angriffs von See aus zu schützen. Es wurde nichts weiter beschlossen. Niemand schien zu realisieren, was Cambon sofort geschlussfolgert hatte: Großbritannien hatte sich für eine Seite entschieden. Das liberale Kabinett stand kurz vor dem Zerfall. Zehn oder elf Minister lehnten noch immer den Krieg ab.[41] Sie waren nicht unentschlossen, sie waren gegen den Krieg. Die typisch britischen Qualitäten – Fairness, Anstand, parlamentarische Demokratie – würden doch gewiss das Land vor einer Katastrophe bewahren, die seine gewählten Vertreter nicht wollten?! Einige der weniger bekannten Kabinettsminister blickten auf der Suche nach Führung auf Lloyd George, doch vergeblich. Das Kabinett wäre in jener Nacht zerbrochen, wenn Lloyd George sich an die Spitze der Zauderer gestellt hätte, schrieb Lord Morley später. Und Harcourt appellierte an den Premier, »für uns zu sprechen«.[42] Vergebens. Lloyd George führte die Kriegsgegner in eine Sackgasse und ließ sie dort stehen. In Brüssel übergab an jenem Abend im August der deutsche Botschafter den versiegelten Brief, den Moltke ihm vorher zur Aufbewahrung zugestellt hatte.[43] In dem Schreiben hieß es, Deutschland habe verlässliche Informationen, dass Frankreich durch Belgien marschieren und das Kaiserreich angreifen wolle. Deutschland sei als Reaktion darauf seinerseits gezwungen, in Belgien einzumarschieren. Wenn sich Belgien nicht in den Weg stelle, verspreche Deutschland, nach Ende des Krieges und mit Friedensbeginn das Territorium zu räumen, für alle entstandenen Schäden aufzukommen und die Lebensmittel zu bezahlen, die die deutschen Truppen verbrauchten. Sollte Belgien die deutschen Einheiten dagegen nicht widerstandslos passieren lassen, sehe Deutschland sich leider gezwungen, Belgien als Feind zu betrachten. Der belgischen Regierung wurden zwölf Stunden Zeit für eine Antwort gegeben, also bis um 7 Uhr am Morgen des 3. August.[44]

König Albert I. von Belgien schickte Sir Edward Grey eine Botschaft: Belgien werde das deutsche Ansinnen ablehnen, man bitte um die Hilfe Großbritanniens. Das Telegramm traf zum perfekten Zeitpunkt für Greys alles entscheidende Rede im Unterhaus an jenem Abend ein. Es lieferte ihm Munition, die Gegenstimmen in Kabinett und Parlament zu überzeugen. Wie konnte jemand, der sich selbst als moralischer Mensch verstand, den verzweifelten Hilfeschrei des tapferen kleinen Belgien ablehnen?[45]

In der Nacht auf Montag, den 3. August, während das Kabinett im Bett lag und von Asquiths Absichten nichts ahnte, trieb der Premier klammheimlich alle Kriegsvorbereitungen voran. Er schrieb die Genehmigung für die Mobilisierung der Armee. Lord Haldane höchstpersönlich brachte die Anweisung um 11 Uhr vormittags ins Kriegsministerium und gab exakt jene Befehle aus, die er Jahre zuvor, damals noch als Kriegsminister, formuliert hatte.[46] Die ersten Schritte waren bereits fünf Tage zuvor eingeleitet worden, nun machte man die Anweisungen offiziell. Durch ihre Agenten hatte die Geheime Elite die Generalmobilmachung von Flotte und Armee genehmigt, ohne dass Kabinett und Parlament dem zugestimmt hätten.

Es war ein warmer Vormittag an diesem Bankfeiertag, als die Minister erneut in die Downing Street zurückkehrten. Kurz vor der Kabinettssitzung traf sich Asquith mit Bonar Law und Lord Lansdowne, der Spitze der *Tories*. Er erklärte ihnen, sollte eine größere Anzahl liberaler Minister zurücktreten, bliebe nur noch das Mittel einer Koalitionsregierung. Er wusste, er konnte sich in Kriegsfragen auf sie verlassen, denn die konservative Führung handelte ebenfalls im Auftrag der Geheimen Elite.

Im Kabinett gab Asquith den Rücktritt von John Burns, Lord Morley und dem Parlamentarischen Staatssekretär Charles Trevelyan bekannt. Er fragte, ob er dem König seinen Rücktritt anbieten solle oder ob eine Koalitionsregierung die Lösung sei. Im Grunde stellte das die reinste Erpressung dar. Er wusste, in diesem kritischen Augenblick würden die Zauderer nur höchst ungern die liberale Regierung stürzen. Niemand sonst bot seinen Rücktritt an, das Kabinett ging in ziemlicher Unordnung auseinander. Die Frage, ob das Land in den Krieg ziehen solle, blieb offen. Was für ein cleverer Schachzug. Asquith kämpfte scheinbar unermüdlich für einen Konsens, machte damit seine Kritiker mürbe und wahrte den Anschein einer offenen Diskussion. Später, viel später, sollte ein anderer Premierminister das Märchen von der belgischen Neutralität durch das Märchen über Massenvernichtungswaffen ersetzen.

Im Parlament fand Sir Edward Grey deutlich mehr Zuspruch bei der Opposition als im eigenen Parteilager. Balfour, Bonar Law, Frederick Smith und Carson hatte man im Vorfeld darüber informiert, dass ein Krieg wahrscheinlich sei, und sie hatten ihre uneingeschränkte Unterstützung zugesagt.[47] Im Oberhaus standen viele mächtige Männer bereit, dafür zu sorgen, dass alle Anstrengungen in Richtung Krieg unternommen wurden. Die Lords Derby, Lansdowne, Rothschild, Curzon und Milner – das Herz der Geheimen Elite – hatten den Pressebaron Lord Northcliffe sowie die Vertreter der Finanz-, Industrie- und Handelsinteressen an ihrer Seite. Grey würde im Parlament im Zentrum der Aufmerksamkeit stehen, aber allein wäre er zu keinem Zeitpunkt.

Um 15 Uhr versammelten sich an jenem Tag die Abgeordneten im Unterhaus voller Anspannung und Erwartung. Viele dürften den leidenschaftlichen Aufruf gelesen haben, mit dem die *Times* gegen Deutschland zu den Waffen gerufen hatte. »Die Schuld ist vor allem Deutschland zuzuschreiben«, so die zentrale Aussage. Wie ironisch sich doch der Leitkommentar von Geoffrey Dawson liest! Dawson beschwert sich, dass Deutschland »hinter einer Fassade der Gespräche mobilisierte«, dabei traf das genaue Gegenteil zu. Wer in böswilliger Absicht heimlich die Truppen mobilgemacht hatte, waren die Russen, die Franzosen und die Briten. Deutschland wolle in Frankreich einfallen, hieß es in der *Times*, Deutschland wolle Frankreich zermalmen, Deutschland wolle in den Niederlanden und Belgien einfallen. Deshalb müsse Großbritannien, müsse das Empire seiner Pflicht nachkommen: »Wenn Großbritannien in den Krieg zieht, zieht das gesamte Empire in den Krieg.«[48] Die *Times* war bereits einen Schritt weiter.

Als Sprachrohr der Geheimen Elite war die *Times* bestens über alle Belange des Geheimbunds informiert. Sie brachte einen ausführlichen Insiderbericht über die zähen Kabinettssitzungen vom Sonntag und äußerte sich verächtlich über die Handvoll »Dissidenten« im Kabinett, die eine Intervention ablehnten. Es sei »kein Nachteil«, wenn Asquith seiner Regierung etwas frisches Blut verpasse, regte das Blatt vergnügt an. Dass die *Times* einen Schritt weiter war, ist keine leere Behauptung. Deutschland beispielsweise erklärte Frankreich noch am selben Tag um 18.15 Uhr den Krieg. Doch all das sollte nur einen Vorgeschmack auf die Lügen und die Propaganda darstellen, die nun notwendigerweise folgen sollten.

Zusammenfassung von Kapitel 26: August 1914 – Von Neutralität und der gerechten Sache

- Rasch steuerten die europäischen Großmächte auf einen Krieg zu. Die Geheime Elite benötigte noch eine gerechte Sache, um derentwillen die Briten in den Krieg ziehen konnten.
- Reichskanzler Bethmann Hollweg lieferte Grey den perfekten Vorwand, als er den künftigen Status Belgiens gegen ein Neutralitätsversprechen der Briten eintauschen wollte.

- In seinen Memoiren behauptet Grey, Belgien sei bis dahin kein Thema gewesen. Das ist eine ungeheuerliche Lüge. Seit 1905 die ersten Gespräche mit Frankreich begannen, wusste die Geheime Elite, dass die britischen Truppen aller Wahrscheinlichkeit nach in Belgien und in Nordfrankreich stationiert werden würden.
- Für Greys Planungen war es wichtig, dass Belgien nach außen den Anschein von Neutralität wahrte.
- Mit der Unterstützung und unter der Führung von Sir Eyre Crowe und Sir Arthur Nicolson im *Foreign Office* bereitete sich Grey darauf vor, wie er das ahnungslose Kabinett daran hindern konnte, gegen eine britische Beteiligung am bevorstehenden Krieg zu stimmen. Keine leichte Aufgabe.
- Grey und Asquith trafen sich heimlich mit Politikern der Geheimen Elite, die den Konservativen und den Unionisten angehörten. Ziel war es, sie an Bord zu holen und sich die Unterstützung des Parlaments für den Krieg zu sichern.
- Mithilfe des Themas Belgien wurde das Kabinett unter gewaltigen moralischen Druck gesetzt, vor allem von Grey, Haldane und Churchill. Asquith gab sich unparteiisch, ließ aber durchblicken, dass er gemeinsam mit Grey zurücktreten würde, sollte das Kabinett den Außenminister auflaufen lassen.
- Lloyd George wäre ein hervorragender Anführer der Interventionsgegner gewesen, hätte er sich gegen den Krieg gestellt. Stattdessen führte er mit seinen Aktionen seine Kabinettskollegen hinters Licht.
- Die Kriegsgegner im Kabinett stellten die Mehrheit, aber sie wurden entweder unschädlich gemacht (Lloyd George) oder massiv unter Druck gesetzt, mit eventuellen Rücktritten zu warten. Sie sollten einsehen, dass es für das Land am besten wäre, erst Greys Parlamentsansprache am 3. August abzuwarten.
- Ohne das Wissen, geschweige denn die Erlaubnis des Kabinetts mobilisierte Churchill die Flotte, während Asquith Haldane ins Kriegsministerium schickte, um die Armee bereit zu machen. Grey kontaktierte den französischen Botschafter Paul Cambon und bestätigte ihm, dass Großbritannien die französische Küste vor deutschen Angriffen schützen werde. Damit wurde jedweder Anschein britischer Neutralität fahren gelassen.

27

Die Rede, die Millionen Menschenleben forderte

ES STEHT VÖLLIG AUSSER FRAGE: Den letzten Akt, der aus einem kontinentalen Krieg einen Weltkrieg machte, bestimmte die Geheime Elite. Die Person, die dieser Entscheidung ein Gesicht gab und die in ganz Europa die Lichter ausgehen ließ, war der britische Außenminister Sir Edward Grey.[1] Seine Rede vor dem Unterhaus am Montag, dem 3. August 1914, war der Wendepunkt. Sie beeinflusste das Parlament, die Nation und das gesamte Empire.

Für die meisten Parlamentsabgeordneten war dieser Montag, ein Bankfeiertag, ein Tag voller Aufregung und Unglauben. Ein irischer Abgeordneter erinnerte sich später, ihm sei erst, als im Unterhaus zusätzliche Stühle aufgestellt wurden, bewusst geworden, dass »etwas ganz Ungewöhnliches zu erwarten war«.[2] So viele Abgeordnete drängten sich in der kleinen Kammer, dass nicht einmal die zusätzliche Bestuhlung ausreichte. Die Luft knisterte vor Spannung, Ungewissheit und einer Besorgnis, wie sie nur wenige je zuvor verspürt hatten.

Während die Abgeordneten noch dabei waren, sich zu versammeln, trieben die »Drei von Relugas« die Kriegsvorbereitungen bis zum Äußersten. Auf Anweisung von Asquith kehrte Haldane in sein altes Revier, das Kriegsministerium, zurück und rief den Armeerat zusammen. Den Generälen sei »schon etwas der Atem weggeblieben«, als er verkündete, der Premierminister habe ihm die Befugnis gegeben, sofort das Expeditionskorps, das Territorialheer, die Milizen der *Special Reserve* und das *Officer Trainings Corps* zu mobilisieren, so Haldane. Verblüfft sah die Öffentlichkeit, wie Züge nach Newhaven und Southampton für das Militär requiriert wurden. Es »gehe um Leben und Tod«, schrieb Haldane.[3] Und all das erfolgte, ehe Grey überhaupt ans Rednerpult trat.

Bei allem, was noch kommt, sollte man niemals aus den Augen verlieren, dass Grey vor dem Parlament sprach und über Parlament und Presse zur Nation.[4] Es handelte sich nicht um eine Debatte, Grey wurde weder von den Abgeordneten ins Kreuzverhör genommen, noch musste er sich erklären. Wieder und wieder hatten er und seine Mitverschwörer versprochen, dass man militärische

Verpflichtungen mit Frankreich und Russland erst dann eingehen könne, wenn das Unterhaus offiziell zugestimmt habe. Allen war klar, was das bedeutete: eine auf Fakten gestützte Debatte im Parlament mit anschließender Abstimmung. Es gab keine Debatte, es gab keine Abstimmung. Der Geheimen Elite lag nichts daran, demokratische Zustimmung einzuholen für alles, was sie organisiert und manipuliert hatte, und ganz gewiss nicht dafür, Großbritannien in den Krieg zu führen. Mit cleveren Wortklaubereien und wiederholten Lügen verleitete Grey das Parlament zu glauben, es »stehe ihm frei, die folgenschwerste Entscheidung in der Geschichte zu treffen«.[5]

Die Kriegsfalken begrüßten Greys Position als staatsmännisch und nobel, sie sprachen von Pflicht und Loyalität, von Verpflichtungen und Integrität. Viele Stimmen erhoben sich gegen Greys Rede, aber sie wurden von den Agenten der Geheimen Elite im Parlament übertönt, vom Großteil der Tageszeitungen abgetan und von der Geschichtsschreibung größtenteils ignoriert. Greys Rede war keine großartige Rede, Leo Amery verspottete sie als engstirnig und uninspirierend,[6] aber sie besaß dennoch enorme Bedeutung. Selten hörte das Unterhaus einem Außenminister derart aufmerksam zu. Grey gab die Tonalität vor, indem er erklärte, der Friede in Europa sei »nicht zu wahren«.[7] Er distanzierte sich und das *Foreign Office* von jedweder Beteiligung oder irgendwelchen Absprachen. »Wir haben beständig und zielstrebig mit aller uns zur Verfügung stehenden Ernsthaftigkeit daran gearbeitet, den Frieden zu bewahren«.[8] Daraus bezog Grey seine moralische Haltung. Eine atemberaubende Lüge, bedenkt man die geheimen Absprachen mit Iswolski und Sasonow, Poincaré und dem *Committee of Imperial Defence*, die Geheimabkommen und Übereinkünfte sowie all die Ränke, mit denen Berchtold und die Österreicher dazu getrieben worden waren, Forderungen an Serbien zu stellen. Dass Russland und Deutschland sich gegenseitig den Krieg erklärt hatten, akzeptierte er geradeso, als wolle er sagen: »Was hätte ich dagegen tun können?« Großbritannien und die britischen Diplomaten hatten damit nichts zu tun? Diese Behauptung war komplett falsch.

Grey appellierte an die britischen Interessen, an die britische Ehre und an die britischen Verpflichtungen. Das stammte aus dem Memorandum von Sir Eyre Crowe,[9] was nicht weiter überrascht, denn vermutlich hatte Grey seine Rede sorgfältig mit seinen Komplizen im Außenministerium einstudiert, bevor er sich dem Unterhaus stellte. Er betonte, dass es dem Unterhaus freistand zu entscheiden, »welche Haltung Großbritannien einnehmen soll«, und versprach, dem Parlament Beweise dafür vorzulegen, »wie ehrlich und aufrichtig die Bemühungen um Frieden waren«.[10] Was man später dem Parlament aushändigte, waren sorgfältig selektierte diplomatische Dokumente, darunter drei Telegramme, die niemals abgeschickt worden waren.[11] Schlimmer noch waren aber die gründlich geänderten Versionen von Dokumenten, unumstößlicher Beweis für die Betrügereien des *Foreign Office*.

Grey räumte ein, dass Marine- und Heeresexperten aus Großbritannien und Frankreich seit einiger Zeit »Gespräche« führten, aber den Abgeordneten wurde nicht klar, dass er die Unterredungen bereits 1906 genehmigt hatte, und zwar ohne Zustimmung des Kabinetts. Grey legte ein Schreiben des französischen Botschafters Paul Cambon vor, in dem dieser praktischerweise erklärte, dass unabhängig davon, wo die britische und die französische Flotte gerade stationiert sein mochten, dies nichts mit irgendwelchen Absprachen zur Zusammenarbeit im Kriegsfall zu tun habe. Eine glatte Lüge, aber die Abgeordneten und das britische Volk mussten schließlich hinters Licht geführt werden. Auf einen Zwischenruf von Lord Charles Beresford hin räumte Grey ein, dass der Brief bereits zwei Jahre alt war, dem Parlament aber niemals vorgelegt worden war. Und noch schlimmer daran war, dass Grey nur einen Teil aus dem offiziellen Schreiben vorlas und den Schluss unterschlug: »Wenn diese Maßnahmen Handlungen involvieren, sollen die Pläne der Generalstäbe sofort berücksichtigt werden. Die Regierungen würden dann beschließen, wie sie wirksam werden sollen.«[12]

Die Pläne der Generalstäbe? Welche Pläne? Wie kam es zu diesen Plänen? Hätte Grey publik gemacht, dass die Generalstäbe beider Länder Vorkehrungen für ein gemeinsames militärisches Vorgehen getroffen hatten, hätte das für einen Aufruhr bei den Liberalen, der *Labour Party* und den Befürwortern der Home Rule gesorgt. Schlagartig wären sämtliche Dementis, die man Fürst Lichnowsky und dem Kaiser gegenüber gemacht hatte, demaskiert worden. Alle früheren Aussagen von Premierminister Asquith, es gebe keine geheimen Vereinbarungen, die Großbritannien im Kriegsfall an Frankreich binden, wären als vorsätzliche Täuschung aufgeflogen.[13]

In seinen persönlichen, 1925 veröffentlichten Memoiren behauptete Grey, der Vorwurf, er habe den Schluss des Schreibens unterschlagen, sei ihm erst 1923 zu Ohren gekommen. Er könne sich das nur dadurch erklären, dass er beim Verlesen des Briefes unterbrochen wurde. »Vielleicht hielt ich den letzten Satz auch für unbedeutend, denn er veränderte den Sinn oder den Tenor des zuvor Verlesenen nicht.«[14] Lachhaft. Wirklich absolut lachhaft. Diese Sätze hätten den Sinn von Greys Rede zerstört und jahrelange heimliche Kriegsvorbereitungen aufgedeckt.

Wiederholt betonte Grey, Regierung und Unterhaus könnten völlig frei entscheiden, was zu tun sei, und es stünden keinerlei frühere diplomatische Vereinbarungen dem demokratischen Entscheidungsprozess im Wege. In Wahrheit jedoch hatte Grey keineswegs die Absicht, das Unterhaus nach seiner Meinung zu fragen. Einzig die Meinung der Geheimen Elite zählte.

Als der Außenminister das Unterhaus daran erinnerte, dass die Briten seit Langem eine Freundschaft mit Frankreich verbinde, rief jemand aus den Rängen »und mit Deutschland«, aber die Bemerkung wurde geflissentlich ignoriert. Grey legte ein erstaunliches Maß an Scheinheiligkeit und Täuschungsvermögen an den Tag, als er fantasiereich schwadronierte, wie die Nord- und die Westküste Frankreichs »völlig schutzlos« waren. Wie würde die Öffentlichkeit wohl reagieren, so Grey, wenn eine fremdländische Flotte (also die deutsche) vor den Augen der Briten die schutzlose französische Küste unter Beschuss nähme? Grey gab wieder, was er dem Botschafter Frankreichs versichert hatte: Sollte es Angriffe auf die französische Küste oder französische Schiffe geben, würde die britische Flotte zum Schutz eingreifen … natürlich immer die Zustimmung des Unterhauses vorausgesetzt.

Was für ein erstaunliches Eingeständnis! Noch vor zwei Tagen hatte Greys Ministerialrat Sir Arthur Nicolson ihn daran erinnert, dass Frankreich auf Geheiß der Briten 1912 seine Flotte ins Mittelmeer verlegt hatte – fest davon überzeugt, dass die *Navy* die Nordküste und die Westküste Frankreichs verteidigen würde.[15] Grey beschrieb eine Strategie, die Admiralität und *Foreign Office* zwei Jahre zuvor ins Leben gerufen hatten, erweckte dabei jedoch den Eindruck, als sei dies gerade erst als Reaktion auf die Krise geschehen. Das reinste Lügenkonstrukt. Er räumte ein, dass die Flotte mobilisiert worden war und die Armee mit der Mobilmachung begonnen hatte, fühlte sich aber genötigt hinzuzufügen, dass bislang keine Einheiten das Land verlassen hätten.

Der Außenminister wärmte sein Publikum erst auf, bevor er zum Kernthema seiner Rede kam: Belgiens Neutralität. Seine Trumpfkarte war gleichzeitig seine größte Lüge, denn Belgiens Neutralität bestand nur auf dem Papier. Nun zeigte sich, wie gut es gewesen war, nur unter allergrößter Geheimhaltung Vorbereitungen dahingehend zu treffen, dass Belgien an der Seite von Frankreich und Großbritannien gegen Deutschland in den Krieg ziehen würde. Nun kam der große Moment, die dramatische Wende. Grey stellte das »neutrale« Belgien als unschuldiges Opfer der deutschen Aggression hin. Er berief sich auf den Vertrag von 1839 als Grund dafür, dass Großbritannien in den Krieg ziehen musste, denn angeblich sei man durch den Vertrag dazu verpflichtet, Belgiens Neutralität zu schützen.[16] All das, obwohl Asquith und andere wiederholt bestritten hatten, dass es irgendwelche Verträge oder Bündnisse gab, die Großbritannien zum militärischen Eingreifen zwangen.[17]

Der belgische König hatte seinem guten Freund König George ein emotionales Telegramm geschickt, in dem er um Hilfe bat. Dieses Telegramm wurde vor dem Unterhaus verlesen. Dass man das Telegramm sofort vom Buckingham Palace zu Grey hatte bringen lassen, sollte den Abgeordneten eine Botschaft des Königs vermitteln: »Wir sind den Belgiern gegenüber verpflichtet.« Grey versuchte es mit psychologischer Erpressung: Wenn das Deutsche Reich Belgiens Neutralität verletzen würde, sollte da etwa das einflussreiche und mächtige Großbritanniens »tatenlos danebenstehen und zusehen, wie das furchtbarste Verbrechen begangen wird, das je die Seiten der Geschichtsbücher besudelte, und dadurch zum Mittäter dieser Sünde werden?«[18]

»Das furchtbarste Verbrechen, das je die Seiten der Geschichtsbücher besudelte«? Hatte im *Foreign Office* niemand den Bericht von Edith Durham darüber gelesen, wie auf dem Balkan Tausende unschuldige Menschen zu Tode gekommen waren? Waren die Massaker in Albanien, Serbien und Bulgarien denn völlig bedeutungslos? Hatte Grey die Gräueltaten im Kongo vergessen, wo Söldner des belgischen Königs im Jahr 1908 Millionen Menschen töteten und weltweit Empörung auslösten?[19] Aber hier handelte es sich ja auch größtenteils um Schwarze oder Muslime oder Angehörige ethnischer Minderheiten, die in der Wertschätzung der Geheimen Elite sehr niedrig standen. Greys grenzenlose Übertreibung und seine melodramatischen Aussagen hätten Spott verdient, aber seine Worte wurden im Rausch der Begeisterung von den oppositionellen Konservativen laut bejubelt.[20]

Grey wusste seit Langem, dass alle Pläne mit Belgiens Neutralität stehen und fallen würden. Belgien hatte unbedingt unabhängig von der Tripelentente bleiben müssen, damit man die belgische Neutralität als heiliges Schild hochhalten konnte, als Frage des Prinzips, als gerechten Grund, für den man im Notfall zu den Waffen greifen konnte und musste. Was für ein Theater führte die Geheime Elite da doch auf, um die britische Außenpolitik zu manipulieren. Keine Formel für britische Neutralität hätte sich jemals mit den militärischen Verpflichtungen vereinbaren lassen, die direkt mit Frankreich und etwas indirekter mit Russland vereinbart worden waren. Es gab keine Neutralität, das war nur eine weitere Lüge, eine schamlose Posse, die Deutschland täuschen und zum Krieg führen sollte.

Grey zeichnete das Bild eines auseinanderbrechenden Europas. Sollte Belgien fallen, »kommt als Nächstes die Unabhängigkeit der Niederlande … und dann Dänemark«. Weder das eine noch das andere trat ein. Aufs Äußerste entschlossen, die Argumente für einen Krieg so überzeugend wie nötig zu präsentieren, verstieg sich Grey zu immer leidenschaftlicheren Behauptungen. In den Krieg zu ziehen beschrieb er so: »Wir werden leiden, aber wir werden kaum mehr leiden, als wenn wir nur danebenstehen.« Der Außenhandel wäre am Ende, prophezeite er – eine lächerliche Behauptung, zog man die Macht der britischen Flotte und die Ausdehnung des Empire in Betracht. Der *Guardian* schalt Grey später dafür, dass er so wenig von Wirtschaft und Handel verstand,[21] aber der Minister drückte jeden Alarmknopf, spielte mit jeder Furcht, bediente jedes Vorurteil.

Dennoch enthielt sein gut geplanter Alarmschrei auch einen positiven Aspekt. Zwischen all den Katastrophenmeldungen und dem Gerede über einen bevorstehenden Bürgerkrieg konnte Grey verkünden, dass die Irland-Frage nicht länger ein Thema sei, »von dem wir das Gefühl haben, es jetzt berücksichtigen zu müssen«. Warum denn nicht? Welches Ereignis rechtfertigte diese unerwartete Behauptung? Auf welcher Grundlage konnte er plötzlich die Schlussfolgerung ziehen, dass »die allgemeine Stimmung in Irland« die britische Außenpolitik gutheiße?

Sir Edward Greys Doppelzüngigkeit verlieh ihm den Anschein, ein Ehrenmann zu sein. Und doch steuerte er die Nation vorsätzlich in einen Krieg. Großbritanniens »bedingungslose Neutralität« kam für ihn als Option nicht infrage. Sie würde »unseren Respekt und guten Namen und Ruf in der Welt opfern und würde nicht ohne die ernstesten und schwersten wirtschaftlichen Folgen bleiben«. Seine unheilschwangere Aussage versprach Leid und Elend, »dem kein Land in Europa entkommen wird und vor dem kein Verzicht und keine Neutralität uns retten wird.«[22] Er machte viel Aufhebens darum, dass »die schrecklichste Verantwortung auf der Regierung lastet in der Frage, was sie dem Unterhaus empfehlen soll«. Dem Unterhaus wurde keine Wahl geboten; es wurde darüber in Kenntnis gesetzt, dass es keine Wahl gab.

Als er sich setzte, brach unter den Konservativen ein Sturm des Jubels und des Zuspruchs los, zum Teil künstlich hervorgerufen, zum Teil aufrichtig. Bissig bemerkte Leo Amery, er habe die Rede als »so lang und so langweilig gefunden, dass ich mehr als einmal einschlief«.[23] Für ein Mitglied des inneren Kreises der Geheimen Elite wie Amery sollte Greys Rede keine Überraschung dargestellt haben, aber er räumte ein, dass sie bei den Liberalen besser aufgenommen wurde als von der Regierung im Vorfeld erwartet.[24] Die Mehrheit der liberalen Abgeordneten saß nach dem soeben Gehörten sprachlos da. Schlagartig – ohne Debatten, ohne Konsens, ohne Warnung – stand die Regierung, ihre eigene liberale Regierung am Rande eines Krieges. Die irischen Abgeordneten waren verwirrt über die Aussage, dass die Irland-Frage sich schlagartig in Luft aufgelöst haben und kein Problem mehr darstellen sollte, sobald Großbritannien in den Krieg zog. Hatten die Unionisten in Ulster bedingungslose Unterstützung zugesagt? Ebenso der Süden?

Was folgte, war wirklich bemerkenswert. Der Vorsitzende der Konservativen, Andrew Bonar Law, erkannte feierlich an, die Regierung habe alles in ihrer Macht Stehende getan, um den Frieden zu wahren. Aber »wenn ein anderer Kurs eingeschlagen wird, dann deshalb, weil er der Regierung aufgezwungen wird und sie keine andere Alternative hat«. Derselbe Mann hatte zuvor Asquith, Churchill, Lloyd George und Grey als »die inkompetentesten und politiklosesten Menschen der ganzen Welt«[25] bezeichnet und ihnen vorgeworfen, auf eine Katastrophe zuzusteuern. Kaum drei Wochen zuvor war Bonar Law Grey angegangen und hatte ihm auf den Kopf zugesagt, wenn er seinen Einfluss nicht dafür verwenden könne, in seinem eigenen Land (also Irland) den Frieden zu erhalten, dann könne er auch im Ausland nichts Gutes bewirken.[26]

Die Mitglieder der Geheimen Elite spielten im Parlament Possen, um die Fassade einer funktionierenden Demokratie aufrechtzuerhalten. Grey wusste im Voraus, dass seine Gefolgsleute in der Konservativen Partei den Krieg unterstützen würden. Churchill hatte ihre Haltung sorgfältig abgeklopft, und Asquith erhielt einen persönlichen Brief, in dem ihm uneingeschränkte Unterstützung vonseiten der Konservativen versichert wurde.[27] Noch Stunden vor Greys Rede hatte man Asquith erneut bestätigt, dass die Konservativen ihm durch Bonar Law und Lord Lansdowne zur Seite stehen würden.[28] Die Unterstützungsbekundungen der Konservativen im Unterhaus waren eine durchgeplante Pantomime, die für die Presse gedacht war. Die Geheime Elite hatte sich nie groß von Parteibüchern stören lassen – sie kontrollierte sie einfach alle.

Noch erstaunlicher schien es, dass sich John Redmond, einer der Anführer der Home-Rule-Befürworter, erhob und das katholische Irland unterstützte. Er erklärte, Irland könne sich selbst verteidigen, die Armee sei frei für andere Aufgaben – ein kühner und verblüffender Vorschlag, aber wirksam. Dankbar notierte Asquith, Redmond habe »sich effektiv eingemischt«, um der Regierung Unterstützung zuzusagen.[29] Selbst seine Sprache klang inszeniert. Niemand aus dem Lager der Home-Rule-Befürworter erwartete von Redmond eine Stellungnahme. Es hatte im Vorfeld keine Beratungen gegeben, wie es bei wichtigen Themen eigentlich üblich und zwingend erforderlich war. Redmond war nach allgemeinem Verständnis eher ein zeremonieller Parteivorsitzender als ein Fraktionsführer. Der wichtigste Befürworter der Home Rule, John Dillon, hielt sich an diesem schicksalsträchtigen Nachmittag in Dublin auf. Redmond sprach nur für sich selbst, offiziell hatte es zuvor keine Unterredungen mit der Regierung gegeben.[30] Es wirkte so, als habe ihn Greys Rhetorik schlichtweg überwältigt, aber ein Artikel aus der *Times* vom 1. August enthüllte dies als Lüge.[31] Dort hieß es, die Regierungstruppen könnten gefahrlos aus Irland abgezogen werden. Außerdem gibt es Beweise dafür, dass sich Redmond unmittelbar vor Greys Rede mit Asquith getroffen hatte.[32] Die *Times*? Geheimtreffen? Absprachen? Welcher Art war Redmonds Verbindung zur Geheimen Elite?

Von den Parteivorsitzenden stemmte sich einzig Ramsay MacDonald gegen die Flutwelle der arrangierten »Unvermeidbarkeit«. Die Vorstellung, das Land sei in Gefahr, lehnte er ab und spottete über das Konzept, dass Staatsmänner an die Ehre ihres Landes appellieren. Er erinnerte das Unterhaus daran, dass Großbritannien »den Krimkrieg für unsere Ehre geführt hat. Wir sind um unserer Ehre willen nach Südafrika geeilt.«[33] Was bringe es, darüber zu reden, ob man Belgien zu Hilfe kommen wolle oder nicht, wenn es doch eigentlich darum gehe, ob man sich an einem europaweiten Krieg beteiligen wolle, der die Grenzen vieler Nationen verschieben werde? Er wollte wissen, was dies, wenn alles vorbei sei, für die russische Vormachtstellung bedeuten werde.

Und es ging erstaunlich weiter bei dieser Veranstaltung: Dem Unterhaus, das sich seit Langem als Hort der Meinungsfreiheit ansah, entzog der Premierminister ebendiese Meinungsfreiheit. Die Abgeordneten wollten ausführlich über Greys Rede debattieren. Hatte die Regierung nicht gerade eben erst erklärt, das Unterhaus könne frei über die Haltung Großbritanniens entscheiden? Asquith versprach, bald Gelegenheit für Diskussionen zu geben. »Heute?«, riefen einige

Abgeordnete, liefen damit jedoch auf. Für diesen Tag waren keine Debatten angedacht. Das Unterhaus hatte sich brav eine völlig einseitige Aussage angehört, die mit versuchter psychologischer Erpressung durchsetzt war. Nun wurde ihnen die Erlaubnis verweigert, genau zu dem Zeitpunkt, an dem man sich keine Verzögerungen erlauben konnte, über diese Dinge zu sprechen. Ein stark gespaltenes Kabinett war zum Nachgeben gezwungen worden. Die Geheime Elite hatte bereits beschlossen, in den Krieg zu ziehen, und durch ihre Agenten im Kabinett Flotte und Heer mobilgemacht, alles mit Rückendeckung der Northcliffe-Presse und dem vollen Wissen des Monarchen. Alternative Meinungen interessierten sie nicht im Geringsten.

Asquith und seine Kollegen, die auf einen Krieg hinarbeiteten, hatten auf zynische Weise die Demokratie missbraucht, aber gelegentlich bricht sich die Demokratie auf ungewöhnliche Weise Bahn. Der Premierminister hatte versucht, das Thema ohne Debatten abzuschließen, aber der Sprecher des Unterhauses war nicht in die Geheimabsprachen eingeweiht und machte deshalb ein unerwartetes Angebot: Er nutzte einen Kniff aus der Geschäftsordnung, der es ermöglichte, die Sitzung um 16.35 Uhr zu unterbrechen und sich noch am selben Abend um 19 Uhr erneut zu versammeln. Asquith sollte sich nicht durchsetzen.

Außenminister Grey verließ umgehend das Unterhaus. Seine Arbeit war alles andere als getan. Wie er selbst eingeräumt hatte, musste er Entscheidungen fällen, aber es gab eine Sache, die er mit absoluter Sicherheit wusste: Es war völlig einerlei, ob die Entscheidung letztlich darin bestand, Deutschland den Krieg zu erklären oder Deutschland unmögliche Dinge abzuverlangen. Er wusste: »Bedingungen bedeuteten ebenso sicher Krieg wie eine Kriegserklärung. Eine der Konditionen musste die Achtung der belgischen Neutralität sein, und das würde Deutschland nicht respektieren.«[34] Noch eine Lüge, wie die Beweise im vorigen Kapitel zeigen, aber Grey hatte diese Lüge so oft wiederholt, dass sie sich wie die Wahrheit anfühlte.

Außerhalb des Parlamentsgebäudes holte Churchill Grey ein und fragte ihn, was er nun zu tun gedenke. Churchill wollte loslegen. Greys Antwort war verblüffend einfach, aber genial: »Jetzt stellen wir ihnen ein Ultimatum, dass sie die Invasion Belgiens binnen 24 Stunden stoppen.«[35] Eine Bedingung, die Deutschland nicht annehmen konnte, wie er sehr wohl wusste. Grey hatte das Augenmerk der Nation auf Belgien gelenkt und die Verteidigung der Belgier zur Frage der nationalen Ehre erklärt. Nun machte er sich daran, Deutschland in eine Position zu manövrieren, in der es so schien, als bliebe Großbritannien keine andere Wahl als Krieg. Die Truppen des Kaisers bahnten sich bereits ihren Weg durch Belgien, insofern wusste Grey, dass sein Plan aufgehen würde.

Unterdessen hatte Haldane am selben Nachmittag einen Kriegsrat einberufen. Lord Kitchener, inzwischen Generalkonsul in Ägypten und »zufällig gerade in London«, nahm daran teil.[36] Noch erstaunlicher allerdings ist, dass Haldane auch Lord Roberts einlud, sich an dem Rat zu beteiligen. Schließlich waren mittlerweile bereits zehn Jahre vergangen, seit Lord Roberts von seinem Amt als Oberbefehlshaber der britischen Streitkräfte zurückgetreten war.

Aber Roberts war niemals in Rente gegangen. Er, der sich so viele Podien mit seinem Freund Alfred Milner geteilt hatte und im Zentrum der Geheimen Elite stand, war noch immer der Entscheider. Durch die Mitglieder seiner »Akademie« dominierte sein Einfluss nach wie vor die Militärstrategie. Sie waren es gewesen, die sich mit den Generalstäben in Frankreich und Belgien beraten hatten und die ausführlichen Pläne für das Expeditionskorps erarbeitet hatten. Sie waren es, die die britischen Truppen ins Feld führen würden. So lautete ihre Bestimmung.

Um 19.20 Uhr des 3. August 1914 trat das Unterhaus wieder zusammen. Premier und Außenminister wurden vor allem von der Opposition mit Jubel begrüßt. Sir Edward Grey begann die Debatte mit der Mitteilung, die belgische Gesandtschaft in London habe ihm Informationen zukommen lassen, über die er bei seiner früheren Rede noch nicht verfügt habe.[37] Es handelte sich um die Einzelheiten der deutschen Note an Belgien, die am Vorabend um 19 Uhr verschickt worden war und freundliche Neutralität anbot, solange deutsche Truppen unbehelligt passieren durften. Und erneut belog Grey das Parlament. Ein Telegramm des französischen Botschafters in London an Frankreichs Ministerpräsidenten Viviani belegt, dass Grey von Paul Cambon am Morgen des 3. August, also Stunden vor seiner ersten Rede, über das deutsche Angebot informiert worden war.[38] Grey hatte erst dem Kabinett und anschließend dem Parlament diese Information vorenthalten. Belgiens Neutralität musste das zentrale Kernstück sein, dies musste die nicht verhandelbare Bedingung sein, deren Ablehnung dazu führen würde, dass man Deutschland den Krieg erklärte. Wäre bekannt geworden, dass die Deutschen den Belgiern ein Angebot gemacht hatten, wie die Neutralität gewahrt werden konnte, wäre seine ganze Argumentation in sich zusammengefallen.

Mehrere prominente Liberale erhoben sich und hinterfragten Greys Behauptungen. Die Aussicht, Großbritannien könnte sich an einem Krieg beteiligen, löste bei ihnen Entsetzen aus. Philip Morrell betonte, dass Deutschland sich Verhandlungen nie verweigert und zudem Belgiens Integrität garantiert hatte.[39] Er fügte hinzu: »Wir ziehen jetzt in den Krieg aus einer Furcht und Eifersucht heraus, die von großen Teilen der Presse gefördert wurde … die Furcht und Eifersucht wegen Deutschlands Ehrgeiz, das ist der wahre Grund.« Morrell fasste die katastrophale Lage so zusammen: »Ich bedaure sehr, dass acht Jahre Politik der Tripelentente uns letztlich in diesem Krieg haben landen lassen.« In eine ähnliche Kerbe schlug Edmund Harvey.[40] Er sagte, der Krieg sei verursacht worden von »Männern in Amt und Würden, von Diplomaten, die im Geheimen agierten, von Bürokraten, die den Kontakt zu den Völkern der Welt verloren haben …«[41] Keir Hardie drängte die Regierung, das Los der Armen, der Arbeitslosen und der »hungernden Kinder« zu bedenken. Beide Kammern hatten einstimmig ein Gesetz zur Entlastung der Börse beschlossen, aber Hardie hatte eher Interesse an einem Gesetz, das örtliche Behörden zwingen würde, Schulkindern Mahlzeiten zukommen zu lassen. Aus den Reihen der Konservativen wurde er ausgebuht, als er sagte: »Die meisten Mitglieder des Hauses haben ein größeres Interesse an der Börse als am Leid der Armen.«[42] Wie wenig sich doch ändert.

Diese kurze vertagte Debatte endete um 20.15 Uhr, woraufhin auf Drängen aufgebrachter liberaler Abgeordneter erneut über Greys Rede gesprochen wurde.[43] Es war vergebens. Der Großteil derer, die die Kriegsgegner zum Einlenken bewegen wollten, blieb nicht – sie mussten gehen und sich auf den Krieg vorbereiten. Lloyd George jedoch war zu Beginn noch anwesend, um eine Frage zu Lebensmittelvorräten zu beantworten.

Erster Redner war der Liberale Percy Molteno, ein vehementer Kritiker des Burenkriegs. Ausführlich gab er die zahlreichen Beteuerungen wieder, die in den Jahren zuvor dem Parlament gemacht worden waren: Nein, es gebe keine unveröffentlichten Vereinbarungen, die den Freiraum des Parlaments einschränken würden bei der Frage, ob Großbritannien sich an einem Krieg beteiligen solle.[44] Er fühlte sich zutiefst getäuscht von der Regierung, die er so lange unterstützt hatte. Verbittert fragte er Asquith und Grey, die doch »dem Volk erklärt hatten, dass sie eine Regierung des Friedens sind und dass sie danach streben werden, den Frieden zu bewahren«, ob sie nicht gezwungen seien, die Zusagen einzuhalten, die sie ihren Anhängern gegeben hatten. Moltenos Rede hallte lange nach und tut es noch ein Jahrhundert später:

> *Sie haben uns ohne unser Wissen und ohne uns zu warnen an den Rand der Katastrophe geführt. Ich sage: Sie sollten den Menschen dieses Landes im allerletzten Augenblick die Gelegenheit geben, selbst zu entscheiden. Wir erleben hier eine Fortführung des alten und katastrophalen Systems, bei dem einige wenige Männer für den Staat verantwortlich sind, die gesamte Macht des Staates ausüben, geheime Absprachen und geheime Vereinbarungen treffen, sorgfältig vor der Kenntnis des Volkes verborgen, das wie dummes Vieh gehalten wird und in dieser Frage keinerlei Stimme hat. Und niemand kann dem Land sagen, welches die wichtigen Abwägungen sind, mit denen wir uns befassen sollten, bevor wir uns an diesem gewaltigen Kampf beteiligen.*[45]

Was für ein treffendes Bild. Das dumme Vieh wurde zum globalen Schlachthof getrieben, aus Gründen, die dem Vieh niemals wirklich bewusst sein würden. Einige wenige übten die gesamte Macht des Staates aus, trafen geheime Absprachen und geheime Vereinbarungen. So hatten sie den Dämon des Krieges heraufbeschworen und die Maschinerien des Todes sanktioniert. Moltenos Finger wies anklagend auf die Politiker, die der Entscheidung ein Gesicht gegeben hatten, aber in Wirklichkeit hätte er auf die Geheime Elite zeigen müssen, diesen Geheimbund, der seinen allmächtigen Einfluss sorgfältig hinter den Kulissen des Parlaments verbarg.

Der liberale Abgeordnete Llewellyn Willams warf Grey vor, er habe seine Motive vertuscht und in falscher Absicht das Kriegsfieber geschürt:

> *Hätte man einen beliebigen Mann in diesem Land gefragt, unabhängig von seiner politischen Neigung, ob er in Ruhe über den Eintritt seines Landes in diese Auseinandersetzung nachdenken würde, hätte er Nein gesagt. […] Selbst heute wünscht dieses Land keinen Krieg. […] Jetzt ist die richtige Zeit zu sprechen, bevor das Kriegsfieber seinen Höhepunkt erreicht. Ich bitte und beschwöre diese Regierung … jede in ihrer Macht stehende Anstrengung zu unternehmen, um diese furchtbare Katastrophe abzuwenden, und zwar nicht nur zu unserem eigenen Wohlergehen, sondern für die Zivilisation dieser Welt.*[46]

Andere hinterfragten, welche Folgen ein Krieg für die Wahlkreise haben werde, in denen die Fabriken schlossen und die Menschen kaum ihre Familien ernähren konnten. Wiederholt wurde der russische Opportunismus kritisiert. Der nicht anwesende Grey wurde wegen seiner »unheilvollen Ungerechtigkeit« kritisiert, Deutschland als den Feind anzusehen und dabei zu ignorieren, dass Russland zuerst mobilisiert habe. Dieser Fakt ließ sich nicht aus der Welt schaffen: Russland hatte zuerst mobilisiert, Russland hatte den Krieg verursacht. Die Kritiker konnten sehen, dass Großbritannien in den Krieg gezerrt wurde. Sie fragten, welchen Nutzen es brächte, wenn ein unschlagbares Russland das Kaiserreich zermalmte. Ein liberaler Abgeordneter wollte wissen, warum Belgiens Neutralität auf einmal so wichtig sei für die Ehre Großbritanniens. Schließlich habe auch niemand angeregt, für Finnlands Integrität in den Krieg zu ziehen, das vom »halb zivilisierten, barbarischen und brutalen« Russland unterdrückt wurde.

Die Kriegsbefürworter versuchten, die Scheindebatte zum Abschluss zu bringen, indem sie die Sprecher niederschrien, aber ein derart ungehobeltes Benehmen war nur Wasser auf die Mühlen von Joseph King, dem Abgeordneten der Liberalen für den Wahlkreis North Somerset. Er fuhr alle Geschütze auf: Warum hatte nur ein Parlamentsmitglied dem Außenminister die Unterstützung ausgesprochen, obwohl er doch angeblich die uneingeschränkte Rückendeckung von Regierung und offizieller Opposition genieße? War das Kabinett in sich einig? Wer würde zurücktreten? Er zerriss das fadenscheinige Gespinst parlamentarischer Einheit mit weiteren Fragen: Warum hatten die konservativen Abgeordneten aus Irland nicht sofort ihre Unterstützung zum Ausdruck gebracht? Als King die Anwesenden daran erinnerte, dass »noch vor Kurzem ehrenwerte Abgeordnete [aus Ulster] erklärten, sie würden den Kaiser einladen«, wurde er übertönt.[47] Seine Haltung zu Russland und den Gründen für die russische Mobilmachung ist bemerkenswert. King erklärte, Russland habe die Truppen aufgrund der inneren Aufstände, der örtlichen und landesweiten Streiks und des drohenden Bürgerkriegs mobilisiert. Damit habe Russland aus Eigennutz ganz Europa in den Krieg gestürzt. Es gebe kein größeres politisches oder patriotisches Motiv, sondern einzig den Willen, die Rechte der Herrscherklasse zu wahren. King schloss mit den Worten: »Kämpfen wir zum jetzigen Zeitpunkt für Russland, kämpfen wir für ein Maß an Tyrannei und Ungerechtigkeit und Grausamkeit, an das sich nicht ohne die tiefste Empörung denken lässt.«[48] Kings Ansichten waren absolut stichhaltig und vollkommen gerechtfertigt, aber was er nicht erfassen konnte, was niemand von den Anwesenden erfassen konnte, war, dass auch Russland und Frankreich nur Schachfiguren waren, die dem größeren Ziel der Geheimen Elite dienten.

Joseph Kings letztes Argument war genauso verblüffend. Als die Ermordung von Franz Ferdinand verkündet worden war, hatte der Premierminister eine Resolution vorgeschlagen, die »in ernster Stille akzeptiert wurde«. Asquith hatte der großen Familie der Nationen unter Führung des österreichischen Kaisers seine Ehrerbietung ausgesprochen und »liebevolles Mitgefühl« übermittelt. Nun, fünf Wochen später, regte dieselbe Regierung an, Krieg gegen Österreich zu führen. Das sei »tragisch, bitter und zynisch«, so King. Sei denn die britische Außenpolitik derart unbeständig und wandelbar geworden, dass die Menschen, denen man an einem Tag Sympathiebekundungen zukommen lässt, am nächsten Tag zum Nationalfeind erklärt werden? Eine Antwort erhielt er nicht. Was er inmitten der herrschenden Aufregung nicht begreifen konnte: Die Außenpolitik hatte sich nicht im Mindesten verändert, seit die Geheime Elite beschlossen hatte, dass Deutschland zu vernichten sei. Die Lügen, die Verschlagenheit, die Geheimniskrämerei, die Possen und die Täuschungen hatten die Stimmen der Vernunft übertönt, die sich gegen den Krieg aussprachen.

Ein Redner nach dem anderen attackierte die Regierungspolitik, hinterfragte jeden einzelnen Schritt, stellte immer bohrendere Fragen. Immer stärker brach sich die Kritik an Sir Edward Grey Bahn. Nun erhob sich Arthur Balfour, ehemaliger *Tory*-Premierminister und Mitglied des innersten Kreises der Geheimen Elite. Ihm reichte es. Die Einwände seien nichts als »der absolute Bodensatz der Debatte, in keiner Weise repräsentieren sie die unterschiedlichen Meinungen der Herren Abgeordneten«. Mit vollendeter Arroganz tat er alles zuvor Gesagte als »vergleichsweise hilflose und bösartige Debatte« ab.[49] Wie könnte dies eine ernste Versammlung sein, so Balfour, wenn kein ranghohes Kabinettsmitglied anwesend sei?

Was für ein unverhohlener Blödsinn! Die Kabinettsmitglieder hatten sich doch freiwillig dafür entschieden fortzubleiben. Wenn der Debatte das Siegel der »ernsten Versammlung« verwehrt blieb, dann nur deshalb, weil die Minister sich weigerten, daran teilzunehmen. Seine wahren Absichten enthüllte Balfour, als er »sich erlaubte zu äußern«, dass die genannten Punkte im Land falsch verstanden werden könnten und im Ausland gewiss falsch verstanden würden.[50]

Hatte man Balfour geschickt, um die ganze Geschichte einzudämmen? Im Grunde sagte er nichts anderes, als dass er auf den Schaden anspielte, die diese Ansichten im Ausland anrichten könnten. Formal war ein Krieg noch nicht erklärt worden, aber das Parlament wurde zum Schweigen gebracht, und es bedurfte eines ehemaligen konservativen Premiers, um die Debatten abzuschließen. Arthur James Balfour, Mitglied im innersten Kreis der Geheimen Elite, seit Langem persönlicher Freund von Milner, Lansdowne, Curzon, Asquith, Grey und Haldane, erledigte den Job für sie. Die abendliche Debatte sei »ernst und patriotisch« gewesen, schrieb der *Guardian*, und »der vorherrschende Ton spiegelte die nüchterne Stimmung wider, die im Land herrscht«.[51] Amery bezeichnete die Stimmen, die sich gegen den Krieg erhoben hatten, als »die Sektion der radikalen Spinner«,[52] und die *Times* tat alle Proteste in einem einzigen Satz ab.[53]

Als Grey Berlin das berüchtigte Ultimatum stellte, enthielt es die Forderung nach einer Zusage, dass Deutschland Belgiens Neutralität nicht verletzen werde. Als Frist wurde Mitternacht des 4. August 1914 angesetzt. Irgendwann im Laufe des Tages fiel jemandem auf, dass die in Großbritannien geltende mittlere Greenwich-Zeit eine Stunde hinter der Zeit in Berlin lag, deshalb wurde beschlossen, die Frist an die Berliner Zeit anzupassen. Warum eine derartige Entscheidung getroffen wurde, wann genau und von wem – für all das gab es nie eine offizielle Erklärung. Da ein derartiger Beschluss von Sir Edward Grey abgesegnet werden musste, stellt sich die Frage nach dem Warum. Handelt so ein Mann, der angeblich sämtliche diplomatischen Kanäle bemüht, um den Frieden in Europa zu schützen? Nein. Das passt nicht zusammen. Hatte Grey Angst davor, dass das deutsche Militär in letzter Minute noch einlenken oder dass der Kaiser noch intervenieren würde? Oder hatte der britische Historiker Alan John Percivale Taylor recht, und sie wollten das Thema schlichtweg vom Tisch haben und ins Bett gehen können?[54] Genau das geschah. Der Krieg gegen Deutschland sollte endlich losgehen – und keine Petitesse wie die Zeitverschiebung sollte das verhindern können.

Greys Ultimatum schockierte das deutsche Oberkommando. In einer Rede vor dem Reichstag am 4. August wetterte Reichskanzler Bethmann Hollweg gegen das doppelte Spiel der Briten.[55] Grey ging er scharf an, weil dieser insgeheim Frankreich und damit Russland ermutigt habe. Es wäre niemals zum Krieg gekommen, wenn das britische Kabinett allen Beteiligten deutlich gemacht hätte, man werde nicht zulassen, dass sich der Konflikt zwischen Österreich und Serbien zu einem europaweiten Krieg auswachse. Großbritannien wolle aus der internationalen Krise Kapital schlagen und die Gelegenheit dazu nutzen, seine größten europäischen Konkurrenten auf dem Weltmarkt zu vernichten, so der Kanzler. Das Beharren der Briten auf Belgiens Neutralität tat er als fadenscheinigen Vorwand ab, als Maske, die die eigentlichen Absichten verbergen solle, nämlich Deutschland mithilfe der beiden großen Heere Russlands und Frankreichs in den wirtschaftlichen Ruin zu treiben. Großbritannien sehe sich selbst als *arbitrium mundi*, als selbst ernannten Herrscher der Welt. Bethmann Hollweg hatte mit allem recht, aber die offizielle Geschichtsschreibung sollte seinen gerechtfertigten Zorn verspotten.

So wurde der Casus Belli – Deutschlands Einmarsch in Belgien – durch das Parlament geprügelt. Die Opposition wurde niedergewalzt, die »Schreihälse« wurden ignoriert. Sobald Asquith wusste, dass man Deutschland den Krieg erklären werde, kontaktierte er Edward Carson in aller Dringlichkeit und wies ihn an, Plan B abzublasen. Die Alternative wurde nicht länger benötigt. Wie Professor Quigley aufgedeckt hat, lag dem Anführer der Ulster-Unionisten ein verschlüsseltes Telegramm vor, das an die UVF gegangen wäre. Auf sein Signal hin hätte die UVF die Kontrolle über Belfast übernommen.[56] Diese streng geheime Strategie wurde Lionel Curtis, Mitglied des inneren Kreises der Tafelrunde, während des Krieges von Carson höchstpersönlich enthüllt.[57]

Wer sich als neutraler Beobachter gründlich ansieht, wie das Empire in den Krieg zog, dürfte ziemlich verblüfft sein: Da ist eine Handvoll gewählter Volksvertreter, hinter denen, weniger sichtbar, aber mit gewaltiger Macht ausgestattet, eine größere Gruppe steht. Wie kann es sein, dass es dieser Handvoll mithilfe derart undemokratischer Entscheidungsprozesse gelingt, ihr Ziel zu erreichen und einen Krieg mit Deutschland vom Zaun zu brechen? Das Kabinett spielte bei diesem Prozess keinerlei Rolle mehr, nachdem es erst einmal abgesegnet hatte, dass Belgiens Neutralität der zentrale Punkt sein solle. Niemand bekam das Ultimatum zu sehen, das Sir Edward Grey absandte, selbst vom Premier wissen wir nicht genau, ob er es gesehen hat. Noch bevor Grey es abgeschickt hatte, wusste er ganz genau, dass gegen die von ihm gestellte Bedingung bereits verstoßen worden war: Deutschlands Truppen waren bereits in Belgien eingedrungen. Das Kabinett stimmte nie für eine Kriegserklärung, niemand bat es darum. Das Parlament selbst wurde nur über die Ereignisse auf dem Laufenden gehalten, noch dazu mit Verzögerung, aber niemand gab ihm die Zeit, die es benötigt hätte, um über Krieg oder Neutralität zu diskutieren und abzustimmen. Der Widerstand gegen den Krieg wurde schnellstmöglich im Keim erstickt. Die erste Abstimmung überhaupt zu diesem Thema fand am 6. August statt, als sich die Regierung sich die Zustimmung für die finanziellen Mittel holte, die der zwei Tage zuvor begonnene Krieg voraussichtlich verschlingen würde. Auch die anderen Regierungen und Parlamente des Empire wurden nicht hinzugezogen.

Millionen Untertanen des Königs fanden sich schlagartig in einem Krieg gegen einen Gegner wieder, über den sie nichts wussten.[58]

Wer also erklärte diesen Krieg?

Rein formal war es König George V., der im Rahmen des Hoheitsrechts die Verkündung des Kriegszustands sanktionieren musste. Das geschah um 23 Uhr an jenem verhängnisvollen Abend, nachdem der Geheime Kronrat im Buckingham Palace getagt hatte. Die Sitzung begann um 22.30 Uhr, anwesend waren Seine Majestät, ein Lord und zwei Höflinge, und sie endete damit, dass der König seine Zustimmung gab.[59] Eine dunkle Tat, begangen von einem unbedeutenden Monarchen in Anwesenheit von Männern, deren Namen längst dem Vergessen anheimgefallen sind. Es war ein rein symbolischer Akt, aber mit letztlich katastrophalen Folgen. Es war, als habe ein mittelalterlicher Fluch das 20. Jahrhundert befallen. Ein gefügiger Monarch erfüllte der Geheimen Elite ihren größten Wunsch. Mit einem einzigen Federstrich setzte er die Höllenhunde frei.

Zusammenfassung von Kapitel 27: Die Rede, die Millionen Menschenleben forderte

- Bei der Rede, die Sir Edward Grey am 3. August 1914 hielt, handelte es sich nicht um eine Debatte, deshalb wurde er vom Unterhaus auch nicht zu seinen Aussagen befragt.
- Zu Beginn betonte er noch einmal, wie sehr sich er und seine Kollegen vom *Foreign Office* darum bemüht hätten, den Frieden in Europa zu bewahren. Eine krasse Lüge.
- Anschließend wiederholte er, dass das Parlament frei darüber entscheiden könne, welche Haltung Großbritannien einnehmen solle. Dennoch bat er niemals um die Meinung der Abgeordneten.
- Vorsätzlich erweckte er den falschen Eindruck, die seit 1905 laufenden »Gespräche« mit Frankreich würden Großbritannien nicht dazu verpflichten, an der Seite Frankreichs in den Krieg zu ziehen. Er unterließ es, das Parlament davon in Kenntnis zu setzen, dass zu diesen Gesprächen auch Kriegspläne gehörten, auf die sich die Generalstäbe beider Länder verständigt hatten.
- Er malte das Bild einer französischen Küste, die schutzlos unter Beschuss durch die kaiserliche Flotte lag. Dabei verschwieg er, dass die aktuelle Stationierung der französischen und der britischen Flotte 1912 auf den Wunsch der Briten erfolgt war – in dem Wissen, dass die britische Flotte die französische Küste verteidigen würde.
- Zentrales Argument in Greys Plädoyer für einen Krieg war die belgische Neutralität, die »Verletzung« derselben und die Folgen dieser Tat. Um anzudeuten, dass auch der König für einen Krieg sei, wurde ein Hilfegesuch des belgischen Monarchen verlesen, das an König George gerichtet war.

- Grey wurde in seiner Rede immer erregter. Er sprach vom »furchtbarsten Verbrechen, das je die Seiten der Geschichtsbücher besudelte«. Weiter behauptete er, Großbritannien werde in jedem Fall leiden, ob man sich nun einmische oder nicht, was völliger Blödsinn war.
- Als Grey endete, erhob sich, wie zuvor geplant, Bonar Law, der Parteivorsitzende der Konservativen, und brachte seine uneingeschränkte und bedingungslose Unterstützung für das Vorgehen der Regierung zum Ausdruck.
- Völlig überraschend versprach John Redmond ebenfalls die Unterstützung des Lagers der Home-Rule-Befürworter. Welche Absprachen waren dort getroffen worden?
- Nur ein Parteivorsitzender sprach sich umgehend gegen Tonalität und Inhalt von Greys Rede aus, und zwar der *Labour*-Vorsitzende Ramsay MacDonald.
- Abgeordnete forderten eine sofortige Debatte des Gehörten, aber Premier Asquith ließ sie auflaufen. Doch zum Verdruss der Geheimen Elite erklärte der Sprecher des Unterhauses, man werde noch am selben Abend Zeit finden, die Themen zu besprechen.
- Grey eilte sofort aus dem Parlament, um Deutschland das schicksalhafte Ultimatum zu stellen – wohlwissend, dass die Besetzung Belgiens bereits im Gange war, die zentrale britische Forderung also nicht mehr zu erfüllen war. Das Ultimatum war somit im Grunde eine Kriegserklärung.
- Als das Unterhaus erneut zusammenkam, wurde Protest gegen die Aussagen Greys laut, speziell von liberalen Abgeordneten, die sich persönlich betrogen fühlten. Greys Rede wurde Wort für Wort auseinandergenommen, es wurden durchdachte und bislang unbeantwortete Fragen zu Russland gestellt, zu den Lügen, die dem Parlament zuvor aufgetischt worden waren, und zu den furchtbaren Konsequenzen eines Krieges.
- Um den Aufruhr zu stoppen, sprang einer der ranghöchsten Akteure der Geheimen Elite in die Bresche – der ehemalige Premierminister Balfour. Er forderte ein Ende der Debatten, da die Gespräche nicht repräsentativ seien und in der Öffentlichkeit einen schlechten Eindruck hinterlassen würden (was natürlich nur der Fall gewesen wäre, wenn die Zeitungen tatsächlich auch ausführlicher über die »Debatten« geschrieben hätten).
- Belgien reichte als Kriegsgrund aus. Der Plan B, Irland, wurde nicht mehr benötigt.
- König George V. unterschrieb am Abend des 4. August 1914 im Buckingham Palace die Kriegserklärung.

28

Fazit: Lügen, Märchen und geraubte Geschichte

IM AUGUST 1914 BEGANN endlich der Krieg, den die Geheime Elite so sehr begehrt hatte. Viele britische Parlamentarier, Liberale genauso wie *Labour*-Mitglieder und irische Nationalisten, reagierten schockiert, dass Sir Edward Grey sie am 3. August vor vollendete Tatsachen gestellt hatte. Man hatte sie in einen Hinterhalt gelockt und betrogen. Überwältigt vom Hurrapatriotismus, konnte die Demokratie den Ereignissen nur ohnmächtig zusehen. Und alles basierte auf dem Märchen der belgischen Neutralität. Großbritannien pflegte seit 1906 militärische Verbindungen zu Belgien, aber dieses Geheimnis gehörte zu den am besten behüteten und war nur einem sehr kleinen Personenkreis bekannt.

Kurz nach Kriegsbeginn fanden die Deutschen im Brüsseler Außenministerium Unterlagen, die belegten, dass es auf höchster Ebene geheime Absprachen zwischen Briten und Belgiern gegeben hatte, und zwar seit Jahren und mit direkter Beteiligung des belgischen Außenministers.[1] Wie bei den »Gesprächen« mit den französischen Militärs hatten die Briten auch bei den belgischen »Beziehungen« nichts schriftlich festgehalten oder als offizielle Politik beschlossen, denn das hätte bedeuten können, sich vor dem Parlament oder den Medien verantworten zu müssen.[2] Weil Belgiens Verhalten nicht mit dem Verhalten eines neutralen Staates vereinbar war, hätte die Geheime Elite sich gegen alle Bemühungen gesperrt, Belgien offiziell in die Tripelentente aufzunehmen. Allein dadurch wäre das Thema Neutralität vom Tisch gewesen, sodass die Geheime Elite ihren besten Kriegsgrund eingebüßt hätte. Der bekannte französische Völkerrechtsexperte Albert Geouffre de La Pradelle schrieb: »

> *Der ewig neutrale Staat [Belgien] verzichtet auf das Recht, Krieg führen zu können, und demzufolge auch auf das Recht, Bündnisse einzugehen, selbst rein defensive, denn diese würden das Land in einen Krieg ziehen …*[3]

Der amerikanische Journalist und Autor Albert J. Nock zerstörte die Lüge von der belgischen »Neutralität« endgültig:

> *Es ist völlig absurd, weiterhin so zu tun, als wäre die belgische Regierung vom deutschen Handeln überrascht worden oder nicht darauf vorbereitet gewesen, als seien Deutschland und Belgien wie Katz und Maus gewesen, als sei Belgiens Position eine andere gewesen als die eines von vier engen Verbündeten im Rahmen definitiver und detaillierter Vereinbarungen.*[4]

Dennoch sollte diese absurde Vorstellung Großbritannien in den Krieg führen und seitdem wieder und wieder von britischen Historikern propagiert werden. Das ach so neutrale Belgien lag 1914 wie eine Sirene auf den Klippen, wimmernd in seiner vermeintlichen Unschuld, gleichzeitig darauf wartend, dass Deutschland in die Falle tappe.

Um das Deutsche Reich und den Kaiser zu verteufeln, war jedes Mittel recht. Das Gemetzel hatte kaum begonnen, als Reich und Kaiser auch schon mit Schuld überhäuft wurden. Die deutsche Verantwortung basiert angeblich auf den offiziellen »Büchern« diplomatischer Dokumente, die jede Regierung veröffentlichte. Die britische Regierung legte ihr Blaubuch dem Parlament am 6. August vor. Das Blaubuch enthielt den diplomatischen Schriftverkehr aus der Zeit unmittelbar vor Kriegsbeginn. Die chronologisch angeordneten »Beweise« schienen umfassend, aufrichtig und stichhaltig zu sein: Durchdacht bestätigten sie die »entschlossenen Bemühungen«, die Sir Edward Grey unternommen hatte, »um den Frieden zu wahren«.[5] Moskau gab nach der Oktoberrevolution Dokumente frei, die ganz klar belegen, dass drei Telegramme, mit denen Grey gegenüber dem Parlament seine Bemühungen um Frieden unter Beweis stellen wollte, überhaupt nicht abgeschickt worden waren. Sir George Buchanan, britischer Botschafter in Sankt Petersburg, behauptete, dass bis auf eine einzige Ausnahme sämtlicher diplomatischer Schriftverkehr zwischen ihm und dem Außenministerium im Blaubuch enthalten sei. Das ist eine skandalöse Lüge.[6] *Harvard*-Professor Sydney Fay fand heraus, dass »über ein Dutzend« nicht enthalten waren und dass in Telegrammen und Briefen zentrale Passagen sorgfältig entfernt worden waren.[7]

Das russische Orangebuch enthielt 79 Dokumente, die betonen sollten, wie sehr sich das Zarenreich für den Frieden eingesetzt habe, aber es vertuschte die Wahrheit über Russlands Mobilmachung und schob den Mittelmächten die Schuld zu.[8] Im Orangebuch fehlen die Versöhnungsvorschläge, die Deutschland während der Juli-Krise gemacht hatte, sowie sämtliche Beweise für die aggressive französisch-russische Politik.[9] Auch in dem mit deutlicher Verspätung veröffentlichten französischen Gelbbuch wurden einige Telegramme unterschlagen und andere dahingehend verfälscht, dass Frankreich mehr Wunsch nach Frieden zugestanden und Deutschland mehr Schuld am Krieg gegeben wurde.[10]

Keinerlei Rücksicht kannte die Geheime Elite, wenn es um die Manipulation offizieller Dokumente ging. Gelb-, Blau- und Orangebuch durchzogen Auslassungen und Falschinformationen, die die Wahrheit vertuschen sollten und die von der Propagandamaschinerie der Geheimen Elite brav als Beleg für die Schuld des Kaiserreichs dargestellt wurden.

Das deutsche Weißbuch wurde dem Reichstag am 3. August vorgelegt.[11] Es war kurz (es umfasste gerade einmal 27 Telegramme und Briefe), was die Theorie aufkommen ließ, Deutschland habe nur solche Dokumente abgedruckt, die für die deutsche Sichtweise sprachen. In den Tagen und Stunden vor Veröffentlichung des Weißbuchs hatten das Deutsche Reich und Österreich zahlreiche Telegramme ausgetauscht. Selbst wenn sie veröffentlicht worden wären, hätte es niemand geschafft, sie innerhalb so kurzer Zeit zu lesen und ihren Inhalt zusammenzufassen.[12] 1919 legte der deutsche Sozialdemokrat Karl Kautsky (ganz gewiss kein Freund des Kaisers) umfangreiche Beweise zum Ursprung des Krieges vor. In insgesamt 1123 Dokumenten belegte Kautsky einwandfrei, dass Deutschland alles versucht hatte, den Krieg zu verhindern, und dass anderslautende Beweise Fälschungen sein mussten.[13]

Wie die Geheime Elite das vier Jahre andauernde sinnlose Gemetzel kontrollierte, werden wir ausführlich in unserem nächsten Werk dieser Reihe erklären. Am 11. November 1918 wurde nördlich von Paris, im Wald von Compiègne, in dem Eisenbahnwaggon von General Foch der Waffenstillstand mit Deutschland unterzeichnet. Der Vertrag besagt, der deutsche Kaiser habe einen Expansionskrieg geführt und Europa tyrannisiert, während Großbritannien, Frankreich und Russland alles getan hätten, um dies zu verhindern. Gemäß der zynischen Analyse hatte Deutschland »vorsätzlich alle der zahlreichen Versöhnungsvorschläge der Entente-Mächte abgeschmettert und ihre wiederholten Bemühungen, einen Krieg zu vermeiden, durchkreuzt«.[14] Deutschland habe sich der »schwersten Verbrechen gegen die Menschlichkeit und die Freiheit, die je eine Nation beging, die sich selbst als zivilisiert bezeichnet«, schuldig gemacht. Die furchtbare Verantwortung für die Millionen Kriegstoten lud man vor Deutschlands Tür ab, denn das Kaiserreich »hielt es für angebracht, seine Lust nach Tyrannei dadurch zu stillen, dass es Zuflucht im Krieg suchte«.[15] Diese Lügen wurden als »Wahrheit« präsentiert.

Mit allen ihr zur Verfügung stehenden Mitteln – Universitäten, Presse, Kirchenkanzeln und dem gesamten Staatsapparat – trug die Geheime Elite diese falsche Schuldzuweisung in die Welt hinaus. Sie diffamierte den Kaiser und Deutschland und glorifizierte die Entente-Mächte. Schließlich hatten deren Männer für die »Zivilisation« gekämpft und ihr Leben gegeben.

Bei den Vertragsverhandlungen in Versailles stolperte man quasi auf Schritt und Tritt über Gesandte aus Großbritannien, Frankreich und den USA, die aus dem Umfeld der Geheimen Elite kamen. Die wenigen deutschen Gesandten, denen man die Teilnahme erlaubt hatte, baten darum, dass man ihnen Beweise für Deutschlands angebliche Schuld vorlege, aber das verwehrte man ihnen. Wie denn auch, wenn es in Wahrheit gar keine Beweise gab. Sie baten darum, dass eine unabhängige Kommission untersuche, wer die Verantwortung für den Krieg trage, aber auch das verwehrte man ihnen. Sie baten darum, dass eine unparteiische Kommission die Archive sämtlicher Kriegsteilnehmer prüfe und die zentralen Figuren befrage, aber das wurde ihnen ebenfalls verwehrt. Keinerlei Verteidigung war zulässig. Am 28. Juni 1919 wurde im Schloss von Versailles der Friedensvertrag unterzeichnet. Nach dem Mord in Sarajevo hatte die Geheime Elite exakt fünf Jahre benötigt, um ihr Ziel zu erreichen. Die deutsche Gesandtschaft musste Artikel 231 unterzeichnen und damit Deutschland alle Schuld aufladen:

> *Die alliierten und assoziierten Regierungen erklären, und Deutschland erkennt an, dass Deutschland und seine Verbündeten als Urheber für alle Verluste und Schäden verantwortlich sind, die die alliierten und assoziierten Regierungen und ihre Staatsangehörigen infolge des Krieges, der ihnen durch den Angriff Deutschlands und seiner Verbündeten aufgezwungen wurde, erlitten haben.*[16]

Durch die Unterschrift räumte Deutschland die alleinige Verantwortung für den Ersten Weltkrieg ein. Ein hungerndes, verzweifeltes Volk stand vor der Wahl: Entweder gab man unverzüglich seine »Schuld« zu oder die Alliierten würden das Land besetzen, was aller Wahrscheinlichkeit nach früher oder später dazu führen würde, dass man den Deutschen ein Schuldeingeständnis abpresste. Professor Harry Elmer Barnes schrieb:

> *Deutschland hatte die Position eines Gefangenen vor Gericht inne. Der Staatsanwalt erhielt sämtliche Freiheiten, was den Zeitpunkt und die Präsentation seiner Beweise anbelangte, während dem Angeklagten der Rechtsbeistand ebenso verweigert wurde wie die Möglichkeit, Beweise vorzulegen oder Entlastungszeugen zu benennen.*[17]

Weit über das Jahr 1918 hinaus setzten sich die Lügen, die von Rachsucht diktierten Reparationsforderungen und die schlagzeilenträchtigen Beteuerungen fort, denn die wahren Schuldigen in diesem Verbrechen gegen die Menschlichkeit mussten auch weiter geschützt werden, die Wahrheit weiterhin vor der Welt verborgen bleiben. In seinem bahnbrechenden Buch *The Anglo-American Establishment* hat es Professor Carroll Quigley gewagt aufzudecken, wie die Geheime Elite ihren niederträchtigen Einfluss weiterhin ausübte, wie sie über ihre Machtbasen in Politik, Presse und Bildungswesen die Wahrheit kontrollierte und manipulierte:

Kein Land, das seine Sicherheit schätzt, sollte etwas Derartiges zulassen, wie es die Milner-Gruppe erreichte – dass eine kleine Gruppe solche Macht in Verwaltung und Politik ausüben kann, dass sie nahezu vollständige Kontrolle über die Veröffentlichung von Dokumenten besitzt, die sich mit ihren Handlungen befassen, dass sie derart großen Einfluss ausüben kann auf die Informationskanäle, die die öffentliche Meinung steuern, und imstande ist, ihre eigene zeitgenössische Geschichtsschreibung und deren Lehre auf diese Weise zu monopolisieren.[18]

Alfred Milner und sein Gefolge hatten den Geheimbund von Rhodes zur Geheimen Elite ausgebaut und Phase zwei des großen Planes erreicht: Krieg mit Deutschland. Geldadel, intellektuelle Überzeugungskraft, Oberschichtsmentalität, eine Machtbasis in Form des *All Souls College* in Oxford, das aristokratische Erbe – all das hatte im Zusammenspiel mit dem Medienimperium von Lord Northcliffe Deutschland 1914 in den Krieg gelockt. Jetzt musste lediglich im Nachhinein gründlich vertuscht werden, wie tief die Geheime Elite in die Ursprünge des Krieges verwickelt gewesen war.

Von Anfang an sich hatten die Mitglieder des Geheimbunds darum bemüht, alle Spuren ihrer Verschwörung zu beseitigen. Schreiben an und von Alfred Milner wurden gefiltert, entfernt, verbrannt oder sonstwie vernichtet.[19] Was von seinen Papieren übrig blieb, befindet sich in der *Bodleian Library* in Oxford und legt Zeugnis darüber ab, mit welchem Eifer Beweise für Übeltaten ausgelöscht wurden. Verschwunden sind die geheimen Depeschen, die er an seinen Freund Lord Selborne sandte. Milner verbrannte private und persönliche Telegramme, und was nach seinem Tod nicht von Lady Violet Milner aussortiert worden ist, stellt gerade einmal einen Bruchteil seiner umfangreichen Korrespondenz dar.[20] Belastende Schreiben von König Edward mussten befehlsgemäß nach seinem Tod schnellstmöglich vernichtet werden. Admiral Jacky Fisher schrieb in seinen Memoiren, Lord Knollys, der Privatsekretär des Königs, habe ihn angewiesen, alle vom König stammenden Briefe zu verbrennen. Fisher kam dem größtenteils nach, brachte es aber nicht übers Herz, wirklich alles zu vernichten.[21] Auch Lord Nathaniel Rothschild gab die Order aus, dass seine Unterlagen und sein Schriftwechsel posthum zu vernichten seien, auch er wollte verhindern, dass bekannt wurde, wie weitreichend sein politischer Einfluss und seine Verbindungen tatsächlich waren. Wie ein Rothschild-Biograf schrieb, kann man sich nur fragen, »wie viel von der politischen Rolle Rothschilds der Nachwelt auf ewig verborgen bleiben wird«.[22] Das ist genau das, was die Geheime Elite versuchte: Die Nachwelt sollte niemals erfahren, welche Rolle der Geheimbund beim Ausbruch des Ersten Weltkriegs gespielt hatte.

Noch viel schlimmer und absolut unentschuldbar ist die systematische Verschwörung, mit der die britische Regierung höchstpersönlich sämtliche Spuren ihrer üblen Machenschaften verwischte. Selbst wenn wir davon ausgingen, dass die vorliegenden Unterlagen des *Committee of Imperial Defence* vollständig sind, verrät uns dies doch sehr viel über das, was fehlt. In den Kabinettsunterlagen für den Zeitraum vom 4. bis zum 21. Juli 1914 geht es nahezu ausschließlich um Irland.[23] Gespräche über den Balkan? Fehlanzeige. Belgien? Nichts. Nicht ein Dokument, in dem abgewogen wird, ob Deutschland tatsächlich in Belgien einfallen könnte und was das für mögliche Folgen hätte. Es musste so wirken, als sei das ganze Problem Großbritannien schlagartig in den Schoß gefallen.

Der Liste der Kabinettsunterlagen hat das Nationalarchiv einen offiziellen Hinweis vorangestellt, dem zufolge »die aufgeführten Papiere … ganz gewiss nicht die Gesamtheit aller darstellen, die die Kabinettsminister gemeinsam durchgegangen sind«. Dennoch: Die Lücke ist atemberaubend, und es gab keine Erklärungsbemühungen, warum zentrale Unterlagen fehlen oder was mit ihnen geschehen ist. Für die Zeit vom 14. Juli bis zum 20. August, als der Erste Weltkrieg bereits in seine dritte Woche ging, gibt es keinerlei Einträge. Schwer zu glauben, dass so viele Unterlagen verschwunden sind, zerstört wurden, verbrannten oder »aus welchem Grund auch immer nicht aufbewahrt wurden«.[24] Den Bibliothekaren und Hütern des Nationalarchivs ist kein Vorwurf zu machen, sie konnten nur das katalogisieren, was sie vom *Cabinet Office*, vom *Foreign Office*, vom Kriegsministerium und vom Kolonialamt bekamen. Die britische Öffentlichkeit hat ein Recht darauf zu erfahren, was alles heimlich zurückgehalten wurde, was versteckt wurde und was »verloren ging«.

Anfang der 1970er Jahre forschte der kanadische Historiker Nicholas D'Ombrain in Unterlagen des Kriegsministeriums. Er schreibt:

> *Die Register befanden sich in einem erbärmlichen Zustand, nachdem sie periodisch ›gejätet‹ worden waren. Während ich mich mit diesen Unterlagen befasste, war eine derartige Säuberung im Gange, und ich musste feststellen, dass mein Material systematisch um bis zu fünf Sechstel reduziert wurde.*[25]

Erstaunlich: Eine große Menge »heiklen« Materials verschwand, während ein Forscher seiner Arbeit nachging? Wohin? Wer hat angeordnet, die Unterlagen zu entfernen? D'Ombrain schreibt, dass zusammen mit »Rundschreiben und Einladungen« sowie jeder Menge »alltäglicher« Korrespondenz auch Protokolle des *Committee of Imperial Defence* zerstört worden waren.[26] Was musste auch 1970 noch von Historikern und Forschern ferngehalten werden? Fünf Sechstel der vorhandenen Unterlagen sah D'Ombrain vor seinen Augen förmlich dahinschmelzen – ein klarer Beleg dafür, dass es nach wie vor Akteure mit einem Interesse daran gab, historische Beweise unter Verschluss zu halten.

Was an offiziellen Memoiren zum Ursprung des Ersten Weltkriegs erschien, wurde gründlich überprüft und vor der Veröffentlichung zensiert. Sir Edward Greys *Twenty-Five Years* ist für einen vermeintlichen Tatsachenbericht ziemlich jämmerlich geraten, und die Erinnerungslücken an den passenden Stellen wirken wie eine lahme Entschuldigung. Die *War Memoirs* von David Lloyd George drehen sich natürlich in erster Linie um ihn selbst, aber es gibt auch Passagen, in denen der Rotstift des Zensors durchschimmert. So geht Lloyd George nicht auf die Hilfe ein, die er zu Beginn des Krieges von Lord Rothschild erhielt, sondern beschränkt sich einzig auf ein »Es war geschafft«,[27] wobei für den Leser offenbleibt, was genau »es« war. Die Memoiren von Botschafter Sir George Buchanan, *My Mission to Russia and Other Diplomatic Memories*, enthielten Informationen, die zu aufschlussreich waren, als dass man sie hätte veröffentlichen können. Buchanans Tochter Meriel erklärte, ihr Vater habe ganze Passagen aus seinem Buch streichen müssen, ansonsten hätte man ihm die Pension gestrichen.[28]

Das ist natürlich völlig inakzeptabel, aber angesichts der Lügen, die als Geschichte verkauft wurden, sollte uns ein anderer Punkt, den Carroll Quigley angesprochen hat, gewiss mehr Kopfzerbrechen bereiten: dass eine kleine Gruppe »imstande ist, ihre eigene zeitgenössische Geschichtsschreibung und deren Lehre auf diese Weise zu monopolisieren«. Seine Anschuldigung lässt keine Zweifel offen. Die Geheime Elite kontrollierte über zahlreiche Kanäle die Geschichtsschreibung und die Geschichtslehre, etwa über die Northcliffe-Presse, aber nirgends so effektiv wie in Oxford. Fast jedes wichtige Mitglied der Milner-Gruppe gehörte einem der drei Colleges *Balliol*, *New College* oder *All Souls* an. Die Milner-Gruppe dominierte diese Colleges, die ihrerseits wiederum auf dem Gebiet der Geschichtswissenschaften das intellektuelle Leben in Oxford beherrschten.[29] So groß war der Einfluss der Milner-Gruppe, dass sie das *Dictionary of National Biography* kontrollierten, was wiederum bedeutete, dass die Geheime Elite die Biografie ihrer eigenen Mitglieder schrieb.[30] In allen Belangen zentraler Mitglieder schuf sie für die Öffentlichkeit eine eigene offizielle Geschichtsschreibung, bei der alle belastenden Punkte unter den Tisch fielen und den Personen ein so großes Maß an Gemeinsinn unterstellt wurde, wie es gerade noch glaubhaft vertreten werden konnte.

Der unmittelbare Vorteil nach Kriegsende lag natürlich bei den Siegern, und sie sorgten dafür, dass die Geschichtsschreibung die Botschaft verbreitete, dass Deutschland für den »großen Krieg« verantwortlich sei. Der von der Geheimen Elite massiv verleumdete Kaiser Wilhelm II. dankte am 28. November 1918 ab und ging ins holländische Exil. In seinen 1922 veröffentlichten Memoiren beharrt er leidenschaftlich auf Deutschlands Unschuld. Jahrelang stießen seine Beteuerungen auf wenig Gehör, aber der stete Strom an Unterlagen, die Russland und Deutschland in den 1920er Jahren freigaben, führte letztlich doch dazu, dass einige die offizielle Beweislage hinterfragten. Amerikanische Historiker begannen, die Ursprünge des Krieges gründlicher zu erforschen. Einer dieser Historiker war der *Harvard*- und *Yale*-Professor Sidney Bradshaw Fay, dessen 1920 veröffentlichter Artikel den Ruf nach einer »Revision« aufkommen ließen, was die Frage der Kriegsschuld betraf. 1928 veröffentlichte er das zweibändige Meisterwerk *The Origins of the World War*, und auch in *The Genesis of the World War* von Harry Elmer Barnes, Geschichtsprofessor an der renommierten *Columbia University*, werden die Lügen auf beeindruckende Weise aufgedeckt. Barnes' Werk ging weiter als das von Fay, indem es Deutschland unterstützte, wurde aber ähnlich wie Carroll Quigleys *Tragedy and Hope* unterdrückt. Barnes erklärte:

> *Als große Hürde haben sich die Buchhändler erwiesen, die nicht zu kooperieren bereit waren, selbst wenn es zu ihrem finanziellen Vorteil war. Viele von ihnen zensieren die Lektüre ihrer Kunden im Bereich der außenpolitischen Beziehungen sowie bei Fragen der Moralität. Nicht selten haben Buchhändler potenzielle Kunden sogar abgeschreckt, die mit dem Wunsch an sie herantraten,* The Genesis of the World War *zu bestellen.*[31]

Buchhändler, die nicht bereit sind, Bücher zu verkaufen? Eine wahrlich ungewöhnliche Situation, sofern nicht andere Einflüsse – mächtige, kapitalstarke Einflüsse – daran interessiert waren, die Verbreitung einzugrenzen und einem derartigen Werk den Geltungsraum zu nehmen. Barnes erweiterte die historische Debatte, indem er im Juli 1928 für eine Sonderausgabe des *New York Times Current History Magazine* deutsche und österreichische Politiker, die im Juli 1914 eine wichtige Rolle gespielt hatten, um Augenzeugenberichte bat. Das Ergebnis war eine klare Verurteilung der These von der deutschen Kriegsschuld.[32] Das löste bei der Geheimen Elite Besorgnis aus: Wenn man zuließ, dass diese revisionistische Geschichtsforschung einfach so weiterging, bestand die Gefahr, demaskiert zu werden. Dieser Bauernaufstand musste niedergeschlagen werden.

Und so tauchte ein steter Strom von Geschichtswerken auf, die erneut Deutschland die Schuld am Krieg gaben. 1930 veröffentlichte der amerikanische Geschichtsprofessor Bernadotte Schmitt *The Coming of War: 1914*, ein stark gegen Deutschland eingenommenes Werk, in dem erneut eine Kriegsschuld des Kaiserreichs festgestellt wurde. Schmitt erhielt den Pulitzerpreis und passenderweise den George-Louis-Beer-Preis der Fachgesellschaft *American Historical Association*. Beer wurde von Professor Quigley namentlich als Mitglied des amerikanischen Ablegers von Rhodes' Geheimbund genannt.[33] Dass Schmitt ein Rhodes-Stipendiat war und eine große Auszeichnung erhielt, die zu Ehren eines ehemaligen Rhodes-Gefolgsmanns vergeben wurde, der wiederum

USA-Korrespondent für das Magazin der Tafelrunde war, ist doch gewiss nur eine Verkettung von Zufällen, oder?

Ein Jahr später zerlegte Professor Michael Herm Cochran von der Universität Missouri Schmitts Arbeit. So belegte er unter anderem, dass das Buch schwere Fehler enthielt und mit einer falschen Methodik arbeitete, um »die Fantasien von 1914 am Leben zu erhalten«. Er demonstrierte, dass Schmitts Buch nichts war als »ein beschämender, in die kunstvollen Insignien der Wissenschaft gewandeter Versuch, mit probritischer Voreingenommenheit den Mythos der Entente aufrechtzuerhalten, den doch Berge von objektiven historischen Beweisen seit 1920 diskreditiert hatten«.[34]

1961 sorgte der Hamburger Geschichtsprofessor Fritz Fischer mit seinem Werk *Griff nach der Weltmacht: Die Kriegszielpolitik des kaiserlichen Deutschland 1914/18* für reichlich Aufruhr in der akademischen Welt. Anhand ausgesuchter Dokumente aus deutschen Archiven wollte Fischer beweisen, dass Deutschland in der Tat das Attentat auf den Erzherzog und die Juli-Krise als Entschuldigung genutzt hatte, um in den Krieg zu ziehen. Das sollte doch nun ein für alle Mal die Debatten beenden: Deutschlands Schuld belegt von einem deutschen Historiker. Die *Times* war in ihrer Literaturbeilage unverzüglich voll des Lobes für Fischers Buch:

> *Ein hervorragendes Stück Geschichte, geschrieben auf der Grundlage der ursprünglichen Unterlagen ... Es ist die bis jetzt mit Abstand umfangreichste Untersuchung zu diesem Thema, und auch wenn einige der Schlussfolgerungen auf den ersten Blick überraschend sein mögen, scheint es doch unwahrscheinlich, dass angesichts der vorgelegten Beweise die Schlussfolgerungen ernsthaft infrage gestellt werden könnten ...*[35]

Fischers Buch trug dazu bei, die Wahrheit auf Jahrzehnte zu unterdrücken, aber 2006 zerfetzte Marc Trachtenberg Fischers Thesen. Trachtenberg, Professor für Politwissenschaften an der Universität von Kalifornien, zeigte auf, dass Fischer elementare »Fehler« begangen hatte und unter anderem Dokumente im falschen Zusammenhang oder schlicht falsch wiedergegeben und Gespräche in einer Art und Weise umschrieben hatte, die nicht dem ursprünglichen Wortlaut entsprach.[36]

Fischers Thesen gelten heutzutage zumeist als hochgradig suspekt, finden in Großbritannien dennoch weiterhin Zulauf, beispielsweise bei Hartmut Pogge von Strandmann, Professor für moderne Geschichte in Oxford. Professor Pogge von Strandmann war ein Schüler Fischers, bevor er in den 1960er-Jahren nach Oxford ans *Balliol College* wechselte.

Die Oxford-Verbindungen reißen einfach nicht ab. Ein Vorgänger Pogge von

Strandmanns, Norman Stone, Professor in Oxford von 1984 bis 1997, schrieb: »Princip schrieb: ›Wenn ich es nicht getan hätte, hätten die Deutschen eine andere Entschuldigung gefunden.‹ Damit hatte er recht. Berlin wartete auf den unvermeidlichen Unfall.«[37] Auch Sir Hew Strachan, Chichele-Professor für Kriegsgeschichte in Oxford und *All-Souls*-Fellow, spricht Großbritannien und Frankreich frei von Schuld. Sein Fazit: Für die liberalen Länder, die (gegen Deutschland) kämpften, um ihre Freiheiten zu verteidigen, war der Krieg alles andere als nutzlos. Über Poincaré schreibt Professor Strachan: »Er glaubte fest daran, dass die Solidarität des Bündnissystems in Europa für ein Gleichgewicht sorgt, das einen Krieg verhindert.«[38] Und weiter schreibt er:

> *Der ursprüngliche Zweck der britisch-französischen Entente von 1904 bestand nicht darin, eine einheitliche Front gegen Deutschland zu schaffen, sondern die seit Langem bestehenden imperialen Rivalitäten der beiden Mächte in Nordafrika zu klären. […] Der Kaiser … hatte wenig Interesse an Marokko, war aber darauf aus, die britisch-französische Entente zu stören.*[39]

Kein Wort von den Geheimklauseln und deren Inhalt.[40] Kein Wort über den Revanchisten Poincaré und seine offen deutschlandfeindlichen Ausbrüche.

Alan John Percivale Taylor war ein Absolvent des *Magdalene College* und lehrte von 1938 bis 1963 in Oxford moderne Geschichte. Ab den 1960er Jahren bis zu seinem Tod im Jahr 1990 war er ein umtriebiger und beliebter Historiker und galt als »Guru« des Geschichtsunterrichts. Landesweit kam kaum ein Schulkurs zu moderner Geschichte ohne Taylor-Texte aus. Als er also beschloss, es stimme nicht, dass »Mobilmachung Krieg bedeutet«,[41] wurde das als feststehende Tatsache gelernt. Die Beweise aus Russland und aus Frankreich fielen genauso unter den Tisch wie die Flut diplomatischer Telegramme, die die Russen mahnten, unbedingt heimlich zu mobilisieren. Ähnlich bestreitet auch Sir Michael Howard die automatischen Folgen einer Mobilmachung. Der ehemalige Chichele-Professor für Kriegsgeschichte in Oxford, *All-Souls*-Fellow und emeritierter Oxford-Professor für moderne Geschichte behauptet: »Russlands Mobilmachung diente Deutschland als Entschuldigung.«[42]

Ein bis zwei Millionen russische Soldaten machen entlang der deutschen Grenze mobil, aber das war für das Kaiserreich nur eine Entschuldigung, sich endlich in den Krieg stürzen zu können? In den Zweifrontenkrieg, den man bislang um jeden Preis hatte vermeiden wollen? Beweise für diese Thesen legen diese gelehrten Experten kaum vor. Sie sprachen ex cathedra, verkündeten das Urteil Oxfords zu den Ursachen des Ersten Weltkriegs mit der Autorität mittelalterlicher Päpste. Und möge Gott mit den Studenten sein, die es wagten, die päpstliche Bulle zu hinterfragen!

Die Botschaft war klar: »Gebt Deutschland die Schuld.« Wir sind der Meinung, dass die moderne Geschichtsschreibung zum Ersten Weltkrieg mit Vorsicht zu genießen ist, vor allem dann, wenn sie aus Oxford stammt, dem geistigen Hauptquartier der Geheimen Elite. In ganz Großbritannien wurden Tagebücher und Memoiren zensiert und geändert, Beweise durchsiebt, entfernt, verbrannt, sorgfältig »ausgewählt« und verfälscht. Das ist schlimm genug, aber nichts im Vergleich zu dem empörenden Diebstahl geschichtlicher Unterlagen, den die Geheime Elite europaweit begangen hat. Unmittelbar nach Kriegsende wurden Hunderttausende wichtiger Dokumente zu den Ursprüngen des Ersten Weltkriegs aus ihren Ursprungsländern entfernt, an die Westküste Amerikas gebracht und in Tresoren der Universität Stanford weggeschlossen. Zweifelsohne hätten diese Dokumente die wahren Übeltäter enthüllt, deshalb mussten sie an einen sicheren Ort verbracht und fern von allzu neugierigen Blicken gelagert werden.

Mit der Mammutaufgabe, belastende Dokumente aus Europa zu entfernen, beauftragte die Geheime Elite den 45-jährigen Bergbauingenieur Herbert Clark Hoover, den späteren US-Präsidenten. Während des Ersten Weltkriegs spielte Hoover für die Geheime Elite eine wichtige Rolle. Er leitete die Kommission für das Belgische Hilfswerk, eine Organisation, die vorgeblich gegründet wurde, um der hungernden belgischen Zivilbevölkerung zu helfen. Tatsächlich war das Belgische Hilfswerk von einem viel dunkleren Motiv getrieben – einem Motiv, das wir in unserem nächsten Buch enthüllen werden.

Hoover arbeitete als junger Mann in einem Bergwerk in Arizona, das den Rothschilds gehörte. Mit hochgelobten geologischen Gutachten fiel er Rothschilds Bergbauexperten auf.[43] Als sie ihn 1897 nach Australien entsandten, um dort Goldminen zu leiten, erwies sich Hoover als rücksichtslos und erarbeitete sich einen Ruf, ein harter, herzloser Manager zu sein, der seine Männer in Gefahr brachte, indem er bei den Sicherheitsmaßnahmen sparte. Selbst die abgebrühtesten australischen Kumpel verachteten ihn zutiefst.[44]

In den ersten Jahren des 20. Jahrhunderts zog Hoover weiter nach China, wo er sich auf betrügerische Weise die Kontrolle über die staatlichen Kaiping-Kohleminen erschwindelte. So entschlossen stand die Geheime Elite in London hinter Hoover, dass zum Schutz seiner Interessen britische Kriegsschiffe entsandt wurden. Die chinesische Regierung verklagte ihn schließlich in London, und Hoover musste zugeben, dass er sich die Kontrolle über die Kohleminen mit wiederholten Drohungen und brutaler Gewalt verschafft hatte.[45]

Sein Imperium baute Hoover mithilfe der *Chinese Engineering and Mining Company* aus, einem »Kraken, der dunkle Machenschaften an der Börse, dunkle Machenschaften in den Minen und dunkle Machenschaften mit Menschenleben trieb«.[46] Hoover verschaffte der *British South Africa Company* die chinesischen Arbeitskräfte, deren Missbrauch Alfred Milner so teuer zu stehen kam,[47] und seine Verbindungen zu Rothschild und Milner waren Teil der erwähnten dunklen

Machenschaften. Ein Direktor in seinem Bergbauunternehmen und damit beteiligt an dem hoch rentablen Nebengeschäft als Sklaventreiber war Emile Francqui, ehemals Offizier bei den Streitkräften von König Leopold von Belgien. Francqui hatte sich während der brutalen belgischen Herrschaft »hervorgetan«, in deren Zuge im Kongo Millionen Menschen massakriert, gefoltert und verstümmelt wurden, damit die Gewinne von Leopolds Unternehmen sprudelten.[48] Ebenjener Francqui arbeitete später eng mit seinem »humanitären« Kollegen Herbert Hoover daran, den hungernden Kindern Europas zu helfen – so die offizielle Darstellung. Während des Krieges legte Hoover sein blutverschmiertes Image ab und erfand sich völlig neu. Jetzt trat er auf als erleuchteter Quäker und Menschenfreund, als liebevoller Mann, der im August 1914 in Europa gestrandete Amerikaner zurück in die Heimat geführt hatte und nun das Belgische Hilfswerk übernahm. Der rücksichtslose, böse Spitzbube Hoover wurde abgelöst von Hoover, dem Retter hungernder Kinder.

Anfang 1919 übertrug die Geheime Elite Hoover eine neue wichtige Aufgabe, als es darum ging, Dokumente zu entfernen, die die Ursprünge des Ersten Weltkriegs belegten. Vorhang auf für den nächsten Hoover, dieses Mal den Gelehrten Hoover, der »Bücher liebte« und Manuskripte und Berichte zum Thema Krieg sammelte, weil sie doch ansonsten »leicht verderben und verschwinden« könnten.[49] Keine Regierung segnete offiziell ab, dass er historische Artefakte entfernte. Es war ein Raubzug im Gewand eines philanthropischen Aktes, der angeblich dazu diente, Dokumente für künftige Generationen von Historikern zu bewahren. Tarnung und Täuschung waren alles.

Geschichtsprofessor Ephraim Adams wurde aus Stanford nach Paris gerufen. Unter der Bedingung, dass alles »absolut vertraulich« behandelt werde, koordinierte Adams, ein alter Studienfreund Hoovers, den großen Diebstahl und verlieh ihm einen Anstrich akademischer Vertrauenswürdigkeit. Hoover »spendete« 50 000 Dollar für das Projekt, stellte sich ein Team »junger Gelehrter« aus der amerikanischen Armee zusammen und sorgte dafür, dass sie aus dem Militärdienst entlassen wurden. Mit Einführungsschreiben von Hoover und dessen logistischer Unterstützung schwärmten sie über Europa aus, sammelten Materialien ein und bauten sich ein Netzwerk von Vertretern auf.[50] Hoover überredete General John Pershing, 15 Geschichtsprofessoren und Studenten abzustellen, die mit dem amerikanischen Expeditionskorps nach Europa gekommen waren. Hoover entsandte die Männer in Uniform in die Länder, die sein Hilfswerk mit Lebensmitteln versorgte. Mit Nahrung in der einen Hand und Beteuerungen in der anderen stießen diese Agenten auf wenig Widerstand. Sie knüpften die richtigen Kontakte, »stöberten« nach Archiven und fanden so viele, dass Hoover sie schon bald »in den leeren Frachtern, die Nahrung gebracht hatten, als Ballast zurück in die USA verschiffte«.[51]

Hoover rekrutierte weitere 1000 Agenten, die im ersten Fischzug 375 000

Bände geheimer Kriegsunterlagen europäischer Regierungen abgriffen.[52] Die 50 000 Dollar, die Hoover gespendet hatte, hätten ausgereicht, etwa 70 der Agenten ein Jahr lang zu bezahlen. Wie er die anderen 930 finanzierte, ließ sich nicht feststellen. Aller Wahrscheinlichkeit nach handelte es sich bei den Männern um amerikanisches oder britisches Militärpersonal, das auf direkte Anweisung der Geheimen Elite an Hoover abkommandiert wurde. In diesem Fall hätten die Kosten letztlich die Steuerzahler in Großbritannien und den USA getragen.

Die Männer hinter Hoover glaubten, ihnen blieben nur etwa zehn Jahre Zeit, sich die wertvollsten Unterlagen »anzueignen«, doch es werde »Aberhunderte Jahre« dauern, alles zu katalogisieren. Das Einsammeln nahm ein »rasendes Tempo« an.[53] Interesse herrschte vor allem an Material über die Ursprünge des Krieges und die Arbeit des Belgischen Hilfswerks. Unterlagen über den Krieg selbst wurden ignoriert. Belastendes Material in Großbritannien oder Frankreich heimlich zu entfernen und zu entsorgen, stellte die Geheime Elite nicht vor größere Probleme, und überraschenderweise gestaltete sich auch der Zugang zu russischen Dokumenten nicht schwierig, nachdem die Bolschewiken die Macht übernommen hatten. Professor Pawel Miljukow, in der provisorischen Regierung unter Alexander Kerenski Außenminister, erzählte Hoover, dass einige der Archive des Zaren zu den Ursprüngen des Krieges in einer finnischen Scheune versteckt seien. Hoover sollte später prahlen: »Sie zu holen war überhaupt kein Problem. Wir fütterten Finnland damals durch.«[54]

Und so gelangte die Geheime Elite an tonnenweise Material aus der Zeit des alten Zarenregimes – Dokumente, die zweifelsohne extrem schädliche Informationen über die Ereignisse in Sarajevo und über Russlands geheime Mobilmachung enthielten. Auch belastende Korrespondenz zwischen Sasonow und Iswolski in Paris sowie zwischen Sasonow und Hartwig in Belgrad ist »verloren gegangen«. Wie in Kapitel 19 gezeigt, enthalten Russlands diplomatische Unterlagen von 1914 eine erstaunliche Lücke. Eine unbekannte Person hat aus dem Archiv des russischen Außenministeriums Hartwigs Schriftverkehr für den Zeitraum Mai bis Juli 1914 entfernt, also genau aus der Phase, in der die Entscheidungen über die Ermordung von Franz Ferdinand gefällt wurden. Es handelt sich um Dokumente von gewaltiger Bedeutung, die viele Ammenmärchen rund um Sarajevo aus der Welt geschafft hätten.

Auf den ersten Blick mag das Entgegenkommen der Bolschewiken merkwürdig erscheinen. 25 Wagenladungen Materialien konnten Hoovers Agenten aus dem inzwischen in Petrograd umbenannten Sankt Petersburg entfernen.[55] Wie die *New York Times* meldete, kaufte Hoovers Truppe einem »Türsteher« die Dokumente für 200 Dollar ab.[56] Es waren noch dunklere Mächte am Werke, auf die wir allerdings zu einem anderen Zeitpunkt eingehen werden.

Kein Problem war es, Dokumente aus Deutschland zu beseitigen. 15 Wagenladungen verließen das Land, darunter die »vollständigen Geheimprotokolle der Obersten Heeresleitung« – ein »Geschenk« vom ersten deutschen Nachkriegskanzler Friedrich Ebert. Hoover schreibt, Ebert sei »ein Radikaler ohne jedes Interesse an der Arbeit seiner Vorgänger«,[57] aber ein Verhungernder gibt auch sein letztes Hemd für etwas Essbares. Ferner sammelten Hoovers Leute 6000 Bände an Unterlagen vom Hof zusammen, darunter alles Offizielle und alles Geheime zu den Kriegsvorbereitungen des Kaisers und seinem Verhalten in Kriegsdeutschland.[58]

Und wo sind dann die stichhaltigen Beweise für Deutschlands Schuld? Hätte es sie gegeben, wären sie doch sofort öffentlich gemacht worden, aber das ist nicht geschehen. Es war besonders wichtig, die deutschen Archive in die Hände zu bekommen, denn sie hätten der Weltöffentlichkeit schlüssig gezeigt, dass nicht Deutschland den Krieg begonnen hat.

Anno 1926 verfügte die »Hoover-Kriegsbibliothek« über dermaßen viele Unterlagen, dass sie mit Fug und Recht als die weltgrößte Bibliothek zum Ersten Weltkrieg bezeichnet wurde.[59] In Wahrheit handelte es sich jedoch gar nicht um eine Bibliothek. Die Dokumente wurden physisch in Stanford gelagert, aber die Sammlung wurde separat aufbewahrt und war nur für Personen mit allerhöchster Freigabe zugänglich. 1941 – 22 Jahre nachdem Hoover begonnen hatte, die wahre Geschichte des Ersten Weltkriegs beiseitezuschaffen – präsentierte man erste Unterlagen der Öffentlichkeit. Was unter Verschluss geblieben ist oder vernichtet wurde, werden wir niemals erfahren, aber es ist bezeichnend, dass nicht ein einziger Historiker jemals kontroverses Material reproduziert oder zitiert hat, das in der heute als *Hoover Institution on War, Revolution, and Peace* bekannten Einrichtung gelagert wird. Ganz abgesehen davon ist es verblüffend, dass nur sehr, sehr wenige Historiker überhaupt etwas über diesen illegalen Diebstahl von Dokumenten geschrieben haben, handelt es sich hier doch um Unterlagen, die das vielleicht wichtigste Ereignis in der Geschichte Europas und der Welt betreffen. Wie kommt das?

Bevor Hoover 1964 starb, dachte er laut darüber nach, dass das Institut beständig und dynamisch den Weg weisen müsse zu »Frieden«, zu »persönlicher Freiheit« und zu »privatem Unternehmertum«.[60] Das ist orwellsche Doppelzüngigkeit, ein aus der Vergangenheit heraufbeschworener Widerspruch, der auf eine revidierte Geschichtsschreibung zurückgeht, denn für ihn und die Seinen war Schwarz Weiß, war Krieg Frieden. »Persönliche Freiheit« bezieht sich einzig auf reiche, weiße Angelsachsen, nicht auf Chinesen wie die, die er in die Sklaverei verkaufte, oder die Schwarzen, die sein guter Freund Francqui im Kongo verstümmelte und ermordete. »Privates Unternehmertum« stand für die obszönen Gewinne, die sie mit ihren Gräueltaten scheffelten. Das war die Sprache der Geheimen Elite.

Was in diesem Buch aufgedeckt wird, ist so in der britischen Geschichtsschreibung nirgends zu finden. Vielleicht wird sich das eines Tages ändern. Was in britischen Klassenzimmern und Hörsälen gelehrt wird, hat nichts mit der hier erzählten Geschichte gemein. Einige Historiker haben eine Zwangsjacke getragen, indem sie beschlossen, nicht über die offiziellen Angaben hinauszugehen, die ihnen Außenministerien, Regierungsberichte, handverlesene Dokumente, offiziell sanktionierte Erzählungen und sorgfältig gesäuberte Memoiren bieten. Wer der Meinung ist, dass nur diejenige Geschichte wahr ist, die sich bis zum allerletzten Buchstaben belegen lässt, der schränkt sich notwendigerweise ein. Wer einen Berg nur auf dem vorgegebenen Weg zu besteigen versucht, wird möglicherweise feststellen, dass der Pfad keineswegs zum Gipfel, sondern auf halber Höhe in einen Irrgarten führt.

Der renommierte schottische Journalist Ian Bell schrieb kürzlich:

> *Was man weiß, das muss gesagt werden. Was geschehen ist, dem muss man sich stellen. Dieses rätselhafte Durcheinander namens Geschichte ist etwas, dem man begegnen muss. Kommt man seiner Verpflichtung zur Wahrheit nicht nach, füllt Heimtücke das Vakuum. Die Beweise für diese furchtbare These häufen sich seit Generationen an.*[61]

Ein Jahrhundert der Propaganda, der Lügen und der Gehirnwäsche zum Ersten Weltkrieg liegen hinter uns. Aufgrund kognitiver Dissonanz fühlen wir uns unbehaglich angesichts der Wahrheit: dass es ein Grüppchen wohlsituierter englischer Rassenpatrioten war, die mit Unterstützung mächtiger Industrieller und Finanziers in Großbritannien und den Vereinigten Staaten den Ersten Weltkrieg auslösten. Die in London ansässige Geheime Elite war fest entschlossen, Deutschland zu vernichten und die Welt zu kontrollieren. Ihre Handlungen sind für den Tod von Millionen ehrbarer junger Männer verantwortlich, die in einem stumpfen und blutigen Gemetzel verraten und geopfert wurden, um eine unehrenhafte Sache voranzutreiben. Zehntausende Kriegsdenkmäler stehen heute rund um den Globus in Dörfern und Städten als stille Zeugen für die große Lüge, den Betrug, dass diese Menschen »für Gott und Vaterland« gefallen seien, »damit wir frei sein können«. Das ist eine Lüge. Die Toten verdienen die Wahrheit, und wir dürfen sie nicht enttäuschen.

Anhang

Verbindungen und Machtbereiche der Geheimen Elite 1891–1914

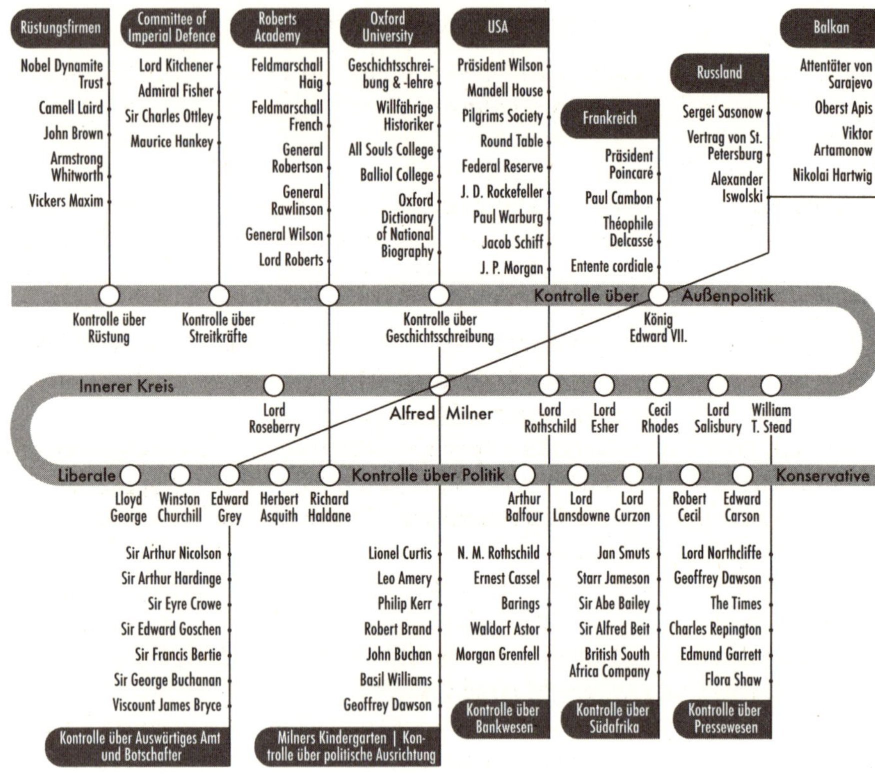

Personenregister

Liste A: Mitglieder der Geheimen Elite bis 1914 und ihr nahestehende Personen

*Mit * sind die Personen markiert, die Professor Quigley als Mitglieder des Rhodes-Bunds bezeichnete. Die höchste ihnen vom britischen Königshaus verliehene Auszeichnung ist unterstrichen.*

ALBERT EDWARD VON SACHSEN-COBURG UND GOTHA (KÖNIG EDWARD VII.) – König des Vereinigten Königreichs 1901-10; verantwortlich für die Entente mit Frankreich und Russland; weit gereister Diplomat und Ränkeschmied für das Empire.

AMERY, THE RIGHT HONOURABLE LEO* – *Balliol, All Souls,* »Milner's Kindergarten«, Tafelrunde; sein Leben lang mit Milner befreundet, Abgeordneter der Konservativen, Companion of Honour.

ASQUITH, HERBERT – Liberaler Imperialist, Mitglied der »Drei von Relugas«, britischer Premierminister 1908-16, 1. Earl of Oxford and Asquith.

ASTOR, WALDORF* – gebürtiger Amerikaner, *Eton* und *Oxford,* Zeitungseigner, 2. Viscount Astor.

BAILEY, ABE* – Verbindungen zu Rhodes und südafrikanischen Goldmagnaten; schwer bestraft für die Beteiligung am Jameson Raid; unterstützte die Tafelrunde und die imperialistische Sache finanziell; Knight Commander des Ordens vom Heiligen Michael und Georg.

BALFOUR, THE RIGHT HONOURABLE ARTHUR* – britischer Premierminister 1902-05, Parteivorsitzender der Konservativen, Außenminister 1916-19, 1. Earl of Balfour.

BEIT, ALFRED* – Millionärskollege von Rhodes; unterstützte den Jameson Raid; Gründer von *De Beers* und der *British South Africa Company,* Imperialist, Finanzier der Tafelrunde; stiftete der *Oxford University* den Stuhl für Geschichte des Commonwealth.

BERTIE, FRANCIS – Botschafter in Paris 1905-18; spielte eine zentrale Rolle bei der *Entente cordiale;* Mitglied im Kronrat, mehrere Rittertitel, darunter der Bathorden, Viscount Bertie of Thame.

BUCHANAN, GEORGE – britischer Botschafter in Sankt Petersburg 1910-17; spielte ab 1910 eine wichtige Rolle dabei, Russlands Außenminister Sasonow auf Kurs zu halten; Ritterschlag, Mitglied im Kronrat.

CARSON, EDWARD – Barrister und Abgeordneter der Konservativen, Anführer der Ulster-Unionisten, Ritterschlag, 1. Baron Carson.

CASSEL, ERNEST – in Deutschland geborener Bankier, Finanzier und Geschäftsmann; stand Edward VII. und Lord Esher nahe; Freund von Milner; wurde kurz vor Haldanes »Mission« nach Berlin entsandt; Knight Grand Cross des Bathordens.

CECIL, LORD ROBERT* – Konservativer, Sohn von Lord Salisbury, Viscount Cecil of Chelswood.

CHAMBERLAIN, JOSEPH – Konservativer, Kolonialminister im Burenkrieg.

CHILDERS, ROBERT ERSKINE – einflussreicher Autor; befreundet mit Lord Roberts und Churchill; Cousin von Schatzkanzler Hugh Childers; vermeintlicher »Waffenschmuggler« für die irischen Nationalisten, wurde aber zu Kriegsbeginn sofort von der Admiralität als Berater hinzugezogen.

CHURCHILL, WINSTON – Aristokrat, der sich ganz natürlich in den Kreisen der Geheimen Elite bewegte; Selbstdarsteller, Opportunist, Querkopf, Konservativer, der 1904 zu den Liberalen wechselt;, Innenminister 1910–11, Erster Lord der Admiralität 1911–15, Knight Companion des Hosenbandordens.

CRAWFORD, FRED – bei der UVF zuständig für Bewaffnung; verantwortlich für den erfolgreichen Waffentransport von Deutschland nach Irland, Commander of the British Empire.

CROWE, EYRE – in Deutschland geborener Diplomat, im *Foreign Office* Mentor von Sir Edward Grey; schrieb ein zentrales Memorandum über die Notwendigkeit eines Krieges mit Deutschland; Knight Grand Cross des Bathordens.

CURTIS, LIONEL* – *All Souls,* »Milners Kindergarten«, Tafelrunde, lehrte Kolonialgeschichte in Oxford 1912.

CURZON, GEORGE – *Eton, Balliol, All Souls,* Grillion's; Vizekönig von Indien 1899–1905, Dekan der Universität Oxford, 1. Marquis Curzon of Kedleston.

DAWSON, GEOFFREY*– *Eton, Oxford, All Souls,* Milner-Schützling, »Milner's Kindergarten«; von Milner zum Herausgeber des *Johannesburg Star* und der *Times* 1912–19 gemacht; prominenter Imperialist.

DE BUNSEN, SIR MAURICE – britischer Botschafter in Madrid 1906–13 und Wien 1913–14, Ritterschlag, 1. Baronet de Bunsen of Abbey Lodge.

ESHER, REGINALD* – Mitgründer des Geheimbunds von Rhodes, Mitglied der Kommission zum Burenkrieg, ständiges Mitglied im *Committee of Imperial Defence,* persönlicher Freund und Vertreter von Edward VII., Viscount Esher.

FISHER, JOHN (JACKY) – Admiral, Erster Seelord 1904–10 und 1914–15; stand Milner und dem britischen Königshaus nahe; riet zum Präventivschlag gegen die deutsche Flotte, 1. Baron Fisher.

FRENCH, JOHN – »Roberts-Akademie«, irisch-britischer Kavallerieoffizier im Burenkrieg, Generalstabschef 1912, Kommandeur des britischen Expeditionskorps 1914, Viscount Fisher, 1. Earl Ypres.

GOSCHEN, EDWARD – Botschafter in Berlin 1908–14, Knight Grand Cross des Viktoria-Ordens, Mitglied im Kronrat, 1. Baronet of Beacon Lodge.

GREY, ALBERT* – Generalgouverneur von Kanada 1904-11, Vertrauter von Rhodes, *British South Africa Company*, Grand Cross des Bathordens.

GREY, SIR EDWARD – *Balliol, Grillion's* und *The Club*, Liberaler, Imperialist, Mitglied der »Drei von Relugas«, britischer Außenminister 1905-16, Viscount Grey of Fallodon.

HALDANE, RICHARD B. – Liberaler, Imperialist, Mitglied der »Drei von Relugas«, Kriegsminister 1905-12, Schatzkanzler 1912-15, Günstling von Edward VII., Viscount Haldane of Cloan.

HANKEY, MAURICE* – ursprünglich Marineaufklärungsdienst; Vizesekretär des *Committee of Imperial Defence* 1908, Sekretär ab 1912; sorgte dafür, dass bis auf das Finanzministerium alle Regierungsabteilungen vor August 1914 ein Kriegsbuch vorbereitet hatten; 1. Baron Hankey.

HARDINGE, SIR CHARLES – Diplomat, britischer Botschafter in Sankt Petersburg 1904-06, Ministerialrat im Außenministerium 1906-10 und 1916-20, persönlicher Freund und Berater von Edward VII., begleitete ihn auf sämtlichen diplomatischen Auslandsreisen; 1. Baron Hardinge of Penshurst.

JAMESON, LEANDER STARR* – schottischer Arzt, enger persönlicher Freund und Kollege von Rhodes und Milner; nahm die Schuld für den nach ihm benannten missratenen Überfall auf Transvaal (Jameson Raid) auf sich; inhaftiert im Holloway-Gefängnis; belohnt von der Geheimen Elite; Premierminister der Kapkolonie 1904-08, Ehrenbürger von Edinburgh, London und Manchester; Ritterschlag, Knight Commander des Ordens vom Heiligen Michael und Georg, 1. Baron Jameson.

KIPLING, RUDYARD – britischer Autor, Dichter und Imperialist, persönlicher Freund von Rhodes und Milner; schrieb hurrapatriotische, promilitaristische Gedichte; hatte Verbindungen zu Lord Roberts, Ulster und dem Empire; Nobelpreis für Literatur 1907.

KITCHENER, HERBERT – britischer Soldat und Nationalheld, Oberbefehlshaber der britischen Streitkräfte 1914-16, Kriegsminister 1914-16, 1. Earl Kitchener.

LANSDOWNE, HENRY – Generalgouverneur von Kanada 1883-88, Vizekönig von Indien 1888-94, Kriegsminister 1895-1900, Außenminister 1900-05, einflussreicher Konservativer, enger Vertrauter von Balfour, Marquis of Lansdowne.

LONG, WALTER – Konservativer, unterstützt von Lord Salisbury, Chief Secretary für Irland 1905, Mitglied der *Ulster Defence League*, 1. Viscount Long.

LLOYD GEORGE, DAVID – liberaler Politiker, Kriegsgegner, Finanzminister 1908–16; skandalumwittert; 1. Earl Lloyd George of Dwyfor.

MILNER, ALFRED* – *Balliol, New College;* enger Vertrauter von Rhodes; ab etwa 1900 anerkannter Anführer der Geheimen Elite;, verantwortlich für den Burenkrieg; Gouverneur der Kapkolonie und Hochkommissar für

Südafrika 1897-1901, Mentor der Tafelrunde, konservativer Politiker, 1. Viscount Milner of St James.

NICOLSON, ARTHUR – Diplomat, Botschafter in Madrid 1904-05 und Sankt Petersburg 1906-10, Ministerialrat im Außenministerium 1910-16; dominierte das *Foreign Office* und lenkte Edward Grey; Teilnehmer am *Committee of Imperial Defence;* stand Milner nahe; Mitglied von *Grillion's,* Knight Grand Cross des Bathordens, 1. Baron Carnock.

OTTLEY, CHARLES – leitete den Marineaufklärungsdienst 1905-07, Sekretär des *Committee of Imperial Defence* 1908-12; saß im Direktorium von *Armstrong Whitworth & Co.;* Ritterschlag, Knight Commander des Ordens vom Heiligen Michael und Georg.

PAGET, ARTHUR – Oberkommandeur der Truppen in Irland 1912-14; in den »Curragh-Vorfall« verwickelt; zwei Ritterschläge, Knight Grand Cross des Bathordens, Knight Grand Cross des Viktoria-Ordens.

REPINGTON, CHARLES – Armeeoffizier, Kriegsberichterstatter und Journalist mit eigenem Büro im Kriegsministerium; schrieb für die *Times;* verwickelt in die Gespräche mit dem französischen Militär.

RHODES, CECIL JOHN* – Gründer des Geheimbunds, Oxford-Absolvent, britischer Rassenpatriot; nutzte sein Vermögen, um den Einfluss des Empire in der zivilisierten Welt auszubauen; verdiente Millionen mit Gold und Diamanten in Südafrika; *British South Africa Company;* Premierminister der Kapkolonie 1890-96; Namensgeber von Rhodesien; verdankte viel der finanziellen Unterstützung durch Rothschild; ermöglichte Rhodes-Stipendien und gab den Treuhandverwaltern viel Macht über das Vermögen; vertraute Milner, seinem Wunschnachfolger und Treuhänder, blindlings; Mitglied im Kronrat.

ROBERTS, FREDERICK SLEIGH – ranghöchster britischer Armeeoffizier seiner Zeit, letzter Oberbefehlshaber der britischen Armee vor der Abschaffung des Amtes 1904; Begründer der »Roberts-Akademie«, die vertrauenswürdige Offiziere nach seinem Ebenbild heranzog; Befürworter der Wehrpflicht und höherer Rüstungsausgaben; enger Freund von Milner und Esher; 1. Earl Roberts, Viscount St Pierre.

ROSEBERY, LORD* – (auch bekannt als Archibald Primrose, Lord Dalmeny) *Eton* und *Oxford,* britischer Premierminister 1894-95, führender Liberaler, Gönner und Freund von Milner und den »Drei von Relugas«, 5. Earl Rosebery.

ROTHSCHILD, NATHANIEL* – internationaler Bankier und Finanzier; leitete den britischen Ableger der Rothschild-Dynastie; seit Cambridge enger Freund von Prinz Albert Edward, dem späteren Edward VII., dessen umfangreiche Spielschulden er übernahm; Verwalter der ersten Testamente von Rhodes, Freund von Milner; nutzte J.P. Morgan als Tarnung für die Aktivitäten seiner Familie in Amerika beziehungsweise an der Wall Street; investierte massiv in Gold, Diamanten, Öl, Stahl, Eisenbahn und Waffen; 1. Baron Rothschild.

SELBORNE, EARL* (William W. Palmer) – seit Oxford Freund Milners; arbeitete in dessen Auftrag im Kolonialministerium, Knight Commander des Ordens vom Heiligen Michael und Georg, Mitglied im Kronrat.

SHAW, FLORA* – *Times*-Kolumnistin, die den Burenkrieg befürwortete, mit Milner befreundet war und mit ihm in Vorbereitung auf den Burenkrieg korrespondierte; verspottete die Kritiker der Konzentrationslager und schrieb für die *Encyclopædia Britannica* den Eintrag für die »Geschichte des Südafrikanischen Krieges« neu; Dame Flora Shaw, Lady Lugard.

STEAD, WILLIAM T.* – Mitgründer von Rhodes' Geheimbund, Enthüllungsjournalist, Imperialist, Befürworter hoher Ausgaben für die Flotte; überwarf sich wegen des Burenkriegs mit der Geheimen Elite und wurde als Treuhänder von Rhodes' Testament gestrichen.

WILLIAMS, BASIL – »Milner's Kindergarten«, enger Freund von Erskine Childers, Geschichtsprofessor an der Universität Edinburgh 1925-37; trug bei zur *Oxford History of England*; Order of the British Empire.

WILSON, HENRY – Günstling von Lord Roberts, Brigadegeneral der Stabsschule Camberley, Leiter für militärische Operationen im Kriegsministerium; trat für Ulster-Unionisten ein, bewunderte die UVF, arbeitete die Pläne für das britische Expeditionskorps aus, war Mitglied im *Committee of Imperial Defence* und beriet heimlich Milner und die Konservativen gegen seine eigene Regierung; 1. Baron Wilson of Currygrane.

Liste B: Britische Politiker, die nicht mit der Geheimen Elite in Verbindung gebracht werden

CAMPBELL-BANNERMAN, SIR HENRY – liberaler Politiker und Premierminister (1905-08).

DURHAM, EDITH – britische Reisende und Autorin, die ausführlich über den Balkan und die dortigen ethnisch motivierten Massaker berichtete; stand dem *Foreign Office*, das ihre Arbeit ignorierte, sehr kritisch gegenüber.

MOREL, EDMUND – Journalist, Autor und Abgeordneter mit hohem Sozialbewusstsein; sein Pazifismus brachte ihn hinter Gitter; schrieb ausführlich über die Kriegstreiber; war ein lautstarker Kritiker von Grey und Asquith; einer der wichtigsten Kommentatoren der Vorkriegszeit.

MORLEY, JOHN – prominenter liberaler Politiker, Indienminister; trat 1914 als Lord President zurück, weil Grey und Asquith Deutschland den Krieg erklären wollten; Viscount Morley of Blackburn.

PONSONBY, ARTHUR – *Eton* und *Balliol*, liberaler Abgeordneter, vehementer Kritiker Greys, wechselte 1930 ins House of Lords.

Liste C: Ausländische Akteure

*Mit * sind die Personen markiert, die unserer Einschätzung nach Agenten der Geheimen Elite waren.*

AEHRENTHAL, ALOIS LEXA FREIHERR VON – Österreichs Außenminister 1906-12.

ARTAMANOW, VIKTOR – russischer Militärattaché in Belgrad, wichtiges Bindeglied zwischen Hartwig und den Attentätern von Sarajevo.

BENCKENDORFF, ALEXANDER GRAF VON – russischer Botschafter in London 1903-17; stand Sir Edward Grey nahe; in der Londoner Gesellschaft beliebt.

BETHMANN HOLLWEG, THEOBALD VON – deutscher Reichskanzler 1909-17.

CAILLAUX, JOSEPH – französischer Ministerpräsident 1911-12, Sozialist, Kriegsgegner; legte den Marokko-Streit mit Deutschland bei.

CAMBON, JULES – Botschafter Frankreichs in Berlin 1907-14, Außenminister 1914-18.

CAMBON, PAUL* – französischer Botschafter in London 1898-1920; spielte eine zentrale Rolle in der Entente und bei dem diplomatischen Austausch, der dazu beitrug, die britisch-französischen Beziehungen zu festigen.

CIGANOVIĆ, MILAN – verschwor sich mit Serbiens Militär und Geheimdienst, *Mlada Bosna* zu helfen; Informant für Ministerpräsident Pašić, der ihn nach der Ermordung Franz Ferdinands deckte.

DELCASSÉ, THEOPHILE* – französischer Außenminister 1898-1905, Revanchist, stark antideutsch eingestellt, mit König Edward VII. befreundet; spielte eine zentrale Rolle innerhalb der Tripelentente; 1905 aus der Regierung ausgeschieden, 1911 Rückkehr als Marineminister; Botschafter in Sankt Petersburg 1913-14; wurde von der Geheimen Elite unterstützt.

DIMITRIJEVIĆ, DRAGUTIN – Spitzname »Apis«; serbischer Nationalistenführer, Anführer des freimaurerähnlichen Geheimbunds »Schwarze Hand«; hatte enormen Einfluss im Militär, war 1903 an der Ermordung von Serbiens König Alexander beteiligt; unterstützte zunächst Ministerpräsident Pašić.

GREINDL, JULES GRAF – belgischer Botschafter in Berlin 1888-1912; sehr versiert, stellte höchst akkurate Beobachtungen an.

GUILLAUME, BARON – belgischer Gesandter in Berlin.

HARTWIG, NIKOLAI – russischer Gesandter in Teheran 1906-08, Botschafter in Belgrad 1909-14; kontrollierte die serbische Regierung um Pašić; Iswolskis Alter Ego; starb 1914 unter ungeklärten Umständen.

ISWOLSKI, ALEXANDER* – russischer Botschafter in Kopenhagen 1903, Freund von König Edward VII., Außenminister 1906-10, Botschafter in Paris 1910-16; bestach die französische Presse und Abgeordnete; stand Poincaré und

Delcassé nahe; sorgte dafür, dass auf dem Balkan die Stimmung hochkochte; starb plötzlich beim Schreiben seiner Memoiren.

JAGOW, GOTTLIEB VON – deutscher Außenminister 1913-16.

JAURÈS, JEAN – französischer Führer der Sozialisten, vehementer Kriegsgegner; wurde am 31. Juli 1914 ermordet, der Täter wurde freigesprochen.

LICHNOWSKY, KARL MAX FÜRST VON – deutscher Botschafter in London 1912-14, galt als sehr anglophil und wurde in den Strudel der »feinen Gesellschaft« in London gesaugt.

LOUIS, GEORGE – Frankreichs Botschafter in Sankt Petersburg; Poincaré mochte ihn nicht und entließ ihn. Er traute den Revanchisten nicht und wurde ins Abseits gestellt, als die französische Staatsführung 1912 den Zaren besuchte.

MALOBABIĆ, RADE – führender verdeckter Ermittler des serbischen Militärgeheimdiensts; half, das Attentat in Sarajevo vorzubereiten.

MLADA BOSNA (JUNGES BOSNIEN) – revolutionäre Studentenvereinigung, die davon träumte, mit der Ermordung Franz Ferdinands dem Balkan den Sozialismus zu bringen; unter den Mitgliedern: Danilo Ilić und Gavrilo Princip.

MORGAN, JOHN PIERPONT* – Mitglied der *Pilgrims Society*, New Yorker Bankier und Finanzier; in enger Verbindung zur Rothschild-Dynastie; anglophil; trug zum Entstehen der amerikanischen Notenbank *Federal Reserve* bei.

NIKOLAUS II. – russischer Zar; willensschwach und wankelmütig. Unter seiner Regierung musste sich das Land mit starken Unruhen und Forderungen nach Demokratie auseinandersetzen. Er reagierte mit schändlichen Angriffen auf Streikende sowie mit heftigen Pogromen.

PAŠIĆ, NIKOLA – in fünf Amtszeiten Ministerpräsident Serbiens (1891-1918); stand unter dem Einfluss des russischen Botschafters Hartwig.

PRINCIP, GAVRILO – Student, ermordete Österreichs Thronfolger Erzherzog Franz Ferdinand und dessen Frau in Sarajevo und löste damit angeblich den Ersten Weltkrieg aus.

POINCARÉ, RAYMOND* – Ministerpräsident (fünf Mal) und Präsident Frankreichs 1913-20, Revanchist; gewann die Präsidentschaftswahl durch finanzielle Hilfe Iswolskis und der Geheimen Elite; antideutsch, Kriegsbefürworter; Kollege von Delcassé.

SASONOW, SERGEI* – russischer Außenminister 1910-16; war an der Londoner Botschaft tätig, bevor er zum Nachfolger von Alexander Iswolski bestimmt wurde. Dieser fungierte als sein hochgeschätzter Mentor und Berater.

SCHELKING, JEWGENI – russischer Diplomat, Journalist, Sankt-Petersburg-Korrespondent für *Le Temps*, Balkankenner.

SCHIFF, JACOB* – *Pilgrims Society*, New Yorker Bankier und Finanzier bei *Kuhn, Loeb & Co.*; befreundet mit Sir Ernest Cassel und den Rothschilds; spielte eine zentrale Rolle, als es darum ging, beim Russisch-Japanischen Krieg Gelder für Japan aufzutreiben.

SMUTS, JAN* – vor dem Burenkrieg von Rhodes protegiert; wechselte unter fragwürdigen Umständen die Seiten und schloss sich den Buren um Paul Krüger an; übernahm nach dem Burenkrieg hohe Ämter in Südafrika und blieb ein guter Freund Alfred Milners; Order of Merit, Mitglied im Kronrat, Order of the Companions of the Honour.

TANKOSIĆ, VOJISLAV – Major in der serbischen Armee; bildete die Attentäter von *Mlada Bosna* für den Anschlag in Sarajevo aus.

WARBURG, PAUL* – in Hamburg geborener amerikanischer Bankier mit Verbindungen zu den Rothschilds; spielte eine zentrale Rolle bei der Gründung der amerikanischen Notenbank.

WILSON, WOODROW* – Präsident der Vereinigten Staaten von Amerika 1912–20, wurde aus dem Umfeld der Geheimen Elite finanziert und kontrolliert.

Endnoten

Im Folgenden werden Internetlinks aufgeführt, die, falls aktuell nicht mehr aufrufbar, eventuell durch eine Suche bei *https://archive.org* wieder aufzufinden sind.

Einleitung

1 Niall Ferguson, *Empire*, S. 313.
2 Hew Strachan, *The First World War*, S. 43.
3 Norman Stone, *World War One: A Short History*, S. 9.
4 David Stevenson, *1914–1918: The History of the First World War*, S. 16.
5 Christopher Clark, *The Sleepwalkers: How Europe Went to War in 1914*.
6 Die deutsche Defensivstrategie wurde von Alfred Graf von Schlieffen entworfen und war seit 1905 in Umlauf.
7 Das Interview kann unter folgender Adresse abgerufen werden: *www.youtube.com/watch?v=JeuF8rYgJPk*.
8 Carroll Quigley, *The Anglo-American Establishment*, S. x.
9 Ebd.
10 Ebd., S. xi.
11 Siehe: *www.youtube.com/watch?v=JeuF8rYgJPk*.
12 Quigley, *Anglo-American Establishment*, S. x.

Kapitel 1

1 William T. Stead, *The Last Will and Testament of Cecil John Rhodes*, S. 62.
2 Virginia Cowles, *The Rothschilds: A Family of Fortune*, S. 161.
3 Der als Jack the Ripper bezeichnete Serienmörder brachte zwischen 1888 und 1891 im Londoner Bezirk Whitechapel zwischen fünf und elf Prostituierte um. Eine Mischung aus Legende, ernsthafter Forschung und Folklore umgibt noch heute die Morde. Wir möchten aber nur die große gesellschaftliche Kluft aufzeigen, die das viktoranische Großbritannien zu der Zeit teilte, als sich die Geheime Elite bildete.
4 Quigley, *Anglo-American Establishment*, S. 3.
5 Edward Griffin, *The Creature From Jekyll Island*, S. 272.
6 Quigley, *Anglo-American Establishment*, S. 4 f.
7 James Lees-Milne, *The Enigmatic Edwardian*, S. 84.
8 Stead, *Last Will and Testament*, S. 59.
9 Quigley, *Anglo-American Establishment*, S. ix.
10 Neil Parsons, *A New History of Southern Africa*, S. 179-181.
11 Niall Ferguson, *The House of Rothschild: The World's Banker, 1849-1999*, S. 363.
12 Joan Veon, *The United Nations' Global Straitjacket*, S. 68.
13 John A. Hobson, *John Ruskin: Social Reformer*, S. 187.
14 Stead, *Last Will and Testament*, S. 59.
15 Will Podmore, *British Foreign Policy since 1870*, S. 21.

16 Joseph Ward Swain, *Beginning the Twentieth Century* (Erstausgabe), S. 243.
17 Sidney Low, *Nineteenth Century* (Magazin), Mai 1902.
18 Stead, *Last Will and Testament*, S. 23.
19 Ebd., S. 55.
20 William T. Stead, »The Maiden Tribute of Modern Babylon«, in: *Pall Mall Gazette*, 6. bis 10. Juli 1885.
21 William T. Stead, »The Case of Eliza Armstrong«, zu finden unter: *http://www.attackingthedevil.co.uk/pmg/tribute/* (»W. T. Stead Resources Site«).
22 J. Lee Thompson, *Forgotten Patriot: A Life of Alfred, Viscount Milner of St James's and Cape Town*, S. 34.
23 Dazu zählten Edmund Garrett (*Cape Times*), Edward T. Cook (Chefredakteur von *Pall Mall Gazette* und *Westminster Gazette*) sowie Geoffrey Dawson (Chefredakteur der *Times*), allesamt Mitglieder des inneren Kreises der Geheimen Elite und persönliche Freunde und Kollegen von Alfred Milner.
24 Siehe die offizielle Website von James Lees-Milne unter *http://www.jameslesmilne.com/books.html.*
25 Carroll Quigley, *Tragedy and Hope: A History of the World in Our Time*, S. 137.
26 Ferguson, *House of Rothschild*, S. 251.
27 Cowles, *The Rothschilds*, S. 153.
28 Edwin C. Knuth, *The Empire of the City*, S. 70.
29 Griffin, *Creature From Jekyll Island*, S. 233.
30 Derek Wilson, *Rothschild: The Wealth and Power of a Dynasty*, S. 98 f.
31 Ferguson, *House of Rothschild*, S. xxvii.
32 Stanley Chapman, *The Rise of Merchant Banking*, S. 25.
33 Knuth, *Empire of the City*, S. 68.
34 Ferguson, *House of Rothschild*, S. xxvii.
35 Ebd., S. 65.
36 Ebd., S. 38.
37 Siehe *http://projects.exeter.ac.uk/RDavies/arian/current/howmuch.html*, »Measuring Worth«. Erstellt von Lawrence H. Officer, Ökonomieprofessor an der *University of Illinois* in Chicago sowie von Samuel H. Williamson, emeritierter Ökonomieprofessor der *Miami University*. In sämtlichen Fällen haben wir ihre Bewertungen aus dem Verbraucherpreisindex verwendet. Nachfolgende Bewertungen enthalten in Klammern das Wertäquivalent für 2011.
38 Cowles, *The Rothschilds*, S. 147.
39 Ferguson, *House of Rothschild*, S. 251.
40 Ebd., S. 332.
41 Ebd., S. 319.
42 Griffin, *Creature From Jekyll Island*, S. 220.
43 Ferguson, *House of Rothschild*, S. 417.
44 Ebd., S. 319.
45 Ebd., S. 327.
46 Quigley, *Tragedy and Hope*, S. 131.
47 Thompson, *Forgotten Patriot*, S. 75.

48 Quigley, *Anglo-American Establishment*, S. 37.
49 Eine ausgewogenere Bilanz, was Milners Beitrag zur Geschichte des Empire anbelangt, wurde erst 2007 veröffentlicht, als Thompsons *Forgotten Patriot* erschien.
50 Quigley, *Anglo-American Establishment*, S. 317.
51 Stead, *Last Will and Testament*, S. 108.
52 Quigley, *Anglo-American Establishment*, S. 16 f.
53 Ebd., S. 45.

Kapitel 2

1 Swain, *Beginning the Twentieth Century*, S. 234.
2 Ferguson, *House of Rothschild*, S. 363.
3 Ebd.
4 Quigley, *Anglo-American Establishment*, S. 33, zitiert Rhodes' erstes Testament von 1877.
5 Swain, *Beginning the Twentieth Century*, S. 234.
6 Quigley, *Tragedy and Hope*, S. 136.
7 Quigley, *Anglo-American Establishment*, S. 312.
8 Podmore, *British Foreign Policy Since 1870*, S. 21.
9 William Engdahl, *A Century of War*, S. 48.
10 Donald McCormick, *Mask of Merlin*, S. 48.
11 Podmore, *British Foreign Policy Since 1870*, S. 21.
12 Quigley, *Tragedy and Hope*, S. 136 f.
13 Saul David, *Military Blunders*, S. 73.
14 Quigley, *Anglo-American Establishment*, S. 313.
15 Polly Guerin, »Flora Shaw: A Visionary Journalist« zu finden unter: *http://amazingartdecodivas.blogspot.co.uk/2011/02/shaw-flora-visionary- journalist-c-by.html.*
16 Quigley, *Anglo-American Establishment*, S. 106 f.
17 Ebd., S. 313.
18 Quigley, *Tragedy and Hope*, S. 135–137.
19 Thomas Pakenham, *The Boer War*, S. 29.
20 Quigley, *Anglo-American Establishment*, S. 110.
21 Pakenham, *Boer War*, S. 29.
22 Ebd.
23 Quigley, *Anglo-American Establishment*, S. 110 f.
24 Quigley, *Tragedy and Hope*, S. 137.
25 Pakenham, *Boer War*, S. 22.
26 Jean van der Poel, *The Jameson Raid*, S. 135.
27 John C. G. Rohl, *Wilhelm II: The Kaiser's Personal Monarchy*, S. 792.
28 Swain, *Beginning the Twentieth Century*, S. 38.
29 Quigley, *Anglo-American Establishment*, S. 47.
30 Briefe: Esher an Stead, 19. 2. 1897, zitiert nach Thompson, *Forgotten Patriot*, S. 105.
31 Milner Papers, Milner's Diary, 30. November 1898, dep. 68, *Bodleian Library*.

32 Thompson, *Forgotten Patriot*, S. 105.
33 Ebd., S. 108.
34 Quigley, *Anglo-American Establishment*, S. 312.
35 Milner an Chamberlain, Depesche vom 23. Februar 1898, zitiert nach Thompson, *Forgotten Patriot*, S. 119.
36 Milner Papers, Selborne an Milner, 21. Januar 1898, *Bodleian Library*, Ms.Eng. Hist. c.686.
37 Thompson, *Forgotten Patriot*, S. 124.
38 Alle werden von Quigley in *Anglo-American Establishment* genannt.
39 Pakenham, *Boer War*, S. 571.
40 Thompson, *Forgotten Patriot*, S. 126.
41 Engdahl, *A Century of War*, S. 49.
42 Pakenham, *Boer War*, S. 21.
43 Siehe: *www.gutenberg.org/ebooks/16494* – *The Transvaal Within*, J. Percy Fitz-Patrick, Kapitel XI.
44 Pakenham, *Boer War*, S. 54 f.
45 Ebd., S. 88.
46 *Milner Papers*, Milner an Selborne, 14. Juni 1899, *Bodleian Library*, Ms.Eng.Hist. c.686.
47 Quigley, *Tragedy and Hope*, S. 137.
48 Pakenham, *Boer War*, S. 43.
49 Quigley, *Tragedy and Hope*, S. 137.
50 Walter Nimocks, *Milner's Young Men*, S. 4.
51 Pakenham, *Boer War*, S. 54.
52 Ebd., S. 100.
53 Ebd., S. 63.
54 Ebd., S. 109.
55 Ebd., S. 115.
56 *Milner Papers*, Milner an Selborne, 5. Mai 1898, *Bodleian Library*, Ms.Eng.Hist. c.686.
57 Winston Churchill, *My Early Life*, S. 311–313.
58 *Milner Papers*, Churchill an Milner, 24. November 1899, *Bodleian Library*, Ms.Eng.Hist. c.686.
59 Roy Jenkins, *Churchill*, S. 54.
60 Ebd., S. 54; ursprünglich *Churchill War Papers*, I, Teil 2, S. 1085.
61 Ebd., S. 60.
62 Earl of Birkenhead, *Churchill: 1874–1922*, S. 96.
63 Virginia Cowles, *Winston Churchill: The Era and the Man*, S. 65.
64 Jenkins, *Churchill*, S. 61.
65 Pakenham, *Boer War*, S. 318.
66 Ebd., S. 319.
67 Milner an Violet Cecil, 27. Dezember 1900, zitiert nach Pakenham, *Boer War*, S. 485.
68 Pakenham, *Boer War*, S. 487 f.
69 Ebd., S. 464.

70 Kitchener an St. John Brodrick, 22. März 1901, zitiert nach Thomas Pakenham, *Boer War*, S. 500.
71 Ebd., S. 493. Kapitel 39 in Pakenham, *Boer War*, »When is a War not a War?«, handelt sehr ausführlich von den Konzentrationslagern.
72 Emily Hobhouse, »The Brunt of War, and Where it Fell« zu finden unter: *http://archive.org/details/bruntwarandwhero1hobhgoog*.
73 Ebd., S. 174.
74 William T. Stead, zitiert nach Hennie Barnard, *The Concentration Camps 1899-1902*, zu finden unter: *http://www.boer.co.za/boerwar/hellkamp.htm*.
75 Pakenham, *Boer War*, S. 503 f.
76 *http://www-sul.stanford.edu/depts/ssrg/africa/hansxcv2.html#573*.
77 War Office Official Statistics, Cd. 694.
78 Milner Papers, Haldane an Milner, 26. Januar 1902, Bodleian Library, Ms.Eng. Hist. c.688.
79 Pakenham, *Boer War*, S. 517.
80 St. John Brodrick an Kitchener, zitiert aus Pakenham, *Boer War*, S. 495.
81 *Journal of the South African Institute of Mining and Metallurgy*, April 1989, S. 118.
82 Thompson, *Forgotten Patriot*, S. 193.
83 Podmore, *British Foreign Policy*, S. 29 f.
84 Bouda Etemad, *Possessing the World, European Expansion and Global Interaction*, Bd. 6, S. 73.
85 Quigley, *Anglo-American Establishment*, S. 312.
86 Quigley, *Tragedy and Hope*, S. 138.
87 Nimocks, *Milner's Young Men*, S. 21.
88 Ebd.
89 Leo Amery, *Times History of the War in South Africa*, Bd. 1, S. 147.
90 Das Verhältnis zwischen Mitgliedern der Geheimen Elite und dem *All Souls College* in Oxford war über einen langen Zeitraum sehr eng. Carroll Quigley hat darauf hingewiesen, dass die Mitgliedschaft in diesem exklusiven Kreis die Tür öffnete zu Spitzenposten in der Politik, im Außenministerium und im diplomatischen Dienst. Siehe: *Anglo-American Establishment*, S. 52 f.
91 Quigley, *Anglo-American Establishment*, S. 65.
92 Ebd., Kapitel 4, S. 50-83.
93 John Hamill, *The Strange Career of Mr. Hoover Under Two Flags*, S. 151 f.
94 Ebd., S. 162 f.
95 Herbert Hoover und Émile Francqui, die in China so erbarmungslos agierten, werden im Verlauf unserer Geschichte in einer anderen Rolle auftauchen – als Verantwortliche für wichtige Aktivitäten der Geheimen Elite im Ersten Weltkrieg. Hoovers Firma transportierte mehr als 50 000 dieser unglückseligen Chinesen – mit einem Gewinn von etwa 25 Dollar pro Kopf.
96 Podmore, *British Foreign Policy Since 1870*, S. 30.
97 Hamill, *Strange Career of Mr. Hoover*, S. 165.
98 Thompson, *Forgotten Patriot*, S. 483.

99 Nimocks, *Milner's Young Men*, S. 54.
100 Milner an Balfour, 27. März 1905, zitiert nach Thompson, *Forgotten Patriot*, S. 234.
101 Thompson, *Forgotten Patriot*, S. 240.
102 Quigley, *Anglo-American Establishment*, S. 77.
103 Ebd., S. 77 f.
104 Ebd., S. 149.
105 Hansard, *House of Commons*, Debatte vom 21. März 1906, Bd. 154, cc464-511.
106 Hobson, *John Ruskin*, S. 193.
107 Pakenham, *Boer War*, S. 551.
108 Lord Milner's »Credo«, veröffentlicht in der *Times* vom 27. Juli 1925.

Kapitel 3

1 David S. Landes, *The Unbound Prometheus*, S. 327.
2 Ebd., S. 326.
3 Niall Ferguson, *The Pity of War*, S. 34 f.
4 John S. Ewart, *The Roots and Causes of the Wars*, Bd. II, S. 680.
5 Ebd., S. 681.
6 Landes, *Unbound Prometheus*, S. 327.
7 Keith Hitchins, *Romania 1866-1947*, S. 192.
8 Podmore, *British Foreign Policy Since 1870*, S. 11-20.
9 Ferguson, *Pity of War*, S. 41.
10 Ebd., S. 42.
11 Hansard, *House of Commons*, Debatte am 13. Februar 1902, Bd. 102, cc1272-313.
12 Hansard, *House of Commons*, Debatte am 26. Februar 1900, Bd. 79, cc1111-79.
13 Ferguson, *Pity of War*, S. 42.
14 Ewart, *Roots and Causes of the Wars*, Bd. II, S. 677.
15 Harry Elmer Barnes, *The Genesis of the World War*, S. 456.
16 Grey of Fallodon, *Twenty-Five Years: 1892-1916*, Bd. 1, S. 102.
17 Landes, *Unbound Prometheus*, S. 327.
18 Sidney B. Fay, *The Origins of the World War*, Bd. I, S. 139.
19 Edmund D. Morel, *Diplomacy Revealed*, S. 5 f.
20 Im englischen Sprachgebrauch sagt man seitdem »Bob's your uncle«, um auszudrücken: »Die Sache ist geritzt.« Der »Bob« in diesem Fall ist Robert Gascoyne-Cecil, dritter Marquess of Salisbury.
21 Kaiser Wilhelm II, *My Memoirs*, S. 99.
22 Virginia Cowles, *The Kaiser*, S. 124.
23 Keith Middlemas, *The Life and Times of Edward VII*, S. 31.
24 Sidney Lee, *Dictionary of National Biography*, 2nd Supplement, Bd. 1, S. 583-585.
25 Ian Dunlop, *Edward VII and the Entente cordiale*, S. 169.
26 *The Times*, 23. Januar 1901.
27 Dunlop, *Edward VII*, S. 170.
28 A. J. Grant u. Harold Temperley, *Europe in the Nineteenth and Twentieth Centuries (1789-1932)*, S. 423.

29 Fay, *Origins of the World War,* Bd. I, S. 51.
30 Ebd.
31 Als Revanchisten galten jene französischen Politiker, deren politisches Hauptanliegen darin bestand, sich wegen des Verlusts von Elsass-Lothringen an Deutschland zu rächen. Delcassé war sehr stark in die Revanchisten-Bewegung involviert.
32 Lee, *Dictionary of National Biography,* Second Supplement, Bd. 1, S. 593.
33 Ebd., S. 572.
34 Stanley Weintraub, *Edward the Caresser,* S. 126.
35 Artikel in der *Times,* 17. Januar 2004, und *Paris Brothel,* BBC-Four-Dokumentation, 2003.
36 Andrew Marr, *The Making of Modern Britain,* S. 44.
37 *New York Times,* 28. März 1903.
38 *The London Gazette,* 2. Juni 1903.
39 Grant u. Temperley, *Europe,* S. 423.
40 Fay, *Origins of the World War,* Bd. I, S. 153.
41 Grey, *Twenty-Five Years,* Bd. 1, S. 107.
42 Morel, *Diplomacy Revealed,* S. 45.
43 Ebd., S. 73.
44 Quigley, *Anglo-American Establishment,* S. 42.
45 Lord Esher hatte eine Vorliebe für pubertierende Knaben, was laut seinem Biografen James Lees-Milne zu einer ungewöhnlichen Beziehung zu seinem jüngeren Sohn Maurice führte. Wie viele andere Heuchler der viktorianischen Oberschicht praktizierte Esher das, wofür Oscar Wilde ins Gefängnis musste.
46 Lees-Milne, *Enigmatic Edwardian,* S. 142.
47 Nicholas D'Ombrain, *War Machinery and High Policy Defence Administration in Peacetime Britain, 1902–1914,* S. 125.

Kapitel 4

1 Ewart, *Roots and Causes of the Wars,* Bd. II, S. 762.
2 Quigley, *Anglo-American Establishment,* S. 101–116.
3 *The Times,* 9. April 1904.
4 Dunlop, *Edward VII,* S. 220.
5 Thompson, *Forgotten Patriot,* S. 68.
6 Grant u. Temperley, *Europe,* S. 452.
7 Richard F. Hamilton u. Holger H. Herwig, *Decisions for War, 1914–1917,* S. 188.
8 Ewart, *Roots and Causes of the Wars,* Bd. I, S. 242.
9 Morel, *Diplomacy Revealed,* S. xvi.
10 Edmund D. Morel, *Ten Years of Secret Diplomacy,* S. 71.
11 Ebd., S. 58.
12 Ebd., S. 58 f.
13 Grant u. Temperley, *Europe,* Fußnote S. 425.
14 Ebd., S. 426.
15 Ewart, *Roots and Causes of the Wars,* Bd. II, S. 768 f.

16 Kaiser Wilhelm II., *My Memoirs*, S. 104.
17 *New York Times*, 1. April 1905.
18 Morel, *Ten Years of Secret Diplomacy*, S. 61.
19 Ewart, *Roots and Causes of the Wars*, Bd. II, S. 773 f.
20 Ebd., S. 775.
21 Morel, *Diplomacy Revealed*, S. 3.
22 Francis Neilson, *How Diplomats Make War*, S. 101.
23 Morel, *Ten Years of Secret Diplomacy*, S. 63.
24 *Cambridge History of British Foreign Policy*, Bd. III, S. 343.
25 Ewart, *Roots and Causes of the Wars*, Bd. II, S. 801.
26 *Cambridge History of British Foreign Policy*, Bd. III, S. 483 f.
27 Ewart, *Roots and Causes of the Wars*, Bd. II, S. 778.
28 Morel, *Ten Years of Secret Diplomacy*, S. 78.
29 Dunlop, *Edward VII*, S. 237.
30 Fay, *Origins of the World War*, Bd. I, S. 188.
31 Morel, *Ten Years of Secret Diplomacy*, S. 84 f.
32 Ebd., S. 42 f.
33 Fay, *Origins of the World War*, Bd. I, S. 188.
34 Sidney Lee, *King Edward VII: A Biography*, S. 344.
35 Ebd., S. 360.
36 Die Idee für eine britische Invasion in Schleswig-Holstein brachte Admiral Sir John Fisher als Erster auf. Sollte es in Europa zu einem Krieg gegen Deutschland kommen, würde der Einfall in Schleswig-Holstein dazu führen, dass Deutschland sofort eine Million Soldaten von der Front gegen Frankreich abziehen müsste, so Fishers These. Das *Committee of Imperial Defence* lehnte den Plan ab, er war jedoch in diplomatischen Kreisen bekannt und kam 1905 auch dem Kaiser zu Ohren.
37 Lee, *King Edward VII*, S. 360.
38 Ewart, *Roots and Causes of the Wars*, Bd. II, S. 786.
39 Lee, *King Edward VII*, S. 361.
40 Ebd.

Kapitel 5

1 Ewart, *Roots and Causes of the Wars*, Bd. II, S. 725.
2 Hansard, *House of Commons*, Debatte vom 22. Januar 1902, Bd. 101, cc574-628.
3 Grant u. Temperley, *Europe*, S. 415.
4 Aubrey L. Kennedy, *Old Diplomacy and New: From Salisbury to Lloyd George, 1866-1922*, S. 98.
5 George Kennan, *The Fateful Alliance: France, Russia and the Coming of the First World War*, S. 76.
6 Ferguson, *House of Rothschild*, S. 382.
7 Quigley, *Tragedy and Hope*, S. 93.
8 Von 1900 bis 1912, während der Jahre der Harmonie zwischen Großbritannien

und Japan, stand Sir Claude MacDonald der britischen Gesandtschaft in Tokio vor. Er war 1905 und 1911 bei der Erneuerung des Bündnisses in der japanischen Hauptstadt. Er wurde zum ersten britischen Botschafter in Japan ernannt und 1906 in den Geheimen Kronrat berufen.

9 Ferguson, *Pity of War*, S. 495.

10 Detaillierte Informationen unter *http://www.clydesite.co.uk/viewship.asp?id=5173*.

11 Die *Mikasa* war in der Schlacht von Tsushima das Flaggschiff von Admiral Togo. Das im englischen Barrow gebaute Schiff war das letzte von sechs Linienschiffen, die im Rahmen des japanischen Flottenplans von 1896 bestellt worden waren.

12 Ewart, *Roots and Causes of the Wars*, Bd. II, S. 726.

13 Kennedy, *Old Diplomacy and New*, S. 97.

14 Grant u. Temperley, *Europe*, S. 419.

15 Ewart, *Roots and Causes of the Wars*, Bd. II, S. 762.

16 Hansard, *House of Commons*, Debatte vom 13. Februar 1902, Bd. 102, cc1272-313.

17 Ian Nish, *The Anglo-Japanese: The Diplomacy of Two Island Empires 1894-1907*, S. 23-50.

18 Kurt Kuhlman, »The Renewal of the Anglo-Japanese Alliance, 1905«, Forschungspapier, Department of History, *Duke University*, 9. Januar 1992, S. 3.

19 Hansard, *House of Commons*, Debatte vom 13. Februar 1902, Bd. 102, cc1272-313.

20 Ebd.

21 Hansard, *House of Commons*, Debatte vom 3. Juli 1902, Bd. 110, cc702-59.

22 *Scarborough Evening News*, 24. Oktober 1904.

23 Basil H. Liddell Hart, *History of the World War*, S. 9.

24 Aufgezeichnet in einer Sonderdepesche von Paris an die *New York Times*, 27. Oktober 1904.

25 *New York Times*, 25. Oktober 1904.

26 Ebd.

27 *New York Times*, 26. Oktober 1904.

28 *The Times*, 28. Oktober 1904.

29 *New York Times*, 31. Oktober 1904.

30 1908 kam ein internationaler Untersuchungsausschuss zu dem Schluss, dass die Fischereiflotte absolut unschuldig an dem Zwischenfall sei. Die Mehrheit der Ausschussmitglieder (nicht jedoch der russische Vertreter) war der Meinung, unter den Fischtrawlern oder irgendwo in der Nähe hätten sich keine Torpedoboote aufgehalten. *The Dogger Bank Case (Great Britain v Russia)*, 1908 2 Am. J. Int'L. 931-936 (I.C.I. Report vom 26. Februar 1905).

31 Die russische Flotte stach in der Ostsee in See und begab sich damit in die Hand der kaiserlichen Flotte. Ohne die großzügige Unterstützung von Kaiser Wilhelm II., der Kohle und Vorräte bereitstellte, hätte es die russische Ostseeflotte niemals bis nach Fernost geschafft. Der Kaiser sollte den Zaren später daran erinnern (Herman Bernstein, *Willy–Nicky Correspondence*, S. 68-75).

32 Ebd., S. 68 f.

33 *New York Times*, 19. April 1905.

34 *The Times*, 8. Mai 1905.
35 Artikel IV der Anglo-Japanischen Allianz von 1905, wie in der *New York Times* beschrieben, 27. September 1905.
36 Hansard, *House of Commons*, Debatte vom 22. Januar 1902, Bd. 101, cc574-628.
37 Vladimir Semenoff, *The Battle of Tsushima*, Übersetzung von Captain A. B. Lindsay, zu finden unter *http://archive.org/stream/battleoftsushima01seme/battleoftsushima01seme_djvu.txt.*
38 K. M. Smethurst u. Takahashi Korekiyo, *The Rothschilds and the Russo-Japanese War, 1904-07*, S. 20 f.
39 Ebd.
40 Fay, *Origins of the World War*, Bd. I, S. 197 und Fußnote.
41 Bernstein, *Willy–Nicky Correspondence*, Telegramm Nr. 13, S. 69.
42 Willy–Nicky letters, 22. August 1905, und Brief vom Kaiser an von Bülow, zitiert nach Fay, *Origins of the World War*, Bd. I, S. 175 und Fußnote.
43 Bernstein, *Willy–Nicky Correspondence*, Telegramm 49, S. 139.
44 Willy–Nicky letters, 22. August 1905, zitiert nach Fay, *Origins of the World War*, Bd. I, S. 175 und Fußnote.
45 Ferguson, *House of Rothschild*, S. 398.
46 Bernstein, *Willy–Nicky Correspondence*, Telegramm 46, S. 131.
47 Ferguson, *House of Rothschild*, S. 398.
48 Bernstein, *Willy–Nicky Correspondence*, Telegramm 46, S. 130-132.
49 Morel, *Diplomacy Revealed*, S. 68.
50 Ferguson, *Pity of War*, S. 60 f.
51 Ewart, *Roots and Causes of the Wars*, Bd. I, S. 41.
52 Mit dem Wohlwollen der Geheimen Elite im Rücken blühte die Karriere von Sir Arthur Nicolson richtig auf. Von 1906 bis 1910 war er Botschafter in Sankt Petersburg und stand dort regelmäßig mit Iswolski in Kontakt. 1910 wurde er auf den höchsten diplomatischen Posten im *Foreign Office* befördert und beriet Sir Edward Grey bis 1916 in sämtlichen wichtigen Fragen. Dann gingen beide »in Rente«. Einige halten Nicolson für den Mann, der für den Krieg sorgte. Nicolson, später Lord Carnock, war genauso wie Asquith, Grey und Haldane ein Mitglied von *The Club*.
53 Harry E. Barnes, *In Quest of Truth and Justice*. S. 17.
54 Friedrich Stieve, *Isvolsky and the World War*. S. 13.
55 Hansard, *House of Lords*, Debatte vom 6. Februar 1908, Bd. 183, cc999-1047.
56 Ebd.

Kapitel 6

1 Representation of the People Act 1884 (48 und 49 Vict. c. 3); The Third Reform Act.
2 Neilson, *How Diplomats Make War*, S. 99.
3 Jeffrey G. Williamson, »The Structure of Pay in Britain, 1710-1911«, *Research in Economic History*, Bd. 7, 1982, S. 22.

4 Quigley, *Anglo-American Establishment*, S. 15.
5 Quigley, *Tragedy and Hope*, S. 471 f.
6 Terence H. O'Brien, *Milner*, S. 187.
7 Milner Papers, Haldane an Milner, Bodleian Library, Ms.Eng.Hist. c.687.
8 Milner Papers, Haldane an Milner, 13. Mai 1902, *Bodleian Library*, Ms.Eng.Hist. c.688.
9 Quigley, *Tragedy and Hope*, S. 482.
10 Thompson, *Forgotten Patriot*, S. 30.
11 Quigley, *Tragedy and Hope*, S. 475.
12 Quigley, *Anglo-American Establishment*, S. 31.
13 Ebd., S. 30.
14 Ebd., S. 140.
15 Sir Frederick Maurice, *Haldane 1856-1915*, S. 49 f.
16 Ebd., S. 69.
17 Richard Burdon Haldane, *An Autobiography*, S. 162.
18 Maurice, *Haldane*, S. 94.
19 John Wilson, *C. B.: A Life of Sir Henry Campbell-Bannerman*, S. 318.
20 Maurice, *Haldane*, S. 111.
21 Haldane, *An Autobiography*, S. 142. Es handelt sich zweifelsohne um ein persönliches Geschenk von König Edward VII., der zwischen 1901 und 1902 Alfred Milner, Nathaniel Rothschild, Edward Grey, Richard Haldane, George Wyndham und Sir Ernest Cassel in den Geheimen Kronrat berief.
22 Maurice, *Haldane*, S. 116.
23 Lees-Milne, *Enigmatic Edwardian*, S. 158.
24 Ebd.
25 Haldane, *An Autobiography*, S. 159.
26 K. M. Wilson, »The Making and Putative Implementation of a British Foreign Policy of Gesture, December 1905-August 1914: The Anglo-French Entente Revisited«, *Canadian Journal of History*, Nr. XXXI, August 1996, S. 227-255.
27 Asquith MSS, Haldane an Asquith, 6. Oktober 1905, *Bodleian Library*, Bd. 10.
28 Lees-Milne, *Enigmatic Edwardian*, S. 155.
29 Minutes of the Committee of Imperial Defence, CAB 38/9/1905, Nr. 65.
30 Fay, *Origins of the World War*, Bd. I, S. 203.
31 Ebd.
32 Quigley, *Anglo-American Establishment*, S. 8 f.
33 Ebd., S. 101-115.
34 Das Kriegsministerium legte dem *Committee of Imperial Defence* im September 1905 ein Papier zu diesem Thema vor. CAB 38/10/ 1905, Nr. 73.
35 CAB 38/9/ 1905, Nr. 65.
36 CAB 38/10/ 1905, Nr. 67, S. 6.
37 Maurice, *Haldane*, S. 175.
38 Vertraulicher Bericht von General Ducarne an den belgischen Kriegsminister, 10. April 1906, zitiert von Dr. Bernhard Demburg in *The International Monthly*, New York, unter *http://libcudl.colorado.edu/wwi/pdf/ i73726928.pdf*.

39 Ebd.
40 Maurice, *Haldane*, S. 176.
41 Alexander Fuehr, *The Neutrality of Belgium*, S. 72.
42 Sir George Clarke war Gouverneur von Victoria, kehrte aber 1903 nach Großbritannien zurück, um, so wie auch Admiral Jacky Fisher, Teil des dreiköpfigen Esher-Komitees zu sein. Er wurde zum ersten Sekretär des *Committee of Imperial Defence* ernannt und später als Lord Sydenham in den Adelsstand erhoben.
43 Sir George Clarke an Lord Esher, 9. Januar 1906, Esher papers, ESHR 10/38.
44 Grey an Haldane, zitiert nach Maurice, *Haldane*, S. 172 f.
45 Fay, *Origins of the World War*, Bd. I, S. 202.
46 Neilson, *How Diplomats Make War*, S. 87.
47 *The Times*, 22. Dezember 1905, S. 7.
48 John W. Coogan u. Peter F. Coogan, »The British Cabinet and the Anglo-French Staff Talks, 1905-1914: Who Knew What and When Did He Know It?«, *Journal of British Studies*, Nr. 24, Januar 1985, S. 112.
49 Wilson, *C.B.*, S. 527 f.
50 Ebd.
51 Charles Repington, *The First World War*, S. 13.
52 Wilson, *C.B.*, S. 528.
53 Haldane Papers, NLS, M.S. 200058, Memorandum of Events between 1906-15, S. 34.
54 Wilson, *C.B.*, S. 524.
55 J. A. Spender, *The Life of the Right Honourable Sir Henry Campbell- Bannerman*, S. 251.
56 Roy Hattersley, *Campbell-Bannerman*, S. 100.
57 Wilson, *C.B.*, S. 531.
58 Grey, *Twenty-Five Years*, Bd. I, S. 153.
59 Haldane, *An Autobiography*, S. 191.

Kapitel 7

1 David Lloyd George, *War Memoirs*, S. 27.
2 Thomas P. O'Connor, *Sir Henry Campbell-Bannerman*, S. 125 f.
3 Lloyd George, *War Memoirs*, S. 28.
4 Kennedy, *Old Diplomacy and New*, S. 141.
5 Edward u. Dorothy Grey, *Cottage Book, Ichen Abbas, 1894-1905*.
6 Alfred F. Havinghurst, *Britain in Transition: The Twentieth Century*, S. 84.
7 Spender, *Life of the Right Hon. Sir Henry Campbell-Bannerman*, Bd. II, S. 194.
8 Quigley, *Anglo-American Establishment*, S. 25.
9 Lloyd George, *War Memoirs*, S. 56 f.
10 Ferguson, *Pity of War*, S. 85-89.
11 Susan Hansen, »The Identification of Radicals in the British Parliament, 1906-1914: Some Attitudes to Foreign Policy«, *The Meijo Review*, Bd. 6, Nr. 4, S. 6.
12 Lloyd George, *War Memoirs*, S. 59.

13 Lees-Milne, *Enigmatic Edwardian*, S. 157 f.
14 Hansard, *House of Commons*, Debatte vom 12. Juli 1906, Bd. 160, cc1074-171.
15 Maurice, *Haldane*, S. 204.
16 Ebd., S. 176.
17 Ebd., S. 228.
18 Ebd., S. 243.
19 Ebd., S. 174 f.
20 Ewart, *Roots and Causes of the Wars*, Bd. II, S. 682.
21 Robert K. Massie, *Dreadnought: Britain, Germany and the Coming of the Great War*, S. 423.
22 Ebd., S. 403.
23 Baron John Arbuthnot Fisher, *Memories and Records*, Bd. II, S. 134 f.
24 Ebd., S. 184-196, führt Fishers Argumente an und was nach seinen Berechnungen für Öl spricht.
25 Keith Middlemas, *Pursuit of Pleasure: High Society in the 1900s*, S. 107.
26 Minutes of the Committee of Imperial Defence, CAB/ 38/9/1905, Nr. 32.
27 Swain, *Beginning the Twentieth Century*, S. 271.
28 Ewart, *Roots and Causes of the Wars*, Bd. II, S. 778.
29 Wilson, *C.B.*, S. 621.
30 Richard Toye, *Lloyd George and Churchill: Rivals for Greatness*, S. 46.
31 Esher Diaries, 20. März 1908, zitiert bei Toye.
32 Zitiert nach Toye, *Lloyd George and Churchill: Rivals for Greatness*, S. 46.
33 Milner Papers, Churchill an Milner, 31. Dezember 1900, Bodleian Library, Ms.Eng. Hist. c.687.
34 Toye, *Lloyd George and Churchill*, S. 13.
35 Ebd., S. 17.
36 Ebd., S. 20.
37 Edward David, *Inside Asquith's Cabinet: From the Diaries of Charles Hobhouse*, S. 73.
38 Norman u. Jeanne MacKenzie (Hrsg.), *Diary of Beatrice Webb, Bd. III: The Power to Alter Things, 1905-1924*, S. 94.

Kapitel 8

1 Hansard, *House of Commons*, Debatte vom 26. Mai 1908, Bd. 189, cc963-5.
2 Herman Bernstein, »The Czar of Russia, From a Study at Close Range«, *New York Times*, 13. September 1908.
3 Hansard, *House of Commons*, Debatte vom 28. Mai 1908, Bd. 189, cc11261-2.
4 J. A. Farrer, *England Under Edward VII*, S. 217.
5 Edward Legge, *King Edward in his True Colours*, S. 173.
6 Hansard, *House of Commons*, Debatte vom 1. Juni 1908, Bd. 89, cc11570-2.
7 Hansard, *House of Commons*, Debatte vom 28. Mai 1908, Bd. 89, cc11290-1.
8 Lee, *King Edward VII*, Teil II, S. 594.
9 Ebd.

10 *Committee of Imperial Defence*, CAB 38/13/1907.
11 Farrer, *England Under Edward VII*, S. 218.
12 Fisher, *Memories*, S. 230–233.
13 Farrer, *England Under Edward VII*, S. 218.
14 Ebd.
15 Morel, *Diplomacy Revealed*, S. 138.
16 Farrer, *England Under Edward VII*, S. 218.
17 Morel, *Diplomacy Revealed*, S. 127 f.
18 Hansard, *House of Commons*, Debatte vom 27. Juli 1908, Bd. 193, cc939–88.
19 Alexander Spiridovich, *Les Dernières Années de la Cour de Tzarskoie Selo*, Bd. 1, Kapitel 16.
20 *New York Times*, 3. August 1908.
21 Stieve, *Isvolsky and the World War*, S. 12.
22 Ebd., S. 113.
23 Stevenson, *1914–18*, S. 11.
24 Ewart, *Roots and Causes of the Wars*, Bd. II, S. 928.
25 Barnes, *Genesis of the World War*, S. 83.
26 Ewart, *Roots and Causes of the Wars*, Bd. II, S. 927.
27 Hansard, *House of Commons*, Debatte vom 12. Oktober 1908, Bd. 194, cc38–9.
28 Luigi Albertini, *Origins of the War of 1914*, Bd. 1, S. 222 f.
29 James Joll u. Gordon Martel, *The Origins of the First World War*, S. 69.
30 Ewart, *Roots and Causes of the Wars*, Bd. II, S. 913.
31 Ebd., S. 930.
32 Ebd., S. 936.
33 Jewgeni Nikolajewitsch Schelking u. L. W. Makovski, *Recollections of a Russian Diplomat: The Suicide of Monarchies*, S. 183.
34 Middlemas, *Life and Times of Edward VII*, S. 170.
35 Stieve, *Isvolsky and the World War*, S. 16.
36 Ebd., S. 17.
37 Ebd., S. 13.

Kapitel 9

1 J. Ramsay MacDonald, »Why We Are at War«, *The Open Court*, Jg. 1915, 4. Ausgabe, Art. 4, S. 246, *http://opensiuc.lib.siu.edu/ocj/vol1915/iss4/4*. Es handelt sich um eine amerikanische Reproduktion von MacDonalds Artikel in der *Continental Times* vom 4. Dezember 1914.
2 Francis Neilson, *The Makers of War*, S. 21.
3 Strachan, *The First World War*, S. 45.
4 Ferguson, *Pity of War*, S. 86.
5 Anver Offer, *First World War: An Agrarian Interpretation*, S. 232.
6 Fay, *Origins of the World War*, Bd. I, S. 202 f.
7 Hansard, *House of Commons*, Debatte vom 5. März 1912, Bd. 35, cc205–76.
8 Ferguson, *Pity of War*, S. 63.

9 Fay, *Origins of the World War*, Bd. I, S. 213.
10 Winston Churchill, *The World Crisis*, S. 36 f.
11 Fay, *Origins of the World War*, Bd. I, S. 211.
12 Quigley, *Tragedy and Hope*, S. 145.
13 Quigley, *Anglo-American Establishment*, S. 153 f.
14 Cabinet Papers, CAB 38/113/1907, S. 12.
15 Ewart, *Roots and Causes of the Wars*, Bd. I, S. 512.
16 Edmund D. Morel, *Truth and the War*, S. 157.
17 Ewart, *Roots and Causes of the Wars*, Bd. I, S. 510–513.
18 Herbert A. L. Fisher, *A History of Europe*, S. 1083.
19 Barnes, *In Quest of Truth and Justice*, S. 18 f.
20 Ewart, *Roots and Causes of the Wars*, Bd. I, S. 561–563.
21 Ebd.
22 George Herbert Perris, *The War Traders: An Exposure*, S. 25.
23 Fisher, *Memories*, Bd. 1, S. 30–34.
24 Neilson, *How Diplomats Make War*, S. 133.
25 Perris, *War Traders*, S. 29.
26 Hansard, *House of Commons*, Debatte vom 29. März 1909, Bd. 3, cc39–149.
27 Ebd.
28 Ewart, *Roots and Causes of the Wars*, Bd. II, S. 689.
29 *New York Times*, 1. April 1909.
30 Neilson, *How Diplomats Make War*, S. 121.
31 Neilson, *Makers of War*, S. 20.
32 Churchill, *World Crisis*, S. 23 f.
33 Hansard, *House of Commons*, Debatte vom 8. November 1934, Bd. 293, cc1293–416.
34 Mulliners Nachfolger für das Werk in Coventry wurde Konteradmiral Bacon, ein enger Freund von Jacky Fisher. Ab diesem Zeitpunkt bekam *Coventry Ordnance* Großaufträge der Regierung und baute sein Kapital um 40 Prozent aus.
35 Neilson, *How Diplomats Make War*, S. 328.
36 Perris, *War Traders*, S. 9.
37 H. Robertson Murray, *Krupps and the International Armaments Ring*, S. 3.
38 John T. Walton Newbold, *How Asquith Helped the Armaments Ring*, S. 8.
39 *The Secret International: Armament Firms at Work*, S. 10 (veröffentlicht von *Union of Democratic Control*, Autor und Datum nicht angegeben, veröffentlicht in den 1930er Jahren).
40 David, *Inside Asquith's Cabinet*, S. 86.
41 John T. Walton Newbold, *The War Trust Exposed*, S. 4–16.
42 Hansard, *House of Commons*, Debatte vom 13. Juni 1911, Bd. 26, cc1459–97.
43 Perris, *War Traders*, S. 4–6.
44 Newbold, *War Trust Exposed*, S. 17.
45 H. C. Engelbrecht u. F. C. Hanighen, *Merchants of Death*, chapter IX, S. 3.
46 Ferguson, *House of Rothschild*, S. 413.
47 Ebd.
48 Newbold, *War Trust Exposed*, S. 7.

49 Hansard, *House of Commons*, Debatte vom 7. Juli 1913, Bd. 55, cc10–1.
50 John T. Walton Newbold, *How Europe Armed for War*, S. 76 f.
51 Perris, *War Traders*, S. 10.
52 Murray, *Krupps*, S. 9.
53 Die Verachtung für Sitte und Anstand, die Sir Charles Ottley an den Tag legte, war nahezu grenzenlos. Er war Sekretär des *Committee of Imperial Defence* und in dieser Position ein ranghoher Berater der Regierung. Von diesem Posten wechselte er in den Vorstand eines Unternehmens, das gewaltige Gewinne aus derselben Quelle schöpfte. Am 22. Juli 1912 und noch einmal am 30. Juli 1914 wurde dies zum Thema im Parlament, als Ottleys Beteiligung am Unternehmen *Imperial Ottoman Docks* ernste Besorgnis auslöste.
54 Murray, *Krupps*, S. 3.
55 Newbold, *War Trust Exposed*, S. 14 f.
56 Ebd.
57 *The First Sub-Committee of the Temporary Mixed Commission of the League of Nations*, Report A.81, 1921, S. 5.

Kapitel 10

1 Quigley, *Anglo-American Establishment*, S. 311 f.
2 E. Moberly Bell, *Flora Shaw*, S. 224.
3 Ebd., S. 226.
4 Quigley, *Anglo-American Establishment*, S. 112.
5 Lees-Milne, *Enigmatic Edwardian*, S. 185.
6 Quigley, *Anglo-American Establishment*, S. 102.
7 J. Lee Thompson, *A Wider Patriotism: Alfred Milner and the British Empire*, S. 89.
8 Thompson, *Forgotten Patriot*, S. 234.
9 Quigley, *Anglo-American Establishment*, S. 115.
10 Thompson, *Forgotten Patriot*, S. 155 f.
11 »Remarkable Career of Northcliffe«, *New York Times*, 15. August 1922.
12 Ebd.
13 Quigley, *Anglo-American Establishment*, S. 42.
14 Linda B. Fritzinger, *Diplomat without Portfolio: Valentine Chirol – His Life and The Times*, S. 329.
15 *New York Times*, 15. August 1922.
16 Quigley, *Anglo-American Establishment*, S. 42.
17 Ebd., S. 313.
18 Paul Ferris, *The House of Northcliffe: A Biography of an Empire*, S. 64.
19 Christopher Andrew, *Secret Service: The Making of the British Intelligence Community*, S. 39.
20 Erskine Childers ist eine ausgesprochen faszinierende Person. Hier, 1905, gab er die Rolle des Patrioten, der voll und ganz hinter der britischen Sache steht. 1914 agierte er als Waffenschmuggler für die *Irish Volunteers*.

21 Erskine Childers, *The Riddle of the Sands,* S. 284.
22 Andrew Boyle, *The Riddle of Erskine Childers,* S. 111.
23 *Das Rätsel der Sandbank* ist noch immer ein beliebter Taschenbuchklassiker. Bei einer Umfrage des *Observer* im Jahr 2003 wurde das Buch auf Rang 37 der besten Bücher der letzten 300 Jahre gewählt.
24 Der vollständige Originaltitel lautet *The Invasion of 1910: With a full account of the Siege of London,* von William Le Queux; *Naval chapters* von H. W. Wilson.
25 Ignatius Frederick Clarke, *The Great War with Germany 1890-1914,* S. 250.
26 Ebd., S. 252.
27 Ignatius Frederick Clarke, *Voices Prophesying War,* S. 145.
28 Andrew, *Secret Service,* S. 40.
29 *Die Invasion von 1910: Einfall der Deutschen in England,* Übersetzung von Traugott Tamm.
30 Farrer, *England Under Edward VII,* S. 143.
31 Belgian Diplomatic Documents 30; zitiert nach Morel, *Diplomacy Revealed,* S. 77.
32 E. Philips Oppenheim, *A Maker of History.*
33 Andrew, *Secret Service,* S. 43.
34 Randolph S. Churchill, *Winston S. Churchill,* Bd. II, S. 513.
35 R. F. Mackay, *Fisher of Kilverstone,* S. 385.
36 Cabinet Papers, CAB 38/13/07.
37 Bericht und Protokoll des Unterausschusses des *Committee of Imperial Defence,* 30. März 1909, PRO 16/8.
38 Rosamund M. Thomas, *Espionage and Secrecy: The Official Secrets Act 1911-1989,* S. 2-4.
39 Hansard, *House of Lords,* Debatte vom 25. Juli 1911, Reihe 5, Bd. 9, cc641-7.
40 Thomas, *Espionage and Secrecy,* S. 5.
41 Andrew, *Secret Service,* S. 58 f.
42 Im *Aliens Act* von 1905 wurden einige Einwanderergruppen als »unerwünscht« bezeichnet. Eine automatische freie Einreise nach Großbritannien war für diese Personen damit nicht mehr möglich, sondern hing von den Behörden ab.
43 Section 6, *Official Secrets Act,* 1911.

Kapitel 11

1 Quigley, *Anglo-American Establishment,* S. 312.
2 Milner an Violet Markham, Juni 1906, zitiert nach Thompson, *Forgotten Patriot,* S. 248.
3 Ferguson, *Pity of War,* S. 93.
4 Alfred Milner, »Some Reflections on the Coming Conference«, *National Review,* April 1907.
5 Ebd.
6 Thompson, *Forgotten Patriot,* S. 256.
7 A. M. Gollin, *Proconsul in Politics: A Study of Lord Milner,* S. 136 f.
8 Quigley, *Anglo-American Establishment,* S. 153.

9 Thompson, *Forgotten Patriot*, S. 257.
10 A. M. Gollin, *Proconsul in Politics*, S. 138 f.
11 Oscar Douglas Skelton, *Life and Letters of Sir Wilfrid Laurier*, S. 300.
12 A. M. Gollin, *Proconsul in Politics*, S. 145.
13 Quigley, *Anglo-American Establishment*, S. 312.
14 Viscount Milner, *Speeches delivered in Canada in the Autumn of 1908*, S. 1–12, siehe: *http://archive.org/stream/speechesdelivereoomilnuoft#page/n3/mode/2up.*
15 Ebd., S. 85–93.
16 *Daily Mail*, 19. Januar 1909.
17 Thompson, *Forgotten Patriot*, S. 276.
18 J. Lee Thompson, *Northcliffe: Press Baron in Politics 1865–1922*, S. 168.
19 Ebd., S. 169.
20 Thompson, *Forgotten Patriot*, S. 270.
21 *The Argus* (Melbourne), 29. Juli 1909.
22 Zitiert nach Thompson, *Northcliffe*, S. 170.
23 Reginald Pound u. Geoffrey Harmsworth, *Northcliffe*, S. 369.
24 Thompson, *Forgotten Patriot*, S. 270.
25 Gollin, *Proconsul in Politics*, S. 163.
26 Nimocks, *Milner's Young Men*, S. 147.
27 Quigley, *Tragedy and Hope*, S. 144.
28 Gollin, *Proconsul in Politics*, S. 164.
29 Thompson, *A Wider Patriotism*, S. 138.
30 Quigley, *Anglo-American Establishment*, S. 121.
31 Quigley, *Tragedy and Hope*, S. 131, 951.
32 Diese Männer hatten einen enormen politischen Einfluss und waren von der Überlegenheit der britischen Rasse überzeugt. Leopold Amery war der Einzige, der auf den politischen Radarschirmen auftauchte. Um sich auf die Politik konzentrieren zu können, verzichtete der *All-Souls*-Absolvent 1908 auf den Chefredakteursposten beim *Observer* und 1912 bei der *Times*. Im Mai 1911 zog er kampflos für die Konservativen ins Unterhaus ein. Als das letzte Kriegskabinett installiert wurde, suchte Viscount Milner 1916 Philip Kerr als Privatsekretär für Lloyd George aus. Kerr wurde später Marquess of Lothian. Robert Brand schrieb für die Tafelrunde vor allem über Finanzthemen. Er saß im Aufsichtsrat der Handelsbank *Lazards* und der *Times*. Geoffrey Dawson wurde 1912 nach seiner Rückkehr aus Südafrika zum Chefredakteur der *Times* berufen. Lionel Curtis, der eifrigste Verfechter der »Tafelrunde«, wurde *Beit*-Professor für Kolonialgeschichte an der Universität von Oxford und Fellow in *All Souls*. F. S. Oliver beteiligte sich 1916 an dem Versuch, Asquith als Premierminister abzusetzen. Hier finden wir auf engstem Raum alles, was die vielen Facetten beim Vorgehen der Geheimen Elite ausmacht – Männer in Regierungsposten, die auf Regierungen einwirken, über die Presse die öffentliche Meinung beeinflussen, die aus der Finanzwelt oder der Geschäftswelt unterstützend eingreifen und an den Universitäten die offizielle Lesart der Geschichte lehren.
33 Nimocks, *Milner's Young Men*, S. 157.

34 Quigley, *Anglo-American Establishment,* S. 326.
35 Quigley, *Tragedy and Hope,* S. 146.
36 Nimocks, *Milner's Young Men,* S. 166.
37 Ebd.
38 Quigley, *Anglo-American Establishment,* S. 125.
39 Ferguson, *Pity of War,* S. 199.
40 Stevenson, *1914-1918,* S. 233.
41 Ebd., S. 201.
42 Ebd.

Kapitel 12

1 Quigley, *Anglo-American Establishment,* S. x.
2 Lloyd George ging ein enormes Risiko ein, als er sich gegen die volkspatriotische Stimmung stellte und den Krieg in Südafrika attackierte. Sein Auftritt im Rathaus von Birmingham am 18. Januar 1901 endete in einem Aufruhr. Zwei Wochen lang hatte die *Birmingham Daily Mail* gegen Lloyd George gewettert und prophezeit, man werde es dem »antibritischsten Mitglied des Parlaments« niemals erlauben, in Birmingham mit seiner »Volksverhetzung hausieren zu gehen«. Gegen den Willen des Polizeipräsidenten wurde die Veranstaltung fortgesetzt, aber ein Mob stürmte den Saal und griff das Podium an. Lloyd George musste als Polizist verkleidet durch eine Hintertür hinausgeschmuggelt werden. (Hattersley, *The Great Outsider,* S. 141.)
3 Toye, *Lloyd George and Churchill,* S. 17.
4 D. R. Daniel, nicht veröffentlichte Memoiren (Übersetzung von Dr. Prys Morgan, *National Library of Wales,* Aberystwyth). Er wird dort mit dem Eingeständnis zitiert: »Ich konnte nicht niederschreiben, was meine Überzeugungen sind.« (Hattersley, *The Great Outsider,* S. 13.)
5 Hattersley, *The Great Outsider,* S. 245.
6 McCormick, *Mask of Merlin,* S. 57 f.
7 Ebd., S. 59.
8 *The Times,* 8. November 1907.
9 Ffion Hague, *The Pain and the Privilege,* S. 174.
10 John Grigg, *Lloyd George: The People's Champion,* S. 99 f.
11 Hattersley, *The Great Outsider,* S. 92 f.
12 W. R. P. George, *Backbencher,* S. 390.
13 Viele sehr wohlhabende liberale Abgeordnete und ungenannte »Freunde« boten ihm einen Zugang zu einem Leben, das er sich nicht leisten konnte. Sein Freund Lord George Riddell schenkte ihm 1913 ein Haus in Walton Heath. Prompt versuchten Frauenrechtlerinnen, das Haus in die Luft zu sprengen.
14 Hague, *The Pain and the Privilege,* S. 105.
15 Hattersley, *The Great Outsider,* S. 104 f.
16 Sein Privatsekretär A. J. Sylvester sah Lloyd George aus der Badewanne steigen und schrieb 1931 daraufhin in sein Tagebuch: »Er hatte das größte Geschlechtsteil,

dessen ich je ansichtig wurde. Mehr als alles andere ähnelt es dem Geschlechtsteil eines Esels.« (Hague, *The Pain and the Privilege,* S. 469.)

17 Hague, *The Pain and the Privilege,* S. 128–134.
18 Grigg, *Lloyd George,* S. 181.
19 Ebd.
20 Richard Lloyd George, *My Father,* S. 112.
21 Offiziell hatte ihn die Gesellschaft ausgestoßen, aber Richard Haldane hat Oscar Wilde bei mindestens zwei Gelegenheiten im Gefängnis besucht. Im Gefängnis von Holloway traf sich Haldane allein mit Wilde in dessen Zelle und sorgte dafür, dass Wilde Bücher, Stift und Papier bekäme. Auch im Gefängnis von Wandsworth besuchte Haldane Wilde. Später bewirkte er beim Innenminister, dass Wilde nach Reading Gaol verlegt wurde. (Haldane, *An Autobiography,* S. 166 f.)
22 Hansard, *House of Commons,* Debatte vom 29. April 1909, Bd. 4, c548.
23 Ferguson, *House of Rothschild,* S. 427.
24 *Parliamentary Archives,* LG/C/33/2/11.
25 *Budget League Pamphlet 22,* »The Budget and the People«, S. 2.
26 Rede vom 9. Oktober 1901, zitiert nach Richard Toye, *Lloyd George and Churchill,* S. 62.
27 Ebd.
28 Hansard, *House of Lords,* Debatte vom 22. November 1909, Bd. 4, cc730–820.
29 Hansard, *House of Commons,* Debatte vom 6. Juli 1908, Bd. 191, cc1343–415.
30 Viscount Alfred Milner, *Constructive Imperialism, Unionists and Social Reform,* S. 37.
31 Thompson, *Forgotten Patriot,* S. 274.
32 Ferguson, *Pity of War,* S. 424.
33 Die Wahlen vom Januar 1910 führten zu keinen klaren Mehrheiten. Die Liberalen verloren 123 Sitze, verfügten aber noch über 274 Abgeordnete. Die Konservativen gewannen 116 Sitze, kamen aber letztlich nur auf 272 Abgeordnete und hatten die Wahl damit hauchdünn verloren. Dies bedeutete, die Liberalen benötigten die Zustimmung der 82 irischen und der 40 *Labour*-Abgeordneten, um ihre Gesetze durch das Parlament zu bekommen. Das starke Abschneiden *Labours* gefährdete die Erholung der Liberalen, und die Unterstützung der Iren hing einzig davon ab, ob es ein Gesetz zur Selbstverwaltung der Iren geben würde.
34 Toye, *Lloyd George and Churchill,* S. 66.
35 Thompson, *Forgotten Patriot,* S. 278.
36 Hattersley, *The Great Outsider,* S. 276.
37 *The Observer,* 8. Mai 1910.
38 Hattersley, *The Great Outsider,* S. 277.
39 McCormick, *Mask of Merlin,* S. 72.
40 Grigg, *Lloyd George,* S. 362–368.
41 »Mr Lloyd George's Memorandum on the Formation of a Coalition«, 17. August 1910, siehe Anhang zu Grigg, *Lloyd George,* S. 362.
42 Lucy Masterman, *C. F. G. Masterman,* S. 169.
43 David, *Inside Asquith's Cabinet,* S. 98.

44 Austen Chamberlain, *Politics from the Inside: An Epistolary Chronicle, 1906-1914*, S. 288.
45 Die allgemeinen Wahlen vom Dezember 1910 resultierten erneut in einer Pattsituation. Die Liberalen kamen auf 272 Sitze, die Konservativen auf 271. Die Liberalen waren zwar weiterhin hauchdünn die stärkste Partei, waren aber auf die Duldung durch die Iren und Labour angewiesen. Es hatte sich also praktisch nichts geändert.
46 Masterman, *C.F.G. Masterman*, S. 200.
47 O'Brien, *Milner*, S. 245.
48 Lloyd George zugeschrieben, zitiert nach Hattersley, *The Great Outsider*, S. 287.
49 Hattersley, *The Great Outsider*, S. 288.

Kapitel 13

1 Morel, *Ten Years of Secret Diplomacy*, S. 104.
2 Ewart, *Roots and Causes of the Wars*, Bd. II, S. 810.
3 Ebd.
4 Frederick Bausman, *Let France Explain*, S. 149.
5 *The Sydney Morning Herald*, 2. August 1907, S. 7.
6 *Daily Mail*, 1. August 1907.
7 Francis Charmes, *Revue de Deux Mondes*, 17. August 1907.
8 *New York Times*, 18. August 1907.
9 Morel, *Ten Years of Secret Diplomacy*, S. 102.
10 Morel, *Diplomacy Revealed*, S. 170.
11 Stieve, *Isvolsky and the World War*, S. 17, (Brief von Ernest Judet, 17. Januar 1924, in *L'Humanité*).
12 Ewart, *Roots and Causes of the Wars*, Bd. II, S. 836.
13 Stieve, *Isvolsky and the World War*, S. 31.
14 Fay, *Origins of the World War*, Bd. I, S. 278.
15 Morel, *Ten Years of Secret Diplomacy*, S. 107.
16 Fay, *Origins of the World War*, Bd. I, S. 279.
17 Kennedy, *Old Diplomacy and New*, S. 170.
18 Morel, *Diplomacy Revealed*, S. 215.
19 Hansard, *House of Commons*, Debatte vom 4. Mai 1911, Bd. 25, cc574-5.
20 Ebd.
21 Hansard, *House of Commons*, Debatte vom 25. April 1911, Bd. 24, cc1601-2.
22 Das französische Unternehmen war ein Kartell, in dem sich einige der größten europäischen Kapitalisten zusammengeschlossen hatten, darunter Schneider, Krupp, Guest, Keen und Nettlefolds. Gegründet worden war das Unternehmen nach Algeciras mit dem Ziel, Marokkos Bodenschätze zu erschließen.
23 Grey, *Twenty-Five Years*, Bd. 2, S. 32.
24 Morel, *Diplomacy Revealed*, S. 185.
25 Morel, *Truth and the War*, S. 78.
26 Christopher Clark, *Kaiser Wilhelm II: Profiles in Power*, S. 145.

27 Morel, *Ten Years of Secret Diplomacy,* S. 108 f.
28 Max Montgelas, *British Foreign Policy under Sir Edward Grey,* S. 29.
29 Max Montgelas, *The Case for the Central Powers,* S. 42–44.
30 Churchill, *World Crisis,* S. 29.
31 Morel, *Diplomacy Revealed* S. 217.
32 Grey, *Twenty-Five Years,* Bd. II, S. 60–62.
33 Neilson, *Makers of War,* S. 15.
34 Barnes, *In Quest of Truth and Justice,* S. 18.
35 Montgelas, *Case for the Central Powers,* S. 43.
36 Hermann Lutz, *Lord Grey and the World War,* S. 127.
37 Grey, *Twenty-Five Years,* Bd. II, S. 33.
38 Strachan, *The First World War,* S. 41.
39 *Evening Post,* Spithead Review, Volume LXXXI, 26. Juni 1911, S. 7.
40 Bausman, *Let France Explain,* S. 150.
41 Frankreichs 74. Ministerpräsident Ernest Monis trat am 2. März 1911 sein Amt an. Er holte Delcassé zurück ins Kabinett. Er und sein Sohn wurden im Juli 1911 bei einem Unglück während des Luftfahrtrennens von Paris nach Madrid schwer verletzt. Aus gesundheitlichen Gründen musste Monis sein Amt niederlegen, sein Nachfolger war der radikaler ausgerichtete Sozialist Joseph Caillaux.
42 Morel, *Truth and the War,* S. 79.
43 Lloyd George, *War Memoirs,* S. 26.
44 Ebd.
45 Grey, *Twenty-Five Years,* Bd. II, S. 39 f.
46 Montgelas, *British Foreign Policy under Sir Edward Grey,* S. 32.
47 Morel, *Diplomacy Revealed,* S. 201 f.
48 *The Times,* 22. Juli 1907.
49 Morel, *Ten Years of Secret Diplomacy,* S. 144–146.
50 David, *Inside Asquith's Cabinet,* S. 104.
51 Churchill, *World Crisis,* S. 38 f.
52 Ebd., S. 42.
53 Ebd., S. 46.
54 Ebd., S. 47.
55 Spencer Tucker, *World War I,* S. 248.
56 Neilson, *How Diplomats Make War,* S. 198.

Kapitel 14

1 Haldane an Asquith, berichtet in Maurice, *Haldane,* S. 283.
2 Haldane, *An Autobiography,* S. 230.
3 Ebd., S. 227.
4 Jenkins, *Churchill,* S. 206.
5 Churchill, *World Crisis,* S. 49.
6 E. D. Morel, *The Secret History of a Great Betrayal,* S. 15.
7 Cowles, *Winston Churchill,* S. 157.

8 Churchill, *World Crisis*, S. 53.
9 Ebd., S. 52.
10 Hansard, *House of Commons*, Debatte vom 18. Februar 1914, Reihe 5, Bd. 58, cc920-1.
11 David, *Inside Asquith's Cabinet*, S. 107.
12 Grey, *Twenty-Five Years*, Bd. II, S. 166.
13 David, *Inside Asquith's Cabinet*, S. 108.
14 Asquith Papers, *Bodleian Library*, Bd. 6, S. 79 f.
15 Morel, *Secret History of a Great Betrayal*, S. 16.
16 Hansard, *House of Commons*, Debatte vom 27. November 1911, Bd. 32, cc43-165.
17 In Morel, *Secret History of a Great Betrayal*, S. 16.
18 Albert Ballin war der Eigner der Hamburg-Amerika Linie und besaß viele Kontakte zu Geschäftsleuten in Großbritannien und Amerika. Er hatte Zugang zu Politikern wie Churchill, war persönlich mit dem Kaiser vertraut und traf sich regelmäßig mit Max Warburg.
19 Wilhelm II., *My Memoirs*, S. 142-145.
20 Ebd., S. 144.
21 David, *Inside Asquith's Cabinet*, S. 111.
22 Grey, *Twenty-Five Years*, Bd. II, S. 74 f.
23 Churchill, *World Crisis*, S. 71 f.
24 Maurice, *Haldane*, S. 292.
25 Sir Ernest Cassel an Ballin, 3. Feb. 1912, zitiert nach Churchill, *World Crisis*, S. 75.
26 Maurice, *Haldane*, S. 292.
27 Ebd., S. 297.
28 Ebd., S. 309.
29 Ebd.
30 Kennedy, *Old Diplomacy and New*, S. 198.
31 Annika Mombauer, *The Origins of the First World War*, S. 6.
32 Montgelas, *British Foreign Policy under Sir Edward Grey*, S. 35.
33 Fay, *Origins of the World War*, Bd. I, S. 304.
34 Haldane, *An Autobiography*, S. 241.
35 Ferguson, *Pity of War*, S. 71.
36 Haldane, *An Autobiography*, S. 242.
37 Swain, *Beginning the Twentieth Century*, S. 307 f.
38 Ebd., S. 308.
39 Ebd.
40 Maurice, *Haldane*, S. 298.
41 Ebd., S. 299.
42 Wilhelm II., *My Memoirs*, S. 152.
43 Morel, *Secret History of a Great Betrayal*, S. 16.
44 Hansard, *House of Commons*, Debatte vom 18. März 1912, Bd. 35, cc1549- 618.
45 Ebd.
46 David, *Inside Asquith's Cabinet*, S. 118.
47 Grey, *Twenty-Five Years*, Bd. 1, S. 168.

Kapitel 15

1 Gemäß Londoner Zeitungen von 1887 bis 1914.
2 Anne Pimlott Baker, *The Pilgrims of Great Britain: A Centennial History*, S. 7.
3 Siehe *Oxford Dictionary of National Biography.*
4 Ferguson, *Pity of War*, S. 15.
5 Hansard, *House of Lords*, Debatte vom 12 Juli 1909, Bd. 2, cc255-352.
6 Andrew, *Secret Service*, S. 42.
7 Lord Roberts, *Lord Roberts' Message to the Nation*, S. vii f.
8 Quigley, *Anglo-American Establishment*, S. 52-83.
9 D'Ombrain, *War Machinery and High Policy*, S. 143.
10 Ebd., S. 141.
11 Ebd., S. 146.
12 Keith Jeffery, *Field Marshal Sir Henry Wilson: A Political Soldier*, S. 39.
13 D'Ombrain, *War Machinery and High Policy*, S. 142 f.
14 Ebd.
15 A. P. Ryan, *Mutiny at the Curragh*, S. 100.
16 Walter Reid, *Architect of Victory: Douglas Haig*, S. 53.
17 Denis Winter, *Haig's Command: A Reassessment*, S. 31.
18 Barbara Tuchman, *The Guns of August*, S. 199.
19 Ebd., S. 198 f.
20 Ebd.
21 Major-General Sir Frederick Maurice u. Tasker H. Bliss, *Soldier, Artist, Sportsman: The Life of General Lord Rawlinson of Trent*, S. xi f.
22 Anthony Heathcote, *The British Field Marshals, 1736-1997*, S. 304.
23 Ryan, *Mutiny at the Curragh*, S. 101.
24 Jeffery, *Field Marshal Sir Henry Wilson*, S. 67.
25 Ebd., S. 65 f.
26 Major-General Sir C. E. Callwell, *Field Marshal Henry Wilson Bart: His Life and His Diaries*, S. 74.
27 Ebd., S. 86.
28 Ebd., S. 89.
29 Ebd., S. 92.
30 Ebd., S. 92 f.
31 Tuchman, *Guns of August*, S. 49-52.
32 Ebd., S. 54.
33 Ebd.
34 Major Huguet wurde in Anerkennung seiner Dienste 1907 von König Edward VII. zum Ehrenmitglied des Victoria-Ordens ernannt.
35 William Robertson, *From Private to Field Marshal*, S. 169.
36 Winter, *Haig's Command*, S. 18 f.
37 Ebd., S. 20.
38 Hart, *History of the First World War*, S. 62.

39 Ebd., S. 61.
40 Ebd., S. 58.
41 Jeffery, *Field Marshal Sir Henry Wilson*, S. 66.

Kapitel 16

1 Swain, *Beginning the Twentieth Century*, S. 95.
2 Barnes, *Genesis of the World War*, S. 387 f.
3 Stieve, *Isvolsky and the World War*, S. 117.
4 Swain, *Beginning the Twentieth Century*, S. 95.
5 Stieve, *Isvolsky and the World War*, S. 54.
6 Fay, *Origins of the World War*, Bd. I, S. 329.
7 Stieve, *Isvolsky and the World War*, S. 57.
8 Ebd., S. 60.
9 Fay, *Origins of the World War*, Bd. I, S. 330 f.
10 W. L. Langer, *New Republic*, 15. April 1925, Teil II, S. 13 f.
11 Fay, *Origins of the World War*, Bd. I, S. 315.
12 Barnes, *Genesis of the World War*, S. 124.
13 Stieve, *Isvolsky and the World War*, S. 78.
14 Ebd., S. 75 f.
15 René Marchand, *Un Livre Noir*, Bd. I, S. 269.
16 Fay, *Origins of the World War*, Bd. I, S. 329.
17 Morel, *Diplomacy Revealed*, S. 269.
18 Barnes, *Genesis of the World War*, S. 113.
19 Fay, *Origins of the World War*, Bd. I, S. 323–330.
20 Stieve, *Isvolsky and the World War*, S. 88.
21 F. McHarg, *Pistoleros*, S. 186.
22 Herbert Feis, *Europe: The World's Banker, 1870–1914*, S. 211.
23 Bausman, *Let France Explain*, S. 161, Zitat aus Herman Frobenius, *Germany's Hour of Destiny*, S. 43.
24 Quigley, *Tragedy and Hope*, S. 520.
25 Ebd., S. 525.
26 Stieve, *Isvolsky and the World War*, S. 56.
27 Barnes, *Genesis of the World War*, S. 117.
28 Stieve, *Isvolsky and the World War*, S. 133.
29 Barnes, *Genesis of the World War*, S. 121.
30 Ebd., S. 117.
31 Langer, *New Republic*, 15. April 1925, Teil II, S. 13 f.
32 Swain, *Beginning the Twentieth Century*, S. 97.
33 Stieve, *Isvolsky and the World War*, S. 170–174.
34 Ebd., S. 137–140.
35 Edmund D. Morel, *Pre-War Diplomacy*, S. 29.
36 Morel, *Diplomacy Revealed*, S. 226.
37 Ebd., S. 258.

Kapitel 17

1 Stead, *Last Will and Testament*, zu finden unter: *http://publicintelligence.net/the-last-will-and-testament-of-cecil-john-rhodes-1902/.*
2 Ebd., S. 59.
3 Ebd., S. 34.
4 Ebd., S. 55.
5 Quigley, *Tragedy and Hope*, S. 60 f.
6 Chapman, *Rise of Merchant Banking*, S. 158-161.
7 Dawkins an Milner, 26. Juli 1900, 16. August 1900, 21. März 1902, zitiert nach Chapman, *Rise of Merchant Banking*, S. 161.
8 Quigley, *Anglo-American Establishment*, S. 49.
9 Ebd.
10 Baker, *Pilgrims of Great Britain*, S. 12.
11 *New York Times*, 3. März 1903.
12 Anne Pimlott Baker, *Pilgrims of Great Britain*, S. 13.
13 Knuth, *Empire of »The City«*, S. 64.
14 Anne Pimlott Baker, *Pilgrims of the United States*, S. 3.
15 Baker, *Pilgrims of Great Britain*, S. 16.
16 Es lässt sich zwar anführen, zu wessen Ehren diese Abendessen organisiert wurden, aber es ist nicht zu ermitteln, welche einzelnen Mitglieder teilgenommen haben.
17 Baker, *Pilgrims of the United States*, S. 9.
18 Quigley, *Anglo-American Establishment*, S. 15.
19 Ferguson, *House of Rothschild*, S. 82.
20 Griffin, *Creature From Jekyll Island*, S. 415.
21 Cecil Roth, *The Magnificent Rothschilds*, S. 106.
22 Webster G. Tarpley u. Anton Chaitkin, *George Bush: The Unauthorized Biography*, S. 136.
23 W. G. Carr, *Pawns in the Game*, S. 60.
24 G. Edward Griffin, Interview zu finden unter: *http://educate-yourself.org/cn/gedwardgriffininterview02apr04.shtml.*
25 Quigley, *Tragedy and Hope*, S. 951.
26 Ron Chernow, *The Warburgs*, S. 46-48.
27 Stephen Birmingham, *Our Crowd*, S. 175.
28 Chernow, *The Warburgs*, S. 51.
29 Carr, *Pawns in the Game*, S. 61.
30 Chernow, *The Warburgs*, S. 12.
31 Ebd., S. 38.
32 Ebd., S. 86.
33 Proctor W. Hansl, *Years of Plunder*, S. 37 f.
34 Ron Chernow, *Titan: The Life of John D. Rockefeller, Sr.*, S. 575-577.
35 Archbold war zunächst ein lautstarker Kritiker von *Standard Oil*. Dann holte ihn Rockefeller in den Unternehmensvorstand, wo er später als Vizepräsident und bis zur Zerschlagung des Unternehmens (1911) schließlich als Präsident fungierte.

36 Chernow, *The Warburgs*, S. 248.
37 Ferguson, *House of Rothschild*, S. 117.
38 Chernow, *The Warburgs*, S. 390.
39 George R. Conroy, *Truth*-Magazin, Boston, 16. Dezember 1912.
40 Griffin, *Creature From Jekyll Island*, S. 436.
41 Irving Katz, *August Belmont: A Political Biography*, S. 82.
42 Murray N. Rothbard, *Wall Street, Banks, and American Foreign Policy, Center for Libertarian Studies*, 1995.
43 Chernow, *The Warburgs*, S. 548.
44 *The Crisis of 1907*, Streitschrift aus der *Boston Post*, 17. Oktober 1907, S. 3.
45 House of Representatives Report Nr. 1593, Committee Appointed to investigate the Concentration of Control of Money and Credit, S. 59 f.
46 Jon Moen u. Ellis Tollman, »The Bank Panic of 1907«, *Journal of Economic History*, Nr. 52, S. 611-630.
47 *The Crisis of 1907*, S. 5.
48 Ebd., S. 6.
49 Ebd., S. 9.
50 Ebd., S. 11.
51 Ebd.
52 Antony C. Sutton, *The Federal Reserve Conspiracy*, S. 65.
53 House of Representatives Report Nr. 1593, S. 24 f.
54 Ebd., S. 46.
55 Ebd., angeführter Fall der Mechanics and Traders Bank, S. 27.
56 Ebd., S. 40 f. Morgan wurde im *Pujo Committee Report* angeklagt, Aktionäre der *Southern Railway Company* entrechtet zu haben.
57 Ebd., S. 56.
58 *House of Representatives Report* Nr. 1593.
59 Griffin, *Creature From Jekyll Island*, S. 444.
60 Ebd.
61 Quigley, *Tragedy and Hope*, S. 324.
62 Nicholas Stoskopf, *Journée d'études sur l'historie de la haute banque France* (2000) zu finden unter: *http://hal.archives-ouvertes.fr/docs/00/44/11/64/PDF/STOSKOPF_PARISIAN_ HAUTE_BANQUE.pdf.*
63 Quigley, *Tragedy and Hope*, S. 520.
64 John Thom Holdsworth, *Money and Banking*, S. 325-330.
65 Chernow, *The Warburgs*, S. 131.
66 Ebd.
67 Paul M. Warburg, »A Plan for a Modified Central Bank«, in *The Federal Reserve System: Its Origin and Growth*, Bd. 2, S. 29.
68 Gary Allen, *None Dare Call it Conspiracy*, Kapitel 3, S. 8.
69 Chernow, *Titan*, S. 352.
70 *Organisation for the Study of Globalisation and Covert Politics*, zu finden unter: *https://wikispooks.com/ISGP/organisations/Pilgrims_Society02.htm.*
71 Griffin, *Creature From Jekyll Island*, S. 3-13.

72 Frank A. Vanderlip u. Boyden Sparkes, *From Farm Boy to Financier*, S. 214.
73 Griffin, *Creature From Jekyll Island*, S. 23.
74 Joseph Patrick Tumulty, *Woodrow Wilson as I Know Him*, S. 10.
75 Sutton, *Federal Reserve Conspiracy*, S. 82 f.
76 Quigley, *Tragedy and Hope*, S. 76.
77 Die Progressive Partei trug den Spitznamen »Bull Moose Party« (»Elchbullenpartei«). Roosevelt war gefragt worden, ob er gesund genug sei für das Amt des Präsidenten. Er erwiderte, er sei so gesund wie ein Elchbulle.
78 Griffin, *Creature From Jekyll Island*, S. 453.
79 Tarpley u. Chaitkin, *George Bush*, S. 330.
80 Edward Mandell House u. Charles Seymour, *The Intimate Papers of Colonel House*, S. 5.
81 Library of Congress Resource Guide, *Presidential Election of 1912*.
82 Griffin, *Creature From Jekyll Island*, S. 240.
83 Ebd., S. 458.
84 George Sylvester Viereck, *The Strangest Friendship in History: Woodrow Wilson and Colonel House*, S. 4.
85 Ebd., S. 35-37.
86 Congressional Record, *House of Representatives*, 23. Dezember 1913, S. 1468.
87 Senator Bristow, Kansas, Congressional Record, *House of Representatives*, 23. Dezember 1913, S. 1472.
88 Congressional Record, *House of Representatives*, 23. Dezember 1913, S. 1488.
89 Representative Finlay H. Gray, Congressional Record, *House of Representatives*, 23. Dezember 1913, S. 1491.

Kapitel 18

1 Selbst hervorragende Quellen wie Fay, Ewart, Barnes und Stieve gehen davon aus. Doch ein Großteil der finanziellen Mittel für Serbien stammte aus Frankreich. Man beachte, dass Poincaré damit drohte, die Mittel einzustellen, als Apis 1914 über einen Bürgerkrieg nachdachte.
2 1912 wurde Trotzki von der radikalen russischen Zeitung *Kiewskaja Mysl* als Kriegsberichterstatter auf den Balkan entsandt. Er schrieb unter einem Pseudonym viel für die Zeitung. Seine Anwesenheit und zeitgenössische Berichte wecken den Verdacht, er sei dort mehr als nur ein Beobachter gewesen.
3 Leo Trotzki, *The Balkan Wars 1912-13*, S. 112.
4 Kennedy, *Old Diplomacy and New*, S. 151.
5 Swain, *Beginning the Twentieth Century*, S. 169.
6 Trotzki, *Balkan Wars*, S. 112.
7 Albert Jay Nock, *The Myth of a Guilty Nation*, S. 60.
8 Ebd., S. 110.
9 Ebd., S. 114.
10 H. W. Wilson u. J. A. Hammerton, *The Great War: An Illustrated History of the First World War*, Bd. 1, S. 12.

11 Vladimir Dedijer, *The Road to Sarajevo,* S. 431.
12 Fay, *Origins of the World War,* Bd. I, S. 439.
13 Jewgeni Nikolajewitsch Schelking, *The Game of Diplomacy,* S. 192.
14 Dedijer, *Road to Sarajevo,* S. 432.
15 König Alexander von Serbien sorgte für eine Sensation, als er nicht ein Mitglied der deutschen kaiserlichen Familie heiratete, sondern seine Mätresse. König und Königin waren unbeliebt, vor allem beim Militär. Das Militär stürzte die beiden in einem Coup, der Europas Höfe schockierte. Brutal wurde das Königspaar im alten türkischen Palast in Konak ermordet.
16 Wilson u. Hammerton, *The Great War,* Bd. I, Kapitel 1, S. 21.
17 Dedijer, *Road to Sarajevo,* S. 85.
18 David MacKenzie, *Apis: The Congenial Conspirator,* S. 275.
19 Fay, *Origins of the World War,* Bd. I, S. 27.
20 Barnes, *Genesis of the World War,* S. 156.
21 Fay, *Origins of the World War,* Bd. I, S. 442.
22 Kennedy, *Old Diplomacy and New,* S. 178.
23 Stieve, *Isvolsky and the World War,* S. 116, u. Engdahl, *A Century of War,* S. 34.
24 Edith Durham, *Twenty Years of Balkan Tangle,* Kapitel 19, S. 2 f.
25 Fay, *Origins of the World War,* Bd. I, S. 399.

Kapitel 19

1 Sergei Sasonow, *Fateful Years,* 1909-1916, S. 57.
2 Grey, *Twenty-Five Years,* Bd. II, S. 139 f.
3 Stieve, *Isvolsky and the World War,* S. 89 f.
4 Grey, *Twenty-Five Years,* Bd. II, S. 139.
5 Gooch u. Temperley, *British Documents on the Origin of the War, 1898-1914,* S. 765, Nr. 809.
6 Sasonow traf am 20. September in London ein und verbrachte dort drei Tage, bevor er nach Balmoral Castle reiste. Dieses verließ er am 27. September und besuchte anschließend Lord Crewe. (Gooch u. Temperley, *British Documents on the Origin of the War,* S. 719.)
7 Grey, *Twenty-Five Years,* Bd. II, S. 88.
8 Sasonow, *Fateful Years,* S. 58.
9 Gooch u. Temperley, *British Documents on the Origin of the War,* S. 771.
10 Ebd., S. 769, Nr. 810.
11 Ebd., S. 764, Nr. 808, Sir G. Buchanan an Sir Edward Grey.
12 Ebd., S. 763, Nr. 807, Sir A. Nicolson an Lord Stamfordham.
13 Stieve, *Isvolsky and the World War,* S. 93.
14 Montgelas, The *Case for the Central Powers,* S. 55.
15 Bausman, *Let France Explain,* S. 169.
16 Ebd., S. 171.
17 Durham, *Twenty Years of Balkan Tangle,* Kapitel 19, S. 18 f.
18 Stieve, *Isvolsky and the World War,* S. 96.

19 Engdahl, *A Century of War*, S. 34.
20 Montgelas, *Case for the Central Powers*, S. 53.
21 Clark, *Kaiser Wilhelm II*, S. 192.
22 Grey, *Twenty-Five Years*, Bd. II, S. 90.
23 Fay, *Origins of the World War*, Bd. I, S. 439.
24 Ewart, *Roots and Causes of the Wars*, Bd. I, S. 178.
25 Stieve, *Isvolsky and the World War*, S. 116.
26 Ebd.
27 Ewart, *Roots and Causes of the Wars*, Bd. I, S. 178.
28 Stieve, *Isvolsky and the World War*, S. 126.
29 Barnes, *Genesis of the World War*, S. 148.
30 Neilson, *How Diplomats Make War*, S. 179.
31 *New York Times*, 16. September 1914.
32 Demburg in: *The International Monthly*, New York, zu finden unter: *http://libcudl.colorado.edu/wwi/pdf/i73726928.pdf*.
33 Mombauer, *Origins of the First World War*, S. 12.
34 Trotzki, *Balkan Wars*, S. 20.
35 Durham, *Twenty Years of Balkan Tangle*, Kapitel 20, S. 1.
36 Grey, *Twenty-Five Years*, Bd. II, S. 88.
37 Fay, *Origins of the World War*, Bd. I, S. 473.
38 Stieve, *Isvolsky and the World War*, S. 94.
39 Clark, *Kaiser Wilhelm II*, S. 200.
40 Viele liberale und radikale Abgeordnete standen dem Zarenregime extrem kritisch gegenüber. Ein Beispiel von vielen ist der Abgeordnete Joseph King (Hansard, *House of Commons*, Debatte vom 1. Mai 1913, Bd. 52, c1343).

Kapitel 20

1 Editorial, *New York Times Current History of the European War*, Bd. 28 (1928), Ausgabe 4, S. 619.
2 Harry Elmer Barnes, »Germany Not Responsible for Austria's Actions«, *New York Times Current History of the European War*, Bd. 28 (1928), Ausgabe 4, S. 621.
3 *New York Times Current History of the European War*, Bd. 28 (1928), Ausgabe 4, S. 619.
4 Fay, *Origins of the World War*, Bd. I, S. 439.
5 Ebd., S. 27.
6 Edith Durham, *Sarajevo Crime*, S. 197–201.
7 MacKenzie, *Apis*, S. 275.
8 Barnes, *In Quest of Truth and Justice*, S. 43.
9 Dedijer, *Road to Sarajevo*, S. 236–270.
10 Dr. Friedrich von Wiesner, »Austria's Life and Death Struggle Against Irredentism«, *New York Times Current History of the European War*, Bd. 28 (1928), Ausgabe 4, S. 63.
11 Dedijer, *Road to Sarajevo*, S. 175.

12 Luigi Albertini, *Origins of the War of 1914,* Bd. II, S. 27 f., 79.
13 Dedijer, *Road to Sarajevo,* S. 388 f.
14 Albertini, *Origins of the War of 1914,* Bd. II, S. 282 f.
15 Dedijer, *Road to Sarajevo,* S. 388.
16 MacKenzie, *Apis,* S. 120.
17 Ebd., S. 121.
18 Dedijer, *Road to Sarajevo,* S. 385.
19 Barnes, »Germany Not Responsible for Austria's Actions«, S. 620.
20 David James Smith, *One Morning in Sarajevo: 28 June 1914,* S. 166.
21 Dedijer, *Road to Sarajevo,* S. 317-319.
22 Smith, *One Morning in Sarajevo,* S. 193.
23 Alexander Graf von Hoyos, »Russia Chief Culprit in Precipitation of World War«, *New York Times Current History of the European War,* Bd. 28 (1928), S. 628 und sieben weitere Artikel dort.
24 von Wiesner, »Austria's Life and Death Struggle Against Irredentism«, S. 630-633.
25 Ebd., S. 632.
26 Ebd.
27 Barnes, »Germany Not Responsible for Austria's Actions«, S. 622.
28 W. A. Dolph Owings, *The Sarajevo Trial,* Part 1, S. 527-530.
29 Ebd.
30 Princip starb eines sehr schmerzhaften Todes. Nach der Tuberkulose wurde ihm ein Arm abgenommen. Die Bedingungen im Gefängnis wurden im Verlauf des Krieges immer schlimmer, deshalb starb er an Unterernährung, Blutverlust und Krankheit. Als er starb, wog er noch rund 40 Kilogramm. Er überlebte die Ermordung Franz Ferdinands um drei Jahre und zehn Monate.
31 Barnes, »Germany Not Responsible for Austria's Actions«, S. 620.
32 *The Times,* 16. Juli 1914.
33 MacKenzie, *Apis,* S. 329, 344-347.
34 Ebd., S. 129 f.
35 Dedijer, *Road to Sarajevo,* S. 398-400.
36 Barnes, *Genesis of the World War,* S. 731.
37 Victor Serge, »La Verité sur l'Attentat de Sarajevo«, in: *Clarté,* Nr. 74, 1. Mai 1924.
38 Dedijer, *Road to Sarajevo,* S. 513.

Kapitel 21

1 1913 wurde König Georg I. von Griechenland ermordet, ebenso der türkische Großwesir Mahmud Sevket Pascha. 1912 fiel der spanische Ministerpräsident José Canalejas einem Anschlag zum Opfer, 1911 der russische Ministerpräsident Pjotr Stolypin und Großfürst Sergei Alexandrowitsch Romanow. Viele überlebten Attentatsversuche, beispielsweise Prinz Albert Edward 1900, Kaiser Wilhelm II. 1900 und Theodore Roosevelt 1912.
2 Premierminister Herbert Asquith in Hansard, *House of Commons,* Debatte vom 30. Juni 1914, Bd. 64, cc214-6.

3 Imanuel Geiss, *July 1914: The Outbreak of the First World War: Selected Documents*, S. 55.
4 Ferdinands Hochzeit sorgte für Kontroversen, weil er Sophie Gräfin Chotek heiratete und nicht eine königliche Prinzessin. Beide Seiten hatten zu akzeptieren, dass die Ehe morganatisch sein würde. Das bedeutete, weder die Frau von Franz Ferdinand noch die gemeinsamen Kinder würden die Titel, das Eigentum oder die Privilegien des Erzherzogs erben.
5 Geiss, *July 1914*, S. 63.
6 *New York Times*, 3. Juli 1914.
7 Fay, *Origins of the World War*, Bd. II, S. 205.
8 Ebd., S. 206.
9 Stieve, *Isvolsky and the World War*, S. 209.
10 Ebd. Er stellt die rhetorische Frage: »Ist es das Resultat eines Holocaust aus Vorsicht?«
11 Gooch, Temperley u. Headlam-Morley, *British Documents on the Origins of the War*, Bd. XI, S. 22.
12 Fay, *Origins of the World War*, Bd. II, S. 186.
13 Morel, *Diplomacy Revealed*, S. 299 f.
14 Ebd.
15 *Nowoje Wremja* war eine Tageszeitung aus Sankt Petersburg. Zunächst war sie liberal und veröffentlichte Artikel von Karl Marx sowie Auszüge aus seinen Werken. Bis 1914 verwandelte sie sich in ein antisemitisches, reaktionäres staatliches Schmierblatt. Einen Tag nach der Machtergreifung der Bolschewiken schloss Lenin das Blatt.
16 Quigley, *Anglo-American Establishment*, S. 12.
17 Fay, *Origins of the World War*, Bd. II, S. 332.
18 Irene Cooper Willis, *England's Holy War*, S. 59.
19 Ebd., S. 25.
20 Jonathan Bardon, *A History of Ireland in 250 Episodes*, S. 435.
21 Leopold Graf Berchtold, »Austria's Challenge Justified by Serbian Menace«, *New York Times Current History of the European War*, Bd. 28 (1928), S. 626.
22 Geiss, *July 1914*, S. 71.
23 Ebd., S. 72.
24 Barnes, *In Quest of Truth and Justice*, S. 52.
25 Fay, *Origins of the World War*, Bd. II, S. 175.
26 Barnes, *Genesis of the World War*, S. 241.
27 Gooch u. Temperley, *British Documents on the Origins of the War*, Bd. XI; Bunsen to Grey, 5 July, BD 40.
28 »Origin of the World War: Minutes of a Historic Council«, *New York Times Current History of the European War*, Bd. 11, (1919), S. 455–460.
29 Geiss, *July 1914*, S. 80–87.
30 Hansard, *House of Commons*, Debatte vom 7. Juli 1914, Bd. 64, cc1032–55, *Anglo-Persian Oil Company* (»Acquisition of Capital«).
31 Geiss, *July 1914*, S. 105.

32 Hansard, *Foreign Office*, Class II, *House of Commons*, Debatte vom 10. Juli 1914, Bd. 64, cc1383-463.
33 Arthur Ponsonby, Hansard, *House of Commons*, Debatte vom 10. Juli 1914, Bd. 64, cc1397-8.
34 Joseph King wies während der Debatte darauf hin, dass der renommierte Finanzier Ernest Cassel, Sir Philip Magnus, Vertreter eines Wahlkreises, der sich wie kein anderer im Land im Bereich der Wissenschaft und insbesondere in der Medizin und im Bildungswesen hervorgetan hat, Finanzminister Edwin Montagu, Herbert Samuel, der Präsident des *Local Government Board* [eine Aufsichtsbehörde für England und Wales] und sogar der *Lord Chief Justice* Isaac Rufus nicht nach Russland einreisen durften, weil sie Juden waren.
35 Joseph King, Hansard, *House of Commons*, Debatte vom 10. Juli 1914, Bd. 64, cc1438-50.
36 Fay, *Origins of the World War*, Bd. II, S. 236.
37 Berchtold, »Austria's Challenge Justified by Serbian Menace«, S. 626-628.
38 Barnes, *In Quest of Truth and Justice*, S. 46.
39 Bunsen an Grey, 16 July, BD 50, allerdings nicht im britischen Blaubuch enthalten. Bei den in diesem »Buch« (*Great Britain and the European Crisis, Correspondence and Statements, together with an Introductory Narrative of Events*, 1914 publiziert) offiziell veröffentlichten Dokumenten wurden also vorsätzlich belastende Beweise unterschlagen. Auch in Fay, *Origins of the World War*, Bd. II, S. 247, Fußnote.
40 Ebd.
41 Barnes, »Germany Not Responsible for Austria's Actions«, S. 624.
42 Grey an Rumbold, Telegramm 197, BD 116, zitiert nach Geiss, *July 1914*, S. 212.
43 »Did Germany Incite Austria in 1914? Evidence in the War Guilt Controversy«, *New York Times Current History of the European War*, Bd. 28 (1928), S. 619-625.

Kapitel 22

1 Fay, *Origins of the World War*, Bd. II, S. 363.
2 Pasic an serbische Gesandtschaften, 19. Juli 1914, serbisches Blaubuch (SBB 30), zitiert nach Fay, *Origins of the World War*, Bd. II, S. 335.
3 Poincaré musste unbedingt verschleiern, weshalb er wirklich den Zaren und Sasonow besuchte. Der Staatsbesuch war Anfang 1914 vereinbart worden, aber ein festes Datum wurde erst nach der Ermordung Franz Ferdinands festgelegt.
4 Fay, *Origins of the World War*, Bd. II, S. 278.
5 Barnes, *Genesis of the World War*, S. 320.
6 Stieve, *Isvolsky and the World War*, S. 210.
7 *The Times*, 22. Juli 1914.
8 *The Times*, 21. Juli 1914.
9 Fay, *Origins of the World War*, Bd. II, S. 280.
10 1927 wurde eine ausführliche Analyse der offiziellen französischen Telegramme veröffentlicht. Darin wird gezeigt, welche Auslassungen und Änderungen mit

Zustimmung vom Quai d'Orsay an den Originaldokumenten vorgenommen worden waren. So waren vor allem Einzelheiten zu Poincarés Besuch in Sankt Petersburg und nachfolgende russische Militärmanöver entfernt worden. Siehe dazu G. Demartial, *L'Evangile du Quai d'Orsay*, S. 11.

11 Fay, *Origins of the World War*, Bd. II, S. 280.
12 Ebd., S. 283.
13 Barnes, *Genesis of the World War*, S. 331.
14 Buchanan an Grey, 24. Juli, BD 101, zitiert nach Geiss, *July 1914*, S. 196.
15 Stieve, *Isvolsky and the World War*, S. 215.
16 Buchanan an Grey, 24. Juli, BD 101. Besonders wertvoll sind die diesem Telegramm angehefteten Notizen. Sir Eyre Crowe vom Außenministerium, ein vehementer Deutschlandhasser, plädierte dafür, sofortige Maßnahmen zur Unterstützung von Frankreich und Russland zu ergreifen. Das Telegramm ging dann weiter an den Ministerialrat Sir Arthur Nicolson, der Crowes Vorschlag unterstützte. Sir Edward Grey antwortete, er habe das Thema mit Churchill besprochen.
17 Geiss, *July 1914*, S. 198.
18 Ebd., S. 199.
19 Hansard, *House of Commons*, Debatte vom 10. Juli 1914, Bd. 64, cc1397-8.
20 Lloyd George, Hansard, *House of Commons*, Debatte vom 23. Juli 1914, Bd. 65, cc666-781.
21 Geiss, *July 1914*, S. 133, und Rumbold an Grey, BD 77, 22. Juli 1914, S. 158.
22 Ewart, *Roots and Causes of the Wars*, Bd. II, Fußnote S. 1071.
23 Bethmann Hollweg an die Botschafter in Sankt Petersburg, Paris und London, DD100; Berlin, 21. Juli 1914, zitiert nach Geiss, *July 1914*, S. 149.
24 Geiss, *July 1914*, S. 150.
25 Montgelas, *British Foreign Policy under Sir Edward Grey*, S. 65.
26 Ewart, *Roots and Causes of the Wars*, Bd. II, S. 1062 f.
27 Montgelas, *British Foreign Policy under Sir Edward Grey*, S. 66.
28 Barnes, *Genesis of the World War*, S. 200.
29 Auszug aus dem österreichisch-ungarischen Rotbuch, OD 10616, 24. Juli 1914, zitiert nach Geiss, *July 1914*, S. 174.
30 Geiss, *July 1914*, S. 178.
31 Geiss, *July 1914*, S. 175. Mensdorff an Berchtold, 24. Juli 1914.
32 Willis, *England's Holy War*, S. 32.
33 *Manchester Guardian*, 25. Juli 1914.
34 *The Times*, 22. Juli 1914.
35 Fay, *Origins of the World War*, Bd. II, S. 369.
36 H. H. Asquith, *Letters to Venetia Stanley*, hg. von Michael u. Eleanor Brock, 26. Juli 1914, S. 125.
37 Asquith, Grey, Haldane, Lloyd George und Churchill waren die Einzigen im Kabinett, die »Bescheid wussten«.
38 Churchill, *World Crisis*, S. 155.
39 David, *Inside Asquith's Cabinet*, S. 176 f.
40 Fay, *Origins of the World War*, Bd. II, S. 369.

41 Berchtold, »Austria's Challenge Justified by Serbian Menace«, S. 226.
42 Barnes, *In Quest of Truth and Justice*, S. 44.
43 Pierre Renouvin, *The Immediate Origins of the War*, S. 99.
44 Fay, *Origins of the World War*, Bd. II, S. 340.
45 Ebd., S. 337.
46 Ebd., S. 339.
47 Barnes, *Genesis of the World War*, S. 201.
48 Fay, *Origins of the World War*, Bd. II, S. 338.
49 *The Times*, 22. Juli 1914.
50 Fay, *Origins of the World War*, Bd. II, S. 338.
51 Barnes, *Genesis of the World War*, S. 200–201.
52 Ferguson, *Pity of War*, S. 156.
53 Fay, *Origins of the World War*, Bd. II, S. 348.
54 Ferguson, *Pity of War*, S. 156.
55 Renouvin, *Immediate Origins of the War*, S. 98.
56 Swain, *Beginning the Twentieth Century*. S. 353.
57 Ewart, *Roots and Causes of the Wars*, Bd. II, S. 1040.
58 Stone, *World War One*, S. 21.
59 Barnes, *In Quest of Truth and Justice*, S. 47
60 Buchanan an Grey, 25. Juli 1914, BD 125, zitiert nach Geiss, *July 1914*, S. 213.

Kapitel 23

1 Jack Levy, »Organisational Routines and the Causes of War«, *International Studies Quarterly*, Jahrg. 30, Nr. 2, Juni 1986, S. 196.
2 Ebd., S. 195.
3 Barnes, *Genesis of the World War*, S. 354.
4 Kennan, Fateful Alliance, S. 161.
5 Barnes, *Genesis of the World War*, S. 374.
6 Kennan, Fateful Alliance, S. 250 f.
7 Marc Trachtenberg, »The Meaning of Mobilization in 1914«, *International Security*, Jahrg. 15, Ausgabe 3, Winter 1990–91, S. 120–150.
8 Fay, *Origins of the World War*, Bd. II, S. 307 f.
9 Sergei Dobrowolski, *The Mobilisation of the Russian* Army, 1914, zu finden unter: *http://www.vlib.us/wwi/resources/archives/texts/t040831b.html.*
10 Memorandum des Tages aus dem russischen Außenministerium, Sankt Petersburg, 24. Juli 1914, zitiert nach Geiss, *July 1914*, S. 190.
11 *Sonderjournal des Russischen Ministerrats*, Sankt Petersburg, 24. Juli 1914, zitiert nach Geiss, *July 1914*, S. 186 f.
12 Alexander Solschenizyn, *August 1914*, S. 92 f.
13 Geiss, *July 1914*, S. 214.
14 Barnes, *Genesis of the World War*, S. 324.
15 Buchanan an Grey, Sankt Petersburg, 25. Juli 1914, BD 125, zitiert nach Geiss, *July 1914*, S. 214.

16 Ebd.
17 *Sonderjournal des Russischen Ministerrats,* Sankt Petersburg, 25. Juli 1914, zitiert nach Geiss, *July 1914,* S. 207.
18 Fay, *Origins of the World War,* Bd. II, S. 309.
19 Stephen J. Cimbala, *Military Persuasion: Deterrence and Provocation in Crisis and War,* S. 58.
20 George Buchanan, *My Mission to Russia and Other Diplomatic Memories,* Bd. 1, S. 93.
21 Ebd., S. 94.
22 Montgelas, *Case for the Central Powers,* S. 129.
23 Lutz, *Lord Grey and the World War,* S. 244.
24 Grey an Buchanan, London, 25. 7. 1914, BD 112, zitiert nach Geiss, *July 1914,* S. 211.
25 Grey an Rumbold, London, 25. 7. 1914, BD 116, zitiert nach Geiss, *July 1914,* S. 212.
26 Lutz, *Lord Grey and the World War,* S. 241 f.
27 Barnes, *Genesis of the World War,* S. 336.
28 Trachtenberg, »The Meaning of Mobilization in 1914«, S. 126.
29 Fay, *Origins of the World War,* Bd. II, S. 302 f.
30 Trachtenberg, »The Meaning of Mobilization in 1914«, S. 120–150.
31 Fay, *Origins of the World War,* Bd. II, S. 306 f.
32 Barnes, *Genesis of the World War,* S. 337.

Kapitel 24

1 *Illustrated History of the Great War,* Bd. 1, S. 17. Wurde 1914 von der Northcliffe gehörenden *Amalgamated Press* als Propagandawerkzeug und zur Verherrlichung der Kriegsbemühungen verfasst und verbreitet.
2 Geiss, *July 1914,* S. 214 f.
3 George Malcolm Thomson, *The Twelve Days,* S. 80.
4 Fay, *Origins of the World War,* Bd. II, S. 377.
5 Barnes, *Genesis of the World War,* S. 26.
6 Pierre Renouvin, *La Crise Européenne et la Grande Guerre,* S. 112.
7 Thomson, *Twelve Days,* S. 86.
8 Fay, *Origins of the World War,* Bd. II, S. 383.
9 Renouvin, *La Crise Européenne,* S. 117.
10 Ebd., S. 113.
11 Thomson, *Twelve Days,* S. 114.
12 Barnes, *Genesis of the World War,* S. 337.
13 Ebd., S. 340.
14 Grey, *Twenty-Five Years,* Bd. II, S. 162.
15 Lutz, *Lord Grey and the World War,* S. 244.
16 Ebd.
17 Fay, *Origins of the World War,* Bd. II, S. 321.
18 Geiss, *July 1914,* S. 240.
19 Fay, *Origins of the World War,* Bd. II, S. 405.

20 Lutz, *Lord Grey and the World War*, S. 251.
21 Telegramm 328, Berlin, 30. Juli 1914, OD.110130, zitiert nach Geiss, *July 1914*, S. 302.
22 Fay, *Origins of the World War*, Bd. II, S. 409.
23 Österreichs Armee überschritt die serbische Grenze erst am 13. August, zu einem Zeitpunkt, als der Weltkrieg bereits in vollem Gange war – ein Beleg dafür, mit welcher Dringlichkeit die Geheime Elite den Flächenbrand vorantrieb.
24 Handschr. von Wilhelm II., 28. 7. 1914, DD293, zitiert nach Geiss, *July 1914*, S. 256.
25 Ebd.
26 Buchanan an Grey, Sankt Petersburg, 28. Juli 1914, BD 247, zitiert nach Geiss, *July 1914*, S. 264.
27 Asquith, *Letters to Venetia Stanley*, S. 131 und Fußnote 5. Rothschild lehnte Verbindungen zu Russland vor allem wegen der dortigen Pogrome vehement ab.
28 Ebd. Unheilvoll in der Tat. Er hatte die Nachricht erhalten, dass Österreich Serbien den Krieg erklärt hatte, aber da es im Parlament an dem Abend ruhig war, verabredete er sich zu Abendessen und einer Partie Bridge.
29 Der Schlieffen-Plan war europaweit bekannt.
30 Fay, *Origins of the World War*, Bd. II, S. 431.
31 Moltke an Bethmann Hollweg, Berlin, 29. Juli 1914, DD349, zitiert nach Geiss, *July 1914*, S. 284.
32 Fay, *Origins of the World War*, Bd. II, S. 435.
33 Lichnowsky an Jagow, London, 29. 7. 1914, DD357, zit. nach Geiss, *July 1914*, S. 286.
34 Ebd.
35 Lichnowsky an Jagow, London, 29. 7. 1914, DD368, zit. nach Geiss, *July 1914*, S. 288 ff.
36 Dieses Büchlein enthielt diplomatische Korrespondenz – handverlesen, verändert und ergänzt –, die dem Parlament und dem Land als Beleg dafür dienen sollte, dass Österreich-Ungarn und Deutschland Großbritannien den Krieg aufgezwungen hätten.
37 Prinz Heinrich an den Kaiser, Kiel, 28. Juli 1914, KD 374, zitiert nach Fay, *Origins of the World War*, Bd. II, S. 500.
38 Lloyd George, *War Memoirs*, S. 34.
39 Nikolaus II. an Wilhelm II., Sankt Petersburg, 29. Juli 1914, DD332, zitiert nach Geiss, *July 1914*, S. 260.
40 Kaiser Wilhelm schrieb einige Anmerkungen an das obige Telegramm. Er klammerte sich an die Hoffnung, dass noch Zeit für Verhandlungen bliebe und dass Russland »überhaupt keinen Grund« für eine Mobilisierung habe.
41 Ewart, *Roots and Causes of the Wars*, Bd. I, S. 158.
42 Ebd., S. 159.
43 Kaiser Wilhelm II. an Nikolaus II., Berlin, 29. Juli 1914, DD359, zitiert nach Geiss, *July 1914*, S. 290.
44 Dobrorolsky, *The Mobilisation of the Russian Army, 1914*, zu finden unter: *http://www.vlib.us/wwi/resources/archives/txtarchive.html*.
45 Moltke an Bethmann Hollweg, Berlin, 29. Juli 1914, DD349, zitiert nach Geiss, *July 1914*, S. 282.
46 Asquith, *Letters to Venetia Stanley*, S. 132.

47 *Illustrated History of the Great War,* Bd. 1, S. 29.
48 Neilson, *How Diplomats Make War,* S. 258.
49 Goschen an Grey, Berlin, 29. Juli 1914, BD 293, zitiert nach Geiss, *July 1914,* S. 300.
50 Ebd., S. 301.
51 Grey, *Twenty-Five Years,* Bd. II, S. 216.
52 Neilson, *How Diplomats Make War,* S. 268.
53 International Situation, Hansard, *House of Commons,* Debatte vom 30. Juli 1914, Bd. 65, c1574.
54 Asquith, *Letters to Venetia Stanley,* S. 136 f.
55 Goschen an Grey, Berlin, 29. Juli 1914, BD 293, zitiert nach Geiss, *July 1914,* S. 300 f.
56 Egal, ob es sich nun um eine Liebesbeziehung handelte oder nicht: Asquith schrieb Venetia wie einer Geliebten. Er sandte ihr vertrauliche Texte, Telegramme, Berichte und ausführliche Analysen. In offiziellen Kreisen sorgten seine Indiskretionen für ernste Bedenken, was die nationale Sicherheit anbelangte.
57 Barnes, *Genesis of the World War,* S. 267.
58 Bethmann Hollweg an Tschirschky (seinen Botschafter in Österreich), 30. Juli 1914, DD441, zitiert nach Geiss, *July 1914,* S. 305 f.
59 Barnes, *Genesis of the World War,* S. 355.
60 Wilhelm II. an Nikolaus II., Berlin, 30. Juli 1914, DD420, in Geiss, *July 1914,* S. 304.
61 Nikolaus II. an Wilhelm II., Sankt Petersburg, 30. Juli 1914, KD390, zitiert nach Fay, *Origins of the World War,* Bd. II, S. 430.
62 Barnes, *Genesis of the World War,* S. 350; und Fay, *Origins of the World War,* Bd. II, S. 301, Fußnote 54.
63 Dobrowolski, *The Mobilisation of the Russian Army, 1914,* S. 28.
64 Thomson, *Twelve Days,* S. 126.
65 Dobrowolsky, *The Mobilisation of the Russian Army, 1914,* S. 29.
66 Ewart, *Roots and Causes of the Wars,* Bd. II, S. 1165.
67 Nielson, *How Diplomats Make War,* S. 293.
68 Kaiser Wilhelm II. an Nikolaus II., Berlin, 31. Juli 1914, DD 480, zitert nach Geiss, *July 1914,* S. 324.
69 Ebd.
70 Barnes, *Genesis of the World War,* S. 268 f.
71 Fay, *Origins of the World War,* Bd. II, S. 523.

Kapitel 25

1 Quigley, *Anglo-American Establishment,* S. 312.
2 Milner Papers, Gell an Milner, 12. Juli 1899, *Bodleian Library,* MS.Eng. Hist. c.686.
3 Ebd.
4 Pakenham, *Boer War,* S. 41.
5 Churchill, *World Crisis,* S. 148.
6 *Dundee Courier,* 31. Juli 1914, S. 5.
7 Francis Hackett, *The Story of the Irish Nation,* S. 338.

8 Hansard, *House of Commons*, Debatten vom 24. bis 31. März und darüber hinaus.
9 Asquith, *Letters to Venetia Stanley*, S. 135 f. Die Briefe belegen, dass er sich privat mit Carson und Bonar Law, am 30. Juli mit Redmond und Dillon traf.
10 Ryan, *Mutiny at the Curragh*, S. 76.
11 Quigley, *Anglo-American Establishment*, S. 176.
12 Patrick Buckland, *James Craig*, S. 8.
13 The Carson Papers, *The Public Record Office of Northern Ireland* (PRONI) (D1507), S. 4.
14 Ebd.
15 *The Carson Papers*, »The Third Home Rule Bill«, *The Public Record Office of Northern Ireland* (PRONI) (D1507), S. 5.
16 *The Public Record Office of Northern Ireland* (PRONI) (INF/7A/2/8).
17 Quigley, *Anglo-American Establishment*, S. 31 u. S. 86.
18 Das Gedicht *Ulster 1912* von Rudyard Kipling ist unverblümte Geheime-Elite-Propaganda. Der gefühlsduselige Appell an den gefährdeten Unionismus wird hochgekocht in einen Rausch der möglichen Folgen: »Rebellion, Raub und Plünderung, Hass, Unterdrückung, Unrecht und Gier …«
19 Bei der Schlacht am Boyne besiegte 1690 der protestantische holländische König Wilhelm von Oranien das Heer des katholischen Königs James II. Dadurch wurde der Grundstein für den Aufstieg der Protestanten in Irland gelegt. Jedes Jahr am 12. Juli feiern die Oranier den Sieg bei der Schlacht. Ihre Standarte hat einen orangefarbenen Hintergrund, in der oberen linken Ecke prangt ein Georgskreuz, in der unteren rechten Ecke ein purpurner Stern.
20 *The Public Record Office of Northern Ireland* (PRONI) (INF/7/A/2/47).
21 Bardon, *A History of Ireland*, S. 431 f.
22 *The Carson Papers, The Public Record Office of Northern Ireland* (PRONI) (D1507), S. 4.
23 Ronald McNeill, *Ulster's Stand for Union*, Kapitel XV, Brief vom 4. Juni 1914.
24 Ebd.
25 Gollin, *Proconsul in Politics*, S. 180.
26 Ian Colvin, *The Life of Lord Carson*, Bd. II, S. 241.
27 Gollin, *Proconsul in Politics*, S. 188.
28 Ebd., Fußnote.
29 Quigley, *Anglo-American Establishment*, S. 312.
30 Gollin, *Proconsul in Politics*, S. 188.
31 Als eine Möglichkeit, »den Arm zu lähmen«, dachte Milner darüber nach, das jährliche Armee-Haushaltsgesetz zu blockieren und eine Verfassungskrise herbeizuführen. Das Gesetz war seit 1688 immer problemlos verabschiedet worden und sollte die Armee daran erinnern, dass das Parlament für die finanziellen Mittel zuständig war und die Armee dem Parlament unterstand.
32 Brevet-Oberst Hacket Pain diente im Burenkrieg und gehörte der Gruppe von Offizieren an, die Roberts speziell für den Dienst bei der UVF ausgewählt hatte.
33 Geoffrey Lewis, *Carson: The Man Who Divided Ireland*, S. 136.
34 McNeill, *Ulster's Stand for Union*, chap. XVI.

35 *The Times*, 18. März 1914.
36 Wilson Diaries, 14. November 1913, zitiert nach Callwell et al., *Field Marshal Henry Wilson Bart*, Bd. 1, S. 132.
37 Milner Papers, Carson an Milner, 18. März 1914, zitiert nach Gollin, *Proconsul in Politics*, S. 200.
38 K. W. W. Aikin, *The Last Years of Liberal England, 1900–1914*, S. 112 f.
39 Ryan, *Mutiny at the Curragh*, S. 120.
40 Jeffery, *Field Marshal Sir Henry Wilson*, S. 39.
41 Robert Kee, *Ireland: A History*, S. 149.
42 Gollin, *Proconsul in Politics*, S. 202.
43 Hansard, *House of Commons*, Debatte vom 7. April 1914, Bd. 60, cc1787–9.
44 Hansard, *House of Commons*, Debatte vom 2. April 1914, Bd. 60, cc1359–64.
45 Ebd.
46 Jeffery, *Field Marshal Sir Henry Wilson*, S. 39.
47 Kee, *Ireland*, S. 149.
48 Haldane, *An Autobiography*, S. 267 f; Hansard, *House of Lords*, Debatte vom 23. März 1914, Bd. 15, cc619–53, mündlicher Bericht.
49 David, *Inside Asquith's Cabinet*, S. 168, zitiert nach Hansard, *House of Commons*, 16. April 1914, Bd. 61, cc322–5.
50 Iain McLean u. Tom Lubbock, *The Curious Incident of the Guns in the Night-Time*, S. 11.
51 Churchill, *World Crisis*, S. 148.
52 *The Times*, 23. März 1914.
53 Toye, *Lloyd George and Churchill*, S. 116.
54 Major Fred Crawford spielte eine zentrale Rolle beim Waffenschmuggel für Ulster. Während des Burenkriegs hatte er als Hauptmann in der Artillerie gedient.
55 Über die genaue Menge an Waffen gibt es keine Angaben, die Zahl schwankt je nach Bericht. Die Waffen war auch nicht alle von einem Typ.
56 McLean u. Lubbock, *The Curious Incident*, S. 13, zitieren PRONI D/1700/5/17/2/4. Fred Crawford, »Diary of the gunrunning«.
57 Alvin Jackson, *Home Rule: An Irish History, 1800–2000*, S. 133.
58 McLean u. Lubbock, *The Curious Incident*, S. 13, zitieren PRONI D/1700/5/17/2/4.
59 Bardon, *A History of Ireland*, S. 444.
60 Wilfrid Spender war ein vielversprechender Soldat und diente in London im *Committee of Imperial Defence*. Er durfte den Dienst quittieren und schloss sich der UVF an. Sein Cousin John Alfred Spender war Herausgeber der *Westminster Gazette* und stand vielen Mitgliedern der Geheimen Elite sehr nahe.
61 Ryan, *Mutiny at the Curragh*, S. 182.
62 Warre B. Wells, *John Redmond: A Biography*, S. 122.
63 Diarmaid Ferriter, *The Transformation of Ireland, 1900–2000*, S. 125.
64 Alvin Jackson, *Ireland, 1798–1998*, S. 167.
65 Ebd.
66 Childers, *The Riddle of the Sands*, S. 281.
67 Frederick Bridgham, *The First World War as a Clash of Cultures*, S. 55 f.

68 Kenneth O. Morgan, »The Boer War and the Media, 1899-1902«, *Twentieth Century British History*, Bd. 13, Nr. 1, März 2002, S. 6.
69 Erskine Childers, *War and the Arme Blanche*, S. v-xvi.
70 Quigley, *Anglo-American Establishment*, S. 313.
71 Boyle, *The Riddle of Erskine Childers*, S. 118.
72 Ebd., S. 71.
73 Ebd., S. 144.
74 Angus Mitchell, *Casement*, S. 85.
75 Leonard Piper, *The Tragedy of Erskine Childers*, S. 124.
76 Quigley, *Anglo-American Establishment*, S. 314.
77 Rodger Casement wurde für seinen humanitären Einsatz im Jahre 1911 zum Ritter geschlagen.
78 John M. Bourne, *Who's Who in World War I*, S. 264.
79 Erskine Childers' Logbuch, zu finden unter: *http://www.rmg.co.uk/explore/sea-and-ships/in-depth/erskine-childers/*.
80 Asquith, *Letters to Venetia Stanley*, S. 84.
81 Ebd., S. 129 f, Brief an Venetia Stanley, Montag, 27. Juli 1914.
82 Bardon, *A History of Ireland*, S. 438.
83 Ebd., S. 82.
84 Boyle, *The Riddle of Erskine Childers*, S. 196.
85 Ebd., S. 200.

Kapitel 26

1 Iswolski an Sasonow, 31. 7. 1914, nach Fay, *Origins of the World War*, Bd. II, S. 531.
2 Fay, *Origins of the World War*, Bd. II, S. 532.
3 Laurence Lafore, *The Long Fuse: An Interpretation of the Origins of World War*, S. 261.
4 Thomson, *Twelve Days*, S. 152.
5 Hamilton u. Herwig, *Decisions for War*, S. 140.
6 Fay, *Origins of the World War*, Bd. II, S. 532.
7 Barnes, *In Quest of Truth and Justice*, S. 87.
8 Lichnowsky an Jagow, London, 1. 8. 1914, DD596, zitiert nach Geiss, *July 1914*, S. 346.
9 Ebd.
10 Ebd., S. 347.
11 Ewart, *Roots and Causes of the Wars*, Bd. I, S. 136.
12 Hamilton u. Herwig, *Decisions for War*, S. 141.
13 David, *Inside Asquith's Cabinet*, S. 179.
14 Morel, *Truth and the War*, S. 47-49.
15 Morel, *The Makers of War*, S. 47.
16 David, *Inside Asquith's Cabinet*, S. 179.
17 Hamilton u. Herwig, *Decisions for War*, S. 138 f.
18 Grey, *Twenty-Five Years*, Bd. II, S. 175.
19 Strachan, *The First World War*, S. 50.

20 Arthur Ponsonby, *Falsehood in Wartime*, S. 53.
21 Ewart, *Roots and Causes of the Wars*, Bd. I, S. 541 f.
22 Ebd., S. 542–546.
23 Protokoll der Konferez zwischen Jungbluth und Oberst Bridges, 23. April 1912, zitiert aus: »The Case of Belgium, etc.«, Dokument 2, in: *The International Monthly Inc.*, New York, 1914.
24 Barnes, *Genesis of the World War*, S. 559.
25 Goschen an Grey, Berlin, 29. Juli 1914, BD 293, zitiert nach Geiss, *July 1914*, S. 300.
26 Ewart, *Roots and Causes of the Wars*, Bd. I, S. 137.
27 Swain, *Beginning the Twentieth Century*, S. 368.
28 Neilson, *How Diplomats Make War*, S. 265 f.
29 Ewart, *Roots and Causes of the Wars*, Bd. I, S. 432.
30 Crowe an Grey, BD 369, Memo von Sir Eyre Crowe, 31. Juli 1914, zitiert nach Geiss, *July 1914*, S. 330 f.
31 Ebd.
32 Thomson, *Twelve Days*, S. 171.
33 Barnes, *Genesis of the World War*, S. 515.
34 John Burns war ein wahrlich erstaunlicher Mensch, und er war auch der erste Vertreter der Arbeiterklasse, welcher es zu einem Regierungsposten schaffte. Er trat im Jahr 1914 aus dem Kabinett zurück und erklärte den Krieg zu einem »universellen Verbrechen«.
35 David, *Inside Asquith's Cabinet*, S. 180.
36 Asquith, *Letters to Venetia Stanley*, Sonntag, 2. August 1914, S. 146.
37 Ebd.
38 Ebd., S. 140.
39 Thomson, *Twelve Days*, S. 173.
40 Toye, *Lloyd George and Churchill*, S. 125.
41 Hamilton u. Herwig, *Decisions for War*, S. 143.
42 Ferguson, *Pity of War*, S. 161.
43 Geiss, *July 1914*, S. 231.
44 Fay, *Origins of the World War*, Bd. II, S. 541.
45 Barnes, *Genesis of the World War*, S. 558 f.
46 Ebd., S. 464.
47 Churchill, *World Crisis*, S. 174.
48 *The Times*, 3. August 1914, S. 7.

Kapitel 27

1 »In ganz Europa gehen die Lichter aus. Zu unserer Zeit werden wir nicht mehr erleben, dass sie wieder entzündet werden.« Dieser Ausspruch wird Sir Edward Grey zugeschrieben, heißt es in seiner Autobiografie, *Twenty-Five Years*, Bd. 2, Kapitel XVIII, S. 223. Iswolski an Sasonow, 31. Juli 1914, zitiert nach Fay, *Origins of the World War*, Bd. II, S. 531.
2 Stephen Lucius Gwynn, *John Redmond's Last Years*, S. 128.

3 Haldane, *An Autobiography*, S. 275 f.
4 Stellungnahme von Sir Edward Grey, Hansard, *House of Commons*, Debatte vom 3. August 1914, Bd. 65, cc1809-32.
5 Morel, *Secret History of a Great Betrayal*, S. 11.
6 Leo Amery, *The Leo Amery Diaries, 1896-1929*, Bd. I, S. 106.
7 Stellungnahme von Sir Edward Grey, Hansard, *House of Commons*, 3. August 1914, Bd. 65, cc1809-32.
8 Ebd. Seine Betrügerei sollte die offizielle Position der britischen Regierung werden.
9 Crowe an Grey, 31. Juli 1914, BD 369, zitiert nach Geiss, *July 1914*, S. 330.
10 Stellungnahme von Sir Edward Grey, Hansard, *House of Commons*, 3. August 1914, Bd. 65, cc1810. Laut dem *Guardian* vom 4. Juli 1914 wurde dieses Versprechen mit Jubel seitens der Minister begrüßt.
11 Fay, *Origins of the World War*, Bd. I, S. 14 f.
12 Morel, *Secret History of a Great Betrayal*, S. 11 f.
13 Asquith in Hansard, *House of Commons*, Debatte vom 27. November 1911, Bd. 32, cc106-7, und in Morel, *Secret History of a Great Betrayal*, S. 16.
14 Grey, *Twenty-Five Years*, Bd. II, S. 218 f.
15 Nicolson an Grey, London, 1. 8. 1914, BD 424, zitiert nach Geiss, *July 1914*, S. 349.
16 Das *Committee of Imperial Defence* kam im September 1905 zu dem Schluss: »Die jüngere Geschichte zeigt … dass der Wert einer kollektiven Garantie zu Neutralität und Unabhängigkeit eines Staates größtenteils unberücksichtigt bleiben muss. Wie auch immer die rechtlichen Interpretationen der an eine derartige Garantie gekoppelten Verpflichtungen aussehen mögen, die Nationen handeln zumeist eher in Übereinstimmung mit ihren zu diesem Zeitpunkt tatsächlich oder vermeintlich herrschenden Interessen und unabhängig von ihren vertraglichen Verpflichtungen.« CAB 38/10/67, S. 7.
17 Morel, *Secret History of a Great Betrayal*, S. 16.
18 Stellungnahme von Sir Edward Grey, Hansard, *House of Commons*, 3. August 1914, Bd. 65, cc1822-3.
19 Arthur Conan Doyle, *The Crime of the Congo, 1908*, ist ein bekanntes Werk zu diesem Thema.
20 »A Fateful Sitting of the House of Commons«, *The Guardian*, 4. Juli 1914.
21 Ebd., S. 6.
22 Stellungnahme von Sir Edward Grey, Hansard, *House of Commons*, 3. August 1914, Bd. 65, cc1823-4.
23 Amery, *Leo Amery Diaries*, S. 106.
24 Ebd.
25 Joseph King in Hansard, *House of Commons*, Debatte zum Krieg in Europa vom 3. August 1914, Bd. 65, cc1864.
26 Bonar Law in Hansard, *House of Commons*, außenpolitische Debatte vom 10. Juli 1914, Bd. 64, cc1438-9.
27 Churchill, *World Crisis*, S. 174.
28 Asquith, *Letters to Venetia Stanley*, Montag, 3. August 1914, S. 148.
29 Ebd., S. 149, Fußnote 6.

30 Gwynn, *John Redmond's Last Years,* S. 129.
31 *The Times,* 1. August 1914, S. 6.
32 Asquith, *Letters to Venetia Stanley,* S. 149, Fußnote 4.
33 Ramsay MacDonald in Hansard, *House of Commons,* Debatte vom 3. August 1914, Bd. 65, cc1830.
34 Grey, *Twenty-Five Years,* Bd. II, S. 211.
35 Churchill, *World Crisis,* S. 178.
36 Haldane, *An Autobiography,* S. 278.
37 Es handelte sich um den zweiten von drei Teilen der Sitzung des Unterhauses an jenem Tag. Hansard, *House of Commons,* Debatte vom 3. August 1914, Bd. 65, cc1833-48.
38 Paul Cambon an Viviani, 3. 8. 1914, FYB 143, zitiert nach Geiss, *July 1914,* S. 356.
39 Philip Morrell saß für die Liberalen als Abgeordneter für den Wahlkreis Burnley im Unterhaus. Er lehnte den Krieg vehement ab und gehörte der *Union of Democratic Control* an, einer Organisation, die die Geheimhaltung in der Außenpolitik und den Militäreinfluss auf die Regierung bekämpfte. Der UDC gehörten auch Ramsay MacDonald, Edmund Dene Morel und Charles Trevelyan an.
40 Edmund Harvey, liberaler Abgeordneter für Leeds West, war ein Quäker und Pazifist, der sich dafür einsetzte, dass, wer den Kriegsdienst aus Gewissensgründen verweigerte, Nichtkombattanten-Aufgaben in der Armee übernehmen durfte.
41 Deutschland und Belgien, Hansard, *House of Commons,* vertagte Debatte vom 3. August 1914, Bd. 65, cc1839.
42 Keir Hardie war Abgeordneter für Merthyr Tydfil. Hansard, *House of Commons,* Deutschland und Belgien, vertagte Debatte vom 3. August 1914, Bd. 65, cc1840.
43 Hansard, *House of Commons,* Debatte zum Krieg in Europa vom 3. August 1914, Bd. 65, cc1848-84.
44 Percy Molteno, liberaler Abgeordneter für Dumfriesshire, in Hansard, *House of Commons,* Debatte zum Krieg in Europa vom 3. August 1914, Bd. 65, cc1848-51.
45 Ebd.
46 Llewellyn Williams, liberaler Abgeordneter für Carmarthen Boroughs, in Hansard, *House of Commons,* Debatte zum Krieg in Europa vom 3. August 1914, Bd. 65, cc1856-58.
47 Joseph King, liberaler Abgeordneter für North Somerset, Hansard, in *House of Commons,* Debatte zum Krieg in Europa vom 3. August 1914, Bd. 65, cc1865-6.
48 Ebd., cc1868.
49 Arthur Balfour in Hansard, *House of Commons,* Debatte zum Krieg in Europa vom 3. August 1914, Bd. 65, cc1881-2.
50 Ebd.
51 *The Guardian,* 4. August 1914, S. 6.
52 Amery, *The Leo Amery Diaries,* S. 106.
53 Die stundenlangen Debatten fasste die *Times* so zusammen: »Die Sitzung wurde eine Weile unterbrochen, anschließend kritisierten mehrere Radikale die Regierung, nachdem Sir Edward Grey das Unterhaus mit den Bedingungen des deutschen Ultimatums an Belgien vertraut gemacht hatte.« *The Times,* 4. August 1914.

54 A. J. P. Taylor, *English History 1914-1945*, S. 27, Fußnote 2.
55 Reichskanzler Bethmann Hellweg, Rede vor dem Reichstag am 4. August, zu finden unter *http://www.firstworldwar.com/source/bethmannspeech1914.htm*.
56 Quigley, *Anglo-American Establishment*, S. 177.
57 Ebd.
58 Taylor, *English History 1914-1945*, S. 28.
59 William Lygon, der siebte Earl Beauchamp und als First Commissioner of Works Minister für öffentliche Arbeiten. An ihn erinnert man sich eher wegen des öffentlichen Exils, das nach Bekanntwerden seiner sexuellen Neigungen folgte, als daran, dass er bei der Unterzeichnung der Kriegserklärung anwesend war. Als Belohnung wurde er anstelle von Lord Morley, der aus Protest gegen den Krieg aus dem Kabinett zurückgetreten war, zum Lord President of the Council ernannt, dem Vorsitzenden des Geheimen Kronrats.

Kapitel 28

1 Anthony Arnoux, *The European War*, Bd. 1, S. 270.
2 John Albert White, *Transition to Global Rivalry*, S. 181.
3 Alexander Fuehr, *The Neutrality of Belgium*, S. 73-75.
4 Knock, *The Myth of a Guilty Nation*, S. 37, E-Book unter *http://mises.org/Books/myth_of_guilty_nation_nock.pdf*.
5 Fay, *Origins of the World War*, Bd. I, S. 5.
6 Buchanan, *My Mission to Russia*, Bd. 1, S. 100.
7 Fay, *Origins of the World War*, Bd. I, S. 29.
8 Ebd., S. 5.
9 Barnes, *Genesis of the World War*, S. 40.
10 Fay, *Origins of the World War*, S. 6.
11 Das deutsche Weißbuch hieß *Vorläufige Denkschrift und Aktenstücke zum Kriegsausbruch*.
12 Fay, *Origins of the World War*, Bd. I, S. 4.
13 Ebd., Bd. I, S. 8-10.
14 Alfred von Wegerer, »A Refutation of the Versailles War Guilt Thesis«, S. 146.
15 Ebd., S. 354.
16 Friedensvertrag von Versailles, Teil VIII, Reparation, Abschnitt 1, Artikel 231.
17 Barnes, *Genesis of the World War*, S. 35.
18 Quigley, *Anglo-American Establishment*, S. 197.
19 Gollin, *Proconsul in Politics*, S. 551, in einer Fußnote.
20 Milner Papers, Milner an Selborne, 5. April 1899, Bodleian Library, Ms.Eng.Hist. c.688.
21 Fisher, *Memories and Records*, Bd. 1, S. 21.
22 Ferguson, *House of Rothschild*, Bd. II, S. 319.
23 Cabinet Papers, CAB 37/120/ 69, 81, 90.
24 Liste der Kabinettspapiere, 1880-1914, PRO booklet.

25 D'Ombrain, *War Machinery and High Policy*, Vorwort, S. xiii.
26 Ebd.
27 Lloyd George, *War Memoirs*, S. 70.
28 Meriel Buchanan, *The Dissolution of an Empire*, S. 192-207.
29 Quigley, *Anglo-American Establishment*, S. 98.
30 Ebd., S. 99.
31 Barnes, *In Quest of Truth and Justice*, S. x.
32 *New York Times Current History Magazine*, Juli 1928, S. 619-40.
33 Quigley, *Anglo-American Establishment*, S. 314.
34 M. H. Cochran, *Germany Not Guilty in 1914*, S. xix.
35 *Times Literary Supplement*, 4. Mai 1962.
36 Marc Trachtenberg, »The Craft of International History: A Guide to Method« unter *http://mises.org/misesreview_detail.aspx?control=303*.
37 Stone, *World War One*, S. 19.
38 Strachan, *First World War*, S. 16.
39 Ebd., S. 36.
40 Siehe Kapitel 13.
41 A. J. P. Taylor, *The First World War: An Illustrated History*, S. 20.
42 Michael Howard, *The First World War: A Very Short Introduction*, S. 24.
43 Walter W. Ligget, *The Rise of Herbert Hoover*, S. 51.
44 Ebd., S. 55.
45 Ebd., S. 120.
46 Hamill, *Strange Career of Mr. Hoover*, S. 150.
47 Siehe Kapitel 2.
48 Hamill, *Strange Career of Mr. Hoover*, S. 156 f.
49 Cissie Dore Hill, *Collecting the Twentieth Century*, S. 1, zu finden unter: *http://www.hoover.org/publications/hoover-digest/article/8041*.
50 Charles G. Palm and Dale Reed, *Guide to the Hoover Institution Archives*, S. 5.
51 Whittaker Chambers, Hoover Library, zu finden unter: *http://whittakerchambers.org/articles/time-a/hoover-library/*.
52 *New York Times*, 5. Februar 1921.
53 Hill, *Collecting the Twentieth Century*, S. 1, zu finden unter: *http://www.hoover.org/publications/hoover-digest/article/8041*.
54 Whittaker Chambers, Hoover Library, zu finden unter: *http://whittakerchambers.org/articles/time-a/hoover-library/*.
55 Ebd.
56 *New York Times*, 5. Februar 1921.
57 Whittaker Chambers, Hoover Library, wie oben.
58 *New York Times*, 5. Februar 1921.
59 Hoover Institution, *Stanford University*, zu finden unter: *http://www.hoover.org/about/herbert-hoover*.
60 Ebd.
61 Ian Bell, *Sunday Herald*, 16. Dezember 2012.

Quellenverzeichnis

Originaldokumente

Asquith Papers, Oxford, *Bodleian Library*, Special Collections, Asquith MSS 1-150
Carson Papers (D1507) *Public Record Office of Northern Ireland* (PRONI)
Carson Papers (PRONI) D1 507
Milner Collection, Oxford, *Bodleian Library*, Special Collections, MSS. Eng. hist. 686-688
Haldane Papers, *National Library of Scotland*, Special Collections, MS. 20058
Hansard House of Commons Debates
Hansard House of Lords Debates
National Archives, Kew, Minutes of the *Committee of Imperial Defence* (CAB)
National Archives, Kew, Cabinet Minutes (CAB)
Public Records Office Northern Ireland (PRONI)
United States House of Representatives Nr. 1593 Report of the Pujo Committee, Library of Congress, Washington DC
United States Congressional Record December 1913, *Library of Congress*, Washington DC
Völkerbundbericht, 1921

Zeitungen und Magazine

Boston Post
Daily Chronicle
Daily Express
Daily Mirror
Daily News
Daily Telegraph
Dundee Courier
Evening News
Fortnightly Review
International Monthly Inc.
Irish Times
Johannesburg Star
John Bull
Kiewskaja Mysl
Le Matin
Le Temps
Manchester Guardian
Melbourne Argus
Morning Post
Nation
National Review
New Republic
New York Times
Nineteenth Century
Norddeutsche Allgemeine Zeitung
Nowoje Wremja
The Observer
Pall Mall Gazette
Pijemont
Quarterly Review
The Radical
Rand Star
Review of Reviews
Round Table Quarterly Review
Scarborough Evening News
Standard
Sunday Herald
Sunday People
Sunday Times
Sydney Morning Herald
The Times
Times Literary Supplement
Weekly Dispatch
Westminster Gazette

Veröffentlichte Artikel und Pamphlete

Barnes, Harry Elmer: »Germany Not Responsible for Austria's Action«, *Current History Magazine*, Veröffentlichung der *New York Times*, Juli 1928, S. 620-626.

Berchtold, Leopold Graf: »Austria's Challenge Justified by Serbian Menace«, *Current History Magazine*, Veröffentlichung der *New York Times*, Juli 1928, S. 626f.

Budget League Pamphlet 22, »The Budget and the People«.

Coakley, John: »Ethnic Conflict and the Two-State Solution: The Irish Experience of Partition«, *Institute for British-Irish Studies & Centre for International Borders Research, MFPP Ancillary Papers*, Nr. 3.

Coogan, John W. & Peter F. Coogan: »The British Cabinet and the Anglo-French Staff Talks, 1905-1914: Who Knew What and When Did He Know It?«, *Journal of British Studies*, Nr. 24 (Januar 1985).

Eckstein, Michael: »Some Notes on Sir Edward Grey's Policy in July 1914«, *The Historical Journal* XV, 2 (1972), S. 321-324.

Fay, Sidney B.: »The Kaiser's Secret Negotiations with the Tsar, 1904-1905«, *The American Historical Review*, Bd. 24, Nr. 1 (Oktober 1918), S. 48-72.

Hoyos, Alexander Graf von: »Russia Chief Culprit in Precipitation of World War«, *Current History Magazine*, Veröffentlichung der *New York Times*, Juli 1928, S. 628-630.

Jagow, Gottlieb von: »Germany's Reasons for Supporting Her Ally's Anti-Serb Policy«, *Current History Magazine*, Veröffentlichung der *New York Times*, Juli 1928, S. 633-635.

Kuhlman, Kurt: »The Renewal of the Anglo-Japanese Alliance«, 1905, *Duke University*, 9. Januar 1992.

Langer, W. L.: *New Republic*, 15. April 1925.

Levy, Jack: »Organisational Routines and the Causes of War«, *International Studies Quarterly*, Bd. 30, Nr. 2, Juni 1986.

MacDonald, James Ramsay: »Why We Are At War«, *The Open Court*, Bd. 1, 1915, Ausgabe 4, Art. 4.

McLean, Iain & Tom Lubbock: »The Curious Incident of the Guns in the Night-time: Curragh, Larne and the UK Constitution«, zu finden unter: *http://www.nuffield.ox.ac.uk/politics/papers/2007/McLean%20Lubbock.pdf*.

Milner, Alfred: »Lord Milner's Credo«, Abdruck aus der *Times*, 27. Juli 1925.

Moen, Jon & Ellis Tollman: »The Bank Panic of 1907: The Role of Trust Companies«, *The Journal of Economic History*, Nr. 52.

Morgan, Kenneth O.: »The Boer War and the Media, 1899-1902«, *Twentieth Century British History*, Bd. 13, Nr. 1, März 2002.

Serge, Victor: »La Verité sur l'Attentat de Sarajevo«, *Clarté*, Nr. 74, 1. Mai 1924.

Smethurst, K. M. Richard & Takahashi Korekiyo: »The Rothschilds and the Russo-Japanese War 1904-07«, Aufsatz in der Reihe *Occasional Papers* des Suntory Centre an der *London School of Economics*.

Stoskopf, Nicholas: *Journée d'études sur l'histoire de la haute banque France* (2000).

Trachtenberg, Marc: »The Meaning of Mobilization in 1914«, *International Security*, Jahrg. 15, Ausgabe 4, Winter 1990-91.

Warburg, Paul Moritz: »A Plan for a Modified Central Bank«, in: *The Federal Reserve System: Its Origin and Growth*, Bd. 2, 1914.
Wegerer, Alfred von: »A Refutation of the Versailles War Guilt Thesis«, *The Nation*, April 1927, S. 485 f.
Wiesner, Dr. Friedrich von: »Austria's Life and Death Struggle Against Irredentism«, *Current History Magazine*, Veröffentlichung der *New York Times*, Juli 1928, S. 630-633.
Williamson, Jeffrey Gale: »The Structure of Pay in Britain, 1710-1911«, *Research in Economic History*, Bd. 7, 1982.
Wilson, K.M., »The Making and Putative Implementation of a British Foreign Policy of Gesture, December 1905-August 1914: The Anglo-French Entente Revisited«, *Canadian Journal of History*, Nr. XXXI, August 1996, S. 227-255.

Auswahlbibliografie

Abrahams, Ray H.: *Preachers Present Arms*, Pennsylvania, *Herald Press*, 1933.
Aikin, K.W.W: *The Last Years of Liberal England, 1900-1914*, London, *Collins*, 1972.
Albertini, Luigi: *Origins of the War of 1914, Oxford University Press*, 1952.
Allen, Gary: *None Dare Call it Conspiracy*, New York, *Amereon Ltd*, 1972.
Amery, Leo: *Times History of the War in South Africa*, London, *Low Marston & Co. Ltd*, 1900.
Amery, Leo: *The Leo Amery Diaries, 1896-1929*, London, *Hutchinson*, 1980, Bd. 1.
Andrew, Christopher: *Secret Service: The Making of the British Intelligence Community*, London, *Heinemann*, 1985.
Andrew, Christopher: *The Defence of the Realm: The Authorised History of MI5*, London, *Penguin Books*, 2009.
Arrighi, Giovanni: *The Long Twentieth Century*, London, *Verso*, 1994.
Arthur, Max: *Last Post*, London, *Cassell*, 2005.
Arthur, Max: *Forgotten Voices of the Great War*, London, *Ebury Press*, 2002.
Arthur, Max: *Lest We Forget*, London, *Ebury Press*, 2007.
Baker, Anne Pimlott: *The Pilgrims of Great Britain: A Centennial History*, London, *Profile Books*, 2002.
Baker, Anne Pimlott: *The Pilgrims of The United States: A Centennial History*, London, *Profile Books*, 2003.
Ballard, Robert: *Lusitania*, New Jersey, *Madison Press Books*, 1995.
Bardon, Jonathan: *A History of Ireland in 250 Episodes*, Dublin, *Gill & Macmillan Ltd*, 2008.
Barnes, Harry Elmer: *In Quest of Truth and Justice: De-Bunking the War-Guilt Myth*, Colorado Springs, *Ralph Myles Publisher*, 1972.
Barnes, Harry Elmer: *Who Started the First World War?*, California, *Institute for Historical Review*, 1984.
Barnes, Harry Elmer: *The Genesis of the World War*, New York, *Alfred A. Knopf*, 1927.
Bausman, Frederick: *Let France Explain*, London, *George Allen & Unwin*, 1922.
Bell, E. Moberly: *Flora Shaw*, London, *Constable*, 1947.

Bernstein, Herman: *The Willy-Nicky Correspondence*, Toronto, *Gundy*, 1918.
Bird, G.E. & F.E. Merwin: *The Press and Society*, New York, *Prentice Hall*, 1951.
Birinyi, Louis K.: *Why the Treaty of Trianon is Void*, Michigan, *Simmons Inc.*, 1928.
Birkenhead, Earl of: *Churchill: 1874-1922*, London, *Harrap*, 1989.
Birmingham, Stephen: *Our Crowd*, London, *Macdonald & Co.*, 1967.
Bourne, John M.: *Who's Who in World War I*, London, *Routledge*, 2001.
Brett, Maurice V.: *The Journals and Letters of Lord Esher*, London, *Nicholson & Watson*, 1934.
Bridgham, Frederick: *The First World War as a Clash of Cultures, Boydell & Brewer*, 2006.
Boyle, Andrew: *The Riddle of Erskine Childers, Hutchison of London*, 1977.
Brock, Michael & Eleanor Brock (Hrsg.), *H.H. Asquith: Letters to Venetia Stanley, Oxford University Press*, 1982.
Buchan, John: *Memory Hold the Door*, London, *Hodder & Stoughton Ltd*, 1940.
Buchan, John: *A History of the First World War*, Moffat, *Lochar Publishing*, 1991.
Buchan, John: *Mr Standfast*, Ware, *Wordsworth Editions Ltd*, 1994.
Buchan, John: *Greenmantle*, Ware, *Wordsworth Editions Ltd*, 1994.
Buchanan, George: *My Mission to Russia and other diplomatic memories*, Bd. 1 & 2, London, *Cassell*, 1923.
Buchanan, Meriel: *The Dissolution of an Empire*, London, *John Murray*, 1932.
Buckland, Patrick: *James Craig*, Dublin, *Gill & MacMillan*, 1980.
Burton, J. Endrick: *The Life and Letters of Walter H. Page*, 3 Bd., London, *William Heinemann*, 1923.
Callwell, Major-General Sir C.E.: *Field Marshal Henry Wilson Bart: His Life and His Diaries*, London, *Cassell*, 1927.
Carlyon, L.A.: *Gallipoli*, London, *Bantam Books*, 2002.
Carnegie, Andrew: *Problems of Today*, London, *George Allen & Sons*, 1908.
Carr, E.H.: *What is History?*, London, *Macmillan*, 1961.
Carr, W.G.: *Pawns in the Game*, Ontario, *Federation of Christian Laymen*, 1958.
Chamberlain, Austen: *Politics From the Inside: An Epistolary Chronicle, 1906-1914, Yale University Press*, 1937.
Chapman, Stanley: *The Rise of Merchant Banking*, London, *George Allen & Unwin*, 1984.
Chatterton, Kebble: *The Big Blockade*, London, *Hutchinson & Co*, 1932.
Chernow, Ron: *The Warburgs*, New York, Random House, 1993.
Chernow, Ron: *Titan: The Life of John D. Rockefeller, Sr.*, New York, Vintage Books, 2004.
Chevalier, Gabriel: *Fear*, English translation of *La Peur* (1930), London, *Profile Books*, 2008.
Childers, Erskine: *The Riddle of the Sands*, London, *Penguin Books*, 1903.
Childers, Erskine & Lord Roberts: *War and the Arme Blanche*, London, *E. Arnold*, 1910.
Chomsky, Noam: *Understanding Power*, London, *Vintage*, 2003.
Churchill, Randolph S.: *Winston S. Churchill*, Bd. II, Boston, *Houghton Mifflin*, 1967.
Churchill, Winston: *The World Crisis 1911-1918*, London, *Odhams Press*, 1938.

Churchill, Winston: *My Early Life*, London, Butterworth, 1930.
Cimbala, Stephen, J.: *Military Persuasion: Deterrence and Provocation in Crisis and War, Pennsylvania University Press*, 1994.
Clark, Christopher: *Kaiser Wilhelm II: Profiles in Power*, London, *Longman*, 2000.
Clarke, Ignatius Frederick: *The Great War with Germany, 1890-1914, Liverpool University Press*, 1997.
Clarke, Ignatius Frederick: *Voices Prophesying War, Oxford University Press*, 1966.
Cochran, M.H.: *Germany Not Guilty in 1914*, Colorado Springs, *Ralph Myles Publisher*, 1972.
Cole, Margaret: *Beatrice Webb*, London, *Longmans Green & Co.*, 1945.
Colingwood, William Gershom: *The Life and Work of John Ruskin*, London, *Methven & Co.*, 1893.
Colvin, Ian: *The Life of Lord Carson*, London, *Victor Gollancz*, 1934.
Consett, Rear-Admiral M.W.W.P.: *The Triumph of Unarmed Forces (1914-1918)*, London, *Williams & Norgate*, 1923.
Cowles, Virginia: *The Kaiser*, New York, *Harper & Row*, 1963.
Cowles, Virginia: *The Rothschilds: A Family of Fortune*, London, *Futura Publications Ltd*, 1973.
Cowles, Virginia: *Winston Churchill: The Era and the Man*, London, *Hamish Hamilton Ltd*, 1953.
Croy, Marie de, Princess of: *War Memories*, London, *Macmillan*, 1932.
Davenport, Guiles: *Zaharoff, High Priest of War*, Massachusetts, *Lothrop, Lee & Shepard Company*, 1934.
David, Edward: *Inside Asquith's Cabinet*, London, *John Murray*, 1977.
David, Saul: *Military Blunders: The How and Why of Military Failure*, London, *Robinson Publishing*, 1997.
Dedijer, Vladimir: *The Road to Sarajevo*, London, *Macgibbon & Kee*, 1967.
Demartial, G.: *L'Evangile du Quai d'Orsay*, Paris, *André Delpeuch*, 1926.
Dobrowolski, Sergei: *The Mobilisation of the Russian Army, 1914*, Berlin, *Deutsche Verlagsgesellschaft für Politik und Geschichte mbH*, 1922.
D'Ombrain, Nicholas: *War Machinery and High Policy Defence Administration in Peacetime Britain, 1902-1914, Oxford University Press*, 1974.
Dunlop, Ian: *Edward VII and the Entente cordiale*, London, *Constable*, 2004.
Durham, Edith: *The Sarajevo Crime*, London, *George Allen & Unwin*, 1925.
Durham, Edith: *Twenty Years of Balkan Tangle*, London, *George Allen & Unwin*, 1920.
Emden, Richard van: *Boy Soldiers of the Great War*, London, *Hodder Headline*, 2005.
Engdahl, William: *A Century of War*, London, *Pluto Press*, 1992.
Engelbrecht, H.C., u. Hanighen, F.C., *Merchants of Death*, New York, *Dodd, Mead & Co*, 1934.
Etemad, Bouda: *Possessing the World: European Expansion and Global Interaction*, New York, *Berghahn Books*, 2007.
Ewart, John Skirving: *The Roots and Causes of the Wars*, Bd. 1 & 2, New York, *George H. Doran Company*, 1925.
Farrer, J.A.: *England Under Edward VII*, London, *George Allen & Unwin*, 1922.

Fay, Sidney B.: *The Origins of the World War*, New York, *The Macmillan Company*, 1936.

Feis, Herbert: *Europe: The World's Banker, 1870-1914*, New York, *Norton & Co.*, 1965.

Ferguson, Niall: *The House of Rothschild: The World's Banker, 1849-1999*, London, *Penguin Books*, 1998.

Ferguson, Niall: *1914: Why the World Went to War*, London, *Penguin Books*, 2003.

Ferguson, Niall: *The Pity of War*, London, *Penguin Books*, 1998.

Ferris, Paul: *The House of Northcliffe: A Biography of an Empire*, New York, *World Publishing*, 1972.

Ferriter, Diarmaid: *The Transformation of Ireland, 1900-2000*, London, *Profile Books*, 2004.

Fischer, Fritz: *Germany's Aims in the First World War*, London, *Chatto & Windus*, 1967.

Fisher, Herbert Albert Laurens: *A History of Europe*, London, *Edward Arnold & Co.*, 1936.

Fisher, Baron John Arbuthnot: *Memories and Records*, Bd. 1 & 2, New York, *George H. Doran Co.*, 1920.

FitzPatrick, James Percy: *The Transvaal Within*, Charlestown, *Bibliobazaar*, 2009.

Fleming, Thomas: *The Illusion of Victory: America in World War I*, New York, *Perseus Book Group*, 2003.

Foy, Michael T.: *Michael Collins's Intelligence War*, Stroud, *The History Press*, 2008.

Fremont-Barnes: Gregory, *The Boer War (1899-1902)* Oxford, *Osprey Publishing*, 2003.

Fritzinger, Linda B.: *Diplomat Without Portfolio: Valentine Chirol – His Life and The Times*, London u. New York, *I. B. Tauris*, 2006.

Fromm, Erich: *The Anatomy of Human Destructiveness*, London, *Pimlico*, 1973.

Fuehr, Alexander: *The Neutrality of Belgium*, New York u. London, *Funk & Wagnall*, 1915.

Gallacher, William: *Revolt on the Clyde*, London, *Lawrence & Wishart*, 1936.

Gallagher, Charles F.: *The United States and North Africa, Morocco, Algeria and Tunisia, Harvard University Press*, 1963.

Gardiner, Alfred George: *The War Lords*, Toronto, *J. M. Dent & Co.*, 1915.

Gates, Robert: *The Conspiracy That Will Not Die*, Oregon, *Red Anvil Press*, 2011.

Geiss, Imanuel: *July 1914: The Outbreak of the First World War: Selected Documents*, London, *B. T. Batsford Ltd*, 1965.

George, W. R. P.: *Backbencher*, Ceredigion, *Gomer Press*, 1983.

Gerard, James W.: *My Four Years in Germany*, London, *Hodder & Stoughton*, 1917.

Gerard, James W.: *Face to Face with Kaiserism*, London, *Hodder & Stoughton*, 1928.

Gerretson, Dr. F. C.: *History of the Royal Dutch*, 4 Bd., Leiden, 1957.

Gollin, A. M.: *Proconsul in Politics: A Study of Lord Milner*, London, *Anthony Blond Ltd*, 1964.

Gooch & Temperley: *British Documents on the Origin of the War, 1898-1914*, London, H. M. S. O., 1927.

Gottlieb, W. W.: *Studies in Secret Diplomacy*, London, *George Allen & Unwin*, 1957.

Grant & Temperley: *Europe in the Nineteenth and Twentieth Centuries*, London, *Longmans Green & Co*, 1934.

Graves, Charles L.: *Mr Punch's History of the Great War*, London, *Cassell & Co. Ltd*, 1919.

Greider, William: *The Secrets of the Temple*, New York, *Simon & Schuster*, 1987.

Grenfell, Captain Russell: *Unconditional Hatred*, NY, *The Devin-Adair Company*, 1953.

Grey, Edward u. Dorothy: *Cottage Book, Ichen Abbas, 1894-1905*, London, *Gollancz*, 1999.

Grey of Fallodon: *Twenty-five Years: 1892-1916*, London, *Hodder & Stoughton*, 1928.

Griffin, G. Edward: *The Creature From Jekyll Island: A Second Look at the Federal Reserve*, California, *American Media*, 1994.

Grigg, John: *Lloyd George: The People's Champion (1902-1911)* Berkeley, *University of California Press*, 1978.

Gunther, John: *Inside Europe*, London, *Hamish Hamilton*, 1936.

Gwynn, Stephen Lucius: *John Redmond's Last Years*, New York, *Longmans, Green & Company*, 1919.

Hackett, Francis: *The Story of the Irish Nation, The Library of the University of California*, 1923.

Hague, Ffion: *The Pain and the Privilege*, London, *Harper Press*, 2008.

Haldane, Richard Burdon: *An Autobiography*, London, *Hodder & Stoughton*, 1924.

Halperin, Vladimir: *Lord Milner and the Empire*, London, *Odhams Press Ltd*, 1952.

Hamilton, Richard F., u. Herwig, Holger H.: *Decisions for War, 1914-1917, Cambridge University Press*, 2004.

Hamill, John: *The Strange Career of Mr. Hoover Under Two Flags*, New York, *William Faro, Inc.*, 1931.

Hansl, Proctor W.: *Years of Plunder*, New York, *H. Smith & R. Haas*, 1935.

Hardach, Gerd: *The First World War, 1914-1918*, London, *Pelican Books*, 1977.

Hart, Basil Henry Liddell: *History of the First World War*, London, *Pan Books*, 1930.

Harvey, A.D.: *Collision of Empires: Britain in Three World Wars*, London, *Hambledon Press*, 1992.

Hattersley, Roy: *Campbell-Bannerman*, London, *Haus Publishing*, 2006.

Hattersley, Roy: *David Lloyd George: The Great Outsider*, London, *Abacus*, 2010.

Havinghurst, Alfred F.: *Britain in Transition, The Twentieth Century*, London, *University of Chicago Press*, 1979.

Heathcote, Anthony: *The British Field Marshals, 1736-1997*, Barnsley, *Penn & Sword Books Ltd*, 1999.

Henig, Ruth: *The Origins of the First World War*, London, *Routledge*, 1989.

Hill, Cissie Dore: *Collecting the Twentieth Century*, Hoover Digest, *Hoover Institute on War, Revolution & Peace*, 2000.

Hill, William Thomson: *The Martyrdom of Nurse Edith Cavell*, London, *Hutchinson & Co.*, 1915.

Hitchins, Keith: *Romania 1866-1947, Oxford University Press*, 1994.

Hobsbawm, Eric John Ernest: *Industry and Empire*, London, *Penguin Books*, 1968.

Hobson, John Atkinson: *John Ruskin: Social Reformer*, London, *James Nisbet & Co. Ltd*, 1898.

Holdsworth, John Thom: *Money and Banking*, New York, *D. Appleton & Co.*, 1917.

Holmes, Richard: *Tommy: The British Soldiers on the Western Front 1914-1918,* London, *Harper Perennial,* 2005.
Hough, Richard: *Winston and Clementine: The Triumphs and Tragedies of the Churchills,* London, *Bantam Books,* 1989.
House, Edward Mandell: *Philip Dru: Administrator,* New York, *B. W. Huebsch,* 1912.
House, Edward Mandell, u. Seymour, Charles: *The Intimate Papers of Colonel House,* Boston, *Houghton Mifflin,* 1926.
Howard, Michael: *The First World War: A Very Short Introduction, Oxford University Press,* 2002.
Jackson, Alvin: *Home Rule: An Irish History, 1800-2000, Oxford University Press,* 2003.
Jackson, Alvin: *Ireland, 1798-1998: War, Peace and Beyond,* Chichester, *Wiley-Blackwell,* 2010.
Jeffery, Keith: *Field Marshal Sir Henry Wilson: A Political Soldier, Oxford University Press,* 2008.
Jenkins, Roy: *Churchill,* London, *Pan Books,* 2001.
Joll, James, & Gordon Martel: *The Origins of the First World War,* London, *Pearson,* 1984.
Katz, Irving: *August Belmont: A Political Biography, Columbia University Press,* 1968.
Kee, Robert: *Ireland: A History,* London, *Abacus Books,* 1982.
Keegan, John: *The Penguin Book of War,* London, *Penguin Books,* 2000.
Keegan, John: *The First World War,* London, *Hutchinson,* 2011.
Kelen, Emery: *Peace in Their Time,* London, *Victor Gollancz,* 1964.
Kennan, George F.: *The Fateful Alliance: France, Russia, and the Coming of the First World War,* New York, *Pantheon Books,* 1984.
Kennedy, Aubrey Leo: *Old Diplomacy and New: From Salisbury to Lloyd George, 1866-1922,* London, *John Murray,* 1922.
Kipling, Rudyard: *Ulster 1912, Classic Poetry Series,* 2004.
Knock, Albert J.: *The Myth of a Guilty Nation,* Alabama, *Ludwig von Mises Institute,* 2011.
Knuth, Edwin C.: *The Empire of »the City«,* California, *The Book Tree,* 1944.
Kuhlman,Kurt, »The Renewal of the Anglo-Japanese Alliance 1905«, *Duke University,* 9. Januar 1992 (eingereichtes Papier).
Lafore, Laurence: *The Long Fuse: An Interpretation of the Origins of World War,* Illinois, *Wavelength Press,* 1997.
Landes, Davis S.: *The Unbound Prometheus, Cambridge University Press,* 1969.
Langewiesche, Dieter: *Liberalism in Germany,* New Jersey, *Princeton University Press,* 1988.
Lapping, Brian: *End of Empire,* London, *Paladin Grafton Books,* 1989.
Lee, Dwight E.: *The Outbreak of the First World War,* Boston, *D. C. Heath & Co.,* 1958.
Lee, Sidney: *King Edward VII: A Biography,* London, *Macmillan & Co.,* 1925.
Lee, Sidney: *Dictionary of National Biography,* Second Supplement, London, *Smith Elder,* 1912.
Lees-Milne, James: *The Enigmatic Edwardian: The Life of Reginald, Second Viscount Esher,* London, *Sidgwick & Jackson,* 1986.

Legge, Edward: *King Edward in His True Colours*, Charleston, *Nabu Press*, 2011 (Originalausgabe 1913).
Legge, Edward: *More about King Edward*, London, *Eveleigh Nash*, 1913.
Lewinsohn, Richard: *Sir Basil Zaharoff*, London, *Victor Gollancz*, 1929.
Lewis, Geoffrey: *Carson: The Man Who Divided Ireland*, London, *Hambledon Continuum*, 2005.
Ligget, Walter W.: *The Rise of Herbert Hoover*, New York, *The H. K. Fly Company*, 1932.
Lincoln, Ignatius T.: *Revelations of an International Spy*, New York, *Robert M. McBride & Co.*, 1916.
Lindqvist, Sven: *Exterminate All the Brutes*, London, *Granta Books*, 1997.
Lloyd George, David: *War Memoirs*, Bd. 1 & 2, London, *Odhams Press*, 1938.
Lloyd George, Richard: *My Father*, New York, *Crown Publishers*, 1961.
Lockhart, Robert Hamilton Bruce: *Memoirs of a British Agent*, London, *Putnam*, 1932.
Lutz, Hermann: *Lord Grey and the World War*, New York, *Alfred A. Knopf*, 1928.
Lynch, E. P. F., *Somme Mud*, London, *Bantam Books*, 2008.
McArthur, Brian: *For King and Country*, London, *Abacus*, 2008.
McCormick, Donald: *The Mask of Merlin: A Critical Biography of David Lloyd George*, New York, *Holt, Rinehart & Wilson*, 1963.
McDonald, Donna: *Lord Strathconna*, Toronto, *Dundurn Press*, 1996.
McHarg, F.: *Pistoleros!: The Chronicles of Farquhar McHarg*, Bd. I, Oakland, *PM Press*, 2011.
Mackay, R. F., *Fisher of Kilverstone, Oxford University Press*, 1973.
MacKenzie, David: *Apis: The Congenial Conspirator: The Life of Colonel Dragutin T. Dimitrijević*, New York, *Boulder Press*, 1989.
MacKenzie, Norman & Jeanne MacKenzie (Hrsg.): *Diary of Beatrice Webb – Vol. III: The Power to Alter Things, 1905-1924, Harvard University Press*, 1985.
McMahon, Paul: *British Spies & Irish Rebels*, Woodbridge, Suffolk, *The Boydell Press*, 2008.
MacMillan, Margaret: *Peacemakers: Six Months that Changed the World*, London, *John Murray*, 2001.
McNeill, Ronald: *Ulster's Stand for Union*, New York, *Dutton*, 1922.
Malatesta, Errico, *Anarchy*, London, *Freedom Press*, 1974.
Manchester, William: *The Arms of Krupp (1587-1968)*, London, *Michael Joseph Ltd*, 1964.
Marchand, René: *Un Livre Noir, University of Toronto Libraries*, 2012.
Martel, Gordon: *The Origins of the First World War*, London, *Pearson Longman*, 1987.
Marr, Andrew: *A History of Modern Britain*, London, *Macmillan*, 2007.
Marr, Andrew: *The Making of Modern Britain*, London, *Macmillan*, 2009.
Marwick, Arthur: *The Deluge, British Society and the First World War*, Middlesex, *Pelican Books*, 1965.
Massie, Robert K.: *Dreadnought: Britain, Germany and the Coming of the Great War*, New York, *Random House*, 1991.
Masterman, Lucy: *C. F. G. Masterman: A Biography*, London, *Nicholson & Watson*, 1939.

Maurice, Major-General Sir Frederick & Tasker H. Bliss: *Soldier, Artist, Sportsman: The Life of General Lord Rawlinson of Trent*, Montana, *Kessinger Publications*, 2004.

Maurice, Major-General Sir Frederick: *Haldane 1856-1915*, London, *Faber & Faber*, 1937.

Middlemas, Keith: *The Life and Times of Edward VII*, London, *Weidenfeld & Nicolson*, 1972.

Middlemas, Keith: *Pursuit of Pleasure: High Society in the 1900s*, London, *Book Club Associates*, 1977.

Millis, Walter: *Road to War: America, 1914-1917*, Massachusetts, *The Riverside Press*, 1935.

Milner, Viscount: *Constructive Imperialism: Unionists and Social Reform*, Slough, *Dodo Press*, 2009.

Mitchell, Angus: *Casement*, London, *Haus Publishing*, 2003.

Mock, James R. & Cedric Larson: *Words That Won the War*, Connecticut, *Cobden Press*, 1984.

Morgan, Kenneth Owen: *The Boer War and the Media (1899-1902), Twentieth Century British History*, Bd. 13, Nr. 1, *Oxford University Press*, 2002.

Mombauer, Annika: *The Origins of the First World War*, London, *Longman*, 2002.

Montefiore, Simon: *Young Stalin*, London, *Phoenix*, 2007.

Montgelas, Max: *British Foreign Policy under Sir Edward Grey*, New York, *Alfred. A. Knopf*, 1928.

Montgelas, Max: *The Case for the Central Powers*, London, *Allen & Unwin*, 1925.

Morel, Edmund Dene:. *Diplomacy Revealed*, London, *National Labour Press*, 1921.

Morel, Edmund Dene: *Pre-war Diplomacy: Fresh Revelations*, London, *Independent Labour Party*, 1919.

Morel, Edmund Dene: *The Secret History of a Great Betrayal*, London, *Caledonian Press*, 1923.

Morel, Edmund Dene: *Ten Years of Secret Diplomacy*, London, *National Labour Press*, 1915.

Morel, Edmund Dene: *Truth and the War*, London, *National Labour Press*, 1918.

Morgan, Janet: *The Secrets of Rue St Roch*, London, *Penguin Books*, 2005.

Moore, Richard K.: *Escaping the Matrix*, Ireland, *Cyberjournal*, 2005.

Murphy, Brian P.: *Patrick Pearse and the Lost Republican Ideal*, Dublin, *James Duffy & Company*, 1991.

Murray, H. Robertson: *Krupps and the International Armaments Ring*, London, *Holden & Hardingham*, 1915.

Nash, George H.: *The Life of Herbert Hoover, The Humanitarian 1914-1917*, New York, *W. W. Norton & Co.*, 1988.

Neilson, Francis: *How Diplomats Make War*, New York, *Bibliolife*, 1923.

Neilson, Francis: *The Makers of War*, Wisconsin, *C. C. Nelson Publishing Company*, 1950.

Neumann, Robert: *Zaharoff, the Armaments King*, London, *Allen & Unwin Ltd*, 1936.

Newbold, J. T. Walton: *How Asquith Helped the Armaments Ring*, Manchester u. London, *National Labour Press* (undatiertes Pamphlet).

Newbold, John Turner Walton: *How Europe Armed for War, 1871-1914*, London, *Blackfriars Press Ltd*, 1916.

Newbold, John Turner Walton: *The War Trust Exposed,* Manchester, *The National Labour Press,* 1913.
Nimocks, Walter: *Milner's Young Men,* London, *Hodder & Stoughton,* 1968.
Nish, Ian: *The Anglo-Japanese: The Diplomacy of Two Island Empires 1894-1907,* London, *Routledge,* 1966.
Nock, Albert Jay: *The Myth of a Guilty Nation,* New York, *B. W. Huebsch Inc.,* 1922.
O'Brien, Terence H.: *Milner,* London, *Constable & Co.,* 1979.
O'Connor, Thomas Power MP: *Sir Henry Campbell-Bannerman,* London, *Hodder & Stoughton,* 1908.
Offer, Anver: *First World War: An Agrarian Interpretation, Oxford University Press,* 1990.
Oppenheim, E. Philips: *A Maker of History,* Boston, *IndyPublish.com,* 2007.
Owings, W. A. Dolph & Elizabeth u. Nikola Pribic: *The Sarajevo Trial, Part 1,* Chapel Hill, *Documentary Publications,* 1984.
Pakenham, Thomas: *The Boer War,* London, *Abacus,* 1979.
Palm, Charles G. & Dale Reed: *Guide to the Hoover Institution Archives,* Stanford, California, *Hoover Institution Press,* 1980.
Parsons, Neil: *A New History of Southern Africa, Teaneck, Holmes & Meier,* 1983.
Pelling, Henry: *Modern Britain 1885-1955,* London, *Sphere Books,* 1960.
Perris, George Herbert: *The War Traders: An Exposure,* London, *National Peace London Council,* 1913.
Peterson, H. C. & Gilbert C. Fite: *Opponents of War, 1917-1918,* Connecticut, *Greenwood Press,* 1957.
Piper, Leonard: *The Tragedy of Erskine Childers,* London, *Hambledon,* 2003.
Pitt, Barrie: *Zeebrugge,* London, *Cassell,* 1958.
Podmore, Will: *British Foreign Policy Since 1870,* London (Eigenverlag) 2008.
Poel, Jean van der: *The Jameson Raid, Oxford University Press,* 1951.
Ponsonby, Arthur: *Falsehood in Wartime,* London, *George Allen & Unwin,* 1928.
Pound, Reginald, u. Harmsworth, Geoffrey: *Northcliffe,* Westport, *Praeger,* 1960.
Preston, Diana: *Wilful Murder: The Sinking of the Lusitania,* London, *Corgi Books,* 2002.
Quigley, Carroll: *Tragedy & Hope, A History of the World in Our Time,* California, *GSC & Associates* (Erstdruck: New York, *The Macmillan Company,* 1966).
Quigley, Carroll: *The Anglo-American Establishment,* California, *GSC & Associates,* 1981.
Rankin, Raymond: *The Inner History of the Balkan War,* London, *Constable & Co.,* 1914.
Reeves, John: *The Rothschilds: The Financial Rulers of Nations,* London, *Sampson Low,* 1887.
Reid, Walter: *Architect of Victory: Douglas Haig,* Edinburgh, *Birlinn,* 2006.
Remak, Joachim: *Sarajevo: The Story of a Political Murder,* New York, *Criterion Books Inc.,* 1959.
Renouvin, Pierre: *The Immediate Origins of the War (28th June-4th August 1914), Yale University Press,* 1928.

Renouvin, Pierre: *La Crise Européenne et la Grande Guerre*, Paris, *Librairie Felix Alcan*, 1939.
Repington, Charles: *The First World War*, Boston u. New York, *Houghton Mifflin*, 1920.
Roberts, Lord: *Lord Roberts' Message to the Nation*, London, *John Murray*, 1912.
Robertson, William: *From Private to Field Marshal*, New York, *Houghton Mifflin*, 1921.
Röhl, John Charles Gerald: *Wilhelm II: The Kaiser's Personal Monarchy, Cambridge University Press*, 2004.
Roth, Cecil: *The Magnificent Rothschilds*, London, *R. Hale*, 1939.
Rothbard, Murray N.: *Wall Street, Banks and American Foreign Policy*, New York, *Center for Libertarian Studies*, 1995.
Royle, Trevor: *The Flowers of the Forest*, Edinburgh, *Birlinn*, 2007.
Royle, Trevor: *The Kitchener Enigma*, London, *Michael Joseph*, 1985.
Royle, Trevor: *War Report*, Edinburgh, *Mainstream Publishing*, 1987.
Ryan, A. P.: *Mutiny at the Curragh*, London, *Macmillan & Company*, 1956.
Sampson, Anthony: *The Seven Sisters: The Great Oil Companies and the World They Shaped*, London, PFD, 2009.
Sasonow, Sergei: *Fateful Years, 1909-1916*, New York, *Ishi Press*, Erstdruck 1928.
Schelking, Jewgeni Nikolajewitsch: *The Game of Diplomacy*, London, *Hutchinson & Co.*, 1918.
Schelking, Jewgeni Nikolajewitsch & L. W. Makowski: *Recollections of a Russian Diplomat: The Suicide of Monarchies*, New York, *Macmillan*, 1918.
Semenoff, Vladimir: *The Battle of Tsushima*, New York, *E. S. Dutton & Co.*, 1912.
Seymour, Charles: *The Intimate Papers of Colonel House*, Boston, *Houghton Mifflin Company*, 1926.
Sheehan, James: *The Monopoly of Violence*, London, *Faber & Faber*, 2007.
Simpson, Colin: *Lusitania*, Wirral, UK, *Avid Publications*, 1972.
Skelton, Oscar Douglas: *Life and Letters of Sir Wilfrid Laurier*, Toronto, *Oxford University Press*, 1921.
Sladen, Douglas: *The Real Truth about Germany*, New York, *Knickerbocker Press*, 1914.
Smith, Janet Adam: *John Buchan and his World*, London, *Thames & Hudson*, 1979.
Smith, David James: *One Morning in Sarajevo: 28 June 1914*, London, *Phoenix*, 2008.
Solschenizyn, Alexander: *August 1914*, London, *Penguin Books*, 1992.
Spender, J. A.: *The Life of the Right Honourable Sir Henry Campbell-Bannerman*, London, *Hodder & Stoughton*, 1923.
Spiridovich, Alexander: *Les Dernières Années de la Cour de Tzarskoie Selo*, Bd. 1, Paris, *Payot*, 1928.
Stevenson, David: *1914-1918.: The History of the First World War*, London, *Penguin Books*, 2004
Stone, Norman: *World War One: A Short History*, London, *Allen Lane*, 2007.
Strachan, Hew: *The First World War*, London, *Simon & Schuster*, 2006.
Stead, William Thomas: *The Last Will and Testament of Cecil John Rhodes*, London, *»Review of Reviews« Office*, 1902.
Stieve, Friedrich: *Isvolsky and the World War*, New York, *Alfred A. Knopf*, 1926.
Sutton, Antony C.: *The Federal Reserve Conspiracy*, Oregon, *CPA Book Publishers*, 1995.

Sutton, Antony C.: *The Best Enemy Money Can Buy*, Montana, *Liberty House Press*, 1986.
Swain, Joseph Ward: *Beginning the Twentieth Century*, New York, *W. W. Norton & Company Inc.*, 1933.
Tarpley, Webster G. & Anton Chaitkin: *George Bush: The Unauthorized Biography*, Washington, D. C., *Executive Intelligence Review*, 1992.
Taylor, A. J. P.: *The First World War: An Illustrated History*, London, *Penguin Books*, 1966.
Taylor, A. J. P.: *English History 1914-1945*, Middlesex, *Penguin Books*, 1965.
Taylor, Edmond: *The Fall of the Dynasties: The Collapse of the Old Order, 1905-1922*, New York, *Doubleday Inc.*, 1922.
Thomas, Rosamund M.: *Espionage and Secrecy: The Official Secrets Act 1911-1989*, London, *Taylor & Francis*, 1991.
Thompson, J. Lee: *Forgotten Patriot*, New Jersey, *Rosemount Publishing*, 2007.
Thompson, J. Lee: *A Wider Patriotism: Alfred Milner and the British Empire*, London, *Pickering & Chatto*, 2007.
Thompson, J. Lee: *Northcliffe: Press Baron in Politics 1865-1922*, London, *John Murray*, 2000.
Thomson, David: *England in the Nineteenth Century*, Middlesex, *Penguin Books*, 1950.
Thomson, George Malcolm: *The Twelve Days*, London, *The History Book Club*, 1966.
Toye, Richard: *Lloyd George and Churchill: Rivals for Greatness*, London, *Pan Books*, 2007.
Trachtenberg, Marc: »*The Craft of International History: A Guide to Method*«, zu finden unter: *http://mises.org/misesreview_detail.aspx?control=303*.
Trevelyan, George Macaulay: *Grey of Fallodon*, London, *Longmans Green & Company*, 1937.
Trotzki, Leo: *The Balkan Wars 1912-13*, New York, *Pathfinder Press*, 1921.
Tuchman, Barbara W.: *The Guns of August*, New York, *Ballantine Books*, 1962.
Tucker, Spencer: *World War I, ABC-Clio ebook*, 2006.
Tumulty, Joseph Patrick: *Woodrow Wilson as I Know Him*, Garden City, *Doubleday Publishing Company*, 1927.
Turner, John: *Lloyd George's Secretariat, Cambridge University Press*, 1980.
Union of Democratic Control, *The Secret International: Armaments Firms at Work*, London, 1932.
Vanderlip, Frank A. & Boyden Sparkes: *From Farm Boy to Financier*, New York, *D. Appleton-Century Company*, 1935.
Veon, Joan M.: *The United Nations Global Straitjacket*, New Jersey, *Hearthstone Publications*, 2000.
Viereck, George Sylvester: *The Strangest Friendship in History: Woodrow Wilson and Colonel House*, West Point, Connecticut, *Greenwood Press*, 1976.
Waller, W.: *War in the Twentieth Century*, New York, *Revisionist Press*, 1974.
Walter, George: *Rupert Brooke & Wilfred Owen*, London, *Everyman*, 1997.
Ward, A. W. & G. P. Gooch: *Cambridge History of British Foreign Policy*, Bd. 3, *Cambridge University Press*, 1924.

Weintraub, Stanley: *Edward the Caresser: The Playboy Prince Who Became Edward VII*, New York, *The Free Press*, 2001.
Wells, Warre B.: *John Redmond: A Biography*, London, *Nisbet & Co.*, 1919.
Wells, Herbert George: *A Short History of the World*, Leipzig, *Bernhard Tauchnitz*, 1935.
Westwell, Ian: *World War I*, London, *Hermes House*, 2008.
Wheeler, George: *Pierpont Morgan and Friends: The Anatomy of a Myth*, New Jersey, *Prentice Hall, Inc.*, 1973.
White, John Albert: *Transition to Global Rivalry: Alliance Diplomacy and the Quadruple Entente, 1895–1907, Cambridge University Press*, 2002.
Wile, Frederic William: *Men Around the Kaiser*, Danvers USA, *General Books*, 2009.
Wilhelm II., Kaiser: *My Memoirs (1878–1918)*, London, *Cassell & Co.*, 1922.
Willis, Irene Cooper: *England's Holy War*, New York, *Alfred A. Knopf*, 1928.
Wilson, Derek A.: *Rothschild: The Wealth and Power of a Dynasty*, London, *Simon & Schuster*, 1988.
Wilson, H. W. & J. A. Hammerton: *The Great War: An Illustrated History of the First World War*, Bd. 1, London, *The Amalgamated Press Limited*, 1914.
Wilson, John: *C. B.: A Life of Sir Henry Campbell-Bannerman*, London, *Constable*, 1973.
Winter, Denis: *Haig's Command: A Reassessment*, London, *Viking Books*, 1991.
Wrangell-Rokassowsky, Baron C.: *Before the Storm: A True Picture of Life in Russia Prior to 1917*, Italy, *Tipo-Litografia*, 1923.
Yergin, Daniel: *The Prize: The Epic Quest for Oil, Money and Power*, New York, *Simon & Schuster Ltd*, 1991.

Stichwortverzeichnis

A

Aehrenthal, Baron Alois von 139 f., 143, 412
Agadir-Krise 196-205
  von Caillaux beigelegt 203, 227
Albert, König von Belgien 265 f.
Aldrich, Senator Nelson 245-248, 250
Alexander, König von Serbien 254, 263
Alexander, Prinz von Serbien 254, 275, 280
Alexandra, Prinzessin von Dänemark 70
Alfons, König von Spanien 74 f., 84
Algeciras 91, 191-196, 203 f.
All Souls College 11, 54 f., 160, 197, 393-395
Amery, Leo
  Geheime Elite & 169
  Greys Rede & 378, 385
  National Service League & 217
  Ulster & 343 f., 353
Anglo-Persian Oil Company 289, 295
Anglo-Japanische Allianz 66, 96, 100
Ansaldo-Armstrong 156
Antisemitismus 101, 236, 239, 292
Apis. *Siehe:* Dimitrijević, Dragutin
Archbold, John D. 241, 242
Armstrong-Pozzuoli 153, 156
Armstrong Whitworth & Co. 95, 153 f.
Artamanow, Viktor 254, 272, 281
Arthur, Prince of Connaught 284
Asquith, H. H. 26, 407
  Abstreitung britisch-französischer »Gespräche« & 169, 208 f., 213, 222, 229, 363
  belgische Neutralität & 331, 363, 376
  Committee of Imperial Defence (CID) & 137, 147, 201
  »Drei von Relugas« & 110-115, 121-123
  Greys Rede & 380-386
Asquith, H. H. *(Fortsetzung)*
  Irland & 332, 341, 349, 355, 386
  Juli-Krise & 284, 330
  Konferenz der imperialen Presse & 172
  König Edwards Tod & 185
  Lloyd George & 133, 188, 198 f.
  Manipulation des Kabinetts & 332, 366 f., 370
  Marinebudget & 148, 151
  Milner & 41, 57
  Mobilisierung & 370
  Oberhausreform & 184-186, 188 f.
  österreichische Note & 305
  als Primierminister 131, 135, 379 f.
  Rothschild, Nathaniel & 326
  Stanley, Venetia & 326, 366, 368
  unterstützt von Konservativen 323, 367 f., 370, 378
Asquith, Raymond 182
Astor, Nancy 174
Astor, Waldorf 174, 345, 407

B

Bailey, Sir Abe 34, 43, 175, 217, 407
Balfour, Arthur 407
  Asquith & 41, 111
  Committee of Imperial Defence (CID) & 79, 117, 166
  »Drei von Relugas« & 110, 115
  Geheime Elite & 26, 57, 69, 112, 114, 367
  Greys Rede & 371, 384 f.
  Herkunft 29, 69
  Lloyd George & 188
  Marineausgaben & 151 f.
  Milner & 41 f., 54
  Pilgrims & 237
  als Premierminister 114 f.

Balfour, Arthur *(Fortsetzung)*
Roberts & 218 f.
Ulster & 332, 342, 344
Balkan
internationale Finanz & 252
Iswolski & 139, 141 f., 233, 253, 256
Nationalismus & 252, 255 f.
Russland & 140, 229 f., 251 f., 309
Sarajevo & 291 f.
Völkermord & 256, 267, 269
Siehe auch: Balkankriege; Balmoral
Balkankriege
Erster Balkankrieg 260, 264, 266 f.
Zweiter Balkankrieg 266, 270
Ballin, Albert 210
Balliol College, Oxford
All Souls & 11, 395, 407-409
»Drei von Relugas« & 111 f.
Geschichtsschreibung & 397
Milner & 50, 55, 111 f., 339
Balmoral 25, 115, 187, 259 f.
Bank of England 236, 238, 245
Banque de France 230, 234, 238, 245
Banque de l'Union parisienne 230 f.
Banque de Paris et de Pay-Bas (*Paribas*) 230 f.
Barings Bank 83, 101, 238 f.
Battenberg, Prinz Ludwig von 323
Beit, Alfred 20, 34, 37, 43 f., 90, 175
Belfast 340-345, 350, 357, 386
Belgischer Generalstab 118, 222, 364
Bell, Moberly 162
Belmont, August 242
Benckendorff, Graf Alexander von 98, 103, 259, 412
Berchtold, Graf Leopold
Begräbnis Ferdinands & 284
Bethmann Hollweg & 327, 333
Kaiser Wilhelm II. & 284, 325, 333
österreichische Note & 293 f., 302, 308 f.
serbische Antwort & 306 f.
Täuschung von 287, 294, 374
Berkeley, George Fitzhardinge 354
Berliner Kongress 139, 141
Berthelot, Philippe 307
Bertie, Sir Francis 127 f., 284, 407
Bethlehem Steel Company 153
Bethmann Hollweg, Theobald von
belgische Neutralität & 331
Bemühungen, den Krieg abzuwenden & 327, 332 f.
England & 64, 331, 385-387
Greys Ultimatum & 385
Haldanes »Mission« & 211-213
Italien & 322
Österreich & 302
Bismarck, Otto von 67, 72
Björkö-Abkommen 103-107
Blutsonntag 102, 104
Bolschewiken 102, 401
Bonar Law, Andrew
als Anführer der Konservativen 189, 259, 331
Asquith & 332, 367, 370, 379
Curragh-Zwischenfall & 348
Greys Rede & 371, 378
Ulster & 332, 343, 349
Booth, Bramwell 21
Bosnien-Herzegowina
Iswolsky & 252 f., 256, 262
österreichische Annektierung von 140
Sarajevo & 275-278, 303
Serbien & 252, 262 f.
Botha, General Louis 58
Bourchier, J. D. 255-257
Bristow, Senator 248
Britische Mittelmeerflotte 214 f., 376
Britisches Expeditionskorps
Haldane & 127-129, 147, 169, 213
Kriegspläne & 224, 230, 381
Wilson & 222 f., 345
Britisches Weltreich
Amerika & 213
deutsche Gefahr für 12, 65, 163, 366
Geheime Elite & 12, 17-21, 126, 184
Krieg & 359, 385 f.

Britisches Weltreich *(Fortsetzung)*
- Milner & 49 f., 169 f., 185
- Rhodes' Testament & 33 f.
- Smuts & 45
- Verteidigung des 93, 96, 128
- Weltherrschaft & 65, 169

British Secret Intelligence Bureau 166
British South Africa Company 34, 37 f., 40, 43, 60, 340, 399
Brodrick, St. John 42, 50, 52, 111, 166
Buchanan, Sir George
- diplomatischer Schriftverkehr & 390
- Poincaré & 299 f.
- russische Mobilmachung & 324-326
- in Sankt Petersburg 261, 284, 309 f.
- Sasonow & 316 f., 327

Buckle, George E. 117, 159 f.
Bukarest, Friedensvertrag von 267
Bulgarien
- Balkanbund & 255 f., 263 f.
- Geheime Elite & 253
- Iswolski & 256, 263
- Krieg von 1912 in 266 f.
- Krieg von 1913 in 267
- Russland & 141, 266 f.
- Serbien & 257, 260, 262, 266, 275
- *Siehe auch:* Bourchier

Bülow, Fürst Bernhard von 85, 87, 149
Burenkrieg
- britische Armee & 50, 53, 78
- französische Kritik an 67, 73
- Frieden von Vereeniging & 53
- Geheime Elite & 10, 60, 160, 218
- Konzentrationslager im 10 f., 49, 51 f., 55 f., 342
- Kritik der Liberalen an 113, 133
- Lektionen daraus 80, 219
- Roberts-Akademie & 217-224
- Telegramm des Kaisers & 67 f.
- Ursachen des 46, 52 f.
- *Siehe auch:* Churchill, Winston; Milner; Smuts

Burenrepubliken 11, 36, 53, 58, 60
- Oranjefreistaat 36, 39, 54

C

Caillaux, Joseph 368
- Deutschland-Verhandlung & 203
- Iswolski & 227
- als Premierminister 198, 227
- Revanchisten & 228

Camberley Stabsschule 221-223, 226, 351
Cambon, Jules 194, 412
Cambon, Paul
- geheime Militärgespräche & 116
- Grey & 215, 368, 375, 381
- Marokko & 86

Cammell, Laird & Co. 153
Campbell-Bannerman, Charlotte 124
Campbell-Bannerman, Henry 113, 411
- Burenkrieg & 60, 113
- »Drei von Relugas« & 113-116, 123 f.
- Edward VII. & 115
- Milner & 113
- als Ministerpräsident 123 f., 131, 180
- Überlistung von 121 f.
- Wahlkampagne von 1906 & 119 f.

Carnegie, Andrew 211
Carnegie-Kommission 267
Carson, Sir Edward 407
- Geheime Elite & 341 f., 344 f., 347, 349 f.
- Lloyd George & 183
- Milner & 344, 347
- Ulster & 332, 341-345, 348, 356
- verschlüsselte Botschaft & 351, 386

Cartier, E. 77
Casablanca 192, 196, 204
Casement, Sir Roger 354
Cassel, Sir Ernest 408
- Edward VII. & 73, 136, 236
- als Geheimkurier & 211
- Rothschild & 155
- Schiff, Jacob & 239

Cecil, Lady Violet 49
Cecil, Lord Hugh 343
Chamberlain, Joseph 38

Chamberlain *(Fortsetzung)*
- Campbell-Bannerman & 113
- Jameson Raid & 38, 41
- Milner & 42, 50, 53 f.

Chester, Bischof von 156
Childers, Erskine 408
- Churchill & 357
- *Das Rätsel der Sandbank* & 163 f., 351
- als Empire-Loyalist 352 f.
- Waffenschmuggel & 353 f.

Childers, Hugh 352, 408
Chirol, Valentine 160
Churchill, Randolph 25, 132
Churchill, Winston 408
- bei der Admiralität 207 f., 213-216
- Ambitionen des 133
- Asquith & 131
- britisch-französische Kriegsvorbereitungen & 201
- Childers & 352, 357
- Flottenrüstungspanik & 152, 165
- Grey & 202, 214, 290, 380
- Haldanes Auftrag & 211
- Herkunft 25, 132
- Irland & 340 f., 345 f., 348
- Kabinettsdebatten vom Juli 1914 & 363, 366, 368
- als konservativer Abgeordneter 48
- als liberaler Abgeordneterer 59
- Lloyd George & 123, 132-134, 184
- Milner & 47, 59
- Mobilmachung der Flotte & 323, 330, 368
- Südafrika & 47 f.
- Ulster & 346, 348 f.

Ciganović, Milan 274 f., 278, 303, 308, 412
Clarke, Sir George 118, 219
Clemenceau, Georges Benjamin 128
Cleveland, Grover 242
Club, The 29, 110, 125
Committee of Imperial Defence
- Belgien & 364

Committee of Imperial Defence (Forts.)
- Fisher, Admiral & 107, 119
- geheime Absprachen im 116, 119
- geheimer Kriegsrat in (1911) 201
- geheimer Unterausschuss des 145 f.
- Gründung des 79
- als Kontrollorgan der Geheimen Elite 13, 80, 116
- Mitglieder des 147
- Roberts & 218
- Unterlagen des 394
- Wilson, Henry & 202, 221

Cook, E.T. 43, 159, 287
Coupland, Sir Reginald 174
Craig, James 342
Cranborne, Viscount 97
Crawford, Major Fred 349 f., 356, 408
Credit-Anstalt (Wiener Bank) 240
Crowe, Sir Eyre 408
- Deutschland & 300 f., 306, 325
- *Foreign Office* & 284, 331, 366
- Grey & 317
- Serbien & 268

Cruppi, Jean 193
Curragh-Meuterei 348-350
Curtis, Lionel 176, 352, 386, 408
Curzon, Lord 408
- »Hedgers« & 188
- Milner & 41 f.
- Geheime Elite & 106, 111, 237, 344, 371

D

Dawson, Geoffrey 159 f., 173 f., 371, 408
Daily Chronicle 159
Daily Mail 161
Daily Mirror 161
Daily News 43, 98, 159, 304, 361
Daily Telegraph 46 f., 186, 304
Deakin, Alfred 170
De Beers Consolidated Mines 33, 407

de Bunsen, Sir Maurice 284, 286, 289, 293 f., 408
Delagoa-Bucht 48
Delcassé, Théophile 412
  antideutsche Politik des 89
  Edward VII. & 76, 89, 99, 137, 193
  Fisher & 130
  Geheime Elite & 99, 179, 193, 204
  Iswolski & 193, 205
  Marokko-Krise & 86-90
  Rückkehr ins Kabinett 191-193
  Russland & 99, 232
Demokratische Partei (USA) 242, 247
Deutsche Hochseeflotte und britische Furcht vor 69, 148
Deutsch-Französischer Krieg 63, 72 f.
Dillon, John 194, 379
Dimitrijević, Dragutin (Apis) 412
  Hartwig & 272
  Sarajevo & 272-275
  Serbischer Nationalismus & 254, 274
  Verurteilung und Erschießung von 280 f.
  Siehe auch: Schwarze Hand
Disraeli, Benjamin 24, 31, 93
Dobrowolski, General 315, 334
Dodge, Cleveland H. 247
Doggerbank-Zwischenfall 97-100, 106, 123
Draga, Königin von Serbien 254, 262
Dreibund
  Edward VII. & 84, 138
  Grey, Sir Edward & 322
  Italien & 84, 156, 322, 325
  Unterzeichner des 67
»Drei von Relugas«
  Campbell-Bannerman & 115, 124
  Edward VII. & 115
  Kabinett-Dementi 208-210
  militärische Gespräche & 121
Dublin 255, 305, 341, 343, 351, 354-357, 379
Dufferin, Lord 25
Durham, Edith 256, 262, 267, 272, 377, 411

E

East India Company 34, 217
Edinburgh University 112
Edward VII., König 407
  Bankiers & 136, 236, 239
  Belgien & 88, 118, 266
  Entente cordiale & 72-74, 83
  Esher & 78 f.
  Geheime Elite & 70, 71 f., 77, 79, 90, 109
  Haldane & 122 f., 126 f.
  Iswolski & 105, 137, 141 f., 253
  Kaiser Wilhelm II. & 70, 90
  Lebensstil des 22, 26, 71, 131
  Milner & 42, 50, 54
  als Prinz von Wales 29, 71 f.
  Rothschilds & 26, 136
  Russland & 72, 103 f., 135-137, 220
  Victoria, Königin & 71
  Siehe auch: Delcassé; »Drei von Relugas«
Elsass-Lothringen
  Annexion von 72
  fanzösische Kriegsziele & 90, 105, 142, 193, 227-233
  Iswolsky & 256
  Siehe auch: Revanchisten
Encyclopædia Britannica 160
Entente cordiale 76
  deutsche Reaktion auf 85 f.
  Geheimklauseln der 83, 203
  Kaiser Wilhelm II. & 87, 102, 138
  Marokko-Krise & 87 f., 91, 99
  Russland & 104
  Zweck der 76 f.
  Siehe auch: Edward VII.; Tripelentente
Esher, Lord (Reginald Brett) 408

Esher, Lord *(Fortsetzung)*
Committee of Imperial Defence & 79, 119, 137, 147
Edward VII. & 22, 26, 77-79
Geheime Elite & 30, 38, 162
Geheimgesellschaft & 17-19
Grey, Sir Edward & 119
Haldane und Armee & 114 f., 216
Liberale Politik & 112
Milner & 42
Northcliffe & 162
Pilgrims & 237
Roberts & 201
Rothschild & 30, 101
Evening News 161

F

Fairfield-Werft 172
Fairholme, Oberst 221
Fay, Sidney B. 9, 256, 390, 396
Federal Reserve System 246, 249 f.
Ferdinand, Erzherzog Franz 74, 272, 276 f., 279-281, 283 f., 286 f., 293, 302 f., 384, 401
Ferguson, Niall 9, 26, 126
Fes 194-197, 202-205
Fisher, Admiral Sir John (Jacky) 408
Committee of Imperial Defence & 117
als Erster Seelord 128
Flottenwettrüsten & 150-151
Marinereform 129-131
in Reval 136 f.
Verbindung mit König 129, 136 f.
Verbrennen seiner Korrespondenz mit dem König 393
FitzPatrick, Percy 44, 47, 161
Foch, General 220, 222, 391
Fortnightly Review 27, 43, 173
Französisch-spanischer Vertrag 87
Frankfurt 24, 31, 239
Frankland, Leutnant 48
Franz Joseph, Kaiser 140, 283 f., 288, 292
Französische Abgeordnetenkammer 192
Französischer Generalstab 147, 201, 222, 223, 230, 359
French, Sir John 79, 136-138, 219 f., 226, 347 f., 408
Friedenskonferenz von Den Haag (1898) 43

G

Gansi, Albert 33
Garrett, Edmund 41, 43, 159
Garvin, James 186
George V., König
Heinrich, Prinz von Preußen & 323, 328
Irland & 356
Kriegserklärung & 387
letzte Schritte zum Krieg & 360, 376
Oberhausreform & 188
Sasonow & 259, 316
Thronbesteigung 185
Churchill & 208, 211 f.
Fisher & 119, 136 f.
Greys Rede & 376
Haldanes »Mission« & 211
Gesellschaft der Auserwählten 18, 27, 29, 40, 42, 162
Gibraltar, Straße von 36, 84, 91, 214
Glass-Owen-Gesetz 248
Goschen, Lord George 27, 41, 284, 331, 408
Griechenland 263
Green, Alice Stopford 353 f.
Greindl, Baron 77, 193, 195, 412
Grey, Earl Albert 20, 171
Grey, Sir Edward 365
Asquith & 112, 330
als Außenminister 115 f., 127, 285

Grey, Sir Edward *(Fortsetzung)*
Balfour, A. J. & 114, 123
Balkankrise & 264, 268
belgische Neutralität & 331, 361, 365 f., 368, 370
Berchtold getäuscht von 307
britisch-französische »Gespräche« & 116, 119, 122, 208
Cambon, Paul & 215, 368, 375, 381
Campbell-Bannerman & 120–122, 125 f.
Churchill, Winston & 289, 301
Committee of Imperial Defence & 147
Deutschland getäuscht von 138, 289, 290, 316, 325, 333
Edward VII. & 112, 114 f., 136
Einwendungen im Kabinett & 215
Entente cordiale & 76 f.
Geheime Elite & 77, 114, 116
Haldanes »Mission« & 211–213
Iswolski & 140, 285
Kabinett getäuscht von 126, 209, 362, 366 f.
konservative Rückendeckung von 332, 328, 344
liberaler Imperialismus & 113, 180
Lichnowsky getäuscht von 360 f.
Lloyd George & 199 f.
Marokko-Krise (zweite) & 195–198, 200, 202 f.
Milner & 111 f.
österreichische Note & 293, 304–306
Parlament getäuscht von 123, 135, 137, 145, 229, 381
Rede vor dem Parlament & 373–378, 380
russische Generalmobilmachung & 318, 320
Sasonow & 259–261
Ultimatum an Deutschland & 380, 385 f.
Siehe auch: Bethmann Hollweg; »Drei von Relugas«
Grierson, General 117–120, 223
Guillaume, Baron 233, 412

H

Haig, Douglas 219 f., 224, 226, 348
Haldane, Richard B. 409
Admiralität & 207 f.
Armeereformen & 127, 147
Bethmann Hollweg & 211
britisches Expeditionskorps & 147
britisch-französische »Gespräche« & 116, 119–121
British Secret Intelligence Bureau & 166
Campbell-Bannerman & 115, 120 f.
Committee of Imperial Defence & 116, 128, 147
deutsche »Mission« & 211 f.
»Drei von Relugas« & 114–116
Edward VII. & 114 f., 127
Gespräche mit belgischem Militär & 222
hohes Marinebudget & 148, 152
als Kriegsminister 115 f.
liberale Imperialisten & 112
Milner & 41, 49, 52, 57, 110
im Oberhaus 166
Roberts & 219, 380 f.
Rothschilds & 113
Täuschung des Kabinetts & 121, 123, 209, 366 f.
Ulster & 348
Hamburg 146, 150, 349, 354–357
Hamburger Banken 24, 239, 245
Hamburg-Amerika Linie 64, 150
Hankey, Maurice 147, 330, 409
Harcourt, Sir William 41, 369
Hardinge, Sir Charles 125 f., 136 f., 409
Harmsworth, Alfred. *Siehe:* Northcliffe
Hartwig, Nikolaus 412
Balkanbund & 255
in Belgrad 253 f.

Hartwig, Nikolaus *(Fortsetzung)*
Beseitigung seiner Depeschen 251
britische Kontakte des 257
Dimitrijević, Oberst (Apis) & 274
Iswolski & 253
Manipulation Serbiens & 262, 264, 271
Sarajevo & 274
Sasonow & 271
Tod von 279 f.
Werdegang des 253-255
von Wiesners Bericht & 293
Harvard 11, 237, 390, 396
Harvey United Steel Co. 153
Havas (Nachrichtenagentur) 231
Heinze, Augustus 243
Henry, Charles 182
Henry, Lady Julia 182
Heinrich, Prinz von Preußen 323, 328
Henry Whitehead & Co. 156
Hobhouse, Charles 154, 187 f., 201, 305 f., 362 f.
Hobhouse, Emily 50-52
Home-Rule-Gesetz, Irland 341-343
Hong Kong & Shanghai Banking Corporation 291
Hoover, Herbert 399-402
Hötzendorf, Conrad von 286
House, Edward Mandell 248
Hoyos, Graf Alexander von 293
Huguet, Major 118, 120, 223

I

Ikbal SS 56
Ilić, Danilo 273
Irland und drohender Bürgerkrieg 215
Geheime Elite & 339-341
König George V. & 355
Plan B & 339
Täuschung Deutschlands & 332, 340
Siehe auch: Carson; Childers; *Irish Volunteers;* UVF
Irische Home Rule
britische Armee & 344-349
Geheime Elite & 341-343
Gesetz der (1912) 342 f.
Parlament (von 1910) & 185, 342, 434
Ulster-Opposition & 343-345, 349
Vorgeschichte von 341
Siehe auch: Balfour; Carson; Childers; Redmond
Irish Volunteers 305, 351, 353, 356
Isaac, Rufus (Lord Reading) 182, 447
Iswolski, Alexander 412 f.
Aehrenthal & 139-140
Balkan & 139
Balkanbund & 255 f.
Balkankriege & 260-263
als Botschafter in Paris 193
Delcassé & 193, 232
Edward VII. & 103-105, 137, 142
Frankreichs Euphorie über Kriegsaussichten & 359
Frankreichs Presse und Politik korrumpiert von 227, 231, 231 f.
geheime britisch-französische Kriegsvorbereitungen & 105, 138 f., 252 f., 265, 285
Grey & 140, 374
Hartwig & 253
Konstantinopel-Ambitionen von 140-142, 193, 285
Louis, George & 229
Pašić & 274 f.
Poincaré & 227-229, 232 f., 285, 298
Reval & 137
als russischer Außenminister 137, 139
Sasanow & 229 f., 260, 264
Serbien & 140-142, 252 f., 256
»verloren gegangene« Korrespondenz des 401
Iveagh, Lord 345

J

Jagow, Gottlieb von & 302, 360, 413
Jameson, Dr. Leander Starr 409
  British South Africa Company & 37, 40
  Matabele-Gemetzel & 32
  Rhodes & 20
  Vertuschung der Geheimen Elite & 38
Jameson Raid und Folgen 38 f., 41, 44, 53, 58
Januschkewitsch, General 315, 334
Japan
  Anglo-Japanische Allianz & 66 f., 95 f., 100
  britische Banken & 101, 155
  Chinesisch-Japanischer Krieg 93
  England baut Flotte für 66 f., 95
  Iswolski & 138 f.
  Russisch-Japanischer Krieg 97 f.
  Tsushima & 100 f.
Jaurès, Jean 232, 413
Jefferson, Thomas 238, 247
Jekyll Island 246
Jerome, Jennie 132
Joffre, General 222 f., 359
Johannesburg Star 160
John Brown and Co. Ltd 95, 153
John Bull 287
Jones, Kennedy 163
Judenpogrome in Russland 136, 166, 269

K

Kaiserlich Japanische Marine 95, 106
Kaiser-Wilhelm-Kanal 130, 350
Kanada
  Konferenz der imperialen Presse in 172 f.
  Milner & 54, 171 f.
Kanada *(Fortsetzung)*
  Tafelrunde & 174-176
Kapkolonie
  Afrikaander & 36 f., 39, 43, 45
  Jameson & 41, 58
  Rhodes & 19, 34-37
Kapstadt–Kairo-Eisenbahn 35 f.
Kerr, Philip 176, 432
Khedive von Ägypten 25
King, Joseph 292, 383 f.
Kipling, Rudyard 161, 217, 343, 345, 409, 453
Kitchener, Lord
  Burenkrieg & 49, 53
  Churchill, Winston & 214
  Konzentrationslager & 51, 65
  Milner & 50
  Friedensverhandlungen & 53, 60
  Kriegsrat 1914 & 380
Klotz, Louis-Lucien 232
Knickerbocker Bank 243
Kolonialkonferenz 1907 169 f., 170, 177
Konferenz der imperialen Presse 172-177
Kongo 118, 377, 400, 402
Konstantinopel und Dardanellen
  Geheime Elite & 104, 141
  Großbritannien & 261, 301
  Iswolski & 139 f., 142, 179, 193, 285
  Osmanisches Reich & 139
  Revanchisten & 179, 256, 297
  Russland & 66, 105, 229, 297, 328
Korekiyo, Takahashi 101
Kroatien 273
Krüger, Präsident Paul 36 f.
  Burenkrieg & 46
  Depesche von Kaiser Wilhelm II. an 43, 67 f.
  Frankreichs Einvernehmen & 62
  Jameson Raid & 37 f.
  als Präsident von Transvaal 39, 44
  Smuts & 45
  Uitlanders & 36 f., 45
  Waffen aus Deutschland & 340

Krupp 153, 340, 435
Kuhn, Loeb & Co. 239-245, 250

L

Labour Party 135, 145, 154, 156, 185, 188, 369, 375, 388 f., 434
La Follette, Robert M. 244
Lansdowne, Lord 409
  Anglo-Japanische Allianz & 96, 100
  Asquith & 370, 379
  als Außenminister 72, 115
  Committee of Imperial Defence & 116, 130, 166
  Delcassé & 76
  »Drei von Relugas« & 115
  geheime britisch-französische »Gespräche« & 86, 88, 116
  Geheime Elite & 77, 114
Lamsdorf, Graf Wladimir 103
Larne 350, 355
Laurier, Wilfrid 171
Lazard 236, 366, 432
Le Chabanais 74
Le Matin 164 f., 203
Leo XIII., Papst 75
Leopold II., König von Belgien 118, 265, 400
Le Queux, William 162-166, 218
Le Temps 203
Liaodong-Halbinsel 94, 100
Liberale Partei
  Geheime Elite & 110-112, 114-115
  Greys Rede & 381
  Imperialisten & 112, 124
  Lloyd George & 180
Lichnowsky, Fürst 290, 322, 325, 327, 337, 360-362, 413
Lipsett, General Louis 225
Lloyd George, David 409
  Anschuldigungen gegen 182 f.
  Asquiths Kabinett 131 f.
  außereheliche Affären des 182 f.
Lloyd George, David *(Fortsetzung)*
  Burenkrieg & 52
  Campbell-Bannerman & 123, 180
  Churchill, Winston & 132-134
  Committee of Imperial Defence & 201-202, 208
  Deutschland getäuscht von 301 f., 328
  Geheime Elite & 133, 179
  Grey, Sir Edward & 123 f., 125 f., 201
  Haldane & 134
  als Handelsminister 180
  Koalitionsvorschlag 1910 & 186-188
  Mansion-House-Rede 198 f.
  Oberhaus & 183
  als Schatzkanzler 181
  Skrupellosigkeit von 133, 180 f.
  Täuschung der Kabinettskollegen & 369
  Ulster & 341, 346, 349
  »Volksbudget« & 183
  Werdegang des 131-133
Lloyd, Richard 133
Loeb, Salomon 239
Londoner Vertrag (1884) 46
London Joint Stock Bank 58
Long, Walter 343 f., 349, 409
Longford-Miliz 221
Loubet, Präsident Émile 76, 83
Louis, George 229-234, 264
Ludlow-Massaker 240 f.
Lyttelton, Alfred 54, 98, 111 f., 114

M

MacDonald, Ramsay 145, 379, 388
Mackenzie-King, W. L. 171
Malobabić, Rade 273, 280, 413
Malta 214 f.
Manchester Guardian 287, 304
Marienbad 137, 139
Marlborough House 29, 50, 71

Marokko
Deutschland & 85 f.
erste Marokko-Krise 87 f., 91, 191
Frankreich & 83-88
Geheimklauseln der *Entente cordiale* & 76, 83, 86 f.
imperialistische Zerstückelung 203 f.
Italien & 84
Spanien & 84 f.
Zerstörung Casablancas 192
zweite Marokko-Krise 194-196
Marsh, Eddie 352, 357
McKenna, Reginald 152
Militza, Großfürstin 300
Melbourne Argus 172
Mensdorff, Graf Albert von 304 f.
Mentmore 26, 27, 29, 69
MI5 166
MI6 166
Michail, Großherzog von Russland 74
Midleton, Viscount (Saint John Brodrick) 42, 50, 52, 111, 166
Milner, Alfred 26, 365 f.
All Souls & 54, 160
Amerika & 236, 239
Balfour & 54
Burenkrieg & 38, 40, 42 f., 45, 47 f., 50
Chinesische Arbeiter & 57 f.
Churchill, Winston & 47, 59, 132
»Drei von Relugas« & 111 f.
Edward VII. & 42, 50, 54, 72
Geheime Elite & 38, 42, 54-58, 65, 371, 393
Grey, Sir Edward & 114, 125
Haldane & 113
Kanada & 170 f., 176
»Kindergarten« & 54-56
Kitchener & 53, 55
Konferenz der imperialen Presse & 172 f.
liberale Politik & 184 f., 188
Oxford & 27 f., 55, 395
Presse & 43, 160
Quigley über 27 f., 393
Rhodes & 20, 27 f., 41
Roberts & 46, 217
Roberts-Akademie & 217 f.
Rothschild, Nathaniel & 22, 27, 58, 345
Smuts & 44, 46
Südafrika & 40-42
Tafelrunde & 174
Ulster & 339 f., 344-348, 349 f.
Mirabaud 230, 245
Mlada Bosna 273, 275, 277 f., 281, 413
Mobilmachung 313
Belgiens 365
Deutschlands 334, 336, 360
Englands 335, 368, 370
Frankreichs 314, 327, 360
Österreichs 293 f., 318 f.
Russlands. *Siehe:* Mobilmachung Russlands
Serbiens 318
UVF 345 f.
Mobilmachung Russlands
bedeutet Krieg 268, 313
britischer Einfluss auf 318, 322
britisches Parlament & 384
Beitrag des Zaren zur & 268, 328
Deutschlands diplomatische Bemühungen angesichts der 326 f.
Deutschlands Reaktion auf 322 f., 330, 333, 360
Geheimhaltung der 317, 319, 324
Oxfords Sicht der 398 f.
Poincaré & 229, 265
Zeitplan für 316, 322
Moinier, General 194
Moltke, Helmuth Graf von 325, 327, 330, 334, 336, 357, 369
Montenegro 263
Monypenny, W. F. 43
Morel, E. D. 89, 192, 411
Morley, Lord 208, 353, 367, 369 f., 411
Morgan, J. P. 413

Aldrich, Nelson & 245 f.
als anglophil 238
Crash von 1907 & 243
Federal Reserve System & 245–247
Milner & 239
Pilgrims Society & 237 f.
Pujo-Bericht & 243 f.
Rothschilds & 239 f.
Tafelrunde & 175
US-Politik & 242
Woodrow Wilsons Wahl & 247 f.
Morgan, Junius 238
Mulai Hafid, Sultan 195
Mulliner, Herbert 151 f.

N

Napoleon III. 72
Narodna Odbrana 303
National Bank of Commerce 243
National City Bank 244, 247
National Review 165, 189
National Service League 217, 226, 352
Naval Construction & Armaments Company 155
Navy League 154
Neilson, Francis 109
New College (Oxford) 55, 110, 122, 395
New Court 22, 25 f.
New York Times
über angebliche deutsche Kriegsschuld 396
über Bankreform 245
über Edward VII. 137
über Marokko 87, 192
Nikolaus II., Zar von Russland
Balkan & 266–268, 288
Björkö & 103 f.
Dogger Bank & 97
Edward VII. & 103, 220
Englandbesuch & 138
Iswolski & 138–139, 253
Mobilmachung & 283 f., 319, 329
Nikolaus II. *(Fortsetzung)*
Nicolson, Sir Arthur & 261
Österreich-Ungarn & 302
Poincaré & 298 f.
Reval & 135–138
Rothschilds & 94
Russisch-Japanischer Krieg & 97 f., 99 f.
Sasonow & 259 f.
Serbien & 307
Tatischtschew-Mission & 334
Willy–Nicky-Telegramme & 328, 333, 335
Nikolai, Großfürst von Russland 223, 300
Nicolson, Sir Arthur (Lord Carnock) 410
Crowe, Sir Eyre & 284, 325
im *Foreign Office* 125 f., 261, 323
Geheime Elite & 424
Grey & 261, 284, 317, 325
Greys Rede & 376
Marokko & 84, 125, 196
Milner & 222
russische Mobilisierung & 326
in Sankt Petersburg 105, 125
Nobel-Dynamite Trust Company 111
Norddeutsche Allgemeine Zeitung 302, 325
Nordenfelt Guns & Ammunition Company 155
Northcliffe, Lord (Alfred Harmsworth) 146
Geheime Elite & 162 f., 393
Haltung gegenüber Deutschland von 162, 164 f., 365
Konferenz der imperialen Presse & 173
Milner & 171
Pilgrims Society & 217, 237
Poincaré & 232
Roberts & 164, 218
Spionagegeschichten & 163–165
The Times & 162, 366, 371

Nowoje Wremja 103, 261, 287, 446
Nowosti 103

O

Oberhaus
  Home-Rule-Gesetz für Irland & 341, 348
  Kriegsunterstützung & 371
  Lloyd Georges Budget 1910 & 183 f.
  Reform des 185–188
Observer 162, 186
O'Connor, T.P. 124
Odessa 102, 315
Offiziersausbildungskorps 127
Oppenheim, E. Philips 165
Österreich-Ungarn
  Annexion von Bosnien-Herzegowina & 139
  Balkan & 139–143, 252, 262 f.
  Deutschland & 67, 148, 271, 305, 329, 335
  Dreibund & 155
  »Junges Bosnien« & 273
  russische Mobilisierung & 315, 333
  Sarajevo-Untersuchung & 297
  Serbien & 254, 267, 271–273, 279, 286, 308 f., 333
Österreichische Mobilmachung 293 f., 318
Österreichische Note an Serbien 293–298, 302–304, 306–308, 316–318
Ottley, Sir Charles
  Committee of Imperial Defence & 117, 128, 146 f.
  Rüstungsfirmen & 154–156
Osmanisches Reich 139, 141, 255, 263
Owen, Margaret 133, 180
Oxford University
  britische Aristokratie & 29
  Milner & 28, 395
  Milner's Kindergarten & 54, 395, 432
Oxford University (Fortsetzung)
  Rhodes & 19 f., 235
  Ruskin & 19
  zeitgenössische Historiker & 197, 398

P

Paget, Sir Arthur 346–348, 410
Pain, Oberst Hacket 345, 453
Paléologue, Maurice 284, 297 f., 300, 307, 311, 315–319, 328
Pall Mall Gazette 21, 27, 37, 159
Panther 196–200
Parlamentsreform (1911) 188
Pašić, Nikola
  Ciganović & 274
  Dimitrijević, Oberst (Apis) & 274
  Hartwig & 254
  österreichische Note & 286, 297 f.
  Sarajevo & 274
  Sasonow & 297
  serbische Antwort & 298, 306
Peabody, George 238
Persien
  Öl & 290, 295, 299
  Russland & 93, 104 f., 138, 261
Peter, König von Serbien 254, 272, 274
Peter der Große 136
Peter, Großfürst von Russland 300
Pierpont, Reverend John 238
Pijemont 272
Pilgrims Society
  Geheime Elite & 237
  in Großbritannien 237
  Jekyll-Island-Verschwörung & 246
  Roberts & 217
  Tafelrunde & 249
  in den USA 236
Pinto, Dorothy 26
Poincaré, Raymond
  Iswolski 227 f., 231, 256

Poincaré, Raymond *(Fortsetzung)*
- Kriegsvorbereitungen & 265, 289, 306, 310, 323
- Revanchisten & 228, 398
- Russlandbesuche von 229, 285, 294, 298 f., 315

Ponsonby, Arthur 121, 291 f., 411
Port Arthur 94, 97, 100
Potemkin, Meuterei auf der 105
Potiorek, General 275 f.
Potsdam 288, 300
Pourtalès, Graf Friedrich von 319, 324, 333, 360
Princeton University 11, 237, 247
Princip, Gavrilo
- Prozess & 278 f.
- Sarajevo-Attentat & 276
- Tod von 279, 281

Progressive Party 247
Propaganda
- Burenkrieg & 39 f.
- deutsche »Schuld« & 371, 390
- Deutschland & 69, 162 f.
- Flottenwettrüsten & 151 f.
- Frankreich und die Entente & 83, 86
- französische Propaganda 233
- Geheime Elite & 40, 147 f., 236
- gegen Österreich 265, 293, 303, 309 f.
- serbische Regierung & 286 f.
- Tafelrunde & 175 f.
- *The Times* & 161

Pujo-Ausschuss 243 f.

Q

Quai d'Orsay 99, 116, 447 f.
Quarterly Review 165
Quigley, Carroll
- über den Geheimbund 14, 17
- Hintergrund von 13
- über manipulierte Geschichtsschreibung 353
- über die Macht des Geldes 244

Quigley, Carroll *(Fortsetzung)*
- über Milner 27 f., 30, 218
- über die *Oxford University* 11
- Radiointerview mit 11 f.
- über Smuts 58
- über die Tafelrunde 174-176
- über *The Times* 117, 162

R

Radical 231
Rand Star 43
Rawlinson, Sir Henry 219 f., 226
Redmond, John 351, 358, 379, 388
Reichsbank 245
Reichstag 85, 149, 213, 362, 385, 391
Rente 183
Repington, Charles
- britisch-französische »Gespräche« & 116 f., 120
- *National Service League* 217
- als *Times*-Korrespondent 116 f., 146

Republikaner (USA) 242, 247 f.
Reval 135-137, 139, 142, 220
Revanchisten 73, 76, 90, 92, 105, 177, 193, 204, 227 f., 233 f., 256, 398
Review of Reviews 159, 203
Rhodes, Cecil
- Amerika & 235 f., 396
- *British South Africa Company* & 34
- Burenrepubliken & 36 f.
- Esher & 77
- Geheimbund &. *Siehe:* Rhodes' Geheimbund
- Harmsworth, Alfred & 161
- Jameson & 35
- Jameson Raid & 37-41
- Milner & 20, 27 f., 41 f., 53
- Oxford & 19
- als Premierminister der Kapkolonie 19
- Rand-Millionäre & 34, 43
- Rhodes Trust & 175

Rhodes, Cecil *(Fortsetzung)*
Roberts & 218
Rosebery & 20, 29
Rothschilds & 18, 33, 37
Ruskin & 19
Smuts & 44 f.
Stead, W. T. & 21 f., 203 f.
Stipendien & 20, 235
Testament von 30, 32
Tod von 53
Traum des 12, 27 f., 236
Werdegang 31
Rhodes' Geheimbund 12, 17 f.
Amerika & 11, 235, 396
Außenministerium & 13
Gründung des 10, 17, 19
Milner & 20, 27 f., 40, 54, 393
Mitglieder des 18, 21 f., 25, 30, 69 f.
Oxford & 20, 54
Tafelrunde & 174
Ziele von 12, 17 f., 33 f.
Rhodes, Herbert 33
Rhodesien 19, 34 .f, 65, 224, 410
Rio Tinto Co. 58
Roberts-Akademie
Curragh-Meuterei & 348
Milner's Kindergarten & 225
Mitglieder der 219-226
Südafrika & 217, 219
Ulster & 344
Roberts, Lord Fredrick
Burenkrieg & 46
Camberley & 220, 223
Childers & 352
Committee of Imperial Defence & 79
Curragh-Meuterei & 348
Haldane & 219
Kitchener & 49
Konferenz der imperialen Presse & 172 f.
Kriegsrat (1914) & 380 f.
als Militärberater der Geheimen Elite 218
Roberts, Lord Fredrick *(Fortsetzung)*
Milner & 79, 218
National Service League & 217 f.
Northcliffe & 218
als Patron 221
Propaganda & 164
Wehrpflicht & 172
Wilson, Henry & 221-223
Ulster & 342-344, 349
Werdegang von 217
Siehe auch: Pilgrims Society; Roberts-Akademie
Robertson, Sir William 219, 223 f., 226
Rockefeller, J. D. 175, 236 f., 240-242, 245-247, 250
Roosevelt, Präsident Theodore 88, 91, 100, 242, 247
Rosebery, 5th Earl of
Edward (als Prince of Wales) & 71
Geheime Elite & 30, 111
Konferenz der imperialen Presse & 171-173
Milner & 27 f., 42, 112
Rhodes & 20, 29
Rothschild, Alfred de 26
Rothschild, Alphonse de 241
Rothschild, Baron Anthony de 230
Rothschild, Baron Édouard de 231
Rothschild, Hannah de 26, 29
Rothschild, Lionel 24
Rothschild, Mayer Amschel 22
Rothschild, Lord Nathaniel (Natty)
Balfour & 26
Chamberlain, Joseph & 37 f.
Churchill, Randolph & 25, 132
De Beers & 33
Dynastie & 17, 23 f., 238 f.
Edward VII. & 71 f., 136
als Finanzier der Monarchie 24 f.
Frankreich & 230 f., 245
Geheimbund & 19, 77
Haldane & 113
Kampagne für Kriegsschiffbau & 166

Rothschild, Lord Nathaniel *(Fortsetzung)*
  Macht des Geldes & 22, 25, 31, 43
  Milner & 28 f., 42, 239
  Morgan, J.P. & 239, 240, 243
  New Court & 22, 25, 27
  Politik & 25-27, 345, 371
  Rhodes & 19 f., 33
  Vernichtung von Schriftverkehr & 393
Rothschild, N.M. & Co. 24
Round Table. *Siehe:* Tafelrunde
Round Table Quarterly Review 176
Royal Navy
  Churchills Kriegspläne & 207 f., 214
  Fisher & 119, 131, 136
  Haldane & 127 f., 130, 204
  mangelnde Kooperation mit der Armee & 130 f.
  Mobilisierung der 301, 323, 368, 376
  Öl & 129, 289 f.
  Reformen 129 f.
  Schlacht von Kopenhagen & 97
  Spithead-Flottenparade & 198
  Verteidigung der französischen Küste & 215
Rumänien 24, 65, 252, 264, 266
Rusj 103
Ruskin, Professor John 12, 19 f., 27, 37, 59, 204
Russland
  Balkanbund & 255, 261, 266 f., 273
  britische Haltung zu 66, 98 f., 279, 292
  Duma 135
  französisch-russische Allianz 67, 229, 298-301, 314, 310
  Deutschland & 67, 103 .f, 285
  Indien & 93
  Japan & 66 f., 95 f., 100
  Rothschild-Darlehen & 104, 155
  Serbien & 140, 253 f., 266, 272
  Siehe auch: Edward VII.; Iswolski; Österreich-Ungarn; Mobilmachung; Poincaré; Sasonow
Russischer Generalstab 313, 330
russisch-deutscher Rückversicherungsvertrag 67

S

Salisbury, 3rd Marquis of (Robert Arthur Talbot Gascoyne-Cecil) 26, 28-30, 38, 50, 69, 97, 111, 160
Sandringham 25, 42, 71
Sarajevo
  Attentat auf Franz Ferdinand & 276
  britische Antwort auf 291 f.
  britische und französische Zusicherung an Österreich 294
  Geheime Elite & 283, 294
  österreichische Note & 294, 298
  österreichische Reaktion & 292 f.
  russische Involvierung 272, 275
  Verhaftung der Verschwörer & 277
  Siehe auch: Artamanow; Ciganović; Dimitrijević (Apis); Hartwig; Ilić; *Mlada Bosna,* Pašić; Princip; Schwarze Hand; Tankosić
Sasonow, Sergei
  angebliche Vermittlung & 322 f.
  Balkan & 261
  Balmoral-Besuch & 259-261
  Bestechung der französischen Presse und Politik & 231
  Besuche von Sankt Petersburg & 229, 298 f., 319
  britische und französische Zusicherung an 302, 315 f.
  Buchanan & 300, 310, 317
  George V. & 259
  Grey, Sir Edward & 260 f., 297, 321, 327, 333, 374
  Hartwig & 253
  Iswolski & 228, 265, 285
  österreichische Note & 262, 270
  Paléologue & 307, 316
  Poincaré & 230, 259

Sasonow, Sergei *(Fortsetzung)*
Pourtalès & 324, 360
russische Mobilmachung & 324, 334
Sarajevo-Attentat & 274, 279
Serbien & 307
Tatischtschews Mission & 334
»verloren gegangene« Korrespondenz & 401
Scapa Flow 330
Schiff, Jacob 239-242, 245-248, 250, 413
Schleswig-Holstein 70, 90, 128, 130 f., 422
Schlieffen-Plan 10, 201, 326, 357, 415
Schneider & Cie. aus Le Creusot 153
Schwarze Hand 254-257, 267, 271-275, 278, 280 f.
Selborne, 2nd Earl of (William Waldegrave Palmer) 40, 42, 46, 57, 393, 411
Serbien
Annektierung von Bosnien-Herzegowina 139 f., 252 f.
Attentatsbeteiligung von 273-276
Balkanbund & 256 f., 260-263
Balkankrieg (Erster) & 263 f.
Balkankrieg (Zweiter) & 267
Berthelot & 307
britisches *Foreign Office* & 141, 260, 267, 289-292
britische öffentliche Meinung zu 287, 331 f.
deutsche Antworten & 268, 288
Geheime Elite & 253, 264, 294, 297
Gewaltausschreitungen in 267
Jugoslawien-Pläne in 252
internationale Banken & 252
österreichische Kriegserklärung an & 318, 326
österreichische Note & 293, 302, 306-310
Revoltieren gegen Österreich 262, 268, 271, 286 f., 306
Serbien *(Fortsetzung)*
russische Komplizenschaft & 140 f., 253, 294, 297
russische Kontrolle über 254 f.
Siehe auch: Berchtold; Dimitrijević (Apis); Hartwig; Iswolski; *Mlada Bosna*; Mobilmachung; Österreichische Note; Pašić; Sarajevo
Shaw, Flora 37, 159 f., 411
Schelking, Jewgeni 254, 413
Chinesisch-Japanischer Krieg 93
Smith, F. E. (Lord Birkenhead) 182, 371
Smuts, Jan 44-47, 53, 58, 61, 414
Snowden, Philip 156
Sozialdemokratisches Forum 181
Spender, Wilfred 350, 454
Spithead-Flottenparade 138, 173, 198
SS Mountjoy II 350
SS Fanny 349 f.
Standard 98
Standard Oil Company 242
Stanley, Venetia 305, 326, 366, 368
Stead, William T. 367
aktionistischer Journalismus & 21
blindwütiges Antideutschtum angeprangert von 203
britische Konzentrationslager & 51
Friedenskonferenz von Den Haag & 43
Geheimbund & 17, 30
Milner & 27 f., 41
Pall Mall Gazette & 21, 37
Rhodes & 18, 21
Stolypin, Pjotr 136 f., 142, 253, 261, 445
Strachan, Sir Hew 9, 197 f., 363, 398
Strong, Benjamin 246
Sunday People 182 f.
Sunday Times 162
Sueskanal 24, 27, 31, 36, 66, 84, 106
Swinton, Sir Ernest 147

T

Tafelrunde
  Amerika & 175, 237 f., 249
  antideutsche Ansichten in 175 f.
  britisches Empire & 175 f., 235
  Finanzquellen der 175, 240 f.
  Milner & 173-176, 204
  Quarterly Review & 175 f.
  Ursprung der 174
  Ziele der 175
Taft, Präsident William Howard 247 f., 250
Tanger 84-87, 92
Tankosić, Major Vojislav 273, 278, 303, 308, 414
Tatischtschew, General 334
Tennant, Sir Charles 111
Territorialarmee 147, 172 f., 224
Thames Ironworks 95
The Times
  über Agadir 196 f.
  Außenministerium und Kriegsministerium & 117, 146, 160
  über den Balkan 279, 287
  über den Burenkrieg 37
  Dawson, Geoffrey & 160
  über Edward VII. 71
  Einfluss der 160-163
  über die *Entente cordiale* 83
  über Entscheidung für den Krieg 366, 371
  Flora Shaw & 160
  über Kaiser Wilhelm II. 39 f.
  über Lloyd George 181, 200
  Milner & 43, 58, 159-161
  Northcliffe & 161-165
  als Organ der Geheimen Elite 152, 160, 371
  Poincaré & 232
  über Russisch-Japanischen Krieg 98 f.
  Russland & 299, 304
  über Ulster 346, 350
The Times (Fortsetzung)
  Siehe auch: Bourchier; Repington
The Times Literary Supplement 161
Tirpitz, Admiral Alfred von 149 f., 152
Tisza, Graf Istvàn 293
Transsibirische Eisenbahn 94
Tring Park 26, 29, 69, 113
Trinity College, Cambridge 110
Trinity College, Dublin 255
Tripelentente 145, 148 f., 289, 294 f., 298 f., 303-306, 364, 366, 377, 381, 389
Tripolis-Kyrenaika 84
Trotzki, Leo 252, 267, 271, 442
Tsushima, Seeschlacht von 100 f., 104, 136, 155
Tuchman, Barbara 222 f.
Türkei 12, 257, 262-264, 269
  Siehe auch: Osmanisches Reich

U

Uitlanders 36-38, 43-46, 52
Ulster
  britisches Parlament 1914 & 348, 378 f., 384
  Churchill and Lloyd George heizen Ulster-Krise an 346, 349
  Geheime Elite & 341
  Home-Rule-Gesetz & 341 f.
  Kipling & 343, 345
  Konservative Partei & 344
  Milners Zusicherung & 344, 346 f.
  Oranier & 342 f.
  Solemn League and Covenant 343
  Unionisten & 344
  Unionistenkommission & 342, 346
  Siehe auch: Carson; Craig; Curragh-Meuterei; Haldane; Irland; Paget; Roberts-Akademie; *Ulster Volunteer Force* (UVF)
Ulster Volunteer Force (UVF) 302, 305
  Bewaffnung der 345, 349f.

Ulster Volunteer Force (Fortsetzung)
Geheime Elite finanziert 344-346
Kontrolle der 344 f.
verschlüsseltes Telegramm & 386
Wilson, Henry & 345-347
Siehe auch: Balfour; Carson; Churchill; Haldane; Milner; Roberts; Roberts-Akademie; Rothschild (Nathaniel)
United Copper Company 243
USA
Algeciras & 91
angelsächsisches Band & 17
Bankencrash von 1907 242 f.
Korrumpierung der Politik & 242-244, 247-249
Macht des Geldes & 237 f., 239, 242 f., 247 f.
Pilgrims & 217, 236-238
Rhodes' Pläne & 12 f., 17 f., 33 f.
Rhodes-Stipendium & 20
Rothschilds & 23, 237, 240-242
Rüstung & 153 f.
Tafelrunde & 175
wirtschaftliches Wachstum & 23 f., 65
Zentralbank &, öffentliche Stimmung gegen 244 f.
Siehe auch: Federal Reserve System; Hoover, Herbert; *Pilgrims Society*
UVF. *Siehe: Ulster Volunteer Force*

V

Vanderlip, Frank 246
Vereeniging, Frieden von 53
Vereinigte Staaten von Amerika. *Siehe:* USA
Vertrag von Sankt Petersburg 105 f., 135
Vickers Ltd 24, 95, 153-156
Victoria Eugénie, Prinzessin 75
Victoria, Königin
Esher & 42
Kaiser Wilhelm II. & 40
Prinz Albert Edward & 71 f.
Tod von 70
Viktor Emanuel III., König von Italien 74 f.
Viviani, Premierminister René 285, 298, 324, 381
Völkerbund 156

W

Wall Street
Federal Reserve System & 242-244
House, Edward Mandell & 248
Kongress & 247 f.
Tafelrunde & 174 f.
Woodrow Wilsons Wahl & 247
Siehe auch: Aldrich; Jekyll Island; *Kuhn, Loeb & Co.;* Morgan, J.P.; Rockefeller; Schiff; Warburg
Warburg, Felix 239 f.
Warburg, Max 240
Warburg, M.M. Bank 24, 239 f.
Warburg, Paul 239 f., 245-247, 250, 414
Ware, Fabian 163
Weekly Dispatch 161
Wehrpflicht von drei Jahren 232
Welby, Lord 153
Westminster Gazette 159, 287
Wettrüsten zur See 133, 148, 152, 156, 165, 215
Wien
de Bunsen & 284, 286, 289, 293 f., 408
Franz Ferdinands Begräbnis in 284
Rothschilds in 24, 240
Sankt Petersburg & 142
Wiesner, Friedrich von 277 f., 293
Wilde, Oscar 182, 421, 434
Wilhelm II., Kaiser 67
Balkankriege & 264, 268

Wilhelm II., Kaiser *(Fortsetzung)*
Berchtold & 326
Björkö-Abkommen & 103-107
»Blankoscheck« & 288, 295, 300
britische Propaganda über 39f., 68, 87, 90, 163-165, 197
britische Täuschung von 290f., 323, 331
Delcassé & 90
deutsche Mobilisierung & 336, 361
Edward VII. & 70f., 90
Friedensbemühungen & 328, 330
Geheime Elite & 68
Grey, Sir Edward & 362
Haldanes »Mission« & 211f.
irische Rüstung & 339
Königin Victorias Tod & 70
Kriegsschuld & 390-392, 395
Krüger-Depesche & 39f.
Marokko-Krise (erste) & 86f.
Marokko-Krise (zweite) & 195f., 203f.
Österreich-Ungarn & 284, 288, 333, 335
russische Mobilisierung & 330, 334

Wilhelm II., Kaiser *(Fortsetzung)*
serbische Antwort & 308
Willy–Nicky-Telegramme & 328, 333, 335
Zar & 329
Siehe auch: Caillaux
Williams, Basil 352f., 411
Wilson, Sir Arthur 202
Wilson, General Sir Henry 147, 201, 221f., 345
Siehe auch: Camberley; Ulster; *Ulster Volunteer Force*
Wilson, Herbert Wrigley 164
Wilson, Präsident Woodrow 247-250, 414
Winterpalast 102, 104, 299
Woolwich 154
Wyndham, George 114
Yale University 237

Z

Zar Nikolaus II. *Siehe:* Nikolaus II.
Zimmern, Sir Alfred 11f., 14, 174

Die Autoren, Gerry Docherty und Jim Macgregor, bieten online weitere Informationen zum Thema an: *www.firstworldwarhiddenhistory.wordpress.com.* Dort finden Sie regelmäßige Blogs, beispielsweise auch zu den Unwahrheiten, die während des Ersten Weltkriegs verbreitet wurden.

Über die Autoren

GERRY DOCHERTY (links) ist ein ehemaliger Schulleiter und hat mehrere historische Werke verfasst.

JIM MACGREGOR (rechts) ist ein pensionierter Allgemeinmediziner. Sein Leben lang haben ihn die Gründe für den Ersten Weltkrieg interessiert, was wohl auch damit zusammenhängt, dass er auf dem Gelände eines Krankenhauses für Kriegsversehrte im schottischen Erskine aufgewachsen ist.

Gerry Docherty und Jim Macgregor trafen sich zum ersten Mal, als ihre Söhne an der Universität von Glasgow ihren Abschluss feierten. Sie entdeckten ihre gemeinsame Leidenschaft für die Erforschung der Hintergründe des Ersten Weltkriegs. 2008 haben sie ihre Leidenschaft zu einem Vollzeitprojekt gemacht und arbeiten seitdem zusammen. In dieser Zeit untersuchten sie unzählige handschriftliche Notizen, schwer zugängliche Originaldokumente, Autobiografien, die Protokolle des britischen Parlaments und der Library of Congress in den USA. Unter anderem führten sie ihre Nachforschungen in das Londoner Nationalarchiv, die Bodleian Library in Oxford und die Nationalbibliothek von Schottland.